Zwangsumtausch

Jens Peter Paul

Zwangsumtausch

Wie Kohl und Lafontaine die D-Mark abschafften

PETER LANG
Frankfurt am Main · Berlin · Bern · Bruxelles · New York · Oxford · Wien

Bibliografische Information der Deutschen Nationalbibliothek
Die Deutsche Nationalbibliothek verzeichnet diese Publikation in der Deutschen Nationalbibliografie; detaillierte bibliografische Daten sind im Internet über http://dnb.d-nb.de abrufbar.

Umschlaggestaltung:
Olaf Glöckler, Atelier Platen, Friedberg

Gedruckt auf alterungsbeständigem, säurefreiem Papier.

ISBN 978-3-631-57658-8

www.peterlang.de

Jens Peter Paul

Zwangsumtausch

Wie Kohl und Lafontaine die D-Mark abschafften

PETER LANG
Frankfurt am Main · Berlin · Bern · Bruxelles · New York · Oxford · Wien

Bibliografische Information der Deutschen Nationalbibliothek
Die Deutsche Nationalbibliothek verzeichnet diese Publikation in der Deutschen Nationalbibliografie; detaillierte bibliografische Daten sind im Internet über http://dnb.d-nb.de abrufbar.

Umschlaggestaltung:
Olaf Glöckler, Atelier Platen, Friedberg

Gedruckt auf alterungsbeständigem, säurefreiem Papier.

ISBN 978-3-631-57658-8

Für Anselm

Inhaltsverzeichnis

1. Vorwort

Im Herbst 2008 wurde *Zeit*-Herausgeber Michael Naumann nach seiner wichtigsten Erkenntnis aus seiner Zeit als Kulturstaatsminister gefragt. Tiefen Respekt vor den so oft geschmähten Politikern und ihrem Arbeitsethos habe er erworben, antwortete er sinngemäß. Die wenigsten hätten diesen Beruf der Macht um ihrer selbst willen oder des Geldes wegen gewählt; die allermeisten, die er in seinen drei Jahren in Schröders Kanzleramt getroffen habe, seien im Kern Idealisten, über Parteigrenzen hinweg beseelt von der Idee, so Naumann, die Welt bei allem Streit über den richtigen Weg ein wenig gerechter und lebenswerter zu machen. Das habe er als Journalist und Publizist vor seiner Berufung ins Amt so nicht wahrgenommen.[1]

Diese Monographie, entstanden aus einer politikwissenschaftlichen Dissertation für die Gesellschaftswissenschaften der Johann Wolfgang Goethe-Universität, ist eine Hommage an unser politisches System und ihre Protagonisten, und dies nicht nur, weil der Autor kein besseres kennt.[2] Dennoch kommen sie hier an vielen Stellen nicht gut weg, die Abgeordneten, die Regierungsmitglieder, die Ministerpräsidenten, die Herren von der Bundesbank. Wie das?

In der vorliegenden Untersuchung wird am Ende nicht allgemeine Verdorbenheit konstatiert, sondern ein unterschiedlich ausgeprägter, sehr menschlicher, aber potentiell gefährlicher Mangel an Courage und Gestaltungswillen bei vielen Akteuren auch in verantwortungsvollsten Positionen, für das von ihnen als richtig erkannte ungeachtet eventueller schmerzhafter Folgen einzustehen. Daß sie sitzen blieben, wo sie hätten aufstehen, schwiegen, wo sie hätten sprechen, *Ja* sagten, wo sie hätten *Nein* sagen, mitliefen, wo sie hätten innehalten müssen.

Es geht um Entscheidungshandeln von Individuen in Konfliktsituationen, um Gruppenzwang und die daraus resultierenden Risiken. Wie kann es passieren, daß nur zu oft die fähigsten und kompetentesten Leute ihres Fachs zusammensitzen – und eine herbe Fehlentscheidung produzieren? (Anm. 1).

Dieses Fazit möge man bitte nicht verwechseln mit *Politiker-Bashing*. Die um sich greifende Verachtung, die Vorstellung, Politiker seien eher faul als fleißig, eher ahnungslos als kompetent, eher korrupt als loyal gegenüber ihrem Auftraggeber, dem Souverän, die Interessen des Volkes spätestens mit ihrer Wahl vergessend, ist unbegründet und einfältig. Das Problem liegt tiefer; es ist ein systemisches.

Die übergroße Mehrheit der Politiker, die ich in den vergangenen 30 Jahren als Journalist kennenlernen durfte, ergriff diesen Beruf tatsächlich aus idealistischen Motiven, weil sie – jeder auf seine Weise – die Welt verbessern wollen, auch wenn sie sich das nicht mehr zu sagen trauen, seit *Weltverbesserer* seltsamerweise zum Schimpfwort wurde. Deshalb sind Naumanns Worte wohltuend.

Wer mit Verachtung in der Stimme pauschal auf die deutsche Politik und die darin arbeitenden Menschen einschlägt, hat keine Ahnung von den tatsächlichen

1 Diskussionsbeitrag von Naumann während Feierstunde und Podiumsdiskussion der Bundesregierung „10 Jahre Beauftragter der Bundesregierung für Kultur und Medien" am 28. Oktober 2008 im Martin-Gropius-Bau, Berlin (Gedächtnisprotokoll des Verfassers).

2 Der theoretische Teil der Untersuchung ist in Kapitel 2 zusammengefaßt und aktualisiert.

Abläufen, Verhältnissen, den Zwängen der Beteiligten. Er weiß nicht, was und wie es im Berliner Regierungsviertel und anderswo läuft.

Jeder tarifvertraglich abgesicherte Angestellte würde, nur als Beispiel, den ganz normalen 14-Stunden-Arbeitsalltagswahnsinn eines beliebigen Abgeordneten einer beliebigen Sitzungswoche mit nervenden Sitzungen, hastigem Zwischendurchessen, Streß mit Parteifreunden, Dauerbeobachtung (schlimm) oder Dauerignorierung (schlimmer) durch die Medien, seltenen Erfolgserlebnissen und häufigen Enttäuschungen bei wenig Privatleben und null Kündigungsschutz – wie soeben wieder von einem Drittel der SPD-Parlamentarier erlitten – dankend ablehnen.

Wenn dieser Angestellte sähe, wie am Wochenende der Darwinismus im Wahlkampf (und der ist auf irgendeiner Ebene immer) weitergeht, wäre er von seinen Vorurteilen geheilt.

Liegt der Politiker schief in seinen Prognosen, ist er eine Niete. Behält er recht (wie etwa Oskar Lafontaine beim Thema *Finanzmärkte*) und sagt das auch noch, ist es Besserwisserei und erst recht verkehrt – bis zu dem Moment, wo es auch die anderen schon immer gewußt haben.[3] Und da sie glauben, nicht einmal mehr richtig Urlaub machen zu können, schlittern sie in sogenannte Dienstwagenaffären und verstehen die Welt nicht mehr. Die wichtigen Dinge bleiben solange liegen.

Die Kanzlerin, die zum Abendessen mit den verkehrten Leuten verkehrt, hat ebenfalls eine wichtige Regel nicht begriffen, die da lautet: Bloß nichts tun, was vom Mittelmaß abweicht, den Verdacht erregen könnte, das habe auch etwas mit Freude am Leben, am Job, am Umgang mit interessanten Menschen zu tun.

Anstatt sich gemeinsam als angegriffener Berufsstand gegen alberne Vorwürfe zu wehren, geloben sie Besserung oder freuen sich insgeheim über das Mißgeschick der Konkurrenz, die nächste Beliebtheitsumfrage im Blick. Sie sind auch selbst schuld an ihrer Misere. Wer heute noch Berufspolitiker werden will, muß zwar nicht unbedingt verrückt sein, aber es erleichterte die Sache doch ungemein.

Schließlich Helmut Kohl, die zentrale Figur dieser Abhandlung. Kaum ein Leser wird nach Lektüre der Vermutung anheimfallen, ich könnte eine Schwäche, ein *Faible* für diesen Mann haben. Und doch ist es so. Kohl wird unter Wert behandelt.

Nichts gegen Helmut Schmidt. Die jeweils wochenlangen Lobeshymnen anläßlich seiner runden Geburtstage seien ihm gegönnt. Nur: An die Lebensleistung Kohls, an seine Verdienste kommt er nicht ganz heran. Das ist nicht seine Schuld – Schmidt hatte eben nicht einen Wirbelsturm der Geschichte als Herausforderung, sondern die armen Irren von der *RAF*, und für diese Krise war er der richtige Mann. Wie überhaupt die Bundesrepublik bisher Glück mit ihren Kanzlern hatte.[4]

---

3 *Frankfurter Allgemeine Zeitung* vom 12. September 2009, S. 1: „Merkel offen für internationale Börsensteuer auf alle Finanzmarkttransaktionen" (eine bis dahin häufig kritisierte Forderung Lafontaines).

4 Ludwig Erhard und Kurt-Georg Kiesinger haben im Kanzleramt zumindest keinen großen Schaden angerichtet; die destruktive Kraft von Schröders Politik wird allmählich deutlich, wie die Schmach der SPD in der Bundestagswahl 2009 zeigt. Für ein Urteil über Angela Merkel ist es zu früh, die Frage „Wie gut ist sie wirklich?" (Patrik Schwarz) auch nach vier Jahren ohne Antwort.

Zuviel, als daß es Zufall sein könnte. Dieses parteiparlamentarische Auslesesystem scheint noch recht gut zu funktionieren.

Als es darum ging, Frankreich, England, den USA, den kleineren Nachbarländern und vor allem der Sowjetunion die Zustimmung zur Wiedervereinigung abzuringen, ohne zugleich die Europäische Union plus NATO zu zerlegen, bewegte sich Dickhäuter Kohl im politischen Porzellanladen als *Schnell lernendes System* mit einer Sicherheit, die die Tassen heil ließ, den Sprung in der Schüssel einiger empörter Vertriebenenfunktionäre einmal beiseite gelassen.

Funktionieren konnte das nur, weil Kohl in den Jahren zuvor ungeachtet allen Spotts systematisch Freundschaften, mindestens aber stabile Beziehungen aufgebaut und sich als verläßlicher, berechenbarer, gutmütiger, auch die Interessen der anderen stets im Blick habender Deutscher bewiesen hatte, ein Ansehen, auf das er aufbauen konnte, als es über Nacht ernst wurde. Als hätte er es geahnt. Das war Staatskunst. Von der sich sein Nachfolger Schröder etwas hätte abschauen können.

Und dieser Helmut Kohl kann heute froh sein, wenn nach vielen Jahren Kanzlerin Merkel einmal ein Stündchen für den Agenturfotografen bei ihm vorbeischaut. Denn Kohl ist ja ein Grundgesetzesbrecher, weil er sich seit 1999 weigert, die Namen der Spender zugunsten der CDU-Kasse zu nennen, denn er, so sagt er, habe ihnen sein Ehrenwort gegeben, genau dieses nicht zu tun, unter keinen Umständen.

Ob es stimmt oder nicht: Diese gesellschaftliche Ächtung hat der Mann nicht verdient. Wenigstens könnte die Sünde nunmehr auf Erden langsam vergeben werden. Gebüßt hat er, dieses *Pfälzische Gesamtkunstwerk* (Joschka Fischer), allemal. Fast scheint es, die Kohl-Verächter seien insgeheim erleichtert, seine Verfehlung als haltbaren Vorwand nehmen zu können, ihm nicht gerecht werden zu müssen. Das ist weder anständig noch intellektuell redlich. Kohl war ein Glücksfall der deutschen und europäischen Geschichte, eine bessere Besetzung für die heiklen Jahre 1989 bis 1992 nicht denkbar. Willy Brandt und Joschka Fischer wußten das. In Fischer hatte Kohl den zuverlässigsten Hüter seiner Europapolitik. Was wiederum Kohl wußte. „Daß der leider intelligenter ist in außenpolitischen Fragen als der Bundeskanzler [Schröder], das kann ich bedauern."[5] Sagt Kohl. Über den Grünen.

Kohl nahm in den Monaten zwischen November 1989 und Oktober 1990 das Mitterrand-Bush-Gorbatschow-Thatcher-Mikado auseinander und half, Europa stimmiger als jemals zuvor in 2000 Jahren neu zusammenzufügen, ohne ein falsches Stäbchen zu berühren. Spätere Generationen werden nicht verstehen, wie wir bald darauf so lieblos mit ihm umgehen konnten. Die Hälfte der Helmut-Schmidt-Dauerhuldigungen würde ja genügen. Schmidt bekommt das zusätzlich, was man Kohl nicht gewähren zu können glaubt.

Wie paßt das zu einer Rekonstruktion der deutschen Euro-Geschichte, in der auch Kanzler Kohl nicht immer als lupenreiner Sympathieträger mit stets stringenten Entscheidungen erscheint? Ganz einfach: Es geht in diesem Buch nicht um die Frage, ob die Währungsunion *per se* eine gute oder eine schlechte Idee war. Auch wenn ich sie für zerbrechlicher denn je halte – weil nicht getragen von den Völkern und deshalb im Kern auch nicht von deren Politikern – , spricht elf Jahre nach ih-

5 Interview mit Helmut Kohl, S. 292.

rem Inkrafttreten sogar einiges mehr dafür als zu Beginn, daß sie eine gute war. Ein honorigeres Ziel, als ein für allemal Krieg zwischen den Völkern Europas auszuschließen, ist ja auch kaum denkbar.[6]

Nein – es geht hier um den Weg, um das Verfahren. Im Verfahren, in seiner Sorgfalt oder Nachlässigkeit, sind Erfolg oder Mißerfolg eines Vorhabens, und sei es noch so ehrenwert, als unauslöschliche DNS angelegt, unsichtbar zunächst, aber sich den Weg ans Licht bahnend, wenn es an die Substanz geht: In der Krise.

In den ersten Monaten des Jahres 2009 bestand die Gefahr, daß mehrere Mitglieder der Euro-Zone ihre Kreditwürdigkeit verlieren und zahlungsunfähig werden. Eine Entwicklung, die die Politik bis dahin für ausgeschlossen gehalten hatte (wie so manches, was seit September 2008 geschah), denn wir haben ja den Euro, und im *Maastricht-Vertrag* ist dieser Fall nicht vorgesehen.

Die Europäische Währungsunion gleicht einem Versuch, den Andreasgraben mit Beton auszugießen. Für eine gewisse Zeit mag das die tektonischen Bewegungen zwischen den Volkswirtschaften blockieren. Irgendwann aber werden sich die aufgestauten Spannungen um so heftiger entladen.

David Marsh listet sie in seiner Rekonstruktion der Euro-Vorgeschichte *en detail* auf, die Verwerfungen, die das *Europäische Währungssystem* als Vorläufer der Währungsunion wieder und wieder erschütterten. Der Brite beschreibt, welche heute kaum noch vorstellbaren diplomatischen Krisen zwischen Bonn, Paris, London, Rom, Den Haag regelmäßig ausbrachen mit der EWS-Existenzfrage von 1993 als Höhepunkt, die eine Folge der Deutschen Einheit war (was Paris und London besonders unanständig fanden), wenn die Bundesbank das Ausland mit ihrer als rücksichtslos empfundenen Zinspolitik wieder einmal verzweifeln ließ.

Es ging eben nicht nur um technische Fragen des Währungsmanagements. Stets stand das jeweilige nationale Prestige gleich mit auf dem Spiel mit Folgen für das innenpolitische Machtgefüge der Länder, die von den Entschlüssen des Frankfurter Zentralbankrates *nolens volens* abhängig waren und sich oft ohnmächtig fühlten.

Wer nach der Marsh-Lektüre immer noch glaubt, eine so konstruierte Währungsunion sei in der Lage, die Unterschiede in den Entwicklungen der Volkswirtschaften (die das EWS trotz großzügiger Bandbreiten wiederholt zu sprengen drohten) glattzubügeln, muß schon über ein sonniges Gemüt verfügen.[7]

Die Grundidee der EWU lautet: Das mit den Bandbreiten hat nicht geklappt, weil sie immer wieder zu eng wurden, darum setzen wir sie auf null. Das ist genial oder absurd. Die Mathematik läßt sich auch durch noch so gutgemeinte Verträge nicht außer Kraft setzen. Das ist der Moment, wo es auf den Rückhalt ankommt, auf die Loyalität, die diese Währung in den Völkern der Euro-Zone, in den Köpfen

---

6 „Völker mit einer gemeinsamen Währung haben nie Krieg gegeneinander geführt. Es sei denn, man nimmt den amerikanischen Sezessionskrieg, das war ein Bürgerkrieg. Aber die haben die Währung danach geändert. Verstehen Sie? Die gemeinsame Währung ist mehr als das Geld, mit dem bezahlt wird." (Interview mit Helmut Kohl, S. 284).

7 David Marsh: Der Euro. Die geheime Geschichte der neuen Weltwährung. Marsh zitiert bei seiner Darstellung der Währungsturbulenzen vom Herbst 1992 François Mitterrand mit dem an seinen Leidensgenossen John Major gerichteten Satz: „Die Haltung der Bundesbank und ihres Präsidenten enthielt zweifellos eine gewisse Brutalität." (S. 233).

der Menschen genießt, die mit dem Geld zu leben und zu wirtschaften haben. Ob Abstoßungsreaktionen auftreten. Die Turbulenzen innerhalb der Währungsunion im Zuge der Weltfinanzkrise 2008/2009 sind ein Indiz, daß es tief unten im Fundament weiter arbeitet. Und in dieser Lage ging es nicht mehr um ein Prozent Leitzins mehr oder weniger, sondern um alles oder nichts (Anm. 2).

„Kann man Irland sanieren wie eine Hypo Real Estate? Muß man Griechenland enteignen?", fragte der *Tagesspiegel* entgeistert.[8] Die *Bild*-Zeitung alarmierte: „Angst vor einer neuen Währungskrise!"[9] – „Müssen wir für die Schulden von Iren, Italienern und Griechen zahlen?"[10] Die Schwarzseher und Pessimisten von gestern wurden zu den Realisten von heute. Die Prognose-Institute stürzten in eine Sinnkrise. Nichts war sicher, alles schien möglich in diesen Wochen.

Das *Handelsblatt* schrieb im Herbst 2009, der von den Deutschen 1996 mit viel Pomp durchgesetzte Stabilitätspakt sei „verkommen zur Lachnummer".[11] Die EU-Kommission erstellte einen Bericht, nach dem Deutschland ohne grundlegenden Politikwechsel im Jahre 2060 eine Staatsschuld von 320 Prozent des BIP aufgehäuft haben werde, während Spanien sogar auf 880, Griechenland auf 850, Frankreich auf 760 Prozent kommen würden – alle Lichtjahre entfernt von der 60-Prozent-Grenze des *Maastricht-Vertrages*.[12]

* * *

Ich danke den mehr als 500 Menschen, die diesem Projekt Zeit und Mühe gewidmet haben, voran meinem geduldigen, liebenswürdigen Betreuer Professor Josef Esser. Die Möglichkeit, die Bibliothek des Deutschen Bundestages mit ihren überaus hilfsbereiten Mitarbeiterinnen zu nutzen, betrachte ich ebenso als Glücksfall wie die Bereitschaft meiner Interviewpartner zu einem häufig sehr ausführlichen Gespräch, wobei Dr. Theo Waigel und Dr. h. c. Hans-Dietrich Genscher zusätzlich die Wiedergabe historischer Dokumente aus ihrem Besitz erlaubten.

Dr. Liesel Hartenstein gilt meine Verehrung, weil sie mich voller Engagement und mit Herzblut auf ein Thema gestoßen hat, das mich nicht mehr loslassen sollte: Wie funktioniert unsere vielbewunderte deutsche Demokratie eigentlich im Detail?

Berlin-Mitte, Adolph-Menzel-Haus, 1. Januar 2010

Jens Peter Paul

---

8 *Tagesspiegel* vom 20. Februar 2009.

9 *Bild*-Zeitung vom 20. Februar 2009.

10 *Bild*-Zeitung vom 25. Februar 2009.

11 *Handelsblatt* vom 04. November 2009.

12 Schulden ohne Ende. *Frankfurter Allgemeine Zeitung* vom 15. Oktober 2009, S. 15. Weiter heißt es dort: „Offenbar will die Kommission ihren eigenen Bericht möglichst tief hängen. In ihrer Pressemitteilung ist weder von den Schuldenprojektionen noch von der Einteilung in Risikoklassen die Rede. Letztere war dem Vernehmen nach unter den Kommissaren umstritten. Sie befürchteten offenbar Konflikte mit ihren Heimatländern. Als Begründung gegen die Klassifizierung wurde auch angeführt, dass die Länder [Spanien, Niederlande, Griechenland, Irland, Slowakei, Slowenien, Malta und Zypern sowie als Nicht-Euro-Länder Großbritannien, Rumänien, Tschechien, Lettland und Litauen], die als Hochrisikostaaten eingestuft wurden, an den Finanzmärkten für ihre Staatsanleihen Risikoaufschläge zu befürchten hätten."

2. Einleitung

2.1 Der Euro hat einen Geburtsfehler – na und?

Helmut Kohl einer der Väter des Euro – das darf als mehrheitsfähige Darstellung gelten. Aber Oskar Lafontaine? Soeben hat er mit einem fulminanten Wahlerfolg im Saarland die Linke zum bundespolitischen *Player* gemacht und kurz darauf in der Bundestagswahl die SPD gedemütigt. Lafontaine wettert gegen *Hartz 4*, Banker-Boni, gegen angebliche Rentenkürzungen und gegen den Bundeswehreinsatz in Afghanistan. Wie paßt das zur These, ohne Lafontaine hätte dieser Zwangsumtausch, eine doch sehr erklärungsbedürftige Antwort Europas auf die Globalisierung, möglicherweise erst ihr Türöffner, nicht stattgefunden?

Und doch ist es so. Nach anfänglichen Irrungen und Versuchen, mit einem (heute verleugneten) Anti-Euro-Wahlkampf zu punkten, entwickelte sich Lafontaine zum treuen Verbündeten Kohls in diesem Projekt – nach außen gelegentlich scheinbar kritisch, nach innen jedoch verläßlich und gegen seine Gewohnheit alle Chancen auslassend, den Kanzler in einem schwachen Moment (und derer gab es mehrere) auf dem Währungsfeld anzugreifen.

Ohne Lafontaines Flankenschutz hätte Helmut Kohl, das beschreibt dieses Buch, die Verwandelung des beliebten und bewährten Geldes in eine unbekannte und vielen Menschen unheimliche Kunstwährung nicht gegen alle Widerstände und vor allem nicht gegen die Bevölkerung durchsetzen können. Die SPD war zwar im Bund bis Herbst 1998 in der Opposition, aber unbestritten noch eine Volkspartei. Warum und wie hat sich Lafontaine als SPD-Vorsitzender dieses von vielen linken und rechten Kritikern als neoliberal geschmähte Vorhaben zu eigen gemacht? Das nachzuzeichnen war eine Herausforderung im Laufe dieser Studie.

Eines ist aber auch wahr: Am Anfang der Europäischen Währungsunion waren Helmut Schmidt und später, in den 80er Jahren, Außenminister Hans-Dietrich Genscher. Geschickt sponn Genscher durch sein Memorandum 1988 einen Faden, der zunächst im deutsch-französischen Verhältnis äußerlich kaum Wirkung zu entfalten und in den Ritzen der Tagespolitik zu vertrocknen schien, im Zuge der Ereignisse nach dem Fall der Mauer jedoch fast über Nacht eine ungeheure Kraft entwickelte, die Kohl mit dem Projekt „Währungsunion" bald unlösbar verband.

Als es ab 1995 darum ging, den Euro innenpolitisch durchzusetzen, war Genscher längst nicht mehr im Amt. Was aus seiner Sicht nicht schlimm war, hatten Kohl und er die Weichen doch längst so gestellt, daß der Zug – wie gezeigt wird – kaum noch aufzuhalten war.

Allerdings: Wenn dieses Buch erscheint, liegen die grundlegenden Beschlüsse zur Abschaffung der D-Mark bereits 21 Jahre zurück, ist der Euro seit acht Jahren gesetzliches Zahlungsmittel. Dennoch ist das Thema zwar ein zeitgeschichtliches, aber unverändert aktuell, geht es doch darum, wie unsere Demokratie im Kern funktioniert. Dieses Buch zeigt: Sie funktioniert, aber sie funktioniert nicht gut. Vielleicht sogar: Je wichtiger der Gegenstand, desto schlechter.

Ihr zentrales Organ, der Deutsche Bundestag, zeichnete sich ausgerechnet auf dem existentiellen Feld der Währungspolitik durch weitgehende Passivität aus. Die

Abgeordneten ließen die Dinge treiben und delegierten gewohnheitsgemäß ihre ureigene Verantwortung an die Exekutive, intern bestenfalls an ein Häuflein Experten, anstatt sich das Thema anzueignen und die komplizierte Materie zu durchdringen, wie es ihre Pflicht war.

Der Bundesrat als potentielles Korrektiv lieferte eine nicht viel überzeugendere Vorstellung. Maßgebliche Vertreter der Länder entschieden sich, wie zu zeigen sein wird, nicht aus Überzeugung für die Europäische Währungsunion, sondern weil sie sich dazu genötigt, ja erpreßt sahen, wäre ihnen sonst ihre Partei um die Ohren geflogen. Oder sie wurden gerade rechtzeitig, pünktlich auf die Minute fast, vom Ministerpräsidenten zum Bundeskanzler und drehten deshalb bei.

Die Bundesbank schließlich, hier wichtigste außerpolitische Experten- und Korrekturinstanz, kapitulierte im entscheidenden Augenblick trotz massiver – und, wie sich zeigen sollte, absolut berechtigter – Bedenken vor der Macht und den Drohungen des Kanzlers. Die Bundesbank lieferte Helmut Kohl nach nervenzermürbender interner Diskussion ein Papier, das er bedenkenlos umdeutete und als Zustimmung darstellte. Daraufhin kam ein Zirkelschluß (einmal Bonn-Frankfurt und zurück) zustande. Der Widerstand gegen das Projekt brach zusammen. Dies alles geschah zuletzt innerhalb von 72 Stunden im Frühjahr 1998. Doch auch dies ist fast zwölf Jahre her. Trotzdem noch wichtig?

Indiz 1: Man probiere es selbst aus, etwa auf einem beliebigen Wochenmarkt. Da ist zum einen die Beobachtung, daß die Menschen der Verlust ihrer geliebten D-Mark unverändert umtreibt. Sie betrachten, wie Gesprächsfetzen auch heute noch zeigen, die Währungsumstellung als willkürlich und weitgehend schädlich. Unvermeidlich folgt der Satz: „Aber uns hat ja keiner gefragt."

Im kollektiven Bewußtsein vieler Bundesbürger ist die Einführung des Euro eine nicht verheilte Wunde. Eine Wunde, die zu einem möglicherweise nicht mit den vorhandenen Instrumenten meßbaren, aber nachhaltigen Loyalitätsverlust gegenüber unserer repräsentativen Demokratie geführt hat. Deshalb: Jahre her und unverändert virulent.[13]

Die mit der D-Mark aufgewachsenen Politiker haben bis heute – uneingestanden – Mühe, die Verdoppelung der Werte zu begreifen und in ihren Entscheidungen zu berücksichtigen. Wenigstens eine Phase, sagen wir: Ein paar Monate, in der 50 Euro-Cent als ähnlich wertvoll betrachtet und behandelt wurden wie zuvor eine D-Mark, ein 50-Euro-Schein als ähnlich wertvoll wie zuvor ein Hunderter, habe ich weder bei anderen noch bei mir beobachten können. Wenn man nach der Ursache

---

13 Nach einer *forsa*-Umfrage des *Deutschen Sparkasse- und Giroverbandes* (DSGV) vom Dezember 2008 wird der Euro von 48 Prozent der Bundesbürger nach wie vor als „Teuro" wahrgenommen und für erhebliche Preiserhöhungen verantwortlich gemacht. Die D-Mark, so der Verband, sei auch zehn Jahre nach dem Start der Europäischen Währungsunion unvergessen: Jeder Zweite rechne auch heute noch bei größeren Anschaffungen in D-Mark um, nur jeder Vierte tue dies überhaupt nicht mehr, darunter (erwartungsgemäß) viele 14- bis 29jährige. Die Hälfte der Befragten sei allerdings zugleich der Meinung gewesen, daß Deutschland durch die Einbettung in den Euro-Währungsraum besser durch die Finanz- und Wirtschaftskrise komme, als es ohne dieses System der Fall wäre (*DSGV*-Pressemitteilung vom 29. Dezember 2008).

für gigantisches Anwachsen der Staatsverschuldung (speziell 2009) sucht, könnte also vielleicht ein wahrnehmungspsychologischer Ansatz helfen.

Indiz 2: Die Finanz- und Wirtschaftskrise, die seit zwölf Monaten andauert, als diese Zeilen entstehen, hat in ihren kritischsten Momenten gezeigt, wie fragil die Europäische Währungsunion speziell an ihren Rändern ist. Ohne eine aus drei Sätzen bestehende, auf einer Pressekonferenz in eine rhetorische Frage gekleidete, aber unmißverständliche Hilfszusage des deutschen Finanzministers zugunsten der Wackelkandidaten wäre sie womöglich im Frühjahr 2009 auseinandergebrochen.

Zu diesem Zeitpunkt wurden an den Finanzmärkten bereits Wetten abgeschlossen, wann es Griechenland, Irland, der Slowakei, eventuell auch Spanien, Portugal und Italien nicht mehr möglich sein werde, neue Kredite zu erhalten, was die Insolvenz dieser Euro-Länder zur Folge gehabt hätte. Die Währungsunion zeigte Risse in Form extrem divergierender Schuldzinsen – ein Phänomen, das man bei Gründung der EWU ein für allemal ausgeschaltet wähnte.

Daß der Crash bislang ausblieb, lag an der Überzeugung der maßgeblichen Akteure, die Kosten einer solchen Entwicklung wären immens und die Folgen nach menschlichem Ermessen für Europa katastrophal. Daß Peer Steinbrück damit innerhalb von dreißig Sekunden das heilige, im Vertrag von Maastricht verankerte Versprechen der deutschen Politik an ihr Volk brach, ein *bail out*, einen Geld- und damit auch Wohlstandstransfer zugunsten wankender Mitglieder der Euro-Zone werde es unter keinen Umständen geben, spielte in diesem Moment keine Rolle mehr – so gefährlich war die Situation.[14]

Steinbrück warf mit seiner (keineswegs parlamentarisch legitimierten) Bürgschaftserklärung das Wertvollste in die Waagschale, was Deutschland besaß: Seine AAA-Bonität. Wie einige Monate zuvor zusammen mit der Kanzlerin an die Adresse der Sparguthabenbesitzer, setzte er alles auf eine Karte – in der Hoffnung, genau dadurch werde ihm der Ernstfall erspart bleiben, weil sich die Spekulanten vielleicht mit Irland oder Italien, nicht aber mit Deutschland anlegen würden.

Ein gewagtes Spiel, fast Zockerei im Milliarden-Maßstab. Offenbar – soweit heute absehbar – ist es noch einmal gut gegangen, aber der Vertrauensverlust ist evident. Boulevard-Blätter titelten: „Müssen wir bald für ganz Europa zahlen?“[15], „Ei-

14 Vor der Bundespressekonferenz in Berlin sagte Bundesfinanzminister Peer Steinbrück am 18. Februar 2009 auf die Frage, ob Deutschland vor der Alternative stehe, entgegen der *No-bail-out*-Klausel des *Maastricht-Vertrages* in Not geratenen Ländern zu helfen oder ein Auseinanderbrechen der Euro-Zone zu riskieren: „Auseinanderbrechen der Euro-Zone – können Sie sich vorstellen, daß irgend jemand so etwas auch nur in Kauf nehmen könnte? Das ist doch völlig absurd mit Blick auf die damit verbundenen ökonomischen Folgen. Ansonsten macht es keinen Sinn, öffentlich zu spekulieren bezogen auf einzelne Länder, sondern einfach zu versichern, daß diejenigen handlungsfähig sein werden, wenn sich Probleme stellen.“ (Audio-Mitschnitt). – Nach Zeitungsberichten führten Steinbrücks Äußerungen zu kräftigen Gewinnen bei den Kursen des Euro und der Währungen der osteuropäischen Länder: „Analysten und Investoren spekulierten darauf, dass vor dem Bankrott einzelner Staaten oder dem Auseinanderfallen der Europäischen Währungsunion es zu einer Rettung durch die reichen Länder kommt.“ (Robert von Heusinger: Müssen wir jetzt Staaten retten? – *Frankfurter Rundschau* vom 20. Februar 2009).

15 *Berliner Kurier* vom 20. Februar 2009.

ne Rettung dürfte deutsche Steuerzahler Milliarden kosten. Es ist ein Beben, das anrollt." *(Focus online)*[16], „Nachdem in der vergangenen Rezession der EU-Stabilitätspakt zerstört wurde, könnte nach der jetzigen Krise auch die No-bail-out-Klausel als inhaltlicher Torso übrig bleiben." *(Frankfurter Allgemeine Zeitung)* [17]

Indiz 3 für die Aktualität der Darstellung: Das *Lissabon*-Urteil des Bundesverfassungsgerichtes vom 30. Juni 2009. Karlsruhe kommt zum selben Schluß wie diese Untersuchung: Unsere Demokratie geht ausgerechnet in der unpopulären, aber für unser Leben so wichtigen Europapolitik am Stock, weil die Mitglieder des Deutschen Bundestages ihre Aufgabe nicht ernst-, jedenfalls nicht wahrnehmen. Bequemlichkeit, Überlastung, Mangel an Courage – der Ursachen gibt es mehrere. Es steckt der Wurm im Parlament, und Karlsruhe zerrt heftiger denn je an ihm und verlangt endlich Besserung, denn es stehe viel auf dem Spiel.

Gegen den *Lissabon-Vertrag* selbst hatte das Gericht im Prinzip nichts einzuwenden. Gegen ihn gerichtete Klagen wies es ab. Verständnislos stellte es aber fest, der Gesetzgeber habe seine ureigenen Beteiligungsrechte an der Europapolitik nicht in dem „erforderlichen Umfang ausgestaltet". Karlsruhe sah sich mit Blick auf die Artikel 38 und 23 GG außerstande, der im ersten Zustimmungsgesetz zum *Lissabon-Vertrag* vom April 2008 vorgesehenen, finalen Selbstentmündigung des Deutschen Bundestages (die der Bundesrat vier Wochen später mit Zwei-Drittel-Mehrheit ebenfalls gebilligt hatte) tatenlos zuzusehen.[18]

Kurzum: Wenn die Abgeordneten zum Jagen getragen werden müßten, so der Tenor, sei das zwar unschön, doch möge es nun mit Nachhilfe des höchsten Gerichts geschehen. Wenige Tage später durfte der CSU-Politiker Peter Gauweiler, neben Gregor Gysi und Oskar Lafontaine[19] einer der Kläger und eben noch ein in den eigenen Reihen argwöhnisch beobachteter Einzelgänger, vom Kollegen Hans-Peter Friedrich unter Beifall das höchste denkbare Lob seiner Landesgruppe entgegennehmen: „Peter, Du hast unsere Ehre gerettet!"[20]

Außenminister a. D. Fischer wetterte dagegen, Karlsruhe passe die ganze europäische Integration, die Richtung nicht; das Urteil lese sich, als sei es entstanden „in einer Fraktionssitzung der britischen Konservativen", und dies in einer Zeit, in der das Ausland ohnehin den Eindruck gewinne, Deutschland wende sich von Europa ab. Am liebsten, so Fischer unter Verkennung der früheren Rechtsprechung Karls-

16 Hans Sedlmaier: Wird der Euro scheitern? *Focus Online* vom 19. Februar 2009.

17 Werner Mussler: Meine Schulden, deine Schulden. *Frankfurter Allgemeine Zeitung* vom 8. März 2009.

18 Nebenbei stellt Karlsruhe mit diesem Urteil die Ewigkeitsbehauptung des *Maastricht-Vertrages* in Frage, die eine Unumkehrbarkeit der Integrationsschritte der EWU vorsieht, einen Austritt aus der Euro-Zone als Möglichkeit ausschließt: „Solche Integrationsschritte müssen von Verfassungs wegen durch den Übertragungsakt sachlich begrenzt und prinzipiell widerruflich sein." (BVerfGE vom 30. Juni 2009, Abs. 233)

19 Gysi und Lafontaine hatten allerdings aus anderen Motiven geklagt als Gauweiler.

20 „CSU geht beim Lissabon-Vertrag auf Konfliktkurs" – *Spiegel Online* vom 02. Juli 2009. Nach diesem Bericht sagte der CSU-Umweltpolitiker Josef Göppel in der Sitzung der Landesgruppe, er schäme sich dafür, dem *Lissabon-Vertrag* zugestimmt zu haben. Quelle: http://www.spiegel.de/politik/deutschland/0,1518,634028,00.html

ruhes, hätte das Gericht den *Lissabon-Vertrag* gestoppt. Aus „Angst vor der eigenen Courage" habe es sich „formal in das Begleitgesetz" geflüchtet. Das Urteil stärke aber nicht die Parlamente, sondern die nationalen Regierungen, denn die Realitäten seien „komplizierter als die Karlsruher Fiktionen".[21]

Die Bundesregierung war ebenfalls nicht amüsiert, schickte sich aber unter Absonderung leiser Verwünschungen ins Unvermeidliche.[22] Beobachter gewannen den Eindruck, nach Meinung der Regierung und erneut düpierter Fraktionsführer habe das Bundesverfassungsgericht endgültig überzogen; es sei höchste Zeit für eine Beschneidung seiner Macht, etwa durch eine neue Besetzungspolitik.

Der Jurist Markus Kerber, Professor an der Technischen Universität Berlin und einer der Kläger in Karlsruhe, vermag auch nach dem Urteil keinerlei Besserung bei den Abgeordneten zu erkennen. Sie hätten nichts gelernt, sondern erneut zugelassen, daß auch das neue Begleitgesetz durch den Bundestag „gepeitscht" werde. Das Gesetzeswerk rausche wie gehabt an den meisten Abgeordneten vorbei. Allein der Europa-Ausschuß sei in eine inhaltliche Beratung eingetreten, aber selbst diese habe nur zwei Stunden gedauert. Kerber: „Dieses Verfahren ist eine Farce und eine Blamage für das deutsche Parlament."[23]

Der CDU-Außenpolitiker Willy Wimmer, der nach 33 Jahren Arbeit als Parlamentarier im Herbst 2009 aus dem Bundestag ausschied, verlangte für die nächste Wahlperiode die Einsetzung einer Enquete-Kommission, „um sich mit der tatsächlichen Rolle der Abgeordneten zu beschäftigen", denn „das kann so nicht weitergehen". Wimmer beklagt „Fehlentwicklungen". Denen, die nach ihm kämen, müsse man als frei gewählten Abgeordneten „mit größerem Respekt begegnen".

Nachdem er als einziger in der Fraktion gegen die Entsendung der Bundeswehr nach Afghanistan gestimmt habe (wie später auch als einziger CDU-Abgeordneter gegen den *Lissabon-Vertrag*), sei er mit Sanktionen belegt worden: „Ich durfte nicht mehr reden, ich bekam Dienstreisen gestrichen und wurde durch die Fraktionsführung isoliert." Solche Mechanismen, so der Konservative, trügen dazu bei, „dass unser parlamentarisches System verkommt".[24]

---

21 Lissabon-Urteil: Fischer attackiert Bundesverfassungsgericht. *Die Zeit* vom 9. Juli 2009.

22 Die Konsequenzen aus dem Urteil – hier herrschte bei CDU/CSU, SPD, FDP und Bündnis 90/Die Grünen weitgehende Einigkeit – sind als Gesetzentwürfe nachzulesen in den Bundestagsdrucksachen 16/13923, 16/13924, 16/13925, 16/13926 und 16/13928. Die erste Lesung fand statt am 26. August 2009 (BtPPl 16/232 S. 26251 ff.); für sie wurde die Sommerpause unterbrochen, weil es (wieder) pressierte.

23 „Das Gesetzeswerk rauscht doch an den meisten Abgeordneten vorbei" – *Frankfurter Allgemeine Zeitung* vom 7. September 2009, S. 15.

24 *Das Parlament* vom 13. Juli 2009. Weiter heißt es im dort abgedruckten Interview mit Wimmer, blickend auf seine Zeit im Bundestag seit 1976: „Wir hatten, die vergangenen beiden Bundestagswahlen zusammengenommen, einen Weggang von rund 70 Prozent der Abgeordneten. Das ist ein Aderlass, den man nicht hinnehmen kann. Ich bin für frischen Wind im Parlament, aber ich bin gegen den Abbau von tradiertem Wissen. Der alte Bundestag in Bonn legte grösseren Wert auf das Wissen gestandener Parlamentarier. Wir waren auch engagierter. ... Der alte Deutsche Bundestag hat sich als Parlament in der Arbeit anders verstanden. ... Ich beobachte, dass sich auch die Qualität der Ausschussarbeit verändert hat. Auf der Regierungsseite gibt es einen Parallelprozess. Im alten Bonn kann ich mich nicht an so schludrige Gesetzentwürfe erinnern wie hier in Berlin."

2.2 Beschreibung des Studiengegenstands

Dieses Buch entstand aus einer politikwissenschaftlichen Arbeit mit einem klassischen Thema: Legitimität. Es geht der Frage nach, inwieweit die Einführung des Euro in Deutschland ausreichend demokratisch legitimiert ist – materiell, in der demokratischen Substanz, nicht lediglich mittels abzuarbeitender Formalitäten. Durften die Politiker das, was sie da getan haben? War es nicht nur korrekt, sondern auch nach bestem Wissen und Gewissen richtig?

Die Rekonstruktion hat die politischen Abläufe innerhalb der Bundesrepublik Deutschland zum Gegenstand, die zur Aufgabe der D-Mark und der Einführung des Euro führten: Motive und Strategien der politischen Akteure, die Probleme, mit denen sie sich konfrontiert sahen, ihre Lösungsversuche, ihre individuelle Sicht und Deutung der Ereignisse der zurückliegenden 22 Jahre, wobei der Schwerpunkt der Untersuchung liegt auf den vier Jahren 1995 bis 1998, der entscheidenden Phase der innenpolitischen Auseinandersetzung um die Währungsunion.

Haben die maßgeblichen Politiker und Gremien die „immanenten Legitimitätsschranken“ (Johannes Winckelmann) beachtet? Oder haben sie sie überschritten und dadurch „irrational und illegitim“ gehandelt – legal und doch nicht korrekt im Sinne des demokratischen Prinzips, wie es in Artikel 20 des Grundgesetzes verankert ist? Konnte der Bundestag als laut Bundesverfassungsgericht „primär“ Verantwortlicher für die Herstellung von Legitimität beim Übergang in die dritte EWU-Stufe überhaupt unter den gegebenen Bedingungen Legitimität schaffen?

Es handelt sich nicht um eine juristische, volkswirtschaftliche oder psychologische Untersuchung. Es geht nicht darum, ob die Einführung des Euro grundsätzlich eine gute Idee war. Es soll nicht untersucht werden, ob die Europäische Währungsunion einwandfrei vonstatten ging aus nationalökonomischer oder verfassungsrechtlicher Perspektive. Dazu gibt es viel Literatur.

Nur gestreift werden die psychologischen Probleme der Umstellung auf eine neue Währung, auch wenn solche Aspekte an einigen Stellen hineinwirken, weil sie den anhaltenden Unwillen der Regierten wenigstens zum Teil erklären. Die genannten Felder wurden und werden von der Forschung ausführlich bearbeitet und diskutiert; es herrscht kein Mangel an Analysen, Meinungen, Mahnungen.

Auch ein vielbeschriebenes und -beklagtes Demokratiedefizit auf der Ebene der Europäischen Union ist zwar eine Voraussetzung für die Fragestellung, aber nicht ihr Thema, denn an Schriften und Diskussionsbeiträgen herrscht auch hier schon lange kein Mangel mehr. Die sukzessive Stärkung der Rechte des Europäischen Parlaments darf sogar als ein Ergebnis dieser Auseinandersetzung zwischen Politik und Wissenschaft betrachtet werden. Von einem folgenlosen Diskurs kann man also an dieser Stelle nicht sprechen, auch wenn die Bemühungen um einen europäischen Verfassungsvertrag scheiterten an den Volksabstimmungen in Frankreich und den Niederlanden und ersetzt werden mußten durch den mühsam EU-weit ratifizierten *Lissabon-Vertrag*. Die Staatskommunikationen in den beteiligten Ländern hatten weitgehend versagt.

Die politischen Prozesse innerhalb der Bundesrepublik Deutschland im Hinblick auf die Entstehungsgeschichte des Euro erscheinen jedoch nur sehr selektiv erforscht. Offenbar ist der Euro für die Parlaments- und Parteienforschung „noch viel zu neu".[25] Daß eine Regierung im – zuletzt – weitgehenden Einvernehmen mit der Opposition mittels eines fast 14 Jahre dauernden Prozesses ein Projekt durchsetzt, das den Charakter des Landes verändert, ist für sich schon ein bemerkenswertes Ereignis.[26] Wenn dies zudem geschieht gegen den Willen einer Mehrheit der Regierten, ergeben sich Fragen:

- War das Vorgehen der Regierung und der sie tragenden Parteien legitim?
- Wie sind die wichtigsten Akteure vorgegangen?
- Was haben sie sich damals dabei gedacht, wie denken sie heute darüber?
- Wie haben sie versucht, Legitimität zu erzeugen oder zu erhöhen?
- Warum weigerten sich die Spitzen von Regierung *und* Opposition, einen erkannten Mangel an Legitimität durch eine Volksabstimmung zu beheben?
- Könnte alles am Mangel an „Legitimitätsglauben" (Max Weber) scheitern?

2.3 Untersuchungs- und Recherchemethoden

Leitfadengestützte Zeitzeugen- und Experteninterviews: Motivforschung stößt schnell an Grenzen. Erst recht gilt dies bei Politikern als Experten für Motivverschleierung. Dennoch liegt eine Chance, tatsächliche Motive zu erkennen, in der direkten Begegnung, im persönlichen Gespräch mit dem Akteur. Das Interview schließt Fehldeutungen nicht aus, doch kann es anderen Erkenntnisquellen überlegen sein. Die Dokumentation kann Dritten später neue, vielleicht treffendere Interpretationen – vor einem neuen Erfahrungshorizont – gestatten.

Sofern die Betreffenden noch leben und ihr Erinnerungsvermögen ungetrübt ist, sind Interviews das Mittel der Wahl, um Schilderungen und Bewertungen aus erster Hand zu erhalten. Aus diesem Grund hat der Verfasser 32 Interviews mit Akteuren und Experten der Währungsunion persönlich geführt, ihren Verlauf auf Tonband aufgezeichnet, transkribiert und zur Autorisierung vorgelegt.[27]

Ein Einwand, ein standardisierter Fragenkatalog hätte (auch angesichts der Heterogenität der Klientel) zu einer besseren Vergleichbarkeit der Interviewergebnisse geführt, scheint begründet, übersieht jedoch die Situation: Spitzenpolitiker wie Kohl, Schäuble, Genscher oder Lafontaine lassen sich so nicht behandeln, sondern würden derart präparierte Gäste nach wenigen Minuten aus dem Zimmer schicken. Auf diese Interviewpartner läßt man sich entweder ein und reagiert situativ, kreist ein Thema gegebenenfalls erst vorsichtig ein und stellt es beim Auftreten von Abwehrreaktionen auch einmal nach hinten – oder man wird nicht weit kommen.[28] Das war bei der Methodenwahl zu berücksichtigen (Anm. 3).

---

25 So die Auskunft der *Kommission für Geschichte des Parlamentarismus und der politischen Parteien* (Telefonat mit dem Sekretariat in Bonn vom 08. April 2004).

26 EU-Gipfel von Hannover im Juni 1988 bis Bargeldumtausch im Januar 2002.

27 Ausnahme: Hans-Dietrich Genscher gestattete eine Bandaufzeichnung des Interviews nicht. Das Memo des Verfassers, entstanden anhand von Notizen, gab er nach eingehendem Feinschliff der Zitate frei.

28 Nach Christel Hopf handelt es sich um einen „Prozeß permanenter spontaner Operationalisierung".

Standardisierter Fragebogen: Um die Entstehungsgeschichte des Euro aus der Sicht des Gesetzgebers zu erkunden, wurde an alle Abgeordneten, auf die es hier ankam, der 13. und 14. Legislaturperiode des Deutschen Bundestages (1994 bis 2002), zum Jahreswechsel 1999/2000 ein aus 30 Fragen bestehender Fragebogen verschickt. Einen bis auf Einzelformulierungen gleichen Fragebogen erhielten zwecks Quervergleichs gleichzeitig die deutschen Abgeordneten im Europäischen Parlament sowie die Abgeordneten des Hessischen Landtages. 414 Abgeordnete antworteten, was einer mittleren Rücklaufquote von 28,6 Prozent entspricht. Für eine ausführliche Befragung sollte dies ein annehmbarer Wert sein.

Viele Politiker machten von der Möglichkeit Gebrauch, den Fragebogen mit Anmerkungen und Kommentaren zu versehen.[29] Die Methode des persönlich geführten Interviews war bei 1448 zu befragenden Akteuren nur bei einzelnen Experten und den Meinungsführern und Dissidenten in den Fraktionen anwendbar.

Teilnehmende und nichtteilnehmende Beobachtung: Nicht-reaktive Methoden wandte der Verfasser an für Parteiveranstaltungen oder Pressekonferenzen. An schriftlichem Quellen wurden neben Literatur vor allem Bundestags- und Bundesratsprotokolle ausgewertet. Zeitlicher Ausgangspunkt der Untersuchung ist das *Genscher-Memorandum* vom 26. Februar 1988.[30] Einzelne Entwicklungen und Texte wurden bis Dezember 2009 berücksichtigt. Sofern nichts anderes angegeben wird, beziehen sich bei Zitaten alle Funktionsangaben auf den Zeitpunkt der Äußerung.

2.4 Entstehung und Arbeitsbedingungen

Der empirische Untersuchungsteil entstand zwischen Februar 1998 und Sommer 2003. Ausgangspunkt war die Frage, wie das Bundespresseamt versucht hat, Legitimität durch Erhöhung der Zustimmungswerte zum Euro herzustellen, um eine Erosion der Macht von Bundeskanzler Helmut Kohl auf diesem Feld abzuwehren.

Im Zuge der Recherchen fanden sich Hinweise, die auf Mängel bei der Behandlung der Thematik durch den Bundestag deuteten: Kritiker und Gegner der EWU würden, so berichteten einige Euro-Kritiker, durch eine Art *Schweigespirale* isoliert und stumm gemacht, was der gesamten gesellschaftlichen Euro-Diskussion elementar schade, die demokratische Qualität des Entscheidungsprozesses fragwürdig erscheinen lasse und nur schlimm enden könne.[31]

Dieser Vorwurf wurde als so gravierend empfunden, daß ihm der Verfasser nachgehen wollte – auch um den Preis einer zeitraubenden Ausweitung des Untersuchungsgegenstandes. Ergebnis: Eine *Schweigespirale* nach Elisabeth Noelle-Neumann existierte entweder höchstens in einem sehr speziellen Sinn. Oder sie

29 Es antworteten 20,3 Prozent der Bundestagsabgeordneten der 13. und 14. Wahlperiode, 27,9 Prozent der deutschen Europaabgeordneten und 38,2 Prozent der hessischen Landtagsabgeordneten.

30 Faksimile mit freundlicher Genehmigung des Verfassers im Anhang abgedruckt.

31 Ausführlich dazu der Aufsatz von Liesel Hartenstein (MdB/SPD): „Das Wagnis Euro -- kein Bravourstück der Demokratie." Hartenstein klagt, eine „offene und öffentliche, breit angelegten Debatte" sei zwischen 1992 und 1997 „nicht geführt" worden. Dabei handele es sich um „ein nicht entschuldbares Versäumnis" der Politik. S. 54 (1998).

existierte lehrbuchkonform, ließ sich aber mit den Methoden des Verfassers nicht nachweisen, da sich etwaige Urheber oder „Opfer" auch im – auf Wunsch anonym retournierten – Fragebogen nicht outeten (Anm. 4). Von Einzelfällen abgesehen, blieben solche Darlegungen aus. Die Abgeordneten der für den Euro wichtigsten zwei Wahlperioden bekennen sich zumindest rückblickend zur Währungsunion und ihrer Rolle als Wegbereiter.

Nein: Das Problem der demokratischen Legitimation erwies sich als komplizierter. Weniger zwischenmenschlicher Druck, ausgeübt in gruppendynamischen Prozessen, als vielmehr das Grundprinzip einer Europapolitik, bei der Bundestag und Bundesrat regelmäßig nur Vorgaben der Exekutive alternativlos nachvollziehen dürfen, bewirkte nach Meinung vieler Abgeordneten eine erhebliche, demokratietheoretisch bedenkliche Einschränkung ihrer Entscheidungsfreiheit. Das verband sich mit einer Delegation der Prüfung der EWU an wenige, als kompetent erachtete Kollegen. Unter den Abgeordneten herrschte *Null Bock auf gar nichts*, wie Liesel Hartenstein es ungehalten umschrieb.[32]

Die äußeren Arbeitsbedingungen dieser Untersuchung waren günstig und hinderlich zugleich. Als politischer Korrespondent mit Sitz in einem Studio in unmittelbarer Nachbarschaft zu Kanzleramt, Bundestag, Bundesrat und Bundespresseamt begegneten dem Verfasser zahlreiche Akteure regelmäßig im Bonner und später im Berliner Regierungsviertel. Häufig hatten Pressetermine, Hintergrundgespräche und sonstige Veranstaltungen seinerzeit den Euro ohnehin zum Gegenstand. Man mußte eine Fülle von Informationen zunächst nur sammeln und sortieren.

Es gab jedoch auch Hindernisse. Die Analyse eines politischen Vorgangs, der noch nicht abgeschlossen ist, im laufenden Betrieb, trifft bei den Akteuren nicht immer auf Gegenliebe. Manche fühlten sich beobachtet und von der Arbeit abgehalten. Auch der unvermeidliche Hinweis, man arbeite im Hauptberuf als Journalist, löste manchmal reservierte Reaktionen aus (Anm. 5). Als in allem waren die Voraussetzungen in Bonn bei diesem Thema aber recht gut.

Um Dritten eine möglicherweise treffendere Interpretation der erarbeiteten Quellen zu ermöglichen, werden der Wortlaut der Interviews sowie der Fragebogenrücklauf[33] gerne auf Anfrage für wissenschaftliche Zwecke auf Datenträger zur Verfügung gestellt.[34] Aus Platzgründen sind im Anhang nur die Interviews der damaligen Parteivorsitzenden Kohl, Waigel und Lafontaine komplett dokumentiert; die Seitenzahlen in den Fußnoten beziehen sich auf das vorliegende Buch. Die Seitenzahlverweise in Klammern zu allen übrigen Interviews des Verfassers (mit Zeitangabe, falls mehrere Interviews mit derselben Person geführt wurden) meinen die jeweiligen, hier nicht wiedergegebenen Originalabschriften.

---

32 Vgl. Burkhard Hirsch in einem Brief an den Verfasser vom 04. Januar 2000 (Auszüge zitiert in Kapitel 3.4).

33 MS-Word- und -Excel-Format. Einzelne Fragebögen wurden auf Wunsch anonymisiert.

34 Unter Berücksichtigung der von den Teilnehmern verlangten und ihnen zugesicherten Einschränkungen. Einzelne Interviews und Daten sowie Aktualisierungen und Ergänzungen dieser Monographie werden ab Herbst 2010 auf www.zwangsumtausch.eu online gestellt. Die Originalaufnahmen der Interviews werden mit einigen Ausnahmen ab dem Jahre 2011 auf Wunsch für (nachweislich) wissenschaftliche Zwecke zugänglich gemacht.

2.5 Vorläufer der Europäischen Währungsunion

Die gemeinsame Währung für Europa hat eine Reihe von neuzeitlichen Vorbildern und Vorläufern: Mehrere Münz- und Papiergeldvereinheitlichungen im Deutschland des 19. Jahrhunderts, die Lateinische Münzunion, die Skandinavische Münzunion, die Schaffung einer Einheitswährung in der belgisch-luxemburgischen Wirtschaftsunion seit 1921, die Eingliederung Österreichs in das deutsche Währungsgebiet 1938, die deutsch-deutsche Währungsunion von 1990.

Die meisten alten Währungsunionen sind aber aus unterschiedlichen Gründen gescheitert – manche bereits nach wenigen Jahren, andere nach Jahrzehnten.[35]

Immer, wenn eine monetäre Union nicht zugleich eine vollständige politische Union war, kam sie nach einer Studie von Theresia Theurl nicht hinaus über das Stadium eines „temporären monetären Arrangements" und löste sich früher oder später auf. Währungsunionen, die mit einer totalen politischen Unifikation ihrer Mitglieder einhergingen, erwiesen sich dagegen als irreversibel, wobei Unifikation zwar eine notwendige, aber noch nicht hinreichende Bedingung darstellte.[36]

Das Gelingen einer monetären Verschmelzung von Volkswirtschaften ist also an Voraussetzungen geknüpft, die sich nicht ohne weiteres einstellen. Haltbarkeit ergibt sich nicht von selbst. Dies gilt besonders für den hier untersuchten Vorgang.

Teilnehmerstaaten können sich nun nicht mehr nach Belieben verschulden, sondern sind an die Bedingungen des Maastrichter Vertrages gebunden, der Obergrenzen für die jährliche jeweilige Neuverschuldung diktiert und im Wege eines – mittlerweile stark aufgeweichten – „Stabilitätspaktes" dauerhaft festschreibt. Auch liegt das Ausmaß der Inflationsbekämpfung mit Hilfe der Justierung des Leitzinses nun nicht mehr in nationaler Souveränität. Damit entfällt für die Regierungen eine Möglichkeit, sich via Geldentwertung mit Blick auf die Staatsverschuldung schleichend, aber wirksam zu entlasten.

Wechselkurse, klassisches nationales Instrument zur Beeinflussung der Exportchancen, können seit Inkrafttreten der EWU am 1. Januar 1999 nicht mehr innerhalb von Zielzonen schwanken, sondern wurden – „unwiderruflich", wie es in Artikel 109g des *Maastricht-Vertrages* heißt – auf der Grundlage des ECU-Währungskorbes in einer logischen Sekunde auf fünf Stellen hinter dem Komma für die gesamte Euro-Zone festgelegt.[37]

Unterschiede in den Entwicklungen der einzelnen Volkswirtschaften können seitdem nicht mehr durch Anpassungen der Wechselkurse ausgeglichen werden.

---

35 Die Skandinavische Münzunion (1872 bis 1931) scheiterte nach 59 Jahren, die Lateinische Münzunion (1865 bis 1927) nach 62 Jahren.

36 Vgl. Theresia Theurl: Eine gemeinsame Währung für Europa: 12 Lehren aus der Geschichte, 1992. Die Autorin warnte, eine Irreversibilität der EWU sei angesichts des zu diesem Zeitpunkt (1992) absehbaren Grades an politischer Integration der EU keineswegs gesichert. – Der Euro-Kritiker Wilhelm Hankel nennt aus historischer Sicht eine durchschnittliche Haltbarkeit von Währungsunionen von zwölf bis 15 Jahren. „Solange gebe ich auch in etwa dem Euro." (Interview mit Wilhelm Hankel in der *Berliner Zeitung* vom 04. Oktober 2001).

37 Die Vertragstexte von Maastricht, S. 192 (1996).

Die Währungsunion ist damit weit mehr als ein finanztechnisches Projekt. Sie durchdringt den Alltag sämtlicher Einwohnerinnen und Einwohner der Eurozone und darüber hinaus.

Sollte sich eine Erwartung erfüllen, nach der der Euro den US-Dollar als Weltreservewährung auf längere Sicht ablösen oder ihm zumindest ernsthaft Konkurrenz machen kann – Anzeichen dafür mehren sich, auch wenn derzeit nach einer vielbeachteten chinesischen Intervention gegen den US-Dollar als Leitwährung mehr über IWF-SZR (Sonderziehungsrechte) gesprochen wird –, würden Konsequenzen für die Menschen in allen Erdteilen spürbar. Schwankungen des Eurokurses gegenüber der jeweiligen einheimischen Währung hätten für die Lebensumstände weltweit ähnliche Folgen wie heute Schwankungen des Dollarkurses.

Der Vertrag von Maastricht und seine Weiterungen ist somit eines der folgenreichsten Kapitel bundesdeutscher Politik. Trotzdem war die Einführung des Euro und die damit einhergehende Abschaffung der D-Mark über weite Strecken eine Angelegenheit der Exekutive. Der Vertreter des Souveräns, der Bundestag, spielte entgegen allen Mahnungen und Vorgaben aus Karlsruhe nur eine Nebenrolle und bestimmte zu keinem Zeitpunkt Tempo oder Regeln.

Das deutsche Parlament zog sich größtenteils zurück auf eine Rolle als Notar und nachträglich arbeitender Kontrolleur. Einzelne Abgeordnete haben dies kritisiert, fanden aber meist nicht einmal in den eigenen Reihen nennenswerte Unterstützung – zumindest nicht in Bonn, am damaligen Sitz der Regierung, auch wenn sich 1997, im Jahr vor dem Beschluß über den Eintritt in die dritte Stufe, allein in der SPD-Fraktion angeblich bis zu 100 Abgeordnete schwer taten mit dem Vorhaben.[38]

Anders als in anderen EU-Ländern war zu keinem Zeitpunkt eine Volksabstimmung über die Teilnahme an der EWU vorgesehen. Eine – zaghafte – Diskussion darüber kam in Deutschland erst lange nach der völkerrechtlich bindenden Unterzeichnung des Vertrages von Maastricht auf und verlief im Sande.

Bundeskanzler Kohl bekämpfte entsprechende Vorstöße, indem er ihren Urhebern angebliche unliebsame Folgen bei Problembereichen vor Augen hielt, von denen er vermutete, daß sie den Befürwortern eines Referendums am Herzen liegen: „Ich kann nicht an einem Punkt Abstimmungen verlangen und etwa in der Frage der Ausländerpolitik, um es einmal ganz konkret zu sagen, eine solche Entscheidung nicht herbeiführen." Außerdem seien Bundestagswahlen „die drastischste Volksabstimmung, die es gibt zu diesem Thema".[39]

Bundesfinanzminister Theo Waigel sekundierte, das Bundesverfassungsgericht habe bei der Frage der Ausweisung atomwaffenfreier Zonen solche Befragungen

38 Der SPD-Bundestagsabgeordnete Dieter Schloten berichtete dem Verfasser: „Viele bei uns haben den Euro skeptisch gesehen und die Unterzeichnung [meines Aufrufes von 1997, den Zeitplan einzuhalten] abgelehnt, etwa 80 bis 100 Kolleginnen und Kollegen. Also die Begeisterung in der SPD-Bundestagsfraktion für die EWU – die war gemäßigt. ... Die Euro-Skepsis vieler meiner Kolleginnen und Kollegen spiegelte eine Haltung der Basis in den Wahlkreisen gegenüber dem Euro." (Vgl. Kapitel 10.4)

39 Bundeskanzler Kohl in der Abschlußpressekonferenz nach einer CDU-CSU-Klausurtagung in Wildbad Kreuth, 27. Januar 1996 (Abschrift nach Bandaufnahme).

„klipp und klar" für unzulässig erklärt – „und bei der Entscheidung bleibt es".[40] SPD-Politiker kritisierten, die Regierungskoalition habe einen Volksentscheid verhindert, indem sie nach der Wiedervereinigung einen SPD-Vorstoß zur Verfassungsreform abgeblockt habe.[41]

Doch Kohl und Waigel waren überzeugt: Eine Volksabstimmung über den Euro würde negativ ausgehen.[42] Das Beispiel Dänemark und das sehr knappe Resultat in Frankreich bestärkten sie in dieser Befürchtung. Der Bundesrat verschaffte sich auf dem Feld der EWU zwar mehr Einfluß und sicherte sich ihn dauerhaft durch eine Änderung des Grundgesetzes, vermochte aber letztlich an den Vorgaben der Bundesregierung ebenso wenig zu rütteln wie der Bundestag.

2.6 Geldkreislauf – eine nie endende Volksabstimmung

Auf einen breiten gesellschaftlichen Konsens konnte sich der Euro in Deutschland zu keinem Zeitpunkt der politischen Auseinandersetzung stützen. Ob er sich heute, elf Jahre nach seiner technischen Einführung, eingestellt hat, ist offen. Man benutzt ihn mangels Alternative, aber man liebt ihn augenscheinlich nicht. Der Euro blieb – wie andere europäische Entwürfe, etwa Verfassungsvertrag oder EU-Erweiterungen – bis zur Bargeldumstellung und länger ein Projekt der Eliten.

In den Jahren der innenpolitischen Auseinandersetzung um das Schicksal der D-Mark zeigten die meisten demoskopischen Untersuchungen, daß die Zahl derjenigen Bürgerinnen und Bürger, die die Währungsunion ablehnen oder ihr skeptisch gegenüberstehen, größer ist als die derjenigen, die die Abschaffung der D-Mark und die Einführung des Euro begrüßen.[43]

Beispiel Herbst 1998: Bereits das Auftreten des neuen Bundesfinanzministers Oskar Lafontaine mit seinen Forderungen nach einer Zinssenkung und politischer Steuerung der Europäischen Zentralbank irritierte Bürgerinnen und Bürger und belebte Zweifel an der Stabilität des Euro.[44] Besonders unsicher in ihrer Einstellung waren ältere Menschen. Wer 65 Jahre oder älter war, reagierte sensibler auf eurore-

40 Waigel in derselben Kreuther Pressekonferenz wie vor (Abschrift nach Bandaufnahme).

41 Heidemarie Wieczorek-Zeul in einer Pressemitteilung vom 12. Februar 1998.

42 Interview mit Helmut Kohl, S. 285; Theo Waigel zum Verfasser am 3. Februar 2003.

43 Das *Institut für Demoskopie Allensbach* fragte im Frühjahr 2003: Wie groß ist Ihr Vertrauen in den Euro? Antworten: „Habe großes Vertrauen" 29 Prozent, „Weniger Vertrauen" 44 Prozent, „Kaum, gar kein Vertrauen" 16 Prozent, „Unentschieden" 11 Prozent (n = 1013 Befragte ab 16 Jahre). Veröffentlicht in *Frankfurter Allgemeine Sonntagszeitung* vom 08. Juni 2003, S. 29. *Polis/Usuma* fragte im Herbst 2003: „Halten Sie die Einführung des Euro in Deutschland vor bald zwei Jahren für falsch oder richtig? Antworten: „falsch" 57 Prozent, „richtig" 41 Prozent, keine Angabe 2 Prozent (*Focus* 39/2003, S. 11).

44 Vgl. *Handelsblatt* vom 13./14. November 1998, S. 9: Lafontaines Vorstoß schwächt das Vertrauen in den Euro: „War das Kräfteverhältnis zwischen Euro-Befürwortern und Euro-Gegnern in Deutschland im Oktober [1998] mit jeweils 43 Prozent noch ausgeglichen, so haben nun die Skeptiker wieder Oberwasser: 44 Prozent der Deutschen sprechen sich gegen die Gemeinschaftswährung aus, unterstützt wird sie nur noch von 40 Prozent", unter Berufung auf eine Erhebung des *Psephos-Institutes für Wahlforschung und Sozialwissenschaft*, Potsdam. Telefonumfrage unter 1005 wahlberechtigten Deutschen über 18 Jahre. Erhebungszeitraum: 5. bis 11. November 1998.

levante Nachrichten als jüngere. Verbale Aktivitäten eines einzelnen Politikers verursachten Rückschläge im Vertrauen; der Rücktritt dieses Politikers erzeugte demgegenüber einen Kurssprung des Euro gegenüber dem Dollar, was auf Mißtrauen auch unter professionellen Marktteilnehmern schließen ließ.

Der Medienanalyst Roland Schatz wies anhand statistischer Auswertungen eine überdurchschnittlich direkte Korrelation von Tendenzen der Presseberichterstattung mit der (bald darauf reagierenden) Stimmung der Bevölkerung nach. Ein stabiles, fundiertes Meinungsbild gegenüber der neuen Währung existierte nicht.[45]

Die Euphorie der Märkte in den Tagen nach Neujahr 1999, als Kommentatoren von einem „fulminanten Start" der neuen Währung sprachen, war nach zwei Wochen verflogen und machte Platz für Auseinandersetzungen, wer oder was schuld sei an immer neuen Tiefständen gegenüber dem US-Dollar. Umgekehrt ärgerten sich Euro-Befürworter, eine Erhöhung des Außenwertes des Euro (etwa 2004 mit neuen Tiefstmarken der US-Währung) werde lediglich zur Kenntnis genommen, ändere aber nichts an der Empfänglichkeit für ungünstige Nachrichten.

„Zerbrechlich" nannte Wolfgang Clement 1999 als Ministerpräsident von Nordrhein-Westfalen Erhöhungen der Zustimmungsraten: „Weil der Euro den ehrgeizigen Versuch unternimmt, die Gleichzeitigkeit des Ungleichzeitigen zu bannen."[46]

Bis zur Jahrtausendwende hatten die Politiker die Hoffnung, die Materialisierung des neuen Geldes, die Gewöhnung an den Euro, die Erfahrung von Vorteilen etwa im Urlaub werde zu einer nachträglichen Legitimierung der Entscheidung führen. Im übrigen vertraute man auf die normative Kraft des Faktischen. Mangels aussagekräftiger Untersuchungen ist die Frage im Moment offen. Auffällig ist allerdings, wie weit die EWU-Akzeptanzwerte in den Bevölkerungen der Euro-Zone laut *Eurobarometer* regelmäßig auseinandergehen, sofern im Einzelfall danach gefragt wurde. Und steigende Preise gelten europaweit mit weitem Abstand als größtes Problem – weit vor Arbeitslosigkeit.[47]

Akzeptanz ist die Zwillingsschwester der Legitimität. Wo Akzeptanz ist, ist Legitimität nicht weit. Entweder war sie bereits vorher da – oder sie wird demnächst eintreffen. Und umgekehrt: Wo Legitimität schwindet, wird auch die Akzeptanz nicht von Dauer sein. Eine Währung, speziell eine neue, unerprobte, ist existentiell auf Akzeptanz angewiesen. Geld, das nicht oder erst nach längeren Diskussionen angenommen wird, erleidet einen Wertverlust und wird bald von Ersatzwährungen verdrängt, wie es weltweit seit der Erfindung des Geldes vielfach geschehen ist.[48]

Der Akzeptanztest findet mit jedem Bezahlvorgang und damit täglich millionenfach statt, mit jedem Kauf oder Verkauf einer Ware oder Dienstleistung. Unbe-

---

45 *Medien-Tenor* 01. Oktober 1996 bis 24. Februar 1997, veröffentlicht in *MT-Forschungsbericht* 4. Jahrgang Nr. 58 vom 15. März 1997. Danach ließen sich nur noch Kohl, Waigel und die Banken („Nur die, die müssen") pro Euro zitieren, während der Zweifel Konjunktur habe, sogar in internationalen, angesehenen Zeitungen. So erklärte Herausgeber Roland Schatz eine wieder skeptischere Haltung der Bevölkerung.

46 *Frankfurter Allgemeine Zeitung* vom 22. März 1999, S. 15.

47 Vgl. *Eurobarometer* der Europäischen Kommission, Ausgaben 66 bis 70.

48 Zu den großen Inflationen in Deutschland und ihren traumatischen Folgen für das kollektive Bewußtsein der Deutschen vgl. *Spiegel Special* 02/98, S. 70.

wußt, wenn es sich – wie seinerzeit bei der D-Mark – um eine bekannte und bewährte Währung handelt, sehr bewußt, wenn es die handelnden Subjekte mit ihnen unbekannten, ungewohnten oder suspekten Währungen (auch Ersatzwährungen, etwa Zigaretten) zu tun bekommen.[49] Dabei kann es geschehen, daß gestern noch problemlos akzeptierte Währungen plötzlich nicht mehr oder nur noch eingeschränkt akzeptiert werden oder daß früher gering geachtete Währungen im Wert steigen, etwa, weil die Wirtschaftskraft des bezogenen Landes gestiegen ist.

Der Akzeptanztest kommt niemals zum Stillstand, sondern begleitet eine Währung während der gesamten Dauer ihrer Existenz. Es handelt sich um einen quasi basisdemokratischen Vorgang, da jeder, der Geld ausgibt oder annimmt, immer wieder teilnimmt und durch sein Handeln abstimmt.[50]

2.7 Gesellschaftliche Brisanz der Währungsfrage

Politische, wirtschaftliche oder monetäre Krisen, die von der Bevölkerung zu Recht oder zu Unrecht in einen kausalen Zusammenhang mit dem Euro gebracht würden – Lohndumping, Abbau von Sozialleistungen, Verfall von Binnen- oder Außenwert der Währung, Rezession, weitere Verschärfung der Arbeitslosigkeit oder ähnliches – könnten, wie das Schicksal der Weimar Republik zeigt, unmittelbar oder mittelbar einen Delegitimierungsprozeß des politischen Systems auslösen oder einen bereits laufenden verstärken.

Das Vertrauen der Menschen in das Urteilsvermögen ihrer politischen Klasse würde im Falle einer vermeintlich oder tatsächlich währungsinduzierten Krise leiden – etwa in dem Sinne: Wenn sie schon glauben, den Euro „von oben durchsetzen" (Wolfgang Clement[51]), die D-Mark „über die Köpfe der Bürger hinweg" (Günter Verheugen[52]) abschaffen zu dürfen, dann verlangen die Bürger unausgesprochen, daß sie genau wissen, was sie da tun – und wehe, es erweist sich irgendwann das Gegenteil (Anm. 6).[53] Scheitern darf der Euro auch nach Meinung seiner

49 Die Akzeptanzprobleme der Euro-Geldscheine sind Legion und werden im Alltag als fast selbstverständliche Unannehmlichkeit hingenommen. So ist eine 500-Euro-Note weitgehend unbrauchbar und ihre Verwendung vielerorts eine Möglichkeit, Bekanntschaft mit der Polizei zu machen, weil man in Verdacht gerät, mit Falschgeld zu hantieren. Stellenweise kann man bereits mit 200- und 100-Euro-Noten scheitern.

50 Insofern ist die von den Euro-Protagonisten gerne ins Feld geführte Beobachtung, die Bargeldumstellung zur Jahreswende 2001/2002 sei völlig problemlos verlaufen, das neue Geld ohne Murren, ja vielerorts sogar fröhlich akzeptiert worden, angesichts des Zeitraumes, um den es geht (unbegrenzt, postulieren die Urheber der EWU doch Irreversibilität), nur eine Momentaufnahme.

51 „Clement mahnte, die Europäische Währungsunion müsse die letzte europäische Reform sein, die ‚gewissermaßen von oben durchgesetzt' worden sei." (*AFP*-Meldung vom 14. September 2000)

52 *Süddeutsche Zeitung* vom 02. September 2000, S. 14; vgl. Kap. 2.9.

53 Vgl. Viktoria Kaina: Elitenvertrauen und Demokratie. Die Produktion von Legitimität sei nach der Wiedervereinigung schwieriger geworden; das strukturelle Spannungsverhältnis zwischen autonomen Entscheidungsräumen von Eliten und der Legitimation ihres Handelns verschärfe sich. Das „super-repräsentative" Institutionensystem der Bundesrepublik gerate unter Anpassungsdruck im Hinblick auf eine Aufnahme plebiszitärer Elemente.

Protagonisten wie Jürgen Stark, damals Staatssekretär und wichtigster Euroexperte des Bundesfinanzministeriums, auf keinen Fall:

> Wir haben nur einen Schuß frei. Zu viel steht auf dem Spiel, als daß wir uns einen Fehlschuß erlauben könnten. Die WWU eignet sich nicht für eine Strategie des „trial and error".[54]

Sollte das mentale Akzeptanzdefizit tatsächlich einhergehen mit einem Legitimitätsdefizit, könnte dies in kritischen Situationen ökonomische und politische Gefahren heraufbeschwören, die sich wechselseitig hochschaukeln.

Eine bestandene Volksabstimmung hätte dieses Problem gelöst, zumindest entschärft: Referenz-Objekt einer eventuell als solche empfundenen Fehlentscheidung wäre im Krisenfall nicht mehr allein eine Elite, sondern in erster Linie die Bevölkerung selbst, hat sie doch mehrheitlich zugestimmt.[55] Die Politik hätte das Volk in Mithaftung nehmen können. Doch das erschien ihr zu riskant.

Man sollte deshalb meinen, das Akzeptanzdefizit hätte die Bundesregierung alarmieren und zu größten Anstrengungen zwecks Behebung veranlassen müssen. Doch das war nur eingeschränkt der Fall. Bundeskanzler Kohl kannte den Mangel an Zustimmung zum Euro aus den regelmäßigen Analysen des Referates III 3 des Bundespresseamtes genau.[56] Renate Köcher, Geschäftsführerin des *Institutes für Demoskopie Allensbach*, reiste regelmäßig nach Bonn ins Kanzleramt, um Kohl die Stimmungslage der Nation zu erläutern (*Allensbach* wurde seit 1951 von CDU-Kanzlern bevorzugt). Dadurch wußte Kohl auch über seine Chancen in der Bundestagswahl 1998 Bescheid. Eine professionelle und wirkungsvoll ausgestattete Pro-Euro-Kampagne brachte das dem Kanzleramt zugeordnete Bundespresseamt jedoch trotz jahrelanger Bemühungen nicht zu Stande (Anm. 7).

Als Kohl klar wurde, daß er nicht mehr mit einem Stimmungsumschwung rech nen durfte, deutete er die Durchsetzung des Projektes um in ein Paradebeispiel politischer Führung durch den Bundeskanzler (Anm. 8). Dieser hätten sich andere Institutionen und Personen unterzuordnen: Als es mit dem bayerischen Ministerpräsidenten Edmund Stoiber Streit gab um die Auslegung der Defizitkriterien und

---

54 Zitat aus Manuskript eines Vortrags von Jürgen Stark „Die Wirtschafts- und Währungsunion aus deutscher Sicht", S. 52 (1996).

55 Damit läßt sich auch erklären, warum die Menschen in den neuen Bundesländern ihre vielfältigen Enttäuschungen (bisher jedenfalls) mehrheitlich vergleichsweise geduldig hinnehmen, haben sie sich doch in einer Volksabstimmung – als solche darf man die Volkskammerwahlen vom 18. März 1990 betrachten – für den Beitritt entschieden (vgl. *Berliner Zeitung* vom 19. März 1990: Erste freie Wahlen zur Volkskammer der DDR – Eine klare Mehrheit für die schnelle deutsche Einheit).

56 In Wolfgang Gibowski hatte Kohl sogar einen führenden Meinungsforscher von der *Forschungsgruppe Wahlen* ins Bundespresseamt geholt, diesen später aber kaltgestellt. – Als spätere Reaktion auf den Mangel an Euro-Akzeptanz erinnerte Kohl an seine Erfahrungen bei der Durchsetzung anderer umstrittener Pläne gegen den erbitterten Widerstand gesellschaftlicher Gruppen: „Die Stationierung von Pershing-Raketen war Voraussetzung für die Deutsche Einheit. Hätte ich damals auf die Kirchen gehört, hätten wir die deutsche Einheit nicht bekommen." (Kohl in der Pressekonferenz nach einer CDU-CSU-Klausurtagung in Wildbad Kreuth am 27. Januar 1996 – Abschrift nach Bandaufnahme)

die Bedeutung der abschließenden Stellungnahme der Bundesbank, stellte Kohl klar, das letzte Wort habe die Regierung und nicht die Bundesbank.[57]

Kohl spielte *va banque:* Ob der Kanzler einen auf die Spitze getriebenen Konflikt mit der vom Volk verehrten Bundesbank politisch überlebt hätte, mußte nach allen Erfahrungen als höchst unsicher gelten, was Kohl natürlich wußte. Doch nicht Kohl lenkte im letzten Moment ein, sondern die Bundesbank. Vielleicht war es Kohl auch schon egal angesichts der sich bereits abzeichnenden Wahlniederlage.[58]

Die politische Klasse Deutschlands könnte schließlich aus dem Verfahren, wie die Währungsunion gegen den Willen der Bevölkerungsmehrheit durchgesetzt werden konnte, den gefährlichen Schluß ziehen, das Bemühen um Akzeptanz sei in der postmodernen Gesellschaft bei nur hinreichend komplexen Problemstellungen und ausreichend hohem Anteil an *Fait-accompli*-Komponenten á la *Maastricht-Vertrag* überflüssig geworden, weil es inzwischen reiche, die jeweils thematisch relevanten Eliten auf ihre Seite zu ziehen. Und dies, obwohl Karlsruhe wiederholt die solitäre Rolle von demokratischen Willensbildungs- und Wahlakten betont hat: „Das demokratische Prinzip ist nicht abwägungsfähig; es ist unantastbar."[59]

Mit dem ersten Karlsruher Maastricht-Urteil vom 12. Oktober 1993 wurde die zentrale Verantwortung des Bundestages für den weiteren Ablauf der deutschen Beteiligung an der EWU höchstrichterlich bestätigt und bekräftigt. Doch was scheinbar klare Verhältnisse schuf, erweist sich bei näherer Betrachtung als Muster ohne Wert. Die Diskussion, wie weit der Einfluß des Bundestages im konkreten Fall, bei der Einführung des Euro, tatsächlich ging oder hätte gehen können und bis zu welchem Zeitpunkt welche Einflußmöglichkeit gegeben war, endete nicht mit dieser Entscheidung, sondern begann. Trotz ihrer Bedeutung blieb sie auf einen kleinen Kreis von Juristen beschränkt, und diese erkannten mehrheitlich einen Bundestag, dem, wie im folgenden gezeigt wird, in der EWU-Frage ab 1993 die Hände gebunden waren – ungeachtet der Fallhöhe des Gegenstands.

2.8 Geldbesitz als Frage der persönlichen Sicherheit

Politische Entscheidungen brauchen Legitimität. Dies gilt um so mehr, je tiefer eine politische Entscheidung in das Leben der Regierten eingreift. Ein sehr tiefer Eingriff war die Aufgabe der nationalen Währung zugunsten einer neuen, supranationalen, der freiwillige Verzicht der Bundesrepublik Deutschland auf ein zentrales Element nationaler Souveränität.

Das Währungssystem ist zentraler Bestandteil der geltenden Herrschaftsordnung. Es durchdringt den Alltag und bestimmt die materiellen Grundlagen von Gegenwart und Zukunft aller Mitglieder des jeweiligen Währungsraumes.[60] Niemand, der

57 *Bonner General-Anzeiger* vom 21. Februar 1998, S. 1.

58 Vgl. Interview mit Helmut Kohl, S. 294.

59 Vgl. BVerfGE vom 30. Juni 2009, Absatz 216.

60 Bundesbank-Pressesprecher Manfred Körber rechnete vor, eine Erhöhung der Inflationsrate um einen Prozentpunkt bedeute einen Kapitalverlust von 45 Milliarden D-Mark für die Inhaber von Sparguthaben (Memo des Verfassers einer Informationsveranstaltung der *Frankfurter Sparkasse von 1822* im November 1996 in Hofheim am Taunus).

hier lebt, kann ihm ausweichen. Als entsprechend elementar werden Währungsfragen, etwa im Hinblick auf den künftigen Geldwert, von den Menschen empfunden.

Folgerichtig bildete die Währungspolitik zu Lebzeiten der D-Mark ein wichtiges Segment der deutschen Innenpolitik; sie konnte hitzige Debatten – etwa über Auf- oder Nichtaufwertung der D-Mark – und sogar Kabinettsumbildungen auslösen.[61] Der Soziologe Georg Simmel erklärt dieses Phänomen wie folgt:

> Das Gefühl der persönlichen Sicherheit, das der Geldbesitz gewährt, ist vielleicht die konzentrierteste und zugespitzteste Form und Äußerung des Vertrauens auf die staatlich-gesellschaftliche Organisation und Ordnung.[62]

Wer den Menschen etwas wegnehmen will, das in ihren Augen bisher hervorragend funktioniert hat, braucht dafür sehr gute Gründe. Das ist eine Voraussetzung für die Tatsache, daß das Projekt der EWU seit Ende der 80er Jahre, als es konkret zu werden begann, so gut wie ununterbrochen unter einem Mangel an Akzeptanz in der Bevölkerung litt, der sich regelmäßig in Umfragen – etwa der Europäischen Kommission (*Eurobarometer*) – niederschlug. Kohls „Staatskommunikation" (Hermann Hill), mit der sein Bundespresseamt in den Jahren 1994 bis 1998 Ablehnung in Zustimmung verwandeln wollte, hat versagt.[63]

Ein zentrales politisches Projekt dieser Regierung mit tiefgreifenden Folgen für den Alltag aller (damaligen und seinerzeit zukünftigen) Besitzer von D-Mark wurde vorbereitet und durchgesetzt gegen den vielfach in Umfragen dokumentierten Mehrheitswillen der Regierten. Diese sahen eine Notwendigkeit nicht. Vielmehr war die Vermutung verbreitet, ohne Not werde die D-Mark auf dem Altar Europas geopfert. Es geschah nach Schilderung der Akteure ohne Zwang, freiwillig. An den Grad der Legitimität des deutschen Beitritts zur EWU sind damit nach Ulrich K. Preuss besonders hohe Anforderungen zu stellen:[64]

> Gerade weil die Gemeinschaft ein freiwilliger Zusammenschluß von Staaten und den in ihnen politisch organisierten Völkern ist, steht ihre Legitimität unter einem viel höheren Leistungs- und Erwartungsdruck als diese Staaten selbst.[65]

---

61 Der Streit um den Außenwert der D-Mark im Jahre 1972 gilt als Auslöser des Rücktritts von Bundeswirtschafts- und Finanzminister („Superminister") Karl Schiller. 1957 und 1960 hatte sich diesbezüglich bereits Vorgänger Ludwig Erhard heftige Auseinandersetzungen mit der Bundesbank geliefert.

62 Zitiert nach Peter M. Schmidhuber: Die Europäische Wirtschafts- und Währungsunion und das Problem der Glaubwürdigkeit, S. 199 (1998).

63 Einzelheiten in: Hill, Hermann, Staatskommunikation, 1993.

64 Die demokratische Legitimation der Alltagsentscheidungen der Zentralbanken – früher der Deutschen Bundesbank, heute der Europäischen Zentralbank – etwa im Hinblick auf Zinssätze oder Interventionen am Devisenmarkt wird in der Wissenschaft diskutiert. So erkennt etwa Frauke Brosius-Gersdorf ein Legitimationsdefizit der Bundesbank sowohl personell als auch sachlich-inhaltlich, sieht es aber „verfassungsrechtlich gerechtfertigt" durch Art. 88 i. V. m. Art. 23 GG. [Frauke Brosius-Gersdorf: Deutsche Bundesbank und Demokratieprinzip, S. 400 (1997)]. Danach ist das ein legales Legitimitätsdefizit.

65 *Transit – Europäische Revue*, Heft 17. Insofern, so Preuss weiter, stehe die „Legitimation durch Effizienz durchaus gleichberechtigt" neben der durch Zustimmung – es handele sich „um zwei verschiedene Säulen eines europäischen Konsenses". Anmerkung des Verfassers: Dieses Säulenbild erscheint nach Preuss eigener Argumentation nicht schlüssig.

Wir haben es also mit vier Faktoren zu tun, die den an die Qualität des Legitimierungsprozesses anzulegenden Maßstab verschärfen:

- Hohe Zufriedenheit mit dem vorhanden Zustand
- Hohe Relevanz für das Leben der Bevölkerung auf unabsehbare Zeit
- Hohe Ablehnungsquoten gegenüber der geplanten Veränderung
- Ursprünglich hoher Grad an Freiwilligkeit des Projektes[66]

Genauso wenig, wie eine politische Entscheidung bereits *per se* legitim ist, wenn sie sich auf eine von der Demoskopie festgestellte Unterstützung der Bevölkerung stützen kann, wird sie in einem repräsentativen System automatisch illegitim, wenn diese Unterstützung im konkreten Fall fehlt.

Die Nachkriegsgeschichte kennt Grundsatzentscheidungen, die gegen den (ursprünglichen) Willen eines Großteils der Bevölkerung und wichtiger gesellschaftlicher Gruppen durchgesetzt worden sind, etwa die Westbindung der Bundesrepublik in den 50er und die *NATO*-Nachrüstung in den 80er Jahren. Anders als im Falle der EWU wurden beide Schritte jedoch nachträglich in Wahlkämpfern explizit thematisiert und in Bundestagswahlen implizit sanktioniert. Die Wähler gaben Konrad Adenauer 1953 und 1957 Mehrheiten.[67] Helmut Kohl durfte aus dem Ergebnis der Bundestagswahl 1983 Zustimmung für seinen Nachrüstungskurs herauslesen, mit dem Vorgänger Helmut Schmidt (an der eigenen Partei) gescheitert war.[68]

Man könnte einwenden, mit der Zurückweisung der Verfassungsklagen gegen die Teilnahme Deutschlands an der EWU, spätestens mit den zustimmenden Entscheidungen von Bundestag und Bundesrat, allerspätestens mit dem Scheitern der Anti-Euro-Parteien bei der Bundestagswahl 1998 sei die Frage nach der Legitimität beantwortet. Eine solche Betrachtung würde den hier besonders hohen Legitimitätsanforderungen, die sich aus der Tragweite der politischen Entscheidung und dem Widerstand der Bevölkerung ergeben, jedoch nicht gerecht.

Es lohnt ein Blick in die Feinheiten. Karlsruhe hat sich in seinem Beschluß vom 31. März 1998 eine inhaltlich-materielle Prüfung des Euro-Beitritts weitgehend versagt und auf eine Beschreibung der Spielräume von Bundesregierung und Bundestag beschränkt. Verantwortlich für die Übertragung der Währungshoheit und die

---

Wenn es in erster Linie Effizienzerwägungen sind, die die EU zusammenhalten, dann würde die „Säule" Zustimmung sofort zerbröckeln, sobald die Effizienzerwartungen der Bevölkerung enttäuscht werden. In Wirklichkeit dürfte es sich also um ein und dieselbe Säule handeln, bestehend aus zwei Bauelementen „Zustimmung" und „Effizienz" – ohne Effizienz keine Zustimmung mehr. Speziell in Währungsfragen dürfte auch gelten: Ohne Zustimmung irgendwann keine Effizienz mehr.

66 An ein Projekt, das die meisten Menschen nur am Rande berührt, dessen Vorläufer nach allgemeiner Wahrnehmung nur unzureichend funktioniert, dem man ausweichen oder das jederzeit rückgängig gemacht werden könnte, dürfte man einen weniger strengen Legitimitätsmaßstab anlegen.

67 1957 erhielt die Union sogar die absolute Mehrheit der Mandate und der Stimmen.

68 Im Sinne von Seymour Martin Lipset ist es dem politischen System also gelungen, auf einem zentralen Feld seiner Arbeit aktiv zu seiner Anerkennung als legitim beizutragen. Aus „diffuser" Unterstützung wurde „spezifische" (David Easton) – ein Phänomen, das von den Akteuren im Falle des Euro immer erhofft wurde, aber bislang – zumindest in Deutschland – nicht nachhaltig eingetreten ist.

Fortentwicklung durch eine Änderung ihrer vertraglichen Grundlagen sei gemäß Artikel 23 Absatz 1 Grundgesetz „primär der Gesetzgeber", für den Vollzug des Vertrages „primär die Bundesregierung". Der Währungsumtausch finde in Artikel 88 Satz 2 Grundgesetz „sowie in der Zustimmung von Bundestag und Bundesrat zum Maastricht-Vertrag ... eine ausreichende verfassungsrechtliche Grundlage". Der Vertrag eröffne „Einschätzungs-, Bewertungs- und Prognoseräume":

> Die Beurteilung der Entwicklungen fordert Analysen und Voraussagen mittels praktischer Vernunft, die sich nur annähernd auf Erfahrungswissen stützen können.[69]

Die verantwortlichen Organe, so der Zweite Senat weiter, hätten Entscheidungen zu treffen, „in denen sich Tatsachenfeststellungen, Erfahrungswerte und willentliches Gestalten in fließenden Übergängen mischen". Endgültige Sicherheit könne es speziell im Hinblick auf die Sicherung des künftigen Geldwertes nicht geben, sondern lediglich „eine Einschätzung nach Wahrscheinlichkeit", so der einstimmig gefaßte Beschluß. Angesichts dieser Sachlage, so das Gericht, seien die Befugnisse klar durch Artikel 23 des Grundgesetzes geregelt:

> In diesem Bereich rechtlich offener Tatbestände zwischen ökonomischer Erkenntnis und politischer Gestaltung weist das Grundgesetz die Entscheidungsverantwortlichkeiten Regierung und Parlament zu.[70]

Sofern sie die Regeln „praktischer Vernunft" beachteten, hätten Regierung und Parlament einen großen Ermessensspielraum, ob und unter welchen Voraussetzungen sie die Hoheit über die in Deutschland gültige Währung in neue Hände legen.

Mit ihrer Berufung auf ethische Kategorien eröffneten die Richter ein weites Feld. Carl Schmitt warnte 1926 angesichts der Krisen der *Weimarer Republik* vor einer Zerstörung der ideellen Voraussetzungen des Parlamentarismus durch Entfall von Diskussion, Öffentlichkeit, Repräsentation.[71] 1993 machte Karlsruhe der Politik sehr allgemeine und interpretationsbedürftige Vorgaben. Um so mehr ist zu prüfen, inwieweit die Abgeordneten wenigstens diese Minimalvorgaben erfüllt haben, erfüllen konnten. Forscher betrachten die Bedingungen, unter denen die Abgeordneten arbeiten, jedoch mit Skepsis.

2.9 Europa-Politik des Bundestages geht am Stock

Hans H. Klein erkennt eine „atemberaubende Einbuße an politischer Steuerungsfähigkeit", die der Bundestag im entgrenzten Verfassungsstaat erlitten habe und fortschreitend erleide. Trotz ihrer „Machtlosigkeit" werde die nationale Politik nach wie vor für alles, was schieflaufe, von den Bürgern verantwortlich gemacht – der Bundestag härter als die Regierung, da diese sich noch wenigstens als Akteur auf supra- und internationaler Ebene präsentieren könne.[72]

69 BVerfGE in den Verfahren 2 BvR 1877/97 und 2 BvR 50/98 vom 31. März 1998, S. 12.
70 Ebenda, S. 13.
71 Vgl. Carl Schmitt: Die geistesgeschichtliche Lage des heutigen Parlamentarismus.
72 Hans H. Klein, Bundesverfassungsrichter a. D.: Entmachtung der Parlamente. *Frankfurter Allgemeine Zeitung* vom 29. November 2004, S. 8.

Stefan Marschall stellt ebenfalls fest, die nationalen Parlamente müßten auf Entwicklungen reagieren, die sie nicht beeinflussen könnten: „Ihre Spielräume werden eingeschränkt, nicht jedoch ihre Verantwortlichkeit." Nationale Volksvertretungen würden zu „schwachen" Organisationen, „die nicht mehr steuern können"[73], zu „governments without governance".[74] Dadurch würden die Volksvertretungen zum „Verlierer im Mehrebenenspiel".[75] Die „Entgrenzung" der Politik sprenge den Bezug zwischen Politikbetroffenen und Politikgestaltenden, zwischen Repräsentierten und Repräsentanten und damit das Kernstück parlamentarischer Repräsentation".[76]

Sven Hölscheidt sieht den Bundestag in EU-Angelegenheiten leiden an „Desinformation durch Überinformation".[77]

Für Klaus von Beyme zeichnen sich die Außenpolitiker im Deutschen Bundestag aus durch „Amateurismus". Sie könnten mehr Einfluß ausüben, wenn sie nur wollten; Sanktionspotentiale würden nicht ausgenutzt.[78]

Annette Elisabeth Töller schreibt, die Einrichtung eines im Grundgesetz verankerten EU-Ausschusses mit erweiterten Kompetenzen, 1994 beschlossen unter dem Eindruck des Maastricht-Ratifikationsverfahrens, habe die Situation nur zum Teil gebessert. Zwar sei es dem Ausschuß gelungen, bei der Vertragsentwicklung zum „zentralen parlamentarischen Akteur" aufzusteigen. Im Bereich der europäischen Gesetzgebung nutze er dagegen seine formalen Möglichkeiten, den Europakurs der Bundesregierung zu beeinflussen, „so gut wie gar nicht"; Beschlußempfehlungen an das Plenum seien selten.[79]

Europapolitik bleibt laut Töller das Betätigungsfeld einer kleinen Gruppe von Abgeordneten. Es lohne sich für sie nicht, Zeit für Aktivitäten zu verwenden, die für ihre Wiederwahl keinen Gewinn versprächen. Denn auch wenn europäische Rechtsetzung die Menschen in den Wahlkreisen unmittelbar betreffe, seien ihre Gegenstände meist kompliziert und nicht öffentlichkeitswirksam zu plazieren.[80]

---

73 Stefan Marschall: „Niedergang" und „Aufstieg" des Parlamentarismus im Zeitalter der Denationalisierung, S. 384.

74 James N. Rosenau/Ernst-Otto Czempiel (Hg.): Governance, Order and Change in World Politics, S. 5.

75 Stefan Marschall, a. a. O., S. 380.

76 Ebenda, S. 381. Allerdings, so Marshall, sei das Entparlamentarisierungs-Paradigma umstritten. Vielerorts stehe eine Re-Parlamentarisierung als Instrument der Legitimierung hoch im Kurs: Einrichtung *Parlamentarischer Versammlungen* in diversen internationalen Versammlungen, Europarat, OSZE, NATO, WEU; eventuell künftig auch in WTO; UNO als Weltparlament. Damit ziehe die Idee des Parlamentarismus ein in Organisationen jenseits des Nationalstaates, die bis dato von Regierungsakteuren geprägt worden seien – mit den Essentials *Öffentlichkeit, Mehrheitsprinzip, Minderheitenschutz*. Vgl. auch Uwe Holtz: The previous four Round Tables of Members of Parliament on the United Nations Convention to Combat Desertification – Achievements and Challenges. Holtz beobachtet einen weltweiten Erfolg des Parlamentsgedankens auf verschiedensten Ebenen.

77 Sven Hölscheidt: Mitwirkungsrechte des Bundestages in Angelegenheiten der EU, S. 31.

78 Klaus von Beyme: Der Gesetzgeber. Der Bundestag als Entscheidungsgremium, S. 26.

79 Annette Elisabeth Töller: Dimensionen der Europäisierung, S. 37-38 (2004).

80 Ebenda, S. 40-41. Vgl. Thomas Saalfeld: The Bundestag, Institutional Incrementalism and Behavioral Reticence, S. 73-96 (2003). – Nach Saalfeld hat der Bundestag seine Arbeitsstrukturen nur langsam an die jeweils neuen Gegebenheiten auf EU-Ebene angepaßt und

Selbst die prominente Behandlung eines Europathemas durch das Plenum garantiere nicht die Möglichkeit, inhaltlichen Einfluß auf ein EU-Vertragswerk auszuüben. In der Regel bleibe den Abgeordneten nur die Möglichkeit, *Ja* oder *Nein* zu sagen, stellt Töller fest. Einem durch eine Regierungskonferenz ausgehandelten Vertrag liege meist ein komplexer Pakethandel zugrunde, der keine klaren Gewinner und Verlierer produziere. Wolle ein Parlament wie der Bundestag eine Vertragsänderung im Ratifikationsverfahren blockieren, werfe dies EU-weit schwerwiegende Probleme auf. Deshalb laste auf den Parlamenten „großer Druck", der Vertragsänderung so zuzustimmen, wie die Regierung sie vorgelegt habe.[81]

Der Bundestagsabgeordnete Michael Fuchs (CDU) versucht, gegenzuhalten: Der Bundestags-Ausschuß für die Angelegenheiten der Europäischen Union sei ein „Bollwerk" gegen „drohende Entparlamentarisierung und Entdemokratisierung der Europapolitik".[82] Der Ausschuß fungiere als „Transparenzproduzent, Demokratiegarant und Legitimationsspender" und sei privilegiert ausgestattet, verfüge über den größten Sitzungssaal und ein großes Sekretariat und habe in Günter Verheugen, Christoph Zöpel oder Klaus Hänsch prominente Europapolitiker hervorgebracht.[83] Der Ausschuß sei in der Verfassung verankert und der Disposition der Bundestagsgeschäftsordnung zum Teil entzogen.[84] – Offen bleibt angesichts dieser Ressourcen, warum der EU-Ausschuß nicht mehr aus seinen Möglichkeiten macht.

Fazit: Der deutsche Parlamentarismus befindet sich im Hinblick auf die Europapolitik in einer Krise. Attestiert werden ihm Machtverlust, Desinformation, Amateurhaftigkeit, Lustlosigkeit. Seine Aktivitäten kommen oft zu spät. Ein Rezept ge-

---

von seinen Rechten gegenüber der Bundesregierung nur zögerlich Gebrauch gemacht, insgesamt wenig Energie in diese Thematik investiert, wodurch die Regierung auf EU-Ebene einen sehr großen Spielraum gewonnen habe. Auch Saalfeld erklärt dies mit einer Kosten-Nutzen-Analyse der Abgeordneten, die auf dem Feld der Europapolitik regelmäßig negativ ausgehe, da Engagement auf diesem Feld für die Wiederwahl nach subjektiver Einschätzung der MdB wenig bringe. Nach Katrin Auel sind die deutschen Abgeordneten allerdings „wesentlich aktiver" als ihre britischen Kollegen, was den Aufbau von informellen interparlamentarischen Beziehungen und Kontakten zu europäischen Kontakten angehe, um Informationen zu gewinnen unabhängig von der Bundesregierung [Katrin Auel: Strategische Anpassung nationaler Parlamente an das europäische Mehrebenensystem – ein deutsch-britischer Vergleich, S. 273 (2003)].

81 Annette Elisabeth Töller, a. a. O., S. 35.

82 Michael Fuchs: Der Ausschuss für die Angelegenheiten der Europäischen Union, S. 3.

83 Ebenda, S. 8. – Die Behandlung des *Maastricht-Vertrages* 1992 aber, so Fuchs' Einschränkung, habe man dem Ausschuß nicht zugetraut, sondern einen Sonderausschuß *Europäische Union (Vertrag von Maastricht)* eingesetzt. Dieser habe unter dem Vorsitz von Günter Verheugen zwischen dem 14. Oktober und dem 2. Dezember 1992, also innerhalb von sechs Wochen, nicht nur die Vertragsratifizierung, sondern auch die notwendigen Änderungen des Grundgesetzes samt Begleitgesetzen bewältigt. – Acht Jahre später beklagte derselbe Verheugen, der Euro sei quasi hinter dem Rücken der Bürger eingeführt worden; so etwas dürfe sich in der Europapolitik nicht wiederholen. (*Süddeutsche Zeitung* vom 02. September 2000, S. 14).

84 Ähnliches gilt gemäß Art 45 GG für Petitionsausschuß, Auswärtigen Ausschuß, Verteidigungsausschuß.

gen die Verlagerung von Entscheidungen nach Brüssel hat er nicht gefunden. In Abstimmungen steht er unter großem Druck.

Verbündete, etwa unter den Wählern und in der Öffentlichkeit, findet der Bundestag nicht, weil Europa-Themen nur ausnahmsweise – etwa nach Komplexitätsreduktion, Personalisierung oder Skandalisierung – in den Medien zu plazieren sind. Die Abgeordneten werden für alles mögliche verantwortlich gemacht, was Brüssel tut, obwohl sie nicht zuständig oder gar schuld sind. Sie meiden EU-Themen, weil sie ihrer Karriere eher schaden.

2.10 Hätten die Abgeordneten die D-Mark retten können?

Mit seinem ersten EWU-Urteil vom Herbst 1993 verwarf das Bundesverfassungsgericht fünf Verfassungsbeschwerden als unbegründet: Eine Entleerung des in Artikel 38 GG verankerten demokratischen Prinzips sei nicht zu befürchten. Alle weiteren Schritte einer europäischen Integration seien an die Zustimmung der vom Bundestag abhängigen Bundesregierung geknüpft. Die Legitimationskette *Volk-Bundestag-Bundesregierung-Europäische Union* sei grundsätzlich intakt.

EU-Vertragsergänzungen und -änderungen könnten innerhalb der Bundesrepublik nur mit Zustimmung der Legitimationsquelle *Parlament* wirksam werden. Dem Bundestag müßten in jedem Falle Aufgaben und Befugnisse von substantiellem Wert verbleiben. Deutschland unterwerfe sich mit der Ratifikation des Unionsvertrages nicht einem unüberschaubaren, selbstlaufenden Automatismus zur Währungsunion. Es stehe dem Bundestag frei, die Bundesregierung zu beeinflussen.[85] Soweit die Verfassungsrichter.

Grundsätzlich war ihre Beschreibung (die eine erste Mahnung an die Abgeordneten enthielt, ihre Aufgabe ernst zu nehmen und Rechte auch zu nutzen) zutreffend. Das Urteil blendete aber eine Reihe von handfesten Hindernissen und Sachzwängen aus, die die theoretischen Interventionsmöglichkeiten des Parlaments faktisch zunichte machten.

Laut Martin Selmayr genossen weder Bundestag noch Bundesrat ein Vetorecht beim Übergang in die dritte Stufe der EWU. Der EG-Vertrag sei zwar detailliert, aber doch so flexibel gestaltet, daß die Entscheidung „am Ende eine politische bleibt". Eine Verschiebung der Währungsunion über den 1. Januar 1999 hinaus wäre europarechtlich seines Erachtens nicht zulässig gewesen, sondern behaftet „mit dem Makel des Rechtsbruchs".

In den einschlägigen Vertragsbestimmungen sei – anders als bei anderen EU-Verträgen – weder vom Bundestag noch vom Bundesrat die Rede. Voraussetzungen und Verfahren seien im *Maastricht-Vertrag* „abschließend geregelt". Maßgeblich gewesen seien nur noch „die Gemeinschaftsorgane", also der *Europäische Rat* der Staats- und Regierungschefs.[86]

85 Zitiert nach Presseerklärung BVerfG 39/93 vom 12. Oktober 1993 zum Urteil vom selben Tage in den Verfahren 2 BvR 2134/92 und 2 BvR 2159/92.

86 Martin Selmayr: Die Europäische Währungsunion zwischen Politik und Recht S. 101-108 (1998). – Selmayr wurde 2004 Sprecher der EU-Kommission in Medienfragen bei Kommissarin Viviane Reding.

Ein *Nein* des Bundeskanzlers – etwa in Befolgung eines „Vetos" von Bundestag oder Bundesrat – hätte von den EU-Gremien überstimmt werden können, schreibt der Europarechtler: Die Partnerländer hätten Deutschland, so Selmayrs *conclusio*, notfalls in die letzte Stufe der Währungsunion zwingen können. Bereits mit der Zustimmung des Bundestages zum Vertrag von Maastricht 1992 sei die Währungshoheit auf die EZB übertragen worden. Was einmal übertragen worden sei, bedürfe keiner erneuten Übertragung mehr.

Dem Bundestag seien gemäß Artikel 23 GG lediglich die Rechte geblieben, in Angelegenheiten der EU umfassend und frühzeitig informiert zu werden und Gelegenheit zur Stellungnahme zu erhalten, welche wiederum die Bundesregierung bei ihren Verhandlungen auf EU-Ebene „zu berücksichtigen" habe. Zwar gehe die Vorgabe des Gesetzes über die Zusammenarbeit von Bundesregierung und Bundestag in EU-Angelegenheiten darüber hinaus. Keinesfalls jedoch könne ein einfaches Gesetz aus dem Petitum des Grundgesetzes, die Regierung habe die Stellungnahme des Bundestages zu „berücksichtigen", ein Vetorecht machen.

Auch die Pflicht der Bundesregierung zu Organtreue gegenüber dem Bundestag verwandele – so Selmayr – ein Mitwirkungsrecht nicht in ein Vetorecht. Ein – ohnehin gemeinschaftsrechtswidriges – „Vetorecht" des Bundestages könnte sich weder auf Artikel 23 GG noch auf das Maastricht-Urteil stützen. Schließlich spreche auch das Bundesverfassungsgericht lediglich von „maßgeblicher Mitwirkung" und einer „parlamentarisch zu beeinflussenden Zustimmung der Bundesregierung".

Ähnliches gelte für den Bundesrat: Mit seiner Stellungnahme habe sich die Regierung auseinanderzusetzen, aber sie ist nach Selmayr auch an sie nicht gebunden. Auch der Bundesrat habe damit kein Vetorecht beim Übergang in die dritte Stufe der Währungsunion besessen.[87]

Paul Kirchhof widerspricht: Ohne die Zustimmung des Bundestages wäre der Beschluß des Rates zwar verbindlich geblieben, hätte Deutschland aber „nicht mehr erreicht", da „die Brücke des Zustimmungsgesetzes das Eindringen des Europarechts in den deutschen Hoheitsraum nicht mehr getragen" hätte.[88]

Sven Hölscheidt/Thomas Schotten führen aus, mit der Hinterlegung der Ratifikationsurkunde über den Vertrag von Maastricht am 13. Oktober 1993 in Rom – einen Tag nach dem Maastricht-Urteil des Bundesverfassungsgerichtes – sei der gesamte Vertragstext für das EU-Mitglied Deutschland verbindlich geworden. Alle danach vom Bundestag geäußerten Erklärungen oder Vorbehalte zur EWU seien damit „zu spät abgegeben worden", um jenseits der deutschen Innenpolitik noch rechtlich relevant werden zu können. Auf die Festschreibung des Stimmverhaltens der Bundesregierung im EU-Rat mittels eines – rechtzeitig erlassenen – Gesetzes habe der Bundestag sogar bewußt verzichtet und sich mit einer Entschließung begnügt, „auch um den Eindruck zu vermeiden, die Bundesrepublik wolle sich – ähn-

---

87 Ebenda, S. 108.

88 Paul Kirchhof in: Theo Waigel (Hg.): Unsere Zukunft heißt Europa. S. 111 ff. (1996). – Es wäre also nach Meinung des Verfassungsrechtlers in diesem Konfliktfall offenbar eine Art Zugbrücke hochgegangen und die Währungsunion daraufhin an der deutschen Grenze in einen fiktiven Graben gefallen *(siehe auch Anm. 9)*.

lich wie Dänemark und Großbritannien – ein ‚opting out' über den Übergang in die dritte Stufe der Währungsunion vorbehalten".[89]

Die Autoren folgern, europarechtlich sei die Haltung des Bundestags zum Beginn der dritten Stufe der Wirtschafts- und Währungsunion „ohne Bedeutung". Seine Befugnisse reichten nicht weiter als die der Bundesregierung, die im Rat überstimmt werden könne. Wie Selmayr kommen auch Hölscheidt/Schotten zum Schluß, die EU-Partner hätten die Bundesrepublik Deutschlands ungeachtet eines negativen Votums von Bundestag oder Bundesregierung zur Umstellung ihrer Währung von D-Mark auf Euro zwingen können. Es wäre, so die Autoren, eine Frage der Aufrichtigkeit gewesen, den Abgeordneten Illusionen zu nehmen und von der Unerheblichkeit ihres Votums in Kenntnis zu setzen.[90]

Der FDP-Innenpolitiker und Jurist Burkhard Hirsch widersprach dem Resümee dieser von ihm in Auftrag gegebenen Studie: Eine „Tabuisierung" des Euro-Zeitplanes verletze die fast einstimmig vom Bundestag verabschiedete Entschließung vom 2. Dezember 1992, nach der die Bundesregierung das Votum des Bundestages zu respektieren habe. Bundestag und Bundesrat hätten „aus guten Gründen" eine gründliche Prüfung der Voraussetzungen für den Eintritt in die dritte Stufe der Währungsunion zugesagt. Sie stünden „bei den Bürgern im Wort".[91]

Fazit: Aus juristischer Sicht schrumpften die Möglichkeiten von Bundestag und Bundesrat nach dem 13. Oktober 1993 ungeachtet der höchstrichterlichen Rechtsprechung auf null, den Beitritt der Deutschlands zur EWU noch zu stoppen, wollte sich Deutschland nicht eines Bruchs internationalen Rechts schuldig machen. Alles, was der Bundestag nach diesem Tag tat oder sagte, kam zu spät. Die Voten der laut Karlsruhe entscheidenden Legitimationsquelle wurden unerheblich.

Die Partnerländer hätten Deutschland sogar gegen den Willen der Verfassungsorgane in die Währungsunion zwingen können. Dem Bundestag blieb allein das Recht, in Angelegenheiten der EU im nachhinein informiert zu werden und dem Kanzler – unverbindlich – seine Meinung mitzuteilen in der Hoffnung, jener werde diese in die Brüsseler Verhandlungen einbringen – in welcher Form auch immer.

---

89 Sven Hölscheidt/Thomas Schotten: Zur Rolle des Deutschen Bundestages beim Eintritt in die dritte Stufe der Währungsunion, S. 483 (1997).

90 Ebenda, S. 484.

91 Burkhard Hirsch: Automatisch in die Währungsunion?, S. 164 ff. (1998).

3. Das Versagen der demokratischen Öffentlichkeit

3.1 Stabile Ablehnung der Währungsunion in der Bevölkerung

Nie gab es in der Bundesrepublik eine klarere Mehrheit für eine europäische Gemeinschaftswährung als 1974. Auf die Frage „Wären Sie dafür oder dagegen, wenn es keine D-Mark mehr geben würde, sondern allein ein einheitliches europäisches Geld?" antworteten im Jahr von Brandt-Rücktritt, Ölkrise, Sonntagsfahrverboten und *ÖTV*-Streik 57 Prozent der Westdeutschen „dafür" und 22 Prozent „dagegen". Zwei Jahre später überholten die Skeptiker erstmals die Befürworter, um – mit zwei kurzzeitigen Annäherungen 1979 und 1985 – ihre Mehrheiten bis 1994 kontinuierlich auszubauen.[92]

Auch in den hier besonders interessierenden Jahren nach 1994 war die in Meinungsumfragen wiedergegebene Einstellung der Bevölkerung gegenüber dem Euro mehrheitlich kritisch.[93] Nach einer Studie des *Bundesverbandes deutscher Banken* war zwischen November 1995 und November 2001 jedoch eine – von Rückschlägen gekennzeichnete – vorsichtige Annäherung der Pro- und Contra-Positionen zu erkennen: Von 69 Prozent Ablehnung/25 Prozent Zustimmung 1995 hin zu 50 Prozent Ablehnung/46 Prozent Zustimmung Ende 2001.

Lediglich in wenigen Wochen unmittelbar vor und nach dem Start der dritten EWU-Stufe am 1. Januar 1999 habe aber die Zahl der Befürworter die der Kritiker klar übertroffen (54 Prozent Zustimmung/39 Prozent Ablehnung). Sechs Monate später hätten sich, so die Bankenstudie, die Verhältnisse im Zuge der Außenschwäche des Euro gegenüber dem US-Dollar wieder umgekehrt (57 Prozent Ablehnung/38 Prozent Zustimmung).[94]

Nach Elisabeth Noelle-Neumann vom *Institut für Demoskopie Allensbach* werden die Jahre 1996 und 1997 „vielleicht einmal in die Lehrbücher eingehen als Beispiel, wie man mit Demoskopie nicht umgehen kann". In beiden Jahren hätten sich in den Umfragen keinerlei Anhaltspunkte gegeben, daß sich die Bevölkerung mit der Währungsunion anfreunde. Im Frühjahr 1997 hätten 52 Prozent sich gegen den Euro ausgesprochen, 21 Prozent für ihn.[95]

Ganz anders das Meinungsbild bei den sogenannten Eliten des Landes: Führungskräfte aus Wirtschaft, Politik und Verwaltung hätten, so *Allensbach* in einer Übersicht über die Jahre der heftigsten Euro-Diskussionen 1995 bis 1997, den Euro stets mehrheitlich begrüßt, beginnend mit 61 Prozent Zustimmung im Juni 1995

---

92 *Allensbacher Jahrbuch der Demoskopie 1993-1997*, Band 10: Demoskopische Entdeckungen. Zitiert nach *Handelsblatt* vom 13./14. Februar 1998, S. 11.

93 Der Begriff *Euro* soll hier im Interesse der Übersichtlichkeit durchgehend auch für die Zeit vor dem Madrider Gipfel (Dezember 1995) verwendet werden, auf dem der Name vereinbart wurde.

94 Euro-Akzeptanz 11/1995 bis 11/2001 – Studie im Auftrag des *Bundesverbandes deutscher Banken*. Die Fragestellung lautete: „Die Euro-Einführung finde ich... gut/nicht gut." Keine Angaben über Art und Zahl der Befragten.

95 Elisabeth Noelle-Neumann: Die öffentliche Meinung, in: Jahrbuch der Europäischen Integration 1996/97, S. 277.

und endend mit stabilen 85 Prozent im Juni 1997, worin Noelle-Neumann einen „dramatischen Gegensatz zu der Einstellung der Bevölkerung" erkennt.[96] Und wegen dieses Gegensatzes dürfe man speziell beim Euro-Thema die „öffentliche Meinung" nicht verwechseln mit der demoskopisch festgestellten Mehrheitsmeinung, die gerade hier die Bezeichnung „schweigende Mehrheit" verdiene, zumal es ihr im Vergleich zu Euro-Befürwortern an Bildung, Interesse und Information mangele.[97]

Eine skeptische, aber kraftlose Mehrheit? Zu diesem Attribut passe zunächst nicht die Beobachtung, daß die Medien zwischen Herbst 1995 und Frühjahr 1997 einem „massiven Negativismus" gegenüber dem Euro gefrönt hätten. Bedenken und Warnungen hätten – so Noelle-Neumann – ein Übergewicht gegenüber positiven Darstellungen von zwei zu eins bekommen. Doch auch dieses Phänomen sei quasi folgenlos geblieben:

> Aber offenbar gelang den Medien etwas nicht, was unbedingt dazu gehört, um aus der schweigenden Mehrheit eine redende, emotionalisierte Mehrheit zu machen. Offenbar war es unmöglich, das Thema Währungsunion zu moralisieren, wie das mit den Themen NATO-Nachrüstung und Tiefflugübungen 1982 bis 1984, Shell-Ölplattform Brent Spar in der Nordsee oder französische Atomtests im Südpazifik gelungen war.[98]

Die Währungsunion sei zwar als zentrales Thema verknüpft mit der traumatischen Angst der Deutschen vor Geldverlust und Inflation, aber andererseits unlösbar verbunden mit einer Entwicklung, die die Deutschen „gefühlsmäßig sowieso für unaufhaltsam" hielten: Mit der Entwicklung zur Europäischen Union.

In dem Moment, zu dem sich unter den Führungskräften von Wirtschaft, Politik und Verwaltung die Überzeugung durchgesetzt habe, daß der Euro komme, zwischen Juni und Oktober 1996, sei die Sache gelaufen gewesen und vom resignierten Rest der Bevölkerung als unaufhaltsam klassifiziert worden, denn „überraschenderweise" habe die Bevölkerung den „Klimawechsel" in der deutschen Wirtschaft deutlich wahrgenommen.[99] Etwa ein Jahr später, so Allensbach, habe sich auch in der Bevölkerung eine *Der-Euro-kommt*-Überzeugung durchgesetzt – bei unverändert „düsteren" (Noelle-Neumann) Erwartungen, was die Währungsunion bringen werde, speziell im Hinblick auf Inflation und Arbeitslosigkeit:

> Man sieht, wie viel der Bevölkerung von der Politik und von der Wirtschaft zugemutet wird. Aber zugleich sieht die Bevölkerung keinen Ausweg ... Die Zeichen der Ratlosigkeit der deutschen Bevölkerung in Sachen Europa sind unverkennbar.[100]

Spätere *Allensbach*-Untersuchungen vom März 2001, wenige Monate vor der Bargeldeinführung, ergaben das gleiche Meinungsbild: „Egal, von welcher Seite man

96 Ebenda, S. 278.

97 Ebenda, S. 279.

98 Ebenda. – Natürlich hätten die Medien das Thema mit bewährtem Instrumentarium moralisieren können – wenn sie es gewollt hätten. Doch eben dies war nicht der Fall, weil für sie die europäische Integration moralisch positiv besetzt war – so stark, daß sie darüber sogar ihre Vorbehalte gegenüber Helmut Kohl verläßlich hintanstellten, wie Kanzlerberater Eduard Ackermann an einer Stelle darlegte (vgl. Anm. 13).

99 Ebenda, S. 281.

100 Ebenda, S. 283-284.

mit demoskopischen Fragen das Thema Euro inzwischen beleuchtet, die Bevölkerung antwortet in ihrer Mehrheit nur noch negativ." 73 Prozent bekundeten „wenig Vertrauen" oder „gar kein Vertrauen" in den Euro. Ebenso schwinde die 1997 und 1998 noch in Umfragen meßbare Hoffnung dahin, daß die gemeinsame europäische Währung wenigstens auf lange Sicht von Nutzen sein könne.

Lediglich Anhänger der Grünen, Leitende Angestellte und Beamte sowie junge Leute äußerten sich im Frühjahr 2001 optimistischer.[101] Ähnliche Werte ermittelte gleichzeitig *Emnid* für den *Deutschen Sparkassen- und Giroverband*: 38 Prozent Vertrauen in den Euro, in Ostdeutschland 26 Prozent.[102]

Die vielerorts von Befürwortern der Währungsunion geäußerte Erwartung, spätestens die Bargeldeinführung werde – verbunden mit einem besseren Informationsstand – die Wende in der Haltung der Bevölkerung bringen, hat sich nicht erfüllt. Fünf Monate nach der Währungsumstellung sei die Stimmung sogar noch deutlich düsterer als ein Jahr zuvor, meldete der *stern* unter Berufung auf eine Umfrage unter 2000 Bundesbürgern. 60 Prozent glaubten, daß es ihnen in einem Jahr nicht mehr so gut gehen werde wie heute. Grund seien vor allem gestiegene Preise. Zwei Drittel der Befragten, so die Zeitschrift, kauften weniger ein, vier Fünftel verglichen Preise stärker als früher.[103]

Laut *forsa* wollten im Oktober 2002, zehn Monate nach dem Bargeldumtausch, 61 Prozent der Befragten die D-Mark wiederhaben. Besonders die Ostdeutschen trauerten der alten Währung nach. 81 Prozent der Befragten rechneten die Euro-Preise noch immer in D-Mark um. 95 Prozent der Befragten hätten erklärt, durch den Euro seien die Preise für Waren und Dienstleistungen gestiegen. Als einzigen Vorteil sähen 66 Prozent Erleichterungen beim Reisen in Europa.[104]

MediaTransfer berichtete zum selben Zeitpunkt, 77 Prozent der Italiener sähen sich als Gewinner der Währungsumstellung, aber nur 14 Prozent der Deutschen. In Frankreich, Spanien und Italien hätten nicht einmal halb so viele Menschen wie in Deutschland erklärt, sie kauften seit der Euro-Einführung weniger.[105]

Nach Darstellung des *Leipziger Institutes für empirische Forschung* auf Grundlage einer Umfrage unter 1200 Ostdeutschen empfinden 73 Prozent der Befragten das neue Geld als „Teuro" und ärgern sich über angebliche Preissteigerungen. Nur fünf Prozent verbänden mit dem Euro keine Preiserhöhungen.[106]

Gleichzeitig meldete das *Institut für Demoskopie Allensbach*, das Vertrauen in die Stabilität des Euro sei „vollkommen in sich zusammengebrochen". 70 Prozent der Befragten hätten wenig oder kein Vertrauen in den Euro. Einer der Gründe sei der Umgang der Regierung mit den Stabilitätskriterien, der von der Bevölkerung genau beobachtet werde. Die Mehrheit der Deutschen registriere die Überschreitung der

101 *Institut für Demoskopie Allensbach*: Allensbacher Berichte 2001/Nr. 7, S. 1-5.

102 Presseinformation 25/2001 des *Deutschen Sparkassen- und Giroverbandes*, Berlin, vom 23. März 2001 auf Grundlage einer *Emnid*-Umfrage (n = 1005).

103 *stern* 27/2002, S. 20. n = 2000, Details der Umfrage wurden nicht angegeben.

104 *dpa*-Meldung 336 vom 14. Oktober 2002. n = 1004. Umfrage im Auftrag von *RTL*.

105 *ddp*-Meldung vom 16. Oktober 2002. n = 1300 bzw. 400. Quelle: *MediaTransfer Netresearch & Consulting*.

106 *ddp*-Meldung vom 02. Dezember 2002. n = 1200.

Drei-Prozent-Grenze mit Sorge.[107] Nach einer Studie von *Thalys Explorer* wünschten sich im Dezember 2002 auch 53 Prozent der Niederländer den Gulden zurück, 47 Prozent der Franzosen den Franc, 44 Prozent der Italiener die Lira, aber nur 28 Prozent der Belgier ihren Franc. So „richtig wohl" fühlten sich lediglich 32 Prozent der Europäer mit der neuen Währung. 61 Prozent der regelmäßig reisenden Befragten wollten den Euro jedoch nicht mehr missen.[108]

Wenige Tage später veröffentlichte die *Europäische Kommission* in Brüssel eine eigene repräsentative Umfrage, nach der über zwei Drittel der Deutschen den Euro nach wie vor nicht mögen. Schuld an der „ausgemachten und anhaltenden Anti-Euro-Stimmung" sei die in Deutschland besonders intensiv geführte „Teuro-Debatte".[109] In Wirklichkeit, so ein Kommissionssprecher, sei die Preissteigerung in Deutschland mit einem Prozent aber die niedrigste aller EU-Staaten (Anm. 10).[110]

Geschäfte, die ihren Kunden im Rahmen von Sonderaktionen Bezahlung in D-Mark erlauben, berichteten von den besten Umsätzen seit langem (Anm. 11).[111]

Im Mai 2002 rief Bundesfinanzminister Hans Eichel zu einem Boykott „schwarzer Schafe" auf, die die Euro-Einführung zu Preiserhöhungen mißbraucht hätten. Einzelne Unternehmer hätten „ziemlich zugeschlagen". Aber wo er sich „betuppt" fühle, kaufe er einfach nicht mehr ein. Wenn alle das machten, würden sich die Preise „auch wieder einpendeln". Wirtschaftsverbände reagierten empört.[112]

Wenige Tage später wurde im Internet zum 1. Juli 2002 zu einem „Käuferstreik" aufgerufen und um Weiterverbreitung der Aufforderung per E-Mail gebeten:

> **Eine Kugel Eis letztes Jahr mit DM 1,- bezahlt, kostet jetzt bis zu 1 Euro! ... Während früher 20 DM für einen gemütlichen Kneipenabend genügten, ist man jetzt schnell 20 Euro los. Man hat das Gefühl, dass das DM-Zeichen einfach durch das Euro-Zeichen ersetzt wurde. Damit ist jetzt Schluss!**[113]

Laut Hauptverband des deutschen Einzelhandels HDE verhallte der „Käuferstreik"-Aufruf wirkungslos. Wenn die Deutschen aus dem Sommerurlaub zurückkämen, sei die *Teuro*-Debatte ohnehin vorbei, mutmaßte HDE-Sprecher Hubertus Pellengahr, weil sie die Erfahrung mitbrächten, daß es überall teurer sei als in Deutschland mit seiner Rabattschlacht.[114] Nach Angaben der *Verbraucherzentrale Nordrhein-Westfalen* haben sich bis Jahresende 2002 jedoch rund 2000 Menschen bei ihr über ihrer Ansicht nach Euro-bedingte Preiserhöhungen schriftlich beschwert.

---

107 *Frankfurter Allgemeine Sonntagszeitung* vom 08. Dezember 2002, S. 29.

108 *AP*-Meldung vom 11. Dezember 2002. n = 491 (Deutschland), n = 3484 (Deutschland, Italien, Frankreich, Belgien, Spanien, Großbritannien, Niederlande).

109 *dpa*-Meldung vom 19. Dezember 2002: „Auch Sommer im Süden hat Deutsche nicht mit Euro versöhnt" – Gelegentlich führte die EU-Kommission für sie unerfreuliche Umfrageergebnisse auf Fehler der Institute zurück. So habe etwa *forsa* im Dezember 2000 nicht auf den Informationsstand der Bevölkerung Rücksicht genommen, weshalb die Fragestellung („Die Einführung des Euro war richtig – ja, nein") möglicherweise nicht sinnvoll gewesen sei (EU-Nachrichten Nr. 4 vom 1. Februar 2001, S. 5).

110 *AP*-Meldung vom 19. Dezember 2002.

111 *Frankfurter Allgemeine Zeitung* vom 31. Dezember 2003, S. 16.

112 *AP*-Meldung vom 14. Mai 2002.

113 E-Mail der Schülerin Laura Baudenbacher (Luxemburg) an diverse Empfänger.

114 *ddp*-Meldung vom 01. Juli 2002.

Der Handel habe bemerkt, daß er mit dem Thema „Euro-Preise" falsch umgegangen sei und die Kunden schlecht informiert habe; die Verbraucher hätten sich mit Konsumverweigerung revanchiert[115], damit besonders Handel und Gastgewerbe empfindlich getroffen und die Konjunkturflaute verschärft, so das Resümee der Verbraucherschützer (Anm. 12).[116]

Nach dem Start der dritten Stufe der EWU an Neujahr 1999 schadete dem Ansehen des Euro eine Schwäche gegenüber dem US-Dollar. Der Umkehrschluß, Wechselkurse von 1,30 US-Dollar für einen Euro und mehr müßten sein Image stärken, ist jedoch verfehlt. Vielmehr ist ein „starker Euro" neue Quelle von Unzufriedenheit und Besorgnis.[117] 46 Prozent der Bevölkerung befürchten Anfang des Jahres 2005 nach einer Umfrage von *Allensbach*, die Stärke des Euro werde der deutschen Wirtschaft schaden, 35 Prozent waren unentschieden, 19 Prozent nannten die Kursentwicklung „nützlich".[118]

Der Euro konnte es nur wenigen recht machen. Er blieb ein Stiefkind der Politik.

3.2 Medien kamen mit dem Thema Jahre zu spät

Am 9. Dezember 1991 titelte *Der Spiegel* „Angst um die Mark". Auf dem Cover nagten Europas Sterne an einer D-Mark-Münze. „Es gibt kein Zurück" erfuhren die Leser im Heft; nach drei Jahren Vorbereitungszeit sei das Projekt einer europäischen Währungsunion bereits so weit fortgeschritten, daß in wenigen Tagen, auf dem EU-Gipfel von Maastricht, vollendete Tatsachen geschaffen würden. An einem Tag X Ende der 90er Jahre müßten die Deutschen ihre liebgewonnene Währung eintauschen gegen den ECU.

Doch während in Großbritannien, Frankreich, Italien und Spanien schon seit langem über eine Europawährung und ihre Folgen gestritten werde, sei es auf der deutschen Seite des Rheins, so das Nachrichtenmagazin, „verdächtig ruhig" geblieben.[119] Kein Wunder: Erst wenige Tage zuvor sei auch „den Bonnern" aufgegangen, „mit welch gefährlichem Stoff sie hantierten".[120]

Alarmierende Schlagzeilen der deutschen Presse hatten die Vorwoche politisch geprägt: „Kohl will D-Mark abschaffen" (Kölner *Express*), „Unser schönes Geld" jammerte *Bild*; „aufgeweicht und kaputtgemacht" werde ausgerechnet die stabilste

115 *Frankfurter Allgemeine Sonntagszeitung* vom 23. Januar 2005, S. 31.

116 *Reuters*-Meldung vom 19. Dezember 2002.

117 Zu den psychologischen Ursachen von Einstellungen gegenüber der EWU vgl. die europaweite Studie von Anke Müller-Peters. Danach lassen sich die EU-Bürger über Ländergrenzen hinweg in sechs „Euro-Typen" einteilen: *Nationale Bewahrer, Interessierte Nationale, Euphorische Europäer, Euro-Illusionisten, Gleichgültige* und *Gelassene*. Stolz auf die D-Mark erkläre die Ablehnung des Euro nicht. Fast durchweg sei es so, daß Menschen, die mit ihrem politischen und ökonomischen System zufrieden seien, die EWU befürworteten. Auch allgemeine Lebenszufriedenheit wirke sich positiv aus. Patriotismus stehe der Akzeptanz des Euro keineswegs im Wege (1998).

118 *Frankfurter Allgemeine Sonntagszeitung* vom 23. Januar 2005, S. 31.

119 *Der Spiegel* 50/1991, S. 124.

120 Ebenda.

Währung Europas, klagte der *Rheinische Merkur*. Die *Frankfurter Allgemeine Zeitung* warnte davor, „die Währungsunion jetzt übers Knie zu brechen".[121]

Doch die Medien kamen zu spät – alle, auch die sich als führend verstehenden. Einfluß auf das Verhandlungsergebnis der Regierungskonferenz konnte die eben erst mit einem Paukenschlag in Gang gekommene öffentliche Diskussion nicht mehr nehmen, geschweige den Prozeß bremsen oder aufhalten.

Am 7. Februar 1992 wurde der Vertrag über die Europäische Union unterzeichnet; am 1. November 1993 trat er in Kraft, nachdem er zuvor vom Bundestag ratifiziert worden war – samt jener Protokollnotiz, die auf Helmut Kohls Drängen „Unumkehrbarkeit"[122] des monetären Verschmelzungsprozesses und ein „Kein-Veto-Prinzip" festlegte.[123]

Wenige Tage zuvor hatte Karlsruhe alle Klagen gegen die deutsche Teilnahme an diesem Vertrag verworfen, woraufhin die deutsche Ratifikationsurkunde – als letzte – in Rom hinterlegt wurde. Reinhard Schweppe, für Europa zuständiger Unterabteilungsleiter im Auswärtigen Amt, stellte rückblickend fest:

> Die Vereinbarung der Wirtschafts- und Währungsunion durch den Maastrichter Vertrag ist zunächst nicht einmal von einer nennenswerten Entscheidungselite zur Kenntnis genommen worden.[124]

Gerhard Stoltenberg, Finanz- und später Verteidigungsminister im Kabinett Kohl, spricht ebenfalls von einer „nur sehr verhaltenen" öffentlichen Diskussion:

> Sie ist im wesentlichen von einem kleinen Kreis der Experten in Politik, Wissenschaft, Wirtschaft und Medien geführt worden. Das hat mich schon damals überrascht.[125]

Die Europapolitik, so Stoltenberg weiter, habe in jener Zeit eine so große Vielfalt an neuen weitreichenden Themen aufgegriffen und zur Entscheidung gebracht, „daß die Folgen einer breiten Öffentlichkeit kaum bewußt wurden".[126] Offenbar trübte die Wiedervereinigung in den Jahren 1990 bis 1992 das Sensorium der Journalisten für (scheinbar) außenpolitische Themen.[127] Diese Grundhaltung sollte sich auch später nicht ändern. Als im Jahr 2000 in Hannover eine europapolitische De-

---

121 Alle zitiert nach *Der Spiegel* 50/1991, S. 125.

122 *Der Spiegel* zitiert Kohl: „Der Weg zur Wirtschafts- und Währungsunion muß irreversibel sein. Sonst kommt meine Unterschrift nicht unter diesen Vertrag." (Ebenda, S. 126)

123 Protokoll zum EU-Vertrag über den Übergang zur dritten Stufe der Wirtschafts- und Währungsunion: „Die hohen Vertragsparteien erklären mit der Unterzeichnung der neuen Vertragsbestimmungen die Unumkehrbarkeit des Übergangs der Gemeinschaft zur dritten Stufe der Wirtschafts- und Währungsunion. Alle Mitgliedstaaten respektieren daher unabhängig davon, ob sie die notwendigen Voraussetzungen für die Einführung einer einheitlichen Währung erfüllen, den Willen der Gemeinschaft, rasch in die dritte Stufe einzutreten, und daher behindert kein Mitgliedstaat den Eintritt in die dritte Stufe." (Europäische Union: Die Vertragstexte von Maastricht, S. 78-79)

124 Schweppe auf einem Symposium der Vertretung der EU-Kommission „Das Europäische Meinungsbild – eine Diskussion zwischen Wissenschaft, Politik und Publizistik" am 6. Februar 1998 in Bonn, S. 47.

125 Brief von Gerhard Stoltenberg an den Verfasser vom 20. Januar 2000.

126 Ebenda.

127 So der Medienanalytiker Marcel Seyppel im Interview vom 20. Februar 1998.

batte ohne jegliches Interesse von Journalisten stattfand, sagte der SPD-Abgeordnete Udo Mientus:

> Wenn ich auf die Pressetribüne und auf die Uhr gucke, dann weiß ich: Es ist Euro-Time im Niedersächsischen Landtag.[128]

Der CSU-Politiker Joachim Wuermeling begleitete 1991 als Europareferent der Vertretung Bayerns in Bonn den bayerischen Europaminister Thomas Goppel zum EU-Gipfel in Maastricht. Goppel und er hätten „verzweifelt" versucht, mit dem Thema in die Öffentlichkeit zu kommen – noch während der Verhandlungen:

> [Wir taten dies] durch Presseerklärungen, durch Hintergrundgespräche, durch Briefings und so weiter und so weiter in der Bonner Szene, und ich kann Ihnen nur sagen: Da war null Resonanz. ... Die Medien haben da überhaupt keine Rolle gespielt. ... Die Berichterstattung war minimal, soweit es überhaupt eine gegeben hat. Im übrigen ist das im wesentlichen von den Brüsseler Journalisten gemacht worden. Das war damals nur eine verschwindend geringe Zahl. Die kämpfen heute noch um ihre Sendeplätze. Die gelten auch mit der Zeit als komisch, weil die in Brüssel auch in das System eingebunden werden.[129]

Der Brüsseler *WDR*-Fernsehkorrespondent Rolf-Dieter Krause sagt, tatsächlich hätten die Journalisten vor dem Maastricht-Gipfel „lange geschlafen"; die Medien seien mit der Wiedervereinigung beschäftigt gewesen. Erst anschließend habe man sich mit dem Maastrichter Vertrag auseinandergesetzt. Professioneller sei die Behandlung des Themas aber auch nicht geworden:

> Wir gehen so damit um, daß wir jeden, der Zweifel am Sinn des Euro geäußert hat, in die nationalistische Ecke drängen. ... Manfred Brunner galt einst als Liberaler, inzwischen wird er dem rechten Lager zugeordnet. Er ist aber dahin geschoben worden, weil er es gewagt hat, Zweifel am Euro zu äußern.[130]

Für Fernsehjournalisten, auf Bilder angewiesen, sei ein Problem hinzugekommen:

> Bilder sind immer „gewesen". Wie man eine Währungsunion verfilmen will, das war für mich sowieso seit jeher eine ganz schwierige Frage.[131]

Dem Kanzler kann man nach Darstellung seines Beraters Joachim Bitterlich keinen Vorwurf machen. Kohl habe sich für eine ausführliche, bis zu zweiwöchige Bundestagsdebatte im Zuge der Ratifikation von Maastricht ausgesprochen. Daraus sei nichts geworden; lediglich die Ausschüsse hätten Anhörungen angesetzt:

> Nur: Die gingen unter in der Presse. Nach der ersten Woche haben die Medien, speziell die elektronischen Medien ... das Interesse verloren. Es war nichts mehr Sensationelles, es war nichts mehr Negatives. [Verfassungsrichter] Kirchhof gab sich anders als in einer Rolle, in die man ihn hatte hineinstecken wollen, und daraufhin: Alle haben das Interesse verloren. Und der Witz war: Nachdem die Fernsehkameras ausgeschaltet waren, haben dann irgendwann auch im Ritual die Parlamentarier ihr Interesse verloren.[132]

---

128 *dpa*-Meldung vom 15. November 2000.

129 Interview mit Joachim Wuermeling (S. 1-2).

130 Statement auf einem Symposium der Vertretung der Europäischen Kommission in der Bundesrepublik Deutschland „Das Europäische Meinungsbild – eine Diskussion zwischen Wissenschaft, Politik und Publizistik" am 6. Februar 1998 in Bonn, S. 85.

131 Ebenda.

132 Interview mit Joachim Bitterlich (S. 7).

Eine ähnliche Erfahrung machte vier Jahre später der Finanzausschuß des Bundestages, ebenfalls mit einer öffentlichen Anhörung mit prominenter Besetzung. Befragt wurden unter anderen der Bundesbankpräsident, der Präsident der Europäischen Zentralbank und der Bundesminister der Finanzen. Das öffentliche Interesse, so der FDP-Politiker und damalige Vorsitzende des Ausschusses Carl-Ludwig Thiele, sei jedoch gleich null gewesen:

> Die Medien haben fast keine Notiz davon genommen.[133]

Möglicherweise waren nach der Ratifizierung 1992 nicht allein Ignoranz Ursache für Mißachtung und Fehlbehandlung eines existentiellen Themas, sondern auch die Regeln der Aufmerksamkeitsökonomie. Für einen demokratischen Diskurs über Sinn und Zweck einer Währungsunion ist ein Zustand vollendeter Tatsachen, ein *fait accompli*, nach Meinung des Akzeptanzforschers Hans-Christian Röglin eine denkbar schlechte Voraussetzung:

> Ein intelligenter Mensch befaßt sich jetzt mit diesem Thema nicht mehr, weil er ganz genau weiß: Wir sitzen jetzt in einer Falle und jetzt laufen die Dinge. Da ist nichts mehr dran zu tun und zu bewegen.[134]

Tatsächlich entwickelte sich in den folgenden acht Jahren eine Auseinandersetzung mit dem Projekt, die seiner Bedeutung nicht entsprechen wollte. Beobachter und Teilnehmer empfanden sie als verkrampft, verklemmt, unaufrichtig, unangemessen, undemokratisch, unbefriedigend – oft für Verfechter wie Skeptiker.

3.3 „Nach Auschwitz darf niemand mehr gegen Europa sein"

Nach Darstellung von Axel Bunz, seinerzeit Leiter der Bonner Vertretung der Europäischen Kommission, war spätestens ab Mitte der 90er Jahre eine umfassende Auseinandersetzung über den Euro mit der Bevölkerung von den Verantwortlichen nicht mehr gewollt und geplant:

> Alle Kommunikation konzentrierte sich allein auf die politischen Gremien. Die Bevölkerung wurde absichtlich außen vor gelassen – weil es auf sie nicht ankam. Und es hatte ja Erfolg.[135]

Folgerichtig entsprach die Debatte nicht den Diskurstheorien, etwa von Habermas, nach der demokratische Legitimation entsteht „aus dem Zusammenspiel der institutionalisierten Beratungs- und Entscheidungsprozesse mit der informellen, über Massenmedien laufenden Meinungsbildung in den Arenen der öffentlichen Kommunikation".[136] Statt dessen wurde zu Lasten der Öffentlichkeit gegen die Regeln des *fair play* verstoßen. Als unaufrichtig empfand *Zeit*-Redakteur Klaus-Peter Schmid etwa das Verhalten von Georg Milbradt, seinerzeit Finanzminister von Sachsen. Im kleinen Kreis habe Milbradt sich als ausgeprägter Euro-Skeptiker ge-

133 Interview mit Carl-Ludwig Thiele im *Deutschlandfunk*, Wortlaut veröffentlicht in Pressemitteilung der FDP-Bundestagsfraktion Nr. 249 vom 21. April 1998.

134 Interview mit Hans-Christian Röglin (S. 1).

135 Axel Bunz in einem Telefongespräch am 23. Januar 2002 zum Verfasser.

136 Jürgen Habermas: Warum braucht Europa eine Verfassung?, in *Die Zeit* vom 28. Juni 2001, S. 7.

outet, der es am liebsten gesehen hätte, wenn seine Sachsen die Mark hätten behalten dürfen, wissend, daß sein Ministerpräsident Biedenkopf in dieser Frage denke wie er. „Nur: In der Öffentlichkeit sagt der Minister das nicht, und in der Zeitung möchte er es auch nicht so gerne lesen. Denn der CDU-Mann verstieße damit gegen die von seiner Partei und dem Bundeskanzler vorgegebene Sprachregelung, der Euro komme auf jeden Fall – und zwar pünktlich zum 1. Januar 1999."[137]

Von ähnlichen Erfahrungen berichtete *WDR*-Journalist Krause. Im Vier-Augen-Gespräch habe er von Politikern immer wieder „größte Besorgnis" angesichts der dritten Stufe der Währungsunion erfahren – aber nur dort. Vor der Kamera habe niemand seine Bedenken wiederholen wollen: „Es gibt eine große Zahl von Bundestagsabgeordneten, die am Euro leidet und schweigt." Von SPD-Vertretern sei ihm, Krause, eine Erklärung immer wieder geliefert worden:

> Uns klebte schon einmal das Bonbon am Hemd, wir seien gegen die deutsche Einigung. Wir lassen uns nicht auch noch das Bonbon ankleben, wir seien auch gegen die europäische Einigung.[138]

Die SPD-Bundestagsabgeordnete Liesel Hartenstein fühlte sich mit ihrer skeptischen Haltung „selbst in ihrer eigenen Bundestagsfraktion ziemlich allein", wie sie sagte. Kohl habe „auf den Kanzler der Einheit noch eins draufsetzen" wollen, und keiner habe gewagt zu widersprechen. Deutschland, so ihre Befürchtung, mit der sie sich nach eigener Darstellung mit der übergroßen Mehrheit der Menschen in ihrem Wahlkreis einig gewußt habe, stürze sich „Hals über Kopf in ein Abenteuer mit ungewissem Ausgang".[139] Der Euro-Zeitplan sei „gewaltsam tabuisiert" worden. Wer aber die Diskussion, den freien Austausch von Meinungen zu unterbinden suche, der fürchte die Niederlage. Eine nüchterne und ehrliche Prüfung der Einhaltung aller Kriterien habe verhindert werden sollen, obwohl der Bundestag genau dieses sechs Jahre zuvor, so Hartenstein, feierlich versprochen habe:

> Eine offene und öffentliche, breit angelegte Debatte, die alle Aspekte der Währungsunion, also sowohl die Chancen als auch die Risiken, rückhaltlos dargestellt hätte, wurde zwischen 1992 und 1997 nicht geführt. Dieses Versäumnis ist nicht entschuldbar.[140]

Über ein Jahr lang habe sie ihre Fraktionsführung bearbeitet, sie möge eine Grundsatzdiskussion über den Euro gewähren und organisieren, berichtet Hartenstein. Doch eine solche Meinungsbildung habe es nie gegeben. „Ich hätte ja große Lust gehabt, die Kämpfe auszufechten – aber die fanden überhaupt nicht statt. Auch nicht in der FDP, der CDU, der CSU." Die Chefs hätten sich totgestellt:

> Das Ergebnis war nicht ein Niedermachen, sondern ein Null Bock auf Nichts. Das ist kein erfreuliches Bild, das das Parlament hier abgibt. Es ist eine vereinbarte Schweigespirale. Weil sich die oberen Etagen in allen Punkten festgelegt haben.[141]

137 Klaus-Peter Schmid: Wenn die Mark geht. *Die Zeit* Nr. 11 vom 7. März 1997, S. 31.

138 Rolf-Dieter Krause am 06. Februar 1998 zum Verfasser.

139 Blauäugige Behauptungen – Die SPD-Politikerin Hartenstein will eine kontrollierte Verschiebung des Euro. *Kreisnachrichten Calw* vom 07. November 1997.

140 Liesel Hartenstein: Das Wagnis Euro – kein Bravourstück der Demokratie, S. 54 (1999).

141 Liesel Hartenstein im Frühjahr 1998 zum Verfasser (Memo ohne Datum).

Der bayerische Grünen-Abgeordnete Gerald Hefner berichtet, die Wirkung einer Schweigespirale in seinem politischen Umfeld und auch mindestens einmal am eigenen Leibe verspürt und beobachtet zu haben:

> Menschen, auch Abg. (!) hatten Angst, ihre Bedenken deutl. zu äußern. Kritische Haltung zum Euro (oft sogar schon Nachfragen), galten weithin als nationalistisch, chauvinistisch, dumpf, unmodern, uneuropäisch, antieurop. etc. Wer keine oder keine starke Meinung hatte oder unsicher war (und das waren viele), schlug sich auf die Seite der stärkeren Bataillone.[142]

Gab es das Euro-Schweigekartell von Bonn? Der ehemalige Kanzleramtsminister Horst Ehmke sagt, „Desinteresse und Feigheit" der Eliten seien schuld gewesen am Ausbleiben einer rechtzeitigen und offenen Auseinandersetzung mit dem Euro. Zudem störe ihn „der ganze politikverdrossene Impuls" derartiger Klagen.[143]

Im Tenor ähnlich Werner Hoyer. Nur die wenigsten Vertreter der politischen Klasse träten in Veranstaltungen „draußen" offensiv für den Euro ein, klagte der Staatsminister im Auswärtigen Amt. Der größte Teil der politischen Klasse sei „genauso verunsichert, was den Euro angeht, wie die Bürgerinnen und Bürger selber". Im Parlament werde der Euro forciert von wenigen „Überzeugungstätern":

> Die meisten Abgeordneten des Deutschen Bundestages spüren den Bürgerzorn oder den Frust oder die Skepsis und ziehen den Kopf lieber in die Ackerfurche. Die ganzen Landesvorstände der im Deutschen Bundestag vertretenen Parteien halten sich schön aus der Diskussion heraus. Die Multiplikatoren halten sich lieber heraus, überlassen das ein paar Fachleuten aus Bonn. Das wäre alles anders, wenn es eine Volksabstimmung gäbe ... Dann wären unsere Kreisvorsitzenden vor Ort, unsere Landtags-, Bundestagsabgeordneten auch ganz anders gefordert, als das jetzt der Fall ist.[144]

Norbert Wieczorek, Euro-Experte der SPD, schätzt die Anzahl der Bundestagsabgeordneten, die sich intensiv mit der EWU auseinandersetzten, auf maximal 20:

> Wer intensiv gearbeitet hat, waren zum Beispiel Kurt Faltlhauser, auch Hansgeorg Hauser als Parlamentarischer Staatssekretär, bei uns Joachim Poß – da gab es ein paar, die auch 'mal gerne in die Details eingestiegen sind, und Ingrid Matthäus-Maier als stellvertretende Fraktionsvorsitzende. Aber wenn Sie richtig hinschauen, war es eine Handvoll Leute.[145]

Laut Wieczorek ist dieses Phänomen auch auf äußere Zwänge zurückzuführen:

> Es ist alles so komplex geworden, selbst für die Akteure, daß sie immer nur noch Teilbereiche selbst überschauen können. Da müssen sie schon sehr viel arbeiten, damit sie das können. Für die Öffentlichkeit ist gerade das noch relevant, was eben gerade in den Schlagzeilen ist oder im Fernsehen. Breitere politische Diskussionen finden an der Basis nicht mehr statt. Das sage ich nach 30 Jahren Politik und 22 Jahren im Bundestag. Als ich anfing, gab es permanent ... Ortsversammlungen, wo Sie die Themen, die anstanden, diskutiert haben. Heute gibt es kaum noch Interesse daran.[146]

---

142 Antworten auf Fragen 18 und 19 im von Gerald Häfner MdB ausgefüllten Fragebogen.

143 Ehmke bei der Vorstellung der Neuauflage des Buches von Reimut Jochimsen „Perspektiven der Europäischen Wirtschafts- und Währungsunion" am 6. Februar 1998.

144 Interview mit Werner Hoyer (S. 5-7).

145 Interview mit Norbert Wieczorek (S. 12).

146 Ebenda.

Friedrich Bohl erinnert sich an den November 1991, als er – mitten im Maastricht-Prozeß – Chef des Kanzleramts wurde. Selbst den Mitarbeitern in der Regierungszentrale seien die Konsequenzen des *Maastricht-Vertrages* und die psychologischen Wirkungen erst nach der Vertragsunterzeichnung bewußt geworden:

> Wir hatten natürlich mit der deutschen Wiedervereinigung und all diesen Themen sehr viel zu tun, so daß sich 1991 die Maastricht-Verhandlungen auf europäischer Ebene nicht mit der alleraktivsten Beteiligung des deutschen Parlaments oder der deutschen Abgeordneten abgespielt haben. Wir hatten neue Kollegen im Bundestag, der Bundestag konstituierte sich und ohnehin sind Verhandlungen in erster Linie Sache der Regierung.[147]

Bohl berichtet, es habe „schon einen gewissen Unmut" gegeben, als nach der Vertragsunterzeichnung „in nicht sehr angenehmer Weise" manche Zeitungen, etwa *Bild*, dieses Thema „hochpushten" (Bohl), „als hätten wir die D-Mark verkauft und Deutschland zur Ausplünderung freigegeben". Da sei sicherlich „das eine oder andere auch überraschend" auf das Kanzleramt zugekommen, das man vielleicht vorher so nicht gesehen habe.[148]

Letztlich sei das ganze Projekt, so Norbert Walter, Chefvolkswirt der Deutschen Bank und einer der eifrigsten Euro-Verfechter mit Hunderten von Auftritten in Diskussionsveranstaltungen, auf Willenskraft und Engagement eines einzigen Mannes zurückzuführen (Anm. 13):

> Ohne Kohl, ohne die Stärke und die Anstrengungen, die er in dieses Projekt gesteckt hat, gäbe es den Euro nicht. Es ist ... ein fatales Zeichen, daß es von einer Person abhängt, daß dieses Projekt Wirklichkeit wird. Es wäre gut für die wirtschaftliche Realität dieses Landes, wenn die Wirtschaft und die Bevölkerung sich diesem Thema mit größerer geistiger Offenheit genähert hätten, als wir das getan haben.[149]

Mangel an Courage konstatierte der Medienanalytiker Roland Schatz bei Euro-Skeptikern in verantwortlicher Position, als er aus einem Hintergrundgespräch mit dem Präsidenten einer Landeszentralbank – qua Amt Mitglied des Zentralbankrates, des Gremiums, auf dessen Stellungnahme es bald entscheidend ankommen sollte – berichtete. Der Währungsexperte sei gefragt worden, welche Geldentwertung er erwarte bei einem Beitritt Deutschlands zur Währungsunion:

> [Er] sagte, daß er davon ausgeht, daß es zwischen 15 und 20 Prozent sind, daß er jedoch, würde man ihn zitieren, das abstreiten würde. Aber ... mit einer Entwertung zwischen sechs und acht Prozent dürften sie ihn zitieren.[150]

Gleichzeitig, so Schatz, habe das Bundespresseamt Broschüren herausgegeben, nach denen keinerlei Entwertung zu befürchten sei; niemand müsse sich Sorgen machen (Anm. 14). Diesen „Spagat" habe man keinem mehr vermitteln können.[151]

---

147 Interview mit Friedrich Bohl (S. 4).

148 Ebenda.

149 Norbert Walter auf der GfK-Jahrestagung vom 19. Juni 1998 in Nürnberg, zitiert nach der GfK-Dokumentation, S. 7. – 70 Prozent der im Rahmen dieser Studie befragten Bundestagsabgeordneten stimmten der These teilweise oder ganz zu, der Euro sei in erster Linie Kohls Werk; er habe die EWU in der CDU, dann in der CSU und schließlich in Deutschland gegen alle Widerstände und Kritik durchgesetzt (vgl. Kapitel 12.2).

150 Interview mit Roland Schatz (S. 3).

Inwieweit EWU-Skeptiker regelrecht gemobbt wurden, läßt sich nur spekulativ anhand von Einzelfällen hochrechnen (Anm. 15). Ein Massenphänomen scheint es zumindest unter den Bundestagsabgeordneten nicht gewesen zu sein, sonst wären die (auf Wunsch anonymen) Antworten in der Fragebogenaktion dieser Untersuchung anders ausgefallen. Das ganze Design war darauf ausgerichtet, eventuelle Mobbingopfer dazu zu bewegen, sich zu erklären.

Wolfgang Schulhoff, Unternehmer aus Düsseldorf, war der prominenteste Euro-Kritiker in der CDU/CSU-Bundestagsfraktion. Nach seiner Darstellung konnte von Mobbing keine Rede sein – im Gegenteil: Die Fraktion sei sehr fair mit ihm und seiner abweichenden Meinung umgegangen:

> Ich ... durfte vor der Fraktion reden, obwohl Kohl sich da ein bißchen sonderbar benommen [und] ... Gespräche gesucht [hat] mit seinen umliegenden Freunden. Diese kleinen Micklichkeiten. Die konnte man aber ertragen.[152]

Wer sich öffentlichkeitswirksam gegen den Euro oder zumindest den Zeitplan aussprach, durfte aber nicht ein ängstlicher Typ sein. „Pessimisten und Schwarzmaler" nannte sie Außenminister Klaus Kinkel (FDP), „Kräfte des Zweifels und der Entscheidungsunfähigkeit".[153] Bundeskanzler Kohl deckelte Euro-Kritiker, indem er Parallelen zu den Jahren 1989/1990 herstellte und suggerierte, die EWU sei eine ähnlich wertvolle Leistung wie die Herstellung der Deutschen Einheit:

> Vor gerade acht Jahren hatten wir die einmalige Chance zur Wiedervereinigung. Wir haben sie genutzt. Damals waren Bedenkenträger und Miesmacher unterwegs, die uns daran hindern wollten.
>
> (Beifall bei der CDU/CSU und der F.D.P.)
>
> Es sind zum großen Teil die gleichen, die heute Stimmung gegen die Europäische Union, gegen die Wirtschafts- und Währungsunion machen.
>
> (Beifall bei der CDU/CSU und der F.D.P.)
>
> Genausowenig wie bei der deutschen Einheit werden wir uns heute von solchen Überlegungen leiten lassen.
>
> (Unruhe – Ingrid Matthäus-Maier [SPD]: Stoiber!)
>
> Warum Sie in dem Punkt unruhig werden, weiß ich nicht. Ihr Beitrag zur deutschen Einheit war denkbar gering; das wissen Sie so gut wie ich.[154]
>
> (Beifall bei der CDU/CSU und der F.D.P.)

Theo Waigel nannte Gerhard Schröder in dieser Bundestagssitzung einen „Amateurgynäkologen aus Niedersachsen" wegen dessen Diagnose, der Euro sei eine

151 Ebenda.

152 Interview mit Wolfgang Schulhoff (S. 8).

153 Pressemitteilung des Auswärtigen Amtes 185/98 vom 27. März 1998. Differenzierter Kinkels Staatsminister Werner Hoyer: „Die Leute in unserem Lande sind sich darüber im klaren, daß das Leben voller Risiken ist. Deshalb hat es auch keinen Sinn, daß man an den Risiken, die mit dem Euro verbunden sein können, vorbeiredet oder sie schlicht und ergreifend wegbügelt. Nur: Ich komme zu der Überzeugung, daß wir den Bürgerinnen und Bürgern zumuten müssen, sich mit den Risiken auseinanderzusetzen, aber bitte mit Chancen eben auch, um dann auf Grund einer rationalen Abwägung zum Ergebnis komme: Es ist richtig, den Euro einzuführen." (Interview mit Werner Hoyer, S. 4).

154 BtPPl 13/227 vom 02. April 1998, S. 20760.

„kränkelnde Frühgeburt".[155] Als Schröder im Frühjahr 1997 mutmaßte, der Euro könne genauso teuer werden wie die Deutsche Einheit, entgegnete die CDU-Finanzexpertin Gerda Hasselfeldt, niemand brauche sich hierzulande zu wundern, warum „ein so hoher Prozentsatz der Bevölkerung" den Euro ablehne: „Kaum sind die Beratungen [der EU-Finanzminister] in Nordwijk gerade aus deutscher Sicht erfolgreich zu Ende gegangen, melden sich die Bedenkenträger der Opposition wieder zu Wort." Deutschland sei das einzige Land, das „ständig über Bedenken" rede, anstatt seine „Hausaufgaben zu machen".[156]

Auch Wissenschaftler wurden heftig angegangen, sobald sie sich kritisch äußerten. Christa Randzio-Plath (SPD), Vorsitzende des Unterausschusses für Währung im Europäischen Parlament, bezeichnete Professoren, die eine Verschiebung der EWU verlangten, als „Euro-Brandstifter", die jene Gefahren selbst herbeiredeten, „vor denen sie uns angeblich bewahren wollen".[157] EU-Industriekommissar Martin Bangemann nannte die deutsche Euro-Debatte „eine Katastrophe", die schon deswegen unsinnig und überflüssig sei, als laut Vertrag alle Länder, die die Bedingungen erfüllten, „automatisch teilnehmen müssen, sofern sie keine Ausnahmeregelung ausgehandelt haben".[158] Allerdings waren prominente Euro-Kritiker in der Politik selten. Ralf Vielhaber, Chefredakteur eines Informationsdienstes für Unternehmer, sagt, es sei „opportun" gewesen, dieses Thema nicht mit Skepsis zu behandeln:

> Nach Auschwitz darf niemand in Deutschland gegen Europa sein.[159]

Offenbar empfanden sich viele Abgeordnete in einer fatalen Situation: Von ihren jeweiligen Führungsleuten wurde ihnen bedeutet, den Euro nicht (mehr) grundsätzlich zu thematisieren, von Kollegen mußten sie rüde Vorwürfe der Europafeindlichkeit gewärtigen, wenn sie nicht das sagten, was von ihnen erwartet wurde, aber von ihren Wählern im Wahlkreis wurden sie mit Fragen und Sorgen bedrängt, was die Euro-Geschichte denn um Himmels Willen solle. Darauf, das legen Schilderungen nahe, reagierten viele mit einem weitgehenden Rückzug aus der Euro-Auseinandersetzung bei Delegation an einige wenige Experten in der Fraktion. Es kam zu einer Emigration nach innen, was dazu führte, daß die Sichtweise des Souveräns im Bundestag kaum noch zum Tragen kam. Das demokratische Feedback war unterbrochen, das repräsentative Prinzip außer Kraft.

3.4 Kritische Journalisten bekamen Probleme

Unter den Brüsseler Journalisten, die naturgemäß am frühesten und am besten über die Pläne auf EU-Ebene Bescheid wußten, gab es seit den 80er Jahren einen *Comment*, der eine kritische Haltung gegenüber einer europäischen Währungsunion

155 Ebenda, S. 20790. Der Bericht vermerkt erneut Beifall bei der CDU/CSU und der FDP.

156 Presseerklärung der CDU/CSU-Bundestagsfraktion vom 17. April 1997.

157 *Frankfurter Allgemeine Zeitung* vom 10. Februar 1998, S. 15.

158 *dpa*-Meldung vom 29. April 1997.

159 Ralf Vielhaber im Interview mit dem Verfasser am 03. März 1998. – Vgl. Studie des *IFM Freiburg*, nach der der Euro von der Bevölkerung als ungerechte Perpetuierung deutscher Sühne erlebt wird (Kapitel 6.8).

nur innerhalb enger Grenzen erlaubte. Wer diese Grenzen überschritt, bekam zu verstehen, daß man ihn für fehl am Platze hielt, zumindest für desorientiert.

Winfried Münster, langjähriger Korrespondent der *Süddeutschen Zeitung* in Brüssel, hat das nach seiner Schilderung zu spüren bekommen, als er seine EWU-freundliche Haltung ablegte und begann, skeptische Kommentare zu schreiben, weil sich ein *Maastricht-Vertrag* ohne politische Union abzeichnete:

> Ein paar Wochen vor dem Gipfel von Maastricht hat mich [der deutsche Botschafter in Brüssel, Dietrich von Kyaw] als „Ratte" beschimpft. Er stand vor mir: „Wenn Sie so weiterschreiben, dann machen Sie die deutsche Wirtschaft kaputt, denn dann kommt die Währungsunion nicht!" und so ein Quatsch. Der Druck war sofort enorm. ... Es gab dann Beamte in der Vertretung in Brüssel, die haben nicht mehr mit mir gesprochen. Aber auch einige Kollegen nicht.
>
> Was besonders schlimm war: Daran, daß ich Europäer war, konnte gar kein Zweifel bestehen. ... Für mich war die ganze Sache deshalb so enttäuschend, weil die Währungsunion die Integration nicht weitergebracht hat. Trotzdem wurde ich ... binnen Wochen in die rechte Ecke gestellt.

Es sei sogar vorgekommen, daß sich der Kanzler in seinen Augen unsichere Kantonisten unter den Journalisten persönlich vorgeknöpft habe, berichtet Münster:

> [Bei einem Journalistengespräch mit Kohl] meldete ich mich, Bitterlich schob ihm einen Zettel hin, ich vermute, mit meinem Namen darauf. Kohl beantwortete völlig normal meine Frage und sagte dann aber: „Und noch eines: Wenn Sie denn schon ein Euro-Skeptiker sind, dann träufeln Sie das doch bitte nicht in die Redaktion." [Kohl hatte Sorge, ich könnte das Klima vergiften.] Das haben die mir vorgeworfen. ...
>
> Außenminister Klaus Kinkel [nahm mich einmal bei einem Seminar in Stromberg] beiseite und äußerte die „herzliche Bitte", ich solle doch nicht mehr so „destruktiv" über den Euro schreiben. Es sei wirklich ernst.[160]

Anfang 1998, einige Wochen vor der Beschlußfassung der Staats- und Regierungschefs über den Beginn der dritten EWU-Stufe und den Teilnehmerkreises, erschien das Buch „Der Kampf um den Euro – Wie riskant ist die Währungsunion?". Die 41 Autoren („Experten und Prominente") kamen damit sogar zehn Jahre zu spät, um mit ihren Abwägungen, Mahnungen und Warnungen noch Einfluß auf den Lauf der Dinge zu nehmen. Werner Weidenfeld wunderte sich, ein politisches System wechsele seine Identität ohne eine begleitende politisch-kulturelle Selbstverständigung seiner Bürger, nicht einmal seiner Eliten:

> Selbst das Jahrhundertwerk der Einführung einer gemeinsamen europäischen Währung musste gänzlich ohne politisch-strategische Erörterung ihrer Ziele und Konsequenzen auskommen.[161]

---

160 Interview mit Winfried Münster (S. 5-6). – Der CSU-Europaabgeordnete Joachim Wuermeling schildert die damalige Situation so: „Brüsseler Journalisten fühlen sich als Bestandteil des Systems der Europa-Verteidiger. Insofern haben die auch eine ganz besondere Rolle in ihren Redaktionen. Es gab ja praktisch nur einen einzigen Journalisten, der diese Sache sehr kritisch beäugt hat: Winfried Münster von der Süddeutschen Zeitung. Das ist sicher einer der kritischsten Zeitzeugen. Aber im Grunde war er auch isoliert, weil es hieß, der gehöre ja gar nicht zu uns, die wir Europa voranbringen, in der deutschen Öffentlichkeit verteidigen müssen." (Interview mit Joachim Wuermeling, S. 2)

Der Abschied vom Versuch, europäische Identität zu vertiefen, um eine kulturelle Grundlage für Handlungsfähigkeit zu schaffen, werde sich einst, so Weidenfeld, als Achillesferse Europas erweisen: „Die Historiker werden sich die Augen reiben über diese Art der Auseinandersetzung mit diesem Epochenwandel."[162]

Burkhard Hirsch klagte, Tabuverletzer täten gut daran, vorsichtshalber klarzustellen, daß sie nicht Gegner des Europa-Gedankens oder gar rechte Nationalisten seien. Doch der Euro sei „ein Experiment, dessen guter Ausgang nicht durch Beschwörungen gesichert werden kann, im Gegenteil".[163]

Wer den Starttermin 1. Januar 1999 für sakrosankt erkläre, der, so der FDP-Politiker, interpretiere den Vertrag von Maastricht absichtlich falsch und versündige sich letztlich an der Bevölkerung, der man 1992 eine objektive, strenge und ergebnisoffene Prüfung der Voraussetzungen versprochen habe.[164] Die Behauptung, der Euro werde nie kommen, wenn er jetzt nicht komme, sei – so Hirsch – wissentlich falsch:

> Auf den Kirchentagen wurde zeitweise offener und ehrlicher debattiert als auf sämtlichen Parteitagen. Wo die Politik Glaubensbekenntnisse fordert, darf nicht mehr frei gedacht werden. ...
>
> Als Bundesbankpräsident Tietmeyer die Selbstverständlichkeit äußerte, die Verschiebung des Euro ... bedeute keinen Weltuntergang, wurde er umgehend gezwungen, ein Bekenntnis nachzuliefern. Selbstverständlich sei er ein glühender Befürworter des Euro, an sich. Stoiber und Biedenkopf erleben ähnliches.[165]

Von einer Unterdrückung mißliebiger Meinungen will Hirsch mit Blick auf die FDP-Bundestagsfraktion jedoch nicht sprechen – es sei subtiler geschehen:

> Jeder [konnte] reden und hören, wenn er es wollte. Es war eher eine Resignations- oder Gleichgültigkeits- oder Optimismus-Spirale, je nachdem wo der einzelne Abgeordnete stand.[166]

Ähnliche Erfahrungen schilderte Reimut Jochimsen als Präsident der Landeszentralbank Nordrhein-Westfalen. Das Thema verlange „nach nüchterner Analyse und Abwägung, nicht nach purem politischen Dezisionismus und Voluntarismus":

---

161 Werner Weidenfeld: Die Achillesferse Europas – Die EU muss darüber nachdenken, was sie aus sich selbst machen will. *Frankfurter Allgemeine Zeitung* vom 31. Januar 2000, S. 11.

162 Werner Weidenfeld: Europas neues Gesicht, S. 4 (1997).

163 Burkhard Hirsch: Automatisch in die Währungsunion?, S. 164 ff. (1998).

164 Hirsch gehörte jener CDU-CSU-FDP-Koalition an, die die von ihm so herb kritisierte Bundesregierung 1982 ins Amt gebracht und bis zur Wahlniederlage 1998 parlamentarisch unterstützt hatte. Neben Kohl war Außenminister Kinkel (FDP) der energischste Verfechter des EWU-Zeitplanes und – wie gesehen – Gegner von Euro-Skeptikern.

165 Burkhard Hirsch in einem Aufsatz für die FDP-Bundestagsfraktion vom 7. September 1997. Er habe damit, so Hirsch, reagiert auf eine Behauptung des Kollegen Helmut Haussmann, die Entscheidung im Maastrichter Vertrag für die Einführung des Euro sei irreversibel (unveröffentlichtes Dokument).

166 Burkhard Hirsch in einem Brief an den Verfasser vom 04. Januar 2000.

> Als vollendete Version der „political correctness" [werden] die fehlenden Voraussetzungen, weichen Bedingungen und unausgeräumten Gegensätze des ehrgeizigen politischen Projekts schlicht tabuisiert.[167]

Arnulf Baring beklagte eine Verteufelung von Euro-Kritikern. Die wenigen, die auf Risiken des Vorhabens hinwiesen, müßten sich als Nationalisten oder Reaktionäre, mindestens aber als Gegner der europäischen Einigung diffamieren lassen, sogar als „moralisch minderwertig", indem man ihnen – so Baring – einen „Appell an niedere Instinkte" vorwerfe. Unfaßbar sei, daß sogar Bundespräsident Roman Herzog verlangt habe, den Euro aus dem nächsten Wahlkampf herauszuhalten:

> Der höchste Repräsentant unseres Staates spricht sich also dafür aus, die politische Diskussion eines Themas, das von existentieller Bedeutung für alle Landsleute ist, einfach ausfallen zu lassen![168]

Nach Baring ist der bessere Europäer derjenige, der öffentlich sage, die Währungsunion sei jetzt zu gefährlich, der die Integration wolle, aber die „absehbare Zerstörung der EU durch den Euro verhindern möchte". Der „verläßlichere Europäer" müsse fordern, daß der Einigungsprozeß besonnener ablaufe und die Lehren der Geschichte berücksichtigt würden (Anm. 16).[169]

Versagen der demokratischen Öffentlichkeit konstatierte auch Bernd Baehring, ehemaliger Chefredakteur der Börsen-Zeitung. Es dürfe nicht sein, daß die Frage, ob es den Euro geben solle oder nicht, zu einer „Seminarfrage", einer „Milchmädchenrechnung" verkomme:

> Der Wille der Regierung, die wirkliche Bedeutung der Entscheidung zu tabuisieren, [treibt] selbst der Opposition im Bundestag Denken, Phantasie und Gestaltungswillen [aus].
>
> Vielleicht ist das die Situation, die einmal als das historische Versagen der zweiten deutschen Demokratie erkannt wird, die unfähig ist oder es ablehnt, um Antwort auf die Frage zu ringen, ob der Euro zum Anschlag auf den inneren Frieden Europas werden wird.[170]

Der Publizist Thomas Kielinger nannte Kohl einen „Kanzler, dem der Widerspruch fehlt". In der Europafrage behelfe er sich „fast nur noch mit Denkverboten". Schröders Zweifel am Zeitplan habe sein Außenminister Kinkel mit dem Vorwurf gekontert, solche Rede sei „unverantwortlich", weil sie „Zweifel an Europa säe" – und dies, so Kielinger, obwohl der Zweifel „die sokratische Wurzel unseres Fortschritts überhaupt" sei. Nichts könne die Idee Europas mehr beschädigen als „solche geistigen Sanktionen".[171]

Die deutsche Politik, die so gerne den Philosophen Karl Popper zitiere, gehe seiner Kernidee aus dem Weg: „Dem Falsifikationstest, dem Prüfstein jeder Rationalität", beschwerte sich der in London lebende Beobachter.

---

167 Redemanuskript von Reimut Jochimsen anläßlich der Vorstellung der Neuauflage seines Buches „Perspektiven der Europäischen Wirtschafts- und Währungsunion" am 6. Februar 1998 in Bonn, S. 4.

168 Arnulf Baring: Scheitert Deutschland? S. 252-253 (1998).

169 Ebenda, S. 241.

170 Leserbrief von Bernd Baehring in *Frankfurter Allgemeine Zeitung* vom 18. März 1997, S. 10.

171 Thomas Kielinger: Ein Kanzler, dem der Widerspruch fehlt (1996).

Popper müsse sich, so Kielinger, im Grabe herumdrehen:

> Warum wird das bisher in Europa erreichte gefährdet durch einen Parforce-Ritt, der den Kontinent eher spaltet? Ist der häßliche Deutsche, diese Dampfwalze, dabei, sich mit den besten aller Europa-Absichten zurückzumelden?[172]

Ähnlich Kurt Biedenkopf. Eine wirkliche, der Aufklärung verpflichtete Debatte über die EWU habe zwischen 1992 und 1996 nicht stattgefunden:

> Ein Projekt, das so fragil ist, daß es eine intensive Prüfung nicht verträgt, kann nicht gut sein. Das gehört jedenfalls zu meiner Lebenserfahrung.[173]

Gegenteilig erinnern sich manche Verfechter der Europäischen Währungsunion – zumindest, was Intensität und Offenheit der Auseinandersetzung betrifft. Theo Waigel resümierte, er kenne kaum ein politisches Projekt seit Bestehen der Bundesrepublik, das „so lang und so intensiv diskutiert worden wäre". Über mehrere Jahre hinweg hätten sich der Bundestag und seine Ausschüsse mit der EWU auseinandergesetzt. Alle kritischen Bedenken seien in den zuständigen gesetzgeberischen Körperschaften erörtert worden, ehe die Einführung des Euro schließlich mit übergroßen Mehrheiten in Bundestag und Bundesrat gutgeheißen worden sei.

Noch intensivere Debatten schließlich habe er als CSU-Vorsitzender erlebt, schreibt Waigel. Wie keine andere Partei habe die CSU ihre Positionen zur europäischen Währung innerparteilich diskutiert und abgeklärt. Er erinnere sich an zahlreiche Kongresse, Parteitage und Sitzungen des Parteiausschusses, in denen dieses Projekt im Mittelpunkt der Beratungen gestanden habe:

> Insofern muß ich allen Äußerungen und Thesen, die .. Währungsunion sei von oben durchgesetzt worden, mit Nachdruck widersprechen.[174]

Joachim Bitterlich berichtet von Diskussionsforen zum Euro in ganz Deutschland. Doch das Interesse der Menschen sei sehr schnell verlorengegangen. Zwei, drei Veranstaltungen hätten funktioniert, doch dann in der Provinz sei die Kampagne „irgendwann totgelaufen" – und daran seien nicht die Politiker schuld gewesen:

> Die Leute wollten es nicht mehr hören. Sie haben gesagt: „Ist ja gut! Es gefällt uns zwar nicht, aber – okay! Wird schon richtig sein!"[175]

Norbert Wieczorek läßt den Vorwurf nicht gelten, der Bundestag habe vor der entscheidenden Paraphierung des *Maastricht-Vertrages* nicht ausreichend diskutiert. Das Gegenteil sei richtig. „Mindestens drei große Debatten" hätten in diesem Zeitraum stattgefunden, aber „die wurden nicht wahrgenommen". Erst mit der ersten großen *Bild*-Schlagzeile sei es plötzlich ein allgemeines Thema geworden. Aber zu diesem Zeitpunkt sei die wichtigste Entscheidung bereits gefallen.[176]

---

172 Thomas Kielinger, Bonn: Helmut Kohl oder das Demokratie-Defizit (1996).

173 Kurt Biedenkopf: Der Euro – Herausforderung mit Chancen und Risiken, Manuskript für Vortrag in Berlin am 15. September 1997, S. 2-3, zitiert nach Arnulf Baring: Scheitert Deutschland?, S. 142 (1998).

174 Brief von Theo Waigel an den Verfasser vom 19. Januar 2000.

175 Interview mit Joachim Bitterlich (S. 9).

176 Interview Norbert Wieczorek (S. 13).

Fazit: Die Medien begannen erst zu einem Zeitpunkt über die Verhandlungen über den Vertrag von Maastricht zu berichten, als die Grundzüge bereits weitgehend festgelegt worden waren und nur um den Preis hoher außenpolitischer Kosten noch hätten revidiert werden können – Kosten, die sich im weiteren Verlauf stetig erhöhen sollten. Damit war das Recht der Staatsbürger auf „Wissensfreiheit" (Adolf Arndt) verletzt. Artikel 5 GG wird wirkungslos, wenn Informationsquellen zwar ungehindert zugänglich sind, diese aber die relevanten Informationen nicht liefern, jedenfalls nicht mit einem zumut- und erwartbaren Aufwand (Anm. 17).

Als Frühwarnsystem, sofern man dies von ihnen verlangen darf, waren die Medien unbrauchbar. Sie haben sich gegenüber der EWU bis zur Unterzeichnung des *Maastricht-Vertrages* und zum Teil noch darüber hinaus desinteressiert verhalten, später ambivalent, schließlich – mit kurzzeitigen, oft nur wenige Tage währenden Ausreißern – positiv. Die Journalisten folgten den übrigen Angehörigen der deutschen Eliten, die 1995 auf Pro-Euro-Kurs eingeschwenkt waren.

Die sich in Umfragen manifestierende Euro-Skepsis fand in den Massenmedien nur punktuell und blitzlichtartig eine Entsprechung, nicht aber dauerhaft mit einer Intention, die Einführung des Euro ernsthaft zu problematisieren. Grundsätzlich haben die Medien den Primat der Exekutive beim Komplex EWU trotz aller Bedenken und Kritik im Detail zu keinem Zeitpunkt in Frage gestellt, sondern das Vorgehen der Bundesregierung als Beleg einer begrüßenswerten Europafreundlichkeit Deutschlands und seiner Regierung behandelt (Anm. 18).[177]

Lediglich die nachträgliche Installation eines Stabilitätspaktes kann als Ausfluß einer öffentlichen Meinungsbildung verstanden werden. Diese Kritik stammte jedoch aus der Fachwelt, ist nur bedingt eine Reaktion auf die Haltung der Bevölkerung.[178] Folgerichtig hatte die Durchsetzung des Stabilitätspaktes keinen nachhaltigen Einfluß auf die Umfragewerte. Der Euro blieb ein Projekt der Eliten.

Damit standen sich zwei Blöcke gegenüber: Politische Klasse sowie wirtschaftliche und intellektuelle Elite auf der einen Seite, die mehrheitlich euroskeptische Bevölkerung, deren Haltung im anderen Block über alle Jahre hinweg keine angemessene Entsprechung fand, auf der anderen. Hinzu kommt: Eine Meinungsbildung kann nach den Regeln der Aufmerksamkeitsökonomie überhaupt nur stattfinden, wenn es auf diese Meinung bei der Entscheidung tatsächlich ankommt. Dies war vor dem deutschen Beitritt zur dritten Stufe der EWU nicht mehr der Fall.

---

177 Nach einer Untersuchung von Helgo Ollmann waren zum Beispiel Berichterstattung und Kommentierung der *Bild*-Zeitung zwischen Oktober 1996 und Mai 1998 dem Euro gegenüber durchgängig positiv gestimmt. Euro-Gegner seien so gut wie nie zu Wort gekommen, „existieren quasi gar nicht". In der Ausgabe vom 27. Februar 1998 sei der Euro sogar als phantastische Universalarznei angepriesen worden: „Wirkt gegen Inflation! ... Wirkt gegen Haushaltsdefizite! ... Aber die Arbeitslosigkeit? Auch dagegen beginnt der Euro zu helfen! ... Wunder-Euro, Euro-Wunder!".

178 AA-Unterabteilungsleiter Reinhard Schweppe sieht es anders: Eine „in der Bevölkerung vorherrschende Meinung" habe die politische Entscheidungselite zu einer Positionsänderung veranlaßt, woraufhin diese nachträglich einen Stabilitätspakt installiert habe (zitiert nach Schweppes persönlicher Niederschrift seiner Intervention beim Medienseminar der Vertretung der EU-Kommission in Bonn am 06. Februar 1998).

Die Folge war eine nur halbherzig geführte, weil nicht einmal mehr scheinbar ergebnisoffene Debatte. Dieser verweigerten sich große Teile der demokratischen Öffentlichkeit in Deutschland und im Prinzip auch die deutsche Politik: Die Menschen wußten, daß es nicht mehr auf sie ankam, denn an der Aufgabe der D-Mark führte kein Weg mehr vorbei, wollte man nicht einen unbezahlbaren außenpolitischen Schaden anrichten.

Am Ende sind beiderseits gescheiterte Kommunikationsversuche zu erkennen. Selten standen sich Regierende und Regierte so verständnislos gegenüber.

4. Ursprung von Mißtrauen: Kohl und Mitterrand

4.1 „Ein Entschluß gegen deutsche Interessen"

Die Frage nach einer Gegenleistung Bonns für Frankreichs Zustimmung zur deutschen Wiedervereinigung ist so alt wie die Wiedervereinigung selbst. Auch zwei Jahrzehnte danach taucht dieses Thema wieder und wieder in den Medien auf. Kanzler Kohl selbst lieferte entsprechenden Spekulationen 1998 indirekt neue Nahrung mit seiner Entscheidung, die Kanzleramtsakten der Jahre 1989/90 weit vor Ablauf der regulären Sperrfrist für die Forschung freizugeben.

Im Protokoll des Treffens von Helmut Kohl mit US-Außenminister James Baker am 12. Dezember 1989 in West-Berlin findet sich eine Passage, die Aufsehen erregte. Kohl kam vom frostigen Straßburger EU-Gipfel; Thema war die unfreundliche Haltung der europäischen Nachbarn. Ministerialdirigent Peter Hartmann[179] – er fungierte als *note taker* in dieser Begegnung – gibt den Gesprächsverlauf (wie üblich) in indirekter Rede wieder. Der Bundeskanzler sagte danach zu Baker:

> Wenn jetzt noch 17 Mio. Deutsche dazukämen, sei das eben für manche ein Alptraum. Aber diese 17 Mio. gebe es nun einmal. Er frage sich, was er denn noch mehr tun könne, als beispielsweise die Schaffung einer Wirtschafts- und Währungsunion mitzutragen. Diesen Entschluß habe er gegen deutsche Interessen getroffen. Beispielsweise sei der Präsident der Bundesbank gegen die jetzige Entwicklung. Aber der Schritt sei politisch wichtig, denn Deutschland brauche Freunde. Es dürfe uns gegenüber kein Mißtrauen in Europa geben. Er gönne gerne Frankreich den Ruhm für den Erfolg von Straßburg, aber ohne ihn wäre die Sache dort nicht gelaufen.[180]

Hat der Bundeskanzler die D-Mark den Franzosen als Morgen- oder gar Opfergabe geliefert, damit jene den Einigungsprozeß nicht blockieren mögen? Zwar ist die Quelle seriös, aber der Umstand, daß Kohl sich so gegenüber dem US-Außenminister äußerte, muß ja nicht bedeuten, daß Kohl seine Zustimmung zur EWU *tatsächlich* als Verstoß gegen deutsche Interessen betrachtete (Anm. 19).

Möglicherweise wollte Kohl die Tragweite dieser Entscheidung gegenüber Baker so deutlich herausstellen wie möglich, betonen, wieviel der Bundesregierung Harmonie in der EU wert sei, wußte er doch, daß Washington neben Moskau die Schlüsselrolle im angelaufenen Wiedervereinigungsprozeß spielen würde. Eine Interessenabwägung nimmt der Kanzler selbst vor.

Als gewiß darf gelten, daß Kohl seine Zustimmung zur Aufgabe der D-Mark als Verstoß gegen seine machtpolitischen Interessen als Bundeskanzler und Parteipolitiker betrachtete, war er doch überzeugt, die Bevölkerung werde diesen Schritt in ihrer Mehrheit nicht gutheißen. Denkbar also, daß der Kanzler mit seiner Aussage gegenüber Baker Reflexionsebenen vermischte. Es ist jedenfalls unzulässig, sie als ultimativen Beweis für die Richtigkeit der *do-ut-des-These* zu werten. Wäre sie das,

179 Ministerialdirigent Hartmann war Leiter der Gruppe 21 im Kanzleramt und zuständig für Auswärtige Politik und Entwicklungshilfe. Sein Chef war der Leiter der Abteilung 2, Horst Teltschik (Bundesregierung, Organigramm Kanzleramt vom 10. April 1990).

180 Deutsche Einheit – Sonderedition 1989/90, S. 638.

hätte der Kanzler die Passage sicherlich nicht freigegeben.[181] Wiederholt hat Kohl diesen brisanten Satz – soweit bekannt – allerdings auch nicht.

Geschäfte auf Gegenseitigkeit gelten seit der Gründung der *Montanunion* am 18. April 1951 im deutsch-französischen Verhältnis als erprobtes und bewährtes Mittel der Politik, auch massive Interessengegensätze aufzulösen (Anm. 20). Der Vertrag wurde zwar neun Monate später in der Ratifizierungsdebatte des Bundestages als „unannehmbar" und „im Widerspruch zum elementaren Lebensinteresse des deutschen Volkes [stehend]" kritisiert; sogar von einer „Versklavung Deutschlands" war die Rede. Nach allgemeiner Wahrnehmung konnte die *Montanunion* ihren Zweck jedoch bald zur Zufriedenheit der Beteiligten erfüllen; die Befürchtungen der Kritiker („Kriegsvorbereitung!") bewahrheiteten sich nicht.[182]

Bundeskanzler Konrad Adenauer hatte vom ersten Tag an alle Verratsvorwürfe als „absurd" zurückgewiesen: „Wenn es Frankreich wirklich darum ginge, die Herrschaft über unsere wichtigsten Wirtschaftszweige zu bekommen, hätte es klug gehandelt, wenn es gar nichts getan hätte."[183] Ein *Deal* zwischen Kohl und Mitterrand wäre also kein europapolitisches Novum gewesen.

Klimaverbessernde Maßnahmen zwischen Paris und Bonn waren auch 1989 angezeigt. Das von Frankreich als solches empfundene „Zinsdiktat" der Deutschen Bundesbank war der Kohabitationsregierung von Premierminister Jacques Chirac ein Dorn im Auge, zumal die Bundesbank zu einem symbolischen Entgegenkommen, etwa auch französische Franc und nicht nur US-Dollars in ihre Währungsreserven aufzunehmen, nicht bereit war (Anm. 21).[184]

Das deutsch-französische Tandem habe im April 1989 an allen Ecken gestockt, schreibt der Historiker Hanns Jürgen Küsters: „Mitterrand war über die Deutschen und die Entwicklung des bilateralen Verhältnisses ziemlich verärgert. Das betraf insbesondere das Vorgehen Bonns bei der Zinserhöhung durch die Bundesbank am Tage der deutsch-französischen Konsultationen, die ohne Warnung erfolgte."

Paris habe angesichts des deutschen Wirtschaftsaufschwunges Sorge gehabt, bei Zukunftstechnologien den Anschluß zu verlieren. Kohls Ernennung zum *partner in leadership* durch US-Präsident George Bush habe Mitterrand zusätzlich besorgt, Bonn könnte künftig eine eigenständigere Rolle spielen.[185]

Einen Lichtblick bildete in dieser Lage der Mißstimmung die Vorlage des *Delors-Berichtes*. Es handelt sich um einen in technisch-administrativer Hinsicht ver-

---

181 Die 1600 Seiten starke Dokumentation enthält nur wenige Sperrungen.

182 Zitiert nach: Zwang zur Gemeinsamkeit. Die Gründung der Montanunion. *Frankfurter Allgemeine Zeitung* vom 18. April 2001, S. 16.

183 Adenauer: Teegespräche 1950-1954, S. 65-67. Adenauer sagte am 20. April 1951 vor Journalisten: Ich lege soviel Wert auf diese Ausführungen, weil nichts gefährlicher ist, als eine Behauptung aufzustellen, die an gewisse nationale Instinkte anklingt: ‚Die wollen die Herrschaft sichern über unsere Wirtschaft', aber vor allem deswegen, weil ich es für ein großes Unrecht halte gegenüber der französischen Regierung ..." Die Presse müsse der Bevölkerung die Überzeugung vermitteln, verlangte Adenauer, daß es bei der Montanunion „höchstwahrscheinlich" auch um die Frage gehe: „Krieg oder Frieden in Europa?".

184 Weg ohne Wiederkehr. *Der Spiegel* 10/1998, S. 26.

185 Hanns Jürgen Küsters: Die deutsch-französische Europapolitik in der Phase der Wiedervereinigung, S. 3 (2002).

gleichsweise genauen Plan für eine europäische Währungsunion. Und: Der *Delors-Bericht* trug eine deutsche Handschrift.

22 Monate zuvor, am 26. Februar 1988, hatte Bundesaußenminister Hans-Dietrich Genscher auf eigene Faust und nach eigener Darstellung als Privatmann und FDP-Vorsitzender – für Finanzfragen war im Kabinett der Kollege Gerhard Stoltenberg zuständig, und der hielt nichts von einer Forcierung des Tempos – ein „Memorandum für die Schaffung eines europäischen Währungsraumes und einer Europäischen Zentralbank" veröffentlicht (siehe Kapitel 14).

Genscher beansprucht für sich, schon 1986 nach ersten Gesprächen mit Gorbatschow „eine reale Möglichkeit zur Überwindung der deutschen und europäischen Teilung" erkannt zu haben. Im September 1988 habe er seinem sowjetischen Kollegen Eduard Schewardnadse in New York für den Sommer 1989 „Volksaufstände in der DDR wie 1953" vorhergesagt. Genscher: „Wir waren also auf die Entwicklungen 1989 eingestellt."[186] Deutschlandpolitische Weitsicht, so Genscher, habe Tradition in seiner Partei. Walter Scheel habe als Außenminister „mit dem Brief zur deutschen Einheit die Vereinigung zum Bestandteil der Ostverträge gemacht", die Regierung Schmidt/Genscher das Selbstbestimmungsrecht der Völker einschließlich eines Rechtes zur freien Bündniswahl in der Schlußakte von Helsinki 1975 durchgesetzt. Genscher: „Besonders wichtig war für mich die friedliche Veränderbarkeit der Grenzen. Das habe ich damals als die deutsche und die europäische Option betrachtet."[187]

Anlaß seines Schrittes, ein Memorandum zur Währungsunion vorzulegen, sei seine Beobachtung gewesen, daß zwar die politische Integration Europas in der zweiten Hälfte der 80er Jahre „große Fortschritte" mache, im Währungsbereich aber laut Genscher „Müdigkeit und Mangel an Engagement" herrschten. Immer mehr Länder seien in eine „totale Abhängigkeit" zur Bundesbank geraten, selbst Österreich (Anm. 22). Dies habe auf die Dauer nicht gutgehen können, sagt Genscher. Immer, wenn der Dollar schwach geworden sei, habe die D-Mark die Hauptlast tragen müssen. Dennoch habe sich die deutsche Politik nicht gerührt:

> In der CDU herrschte größte Zurückhaltung im Blick auf eine Währungsunion. Das galt auch für Teile meiner Partei. Die SPD war seit Ende der Ära Schmidt nicht sehr kreativ in Europafragen.
>
> Aus dem Finanzministerium und dem Kanzleramt gab es dazu keine Initiative – ein Zeichen von Zurückhaltung. Deshalb entschloß ich mich zur Initiative.
>
> Die Westintegration durfte angesichts der Ost-West-Annäherung nicht hinterherhinken. Der bevorstehende einheitliche Binnenmarkt verlangte eine gemeinsame Währung.[188]

Die Botschaft des Memorandums lautete: Deutschland ist unter bestimmten Bedingungen („bei Berücksichtigung deutscher Essentials") bereit, die D-Mark in einer europäischen Gemeinschaftswährung aufgehen zu lassen.

---

186 Der Euro war nicht der Preis für die Wiedervereinigung. Interview in *Die Welt* vom 22. August 2000.

187 Ebenda.

188 Interview mit Hans-Dietrich Genscher (S. 1).

Genscher erhob folgende Forderungen:

- Die Zentralbank sei dem Ziel der Preisstabilität zu verpflichten und unabhängig zu stellen nach dem Vorbild der Deutschen Bundesbank.
- Zwischen Wirtschafts- und Währungsunion bestehe ein enger Zusammenhang; Fortschritte müßten „parallel" verlaufen.
- Bereits im Juni 1988 müßten konkrete Vorbereitungen durch Einsetzung eines Expertengremiums beginnen.

„Genscher setzte sich damit zu Beginn der deutschen Präsidentschaft an die Spitze der Diskussion über die deutsche Europapolitik und reagierte zugleich auf Kritik aus Paris und Rom an deutschen Verhaltensweisen im EWS", schreibt Wilhelm Schönfelder, seinerzeit Leiter der Europaabteilung im Auswärtigen Amt, enger Mitarbeiter des Außenministers und mit AA-Staatssekretär Hans Werner Lautenschläger Verfasser des Papiers.[189]

4.2 Pöhl erledigt aus Versehen D-Mark und Bundesbank

Genscher spricht heute von einem sehr entschlossenen Schachzug. Eine Darstellung, Paris habe einen entsprechenden Vorstoß bei ihm „bestellt", weist er als unzutreffend zurück. Vielmehr sei man in der französischen Regierung genauso überrascht gewesen – man habe ja Kohls Zurückhaltung in dieser Frage gekannt – wie in der deutschen. Vom zuständigen Finanzminister Stoltenberg sei kein Anstoß erwarten zu gewesen, denn dieser sei kein Währungspolitiker, sondern ein Finanz- und Steuerpolitiker gewesen.

Politische Gestaltungskraft, Visionen gar vermutete Genscher in dem von Stoltenberg geleiteten Haus nicht. Es sei also auch darum gegangen, dessen „zögerliche Haltung zu überwinden", denn „ein europäischer Binnenmarkt ohne eine gemeinsame Währung hätte wenig Sinn gemacht".[190] Auf normalem Wege sei aber nichts mehr zu erreichen gewesen. Ihm sei klar gewesen, sagt Genscher, daß er sich mit seinem Vorstoß einiges herausnehme, zumal auch Kohl nichts davon gewußt habe:

> Mit meinem Memorandum ging ich schon ziemlich weit. Ich stand ja mit meiner ganzen Autorität dahinter.[191]

In Brüssel und in anderen europäischen Hauptstädten traf das Papier auf Zustimmung (Karl Otto Pöhl spricht sarkastisch davon, es sei angesichts einer Perspektive, die das Ende der D-Mark vorsah, „natürlich mit großer Begeisterung" aufgenommen worden), während in Deutschland die Reaktionen freundlich-interessiert, zumindest nicht ablehnend ausfielen. Mit einer prominenten Ausnahme: Stoltenberg antwortete mit einem Gegenpapier, in dem er die Erledigung sei-

189 Wilhelm Schönfelder/Elke Thiel: Ein Markt – Eine Währung, S. 32.

190 Der Euro war nicht der Preis für die Wiedervereinigung. Interview in *Die Welt* vom 22. August 2000.

191 Interview mit Hans-Dietrich Genscher (S. 1). – Karl Otto Pöhl schreibt, Genschers Vorgehen habe „Erstaunen" ausgelöst, „will man es milde ausdrücken" (Karl Otto Pöhl: Der Delors-Bericht und das Statut einer Europäischen Zentralbank, S. 206).

nes Erachtens dringenderer Integrationsaufgaben anmahnte. Aber der Bundeskanzler ließ der Entwicklung ihren Lauf, wollte sich – wie es seine Art war – erst festlegen, wenn die Stimmungs- und Mehrheitsverhältnisse sich deutlicher konturiert hätten.[192] Genscher sagt rückblickend:

> Dem Bundeskanzler als überzeugtem Europäer ist die Unterstützung meiner Initiative dadurch erleichtert worden, daß die Bedenkenträger annahmen, es werde noch lange dauern.[193]

Hans Tietmeyer relativiert in seinem Rückblick die Bedeutung des Genscher-Memorandums. Es sei „nicht zu bestreiten", daß es „zur Währungsunion beigetragen" habe. „Vermutlich" habe Genscher aus Paris „Signale" bekommen, daß die französische Seite erstmals bereit sei, über Elemente zu sprechen, die sie 1971 noch klar abgelehnt habe. Genscher habe mit der Währungsunion „die Dinge vorantreiben" wollen, „obwohl oder weil er in den anderen Bereichen nicht weiter kam: Außenpolitik, institutionelle Strukturen". Er habe geglaubt, „er könne dieses sozusagen isoliert vorantreiben", so Tietmeyers Schilderung:[194]

> Kohl wollte eigentlich schon immer eine Währungsunion. Nur: Er wollte sie nicht isolieren vom Bereich der weiteren politischen Integration. Da gab es gewisse Akzentunterschiede zwischen Kohl und Genscher. Genscher wollte die Währungsintegration als Hebel ansetzen. Kohl wollte dagegen eine gewisse Parallelität, wenngleich der Inhalt dieser politischen Integration nicht ganz deutlich und klar war.
>
> Eine zweite Regierungskonferenz einzuberufen zur Vertiefung der politischen Union war ein Anliegen Kohls. Leider, muß man sagen, ist diese Konferenz nicht sehr weit gekommen.[195]

Jedenfalls gewann die Geschichte nach der Vorlage des Genscher-Memorandums Tempo und Eigendynamik. Auf dem EU-Gipfel am 27. und 28. Juni 1988 in Hannover setzten die Staats- und Regierungschefs – ganz nach Genschers Vorstellung – eine Arbeitsgruppe unter dem Vorsitz des Kommissionspräsidenten ein: Den *Delors-Ausschuß*. Die nationalen Notenbankpräsidenten sollten innerhalb eines Jahres einen gangbaren Weg zu einer Wirtschafts- und Währungsunion ausarbeiten und beschreiben. Dies gelang. Am 12. April 1989 verabschiedete der Ausschuß seinen Bericht – einstimmig, also mit den Stimmen der Notenbankgouverneure aus London und Paris, obwohl er eine von der Politik unabhängige Zentralbank vorsah – Tabubruch für Paris – und eine Einheits- und nicht eine Parallelwährung – Tabubruch für London. Genscher sagt, Mitterrand habe bereits in Hannover verstanden, daß Frankreich den Deutschen in einer elementaren Frage entgegenkommen müsse: Der Unabhängigkeit der künftigen Zentralbank von den Regierungen.

Einen weiteren Schlüssel für den Erfolg der *Delors-Kommission* sieht Genscher in der Entsendung von Bundesbankpräsident Karl Otto Pöhl. Ihn habe er „auf jeden

192 Stoltenberg blieb in seiner Denkschrift vom 15. März 1988 Verfechter der *Krönungstheorie*: Währungsunion erst nach deutlichen Fortschritten bei der wirtschaftspolitischen Integration – als deren Krönung.

193 Interview mit Hans-Dietrich Genscher (S. 1).

194 Interview mit Hans Tietmeyer (S. 2-3).

195 Ebenda.

Fall" dort sehen wollen. Pöhl habe sich als einer der bedeutendsten, wenn nicht der bedeutendste Bundesbankpräsident herausgestellt, sagt Genscher. Da er Mitglied der SPD sei, sei auf diese Weise auch die Opposition schon sehr früh behutsam in das Projekt „Währungsunion" eingebunden worden.

Pöhl selbst war mit seiner Doppelrolle weniger glücklich. Anfangs habe er die Berufung in die *Delors-Kommission* ablehnen wollen, weil er befürchtet habe, in einen Interessenkonflikt zu geraten, wenn er Vorschläge mit vertreten solle, „die de facto auf die Abschaffung der DM und der geldpolitischen Befugnisse der Bundesbank hinauslaufen würden". Diese Sorge habe sich bald „nur allzusehr" bewahrheitet, hätten doch „nicht wenige" Mitglieder des Zentralbankrates die Ausschußarbeit „mit Kritik und Argwohn und teilweise offener Ablehnung begleitet".[196]

Pöhls Mitarbeit im *Delors-Ausschuß* trieb also einen Keil in den Zentralbankrat und verursachte Ärger. Andererseits hatte er kurz vor dem Gipfel von Hannover öffentlich verlangt, „zu diesem Thema wenigstens gefragt [zu] werden", auch wenn die Bundesbank nicht über die Schaffung einer Währungsunion zu entscheiden habe.[197] Da konnte er dem Kanzler schwerlich einen Korb geben.

Die bis dato als uneinnehmbar geltende Burg *Bundesbank* am *Diebsgrund* in Frankfurt am Main-Ginnheim wurde mit diesem Schachzug von der Politik bis auf weiteres matt gesetzt. Letztlich hat sie sich von dieser Vereinnahmung durch eine simple Personalentscheidung nie mehr erholt. Eine Änderung des Bundesbankgesetzes, wie sie vom Kanzleramt zuvor wegen des Widerstands der Bundesbank gegen das EWS erwogen worden war, wurde dank des Kunstgriffes, den Präsidenten das Geschäft der Entmachtung seiner Bundesbank selbst erledigen zu lassen, überflüssig.

Kohl ließ sich von Genscher mitreißen, Stoltenberg wurde überrumpelt und die Bundesbank mit ihrem eigenen Chef geschlagen. Es half auch nichts mehr, daß Pöhl noch in der Woche der Vorlage des *Delors-Berichtes* im April 1989 versuchte, Ereignis und Ergebnisse zu relativieren, indem er erklärte, die Arbeit könne „nicht mit Verhandlungen gleichgesetzt werden", es seien „keine Entscheidungen getroffen" worden, er habe den Zentralbankrat „zu nichts verpflichten" können und habe „dies auch nicht getan", denn dieser kenne die Ergebnisse noch nicht.[198]

Ende Juni 1989 erschien im *Spiegel* – offenbar von Genscher und Pöhl separat und additiv, aber nicht unbedingt mit der gleichen Intention ins Bild gesetzt – unter der Überschrift „Wird die Deutsche Mark abgeschafft?" eine detaillierte Schilderung der Abläufe, wie sie in den folgenden zwei Jahren tatsächlich stattfinden sollten. Darin hieß es mit Blick auf den kommenden EU-Gipfel in Madrid:

---

196 Karl Otto Pöhl: Der Delors-Bericht und das Statut einer Europäischen Zentralbank, S. 198-199.

197 Zitat aus der Pressekonferenz von Bundesbankpräsident Pöhl vom 05. Mai 1988 nach einer Sitzung des Zentralbankrates, zitiert nach Wilhelm Schönfelder/Elke Thiel: Ein Markt – Eine Währung, S. 34.

198 Zitiert nach einer schriftlichen Niederschrift der Bundesbank von Auszügen der Pressekonferenz von Karl Otto Pöhl in Frankfurt am Main, 18. April 1989.

Die Bonner haben das Treffen, das Europa einen weiteren Schritt voranbringen soll, gründlich vorbereitet. Mit seinem französischen Kollegen Roland Dumas hatte Genscher zwei Tage zuvor in Paris abgesprochen, was sie gemeinsam auf dem Gipfel erreichen wollen. Eine Regierungskonferenz der EG-Mitglieder soll demnach einen Vertrag ausarbeiten, in dem bis ins Detail der Weg zu einer europäischen Zentralbank festgelegt wird.

Die Franzosen ... möchten mit der Vorbereitung dieser Konferenz beauftragt werden ... [Dort] wollen sie – so ein Bonner Planer – „unbedingt große Erklärungen zur Wirtschafts- und Währungsunion abgeben".[199]

Bei der Bundesbank in Frankfurt allerdings, so der *Spiegel*, werde „Genschers schnelle Gangart argwöhnisch beäugt". Pöhl habe den Kanzler gewarnt, der Eindruck, die D-Mark solle abgeschafft werden, werde allein Franz Schönhubers *Republikanern* Auftrieb verleihen.[200] Es sollte nicht die letzte Intervention dieser Art gewesen sein. Doch wesentliche Teile des Delors-Vorschlags stammten aus der Feder des Bundesbankpräsidenten. Pöhl sagte ein halbes Jahr nach Vorlage des Berichtes, es sei ihm als Vertreter der deutschen Notenbank gelungen, „unsere Vorstellungen weitgehend durchzusetzen – erstaunlicherweise":[201]

Für mich ist es nach wie vor ein kleines Wunder, daß dieses europäische Bundesbankgesetz auch von Regierungen der Länder akzeptiert wurde, die nach wie vor nicht über unabhängige Notenbanken verfügen.[202]

Das EZB-Statut übertreffe sogar das Bundesbankgesetz, konstatierte Pöhl. Habe es dort geheißen, es sei Aufgabe der deutschen Notenbank, „die Währung zu sichern", sei es nun „das vorrangige Ziel des EZBS, die Preisstabilität zu gewährleisten". Nur so weit es mit diesem Ziel vereinbar sei, solle die Europäische Zentralbank auch die Wirtschaftspolitik der Gemeinschaft unterstützen. Ihre „Machtfülle" sei „ohne historisches Vorbild".

Dennoch haderte Pöhl mit seinem Wirken im *Delors-Ausschuß* und der weiteren Entwicklung. Er hatte das Fundament mit gelegt und stand einer EWU dennoch „nicht ablehnend, aber doch skeptisch gegenüber". Man hatte ihm den Roten Teppich so weit entgegengerollt, daß er plötzlich darauf stand, ohne selbst noch einen weiteren Schritt tun zu müssen. Nun stand er dort. Nichts half mehr. Auch nicht, daß er am 19. September 1990 durch die Veröffentlichung eines Brandbriefes, den er im Namen des gesamten Zentralbankrates an Kohl und einige Minister geschrieben hatte, einen Eklat verursachte: Eine voreilige Terminierung der Währungsunion sei „mit beträchtlichen Stabilitätsrisiken" verbunden, erklärte Pöhl und warnte Kohl direkt, „hier mit heißer Nadel etwas zu stricken" und sich von Mitterrand zu früh „auf einen Termin" festlegen zu lassen.

Ob der Bundesbankpräsident zu diesem Zeitpunkt bereits ahnte oder wußte, daß es längst zu spät war, der Brief also mehr Symbol eines Schulterschlusses innerhalb der Bundesbank sein sollte, ist nicht überliefert.[203] Die Entfremdung von seinem

199 *Der Spiegel* 26/1989, S. 93-95 (der hier erwähnte EU-Gipfel fand dann in Straßburg statt).
200 Ebenda.
201 ACDP VIII-001, Nr. 1091/1, Fraktionssitzung vom 24. Oktober 1989, S. 21.
202 Karl Otto Pöhl: Der Delors-Bericht und das Statut einer Europäischen Zentralbank, S. 205-207.
203 Zitiert nach *Der Spiegel* 10/1998, S. 28.

Zentralbankrat machte ihm zu schaffen. Mit mehreren LZB-Präsidenten und deren Ministerpräsidenten lag Pöhl über Kreuz im Streit um die Zusammenlegung von Landeszentralbanken im Zuge der Wiedervereinigung.

Am 16. Mai 1991 erklärte er überraschend seinen Rücktritt als Präsident der Deutschen Bundesbank mit Wirkung zum 31. Oktober. Kohl hatte seine Ratschläge und Mahnungen im Hinblick auf die deutsch-deutsche Währungsunion nach Pöhls Empfinden weitgehend ignoriert, ihn sogar vor vollendete Tatsachen gestellt, und ähnliches mußte er im Falle der Europäischen Währungsunion erleben. Die Kommunikation zwischen Kanzleramt und Bundesbankpräsident war da schon seit längerem gestört, wie eine Äußerung von Bitterlich zeigt:[204]

> Das Modell der EWWU ist immerhin doch die Übernahme des deutschen Modells gewesen. Sie wissen, wer das geschrieben hat? Bundesbankpräsident Karl Otto Pöhl, der sich anschließend davon distanzierte, obwohl er es geschrieben hat. Warum? Das verstehe ich bis heute nicht.[205]

Hans Tietmeyer, einer der Autoren des *Werner-Berichts* von 1971, sagt, entscheidend für die Wirksamkeit des *Delors-Berichtes* sei das Plädoyer des französischen Notenbankpräsidenten Jacques de Laroisiere für eine unabhängige Europäische Zentralbank gewesen. Das habe auch in Frankreich eine Menge an Diskussionen ausgelöst, so der ehemalige Bundesbankpräsident – intern zwischen Finanzminister und Notenbankpräsident, aber auch insgesamt in der französischen Politik, denn de Laroisiere habe sich mit seiner Unterschrift unter den Bericht von einem uralten Prinzip des französischen Staats- und Politikverständnisses verabschiedet:

> Die Delors-Gruppe kam mit einer klaren supranationalen institutionellen Struktur für den Währungsbereich. Frankreich hat sich hier gegenüber 1971 sehr deutlich bewegt. Im Bereich der Wirtschafts- und Finanzpolitik hat die Delors-Gruppe dagegen mit recht allgemeinen Bemerkungen operiert: Es sei nicht notwendig, einen europäischen Staat zu haben.
>
> Die kluge Idee, die Notenbank-Chefs selbst diesen Plan erarbeiten zu lassen, stammt in Wahrheit von Delors und ist von Delors an Kohl gegangen, der ja Vorsitzender auf dem EU-Gipfel in Hannover war. Genscher war – soweit ich weiß – zunächst reserviert, weil er das den Notenbankpräsidenten nicht zutraute. Aber Delors wußte: Wenn ich die Notenbankpräsidenten nicht einbinde, dann werde ich keine Chance haben.[206]

Delors habe verstanden, daß er zuallererst Deutschland und Frankreich habe zusammenbringen müssen, meint Tietmeyer. Und Delors habe begriffen, daß er in substantiellen Fragen nicht mit Mehrheiten habe operieren dürfen. Lieber habe er strittige Punkte unerwähnt gelassen, etwa die Frage der internationalen Rolle der Zentralbank gegenüber dem IWF, was im *Werner-Bericht* noch alles abgehandelt und beschrieben worden sei. Im *Delors-Bericht* sei es „völlig ungeklärt", stellte Tietmeyer später fest, auch im Maastricht-Bericht sei es „nicht geklärt":

---

204 Bitterlich leitete im Kanzleramt im Range eines Vortragenden Legationsrates Erster Klasse das Referat 211 „Europäische Einigung, bilaterale Beziehungen zu westeuropäischen Staaten und der Türkei; Kabinettsausschuß für Europapolitik" (Bundesregierung, Organigramm Kanzleramt vom 10. April 1990).

205 Interview mit Joachim Bitterlich vom 13. Juli 2001 (S. 11).

206 Interview mit Hans Tietmeyer (S. 2).

> Bei der zweiten Stufe [der EWU] gab es zum Beispiel abweichend französische und italienische Positionen. Die sind alle hängengeblieben. Es wurde nur das in den Bericht geschrieben, was Konsens war. Das ganze Thema der politischen Union läßt der Delors-Bericht ziemlich offen. Der Zentralbankrat der Bundesbank war mit dieser Seite des Delors-Berichtes nicht sehr zufrieden, wie sich 1990 zeigte. Eine Mehrheit des Zentralbankrates sah diesen Aspekt im Delors-Bericht als nicht genügend bearbeitet an.[207]

Mit dem *Delors-Bericht* lag Mitte 1989 aber ein Konzept vor, in dem Paris und Bonn sich gleichermaßen wiederfinden konnten. Da man auf die Kernforderung der Deutschen eingegangen sei, so Mitterrands Sichtweise, brauche er keine Skrupel mehr zu haben, Kohl unter Druck zu setzen, *jetzt* Nägel mit Köpfen zu machen.

4.3 Garstige Partner: Kanzler in Paris den Tränen nahe

Ursache des Temperatursturzes vom Herbst 1989, der seinen Tiefpunkt auf dem EU-Gipfel in Straßburg fand, war nach Genschers Schilderung ein Mißverständnis zwischen Kohl und Mitterrand. Kohl und Waigel habe die Sorge umgetrieben, die Bundestagswahl im Dezember 1990 werde überschattet werden vom Vorwurf, sie verkauften die Deutsche Mark. Deshalb seien sie strikt gegen eine Festlegung des Terminfahrplanes zur EWU bereits in Straßburg gewesen, wie Mitterrand sie verlangte. Diese hätte bedeutet, daß zwölf Monate später in Rom, just zur Bundestagswahl also, der EWU-Fahrplan definitiv würde.[208] Mitterrand dagegen sei bereits im Sommer 1989 überzeugt gewesen, daß die Wiedervereinigung sehr bald komme und habe dies in einem *Spiegel*-Interview auch klar zum Ausdruck gebracht. Damit, so Genscher, sei für den Präsidenten auch klar gewesen, daß die EWU für den deutschen Wahlkampf keine Rolle spielen werde, weil die Wiedervereinigung alles überstrahlen werde. Für ihn sei Kohls Argument also eine Ausrede gewesen. Kohl aber habe noch Ende November an einen mehrjährigen Prozeß einer Annäherung an die DDR mit Zwischenphasen geglaubt, eventuell sogar mit einer Konföderation als längerem Zustand. Mitterrand habe sich nicht vorstellen können, daß Kohl es wirklich anders gesehen habe als er, und deshalb – so Genscher – falsche Schlüsse aus seinem Verhalten gezogen, es als Abrücken von Europa interpretiert, als er zögerte, den Zeitplan bereits in Straßburg fest zu vereinbaren:

> Mitterrand [brachte das] mit der bevorstehenden deutschen Einheit in Zusammenhang. Auf Seiten der CDU/CSU sah man im Herbst 1989 – wie der Zehn-Punkte-Plan des Bundeskanzlers zeigt – die Möglichkeiten der deutschen Einheit sehr viel langfristiger. Mitterrand wiederum befürchtete, Deutschland wolle angesichts der von ihm als unmittelbar eingeschätzten deutschen Einheit sich aus dem europäischen Engagement zurückziehen. Diese Mißverständnisse schufen eine seltsame Gemengelage im deutsch-französischen Verhältnis.[209]

---

207 Ebenda.

208 Staatspräsident Chirac löste 1997 die französische Nationalversammlung vorzeitig auf und setzte Wahlen an, weil ihm der ursprüngliche Termin (März 1998) zu dicht am Referendum über die Teilnahme an der EWU lag. Nach Stimmengewinnen der Linken wurde ihm das anschließend als Torheit vorgehalten.

209 Interview mit Hans-Dietrich Genscher (S. 1).

Theo Waigel widerspricht der Vermutung nicht, CDU und CSU hätten seinerzeit das EWU-Tempo liebend gerne gedrosselt, jedenfalls eine zeitliche Kollision mit den ersten gesamtdeutschen Bundestagswahlen vermieden:

> Wir wußten: Das wird ein schwieriger Weg sein, die deutsche Bevölkerung dafür zu gewinnen.[210]

Der Fall der Mauer hatte das Klima gegenüber Deutschland auf französischer, britischer, zum Teil auch italienischer Seite ohnehin belastet: Wie würde die Bundesregierung auf diese Entwicklung reagieren? Stand die *Stalin-Note* wieder im Raum – Wiedervereinigung gegen Neutralität?

Die Befürchtung, Deutschland werde sich von der Europäischen Union und der NATO abwenden und wie schon so oft im 20. Jahrhundert seiner eigenen Wege gehen, war nach Schilderungen von Bitterlich in jenen Novembertagen 1989 im Kreis der Staats- und Regierungschefs der Nachbarländer mit Händen zu greifen.

Im Anschluß an ein informelles Abendessen der Chefs in Paris am 18. November 1989 habe ein Sprecher des Élysée gegenüber der Presse erklärt, die „deutsche Frage" stehe „nicht auf der Tagesordnung". Augenzeugen zufolge lief der Kanzler „rot" an; er sei „den Tränen nahe" gewesen.[211]

Die für Kohl erschütternde Aussage des Sprechers war laut Bitterlich keineswegs eine Einzelmeinung: „Die große Mehrheit der europäischen Länder stimmte dem französischen Denken zu."[212] Am liebsten, so Bitterlichs Tenor, hätte die französische Ratspräsidentschaft die innerdeutsche Entwicklung ignoriert. Das war angesichts der Nachrichtenlage nicht möglich. Mitterrand habe daher versucht, das Thema zumindest „unter Kontrolle zu halten und es nicht zu einem störenden Problem werden zu lassen; man äußerte sich nur, wenn und soweit es sich nicht vermeiden ließ".[213] Im Kanzleramt keimte umgekehrt der Verdacht, alle Jahrzehnte alte „rituellen Beschwörungen des Rechts der Deutschen auf Wiedervereinigung" der EU-Partner seien Lippenbekenntnisse gewesen und im Ernstfall nichts wert.[214]

Ein Jahr nach Mitterrands Tod, im Mai 1997, beschäftigte sich ein Kolloquium in Paris mit Mitterrands Außenpolitik. François Scheer, französischer Botschafter in Bonn und ehemaliger Generalsekretär des Außenministeriums, beschrieb dort die Geisteshaltung Mitterrands und der französischen Diplomaten zur Zeit der deutschen Wiedervereinigung, warb so auch nachträglich um ein wenig Nachsicht:

> Hinter uns lag eine mindestens drei Jahrhunderte alte diplomatische Tradition in Frankreich: Mit mehreren Deutschlands haben wir uns immer wohler gefühlt als mit einem. 1950 haben wir einen „Trick" erfunden, um der Perspektive eines vereinigten Deutschlands Herr zu sein, und zwar Europa. Auch wenn wir die Vereinigung mit wenig Begeisterung aufgenommen haben, konnten wir damit fertig werden, weil es Europa gab.[215]

---

210 Interview mit Theo Waigel, S. 310.

211 *Der Spiegel* zitiert in Ausgabe 10/1998 Genscher mit dieser Beobachtung.

212 Joachim Bitterlich: Frankreichs (und Europas) Weg nach Maastricht, S. 114.

213 Ebenda.

214 Ebenda, S. 117.

215 Zitiert nach: Jacques-Pierre Gougeon: „Frankreichs neuer Selbstbehauptungswille". Die Verharmlosung von Differenzen zwischen Deutschland und Frankreich, so der Tenor des Textes, sei mit der Zeit zu einer „diplomatischen Gewohnheit" geworden.

Das Zitat weist auch darauf hin, daß Mitterrand es – unabhängig von seiner eigenen Einstellung – zu Hause mit einer gegenüber Deutschland skeptischen politischen Klasse zu tun hatte, die nicht der Meinung war, der Nachbar habe das Geschenk der Einheit verdient, jedenfalls nicht jetzt. So nimmt Bitterlich Mitterrand postum in Schutz. Auch Genscher sagt, er habe Mitterrand hier vertraut:

> Am 29. November 1989 sagte Mitterrand zu mir: Die Deutsche Einheit ist eine historische Notwendigkeit. Frankreich steht an Deutschlands Seite – wie immer.[216]

Mitterrand sei so weit gegangen, erklärt Bitterlich, wie er angesichts der Stimmungslage in Paris Ende 1989 habe gehen können. Die französische Bevölkerung verfolgte den deutsch-deutschen Annäherungsprozeß mit einer gewissen Sympathie, die Eliten blieben skeptisch.[217] Schließlich war ein wichtiger Teil der Geschäftsgrundlage der deutsch-französischen Annäherung unter Konrad Adenauer und Charles de Gaulle, die deutsche Teilung, im Begriff zu entfallen.[218]

Auf dem Europäischen Rat am 8. und 9. Dezember 1989 in Straßburg fühlte sich der deutsche Kanzler im Kreis der EU-Staats- und Regierungschefs isoliert wie nie zuvor. Bitterlich berichtet von einer „frostigen Stimmung", „harten Debatten", einer „distanzierten Haltung mancher Partner", an eine „aus deutscher Sicht sehr taktierende, zurückhaltende Verhandlungsführung durch den französischen Vorsitz".[219] (Anm. 23) Nach Aktenlage unternahm Helmut Kohl bei seinem Frühstück mit François Mitterrand in Straßburg keinen Versuch, ihn von seinem Plan abzubringen, vier Tage vor Weihnachten zum Staatsbesuch nach Ost-Berlin zu fliegen, um persönlich nachzusehen, ob von der Eigenstaatlichkeit der *Deutschen Demokratischen Republik* noch etwas zu retten sei.

Mitterrand hatte allerdings – so das deutsche Gesprächsprotokoll – das Bedürfnis, sich zu rechtfertigen und das Ereignis herunterzuspielen. Er wisse auch, daß dies nicht der „ideale Zeitpunkt" für die Reise sei. Die Vorbereitungen liefen aber schon ein Jahr, deshalb wolle er nicht absagen. Von einer Rivalität mit dem Kanzler, wie „ein Teil der Presse" behaupte, könne keine Rede sein. Es gehe ihm, Mitterrand, nicht darum, unbedingt vor Kohl in die DDR zu reisen. Schließlich habe Kohl ihm zugeraten, als Erich Honecker ihn anläßlich seines Besuchs in Frankreich elf Monate zuvor zu einem Gegenbesuch eingeladen habe. Daraufhin habe er gegenüber Honecker positiv reagiert.

Nun wisse er allerdings nicht, so Mitterrand laut Gesprächsprotokoll, „mit wem er es am 20. Dezember 1989 zu tun haben werde ... niemand, auch er nicht, habe ahnen können, daß alles auf einmal so schnell gehen würde". Die Umstände hätten, so Mitterrand zu Kohl, „ein wenig surrealistische Züge" angenommen:

216 Interview mit Hans-Dietrich Genscher (S. 1).
217 Vergleiche Ingo Kolboom in Frankreich-Jahrbuch 1993, S. 14.
218 Vergleiche Wilfried Loth: Die zweite Chance, S. 48 (1992).
219 Ebenda, S. 116.

> Er fügt hinzu, daß er ... viermal Ländern offizielle Besuche abgestattet habe, in denen eine Woche danach der Staatschef abgesetzt worden sei. Ähnlich ginge es ihm bei den Gipfeln mit den afrikanischen Ländern – irgendein Staatschef werde während des Gipfels regelmäßig zu Hause abgesetzt, und Frankreich müsse dann eine diskrete Bleibe finden.[220]

Mitterrand zog also alle rhetorischen Register, um Kohl von der Harmlosigkeit seiner DDR-Reise zu überzeugen. Dieser reagierte einsilbig und machte einen Vorbehalt, indem er erklärte, „wenn die Lage in der DDR so bleibe, sehe er keinen Grund für den Staatspräsidenten, den Besuch abzusagen".[221]

Laut Bitterlich fühlte sich Mitterrand dann in der DDR tatsächlich „wie in lauter unechten Szenen, wie in einem falschen Film". Damit sei die Reise sogar ganz nützlich für Bonn gewesen, habe sie dem Staatspräsidenten doch einen unmittelbaren Eindruck von der Dynamik des Annäherungsprozesses vermittelt – und daß da nichts von der Bundesregierung künstlich angefeuert werden mußte, wie man in London, Paris, an manchen Tagen sogar in Washington offenbar noch glaubte:

> Der echte Aha-Effekt kam Mitterrand in Leipzig. In einer Diskussion wurde er von einer Studentin gleich zu aller erst gefragt: „Herr Präsident, wann dürfen wir endlich ohne Visum nach Paris fahren?" Mitterrand war von seinen Beratern auf alle erdenklichen Situationen und Fragen vorbereitet worden – auf diese nicht.[222]

Die Miene von Theo Waigel verdüstert sich bei diesem Thema noch heute. Eine „merkwürdige Veranstaltung" sei das gewesen, die in Bonn „natürlich schon zu Irritationen" geführt habe.[223] Jacques Delors spricht von „Wunden", die in Straßburg und den Tagen davor und danach auf beiden Seiten geschlagen worden seien – und die für Bonns Vorgehen, so Delors, nicht ohne Folgen bleiben konnten:

> Angesichts der unausgesprochenen Befürchtungen bei vielen europäischen Partnern Deutschlands wollte Bundeskanzler Kohl zeigen, daß sich an der deutschen Europapolitik nichts ändern werde. Seine Zustimmung zur Wirtschafts- und Währungsunion sollte auch als Beweis für das unveränderte europäische Engagement Deutschlands verstanden werden.[224]

Ein Beweis, der, so der Kommissionspräsident zwischen den Zeilen, mit gutem Grund nicht allein Paris und London zu Adressaten hatte, sondern auch jene Hauptstädte, die leiser agierten, aber deswegen nicht weniger besorgt waren.

Kohl mußte sich also etwas einfallen lassen, um das Eis zu brechen. Eine Konföderation, gar eine Wiedervereinigung gegen den erklärten Willen und Widerstand

---

220 Deutsche Einheit – Sonderedition 1989/90, S. 629.

221 Ebenda. Zwischen dem Frühstück mit Mitterrand und dem Besuchstermin lagen noch elf – für Ost-Berlin turbulente – Tage: Kohls Vorbehalt war deutlicher, als er heute klingt. Hanns Jürgen Küsters deutet den Gesprächsverlauf dahingehend, daß Mitterrand sich beim Kanzler das Einverständnis zur DDR-Reise geholt und Kohl nicht habe ablehnen können. „Beide wissen aber, daß damit das SED-Regime unnötig und zusätzlich aufgewertet wird." (S. 72)

222 Gesprächsnotiz Joachim Bitterlich vom 21. Januar 2003.

223 Interview mit Theo Waigel, S. 308.

224 Europa ist fähig, Wunder zu vollbringen. Interview mit Jacques Delors in *Frankfurter Allgemeine Zeitung* vom 27. Dezember 2001, S. 7.

der Nachbarn kam für ihn, das bestreitet niemand, nicht in Frage, auch wenn unsicher ist, wie klar Kohl dieses Ziel bereits Ende 1989 vor Augen hatte.

4.4 Mitterrand läßt Kohl mit Politischer Union auflaufen

Darauf, daß Kohls Darlegung eines Zehn-Punkte-Planes vor dem Bundestag vom 28. November 1989 ein Ablenkungsmanöver gewesen sei, gibt es keine Hinweise; es wird auch nicht ernsthaft behauptet. Schließlich hatte sich nie zuvor in der deutschen Geschichte Zukunftsmusik so rasant in Realität verwandelt. Außerdem verursachte bereits die nach heutigen Maßstäben bescheidene Vorstellung einer Konföderation Aufregung in mehreren EU-Hauptstädten, wurde als Alleingang aufgefaßt (Anm. 24).[225]

In einer Eilvorlage an den Bundeskanzler bewertete Abteilungsleiter Horst Teltschik die Reaktion des italienischen Außenministers Gianni De Michelis, der von der Gefahr eines „deutschen Revanchismus" gesprochen hatte, ungeachtet eines Dementis als „befremdlich". Die offizielle französische Reaktion sei demgegenüber „konstruktiv", aber mit Vorsicht zu genießen:

> Der Hinweis, daß die Wiedervereinigung im europäischen Kontext erfolgen müsse, ist nicht anfechtbar. Gleichzeitig wird damit der taktische Versuch verbunden, uns in der Frage des weiteren Vorgehens bei der Wirtschafts- und Währungsunion auf eine klare Entscheidung beim nächsten ER festzulegen.[226] Gleichwohl dürfte es in Paris – wie auch in London und anderswo – die tiefsitzende Sorge geben, daß in der ganzen weiteren Entwicklung – Annäherung zwischen den beiden deutschen Staaten, Öffnung der EG gegenüber Osteuropa – die Hauptrolle künftig bei Deutschland liegt.[227]

George Bush in Washington und Michael Gorbatschow in Moskau waren zwar die wichtigsten und verläßlichsten Aktivposten in seiner Kalkulation (und sie reagierten positiv beziehungsweise moderat auf den Zehn-Punkte-Plan), aber leben und auskommen mußte und wollte Bonn im Alltag mit Paris, Den Haag, London, Brüssel, Kopenhagen, Rom, Madrid.

Am Tag vor seinem Auftritt im Bundestag hatte Kohl Mitterrand geschrieben, aus deutscher Sicht seien vor einer Währungsunion noch eine ganze Reihe erheblicher Hindernisse aus dem Weg zu räumen (zu hohe Haushaltsdefizite in mehreren Ländern, steuerliche Disharmonien), weshalb er sich mit ihm auf einen „Arbeitskalender" verständigen möchte. Gemeinsam müsse man in Straßburg klar-

225 Hanns Jürgen Küsters kommentiert: „Einen solchen Alleingang von deutscher Seite sind die Westmächte schon lange nicht mehr gewohnt." (Deutsche Einheit – Sonderedition 1989/90, S. 66)

226 Gemeint ist der EU-Gipfel in Straßburg. Außenminister Roland Dumas hatte vor der Nationalversammlung erklärt, er sei davon überzeugt, „daß die Bundesrepublik Deutschland die Skeptiker Lügen strafen werde, indem sie uns zeigen werde, daß es für sie keine Wahl zwischen EG und DDR gibt ..." (zitiert nach: Deutsche Einheit – Sonderedition 1989/90, S. 575).

227 Deutsche Einheit – Sonderedition 1989/90, S. 576-577 (Unterstreichungen laut Original).

stellen, daß Fortschritte in den von ihm aufgelisteten Bereichen unabdingbar seien „für weitere Schritte zur Wirtschafts- und Währungsunion".[228]

Aus diesem Junktim, diesem letzten Bremsversuch, wurde nichts. Paris ließ sich auf eine auch nur halbwegs stabile zeitliche oder inhaltliche Verknüpfung von Währungsunion und Ansätze einer politischen Union nicht ein. Bitterlich entnahm diese Botschaft Mitterrands Antwort auf Kohls Brief. In seiner Synopse vom 2./3. Dezember 1989 arbeitete er die Differenzen heraus:

> Mitterrand ist „nicht dagegen", daß die Regierungskonferenz nach Abschluß der Arbeiten am Vertrag zur Wirtschafts- und Währungsunion auch „andere institutionelle Fragen" aufnimmt,
>
> und nicht wie wir,
>
> daß zwei ineinandergreifende Teile derselben Regierungskonferenz die Wirtschafts- und Währungsunion und die anderen institutionellen Fragen (EEA-Bilanz, EP) behandeln und ein Gesamtergebnis vorlegen.
>
> Das heißt:
>
> Für M. geht es in den nächsten Jahren in erster Linie und vor allem um die Wirtschafts- und Währungsunion – sie ist für die verbleibenden Jahre seiner Amtszeit das Ziel schlechthin. Die anderen Fragenkomplexe – die weitere Etappen zur Europäischen Union darstellen – haben für ihn e[ine] Nebenrolle.
>
> Mitterrand nimmt in seiner Antwort die von Ihnen geforderte erste Diskussion zur Erweiterung der Rechte des Parlaments in Straßburg überhaupt nicht auf.
>
> ...
>
> Verdacht liegt nahe, daß M. diese Debatte entweder überhaupt nicht will oder sie nicht gerade fördern will ... Überspitzt könnte man auch sagen, M. hält Ihre Forderung für ein „Ablenkungsmanöver" von der Währungsunion.
>
> Mitterrand geht auf Ihre Vorstellungen zum Zieldatum „Abschluß der Ratifikationen rechtzeitig vor EP-Wahl 1994 ... überhaupt nicht ein.
>
> Verdacht liegt nahe, daß M. an seiner Idee eines Abschlusses der Ratifikationen der Wirtschafts- und Währungsunion bis Ende 1992 festhält. ...
>
> In Straßburg wird er auf die Umsetzung seiner Vorstellungen als „notwendiger Beschleunigung" des Integrationsprozesses – als Antwort auf die „Herausforderung aus dem Osten" – drängen.[229]

Am 3. Dezember 1989 hatte Helmut Kohl damit schwarz auf weiß, daß sein Wunsch nach einer gleichzeitigen Verwirklichung von Währungs- und politischer Union nicht nur jetzt am Widerstand Frankreichs scheitern würde, sondern wahrscheinlich während der gesamten restlichen Amtszeit Mitterrands keine Chance auf Verwirklichung hatte. Bereits zu diesem Zeitpunkt sah man im Kanzleramt, wohin die Reise gehen würde. Raum für Interpretationen oder Illusionen blieb nicht. Bitterlich hoffte in dieser Lage lediglich noch, man werde die eine oder andere Meinungsverschiedenheit in Straßburg mit Hilfe von „geschickten Formulierungen" kaschieren können.[230] Mitterrand wollte die Verträge über die Währungsunion nicht erst 1994 abgeschlossen wissen, sondern lieber heute als morgen, und er wollte sie ohne parallele Vertiefung der politischen Integration, etwa in Form einer Aufwer-

228 Ebenda, S. 566.
229 Deutsche Einheit – Sonderedition 1989/90, S. 597-598 (Unterstreichungen laut Original).
230 Ebenda.

tung des Europäischen Parlaments. Von Fortschritten, die vor der EWU-Konferenz nach Kohls „Arbeitskalender" noch zu erarbeiten seien, wollte der Staatspräsident nichts wissen; Frankreich, so der Tenor, habe seine Vorleistungen bereits erbracht. Spekulationen, Kohl könnte sich noch bis zum EU-Gipfel von Maastricht in den Motiven Mitterrands bezüglich einer Vertiefung der politischen Integration getäuscht haben, wird mit den Dokumenten aus dem Kanzleramt der Boden entzogen. Da es keine Hinweise gibt, Kohl könnte den analytischen Fähigkeiten von Teltschik oder Bitterlich nicht vertraut haben, wußte er, was er beim Thema „Politische Union" in den kommenden vier Jahren von Frankreich zu erwarten hatte – und was nicht. Nicht erst in Maastricht, sondern bereits in Straßburg, in der bilateralen Auseinandersetzung (die Vorverhandlungen darstellten) sogar in den Tagen *vor* dem Straßburger Gipfel, stellte Mitterrand also die Weiche hin zu einer Währungsunion ohne politische Union. Kohl sah es und fiel ihm nicht in den Arm. Die deutsche Seite fand sich – die verbliebene Minimalforderung nach einem „Signal von Straßburg" ist ein Indiz – offenbar in diesem Moment damit ab.

Vielleicht handelte es sich um eine etwas ängstliche Reaktion Bonns auf den – im Kanzleramt als solchen wahrgenommenen – Vorwurf aus Paris, sie betreibe mit ihrem Beharren auf einer parallelen Vertiefung der politischen Union eine Verzögerungstaktik, um doch nicht ernst machen zu müssen mit der Aufgabe der D-Mark.

Hic rhodos, hic salta verlangte Mitterrand – und Kohl sprang, indem er in Straßburg dem Zeitplan für die Vertragsverhandlungen zur EWU zustimmte, der – in Frankreichs Sinne absolut paßgenau – am 7. Februar 1992 in die Unterzeichnung des Vertrages über die Europäische Union in Maastricht einmündete.

Die deutsche Öffentlichkeit, deren Aufmerksamkeit von den Ereignissen in der DDR absorbiert wurde, registrierte diesen Vorgang und seine Folgen für die künftige Währung der Deutschen nicht. So konnte der Bundeskanzler noch fast zwei Jahre später, kurz vor Beginn des Maastrichter Gipfels, vor dem Bundestag seine ursprüngliche Linie vertreten, ohne Mißtrauen zu erregen:

> Die Politische Union ist das unerläßliche Gegenstück zur Wirtschafts- und Währungsunion.
>
> (Beifall bei der CDU/CSU, der FDP und der SPD)
>
> Die jüngere Geschichte, und nicht nur die Deutschlands, lehrt uns, daß die Vorstellung, man könne eine Wirtschafts- und Währungsunion ohne Politische Union auf Dauer erhalten, abwegig ist.[231]
>
> (Beifall bei der CDU/CSU)

Fünf Wochen später, nach dem EU-Gipfel von Maastricht, mußte der Kanzler vor dem Bundestag in seiner Regierungserklärung einräumen, daß er seinem „unerläßlichen Gegenstück" nicht näher gekommen war:

> Ich hätte mir gewünscht, daß wir noch deutlichere Fortschritte erreicht und noch mehr Bereiche schon zum jetzigen Zeitpunkt in Gemeinschaftskompetenz überführt hätten. Wir hatten jedoch eine Güterabwägung zu treffen. Es war notwendig und entsprach unserer Überzeugung, in Maastricht zum Ziel zu kommen. Dies erforderte Kompromisse von allen Seiten.[232]

231 BtPPl 12/53 – Sitzung vom 06. November 1991, S. 4367.
232 BtPPl 12/68 – Sitzung vom 13. Dezember 1991, S. 5799.

4.5 Ratlose Unterhändler ohne Weisungen aus Bonn

Hanns Jürgen Küsters kommt in seiner Gesamtschau dieser Monate zu folgendem Schluß: „Mitterrand wollte die Einbindung der D-Mark möglichst schnell sicherstellen, der Kanzler hingegen das Junktim aufrechterhalten und die Entscheidung so lange hinauszögern, bis der französische Präsident Verhandlungen über institutionelle Reformen zustimmte. Angesichts der prekären Lage in Deutschland wäre es jedoch töricht gewesen, den Konflikt zu schüren."[233]

Kohl konnte lediglich durchsetzen, daß in Maastricht eine Arbeitsgruppe parallel auch über eine Vertiefung der politischen Union beriet. Allen Teilnehmern war jedoch klar, daß ihr Tempo und ihre Ergebnisse keinen Einfluß haben würden auf den Fortgang der Währungsunion. Diesen Zusammenhang hatte Mitterrand – wie gesehen – im Dezember 1989 gesprengt.

Es gibt Indizien, daß auch Deutschland in den 24 Monaten bis Maastricht die Lust am Projekt „Politische Union" verlor und es deshalb suboptimal vorbereitete. Der Journalist Winfried Münster, seinerzeit Korrespondent der *Süddeutschen Zeitung* in Brüssel, zweifelt auf Grund seiner Wahrnehmungen am Willen auch der deutschen Seite, die Integration voranzutreiben:

> Es wurden auch tatsächlich zwei Verhandlungskommissionen eingerichtet für das Jahr 1991 – eine „Währungsunion", die andere „Politische Union". Damals war Jürgen Trumpf der Botschafter in Brüssel und .. der deutsche Unterhändler in der Arbeitsgruppe „Politische Union". Er hat uns zwischendurch einmal gesagt: „Ich weiß überhaupt nicht, worüber ich verhandeln soll. Ich habe gar keine Anweisung aus Bonn." Das hat er gesagt.[234]

Nach dieser Schilderung wundert es nicht, daß der Versuch einer parallelen Entwicklung von Währungs- und politischer Union scheiterte. Hat das Auswärtige Amt Kohls Ambitionen durch Desinteresse konterkariert, gar sabotiert?

Genscher sagt, er könne für sich keinen Nachholbedarf erkennen; er habe schon 1981 eine politische Union gefordert. Auf dem EU-Gipfel in Hannover habe „kein Mensch" von politischer Finalität gesprochen; damit, so Genscher, hätte man den Wagen überladen. Die Entwicklung sei noch nicht so weit gewesen:

> Wenn ich es alleine hätte entscheiden können, hätten wir eine gemeinsame Regierungskonferenz zu politischer und Währungsunion gemacht. Aber wir hätten auch dann kaum größere Fortschritte erzielen können.[235]

Kohl war aber auch Vorsitzender einer Volkspartei und stand allein mit seinem Problem, daß er zumindest eine Perspektive institutioneller Reformen der EU brauchte, um Kritikern der Währungsunion zu Hause etwas entgegenhalten zu können. Im Hinblick auf eine gemeinsame europäische Politik hat sich am Zustand der europäischen Institutionen entgegen Bitterlichs Darstellung, nach der Währungs- und politische Union damals gleichermaßen „entschieden aufs Gleis gesetzt" worden seien, jedoch auch 20 Jahre und viele EU-Gipfeltreffen später nichts Es-

233 Hanns Jürgen Küsters in einem Vortrag vor der Konrad-Adenauer-Stiftung, St. Augustin, 22. November 2002, unveröffentlichtes Manuskript, S. 8.

234 Interview mit Winfried Münster (S. 3).

235 Interview mit Hans-Dietrich Genscher (S. 1).

sentielles geändert – mit dem Unterschied, daß die D-Mark als Joker im Poker mit Frankreich nun nicht mehr zur Verfügung steht.[236]

Genscher hält die Vorstellung, man hätte die deutsche Währung teurer verkaufen müssen, allerdings ohnehin für verfehlt, weil die Zeit *gegen* Deutschland und die D-Mark gearbeitet habe:

> Die D-Mark war kein Pfand. Fünf Jahre später wären wir den anderen hinterhergelaufen, weil die D-Mark die Last als Dollar-Gegengewicht nicht mehr alleine hätte tragen können. Ohne Währungsunion wäre die Europäische Union auf den Status einer Zollunion zurückgefallen.[237]

Spätere Regierungskonferenzen führten nicht nur aus deutscher Sicht zu unbefriedigenden Ergebnissen. Delors kritisierte 2001, mehr als ein „Schmelztiegel von Willenserklärungen, vor allem zur gemeinsamen Außen- und Sicherheitspolitik", sei bei den Bemühungen um eine Vertiefung der politischen Union nicht entstanden. Die Europäische Zentralbank stehe heute für eine funktionierende Währungspolitik, aber „die Wirtschaftspolitik funktioniert nicht gut, aufgrund der mangelnden makroökonomischen Koordination".[238]

Das von Beobachtern als weitgehend unkoordiniert kritisierte Reagieren der EU-Regierungen nach dem September 2008 auf die Weltfinanz- und Wirtschaftskrise hat diesen Umstand erneut ins allgemeine Bewußtsein gerufen – bis hin zu einem handfesten Konflikt über das als rücksichtslos empfundene Vorgehen der Deutschen im Falle *Opel* und dessen deutscher Standorte.

Trotz der damaligen Niederlage im Kampf um Fortschritte bei der politischen Zusammenarbeit lobte Kohl Mitterrand 2002 im Interview mit dem Verfasser in den höchsten Tönen, sprach – anders als in seinen drei Jahre später im *Droemer-Knaur-Verlag* veröffentlichten „Erinnerungen 1982 – 1990" – gütig, fast liebevoll über ihn.[239] Es blieb dabei offen, ob der deutsche Kanzler im Spätherbst 1989 glaubte, konkrete Anhaltspunkte oder gar Zusagen zu besitzen, Mitterrand werde ihn im Sinne einer Vertiefung und Demokratisierung der politischen Union wenigstens *nach* den Vereinbarungen über eine Währungsunion unterstützen.

---

236 Bitterlich: In memoriam Werner Rouget, S. 123. Der Beitrag scheint von dem Motiv beseelt, den Vorwurf zu entkräften, Helmut Kohl habe das Ziel einer politischen Union spätestens in Maastricht verraten. Bitterlich äußert darin, so seine Anmerkung, „seine persönliche Auffassung".

237 Interview mit Hans-Dietrich Genscher (S. 1).

238 Europa ist fähig, Wunder zu vollbringen. Interview mit Jacques Delors in *Frankfurter Allgemeine Zeitung* vom 27. Dezember 2001, S. 7.

239 In einem Interview mit *Spiegel Online* vom 31. Oktober 2005 bezeichnete der Historiker und Frankreich-Kenner Tilo Schabert Kohls Schilderung des Verhaltens Mitterrands in seinem zweiten Memoiren-Band als „einseitig, teilweise unrichtig und im Ganzen parteiisch" und den tatsächlichen Abläufen „keineswegs gerecht" werdend: „Entgegen all dem, was die ... Geschichtsschreibung herausgefunden hat, spannt Kohl nun wieder Mitterrand und Margaret Thatcher als das Paar zusammen, welches sich gegen die deutsche Wiedervereinigung stellte – mit dem ungeheuren Vorwurf an Mitterrand, ein ‚Doppelspiel' getrieben zu haben. Das grenzt an bewusste Geschichtsfälschung. Kohl weiß es besser. Warum erzählt er dann diesen Schmarrn? Thatcher war dagegen, aber Mitterrand verweigerte sich ihr in dieser Hinsicht durchweg."

Zu Mitterrands Weigerung, im Gegenzug zur Währungsunion mit der politischen Union ernst zu machen, kam im Interview vom Altkanzler kein kritisches Wort. Sollte sich Kohl von Mitterrand ent- oder gar getäuscht fühlen, ließ er es sich jedenfalls in diesem ausführlichen Gespräch nicht anmerken. Der Verlauf legt eher den Schluß nahe, daß der Kanzler eine Vertiefung der politischen Union nicht als Herzensangelegenheit betrachtete. Indirekt ließ er später eine gewisse Konzeptionslosigkeit erkennen:

> Welches Europa wollen wir eigentlich? Ich muß Ihnen gestehen, daß ich viele Jahre hindurch die Position vertrat, wir könnten die Vereinigten Staaten von Europa schaffen. Dieses Wort hat aber eine falsche Assoziation geweckt, nämlich die der Vereinigten Staaten von Amerika. Doch wir sind nicht und werden nicht vergleichbar sein mit den Vereinigten Staaten von Amerika.[240]

Europa werde ein „Europa der Vaterländer bleiben", sagte Kohl und beschwor das Subsidiaritätsprinzip, nachdem er zuvor erklärt hatte, es sei zwecks Sicherung des Erreichten „absolut notwendig, aus dieser Wirtschaftsunion eine lebensfähige Politische Union zu machen". Die notwendigen Abgrenzungen müsse der Verfassungskonvent treffen, meinte er damals.[241]

Wenig anschaulich auch später die Vorstellungen von Waigel über eine politische Union. Beschrieben wird lediglich, was man nicht (mehr) will. Waigel gibt zu, daß es mit deutschen Konzepten 1991 nicht weit her war:

> Kein Land hat damals schon sich genau final vorstellen können: Was ist das Ende, was ist das Ziel der Europäischen Union? Das konnte niemand so genau definieren zu diesem Zeitpunkt. Darum wird das immer ein schrittweiser Prozeß sein und nicht auf einen Schlag die große Lösung.
>
> Es ist ein Prozeß des Irrens und des Findens, *trial and error*, der hier stattfindet, aber durchaus mit bemerkenswerten positiven Ergebnissen, die ja niemand leugnen kann, wobei eine totale Parallelität zwischen politischer Union und Währungsunion auch nicht notwendig ist. Ich habe mich der These nie angeschlossen.[242]

Mit Kohl ist sich der ehemalige Bundesfinanzminister einig, daß die Vereinigten Staaten von Europa „nicht stattfinden" werden. Vielmehr, so Waigel, werde die Europäische Union „ein Staatengebilde *sui generis*" sein – ein Mittelding zwischen Bundesstaat und Staatenbund:

> „Staatenverbund" hat es das Bundesverfassungsgericht genannt. Insofern sind nicht nur in Frankreich, sondern auch in Deutschland und in anderen Ländern die Bestrebungen da, die eigene Identität nicht zu verlieren. Darum wird es bei der Identität auch der Nationen bleiben, jedenfalls noch sehr lange, denn das europäische Bewußtsein in der Öffentlichkeit ist längst noch nicht so weit, als daß man das Bewußtsein der Nationalität .. aufgeben könnte.[243]

In der konzeptionellen Schwäche, wie sie aus Erklärungen der drei Hauptprotagonisten Kohl, Genscher und Waigel hervorgeht, dürfte die Erklärung dafür liegen, daß sich ihr Bedauern über das Scheitern des ursprünglichen Ansatzes in Grenzen

240 Rede von Helmut Kohl auf dem *ZEI-Europaforum*, S. 12-14 (2002).
241 Ebenda.
242 Interview mit Theo Waigel, S. 309.
243 Ebenda, S. 308.

hält, Währungsunion und politische Union gleichzeitig zu verwirklichen. Genscher und Waigel deuten sogar an, sie hätten gar nicht mehr als das Erreichte gewollt.

Zwischen den Zeilen klingt eine gewisse Erleichterung durch, es seinerzeit mit der Vereinheitlichung nicht übertrieben zu haben, die ja – nach der Preisgabe der Hoheit über die Währung – einen weiteren, weder unter Politikern noch in der Bevölkerung erwünschten Souveränitätsverlust Deutschlands zur Folge gehabt hätte.

4.6 Kohl: Mitterrand konnte deutsche Einheit nicht blockieren

Für die Währungsunion gab es ein klares Konzept, für die politische Union nicht. Daß sich Mitterrand auf Versuch und Irrtum nicht einlassen wollte, ist nachvollziehbar. Insofern ist ihm für seine Strategie, die politische Integration als minderwichtiges Thema zu behandeln, das Aufschub verträgt, aus Sicht der damaligen Bundesregierung kein Vorwurf zu machen – und deshalb geschieht es auch nicht. Im Gegenteil. Helmut Kohl preist Weitsicht und Einfühlungsvermögen des Sozialisten in die deutsche Seite, also ihn:

> 1991 sagt er [Mitterrand, anläßlich der Bonn-Berlin-Hauptstadtdiskussion] eines Tages zu mir: „Du bist doch für Berlin?“ Da sage ich: „Du weißt doch, daß ich die Hauptstimme für Berlin bin! Aber ich bin schon sehr verwundert, daß Du jetzt für Berlin bist! Nach der alten Rheinbund-Ideologie ist doch Bonn sehr viel günstiger.“ Da hat er absolut richtig definiert, indem er sagte: „Die europäische Erweiterung wird kommen mit Ost- und Südosteuropa, und dann muß eine Hauptstadt eines großen Landes weit ostwärts vom Rhein liegen“ – und das konnte ja nur Berlin sein.[244]

In der Frage der deutschen Einheit war der französische Staatspräsident nach Kohls Beobachtung „hin- und hergerissen“, aber dafür habe er Verständnis:

> Der Präsident der Republik hat die ganzen Akten vom Quai d'Orsay hinter sich gehabt – und die waren nicht für die deutsche Einheit. Möglichst klein halten und so *(lacht)*.[245]

Daß er, Kohl, es mit der Währungsunion ernst meine, davon sei Mitterrand „fest überzeugt“ gewesen, sagt Kohl. Wer von einem Gegengeschäft zur Zustimmung Frankreichs zur deutschen Einheit spreche, erliege einem „Irrtum, der da dauernd verbreitet wird“:

> Nie wieder Krieg – das war die erste Botschaft. Also für einen Mann wie Mitterrand und Helmut Kohl, die 1984 in Verdun auf dem Schlachtfeld standen mit dem berühmten Handschlag – das war der Punkt. Nicht primär die deutsche Einheit.[246]

Der französische Staatspräsident habe die Schwierigkeiten und finanziellen Probleme, die der Beitritt der fünf neuen Länder zur Bundesrepublik mit sich bringen würde, klar vor Augen gehabt, sagt Kohl. Aber Mitterrand habe auch vorhergesagt, die Deutschen würden diese Probleme lösen, sonst wären sie „keine richtigen

244 Interview mit Helmut Kohl, S. 288.
245 Ebenda.
246 Ebenda, S. 287.

Deutschen". Und danach würden sie stärker sein als je zuvor. In Deutschland sei diese Aussage ignoriert worden, beklagt der Altkanzler.[247]

Die These von der D-Mark als Morgengabe an Frankreich ist laut Helmut Kohl schon deswegen unzutreffend, weil Frankreich die Wiedervereinigung nach seiner Überzeugung nicht hätte blockieren können, selbst wenn Präsident und Regierung das gewollt hätten. Kohl nennt dafür historische und familiäre Gründe. Mitterrand habe in Menschenrechtsfragen sehr unter dem Einfluß seiner Ehefrau gestanden – „täglich oder wöchentlich". Auch wenn Danielle Mitterrand nach des Altkanzlers Einschätzung „sonst in der Politik nie von Bedeutung war" – in der Menschenrechtsfrage stehe sie nach ihrer Vergangenheit als junge Frau bei der *Résistance* „immer ganz, ganz vorne". Dies habe die Möglichkeiten der französischen Außenpolitik, die deutsche Einheit zu behindern, deutlich eingeschränkt, sagt Kohl in seinem Rückblick auf den Dezember 1989:

> Menschenrechtlich war immer klar: Wenn die Deutschen die Einheit wollen, kannst Du nicht sagen als Anhänger der französischen Revolution: „Das geht mich einen Scheißdreck an", sondern dann mußt Du dafür sein.
>
> Dann ist er zu der, wie ich glaube, ganz gescheiten Erkenntnis gekommen, ich sage es jetzt einmal auf französisches Denken: Also schießen können wir nicht mehr, sie sind da, sie sind auch nicht auszurotten, also was können wir noch machen? Die urälteste Sache von der Welt: Wir legen uns zusammen ins Bett und umarmen uns.[248]

Genscher bestätigt diese Analyse Kohls. Als historisch denkender Mensch habe Mitterrand gewußt, daß er mit einer Ablehnung der Wiedervereinigung einen tiefen Pflock in die Seele der Deutschen gerammt hätte. Außerdem habe es sich – rein formal betrachtet – bei einem Beitritt nach Artikel 23 des Grundgesetzes in seiner damaligen Fassung um einen einseitigen Akt des „Beitrittsgebietes" gehandelt, der weder das Einverständnis der Bundesrepublik noch jenes der Europäischen Gemeinschaft erfordert habe. Wie Kohl kommt Genscher zu dem Schluß:

> Frankreich konnte und wollte die Wiedervereinigung gar nicht blockieren.[249]

Waigel sieht es ähnlich. Allerdings, sagt er, hätten Franzosen oder Briten „erhebliche Schwierigkeiten machen können":

> Wir wissen ja nicht, wie kurze Zeit danach die Situation gewesen wäre. Wir wissen nicht, wie Gorbatschow reagiert hätte, wenn er im Westen den einen oder anderen vielleicht gefunden hätte, der gesagt hätte: Nein, wir wollen eigentlich keine Wiedervereinigung. Solche Befürchtungen oder Andeutungen hat es damals bei den Besuchen in der damaligen DDR durchaus noch gegeben. Ganz wichtig war natürlich, daß sich die Vereinigten Staaten von Amerika unter George Bush schon im Herbst 1989 ganz klar für die Einheit Deutschlands ausgesprochen hatten.[250]

Unter unangenehmem Druck von französischer und amerikanischer Seite, ja in Bedrängnis fühlte sich Kohl in diesen Wochen in der Frage einer Anerkennung der

247 Ebenda, S. 288.
248 Ebenda, S. 289.
249 Interview mit Hans-Dietrich Genscher (S. 1).
250 Interview mit Theo Waigel, S. 308.

Oder-Neiße-Linie. Laut Bitterlich handelte es sich im Frühjahr 1990 um ein Problem, das vor allen anderen, also auch vor der Währungsunion, geeignet war, „Zwietracht zu säen".[251]

Anton Pfeifer, seinerzeit Staatsminister im Kanzleramt, schildert eine Szene, von dem ihm Schäuble nach einer USA-Reise berichtet habe. Aus ihr geht hervor, daß man der Bundesregierung offenbar zutraute, anläßlich des Beitrittes des DDR-Gebietes weitere Korrekturen der Ergebnisse des Zweiten Weltkrieges anzustreben:

> [Schäuble] ist in Washington einmal gefragt worden, wenn das also jetzt über den Beitritt nach Artikel 23 Grundgesetz geht, wie denn dann das wiedervereinigte Deutschland sich verhalten wird, wenn noch andere kommen und auf diese Weise ebenfalls beitreten wollen. Man kann sich unschwer vorstellen, an wen der Fragesteller gedacht hat. Wolfgang Schäuble hat geantwortet: „Das ist ganz einfach: Wenn wir die Wiedervereinigung nach Artikel 23 erreicht haben, streichen wir den Artikel 23 aus dem Grundgesetz 'raus."[252]

In seiner Lösung, die eine Spaltung der Union und eine dauerhafte Entfremdung von den Vertriebenenverbänden vermied, sieht Kohl heute eine seiner wichtigsten Führungsleistungen. Für sein Zögern habe man in Paris, Washington und Warschau keinerlei Verständnis gehabt, berichtet er: „Innenpolitische Argumente haben die überhaupt nicht gelten lassen." Andererseits: „Wir wußten sehr genau, ich auch, daß wir die Oder-Neiße-Grenze anerkennen, wenn die deutsche Einheit kommt." In der CDU/CSU-Bundestagsfraktion sei es daraufhin zu einer heftigen Konfrontation mit dem Vorsitzenden der Vertriebenenverbände gekommen, dem Abgeordneten Hubert Czaja. Kohl habe ihn, so seine Schilderung, vor die Alternative gestellt:

> „Herr Czaja, das, was Sie jetzt wollen, daß wir die Oder-Neiße-Grenze nicht anerkennen, heißt doch: 17 Millionen Deutsche haben nicht die Chance, mit uns zusammenzugehen!"
>
> Und natürlich mußten wir unsere eigene Argumentation auffressen, [die besagte]: Wir brauchen einen Friedensvertrag. Aber ab April 1990 war das letzte, was wir gebrauchen konnten, ein Friedensvertrag.[253]

Kohl beschwerte sich, einmal sei er als „Aussitzer" bezeichnet worden, dann wieder habe man ihm nachgesagt, er sei ein „Diktator". Beides habe nicht gestimmt. Er habe eine Meinung, eine Position gehabt – beim Thema *Euro*, bei der NATO-Nachrüstung und auch in der Deutschlandpolitik:

> Da bin ich keinen Millimeter zurückgewichen – siehe Oder-Neiße-Grenze. Aber auf der anderen Seite hieß es doch von morgens bis abends: „Der hat da gezögert." Wobei das ja alles dummes Zeug ist. Es gibt ja Situationen, die nicht reif sind, da wäre es ja dumm, wenn Sie zuschlagen. Sondern das ist ein Prozeß, da muß man klug sein.[254]

Kohls Menschenrechtsargumente ließen sich durch juristische ergänzen: Die Besatzungsmacht Frankreich hat 1949 das Grundgesetz einschließlich seiner Präambel genehmigt. Die auch von Frankreich ratifizierte KSZE-Schlußakte von 1975 nennt zumindest als Absichtserklärung ein Selbstbestimmungsrecht der Völker, das ein-

---

251 Bitterlich: In memoriam Werner Rouget, S. 120.

252 Interview mit Anton Pfeifer (S. 8).

253 Interview mit Helmut Kohl, S. 290-291.

254 Ebenda, S. 297.

schlägig gewesen sein dürfte. Das Hauptargument damaliger Akteure lautet aber, die Europäische Währungsunion sei zu einem Zeitpunkt bereits auf dem Weg gewesen, als noch „kein Mensch" an eine Wiedervereinigung Deutschlands gedacht habe. „Durchaus" sei die damalige Bundesregierung schon *vor* der Wiedervereinigung für die Währungsunion gewesen – „nicht nur Genscher, auch Kohl", sagt der damalige CDU/CSU-Fraktionsvorsitzende Wolfgang Schäuble. Kohl selbst verweist auf den EU-Gipfel von Hannover – fünf Monate *vor* dem Fall der Mauer:

> Dort machten sich François Mitterrand und ich sehr entschieden für die Bildung einer Wirtschafts- und Währungsunion stark. Deswegen will ich noch einmal sagen: Es ist eine Legende, wenn man behauptet, wegen der deutschen Einheit hätten wir die D-Mark preisgegeben.[255]

4.7 Genscher gegen eine neue Dolchstoßlegende

Die Formel „Zustimmung zur Wiedervereinigung gegen Aufgabe der D-Mark" findet Schäuble „ein bißchen primitiv". Die Vermutung eines ursächlichen Zusammenhangs sieht auch er durch den zeitlichen Ablauf widerlegt. Allerdings war die deutsche Bereitschaft, die D-Mark in einer Gemeinschaftswährung aufgehen zu lassen, nach Schäubles Worten „sicherlich hilfreich":

> Daß mit der Wiedervereinigung aus deutscher Sicht die europäische Integration, der Prozeß, intensiviert werden mußte, auch um unseren europäischen Partnern die Wiedervereinigung erträglicher zu machen – das ist wahr. Aber dieses einfache *do, ut des* – das ist es nicht gewesen. Da bin ich mir ziemlich sicher. Aber einen weiteren Zusammenhang gibt es, das ist auch gar nicht bestritten worden.[256]

Er glaube deshalb „gar nicht", daß es „ein Zugeständnis an Mitterrand" war, sagt Schäuble: „Es war unser eigenes Interesse." Eine Tendenz in der Wissenschaft und unter Intellektuellen, linken wie rechten, Deutschland nach dem Ende des *Kalten Krieges* wieder eine eigene nationale Rolle („Zentralmacht in Europa") zuzuschreiben, finde er „grauslich":

> Das wäre die falsche Antwort auf die Wiedervereinigung gewesen. Warum müssen wir die Fehler, die wir in 100 Jahren zuvor gemacht haben, wiederholen? Also man kann ja aus der Geschichte auch ein klein bißchen lernen.[257]

Vier Jahre zuvor hatte der wichtigste Mann in der Union nach Kohl mit Blick auf das nationale Interesse Deutschlands noch defensivere Formulierungen verwendet. Im heftigen und in Schäubles Augen brandgefährlichen innenpolitischen Streit um eine etwaige Verschiebung der dritten Stufe der Währungsunion und eine Teilnahme Italiens an derselben appellierte Schäuble an die deutsche Öffentlichkeit, es sei „ein Gebot der Fairneß und der Klugheit, die Erfolge der Partner nicht nur anzuerkennen, um sie in ihren Anstrengungen zu ermutigen, sondern eben auch, um das eigene Vertrauen in eine gemeinsame Währung mit ihnen zu stärken."

255 Rede von Helmut Kohl auf dem *ZEI-Europaforum*, S. 7 (2002).
256 Interview mit Wolfgang Schäuble (S. 9).
257 Ebenda.

Nur auf diesem Weg, so Schäuble, sei das große Ziel zu erreichen:

> Dann ist die D-Mark keine Opfergabe mehr für Europa, sondern eine – Morgengabe![258]

Laut Schäuble und weiteren führenden Unionsabgeordneten war zu diesem Zeitpunkt also noch nicht einmal der – für ihn offenbar damals wünschenswerte – Zustand einer „Morgengabe“ erreicht, auch wenn es sich hier in den Augen der Verfasser lediglich um eine Definitionsfrage handelt, die mit gutem Willen auch positiv zu beantworten sei – der Zweck dieses Appells. Zu erklären ist der resignative Tenor mit der Sorge Schäubles in jenen Wochen, weitere Teile der Öffentlichkeit könnten ausgerechnet jetzt auf Gegenkurs gehen und die EWU auf die Liste der politisch nicht durchsetzbaren Projekte setzen. Daß dies 1997 nicht geschah, lag an der SPD und ihrem damaligen Vorsitzenden. Oskar Lafontaine macht bis heute Kohl keinen Vorwurf für seine Bereitschaft, eine Währungsunion einzugehen, ohne nennenswerte Fortschritte im Sinne einer politischen Union ausgehandelt zu haben:

> Man stelle sich vor, Deutschland wäre noch größer geworden – und Politik denkt ja in langen Zeiträumen – und es wäre nicht dieser Schritt der Integration Europas vollzogen worden. Dann wäre die Angst natürlich noch stärker, daß dieses Deutschland alles dominiert und die anderen nicht mehr mitentscheiden können ...
>
> Insofern war der Euro auch eine Konsequenz der Wiedervereinigung oder eine Voraussetzung, wie immer Sie wollen. Nur: Das wurde weder von den Franzosen in diesem schroffen Sinne formuliert, noch wurde es von den Deutschen in diesem schroffen Sinne diskutiert.[259]

Ähnlich sah es Johannes Rau später als Bundespräsident.[260] Kohls Europa-Politik sei insgesamt erfolgreich, auch wenn er nicht alles Wünschenswerte habe durchsetzen können. Für seine Bereitschaft, die Währungsunion zu verwirklichen, um den Franzosen die Zustimmung zur Wiedervereinigung zu erleichtern, sei Kohl nicht zu kritisieren. Der überparteiliche Konsens, daß der Bundeskanzler seinerzeit richtig und im deutschen Interesse gehandelt habe, steht also unverändert. Helmut Kohl habe sehr darauf geachtet, im deutsch-französischen Verhältnis keine Situation entstehen zu lassen, wo diese beiden Länder auseinanderdriften könnten, sagt auch Schröders ehemaliger Berater und Sprecher Uwe-Karsten Heye:

> Das erste Mal in den letzten 150 Jahren europäischer Geschichte hat sich dieses Land im Zentrum Europas mit den meisten Nachbarn um sich herum, innen mittendrin, auf eine friedvolle Weise in Europa eingerichtet. Und das ist ein historischer Fortschritt, den wir auf keinen Fall, in keiner Weise in Frage stellen dürfen.[261]

Der Euro sei allerdings zu keinem Zeitpunkt als Sedativum für die Nachbarn gedacht gewesen, ergänzt der CDU-Politiker Friedbert Pflüger:

258 Schäuble, Glos, Seiters, Lamers: Die Europäische Währungsunion – Deutschlands Interesse und Verantwortung. Aufsatz und Appell, veröffentlicht als Presseerklärung der CDU/CSU-Bundestagsfraktion vom 16. September 1997, S. 7.

259 Interview mit Oskar Lafontaine, S. 306.

260 Rau wurde in seiner Eigenschaft als ehemaliger SPD-Spitzenpolitiker befragt. Seine Parteimitgliedschaft ruhte wie die aller amtierenden Bundespräsidenten.

261 Interview mit Uwe-Karsten Heye (S. 5).

> Der ist dazu da, daß wir in der Welt von morgen mit globalisierten Märkten wettbewerbsfähig sind, was wir mit 14 westeuropäischen Währungen nicht wären. ... Aber er gehört natürlich in der Konstruktion eines sich einigenden Europas zu den Elementen, die die deutsche Einheit für die Nachbarn erträglich macht.[262]

Kohl sei mittels der Bereitschaft, eine Währungsunion einzugehen, das „grandiose Kunststück" gelungen, den Franzosen allgemein und Mitterrand im besonderen die Ängste zu nehmen und die Wahrnehmung der Wiedervereinigung an der Seine sogar ins Positive zu wenden, urteilt Pflüger. Dies sei „wirklich mehr als alles andere, was er geleistet hat".

Genscher bezeichnet die Darstellung, der Euro sei der Preis für die deutsche Einheit gewesen, als „eine andere Dolchstoßlegende", die erneut geeignet sei, das deutsch-französische Verhältnis zu vergiften: „Natürlich waren auch die Franzosen daran interessiert, doch der Anstoß kam von uns."[263] Ein Zusammenhang der Währungsunion mit der deutschen Vereinigung und Frankreichs Zustimmung dazu sei „weder direkt noch indirekt, weder in einem engeren noch in einem weiteren [Sinne] gegeben". Die Vorentscheidung für eine gemeinsame europäische Währung sei mit der Schaffung eines gemeinsamen Binnenmarktes getroffen worden. Der Zustand von Beginn des gemeinsamen Binnenmarktes bis zur Euro-Einführung sei (im negativen Sinne) einmalig auf der Welt gewesen; es gebe keinen anderen Binnenmarkt mit mehreren Währungen. Genscher: „Auf Dauer wäre dieser Zustand auch nicht zu erhalten gewesen."[264] Frankreich habe an seiner Zustimmung zur deutschen Vereinigung in den entscheidenden Jahren 1989 und 1990 „keinen Zweifel" gelassen, schreibt der FDP-Politiker. Tatsache sei: „Der Anstoß zur Schaffung einer gemeinsamen Währung kam von mir mit [meinem] Memorandum."

Genscher deutet an, daß von diesem – nur der Form nach privaten – Vorstoß für Deutschland eine erhebliche Bindungswirkung in der später entstandenen Situation ausging: Unabhängig von der französischen Haltung zur deutschen Frage „hätte eine europapolitische Kursänderung der Bundesregierung zu Irritationen vornehmlich in Paris Anlass gegeben".[265] Der damalige Brüssel-Korrespondent Münster meint, die Wirkung des Genscher-Memorandums sei tatsächlich stark gewesen:

> Hans-Friedrich von Ploetz, NATO-Botschafter in Brüssel und dann Staatssekretär im AA in Bonn, zuständig für die Europa-Politik, hat mir dann später erzählt, daß es sich regelrecht um eine Aufforderung der Franzosen an die Adresse der Deutschen gehandelt habe, den Vorschlag einer Währungsunion zu unterbreiten.
>
> Das hat ja auch eine gewisse Logik. Wenn die Sache ernst genommen werden sollte, dann konnte nicht Frankreich das Angebot unterbreiten, weil alle Welt sofort gesagt hätte: Hahaha, machen die Deutschen ja nicht. Aber wenn Deutschland das tut, dann wird es ernst. Und so ist es auch gekommen.
>
> Genscher stand ja auch mit Überzeugung dahinter, Kohl nicht. Genscher.[266]

---

262 Interview mit Friedbert Pflüger (S. 8).
263 Ebenda.
264 Brief von Hans-Dietrich Genscher an den Verfasser vom 29. Januar 2002.
265 Ebenda.
266 Interview mit Winfried Münster (S. 3).

Die Vorstellung, die deutsche Seite hätte im Spätherbst 1989 gegenüber Frankreich erklärt, das *Genscher-Memorandum* und seine Folgen in Form des *Delors-Berichtes*, der eine Europäische Zentralbank nach deutschem Wunsch und Vorbild vorsah, seien ab sofort gegenstandslos, fällt in der Tat nicht leicht. Alle Befürchtungen, Bonn ändere auf einem zentralen Feld der Europapolitik seinen Kurs, weil es plötzlich mit Blick auf eine denkbare Wiedererlangung der deutschen Einheit andere Prioritäten setze, wären umgehend virulent geworden. Bei „Irritationen“ (Genscher) wäre es nicht geblieben.

Nicht zuverlässig überliefert ist, ob Frankreich das *Genscher-Memorandum* an irgendeiner Stelle zur Untermauerung seiner Forderungen im Herbst 1989 instrumentalisierte. Entsprechende Fragen an die deutschen Akteure blieben ergebnislos. Bitterlich sagt: „Nicht, daß ich wüßte.“[267] Theo Waigel sagt, eine „zwingende Notwendigkeit, daß das jetzt so stattfinden würde“, habe sich aus Genschers Initiative nicht ergeben und sei 1989 auch keineswegs absehbar gewesen:

> Es hätte ja auch sein können, daß das eine oder andere Land sagt: „Das akzeptieren wir nicht. Wir empfinden das als ein Diktat der Deutschen.“ Daß dann der Vertragsentwurf zur Grundlage des Vertrags wurde, alle den Vertrag ratifiziert haben und sich dann alle an die Kriterien gehalten haben und bei der Evaluierung 1997 immerhin eine beachtliche Zahl von Ländern – elf – das erfüllen würden, das war nicht von Anfang an klar. Dazwischen lagen mehrere Stationen, wo das Projekt auch hätte scheitern können.

Im Herbst 1989 allerdings wäre eine Weigerung der deutschen Seite, wie von Mitterrand gewünscht auf dem EU-Gipfel in Rom einen irreversiblen Zeitplan zu beschließen, als Indiz für einen europapolitischen Kurswechsel gegen Bonn gerichtet worden. Diesem Vorwurf wollte sich die damalige Bundesregierung unter keinen Umständen aussetzen. Die heiklen *Zwei-plus-Vier-Gespräche* standen noch bevor.

Die USA waren zwar ebenso wenig Anhänger der Idee einer Europäischen Währungsunion wie Großbritannien. Aber der Verdacht, Deutschland werde sich von der Europäischen Union abwenden und erneut eigene Wege beschreiten, hätte auch Washington alarmiert. Ein *opting out* war für Bonn in einer Situation, in der die deutsche Loyalität gegenüber seinen Nachbarn nach deren Meinung in Frage stand, subjektiv nicht mehr gegeben. Im Gegenteil beschleunigte sich nun das Tempo der Währungsunion – zum Erstaunen nicht weniger der handelnden Personen.

4.8 Für Frankreich unterdrücken sie ihre Angst vor dem Wähler

Nach Übergabe des *Delors-Berichtes* im März 1989 rechnete Delors nach eigener Darstellung mit der Einführung der Einheitswährung „vielleicht 2005“. In Wirklichkeit, so der damalige Kommissionspräsident, sei dann alles schnell gegangen:

> Deshalb sage ich oft, daß Europa fähig ist, Wunder zu vollbringen.[268]

Genscher-Memorandum, raffinierte Instrumentalisierung des Bundesbank-Präsidenten, einstimmige Verabschiedung des *Delors-Berichtes*, Paradigmawechsel

267 Joachim Bitterlich am 21. Januar 2003 zum Verfasser (Gesprächsnotiz).
268 Interview mit Jacques Delors in *Frankfurter Allgemeine Zeitung* vom 27. Dezember 2001.

Frankreichs im Hinblick auf die Stellung der Zentralbank und Fall der Mauer – diese fünf Ereignisse mußten aufeinander folgen und sich treffen mit einem Bewußtsein der Bundesregierung, ohne das Einverständnis und Vertrauen der Nachbarn stünde die deutsche Einheit von Anfang an unter einem schlechten Stern.

Die Folge: Kohl und Waigel ließen den Erhalt der D-Mark auf ihrer Prioritätenliste abrutschen trotz großer Sorge, dafür vom Wähler bestraft zu werden, und trugen den französischen Zeitplan zur Währungsunion fortan mit.

Der Historiker Andreas Wirsching meint, spätestens im Sommer 1989 hätten mit der Vorlage des *Delors-Berichtes* „alle Einzelteile des europäischen Puzzles" auf dem Verhandlungstisch gelegen. Erst die deutsch-deutsche Annäherung habe die Staats- und Regierungschefs aber im Zuge eines „katalytischen" Prozesses in die Lage versetzt, die Fragmente zu einem Gesamtbild zusammenzusetzen:

> War der Euro bereits vor dem 9. November 1989 auf sicherem Wege? Oder handelte es sich um ein Kompensationsgeschäft, mit dem die Zustimmung der europäischen Partner zur Wiedervereinigung gleichsam „erkauft" wurde? Die Wahrheit dürfte in einer nicht genau definierbaren Mitte liegen.[269]

Kohls Strategie sei am Ende nur zum Teil aufgegangen, befindet Hanns Jürgen Küsters. Nach Zustimmung der Westmächte zur deutschen Einheit sei die Bundesregierung nicht in der Lage gewesen, weitergehende Unterstützung von Frankreich für den Einstieg in umfassende institutionelle Reformen zu erwirken. Frankreich habe die Bestrebungen der Deutschen vielmehr als „Vehikel" genutzt, deren Zustimmung zur Wirtschafts- und Währungsunion zu erlangen:

> Über kurz oder lang eine europäische Zentralbank einzurichten, war der Preis, den Mitterrand dafür zahlte. Die Diskussion über die politische Finalität der Europäischen Gemeinschaften wurde jedoch vertagt.[270]

Der von Mitterrand bereits in den ersten Dezembertagen 1989 gegen die Bundesregierung durchgesetzte Zeitplan für die Währungsunion beschreibt Ergebnis und Ende einer EU-internen Vertrauenskrise, die ebenso hätte eskalieren können. Mit Hilfe der Währungsunion gelang die deutsche Einheit jedoch im Einvernehmen mit allen Nachbarländern. Über allem stand unausgesprochen das Motto der Bundesregierung: Euer Wohlwollen ist uns so viel wert, daß wir dafür sogar unsere geliebte D-Mark aufgeben und innenpolitische Unwägbarkeiten in Kauf nehmen. Paris besaß kein ernsthaftes Interesse an einer politischen Union und Bonn anschließend kein Lock- und Druckmittel mehr – und auch kein schlüssiges Konzept, wie man in der EU Verbündete gegen Frankreichs Lustlosigkeit finden könnte.

Bonn wußte nicht, was es wollte – und so viel, wie es zuvor (eher abstrakt) behauptet hatte, wollte es aus Furcht vor einem weiteren Souveränitätsverlust auch gar nicht mehr. Als Helmut Kohl vor seiner Reise nach Maastricht im Bundestag erklärte, die politische Union sei das „unerläßliche Gegenstück" zur EWU und die Vorstellung „abwegig", man könne eine EWU „auf Dauer" ohne politische Union „erhalten", schürte er zu einem Zeitpunkt noch Hoffnungen bei den Abgeordneten

---

269 Andreas Wirsching: Stationen auf dem Weg nach Maastricht. Vortrag vor der *Konrad-Adenauer-Stiftung* im Rahmen der Reihe „Die Ära Kohl im Gespräch", St. Augustin, 22. November 2002, S. 8.

270 Küsters vor der *Konrad-Adenauer-Stiftung*, St. Augustin, 22. November 2002, ebenda, S. 18.

und in der Öffentlichkeit, die er insgeheim längst hatte aufgeben müssen. Als Ausdruck seiner persönlichen Überzeugung mögen diese Kanzlersätze nicht angreifbar sein, aber er wußte – unmißverständlich zwei Jahre zuvor von Mitterrand und seinen eigenen Beratern ins Bild gesetzt – , daß er auf Mitterrand in dieser Hinsicht keinesfalls bauen konnte, ja daß dieser seinen Absichten im Wege stand. Kohl führte die Abgeordneten, unbewußt oder bewußt, auf eine falsche Fährte, wobei man beim Studium der Redebeiträge dieser Jahre den Eindruck gewinnen kann, sie hätten sich nicht ungern auf diese Fährte locken lassen. Das wiederum erlaubt Rückschlüsse auf das Ausmaß der Aufrichtigkeit bei der späteren Empörung über das Ausbleiben von Fortschritten. Selbst professionelle Beobachter wie Winfried Münster durchblickten die Lage erst mit großer Verspätung:

> Kohl hätte selbstverständlich gerne die politische Union beschlossen. Aber dem war immer klar, daß er die nicht bekommt. Das war dem von der ersten Sekunde an klar. Das wußte der lange, bevor wir es wußten. Da hatten wir Journalisten in Brüssel noch unsere Illusionen, da wußte der das längst.[271]

Helmut Kohl selbst sagt in seinem Rückblick auf das Ende der 80er Jahre:

> Für mich war der Euro sozusagen das Synonym, daß es in Europa weitergeht. Ich habe jahrelang, bis in die 80er hinein, geglaubt, man kann den Prozeß der Wirtschaftsunion parallel mit der politischen Union betreiben.

Er habe lernen müssen, daß das „natürlich" nicht der Fall sei, wie sich anhand der „Lebenserfahrung" gezeigt habe. Er sei damals ein „Newcomer" gewesen:

> Ich bin 1982 gekommen, da haben wir uns nicht über Euro unterhalten, sondern über Eurosklerose, also eine ganz schreckliche Krankheit. Ich habe also einen ganz anderen Input gehabt. Dann haben wir das also vorangebracht, Stück für Stück, und der Satz „Die Visionäre sind die eigentlichen Realisten" ist ja nie so klar bewiesen worden wie im letzten Jahr.[272]

François Mitterrand betrachtete den geschichtlichen Zufall, daß Frankreich in der zweiten Hälfte von 1989 die EU-Ratspräsidentschaft innehatte, als Gelegenheit, möglicherweise als Wink des Schicksals, noch in Straßburg Tatsachen zu schaffen, aus denen Bonn sich nicht mehr würde befreien können.

Daraus folgt: Hätte ein anderes Land in diesen sechs Monaten der Europäischen Union vorgesessen, eines, das den deutsch-deutschen Annäherungsprozeß gelassener verfolgte als Frankreich und mit der Vormachtstellung der Bundesbank weniger Probleme hatte, mit einem Regierungschef als Ratsvorsitzendem, der die in der Sondersituation akute, auch mit einer Spur Sentimentalität versehene Befindlich- und Empfänglichkeit des Bundeskanzlers, dieses „wahnsinnig empfindsamen, empfindlichen und vorsichtigen Mannes"[273], weniger gut zu durchschauen und zu nutzen im Stande gewesen wäre als Mitterrand, wäre es vielleicht anders gekommen – und die Währungsunion nicht schon 1989 auf den Weg ins Tal zu den Menschen geschickt worden, wo sie 13 Jahre später eintreffen sollte.

---

271 Interview mit Winfried Münster (S. 2).

272 Beide Zitate auf dieser Seite: Interview mit Helmut Kohl, S. 287.

273 Schauspieler Thomas Thieme, Kohl-Darsteller im *ZDF*-Fernsehspiel *Der Mann aus der Pfalz*, nach Studium dieses Mannes in *Frankfurter Allgemeine Sonntagszeitung* vom 18. Oktober 2009, S. 51.

5. „Das hätte der Schäuble nicht gepackt"

5.1 Kohl: Mein Amtsverzicht fiel aus wg. Währungsunion

Nach dem Sieg über den SPD-Kanzlerkandidaten Rudolf Scharping 1994 plante Helmut Kohl nach seiner eigenen Schilderung, in der Mitte der Legislaturperiode einem Jüngeren Platz zu machen. „Links und rechts" begegne er neuen Leuten; selbst auf Parteitagen seines eigenen Landesverbandes kenne ihn „die Hälfte im Saal nicht mehr". Zwei Drittel der heute Lebenden seien nach dem Krieg geboren, und dies sei vor allem für die Europapolitik ein wichtiger Faktor: „Was Antriebskraft von mir und meiner Generation war, ist weitgehend weg."

Deshalb habe Kohl 1994 das Gefühl bekommen, er müsse „jetzt aufpassen". „Du gehst im Laufe der Periode", habe er zu sich selbst gesagt, „1996, 1997 muß der neue Mann ja kommen, das war ja ganz klar. Ich habe eine ganz klare Perspektive gehabt. Ich wollte, daß der Wolfgang Schäuble mein Nachfolger wird. Obwohl ich damit weitgehend allein war."[274]

Eine erste öffentliche Bemerkung in dieser Richtung hatte für Kohl unangenehme Folgen. Elf Tage vor der Bundestagswahl 1994 erklärte Kohl in einem Fernsehinterview zur Verblüffung der Öffentlichkeit und der Union, er wolle nicht mehr vier Jahre im Amt bleiben (Anm. 25).[275] Es entwickelte sich eine lebhafte – auch innerparteiliche – Auseinandersetzung, was er damit habe andeuten wollen und wie er sich das vorstelle. Erklärungsversuche des Urhebers zwei Tage später vor der Bundespressekonferenz steigerten die Verwirrung noch. Kohl mußte gegen das Etikett ankämpfen, als *lame duck*, als Regierungschef auf Abruf in die neue Amtsperiode zu gehen – eine Einordnung, die zu seinem Selbstverständnis nicht recht passen wollte. Der designierte Nachfolger sei in seine Pläne eingeweiht gewesen: „Ich habe das dem Schäuble auch damals gesagt, daß ich das will."

Doch Schäuble rätselte über Kohls Motive und wirkliche Pläne wie alle anderen.

Acht Jahre und eine Wahlniederlage später berichtete Kohl, es habe in Fraktion und Partei seinerzeit große Vorbehalte gegenüber Schäuble gegeben, weil er querschnittgelähmt sei. Hinter des Kanzlers Rücken habe man in der Union getuschelt, „daß jemand mit einem Wägelchen nicht Bundeskanzler wird".

„Leidenschaftlich" habe er die Skeptiker bearbeitet, mit US-Präsident Franklin Delano Roosevelt argumentiert, der ebenfalls im Rollstuhl gesessen und dennoch den Zweiten Weltkrieg gewonnen habe – vergebens: „Ich war nie in einer Mehrheitssituation in dieser Sache."[276] In seinem *Tagebuch* schreibt Kohl: „Über Wolfgang Schäubles Gesundheitszustand gab es immer wieder Diskussionen. Ich habe die dabei vorgebrachten Argumente nie akzeptiert."[277]

274 Interview mit Helmut Kohl, S. 284.
275 Kohl in der *Sat1*-Sendung „Zur Sache, Kanzler" vom 05. Oktober 1994.
276 Zitate auf dieser Seite, soweit nicht gekennzeichnet: Interview mit Helmut Kohl, S. 284.
277 Helmut Kohl: Mein Tagebuch 1998-2000, S. 39.

Aufgegeben habe er seine Absicht, spätestens 1997 zugunsten Schäubles abzutreten, aber nicht wegen dieser Vorbehalte gegenüber Schäuble, sondern angesichts der heftigen Debatte um eine mögliche Verschiebung der dritten Stufe der Währungsunion und den Kreis der Teilnehmerländer. In diesen Wochen sei ihm klar geworden, „daß wir möglicherweise kippen", die Teilnahme Deutschlands an der letzten EWU-Stufe fraglich werde. „Es hat gekracht im Gebälk", beschreibt Kohl die Lage im Frühjahr 1997 mit der Auseinandersetzung, wie exakt das Defizitkriterium durch die Teilnehmerländer zu erfüllen sei."[278] Aufwendige Kampagnen seien gegen die Euro-Einführung gestartet worden. Zwar sei die Unionsführung für den Euro gewesen, meint Kohl, aber in der Krise habe er sich nicht wirklich verlassen können auf seine Parteifreunde:

> Da gibt es welche, die sagen: Und wenn die Kugeln kommen – ich stehe dafür! Und dann gibt es aber die größere Gruppe, die steht in der Nische. Und wenn das Unwetter der Geschichte heruntergeht, machen sie schnell die Tür zu, bis die Luft sauber ist. ... Bei uns in der Union sind doch viele Leute offen [gegen den Euro] aufgetreten. Der Biedenkopf ist doch offen aufgetreten.[279]

Auch im Ausland habe man die innenpolitische Auseinandersetzung um den Euro mit großer Sorge beobachtet. Nicht nur Mitterrand, „alle" hätten ihn immer wieder aufgefordert, *er* müsse den Euro durchsetzen. „Mit Recht", so Kohl, sei man im Ausland der Meinung gewesen, daß der Euro überhaupt nicht komme, wenn er in Deutschland nicht eingeführt werde. Und mit Blick auf die deutsche Debatte hätten die anderen Staats- und Regierungschefs festgestellt:

> Wenn der Helmut Kohl ihn nicht durchsetzt, macht es kein anderer.[280]

Diese „Grundhaltung" der Kollegen habe sich „unmittelbar" in wichtigen Entscheidungen dokumentiert, meint Kohl – etwa im Beschluß, die Europäische Zentralbank in Frankfurt am Main anzusiedeln und nicht in London oder Paris. Selbst François Mitterrand und John Major hätten ihn in der Schlußabstimmung unterstützt, obwohl der Finanzplatz London bedeutender sei als Frankfurt.[281]

Maßgeblich für Major sei gewesen, daß Kohl es angesichts des Unwillens der Bevölkerung, die D-Mark aufzugeben, am schwersten von allen in diesem Kreis gehabt habe. Mitterrand habe am Ende erklärt, nicht er als Person, sondern „Frankreich stimmt für den Bundeskanzler".[282] Für den Bundeskanzler waren das nach eigener Wahrnehmung Signale, daß er von allen deutschen Politikern mit Abstand im Ausland am meisten Vertrauen und Respekt genieße und sein Euro-Engagement wenigstens dort vorbehaltlos unterstützt werde. Ein Bundeskanzler Schäuble hätte sich dieses Kapital laut Kohl erst erarbeiten müssen, denn er wäre unter den EU-Staats- und Regierungschefs ein „Newcomer" gewesen: „Das war ein Vertrauenskapital, das ja nicht über Nacht kommt. Das war die Arbeit von vielen

278 Interview mit Helmut Kohl, S. 284.
279 Ebenda, S. 285.
280 Ebenda, S. 284.
281 Mit welchem Recht Großbritannien den Sitz der EZB hätte beanspruchen wollen, ohne selbst den Euro einzuführen, bleibt offen. Gegen Paris konnte Frankfurt a. M. bestehen.
282 Interview mit Helmut Kohl, S. 284.

Jahren.“[283] Schäuble sei zwar „ein hochbegabter Mann“, aber als es um die Durchsetzung des Euro gegangen sei, hätte dies laut Kohl nicht ausgereicht: „Da mußte jemand mit seiner vollen Autorität rein. Auch mit Blick auf den eigenen Verein“:

> Da gehört ja eine ganz andere Potenz dazu.[284]

Kohl glaubt in Betrachtung des damaligen „Innenlebens der Fraktion“, daß Schäuble bereits beim Versuch gescheitert wäre, sich im Bundestag zum neuen Kanzler wählen zu lassen, weil er in geheimer Abstimmung nicht die notwendigen 337 Stimmen für die Kanzlermehrheit auf sich vereinigt hätte (Anm. 26). Auch die Führungen von CSU und FDP seien „negativ eingestellt“ gewesen im Hinblick auf einen Stabwechsel zu Schäuble. Als „sehr groß“ sei das Risiko dort eingeschätzt worden. Deswegen glaubte Kohl später, behaupten zu können:

> Das hätte der Schäuble nicht gepackt.[285]

Kohl gibt sich rückblickend überzeugt: Durch die Revision seines Planes, zugunsten von Schäuble Ende 1996 oder Anfang 1997 zurückzutreten, habe er eine Regierungskrise und damit ein Desaster für die Union verhindert und der Währungsunion ein ungewisses Schicksal erspart, wobei ihm die weitere Begleitung des Euro deutlich wichtiger gewesen sei als die Frage, wie groß das Risiko einer Regierungskrise im Falle seines Rücktrittes zugunsten von Schäuble gewesen wäre:

> Hätte ich das zu diesem Zeitpunkt wirklich gemacht, wäre der Euro nie gekommen.[286]

Anton Pfeifer, seinerzeit Staatsminister im Kanzleramt und Kohls Vertrauter und Verbindungsmann ins Parlament, bestätigt Darstellung und Schlußfolgerungen seines ehemaligen Chefs. In der Osterpause 1997, eventuell auch früher, habe sich Kohl „immer 'mal wieder Gedanken gemacht, ob es nicht richtig wäre, den Stab an Wolfgang Schäuble weiterzugeben“.[287] Er, Pfeifer, habe abgeraten. Bei der Kanzlerwahl 1994 habe schon Kohl nicht alle Stimmen aus dem eigenen Lager erhalten, argumentiert Pfeifer, dafür ein oder zwei Stimmen von der Opposition: „Ich könnte auch den Namen sagen.“[288] Es gab unsichere Kantonisten in den Koalitionsfraktionen der 13. Legislaturperiode (Anm. 27). Schäuble, so Pfeifers Überlegung, hätte sich – anders als Kohl – aus verschiedenen Gründen, etwa wegen seines aus SPD-Sicht „unsozialeren“ Reformkurses, keinerlei Hoffnungen auf heimliche Stimmen aus den Reihen der Opposition machen dürfen. Damit, so der Reutlinger, wäre ein Stabwechsel im Laufe der Legislaturperiode höchst riskant gewesen:

---

283 Ebenda, S. 291.

284 Ebenda.

285 Ebenda.

286 Kohl in der *n-tv*-Sendung „*Maischberger*“, zitiert nach einer *AP*-Meldung vom 25. Dezember 2001, die auf einer *n-tv*-Pressemitteilung beruhte.

287 Interview mit Anton Pfeifer (S. 5).

288 Ebenda.

Es hätte keine Mehrheit für Schäuble gegeben, davon bin ich überzeugt. Das ist einfach so. Und in einer solchen Situation als Helmut Kohl zurückzutreten wäre nun wirklich unverantwortlich gewesen.[289]

Kanzlerberater Pfeifer befürchtete eine schwere Koalitionskrise mit der Folge einer vorzeitigen Auflösung des Parlamentes und vorgezogenen Wahlen. Entsprechend wirkte er – so seine Schilderung – auf Kohl ein.

Fast wortgleich äußern sich rückblickend Kanzleramtsminister Friedrich Bohl und CSU-Chef Theo Waigel. Der Versuch, Schäuble in laufender Legislaturperiode zum Kanzler wählen zu lassen, wäre nach Waigels Überzeugung „nahe an Harakiri" gewesen. „Wir hätten die Mehrheit nicht bekommen", sagt er, „wir hatten schon bei der Wahl Kohls 1994 nur einen über den Durst". Wäre da „der Besoffene" auch nur noch eine weitere Minute zu spät gekommen, dann, so Waigel, „hättest Du das absolute Minimum erreicht".[290]

Ursprünglich habe Kohl 1994 *erst* sein neues Kabinett vorstellen und sich *dann* zum Kanzler wählen lassen wollen. Waigel ist sicher: Wäre er dabei geblieben, hätte er auf weitere Stimmen aus den eigenen Reihen verzichten müssen, weil sich jene, die sich übergangen gefühlt hätten, in geheimer Wahl gerächt hätten.

„Bist Du verrückt? Das kannst Du nicht machen!", habe er deshalb zu Kohl gesagt, woraufhin Kohl „zum Glück" die andere Reihenfolge gewählt habe, sonst, so Waigel, hätte die Regierungskrise gleich nach der Bundestagswahl stattgefunden. Später seien „bei der FDP einige schon wieder auf dem Dampfer gewesen: Das nächste Mal machen wir wieder sozial-liberal". Er, Waigel, sei schließlich mit seiner Politik „ziemlich vielen Leuten auf den Wecker gegangen" und Schäuble ebenso, „wir haben ja auch Leuten auf die Füße getreten".

Waigels Fazit: Das Risiko wäre viel zu groß gewesen. Der Versuch eines Kanzlerwechsels 1996 oder 1997 hätte laut Waigel „zu einer vernichtenden Blamage geführt". Mit Schäubles Behinderung hätten diese Überlegungen und Entscheidungen „absolut nichts zu tun", betont Waigel. Die Risikoabwägung „hätte auch für jeden anderen gegolten". Als „diese Diskussion auch in der CSU kam, einer im Rollstuhl könne nicht Kanzler werden, fährt die Parade im Rollstuhl ab und so", sei er, Waigel, „stocknarrisch" geworden und habe seinen Parteifreunden gedroht: „Wenn das einer ein einziges Mal wiederholt, kriegt er den ganz großen Krach mit mir."

„Selbstverständlich" hätte Schäuble Kanzler sein können, sagt Waigel, „ich hätte mich gefreut, einen ganz interessanten Wahlkampf mit ihm zu machen". Von einem „Ressentiment" gegenüber Schäuble könne keine Rede sein. Das Gegenteil sei der Fall. Als Volker Rühe Ambitionen gezeigt habe, Kohl nachzufolgen, habe er, Waigel, Rühe zu verstehen gegeben: „An Schäuble führt kein Weg vorbei."[291]

Schäuble widerspricht den Darlegungen von Kohl, Waigel, Pfeifer und Bohl zumindest nicht öffentlich. Er erklärt das damit, daß er die Fragestellung eines einvernehmlichen Kanzlerwechsels stets für eine theoretische gehalten habe.

---

289 Ebenda.

290 Waigel dachte dabei wahrscheinlich an einen gerne schon vormittags dem Sekt und anderen Alkoholika zusprechenden FDP-Abgeordneten.

291 Waigel telefonisch am 19. Februar 2003 zum Verfasser (Memo).

Nach seinem Rücktritt als CDU-Partei- und Fraktionschef am 16. Februar 2000 in Folge der Spendenaffäre sinnierte Schäuble allerdings, ob man vor 1998 einen Versuch hätte wagen sollen, Kohl gegen seinen Willen „aus der Partei heraus“ aus dem Kanzleramt zu entfernen. Er verneint diese Frage wegen der „zerstörerischen Folgen“, die ein solches Vorgehen für die CDU seines Erachtens gehabt hätte. Im übrigen hätte ein Putschversuch nach Schäubles Überzeugung ohnehin nicht funktioniert, denn Kohl habe mit nicht ganz freiwilliger Hilfe des um seine Macht bangenden Koalitionspartners und geschickter Lenkung der Diskussion vorgebaut:

> Vor 1998 waren Diskussionen über einen personellen Wechsel sofort als Koalitionsdebatte – weg von der FDP, hin zur großen Koalition – interpretiert worden. Deshalb waren die Liberalen für Kohl immer eine sichere Bank. Aber selbst wenn die Koalitionsfrage davon nicht berührt gewesen wäre, hätte man das Risiko einer geheimen Kanzlerwahl im Bundestag angesichts der knappen Mehrheitsverhältnisse niemals vertreten können.[292]

Diese Einschätzung bezieht sich zunächst auf das Szenario einer unfreundlichen Übernahme des Kanzleramtes mit entsprechenden Reaktionen bei den Kohl-Anhängern in der CDU/CSU-Bundestagsfraktion – einschließlich Kohls selbst, dessen Stimme als Abgeordneter für eine Inthronisation Schäubles ebenfalls benötigt worden wäre. Offen war auch, wie sich die – von Entmachtung bedrohten und ebenfalls mit Sitz im Bundestag ausgestatteten – Kohl-Vertrauten verhalten hätten.

Eine Verdrängung Kohls in laufender Legislaturperiode wäre nach Lage der Dinge nur mittels eines konstruktiven Mißtrauensvotums möglich gewesen. Wäre dieses gescheitert, wäre zumindest formal alles beim alten geblieben: Kohl Kanzler, Bohl Kanzleramtschef, Pfeifer Staatsminister im Kanzleramt. Folgerichtig kommt Schäuble in seiner Analyse vermeintlich verpaßter Chancen zu einem rundweg negativen Ergebnis. Er sollte es wissen; er führte die Fraktion seit 1991. Wie er seine Chancen bewertete, die Kanzlermehrheit im Falle eines einvernehmlichen Machtwechsels vor 1998 zu erringen, ist nicht überliefert.

Schäuble läßt offen, ob er die Katastrophenszenarien des Kanzleramtes für den Fall eines Stabwechsels 1996 oder 1997 für plausibel hält oder für Ausflüchte. Man darf annehmen, daß er sich über die Vorbehalte und Vorurteile innerhalb der Fraktion gegenüber seinem Gesundheitszustand („Die Leute wählen keinen im Rollstuhl“[293]) schon lange keine Illusionen mehr machte. In seinem Rückblick nennt Schäuble für die Nichtbefassung mit dieser Frage einen schlichteren Grund:

> Ich hatte jeden Anschein eines „Kronprinzenschicksals“ schon seit 1991 entschieden von mir gewiesen. Außerdem war ich der festen Überzeugung, daß Kohl letzten Endes niemals freiwillig abtreten würde.[294]

Von inhaltlichen Zweifeln an der Standfestigkeit Schäubles gegenüber dem Euro-Projekt sei niemals die Rede gewesen, berichten die Kohl-Vertrauten übereinstim-

292 Wolfgang Schäuble: Mitten im Leben, S. 28. Am 27. Januar 1996 in Wildbad Kreuth sagte Kohl: „Unsere Position ist ganz eindeutig: Wir sagen ‚ja‘ zu dieser Disk... – äh, zu dieser Koalition mit der FDP.“ (Abschrift nach Tonbandaufzeichnung der Pressekonferenz)

293 CDU- und CSU-Abgeordnete, die anonym bleiben wollen, zum Verfasser.

294 Wolfgang Schäuble: Mitten im Leben, S. 27.

mend. Wie Kohl sei Schäuble zu jedem Zeitpunkt ein „absolut überzeugter Europäer“ und „Anhänger des Euro“ gewesen.[295] Der Verzicht auf den Stabwechsel war laut Bohl allein eine Frage der politischen Existenz:

> Es ist einfach ein Gebot der Stabilität, so zu verfahren. Ich kann da kein Mißtrauen gegenüber Schäuble oder so etwas erkennen.[296]

Im Jahr 1996 wurde die Regierung gerade im Hinblick auf die Währungsunion mit vielen und steigenden Widerständen konfrontiert. Diese Entwicklung habe Kohl und seine engsten Berater alarmiert, berichtet der damalige Kanzleramtschef:

> Es war in der Tat so, daß es viele politische Kräfte gab, die diesem Euro-Projekt sehr skeptisch – um nicht zu sagen: ablehnend – gegenüber standen. Insbesondere auch die SPD. Wir waren uns schon darüber im klaren, daß der Übergang in die dritte Stufe [der Währungsunion] politisch kurz vor der Bundestagswahl 1998 stattfinden würde und damit natürlich auch die Festlegung der Zahl der Teilnehmer. Deshalb war klar, daß nur er [Kohl] es politisch würde stemmen können.[297]

Bohl spielt im wesentlichen an auf den Versuch der SPD im Landtagswahlkampf von Baden-Württemberg, neben deutschstämmigen Aussiedlern die Europäische Währungsunion als Abgrenzungsmerkmal gegenüber CDU und FDP zu instrumentalisieren. Dies mißlang gründlich. Mit 25,1 Prozent erzielte die SPD dort mit dem Spitzenkandidaten Dieter Spöri am 24. März 1996 das schlechteste Ergebnis ihrer Geschichte. Erholt hat sie sich von diesem Schlag auch 14 Jahre später nicht. Schon vor diesem merkwürdigen Wahlkampf habe Kohl den Sozialdemokraten im Hinblick auf den Euro nicht über den Weg getraut, wie Bohl berichtet:

> Er wußte, daß es innerhalb der SPD auch überzeugte Europäer gab und auch Anhänger des Euro. Aber ebenso war klar, daß es starke Teile der SPD gab oder dann stärker geben würde, die die latent vorhandenen Vorbehalte in breiten Schichten der Öffentlichkeit gegen den Euro vielleicht auch zum Wahlkampfthema machen oder überhaupt politisch ausnutzen würden. Deshalb war er in dieser Hinsicht voller Mißtrauen, wie die SPD sich in dieser Frage entwickeln würde.[298]

Erleichterung ja, Entwarnung nein – so die Reaktion des Kanzleramtes 1996 auf das miserable Abschneiden der SPD in Baden-Württemberg. Daß im Euro eine Gefahr für die Regierungspartei schlummert und die SPD unter bestimmten Umständen nicht vor dem Versuch zurückschreckt, diese zu aktivieren, war jedenfalls bewiesen für Kohl und seine Berater. Pfeifer sagt heute, es sei weiterhin klar geworden, daß ein Anti-Euro-Wahlkampf trotz der Skepsis in der Bevölkerung nicht zwangsläufig für die Union unangenehm werden muß – aber:

> Die Sorge, daß das bei einer Bundestagswahl anders aussehen könnte als bei dieser Landtagswahl, die hat uns schon beschäftigt.[299]

---

295 Interview mit Friedrich Bohl (S. 1).
296 Ebenda (S. 2).
297 Ebenda (S. 1).
298 Ebenda (S. 2).
299 Interview mit Anton Pfeifer (S. 4).

Peter Hintze, seinerzeit CDU-Generalsekretär, schätzt die Entwarnungswirkung des 96er Landtagswahlergebnisses höher ein als Bohl und Pfeifer. Kohl habe stets um die Ambivalenz des Euro-Themas für seine Wahlchancen gewußt, berichtet Hintze: Hier die große Skepsis der Bevölkerung, dort eine hohe europapolitische Kompetenz, wie sie Kohl in denselben Umfragen bescheinigt worden sei. Im Bundestagswahlkampf versuchte Hintze – scheinbar folgerichtig – , aus dieser Not eine Tugend zu machen, indem er plakatieren ließ:

> **Den Euro muß man richtig machen. Helmut Kohl.**

Hintze wollte suggerieren, Kohl habe den Euro quasi erfunden und durchgesetzt, Kohl kenne die Euro-Eigenheiten am besten, weit besser als SPD-Kanzlerkandidat Gerhard Schröder, Kohl sei nun auch am besten geeignet, mit dem Euro umzugehen, die Bargeldeinführung zu überwachen und Schaden durch falsche Behandlung der neuen Währung von den Deutschen abzuwenden.

Die Entscheidung einer „Großkampagne für den Euro" ging zurück auf einen CDU-Präsidiumsbeschluß vom 30. März 1998, in deren Anschluß Hintze erklärte, die CDU werde die wirtschaftlichen Vorteile des Euro herausstellen, das Thema im Wahlkampf offensiv angehen und der Bevölkerung klarmachen, „daß unsere Entscheidung für den Euro eine Antwort auf die Globalisierung ist, ein wichtiger Zukunftsbeitrag für Wirtschaft und Arbeitsplätze". Den Bürgern solle vermittelt werden, daß der Euro „Schlüssel für Wachstum und Beschäftigung" sei. Äußerungen des SPD-Kanzlerkandidaten, der Euro sei eine „kränkelnde Frühgeburt", zeigten, daß Schröder für „diese Aufgabe von historischem Rang einfach zu klein ist". Schröder fehle das „notwendige Gewicht", den Euro „durchzusetzen und zu begleiten", sagte Hintze.[300]

In Wirklichkeit erschien der Parteiführung diese Strategie heikel. Sie sah ihr Dilemma in diesem einen Satz als „Werbeslogan" komprimiert, impliziert er doch die Botschaft, daß vom Euro auch eine Gefahr ausgehe: *handle with care.* Deshalb erschien es ihr einerseits verlockend, andererseits gefährlich, die Urheberschaft noch einmal flächendeckend herauszustellen. Außerdem fehlte ihr der Widerpart, da die SPD-Führung das Projekt formell unverändert unterstützte.

Ins Zentrum des CDU-Wahlkampfes wurde diese Botschaft deshalb nicht gestellt. Auf Nachfrage hatte der CDU-Generalsekretär seine Ankündigung ohnehin relativieren müssen, die „Großkampagne" werde in „allen" Bundesländern stattfinden: Die „bayerischen Freunde von der CSU" seien zwar zur Vorbereitung eingeladen worden, hätten sich dem Vorhaben aber nicht anschließen wollen (Anm. 28).

5.2 Eine sehr persönliche Niederlage gegen Schröder

Kohl meinte später, die Konkretisierung der Währungsunion habe ihm 1998 zwei Handicaps gebracht: Ein inhaltliches und ein zeitliches. Die Verhandlungen über die neue Einheitswährung hätten seine Kräfte so stark gebunden, daß ihm die Zeit gefehlt habe für Reformdiskussion und Stabilisierung seiner Partei. Es sei ihm

300 *AFP*-Meldung vom 30. März 1998.

wegen seines Euro-Engagements vor der Bundestagswahl 1998 nicht gelungen, beklagt Kohl, „die innerparteiliche Geschlossenheit der CDU in dem Maße zu sichern, wie es erforderlich gewesen wäre". Außerdem hätten weite Teile der Bevölkerung die Entscheidung für den Euro als „Zumutung" aufgefaßt, anstatt zu begreifen, daß die neue Währung eine entscheidende Voraussetzung sei für den „Fortbestand von Frieden und Freiheit in Europa".[301] Kohl gibt sich überzeugt, der Euro habe ihn und die Union am 27. September 1998 wichtige Prozente gekostet:

> Natürlich! Das ist außer Frage. Ich kann Ihnen den Prozentsatz nicht sagen, aber daß wir Stimmen verloren haben, daß ich Stimmen nicht gekriegt habe, das ist ganz sicher. Sie brauchen sich ja nur die Hamburger Propaganda anzusehen. Der Mann hat ja Woche für Woche ganzseitige Anzeigen gemacht: Wählt den Kohl ab![302]

Ähnlich die Erfahrung des ehemaligen Staatsministers. Daß es nach 16 Jahren schwer sei, noch einmal eine Mehrheit zu gewinnen, hätten sie gewußt im Kanzleramt. Er sei jeden Samstag zu Hause in Reutlingen durch die Wilhelmstraße gelaufen, berichtet Pfeifer. Spätestens dort sei ihm klar geworden, wie tief sich die Union 1998 in der Defensive befunden habe:

> Ich brauchte keine Meinungsumfragen; die Leute haben mich ja direkt darauf angesprochen.[303]

Kohl sei sich stets der Tatsache bewußt gewesen, daß ihn der Euro Sympathien und auch Stimmen kosten werde. Die fristgerechte Teilnahme Deutschlands an der EWU sei Helmut Kohl aber wichtiger gewesen als seine Wiederwahl, denn er sei davon überzeugt gewesen, daß der Euro für das 21. Jahrhundert das Beste sei, was man in Europa überhaupt tun könne. Nach allen Überlegungen habe dies, so Pfeifers Schilderung, zu folgender Entscheidung des Kanzlers geführt:

> Ich mache das jetzt, selbst wenn ich damit voll riskiere, daß ich die Bundestagswahl 1998 verliere.[304]

Die Wahlforschung war sich anschließend einig, daß Kohl gegen Schröder so gut wie keine Chance hatte: „Zwar werden ihm [Kohl] größere politische Weitsicht, Erfahrung und die größeren Führungsqualitäten zuerkannt, aber man traut ihm nicht mehr zu, die anstehenden innenpolitischen Probleme zu lösen."[305]

Die Benotung durch die Wahlberechtigten absolvierte Schäuble mit 2,7 (gleichauf mit Schröder), während Kohl auf 3,2 kam (fünf Plätze darunter). Bei der Beurteilung durch die Anhänger der Union ergab sich mit jeweils 2,0 für Kohl und Schäu-

---

301 Zu den Ursachen seiner Niederlage schreibt Kohl: „Es war deutlich spürbar, dass auch im Führungsbereich unserer Partei ein Engagement für den Kanzlerkandidaten [Kohl] nicht überall zu erkennen war." Damit dürfte auch Schäuble gemeint sein (Helmut Kohl: Mein Tagebuch 1998-2000, S. 18-19).

302 Interview mit Helmut Kohl, S. 292. Mit „Hamburger Propaganda" meinte Kohl diesmal offenbar nicht *Spiegel* und *stern*, sondern den Düsseldorfer Herausgeber des „*Effecten-Spiegel*", Bolko Hoffmann.

303 Interview mit Anton Pfeifer (S. 6).

304 Ebenda, Kohl wörtlich zitierend.

305 *Infratest-dimap Wahlreport* zur Wahl zum 14. Deutschen Bundestag, S. 9.

ble kein Unterschied.[306] Die Frage, ob Kohl ein „guter Kanzler“ oder „kein so guter Kanzler“ sei, ging mit 45 zu 52 Prozent zu Kohls Ungunsten aus.[307] Die *Konrad-Adenauer-Stiftung* beließ es bei der Feststellung, Kohl habe „keinen Amtsbonus ins Feld führen“ können.[308] Matthias Jung/Dieter Roth schrieben, Kohl sei 1998 zu einer „starken Belastung“ für seine Partei geworden. Wolfgang Schäuble war demgegenüber laut *Forschungsgruppe Wahlen* in den Wochen vor der Bundestagswahl der beliebteste aller deutschen Spitzenpolitiker (1,6 für Schäuble, 1,4 für Schröder, 0,6 für Kohl). Schäuble – so die Forschung – habe über ein ähnliches Macher-Image verfügt wie Schröder. Kohls Problemlösungskompetenz sei dagegen von einer Mehrheit der Wahlberechtigten als unzureichend empfunden worden:

> Insofern stellt die Niederlage der CDU/CSU auch eindeutig eine persönliche Niederlage von Helmut Kohl dar.[309]

Die Möglichkeit, wenigstens die Kanzlerkandidatur Schäuble zu überlassen, wenn schon ein Wechsel in laufender Wahlperiode aus den genannten Gründen nicht in Frage kommen sollte, spielte in den Überlegungen Kohls und seiner Vertrauten offenbar keine Rolle. Und Kohl wegzuputschen – das kam für die CDU, sicherlich auch mit Blick auf die oben beschriebenen, unsicheren Mehrheitsverhältnisse im Bundestag, ungeachtet der absehbaren Niederlage gegen Schröder auch nicht in Frage. Möglicherweise waren manche in der CDU auch der Überzeugung, Kohl nur nach einer unbestreitbar ganz persönlichen Wahlniederlage endgültig aufs Altenteil schieben zu können.

Noch am Wahlabend übernahm Helmut Kohl die Verantwortung für die Niederlage und kündigte an, auf dem 11. CDU-Bundesparteitag am 7. November 1998 nicht mehr für den Parteivorsitz zu kandidieren. Oppositionsführer und Kohls Nachfolger im CDU-Vorsitz wurde Wolfgang Schäuble.

5.3 Hat der Euro den Machtwechsel 1998 mitverursacht?

Nach der Niederlage gegen Schröder entstand unter Kohls engsten Mitarbeitern in den Tagen des Interregnums zwischen 27. September und 27. Oktober 1998 eine seltsame Situation. Jahrelang hatte man im Kanzleramt befürchtet, die SPD werde den Euro zum Wahlkampfthema machen, womöglich geschickter, effektiver und geschlossener als beim mißlungenen Versuch 1996 in Baden-Württemberg. Man hatte die andere Volkspartei und ihren Europakurs mißtrauisch beäugt, den Gegner sogar explizit gewarnt, auf Gegenkurs zu gehen.

Nach verlorener Bundestagswahl aber bedauerten Schäuble und Bohl, daß ihnen die SPD den Gefallen – das wäre es im Nachhinein in ihren Augen gewesen – , den Euro im Bundestagswahlkampf streitig zu stellen, nicht getan habe.

306 *Infratest-dimap* Deutschlandtrend „Benotung von Politikern“, September 1998.
307 *Infratest-dimap* Deutschlandtrend „Helmut Kohl als Kanzler“, September 1998.
308 Interne Studien der *Konrad-Adenauer-Stiftung* Nr. 173/1998, S. 54.
309 Bundestagswahl 1998 – Analyse vom 30. September 1998, *Forschungsgruppe Wahlen e.V.*

Schäuble erinnert sich an seine Reaktion, als Schröder im Frühjahr 1998, seinerzeit noch Ministerpräsident, mit „Widerstand gegen den Euro gespielt" habe:

> Das soll er ruhig machen. Dann wird er die Wahl gewaltig verlieren. Zu meinem Leidwesen hat er es dann nicht getan. ... In dem Moment, wo Sie eine streitige Debatte beginnen und nicht nur mit Randgruppen in der politischen Öffentlichkeit debattiert hätten, hätten sich die überlegenen Argumente für die Wirtschafts- und Währungsunion gegen die schwächeren durchgesetzt.[310]

Friedrich Bohl meint, der Euro sei unglücklicherweise ein Sujet gewesen, mit dem die Regierung nur aus der Defensive heraus erfolgversprechend hätte agieren können. Sie habe auf einen Angriff der Opposition warten müssen. Von sich aus habe sie die Währungsunion nicht als Konflikt, als Abgrenzungskriterium aufbereiten dürfen. Helmut Kohl habe es einmal versucht, indem er den Euro als eine „Frage von Krieg und Frieden in Europa" bezeichnet habe, und sei in der dadurch ausgelösten Debatte gestrandet, erklärt der damalige Amtschef:

> Von Regierungsseite war das die falsche Zuspitzung. Aber wenn wir es als Antwort auf die Opposition gebracht hätten, wäre es genau richtig gewesen. ... Da es die SPD aber nicht zum Thema gemacht hat, wurde die Alternative „Krieg oder Frieden" als Überhöhung empfunden.[311]

Kohl habe die Formulierung deshalb nicht wiederholt, erinnert sich Bohl (Anm. 29). Im Frühjahr 1998 seien das Thema und seine Verwertungsmöglichkeiten dennoch erneut besprochen worden. „Wie ein Bleisack" habe die Union seit Ostern 1998 „irgendwo bei 36, 37, 38 Prozent" gehangen. Deshalb habe man intensiv nach zündenden Wahlkampfthemen gesucht. Unverändert seien aber dem Kanzler und seinem Apparat beim Thema EWU die Hände gebunden gewesen:

> Wenn die SPD den Euro zum entscheidenden Thema gemacht hätte, dann hätten wir vielleicht bessere Chancen gehabt, die Wahl zu gewinnen.[312]

Schröders Satz von der „kränkelnden Frühgeburt" sei kein hinreichender Anlaß für einen großen Streit zwischen Union und SPD gewesen, sagt Bohl.[313] Der Kanzlerkandidat habe es nicht auf eine Konfrontation ankommen lassen, sondern lediglich auf eine ironisch-flapsige Art innere Distanz zum Euro signalisiert, was wahlkampfstrategisch bereits die erwünschte Wirkung auf SPD-Seite gehabt, zur quasi offiziellen Herausforderung der Regierung aber nicht ausgereicht habe. Schröder habe seine Kritik am Euro „sehr geschickt" so dosiert, daß sie knapp unterhalb dieser Schwelle geblieben sei.

Auch der damalige Bundesfinanzminister und CSU-Vorsitzende Theo Waigel bedauert im Nachhinein das Ausbleiben einer Konfrontation mit der SPD um die Europapolitik. Die These, daß man mit ihrer Hilfe Wahlkampf und Wahlausgang noch hätte drehen können, habe „durchaus" etwas für sich, weil man das Thema *Euro* – so Waigel – „viel drastischer, viel plakativer" hätte herausstellen können.

---

310 Interview mit Wolfgang Schäuble (S. 5).
311 Interview mit Friedrich Bohl (S. 7).
312 Ebenda (S. 8).
313 Schröder in *Bild*-Zeitung vom 26. März 1998.

Wenn ein deutscher Politiker versuche, sich erheblich von Europa zu distanzieren, werde er nämlich, so Waigels Erfahrung, dafür bestraft:

> Die kleine Kritik oder auch die berechtigte Kritik gegen Brüssel, gegen den Moloch, gegen die Regulierungswut und so weiter, die kommt an. Die wird toleriert oder sogar goutiert, da sagt man „Jawoll!“ gerade in Bayern, „Recht hat er!“. Aber wenn dann plötzlich die Frage aufkommt: Da spielt einer mit der deutsch-französischen Freundschaft, mit Europa, mit all dem, was erreicht wurde, mit der Friedensarchitektur, da will einer einen ganz neuen Kurs, da will einer einen eigenen Weg gehen – dann ändert sich das plötzlich.[314]

Wenn eine Oppositionspartei, vor allem die Sozialdemokratie, so wie in den 50er Jahren den Kurs wirklich in Frage gestellt hätte, dann – so Waigel – hätte sich eine große Alternativdiskussion entwickelt, weil man hätte fragen können: „Wo soll der Weg enden?“. Doch genau diese Konfrontation hat Kohl gemieden.

Im Gegenteil warnte der Kanzler regelmäßig und eindringlich die Opposition, den Euro im Wahlkampf zu problematisieren, etwa 1997:

> Wer sich vor der Bundestagswahl dagegen stemmen wird, wird bei der Wahl verlieren.[315]

Kohl wußte, daß man diese Einschätzung in der SPD-Führung 1997 weitgehend teilte, sah sich aber angesichts des in seinen Augen ungewissen Ausgangs der Verschiebungsdebatte veranlaßt, daran zu erinnern. Eine Diskussion über den Euro sei zwar „durchaus“ sinnvoll, aber sie müsse „fair“ geführt werden.[316] Im französischen Fernsehen warnte der deutsche Kanzler die Opposition sogar vor einer „dramatischen Wahlniederlage“.[317]

14 Monate zuvor hatte bereits Bundespräsident Roman Herzog versucht, jeglichen politischen Streit über die Währungsunion und Deutschlands Rolle – damals noch im Ansatz – zu unterbinden. Ihm erscheine eine Debatte über Beitrittskriterien und Zeitplan „sehr gefährlich“; jedes „Herumrätseln“ führe zu „Unsicherheiten“ in Wirtschaft und Währungsgefüge. „Eine gewisse Sorge“ treibe ihn um, daß der Euro zum Wahlkampfthema 1998 werden könne:

> Ich setze [aber] darauf, daß die großen Parteien vernünftig genug sein werden, das nicht zu tun. Ich werde an alle Parteien appellieren, die Währungsunion und damit die Fortentwicklung Europas nicht zum Wahlkampfgegenstand zu machen. Wahlkämpfe müssen nun mal plakativ sein. Wer sich hier aber zu weit vorwagt, leistet sich und der Sache keinen Dienst.[318]

Die in Meinungsumfragen dokumentierte Ablehnung der Bevölkerung erklärte der Bundespräsident zu einem „Problem der Demoskopie“. Wenn die Meinungsforscher ihre Fragen zum Euro endlich richtig formulierten, erhielten sie zutreffen-

---

314 Interview mit Theo Waigel, S. 323.
315 Äußerung von Kohl in *Capital*, zitiert nach *dpa*-Meldung vom 17. September 1997.
316 Ebenda.
317 Interview mit Kohl im französischen Fernsehsender *TF1* vom 10. Februar 1997.
318 Roman Herzog: Der Euro lebt, S. 108-111 (1996).

de, also positive Antworten. Nicht die Währungsunion sei das Problem, sondern „eine bessere Information der Menschen", behauptete Herzog.[319]

Vier Monate später mißachtete scheinbar ausgerechnet der CDU-Generalsekretär die Mahnung des Bundespräsidenten. In einem Interview kündigte Peter Hintze an, die Euro-Einführung werde „ein herausragendes Wahlkampfthema" sein, „am Ende" werde es eine „emotionale Mehrheit" für den Euro geben, und im übrigen seien die Sozialdemokraten „als Hüterin des Geldes ... so geeignet wie ein Hund zum Hüten einer Wurstplatte". Gleichzeitig warnte Hintze die SPD, mit einer „Ablehnungsstrategie" werde sie „einbrechen", das habe sie ja gerade in Baden-Württemberg erfahren.[320]

Das Thema hätte nach den Erkenntnissen der Wahlforschung aber nur im Wahlkampf eine herausragende Rolle spielen können, wenn die SPD auf Gegenkurs gegangen wäre. Hintze kann mit seinen Äußerungen also nur bezweckt haben, der SPD zu signalisieren, daß die Union den Euro eben nicht im Wahlkampf aufgreifen wolle, aber notfalls gewappnet sei, sollte die SPD dies tun.

Angesichts der Verunsicherung der CDU-Basis – Hintze umschrieb dies mit einem „gewaltigen Informationsbedarf", der dort herrsche – wollte er mit seinem Vorstoß zudem den eigenen Reihen suggerieren, man sei derart überzeugt von der Währungsunion, daß man keine Angst vor einer Auseinandersetzung habe, sondern den Euro sogar als Trumpf betrachte.[321]

Ein Referendum über die Währungsunion hat die Unionsführung nach eigener Darstellung stets abgelehnt. Kohl begründet dies mit grundsätzlichen Erwägungen – er sei Anhänger der repräsentativen Demokratie – und mit praktischen:

> Eine Volksabstimmung hätte ich natürlich verloren, und zwar im Verhältnis 7 zu 3. Vor allem: Wen hätte ich denn als Weggenossen gehabt? So müssen Sie es doch einmal sehen! ... Also die Sozialdemokraten wären in weiten Teilen nicht mit in die Schlacht gezogen zugunsten des Euro, ganz sicher nicht. Das hätten ja der Oskar Lafontaine machen müssen und der Schröder. Die hätten nicht „nein" gesagt, aber gemacht hätten sie nix.[322]

Wenn Kohl öffentlich auf die Frage eines Referendums angesprochen wurde, verwies er auf vorhandene Instrumente der Meinungsäußerung:

> Wir haben die drastischste Volksabstimmung, die es gibt zu diesem Thema: Das sind die Bundestagswahlen.[323]

---

319 Ebenda. Laut Herzog darf man nicht fragen: „Sind Sie für die europäische Währung?", sondern: „Sind Sie für eine gemeinsame Währung, wenn Euro und Mark gleich stabil sind?". Dann sagten die Menschen „ja", weil sie nicht „das Geschrei über die angeblich gefährdete Währungsstabilität im Kopf" hätten.

320 Das wird Wahlkampfthema. Interview mit Peter Hintze in *Focus* 43/96, S. 61.

321 Ebenda. Hintze kündigte in diesem Gespräch eine „computerunterstützte" Aufklärungskampagne für die Union mit zentral abrufbaren „Tabellen und Grafiken" an. Damit werde „die CDU fit für den Euro".

322 Interview mit Helmut Kohl, S. 285.

323 Kohl in der Abschlußpressekonferenz der CSU-Klausurtagung in Wildbad Kreuth vom 28. Januar 1996 (Wortlaut gemäß Tonbandaufzeichnung).

Zwei Jahre später, im Februar 1998, bekräftigte Kohl in Spanien vor spanischen und deutschen Journalisten seine angebliche Bereitschaft, Wahlen als Plebiszit über den Euro zu betrachten:

> Im übrigen haben die Deutschen eine ungewöhnlich gute Chance, ihre Meinung nochmals deutlich zu machen. Denn Ende September wird in Deutschland zum Bundestag gewählt.[324]

Dreieinhalb Jahre nach der Niederlage erklärte Kohl, er habe mit dem Euro bewußt seine politische Existenz verbunden. Letztlich, das läßt er im persönlichen Gespräch anklingen, habe er sein Amt für den Euro und damit für den Frieden in Europa geopfert, wenn er schreibt, er habe die Einführung des Euro zu seiner „eigenen Schicksalsfrage gemacht“, und diese Einführung könne, trotz verlorener Bundestagswahl, nicht mehr rückgängig gemacht werden.

Historisch gesehen sei der Euro „der zur Zeit wichtigste Beitrag zur weiteren Entwicklung Europas“.[325] Er bereue deshalb nichts, was dieses Thema angehe:

> Erstens wußten wir nicht, wie es herumläuft, und dann habe ich halt verloren. Davon geht doch die Welt nicht unter. Ich lebe ja noch. Ich sitze hier in diesem Raum – und die Frau Honecker sitzt nicht mehr hier. Das ist doch allein schon ein Lebensgenuß sondergleichen.[326]

Sein Engagement für die Europäische Währungsunion habe sich auch deshalb längst gelohnt, weil diese ein Auseinanderbrechen des Rates bereits einmal verhindert habe, urteilt Helmut Kohl mit Blick auf den Verlauf des EU-Gipfels Anfang Dezember 2000 unter französischer Präsidentschaft:

> Schon in Nizza wären sie [die EU-Staats- und Regierungschefs] auseinander gelaufen mit ganz großen Blessuren, das haben genug gemacht in der Nacht, wenn es den Euro nicht gegeben hätte. Dann käme die ganze Sache wieder hoch, dieses und jenes. Jetzt ist es wie so ein Faß, wissen Sie? Und sie haben *[gemeint ist die Währungsunion]* die Faßreifen, da hält das Faß. Wenn Sie den Reifen lockern, dann läuft das Faß aus.[327]

Die Wahlforschung besagt, es genüge nicht, wenn ein Sachthema im Wahlkampf von den Wählern wahrgenommen und als wichtig erachtet werde. Es müsse auch strittig sein zwischen den Parteien, wobei dieser Aspekt wiederum Rückwirkungen haben könne auf die jeweilige Erfüllung der Kriterien *Wahrnehmbarkeit* und *Wichtigkeit*. Nur von *Position-Issues* könnten Einflüsse auf die Wählerentscheidung ausge-

---

324 Kohl in Anwesenheit des spanischen Ministerpräsidenten José Maria Aznar in einer Pressekonferenz vom 24. Februar 1998 in San Lorenzo. Die Frage lautete, wie er sich erkläre, daß in Spanien eine Mehrheit der Bevölkerung für den Euro sei, in Deutschland dagegen (BPA-Protokoll).

325 Helmut Kohl: Mein Tagebuch 1998-2000, S. 14.

326 Interview mit Helmut Kohl, S. 294. – An anderer Stelle führt er aus: „Die Organisatoren der CDU/CSU-Bundestagsfraktion haben mir eine große Freude bereitet. Sie wiesen mir ansehnliche Büroräume in der vierten Etage eines generalrenovierten und völlig umgestalteten Gebäudes zu, in dem vor 1989 Margot Honecker über ein Vierteljahrhundert lang als Volksbildungsministerin residierte und von wo aus sie die Ideologisierung der DDR-Schulen maßgeblich vorantrieb.“ (Helmut Kohl: Mein Tagebuch 1998-2000, S. 80).

327 Interview mit Helmut Kohl, S. 286.

hen, also von Themen, bei denen die Parteien gegensätzliche Standpunkte vertreten.[328] Da ein Gegensatz zwischen Union und Opposition beim Euro selbst nach Meinung der Kohl-Berater nicht festzustellen war, steht Kohls Deutung, die EWU habe ihn „natürlich" Stimmen gekostet, auch wenn er „den Prozentsatz nicht sagen" könne[329], zunächst im Widerspruch zur Wissenschaft – es sei denn, man billigte Schröders schwach dosierten Hinweisen, er stehe dem Euro in der jetzigen Form skeptisch gegenüber, bereits so viel Durchschlagskraft zu, daß sie vom Wähler als ausreichende Positionierung im Sinne eines *Position-Issues* wahrgenommen wurden. In den Analysen der Bundestagswahl 1998 gibt es darauf keinen Hinweis.

Unter den acht in den Augen der Wählerinnen und Wählern 1998 für ihre Entscheidung relevanten Themen erscheint der Euro in den Untersuchungen der *Forschungsgruppe Wahlen* nicht.[330] Mit großem Abstand führte das Problemfeld „Arbeitslosigkeit", gefolgt von „Ruhe, Ordnung, Kriminalität", „Renten, Alterssicherung", „Ausländer, Asyl", „Steuern, Steuererhöhung" und „Wirtschaftslage", „Verdruß über die politischen Akteure" und – gegenüber 1994 um vier Plätze in der Bedeutung abgerutscht – „Umweltschutz".[331] Damit konnte die Union bei der Bundestagswahl 1998 nicht von der Tatsache profitieren, daß sie in der Währungspolitik als deutlich kompetenter betrachtet wurde als die SPD:

> 40 Prozent der Deutschen sind der Meinung, daß am ehesten die Union dafür sorgen kann, daß Deutschland eine stabile Währung behält, nur 26 Prozent trauen dies der SPD zu. ... Auch im Urteil der jeweils eigenen Anhänger liegt die Union hier klar vorne: 81 Prozent der CDU/CSU-Anhänger sind der Überzeugung, daß die Union am besten für eine stabile Währung sorgen kann, von den SPD-Anhängern trauen dies dagegen nur 53 Prozent der SPD zu.[332]

Ob und wie hätte die Union diesen deutlichen Kompetenzvorsprung nutzen können, wenn der Euro Wahlkampfthema geworden wäre? Mangels unterschiedlicher Positionierung verpuffte der potentielle Vorteil. Hätten sich die beiden großen Parteien in der Frage der Währungsunion gegeneinander gestellt, hätte der Euro eine Chance besessen, unter die für die Wahlberechtigten fünf wichtigsten Themen aufzusteigen. Angesichts der Dominanz des Themas „Arbeitslosigkeit" (85 Prozent) wäre das freilich schwer gewesen.[333] *Infratest-dimap* nennt das Themenfeld „Euro, EU, Europa" auf dem elften und letzten Platz mit drei Prozent der Nennungen, während auch hier „Arbeitslosigkeit" (88 Prozent) mit riesigem Abstand führt. Im für die EU-Politik einschlägigen Kompetenzvergleich liegt Kohl gleichzeitig deutlich vor Schröder: Er sei „eher in der Lage, mit internationalen Krisen

---

328 Stichwort „Wahlforschung/Wahlsoziologie" in Dieter Nohlen (Hg.): *Wörterbuch Staat und Politik*, S. 857.

329 Interview mit Helmut Kohl, S. 292.

330 Das gleiche gilt für die baden-württembergische Landtagswahl 1996, obwohl SPD-Spitzenkandidat Spöri den Euro offen streitig gestellt hatte. Dort mangelte es dem Thema aber in den Augen der Wählerschaft an landespolitischer Relevanz, womit eine andere der drei Bedingungen unerfüllt blieb.

331 Berichte der *Forschungsgruppe Wahlen e.V.* Nr. 91 vom 30. September 1998, S. 64.

332 Ebenda, S. 69.

333 *Infratest-dimap* Deutschlandtrend „Wichtigste Probleme", September 1998.

fertig zu werden“ (63 zu 21 Prozent), „eher in der Lage, die Interessen Deutschlands innerhalb der EU durchzusetzen“ (56 zu 29 Prozent) und verfüge über „die größere politische Weitsicht“ (54 zu 26 Prozent).[334]

Die Außenpolitik der Regierung Kohl stand präferenzübergreifend in überragend hohem Ansehen (76 Prozent Zufriedenheit unter allen Wahlberechtigten), während ihre „Haushalts-, Finanz- und Steuerpolitik“ und ihre Arbeit auf dem Feld „Schaffung und Erhalt von Arbeitsplätzen“ zum selben Zeitpunkt mit Ablehnungsquoten von 78 und 84 Prozent bedacht wurden.[335]

Kohl hat also den einzigen Themenbereich, in dem er deutlich höhere Kompetenzwerte genoß als sein Herausforderer, für tabu erklärt.[336] Der Bundestagswahlkampf 1998 fand statt dessen – ohne Gegenwehr der Union – auf Themenfeldern statt, auf denen Kohl Schröder im Kompetenzvergleich hoffnungslos unterlegen war: „Wirtschaftsdynamik“, „Zukunftsfähigkeit“, „Schaffung und Rettung von Arbeitsplätzen“, „soziale Einstellung“ und „Bereitschaft, neue Wege zu gehen“.

Hinzu kommt, daß die Euro-Stimmung in der Bevölkerung nach einer Untersuchung des *Psephos-Institutes* zum Zeitpunkt der Bundestagswahl vergleichsweise freundlich war. Der Anteil der Befürworter der EWU ist danach seit Januar 1998 von 30 Prozent auf 41 Prozent gestiegen, während der Anteil der Gegner von 58 auf 42 Prozent am Wahltag sank. Erstmals hielten sich Euro-Befürworter und Euro-Gegner die Waage, wenn auch nur für kurze Zeit.[337]

Plausibel wirkt Kohls Darstellung, der Euro habe ihn Stimmen gekostet, erst bei einem Blick auf das Abschneiden der rechtsradikalen und dezidiert europafeindlichen Parteien. Nach einer Analyse der *Forschungsgruppe Wahlen* gehörten zu den Gewinnern der Bundestagswahl neben der PDS (sie erhielt 5,1 Prozent als einzige im Bundestag vertretene Anti-Euro-Partei) die *Republikaner* (Zweistimmenanteil 1,8 Prozent), DVU (1,2 Prozent), NPD (0,3 Prozent), *BFB – Die Offensive*[338] (0,2 Prozent) und *Pro DM*[339] (0,9 Prozent):[340]

> **Die nicht im Bundestag vertretenen Gruppierungen kamen zusammen auf 5,9 Prozent der Zweitstimmen (im Osten gar auf 8,6 Prozent) und mobilisierten rund 1,2 Millionen Wähler mehr als am 16. Oktober 1994. Dies schmälerte die Wählerbasis der Union zusätzlich beträchtlich.**[341]

In Ostdeutschland erreichten rechte und europafeindliche Parteien 7,2 Prozent. Zusammen mit der PDS errangen die die EWU ablehnenden Parteien in Ostdeutschland damit 26,7 Prozent der Zweitstimmen. Bundesweit errang die *Initiative*

---

334 *Infratest-dimap* Deutschlandtrend „Vergleich Kohl-Schröder“, September 1998.
335 *Infratest-dimap* Deutschlandtrend „Bewertung der Politikressorts“, September 1998.
336 Es gab weitere für Kohl günstige Felder wie „Innere Sicherheit“, aber dort war der Vorsprung geringer.
337 *Handelsblatt* Euro-Klima, basierend auf *Psephos*-Repräsentativerhebungen, Februar 1999.
338 *Bund Freier Bürger – Offensive für Deutschland Die Freiheitlichen.*
339 *Initiative Pro D-Mark – Neue liberale Partei.*
340 Statistisches Bundesamt – Endgültiges Ergebnis Bundestagswahl 1998 (Bundesgebiet).
341 Matthias Jung/Dieter Roth: Wer zu spät geht, den bestraft der Wähler, S. 234-235 (1998).

Pro DM mit 430.000 Stimmen einen Anteil, der sie berechtigte, bei der Bundestagsverwaltung staatliche Wahlkampfkostenerstattung zu verlangen.

Kohls These, er habe wegen seines Engagements für die Währungsunion Prozentpunkte eingebüßt, trifft also trotz des Mangels an einem entsprechenden *Position-Issue* höchstwahrscheinlich zu. Im Westen ist Kohls Euro-Malus allerdings geringer zu veranschlagen als in Ostdeutschland. Entscheidend für die Machtverhältnisse im Bundestag war das Thema jedoch auf keinen Fall. Das behauptet er allerdings auch nicht, deutet es höchstens an. Ein Einfluß des Themas „Währungsunion" auf den Wahlausgang im September 1998 war damit vorhanden, aber er war gering. Wenn man wie Friedrich Bohl einen Anti-Euro-Faktor in Höhe von „ein, zwei Prozent" unterstellt – und dies erscheint, wie oben gezeigt, plausibel – , hatte der Euro auf die spätere Regierungsbildung keinen Einfluß. Schäuble sagt, obwohl die Euro-Entscheidungen im Frühjahr 1998 getroffen worden seien, hätten sie für den Ausgang der Bundestagswahlen vier Monate später „keine relevante Rolle gespielt".[342] Hintze spricht von einer „kleinen Rolle", die die EWU für den Machtverlust gespielt habe.[343] Jung/Roth stellen fest:

> Das Prestige-Projekt der Bundesregierung blieb in jeder Hinsicht ein für Wählerbewegungen peripherer Faktor.[344]

Selbst bei einem höheren Verlust wegen der EWU wäre eine Relevanz für die Regierungsbildung immer noch nicht gegeben. Rot-Grün erzielte 1998 einen Vorsprung von 6,3 Prozentpunkten gegenüber CDU, CSU und FDP (Zweitstimmen). Für eine monokausale Erklärung hätte die Währungsunion das christlich-liberale Lager also über drei Prozentpunkte kosten müssen – und diese Stimmen hätten komplett zu Rot-Grün wechseln müssen und nicht zu einer der Anti-Euro-Parteien. Das wiederum war mangels einer wahrnehmbar unterschiedlichen Positionierung zu diesem Thema unwahrscheinlich.

Theorie und Praxis der Wahlforschung widersprechen sich damit nur scheinbar: Der Euro hat Kohl zwar Stimmen gekostet, aber auf die Mehrheitsverhältnisse hatte dieser Verlust keinen Einfluß, weil er kaum SPD und Grünen zugute kam. Daß der EWU-Konferenzmarathon den Kanzler im Frühjahr 1998 viel Zeit gekostet hat, die für parteiliche Überzeugungs- und Disziplinierungsmaßnahmen nicht zur Verfügung stand, ist unbestreitbar. Gegengerechnet werden muß eine Medienpräsenz in jenen Wochen, von der jeder Herausforderer nur träumen kann.

Der Wahlausgang kann damit nicht zur Widerlegung der Annahme der Wahlforscher Gabriele Eckstein und Franz Urban Pappi dienen, schlimmstenfalls werde die Union auf Grund von Euro-induzierten Stimmenverlusten eine Große Koalition eingehen müssen, nicht aber auf die Oppositionsbank verwiesen werden: Die Niederlage Kohls hatte andere Ursachen (Anm. 30). Vor diesem Hintergrund gewinnt die Überlegung an Plausibilität, daß das Bemühen, den Euro gemäß des Verdiktes des Bundespräsidenten und entsprechend Kohls und Hintzes Drohungen an

342 Interview mit Wolfgang Schäuble (S. 1).
343 Interview mit Peter Hintze (S. 2).
344 Matthias Jung/Dieter Roth: Wer zu spät geht, den bestraft der Wähler, S. 246 (1998).

die Adresse der SPD „nicht zum Wahlkampfgegenstand zu machen", kontraproduktiv für den Bundeskanzler war. Schäuble und Bohl bedauern die diesbezügliche Indifferenz zwischen Union und SPD also in Kenntnis des Wahlergebnisses nicht ohne Grund, wobei eingeräumt wird, man sei hinterher immer schlauer.

Die Berater des Bundeskanzlers zeigen sich heute überzeugt, für Helmut Kohl habe die Vollendung der Währungsunion zu jeder Zeit Priorität besessen vor der Verteidigung der Macht. Natürlich versuchten Politiker immer, „beides unter einen Hut zu bekommen", erklärt sein ehemaliger Amtschef, aber man dürfe behaupten, der Euro sei Kohl wichtiger gewesen als seine Wiederwahl, sagt Bohl:

> Der Euro war ihm in Hinblick auf sein politisches Gesamtlebenswerk, nämlich Europa wetterfest zu machen und das europäische Haus zu schaffen, so bedeutsam, daß darüber die Frage, ob wir ein oder zwei Prozent weniger bekommen würden, wirklich zweitrangig war. Und das zeigt eben, daß Helmut Kohl nicht ein Politiker normalen Ausmaßes, sondern ein Staatsmann ist, der weiter denkt als bis zur nächsten Wahl.[345]

Waigel bestätigt, Kohl und er hätten „Entscheidungen nicht abhängig gemacht von der momentanen Popularität und von momentanen Wahlumfragen". Solange die internationalen Verhandlungen um die EWU weitgehend nach ihren Vorstellungen verliefen, hielten sie das Problem der Wähler-Unlust für beherrschbar. Die Grenze wäre allerdings laut Waigel in dem Moment überschritten worden, in dem auf EU-Ebene für sie inakzeptable Beschlüsse gefaßt worden wären:

> Wir hätten eine Entscheidung in der Tat verändert, wenn uns eine Lösung aufgezwungen worden wäre, die mit unserem Stabilitätsbewußtsein nicht zu vereinbaren gewesen wäre. Das haben wir bis zum Schluß, bis zum 2. Mai 1998, mit aller Konsequenz vertreten und unseren Partnern auch gesagt ... Wenn das eine oder andere Land ... sich vorgestellt hat: „Uns braucht man unbedingt. Ohne uns kann es eine Währungsunion nicht geben. Weil wir Gründerland sind oder besonders in der Mitte Europas liegen, können wir uns eigentlich auch eine Ausnahme leisten, was die drei Prozent Staatsdefizit anbelangt." Denen haben wir gesagt: Das geht nicht.[346]

Mit Angst vor einer Wahlniederlage 1998 habe diese Überlegung nichts zu tun gehabt, sagt Waigel. Motiv sei vielmehr gewesen, daß eine entsprechende Entwicklung der Bevölkerung, der Bundesbank „und anderen" nicht mehr „zu vermitteln" gewesen wäre. Dieses wiederum hätte sich mit hoher Wahrscheinlichkeit verheerend auf die Wahlchancen ausgewirkt. Insofern dürfte die Sorge eine Rolle gespielt haben, daß sie sich mit einem solchen Verhandlungsergebnis nicht mehr vor die Wähler hätten trauen dürfen. Waigel betont, die Bundesregierung hätte in einer solchen Lage den Start zur dritten Stufe der EWU platzen lassen: „Wir hätten es getan", auch wenn die Folgen für Europa „furchtbar" gewesen wären:

> Wir wären aber nicht allein gewesen. Auch andere Partner, nicht zuletzt die sehr stabilitätsbewußten Niederländer, waren fest entschlossen, bei der einen oder anderen Konstellation das nicht zu akzeptieren ....[347]

---

345 Interview mit Friedrich Bohl (S. 6).
346 Interview mit Theo Waigel, S. 312-313.
347 Ebenda, S. 313.

Man hätte Deutschland also nicht alleine die Schuld an dem entstandenen Scherbenhaufen geben können, deutet Waigel an – ein Hinweis darauf, wie sorgfältig die deutsche Regierung die Folgen ihres Vorgehen abwägen mußte und wie unschön die Alternativen aussahen.

5.4 Mißratener Führungsversuch, gelungene Führungsleistung

Die Wahlforscher Eckstein/Pappi haben das europapolitische Dilemma dieser Bundesregierung, daß sich das von ihr als richtig definierte Ziel partout nicht dekken wollte mit der Mehrheitsmeinung der Bevölkerung, in ihrer Studie über die öffentliche Meinung zur Europäischen Währungsunion vorhergesehen und dafür den Begriff des „mißratenen Führungsversuches" geprägt. Ein solcher liege vor, wenn es Politikern – hier: Kohl – nicht gelinge, die öffentliche Meinung zugunsten der von ihnen vertretenen Politik zu beeinflussen.

Grundsätzlich kenne man zwei Möglichkeiten: Der „Medianwähler" nähere sich dem Standpunkt des Politikers an – oder der Politiker rücke ab von seiner ursprünglichen Position hin zu der der Wählerschaft. Welche Strategie erfolgreicher sei, hänge ab vom Wahlzeitpunkt und von der Wichtigkeit der jeweiligen politischen Frage in den Augen der Wählerschaft:

> Handelt es sich um ein *Issue* von hoher Bedeutsamkeit (Salienz), ist nicht davon auszugehen, daß die Wähler so leicht von ihrer Überzeugung abzubringen sind. Handelt es sich dagegen um eine politische Frage geringer Bedeutsamkeit, kann der Weg politischer Führerschaft statt einer Anpassungsstrategie der erfolgreiche Weg sein.[348]

Zu einer Anpassungsstrategie war Kohl erwiesenermaßen nicht bereit, zumal er sich davon zu diesem späten Zeitpunkt auch keine Verbesserung seiner Wahlchancen mehr hätte versprechen dürfen, galt er doch in den Augen der Medien und Eliten längst als Euro-Vater. Diese hätten ein Abrücken Kohls sicher nicht goutiert, sondern als Prinzipienlosigkeit verurteilt. Genauso kann man ausschließen, Kohl könnte sich getäuscht haben in der Bedeutung des Themas – Verlust der D-Mark – für die Wähler. Vielmehr war sich der Bundeskanzler der Problematik nach seiner Schilderung vor und nach dem Maastricht-Gipfel bewußt:

> Nur am Beginn der Siebzigerjahre, als die deutsche Bevölkerung noch unter dem Eindruck der Kriegs- und Nachkriegszeit stand und die Vision, Mitglied eines vereinten Europas zu sein, noch eine ganz andere Kraft entfaltete als heute, war eine Mehrheit für eine gemeinsame europäische Währung vorhanden. Ich wusste von Anbeginn an, dass dieses Projekt gegen erhebliche Ängste und Widerstände durchzusetzen war.[349]

---

348 Eckstein/Pappi: Die öffentliche Meinung zur Europäischen Währungsunion, S.18-20.

349 Helmut Kohl: Mein Tagebuch 1998-2000, S. 18. – Ähnlich Schäuble: „Wir werden die Entscheidung für die Europäische Währungsunion zustande bringen, auch wenn ich nie einen Zweifel daran gehabt habe, daß wir sie gegen eine Mehrheit in den aktuellen Meinungsumfragen treffen müssen. So ist es mit vielen politischen Entscheidungen." Keinesfalls dürfe man aber „das Aufspüren von Stimmungen zum Ersatz für gestalterische Politik machen", auch wenn die Versuchung groß sei (Schäuble am 26. Januar 1998 auf dem

Unter Hinweis auf eben diese Ängste und Widerstände – auch in der eigenen Partei – hatte der Bundeskanzler das Projekt bis 1989 nicht ernsthaft verfolgt. Erst die von ihm als solche im Zuge der Wiedervereinigung empfundene Notwendigkeit, den EU-Partnern einen überzeugenden Beweis für die Europatreue Deutschlands zu erbringen, ließ Kohl seine innen- und machtpolitisch motivierten Bedenken zurückstellen. Der Flankenschutz, der ihm dabei – im großen und ganzen verläßlich – von allen im Bundestag vertretenen Parteien mit Ausnahme der PDS gewährt wurde, erschien ihm in den 90er Jahren als wiederholte Bestätigung seiner Entscheidung, sich auf die Währungsunion einzulassen.[350]

Schäuble meint mit einem Anflug von Ironie auf Grund eigener (nicht immer erfreulicher) Erfahrungen, Kohl habe in der Bevölkerung „nun nicht gerade als ein übermäßig experimentierfreudiger Mensch" gegolten. Im Falle des Euro sei das „ganz gut" gewesen, hätten die Menschen doch nicht das Gefühl gehabt, „der macht lebensgefährliche, riskante Dinge", rekapituliert Schäuble:

> Also daß die Bevölkerung sich nicht zu sehr aufgeregt hat, hat gewiß etwas mit der beruhigenden Wirkung von Kohl zu tun.[351]

So gut wie alle Euro-Befürworter der deutschen politischen Klasse bis weit in die Opposition hinein betrachten gerade die Tatsache, daß Kohl den Euro *gegen* die Mehrheitsmeinung der Bevölkerung durchgesetzt hat, als konstituierend für ihren Befund einer herausragenden Führungsleistung. Hintze spricht pflichtgemäß von „gelungener Wahrnehmung von Verantwortung in der repräsentativen Demokratie". Kohl habe „das nach seinem Wissen und Gewissen Richtige" getan:

> Er hatte die Erfahrung gemacht, daß die Bevölkerung bei ihm wußte, daß er das Beste wollte, auch wenn in einer zentralen Frage seine Überzeugung gegen ihre Stimmung lief. ... Das hat er getan, auch ohne Rücksicht auf die eigene Person. Er wußte, daß dadurch seine eigene Popularität nicht steigen würde, wenn er ein solches Projekt gegen einen mentalen Vorbehalt in der Bevölkerung durchsetzt.[352]

Ob allerdings jede Form von politischer Führung, die bei sehr wichtigen Themen nicht auf eine Annäherung der Wählermeinung an die Regierungsmeinung oder umgekehrt hinausläuft, als „mißraten" bezeichnet werden sollte, erscheint speziell anhand dieses Beispiels fraglich. Nicht Wiederwahl oder Abwahl kann das Kriterium sein, sondern die (nachhaltige) Qualität der mit oder gegen die Wählermeinung durchgesetzten Entscheidung. Andernfalls müßte man der Politik empfehlen, von Führungsversuchen im Sinne von Eckstein/Pappi bei unfreundlichem Meinungsklima um so eher Abstand zu nehmen, je wichtiger das Thema ist.

Neujahrsempfang der Deutschen Börse AG in Frankfurt am Main; Redetext veröffentlicht als Presseerklärung der CDU/CSU-Bundestagsfraktion, S. 8).

350 Im Sinne der Wahlsoziologie mag Kohl also kalkuliert haben: Bedingung *Wahrnehmung durch die Wähler* erfüllt, Bedingung *Bedeutsamkeit für die Wähler* ebenfalls erfüllt, Bedingung *Streitthema zwischen den Parteien* nicht erfüllt – Fazit: Kein Einfluß auf seine Wahlchancen. Der letzte Punkt schien Kohl jedoch, wie wir gesehen haben, immer unsicher, was zu Hintzes Vorsorgemaßnahmen führte.

351 Interview mit Wolfgang Schäuble (S. 12).

352 Interview mit Peter Hintze (S. 2).

„Mißraten" impliziert außerdem, Kohl habe irgendwann geglaubt, eine Bevölkerungsmehrheit für den Euro gewinnen zu können. Dies war nach seiner eigenen Darstellung und der seiner Umgebung zu keinem Zeitpunkt der Fall.[353] „Kein ernsthafter Demoskop" habe jemals behauptet, daß ein solcher Meinungsumschwung hätte bewerkstelligt werden können, antwortet Kohl auf die Frage nach seinen Chancen bei einer eventuellen Volksabstimmung über den Euro.[354]

Wird der Euro die in ihn gesetzten Hoffnungen erfüllen, haben wir es mit einem am Ende geglückten Führungsversuch zu tun; dann dürfte ihm auch die Bevölkerungsmehrheit folgen. Enttäuscht der Euro die Hoffnungen, wäre Kohls Führungsversuch auch dann mißglückt, wenn er sich bei der Einführung auf eine breite Zustimmung in der Wählerschaft hätte stützen können; diese würde im Falle des Scheiterns ohnehin von ihrer ursprünglichen Zustimmung abrücken. Insofern wäre jedes Urteil über den Charakter des Führungsversuches verfrüht. Die Befürworter behelfen sich mit Verweisen auf Soziale Marktwirtschaft, Westbindung, Wiederbewaffnung, NATO-Nachrüstung. Es handele sich hier durchweg um Entscheidungen, die von Unionspolitikern zunächst gegen breiten gesellschaftlichen Widerstand durchgesetzt und früher oder später allgemein als richtig anerkannt worden seien.[355]

Allerdings gibt es einen Unterschied: Mit den historischen großen Konfliktthemen war die Union – sehr erfolgreich – in die Wahlkämpfe gezogen. Die Währungsunion jedoch, daran setzte Kohl alles, sollte sich keinesfalls zu einem *Position-Issue* entwickeln. Er glaubte, in einer solchen Auseinandersetzung angesichts der überragenden Wertschätzung, die die D-Mark genoß, zwangsläufig den Kürzeren zu ziehen. Gleichzeitig bezeichnete Kohl die Bundestagswahl wiederholt als Plebiszit über seine Europapolitik. Plebiszite sind jedoch ohne Meinungskampf und Alternativangebot nicht denkbar. Diesen Widerspruch trug er mit sich herum.

Fazit: Potentielle Mobilisierungseffekte zu Kohls Gunsten – die sich in ihrem Ausmaß jeder Vorhersage entziehen, zumal sie mit Demobilisierungseffekten auf der Gegenseite einhergehen können – blieben 1998 ungenutzt (Anm. 31). Eventuell wäre es der Union gelungen, die für sie ungünstige Dominanz des Themas *Arbeitslosigkeit* zu relativieren.[356] Diese Überlegung setzt die Möglichkeit voraus, im Zusammenhang *Währungsunion* ein Sujet zu finden, das vier Bedingungen erfüllt: Es ist kampagnenfähig und eignet sich zur Reduktion auf eine Wahlkampfaussage, es ist in den Augen der Wählerinnen und Wähler relevant, es verprellt die Zielgruppe der Union nicht, sondern erscheint ihr logisch, aber die SPD-Führung kann es – anders als ein nennenswerter Teil ihrer Wählerschaft – nicht mittragen.

---

353 Abweichend Hintze: Kohl habe „bis zum Schluß gehofft, daß eine Mehrheit in der Bevölkerung dieses Projekt auch mitträgt", seinen „Einsatz für den Termin und für den Start des Euro davon [jedoch] völlig unabhängig gemacht" (Interview Peter Hintze, S. 3).

354 Interview mit Helmut Kohl, S. 285.

355 Schäuble nennt dies „Ausdruck richtiger politischer Führung" (Interview mit Wolfgang Schäuble, S. 3).

356 Der Triumph der Union bei der Europawahl vom 13. Juni 1999, keine neun Monate nach der Bundestagswahl, spricht ebenfalls nicht dafür, daß ihr ihre Europapolitik zum Nachteil gereichen mußte: CDU und CSU erreichten die absolute Mehrheit aller deutschen Mandate – das zweitbeste Resultat ihrer Geschichte nach der Adenauer-Wahl 1957.

Angesichts des Umfangs des Themenkomplexes EWU hätte das mit etwas Geschick möglich sein müssen, etwa im Hinblick auf die innenpolitischen Reformnotwendigkeiten, die eine deutsche Beteiligung am Euro auszulösen im Begriff war. Möglicherweise handelte es sich bei seiner Konfliktvermeidungsstrategie um einen entscheidenden Fehler des Machtroutiniers im Bundestagswahlkampf 1998.

Umgekehrt stellt der Verzicht der SPD auf die Option, die Währungsunion streitig zu stellen, einen Baustein ihres Erfolges vom 27. September 1998 dar.[357] Schröder und Lafontaine haben damit machttechnisch zumindest nichts verkehrt gemacht, vermieden sie doch so, daß Kohls Kompetenzvorsprung in Währungsfragen zum Tragen kam.[358] Kohls ehemaliger Sprecher Hausmann trauert denn auch propagandistischen Möglichkeiten nach, die eine Konfrontation gebracht hätte:

> Natürlich hätte so eine Zuspitzung manches leichter gemacht, weil dann die Medien das Thema stärker beharkt hätten. Dann hätte man ... die Medien einspannen können, ohne daß die Medien es bemerken. . .[359]

Man kann Kohls Machtverlust also in einem verwinkelten Sinne auch auf den Euro zurückführen. Dieses Resümee schließt folgende Möglichkeit ein: Es war Kohls Pech, daß seine Bemühungen, das Konfliktpotential des Euro zu unterdrükken, ihn partout als Konsensthema zu halten und ihn so nicht zum Wahlkampfgegenstand werden zu lassen, erfolgreich waren. Kohl selbst sagte bilanzierend, wichtig sei allein, daß der Euro da sei – allen Problemen und Hindernissen zum Trotz:

> Ich wußte, es ist eine harte Geschichte, eine schwierige Geschichte, aber ich habe nicht Tag und Nacht darüber nachgedacht, was es für Gründe geben könnte, warum es noch schiefgehen soll. So geht es. Es ist ja nicht schiefgegangen. Für mich ist das die Vollendung eines Traums.
>
> Da haben Sie schon recht: Die Deutsche Einheit und den Bau des Hauses Europa – das sind die beiden Träume, die ich hatte. Wobei das eine das andere bedingt. Aber wenn wir dieses Gespräch 1985 geführt hätten, dann hätte ich geglaubt, wir kommen früher mit Europa zuwege als mit der deutschen Einheit.[360]

357 Im Sinne von Schäuble kann man auch von einer Weigerung der SPD sprechen, die Option auszuüben, den Euro zum Streitthema zu machen.

358 Laut Nina Grunenberg hat sich die SPD an die „alte Wahlkämpfer-Weisheit" gehalten: „Niemals ein Thema hochziehen, für das man keine Lösungskompetenz hat" (Euro des Vertrauens. *Die Zeit* vom 29. Januar 1998). – Den Umkehrschluß vollzog die CDU nicht: Sie unterließ es, ein Thema hochzuziehen, obwohl sie dafür Lösungskompetenz hatte. Wahrscheinlich hätte Kohl in dieser Lage aber nur eine veritable außenpolitische, nach Meinung der Wähler nicht von ihm verschuldete Krise die Kanzlerschaft retten können.

359 Interview mit Peter Hausmann (S. 8).

360 Interview mit Helmut Kohl, S. 299.

6. Unbeholfene Kampagnen gegen Skepsis der Bevölkerung

6.1 Wie wirbt man für eine Währung, die es noch nicht gibt?

Seit 1990 bereitete es Helmut Kohl Kopfzerbrechen, daß der Plan einer europäischen Währungsunion in der Bevölkerung auf Ablehnung stieß. Der Bundeskanzler begriff dieses Akzeptanzproblem als Bedrohung seiner Mehrheitsfähigkeit und seiner Macht. Doch erst vier Jahre später beauftragte er das Bundespresseamt, mit *Public Relations*, *Werbung* und *Öffentlichkeitsarbeit* gegenzusteuern.[361]

Elisabeth Noelle-Neumann und Renate Köcher vom *Institut für Demoskopie* in Allensbach berichteten Kohl regelmäßig über den aktuellen Forschungsstand, aber Besserung konnten sie ihm nur ausnahmsweise und nur vorübergehend melden.[362] Der Tenor lautete: Eine stabile Mehrheit lehnt die europäische, bis Mitte der 90er Jahre noch namenlose Einheitswährung ab. Bis zu drei Viertel der Deutschen befürchteten Transferleistungen „für schwache Partnerländer", Inflation, Steuererhöhungen und eine Verringerung des Lebensstandards. 62 Prozent der Menschen leuchtete der Sinn des Unternehmens nicht ein.[363]

Der Euro war in der zweiten Hälfte seiner Amtszeit Kohls Sorgenkind. Zwei Drittel der Bevölkerung befürchteten, die Geldwertstabilität könnte durch die Europäische Währungsunion leiden. 53 Prozent verbänden mit der Währungsunion mehr Befürchtungen als Zuversicht, las Kohl auch später in Untersuchungen, die begründeten, warum hier etwas geschehen müsse. Die Organe der EU, ihre Funktion und ihre Mechanismen seien „weitgehend unbekannt", was wiederum das Verständnis von Sachfragen erheblich erschwere. Quintessenz des Berichtes:

> Die europäische Integration spielt sich deshalb so gut wie ohne Beteiligung der Bürger ab.[364]

Der ehemalige Kanzleramtsminister Friedrich Bohl berichtet, Kohl habe sich ab 1995 persönlich, intensiv und dauerhaft mit dem Akzeptanzproblem beschäftigt:

> Wir haben uns im Kanzleramt die Spots angeschaut oder er hat sie sich angeschaut. Gerade was die Kampagnen und die pressemäßige Begleitung durch Agenturen und das Bundespresseamt angeht, hat sich Helmut Kohl sehr eingeschaltet. Er legte immer sehr viel Wert darauf, daß zum Beispiel Helmut Schmidt dabei war, daß der zu Wort kam, etwa in Testimonials. ... Aber es war .. kein Versuch, die Mehrheitsverhältnisse zu drehen, sondern lief nach dem Motto: Wir machen .. eine Werbekampagne für den Euro.[365]

---

361 Ziel von Öffentlichkeitsarbeit (nach Albert Oeckl): „Einen Zustand des Verstehens und des Vertrauens und der daraus entstehenden Zustimmung in den relevanten Öffentlichkeiten herbeizuführen und zu erhalten oder – wenn das auf Schwierigkeiten stößt – eventuellen Widerstand durch vertretbare Eigenkorrektur zu beseitigen mit dem unveränderten Ziel der Integration." (Albert Oeckl: PR-Praxis, S. 43)

362 Der erste Vertrag des *Institutes für Demoskopie Allensbach* mit dem Bundespresseamt datiert von November 1950 und geht zurück auf eine Weisung Konrad Adenauers. Einzelheiten in: Johannes J. Hoffmann: Vorsicht und keine Indiskretionen!, S. 189 f.

363 Studie der Werbeagentur *BBDO* für die Präsentation vom 30. November 1995 im BPA.

364 Interner BPA-Bericht vom 17. Januar 1996 mit Daten von *Allensbach* und *Marplan*.

365 Interview mit Friedrich Bohl (S. 5).

In Wolfgang Gibowski hatte der Kanzler zuvor einen Meinungsforscher zum Vizechef des Bundespresseamtes gemacht (Anm. 32). CDU-Generalsekretär Peter Hintze sagt, Kohl habe „bis zum Schluß gehofft, daß eine Mehrheit in der Bevölkerung dieses Projekt auch mitträgt". Er habe aber nicht gehadert mit der Bevölkerungsmehrheit, die dagegen war – im Gegenteil:

> Er hat sie verstanden. Und er hat das auch nicht als gegen sich gerichtet gefühlt, sondern er hat es eben als ein großes politisches Projekt gesehen, das man kommunizieren muß. Wir haben deshalb immer wieder erarbeitet, uns gefragt: Was kann man medienmäßig machen? Was kann man über die elektronischen Medien machen? Was kann man mit Hilfe der Wissenschaft machen? Was kann man tun, damit die Menschen verstehen, warum eine solche neue Währung zu unserem Nutzen ist?[366]

Grundsätzlich galt bei jedweder Kommunikationsarbeit über und für den Euro innerhalb der potentiellen Teilnehmerländer das Subsidiaritätsprinzip: „Wegen der kulturellen, sprachlichen und psychologischen Besonderheiten in der Einstellung zur Währung ist ein differenziertes und auf den nationalen Kontext zugeschnittenes Vorgehen für den Erfolg der Aktion wesentlich."[367] Die Verantwortung lag damit in Deutschland bei der Bundesregierung.

Im Herbst 1994 habe der Kanzler dem Vorschlag des Bundespresseamtes zugestimmt, eine geeignete Werbeagentur zu suchen und mit der Vorbereitung erster Kampagnen zu beauftragen, die den Menschen klarmachen sollte, daß ein neues Geld komme, berichtet sein damaliger Regierungssprecher Peter Hausmann. Angesichts der Abstraktheit des „Produktes" und der emotionalen Besetzung des Themas sei dem BPA von Anfang an klar gewesen, daß der Versuch, der Bevölkerung den Abschied von der geliebten D-Mark erträglich und die neue Währung attraktiv zu machen, ein außerordentlich schwieriger sein werde:

> Das ist ja ein Projekt gewesen wie das Projekt der Amerikaner, einen Menschen auf den Mond zu bringen.[368]

Der Kanzler sah das offenbar ähnlich. Regelmäßig habe Kohl sich von ihm oder vom Leiter der BPA-Inlandsabteilung Formen und Inhalte seiner Kampagnen und aktuelle Ergebnisse der Meinungsforschung schildern lassen, berichtet Hausmann:

> Zum Beispiel haben wir Runden gehabt, wo Vertreter der Wirtschaft da waren, Vertreter der Gewerkschaften mit am Tisch saßen, der Verbraucherverbände, des Einzelhandelsverbandes und so. Und dann gab es eben interne Runden, wo Fraktionen, die Regierung als solche und die verschiedenen Ministerien beteiligt waren.[369]

Kohl und bald darauf auch Bundesfinanzminister Waigel bezweckten mit diesen *Runden Tischen*, möglichst viele gesellschaftliche Gruppen als Mitstreiter für ihr Projekt zu gewinnen, zumindest aber Widerstand von Seiten der Verbände durch deren Einbindung möglichst unter Kontrolle zu halten.[370]

---

366 Interview mit Peter Hintze (S. 3).

367 Mitteilung der Kommission über die Informationsstrategie vom 06. Februar 1998, S. 17.

368 Interview mit Peter Hausmann (S. 2).

369 Ebenda (S. 1).

370 Waigel nutzte dafür das Gästehaus Petersberg mit seiner beeindruckenden Kulisse.

Innerhalb der Bundesregierung und der sie tragenden Fraktionen verfuhr Kohl ebenso. Den Vorsitz der verschiedenen Arbeitsgruppen führte Kohl, sofern sie im Kanzleramt tagten, häufig selbst. Gelegentlich rief der Kanzler den Europaabgeordneten Karl von Wogau hinzu, seinerzeit Vorsitzender des für Währungsfragen zuständigen Ausschusses des Europäischen Parlaments, um auf dem laufenden zu bleiben, was sich in Straßburg im Hinblick auf den Euro tat.

Ab Ende 1995 war die Euro-Werbung Chefsache in Bonn, weil Kohl sie als Bestandteil seiner Strategie verstand, den Euro gegen alle Vorbehalte und Widerstände durchzusetzen und zum Kernstück seiner Regierungszeit zu machen. Die in Fachkreisen Mitleid erregende Ausstattung des entsprechenden Etats stand in Widerspruch zu diesem Ziel.

Im Frühjahr 1995 schlug Axel Bunz, Leiter der Bonner Vertretung der EU-Kommission, Hausmann die Einrichtung einer *Task Force Europa* nach irischem Vorbild vor. Bundespresseamt, die Vertretung der EU-Kommission und das in Bonn ansässige Informationsbüro des Europäischen Parlaments sollten vor der Regierungskonferenz 1996 und in Vorbereitung auf die Währungsunion ihre Öffentlichkeitsarbeit abstimmen, eventuell gemeinsam finanzieren und Informations- und Stimmungslagen auch gemeinsam analysieren. Das, so Bunz, habe bei der *Aktion wählen gehen*[371] schon einmal gut funktioniert und sei angesichts der Herausforderungen, die das neue Geld mit sich bringe, nötiger denn je.[372]

Von einer *Task Force* wollte der Regierungssprecher nichts wissen, aber grundsätzlich reagierte Hausmann positiv: Eine solche Einrichtung sei „sinnvoll" und „hilfreich".[373] Im Herbst 1995 konstituierte sich eine Arbeitsgruppe, aus der sechs Monate später die *Aktionsgemeinschaft Euro* hervorging. Ziel war eine gemeinsame Analyse der Seelenlage der Bevölkerung, die Koordination möglichst aller staatlichen und nichtstaatlichen Informations-, Werbe- und Public-Relations-Aktivitäten und die Bündelung der finanziellen Mittel.[374]

Im Bundespresseamt placierte Kohl an verantwortlicher Stelle einen Mann seiner Wahl. Wolfgang Bergsdorf wurde ins Bundesinnenministerium versetzt. Als neuen Leiter der für die Euro-Werbung zuständigen BPA-Abteilung III (Inland) holte Kohl von der Konrad-Adenauer-Stiftung Klaus Gotto, der ihm früher bereits im Kanzleramt als Gruppenleiter für gesellschaftliche und politische Analysen gedient hatte und auf dessen Loyalität er sich verlassen konnte.[375]

Ministerialdirigent Wolfgang Gibowski blieb zwar formell stellvertretender Chef des BPA, wurde aber nach Darstellung von Beobachtern vom Informationsfluß aus

371 Kampagne zur Erhöhung der Wahlbeteiligung bei der Europawahl 1994.

372 Brief von Axel Bunz an Peter Hausmann vom 31. Mai 1995, gleichlautend an Klaus Löffler, Leiter des EP-Informationsbüros Deutschland in Bonn.

373 Antwortschreiben Hausmanns an Bunz vom 23. Juni 1995.

374 Vertreten waren: Bundespresseamt, EU-Kommission, Europäisches Parlament, *Verband öffentlicher Banken, Deutscher Sparkassen- und Giroverband, Deutscher Industrie- und Handelstag,* Bundesministerium der Finanzen, *Gesamtverband der Deutschen Versicherungswirtschaft, Bundesverband der Volks- und Raiffeisenbanken, Bundesverband deutscher Banken, Europäische Bewegung,* Deutsche Bundesbank, *Bundesverband des Groß- und Außenhandels.* Quelle: Ergebnisprotokoll der Gesprächsrunde vom 18. Dezember 1995 im Bonn-Center.

375 Details bei Klaus Dreher in: Helmut Kohl – Leben mit Macht, S. 614 ff.

dem Kanzleramt abgeschnitten und schließlich entmachtet (Anm. 33). Gibowski äußerte sich später kritisch über die Euro-Arbeit des BPA. Der Kanzler sei „mit Sicherheit schlecht beraten" worden; weder Hausmann noch Gotto hätten „Fachkompetenz" besessen; die ganze Euro-Arbeit sei „unzureichend".[376]

Gotto bewunderte Kohl. Die CDU bezeichnete er als „Europas stärkste Partei", die in „schwierigen Zeiten" als Führungskraft geeigneter sei als jede andere.[377] Nicht „Anpassung an den Zeitgeist" sei gefragt, sondern „Meinungsführung in den Debatten über unsere Zukunft".[378] Umgekehrt hatte Gotto den Eindruck, daß Kohl ihm den Rücken stärke. „Mit Grausen" erinnere er sich an Fragen in Bundestagsausschüssen, wo ihm der Euro-Frust der Abgeordneten aus ihren Wahlkreisen um die Ohren gehauen worden sei: „So etwas können Sie nur durchstehen, wenn Sie angebunden sind an eine Stelle, die das im Zweifel mit durchsteht."[379] Wenn es um den Euro und dessen Akzeptanz ging, hatte Gotto Zugang zum Kanzler.

Die grundsätzliche Europafreundlichkeit der Deutschen betrachtete Gotto als solides Fundament der zu leistenden Öffentlichkeitsarbeit. Nach dem Krieg habe sich hierzulande eine „völlig stabile" Überzeugung herausgebildet, Deutschland könne seine innen- und außenpolitischen Ziele nur „innerhalb des europäischen Bezugsrahmens erreichen". Dagegen stehe, so Gottos Analyse der Ausgangslage, die Tatsache, daß sich die D-Mark im selben Zeitraum „zu einer Art Ersatz-Nationalsymbol entwickelt" habe, eine Haltung, die sich 1990 auf die neuen Bundesländer ausgedehnt habe.[380]

1995 habe das BPA zunächst versucht, herauszufinden, „was die Leute denken". Das Ergebnis lautete nach Gottos Darstellung wie folgt::

1. **Europa ist positiv**
2. **Wir wollen die D-Mark behalten**
3. **Es mag sein, daß in ferner Zukunft, am besten nach dem eigenen Tod, ein Abschied von der D-Mark zugunsten der Gemeinschaftswährung notwendig sein könnte**[381]

Damit sei dem BPA klar geworden, daß Deutschland „von der Emotion her in der EU das schwierigste Land war – abgesehen vielleicht von Dänemark und Großbritannien, aber die machen zunächst ja nicht mit. Viel, viel schwieriger jeden-

376 Wolfgang Gibowski telefonisch zum Verfasser am 29. März 1999. Weiter sagte er: „Ich war ja nicht dabei, sonst wäre es besser geworden." Über den Leiter seiner Inlandsabteilung sagte er: „Ich wollte Gotto nicht haben aus dem Kanzleramt. Ich habe mich geziert." Ein Übermaß an Harmonie herrschte nicht zu jener Zeit in der BPA-Führung. Dieser Umstand war am 16. Oktober 1996 Thema einer Fragestunde des Bundestages. Bohl und Hausmann mußten dem Parlament Rede und Antwort stehen, nachdem in verschiedenen Zeitungen Berichte über Meinungsverschiedenheiten in der BPA Spitze erschienen waren (BtPPl 13/130, S. 11723-11728). Ihre Antworten waren jedoch nicht erhellend.

377 Klaus Gotto: Europas stärkste Partei, S. 9.

378 Ebenda, S. 11.

379 Interview mit Klaus Gotto (S. 5). Kohl gefiel, daß Gotto, Historiker wie er, in den gleichen geschichtlichen Bezügen dachte, immer ein historisches Beispiel für aktuelle Lagen zur Hand hatte und komplexe Sachverhalte auf einfache Formeln reduzieren konnte.

380 Ebenda (S. 1).

381 Ebenda (S. 2).

falls als Frankreich."[382] Als Konsequenz, so Gotto, habe man zunächst „um den Euro wie um einen Findling herum gepflügt", nicht das noch virtuelle künftige Geld (das zunächst noch keinen Namen hatte) in den Mittelpunkt gestellt, sondern Europa. „Unser Ziel war, zwischen dem unbestritten positiv besetzten Europa und dem Euro langsam eine Verbindung herzustellen."[383]

Grundsätzlich standen Mitte der 90er Jahre für die beschriebene Aufgabe drei Mittel zur Wahl, wobei die Grenzen fließend waren: *Werbung*, *Öffentlichkeitsarbeit* und *Public Relations* (Anm. 34). Das BPA bediente sich aller drei Instrumente.

Als am wenigsten problematisch, aber auch am mühsamsten erwies sich die *Öffentlichkeitsarbeit*.[384] *Werbung* im eigentlichen Sinne konnte mangels ausreichender Etats nicht funktionieren. *PR* führten zu nichtintendierten und kontraproduktiven Nebenwirkungen.

Gotto sagte, er habe von Anfang an vorgehabt, Banken und Sparkassen für die Werbung um Euro-Akzeptanz zu gewinnen und im Sinne der Regierung einzuspannen. Beim Thema „Geld" sei die Regierung „halt nicht die erste Adresse", und zur Sparkasse gingen die Menschen in Geldangelegenheiten ohnehin.[385]

Erste Aufgabe sei daher für das BPA gewesen, die Banken („weniger die Großbanken als die Institute in der Fläche") „positiv" einzubeziehen, um in den Köpfen der Menschen, so Gottos Schilderung, folgenden Gedankengang auszulösen:

> Wenn die Wirtschaft, wenn die Banken, die ja den eigenen Vorteil stets im Blick haben, sich für dieses Projekt engagieren, dann muß etwas dran sein – und wir als Bevölkerung, als einfache Leute, kriegen von diesen Vorteilen etwas mit.[386]

Erste größere Aktivität der von Bunz initiierten, aber vom BPA geleiteten *Aktionsgemeinschaft Euro*[387] war ein „Ideenwettbewerb", zu dem Hausmann und Gotto sechs Agenturen für den 30. November 1995 ins BPA eingeladen hatten. Die Werbeleute präsentierten Kampagnenvorschläge mit folgenden *Headlines*:[388]

von Mannstein:	Zukunft, die sich lohnt
BBDO/Kothes und Klewes:	EURO-Mark: Die bessere Mark
Ogilvy & Mather:	Unser Eurogeld: wert voll Zukunft
Cicero (Wiesbaden)	EuroMark. Mehr als die Mark.
Gratzfeld (Köln):	Europa gewinnt neuen Wert
Kreutz & Partner:	Die WWU kommt

382 Ebenda.

383 Ebenda.

384 Das BPA verstand die Einbeziehung der Banken als geschickte *PR*, doch jene nutzten lieber die Chance, der Konkurrenz in einer Ausnahmesituation Marktanteile abzujagen.

385 Interview mit Klaus Gotto (S. 2).

386 Man kann dieser These zu gute halten, damals sei das Ansehen von Banken und Bankern bei „einfachen Leuten" noch nicht ganz so ramponiert gewesen wie 15 Jahre später.

387 Offiziell nannte sich die Arbeitsgemeinschaft erst ab April 1996 so. 1998 existierten Gremien mit ähnlicher Zusammensetzung in neun weiteren Mitgliedsländern (Quelle: Mitteilung der Kommission über die Informationsstrategie zum Euro vom 06. Februar 1998).

388 Ergebnisprotokoll der Bonner Vertretung der EU-Kommission vom 07. Dezember 1995. *EuroMark* lautete der vorgegebene Arbeitsbegriff für die neue Währung.

Probleme zeichneten sich bereits bei dieser ersten Sichtung der Möglichkeiten ab: „Die Agenturen beklagten, daß die Höhe des Budgets in keinem Verhältnis zur Aufgabe stehe, und wiesen darauf hin, daß allein für die Einführung eines neuen Joghurts doppelt so viel zur Verfügung steht. Über die Planung und Verwendung des Budgets machten allein BBDO konkrete Angaben. Sie setzten Werbung und PR ins Verhältnis von 10,8 Mill. zu 4,2."[389] Auch nicht involvierte Werbeexperten schüttelten den Kopf, frug man sie, was angesichts der Aufgabe, eine neue Währung bekannt und beliebt, zumindest tolerabel zu machen, mit einem Jahresetat von 15,9 Millionen D-Mark anzufangen wäre.[390] „Diesen Auftrag hätten wir mangels Erfolgsaussichten abgelehnt und den Kunden wieder nach Hause geschickt", erklärte Till Wagner (seinerzeit bei *Jung von Matt/Main*).[391]

Für die Markteinführung von *Persil Megaperls* investierte der *Henkel*-Konzern nach Darstellung seiner Werbeagentur *Lowe und Partner* (Düsseldorf) 160 Millionen Mark, bis der erwünschte Marktanteil erreicht worden sei.[392] Für die Plazierung der ersten Tranche der *Telekom*-Aktie stellte die *Deutsche Telekom* der Agentur *spieß sermisch andere* nach Branchenschätzungen 200 Millionen D-Mark bereit.[393]

Das Bundespresseamt erteilte nach diesem „Ideenwettbewerb" den Auftrag zur Realisierung einer Pro-Euro-Kampagne der Agentur *Coordt von Mannstein* aus Solingen, die seit 20 Jahren auch den Werbeetat der CDU betreute. Hausmann sagt, letzteres sei nicht ausschlaggebend gewesen. Vielmehr habe sich sein Haus die Entscheidung „wirklich nicht einfach gemacht" und nach der Präsentation „das Gefühl" gehabt, „daß die Werbelinie der Agentur *von Mannstein* jene mit der besten Aussage war".[394] Im Ergebnisprotokoll der Vertretung der EU-Kommission steht:

> **Von allen anwesenden Vertretern bekam BBDO zusammen [mit] Kothes und Klewes die meiste Zustimmung, da ihre Strategie am besten die Verzahnung von PR und Werbung darstellte.**
>
> **Cicero erhielt durch seine Erfahrung auf dem Mediamarkt, durch seine einfache und für den Bürger eingängige Kampagne ebenfalls viele Stimmen. Ihre vorgestellte Kampagne glich der „Aktion Wählen gehen".**
>
> **Von Mannstein kam zwar nicht so gut an, erhielt aber einen Bonus von der Bundesregierung, da sie häufig zusammen arbeiten (zum Beispiel Bundestagswahlkampf).[395]**

389 Ebenda.

390 Bericht des BPA-Referats 303 vom 04. April 2001 an Regierungssprecher Heye über die Ist-Ausgaben für Euro-Öffentlichkeitsarbeit von 1992 bis 2001. Eine für 1997 ursprünglich vorgesehene Erhöhung des Etats auf 19 Millionen DM fiel einer pauschalen Mittelkürzung des Bundesfinanzministeriums um zehn Prozent zum Opfer, entsprechend 1,8 Millionen DM (unveröffentlichtes Dokument).

391 Interview mit Till Wagner vom 15. Februar 1998.

392 Telefonische Auskunft von Werner Baier, Werbeagentur *Lowe und Partner* Düsseldorf.

393 Telefonrecherche bei verschiedenen Agenturen. Die den Etat betreuende Firma wollte eine Summe nicht nennen.

394 Interview mit Peter Hausmann (S. 2).

395 Ergebnisprotokoll der Bonner Vertretung der EU-Kommission vom 07. Dezember 1995.

In der Zusammenfassung kommt die Verfasserin zu dem Ergebnis:

> Keine der Werbeagenturen entwickelte eine wirkliche Strategie, die zeitliche, inhaltliche, budgetäre, psychologische Aspekte beachtet ... Zwischen dem Namen und der Kampagne stand keine enge Verbindung ... Die Werbeagenturen zweifelten die Wirkung der Anzeigen wegen des geringen Budgets an und schätzten die von PR höher ein. Dennoch konzentrierten sie das Budget vornehmlich auf die Anzeigengestaltung und -schaltung ... Bei allen Strategien fehlte auch der Vorschlag, eine einheitliche Corporate Identity für die WWU zu entwickeln, so daß viele Institutionen unter einem Dach wirken könnten...[396]

Wenn diese Wertungen nicht komplett an den Tatsachen vorbeigingen, wurden die Voraussetzungen für große Probleme damit bereits in diesem frühen Stadium geschaffen. Normalerweise hätte dies der Moment sein müssen, in dem der Regierungssprecher zum Bundeskanzler geht und ihm erklärt, daß eine halbwegs erfolgversprechende Kampagne für den Euro unter diesen Voraussetzungen nicht zu realisieren sei. Kohl hätte sich daraufhin an die Koalitionsfraktionen wenden und dort eine Vervielfachung des Etatansatzes verlangen müssen. Ob Hausmann in diesem Sinne initiativ wurde, ist nicht überliefert. Kohl erklärte später, ihm sei bewußt gewesen, daß der Etat nicht ausgereicht habe:

> So blöd war ich ja auch nicht, [nicht] zu begreifen, daß wir mehr hätten tun müssen. ... Aber was glauben Sie, was das für einen Aufstand gegeben hätte im Bundestag einschließlich der eigenen Fraktion, wenn ich gesagt hätte: Wir geben 100 Millionen aus für den Euro![397]

Kohl hat offenbar in Erwartung einer derartigen Reaktion nie einen Vorstoß unternommen, die Koalition zu einer Aufstockung des Etats zu veranlassen (Anm. 35). Diese Vermutung wird gestützt von der – unbeteiligt klingenden – Antwort des damaligen CDU/CSU-Fraktionsvorsitzenden Wolfgang Schäuble, der geborener Ansprechpartner des Kanzlers in einem solchen Fall wäre, auf die Frage, wie er zu der mannigfaltigen Kritik an den Euro-Kampagnen der Bundesregierung stehe:

> Mir ist immer gesagt worden, die Mittel für den Euro seien vergleichsweise gering gewesen, während man für die Einführung eines neuen Waschmittels oder eines neuen Autos ein mehrfaches ausgibt. Deswegen könne man mit so begrenzten Mitteln auch nicht so viel erreichen.[398]

Wie der Bundeskanzler hat auch der Bundesfinanzminister hat nach eigener Darstellung jede Überlegung verworfen, mehr Geld auszugeben für *Werbung*, *Öffentlichkeitsarbeit* und *Public Relations* zugunsten des Euro. Man habe im Kanzleramt besprochen, ob man die richtigen Rezepte und Instrumente gewählt habe, sagt Waigel. Seines Erachtens herrschte aber eine „Grundstimmung", die man nur durch eine Veränderung von „Grunddaten" hätte wenden können – und selbst das habe, wie seine Erfahrung mit der erfreulichen Defizit-Zahl des Statistischen Bundesamtes für 1997 beweise, nicht funktioniert:

---

396 Ebenda.
397 Interview mit Helmut Kohl, S. 298.
398 Interview mit Wolfgang Schäuble (S. 6).

> Natürlich kann man im nachhinein sagen, man hätte das anders anlegen müssen, man hätte das professioneller machen müssen, man hätte das Bundespresseamt stärker ausstatten müssen. Nur auf der anderen Seite: Wenn Sie da also richtig geklotzt hätten, dann hätten wieder andere gesagt, die notorischen Gegner: „Schaut bloß her, jetzt müßt Ihr noch so viel Geld dafür ausgeben!" Ob es damit gelungen wäre, die skeptische Grundstimmung zu durchbrechen, wage ich zu bestreiten.[399]

Hausmann klagte in den folgenden Jahren stets über Mangel an Geld für eine wirklich schlagkräftige Euro-Kampagne. Das Konzept der Agentur *von Mannstein* habe ihn und seine Behörde gleichwohl überzeugt, da es die Botschaft „Der Euro kommt" in den Vordergrund gestellt habe.[400] Die Konkurrenz habe dagegen versucht, „so ein bißchen in der Vergangenheitsbewältigung zu schwelgen" – „toll" sei es gewesen mit der D-Mark, und mit dem Euro werde es „noch toller" – verdichtet in der Werbebotschaft: „Der Euro, die bessere D-Mark".[401] Dieser Ansatz, so der damalige Regierungssprecher, sei im BPA auf Ablehnung gestoßen:

> Wir waren uns in einem absolut sicher: Daß man der deutschen Bevölkerung den Euro nicht als die bessere D-Mark verkaufen kann.[402]

Durch die D-Mark sei die DDR erschüttert worden, argumentiert Hausmann; die Demonstranten hätten gerufen: „Wenn die D-Mark nicht zu uns kommt, dann kommen wir zur D-Mark!". Der Versuch, den Menschen vor diesem Hintergrund zu suggerieren, es gebe aber noch eine bessere Sache als die D-Mark, wäre nach Meinung des damaligen Regierungssprechers zwangsläufig gescheitert. Geld sei nun einmal kein „Markenartikel", ergänzte Gotto. Deshalb müsse die Werbung „eher stinksolide sein, als Aufmerksamkeit zu erregen", und sie müsse auf „längere Fristen" angelegt sein.[403]

Im „Kommunikationskonzept für den Euro" vom April 1996 konstatierte die *Aktionsgemeinschaft Euro* folgende Ausgangslage:

- Eine Mehrheit steht der Währungsunion skeptisch gegenüber
- Meinungsführer in Politik und Wirtschaft urteilen wesentlich positiver
- Nach zwei Währungsreformen herrscht Angst vor instabiler Währung
- Für den Euro gibt es nur Erwartungen, aber keine Erfahrungen[404]

Aus dieser Bestandsaufnahme leitete man folgende „Kommunikationsziele" ab:

- Vertrauen in den Euro und in die Zukunft der Europäischen Union schaffen
- Die Glaubwürdigkeit politischer Entscheidungen erhöhen
- Der Öffentlichkeit verdeutlichen, daß die Währungsunion definitiv kommt und die notwendigen Entscheidungen jetzt zu treffen sind.[405]

---

399 Interview mit Theo Waigel, S. 320.

400 Diese Darstellung ist umstritten. Bunz kritisierte stets, BPA und *von Mannstein* hätten sich viel zu lange mit „wolkigen" *Europa*-Slogans aufgehalten, bevor sie endlich auf seine Linie „Der Euro kommt" eingeschwenkt seien. Dadurch habe man ein wichtiges Jahr verloren. Die vorliegenden Dokumente der *von-Mannstein*-Präsentation vom 30. November 1995 können Hausmanns Version nicht stützen.

401 Interview mit Peter Hausmann (S. 2).

402 Ebenda.

403 Interview mit Klaus Gotto (S. 3).

404 Kommunikationskonzept der *Aktionsgemeinschaft Euro*, Stand April 1996, S. 2.

Zahlen, ab welchem Grad prozentualer Zustimmung der Bevölkerung bei einer vorgegebenen Fragestellung man seine Ziele für „erreicht" erklären werde, wurden nicht festgelegt. Es existierten damit keine Kriterien, mit deren Hilfe man später hätte feststellen können, was gelungen ist und was nicht.

Im BPA war man der Meinung, die hohe Ablehnungsquote beruhe zu einem ganz überwältigenden Teil auf Vorurteilen, die wiederum Folge eines Mangels an Informationen seien. Je mehr die Menschen über den Euro erführen, so die über Jahre – und von Euro-Befürwortern jeglicher Herkunft, keineswegs nur vom BPA – vertretene Arbeitsthese, desto geringer werde ihr Mißtrauen.[406] Ein rundum über die Währungsunion, die Einzelheiten der Umstellung und den Stabilitätspakt aufgeklärter Bürger könne und werde den Plan, davon waren große Teile von Bundesregierung und Bundestag überzeugt, nur gutheißen.[407] Als Beleg dienten Umfragen, nach denen die Menschen gewaltige Informationsdefizite beklagten und die Währungsumstellung für eine Währungsreform hielten. Kurz nach Beginn seiner Arbeit für das BPA erklärte *von Mannstein*:

> Immer, wenn Menschen sich etwas nicht genau erklären können, dann ersetzen sie eben fehlendes faktisches Wissen durch Spekulation. Sie versuchen wieder eine Wirklichkeit zu konstruieren ... Das zentrale Ziel wird sicher sein, die Vorurteile, die eben durch ein Defizit an Wissen entstanden sind, aufzulösen und durch gezielte sachliche Kenntnisse zu ersetzen, dem [Publikum] ganz deutlich dann die Vorteile aufzeigen.[408]

Die Agentur *von Mannstein* erhielt den Auftrag auch deshalb, weil sie der Bundesregierung eine umfangreiche und äußerst kostengünstige Zusammenarbeit mit Zeitungen, Radio- und Fernsehsendern in Aussicht gestellt hatte. Das BPA schöpfte daraus Hoffnung, auch mit einem geringen Etat eine Menge bewegen zu können. Erreicht werden könne die Ansprache eines Millionenpublikums mittels „Themen-Placements durch eine lockere und sympathische Präsentation in großen Unterhaltungssendungen wie z. B. ‚Wetten, daß...'", heißt es in der – dann siegreichen – *von-Mannstein*-Präsentation. Von „neuen TV-Produktionen wie z. B. ‚Das Euro-Festival – zum Geburtstag des Euro' oder ‚Der Euro – die europäische Spielshow' mit bekannten Moderatoren/Künstlern/Stars aus verschiedenen Ländern der EU" ist darin die Rede. *Boulevard Bio* und *Hans Meiser*, *Talk im Turm* und *Harald Schmidt* –

405 Ebenda. Die EU-Kommission nannte im Abschnitt *Kommunikation* des Kapitels III zwei gleichrangige Ziele der Euro-Kommunikationsstrategie: „Die öffentliche Unterstützung zu gewinnen und die technischen Vorbereitungen zu fördern." Es gehe unter anderem darum, „die Akzeptanz der einheitlichen Währung dadurch zu fördern, daß verdeutlicht wird, daß sie gleichwertig mit der stärksten nationalen Währung sein wird; Befürchtungen über die Auswirkungen der Umstellung auf die Renten, Ersparnisse, Bankkonten usw. zu zerstreuen". Grünbuch der Europäischen Kommission (Stand: 31. Mai 1995), S. 74.

406 Der SPD-Vorsitzende Lafontaine war ebenfalls dieser Meinung: „Ich verstehe die Sorgen der Menschen. Wir müssen den Menschen eben nur erklären, warum wir die Möglichkeit haben, über den Euro beispielsweise die Massenarbeitslosigkeit zurückzuführen." (Lafontaine in der *ZDF*-Sendung „Was nun, Herr Lafontaine?" vom 28. Januar 1998, zitiert nach BPA-FHS I vom 29. Januar 1998).

407 Kohl hat sich diese These nach dem Eindruck des Verfassers nicht zu Eigen gemacht.

408 Coordt von Mannstein in *WDR 2* am 30. Januar 1996 (BPA-FHS I vom 31. Januar 1996).

keine populäre Talkshow, die *von Mannstein* nicht für seine Euro-Werbung einspannen wollte. Man versprach den Regierungsleuten *Product Placement* in einem bis dahin beispiellosen Ausmaß bei minimalen Kosten.[409]

Mit Blick auf das Massenmedium *Hörfunk* wurde dem BPA eine angeblich flächendeckende Zusammenarbeit mit den deutschen Radiostationen verkauft. Ihr „Kontaktmanagement", so die Agentur, werde zu einem Euro-freundlichen „Transfer aktueller Highlights" („Top-News mit background-stories") führen, beginnend im „1. Quartal 1996". Vermittelt werden sollte so in den redaktionellen – weitgehend für die Bundesregierung kostenfreien – Teilen der Programme die Aussage „Europa. Zukunft, die sich lohnt". In einer „Sandwich-Technik" wollte man die „zielgruppenspezifische Argumentation", der Euro sei eine gute Sache, einbetten in das „thematisch übergeordnete Dach ‚Europa'" und die „nutzenorientierte gemeinsame Basis ‚Zukunft, die sich lohnt'". Die Aussage sei „Vision und Versprechen zugleich".[410] Hochschulen werde man „im Rahmen eines Studium Generale" für Vorlesungen zum Thema „WWU – Dichtung und Wahrheit" gewinnen; „profilierte Befürworter der Währungsunion" sollten als Gastredner auftreten und die Bedeutung des Themas und der Veranstaltung hervorheben.[411] Nachwuchsjournalisten sollten „für herausragende Berichterstattung" über den Euro mit einem feierlich und medienwirksam zu überreichenden Preis ausgezeichnet werden.

Die Agenda sollte durch einen – im Vergleich zu industriellen Kampagnen dieser Größe äußerst preiswerten – medialen Großangriff auf allen Kanälen die Euro-Skepsis der Bevölkerung innerhalb von ein, zwei Jahren verwandeln in eine freundliche Aufgeschlossenheit, ja erwartungsfrohe Neugier auf das neue Geld. Man unterstellte, die Medien würden keinerlei Problem darin sehen, sich die Währungsunion zu Eigen zu machen, und sich entsprechend engagieren, handele es sich doch um ein durch und durch pro-europäisches Projekt (Anm. 36). Kurzum: *von Mannstein* versprach dem Bundespresseamt 1995 das Blaue vom Himmel herunter. Offenbar wurde dennoch niemand hellhörig.

Die Erwartungen erfüllten sich nicht, denn sie beruhten auf einer gründlichen Verkennung der Arbeitsweisen der Zeitungs-, Radio- und Fernsehredaktionen, die

409 Projekt 3.4 im „PR-Maßnahmenkatalog" der Agentur *von Mannstein* für die Präsentation vom 30. November 1995. Unter 3.5 werden als realistisch ab Anfang 1996 „ca. vier Serien-TV-Titel in ‚Etablierten Serien' p.a., eine ‚Neue Euro-TV-Serie'" und „zwei Hörfunkspiele" genannt. Das Konzept ging im Rahmen eines „Kontaktmanagements mit Programmdirektoren und Unterhaltungsredakteuren" von tiefen Eingriffen in Drehbücher und Regiearbeit etwa der *ARD*-Serie „Lindenstraße" durch die Agentur *von Mannstein* aus – bis hin zu Interventionen bei der Auswahl von Drehorten und „Gast-Stars etc.".

410 „Konstante Aussage und Aktionssymbol" in der „Kommunikationsstrategie" der Agentur *von Mannstein* für die Präsentation vom 30. November 1995.

411 Unter Projekt 10.5 im PR-Maßnahmenkatalog der Agentur *von Mannstein* heißt es: „In einem Pre-Test-Gespräch hat ein Professor der Universität Rostock diese Möglichkeit sehr begrüßt." – Im Sommer 1996 fand in Zusammenarbeit mit der Europäischen Kommission eine „Europa-Infomobiltour" zu 45 deutschen Hoch- und Fachhochschulen statt (Quelle: BPA-Zwischenbericht zur Öffentlichkeitsarbeit der *Aktionsgemeinschaft Euro* – Stand: Januar 1998). Inwieweit dort auch Sonder- und Gastvorlesungen realisiert werden konnten, ist nicht überliefert.

geprägt werden vom professionellen Selbstverständnis der dort arbeitenden Journalistinnen und Journalisten. Die vom BPA angesprochenen Redaktionen reagierten vielmehr reserviert auf Versuche, sie staatlicherseits für einen Stimmungsumschwung zugunsten des Euro zu instrumentalisieren.[412] Wissend um die Haltung der Bevölkerung, bevorzugten es die Verantwortlichen in den Redaktionen, gegenüber dem Projekt *Währungsunion* Distanz zu wahren, zumal man sich im Interesse der eigenen Glaubwürdigkeit nicht in einen Widerspruch zur jeweils aktuellen Nachrichtenlage bringen wollte.

Regierungssprecher Hausmann hätte diesen Verlauf voraussehen können. Er stammte vom *Bayerischen Rundfunk* und war mit den Strukturen, Regeln und Arbeitsweisen einer öffentlich-rechtlichen Rundfunkanstalt vertraut.[413] Nicht eine einzige der *von Mannstein* skizzierten, für diesen Zweck erdachten TV-Produktionen für ein Millionenpublikum wie „Das Euro-Festival" hat sich realisieren lassen.[414] Gotto beschrieb diese Erfahrung:

> Wir haben große Probleme mit den öffentlich-rechtlichen Sendeanstalten. Die wollen nicht so wie wir.[415]

Die erhoffte Euro-freundliche Neuauflage einer Samstagabend-Show á la „EWG – Einer wird gewinnen", produziert und bezahlt von der ARD, mit den erwünschten Botschaften ausgestattet vom BPA, fand nicht statt. Macht nichts: Spätestens 1999 werde die „mediale Entwicklung [ohnehin] zum Selbstläufer", da sei er auf Grund des wachsenden Informationsbedarfs sicher, sagte Gotto 1998.[416]

6.2 Weigerung des Bundesbankpräsidenten führt zum Eklat

Wirklich aufgeschlossen waren von Anfang an nur die Anzeigenabteilungen der angesprochenen Medienhäuser. Hier konnte man jedoch im BPA rechnen, solange man wollte – eine das tägliche Reklamegrundrauschen durchdringende Kampagne gab der Etat nicht her. Deshalb, so der damalige Regierungssprecher, habe man „aus der Not eine Tugend gemacht":

---

412 Die Tatsache, daß *von Mannstein* als Hausagentur der CDU bekannt war, dürfte die Aufgeschlossenheit in einigen Medienhäusern nicht vergrößert haben.

413 Die Vermutung, Hausmann könnte vom Kanzleramt bei der Entscheidung überstimmt worden sein, welche Agentur den Auftrag erhalten solle, ließ sich nicht verifizieren.

414 Eine Zwischenbilanz des BPA vom Januar 1998 über die Aktivitäten der *Aktionsgemeinschaft Euro* meldet die Ausstrahlung von zwölf Fünf-Minuten-Beiträgen „Wir in Europa/Auf den Spuren Europas" im *Bayerischen Fernsehen* mit Wiederholung im Kulturkanal *3sat*. Daß Hausmann hierfür seine Kontakte zu seinem ehemaligen Arbeitgeber nutzte, ist naheliegend, aber Spekulation.

415 Gotto im Interview vom 11. Februar 1998. Unter anderem hatte man im BPA geglaubt, die öffentlich-rechtlichen Anstalten für die kostenlose Schaltung von Werbespots nach dem Vorbild von *Keine Gewalt* gewinnen zu können. Diese hätten dem BPA aber entgegnet, das Thema *Euro* „paßt nicht in diese Kategorie" (Gotto-Stellvertreter Bernhard Vogt am 17. Februar 1998 zum Verfasser).

416 Ebenda.

Was wir allerdings geschafft haben: Eine PR-Kampagne in Gang zu bringen. Wir haben ja unseren Slogan „Der Euro kommt" relativ früh auf den Markt gebracht, auch mit Testimonial-Anzeigen, und wir haben durch viele Gespräche – Einzelgespräche, aber auch Gespräche im größeren Kreis – erreicht, daß der Euro und dieser Slogan, der Gedanke, daß man für den Euro etwas tun muß, vor allem auch von der Geldwirtschaft und der Finanzwirtschaft aufgegriffen worden ist.[417]

Die Agentur *von Mannstein* hatte bereits in der Präsentation vom 30. November 1995 vorgeschlagen, bekannte und vertrauenswürdige Persönlichkeiten im Wege von *Testimonials* (Auftritten als glaubwürdig erachteter Zeugen) für einen Autoritätstransfer zugunsten der neuen Währung zu nutzen.[418] So geschah es – gegen den Einspruch der Vertreter von EU-Kommission und EU-Parlament. Handwerkspräsident Heribert Späth („Der Euro hilft, Arbeitsplätze zu sichern"), *Siemens*-Vorstand Heinrich von Pierer („Der Euro stärkt den Handel und mehrt den Wohlstand") oder Fußball-Bundestrainer Berti Vogts („Der Euro ist ein Steilpass in das nächste Jahrhundert") konnten für eine *Testimonial*-Kampagne in den Tageszeitungen gewonnen werden.[419]

Der Versuch, auch den Bundesbankpräsidenten als Zeugen für den Euro zu gewinnen, endete im November 1996 allerdings in einem Eklat. Hans Tietmeyer teilte der Bundesregierung mit, für eine Anzeigenserie zur Währungsunion stehe er nicht zur Verfügung. Nicht Bonn, sondern die EU-Kommission in Brüssel machte den Vorgang öffentlich und ließ wissen, man sei empört über die Haltung der Bundesbank. Regierungssprecher Hausmann versuchte zwar noch, den Vorgang als „typische Brüsseler Aufgeregtheit um Kleinigkeiten" und „klitzekleine Facette"[420] zu klassifizieren, aber in der Öffentlichkeit verstärkte der Streit den Eindruck tiefer Meinungsverschiedenheiten um die EWU zwischen Bonn und Bundesbank.[421]

Die Pressestelle der Bundesbank erklärte damals, die Bundesbank fühle sich „nicht zuständig für das politische Projekt ‚Währungsunion'". Man unterstütze den Euro „sehr wohl", der Präsident setze sich in zahlreichen öffentlichen Veranstaltungen mit Fragen der Währungsunion auseinander. Die Mitwirkung in einer Werbekampagne jedoch „verstünde sich nicht mit unserem Neutralitätsverständnis".[422]

Tietmeyer sagte im Rückblick, er habe immer „eine gewisse Reserve gehabt gegenüber großen Werbekampagnen". Eine Währung sei eine viel zu seriöse Angelegenheit, als daß man sie „zum Gegenstand von Werbung" machen sollte. „Schokoladen-Euros und alles so etwas hat es gegeben, was ich im Grunde genommen für

417 Interview mit Peter Hausmann (S. 1).

418 Der Plan war bereits in der ersten Runde unter den Agenturvertretern umstritten.

419 Vogts Auftritt führte zu Reaktionen in der Bevölkerung wie: „Wenn der etwas von Währung versteht, verstehe ich ab heute etwas von Fußball." Das BPA entgegnete, es müsse „nicht immer ein Fachmann sein"; Vogts sei „ein vertrauenswürdiger Sympathieträger" (*Frankfurter Rundschau* vom 27. März 1998, S. 6).

420 Peter Hausmann telefonisch am 11. November 1996 zum Verfasser.

421 Andreas Mihm (Brüssel) kommentierte: „Die Deutsche Bundesbank nimmt damit so klar wie nie zuvor gegen die Euro-Politik der Bundesregierung Stellung. Dieser Affront ist ein weiteres Glied in einer langen Kette von Reibereien und Sticheleien ..." (*Berliner Zeitung* vom 11. November 1996, S. 4).

422 Bundesbanksprecher Manfred Körber telefonisch am 11. November 1996 zum Verfasser.

wenig sinnvoll halte." In der konkreten Situation 1996 hätten die Menschen auf die Bundesbank „in besonderer Weise" geschaut, begründet Tietmeyer seine damalige Entscheidung weiter. Sich als Zeugen für den Euro abbilden zu lassen, hätte seines Erachtens ernsthafte Folgen für die ganze Bank haben können:

> Sie wäre nicht mehr in der Lage gewesen, zu sagen: „Die [Beitritts-] Kriterien sind nicht erfüllt." Deswegen mußte sie sich diesen Freiheitsraum erhalten. Ich habe von Anfang an klargemacht: Ich möchte meine unabhängige Position bewahren, denn die Menschen vertrauen der Bundesbank. Werbekampagnen sind nicht mein Geschäft.[423]

Hausmann entgegnete, er verstehe und respektiere Tietmeyers Begründung. Es habe aber seinerzeit eine mündliche Zusage von ihm gegeben, sich samt Foto als Fürsprecher des Euro zur Verfügung zu stellen. Dafür gebe es Zeugen:

> Es war eine dieser ... Runden, wo Theo Waigel die ... Spitzen der Geldinstitute ... der Versicherungen, des Einzelhandels, BDI, DIHT, BDA, Gewerkschaften bis hin zu den Verbraucherverbänden auf den Petersberg eingeladen hatte. Da habe ich vorgestellt in dieser Runde, was wir machen wollen, eben dieses Thema auch in *Testimonials* angehen, weil eben die Menschen in solchen Phasen auch immer jemanden suchen, an dem sie sich orientieren können, und Tietmeyer saß da zwei oder drei Sitze weiter, und dann habe ich gesagt: „Herr Tietmeyer, ich zähle da auch auf Sie, daß Sie da mitmachen!". Da hat er gesagt: „Aber natürlich." ... Ich hätte mir gewünscht, er wäre damals bei seiner Zusage geblieben.[424]

Gottos Leitlinie *Vertrauen gewinnt man über Personen* erlitt durch diesen Mißklang einen Rückschlag, Bunz und Löffler sahen sich in ihrer Ablehnung gegenüber einer *Testimonial*-Serie bestätigt, was nicht zur Klimaverbesserung innerhalb der *Aktionsgemeinschaft Euro* beitrug.[425]

6.3 Banken nutzen Verunsicherung der Bevölkerung aus

Verwirklicht wurde demgegenüber die Absicht der Bundesregierung, die Kreditwirtschaft zumindest als Informationsträger zu gewinnen. Banken und Sparkassen investierten zwischen 1995 und 1998 einen neunstelligen D-Mark-Betrag in ihre Euro-Informationsarbeit.[426] Dies geschah allerdings zunächst unfreiwillig, wie ein an verantwortlicher Stelle tätiger Mitarbeiter einer Großbank berichtet:

---

423 Interview mit Hans Tietmeyer (S. 6).

424 Interview mit Peter Hausmann (S. 6). Kurz zuvor hatte Bundeskanzler a. D. Helmut Schmidt – der an der Anzeigenkampagne mitwirkte und sich mit erhobenem Zeigefinger ablichten ließ – dem Bundesbankpräsidenten in einem *Offenen Brief* „Sabotage an der Politik der Bundesregierung und eine versteckte anti-europäische Haltung" vorgeworfen (zitiert nach *Berliner Zeitung* vom 11. November 1996, S. 1).

425 Interview mit Klaus Gotto (S. 2).

426 Hartmut Knüppel, Geschäftsführer des *Bundesverbandes deutscher Banken*, nannte eine Gesamtsumme von 250 Millionen Mark für die Kreditwirtschaft in den Jahren 1996 bis 1999 („Betteln für den Euro", *Focus* 8/1996, S. 184). Der tatsächliche Aufwand dürfte schließlich mindestens doppelt so hoch gelegen haben.

An unseren Schaltern spielten sich unglaubliche Szenen mit völlig verunsicherten Kunden ab. Die Menschen hatten eine furchtbare Angst, bestürmten uns mit Fragen. Sie fürchteten, ihre Rente werde halbiert und ähnliches. Das war die Folge der staatlichen Werbe- und Aufklärungsarbeit für den Euro. Die war nämlich eine Katastrophe.

Keine der europäischen Regierungen hat hier etwas geleistet. Das war nicht nur eine Frage des Geldes, sondern auch eine Frage des Willens. Man hätte frühzeitig einen vernünftigen Aktionsplan schmieden und Verbündete finden können, doch die Regierung hat uns viel zu spät angesprochen.[427]

Die Geld- und Finanzwirtschaft erkannte jedoch sehr schnell die einmalige Chance, die ihr diese erste allgemeine Verunsicherung der Menschen bot. Marketingfachleute und Öffentlichkeitsarbeiter ersonnen ab Ende 1995 zusammen mit den für die technische Umstellung auf Euro verantwortlichen Kollegen Konzepte, wie man die emotionale Ausnahmesituation gewinnbringend nutzen könnte.

Ziele waren die Positionierung als Euro-kompetente Bank und die Nutzung eventueller Vorbehalte gegenüber dem Euro durch eine entsprechende Beratungs- und Verkaufspolitik. Ausgehend von „psychologischen Abwehrhaltungen", resultierend aus der Tatsache, daß die Menschen den Euro als „von oben verordnet" empfanden, verordneten sich die Geldhäuser Fingerspitzengefühl:

- Grundsatz: Keine Belehrung – Keine Bekehrung
- Die Banken als Kompetenzträger müssen nicht überzeugen (das ist Aufgabe der Politik), sondern sachlich aufklären und – wo nötig – mobilisieren
- Vorsicht mit flotten Werbesprüchen![428]

Mit hohem Aufwand wurden zunächst die eigenen Mitarbeiterinnen und Mitarbeiter auf die neuartige psychologische Situation ihrer Kundschaft eingestimmt und mit Broschüren, Euro-Ordnern, Workshops für Euro-Beauftragte, Spezialsendungen für das firmeneigene Fernsehprogramm und täglich aktualisierten Sprachregelungen per Intranet ausgestattet.

Der Vorbereitungsphase schloß sich die „Ertragsgenerierungsphase" an: Die Kreditinstitute wollten nicht nur ihre EWU-induzierten Kosten wieder einspielen, sondern den – wie sie hofften – erarbeiteten Kompetenzvorteil in zusätzliche Erträge umsetzen. Gerade kleine und mittlere Unternehmer seien „als völlig hilflose, arme Schweine" existentiell bei der bevorstehenden Währungsumstellung auf ihre Hausbank angewiesen, hieß es in einem Institut.[429]

Der Erfolg dieses Versuchs einer Differenzierung im Wettbewerb durch Euro-Öffentlichkeitsarbeit war für manche Häuser spektakulär. Kunden, die sich von ihrer Hausbank mit ihren Fragen und Sorgen nicht ernst genommen fühlten, wech-

427 Wortlautauszug eines Telefongesprächs vom 08. März 1999. Anonymität wurde zugesagt. Hausmann sagte dazu: „Wir haben mit den Vorständen der großen Banken Kontakte gehabt und unsere Gespräche geführt. Natürlich war allen bewußt, daß die Finanzwirtschaft – ob das die großen Versicherungen waren oder die Geldinstitute – ihren Beitrag leisten muß." (Interview mit Peter Hausmann, S. 5).

428 Chart-Text des Seminars „Öffentlichkeitsarbeit durch Euro-Kompetenz", *Überreuter Managerakademie*, 22. Oktober 1998, Frankfurt am Main.

429 Anonymität wurde zugesichert.

selten in dieser – von ihnen als Ausnahmesituation empfundenen – Zeit die Bank, was für die Branche mit ihrer damals noch hohen Kundentreue ungewöhnlich war.

Banken und Sparkassen, deren Schalterpersonal ratlos oder desinteressiert wirkte, bekamen damit in den Jahren 1996 bis 1998 Probleme – auch und besonders mit jenen Kunden, die glaubten, für sie stehe materiell durch das absehbare Ende der D-Mark besonders viel auf dem Spiel.

Der Informationsbedarf war enorm. Eine Großbank sicherte sich mit einer einzigen *Euro-spezial*-Beilage in einer Fernsehzeitschrift 50.000 neue Kundenadressen. Die Neuauflage eines Euro-Strategiefonds erbrachte 12.000 Anfragen innerhalb von drei Wochen („fünf Prozent Kunden, 95 Prozent Nichtkunden, 90 Prozent im Expansionsgebiet").[430]

Die Euro-Broschüren einiger Banken waren derart gefragt, daß sie pro Ausgabe Auflagen von bis zu 300.000 Exemplaren erreichten und parallel im Zeitschriftenhandel zu mehr als kostendeckenden Preisen verkauft werden konnten. In der Hochphase verteilte dieses Institut 1,5 Millionen Broschüren über die Umstellung auf Euro und ihre Folgen und verzeichnete 300.000 Zugriffe auf seine Internetseiten pro Monat. Die ganze Werbe- und Öffentlichkeitsarbeit war einem vom Vorstand vorgegebenen Ziel untergeordnet:

> Die Kosten der Umstellung und die Ertragseinbußen im Zuge der EWU sollen durch zusätzliche Erträge wieder hereingeholt werden.[431]

Von einer Idealisierung des Europagedankens, wie sie das BPA und seine Agentur *von Mannstein* noch als „übergeordnetes Dach" ihrer Kampagne definiert hatten, oder einer grundsätzlich positiven Euro-Pädagogik wollten die Kreditinstitute freilich nichts wissen („Keine Belehrung – Keine Bekehrung"), wie man in der *Aktionsgemeinschaft Euro* pikiert registrieren mußte – im Gegenteil. Die Geldhäuser sprachen das Publikum direkt auf dessen persönlichen Vorteil an, was nur funktionieren konnte, wenn man als Bank zumindest den Eindruck erweckte, man teile die eine oder andere Befürchtung im Hinblick auf die neue Währung[432] – eine Ursache für die große Resonanz (Anm. 37).

Da sich die ursprünglichen Kostenschätzungen der Banken und Sparkassen zum Teil als ebenso deutlich überhöht erwiesen[433] wie die Kalkulationen von Ertragsausfällen durch den Entfall von intereuropäischen Devisenhandel, Wechselkursabsi-

430 Interne Euro-Projekte-Bilanz einer Großbank.

431 Ebenda.

432 Andernfalls wäre die Empfehlung von Gegenmaßnahmen kaum plausibel. Schlagzeilen des *Euromagazin* der *HypoVereinsbank* lauteten: „Inflation – Auftrieb durch den Euro?" (Ausgabe 1/98) oder „Mehr Wert? Was der Euro teurer macht. Und was billiger wird" (Ausgabe 2/98). Verlost wurden 100 CDs der Düstermusiker von *Massive Attack*.

433 In einer Bank wurde bilanziert: „Die technischen Umstellungskosten sind nur halb so groß wie geplant. Es fallen Kosten in Höhe von ca. 80 Mio. DM (statt 150 Mio. DM) an. Die Gründe dafür sind der Risikozuschlag auf die ursprünglichen Planungen und die außerordentlich effektive Projektorganisation."

cherungsgeschäften und Provisionsverfall[434], sah die Bilanz schon zum 1. Januar 1999 für geschickt agierende Häuser nicht schlecht aus:

> Wir haben den Euro bei der Kundenberatung genutzt, um Geld zu verdienen: Euro-Anlagefonds brachten bis zu vier Milliarden D-Mark Neugeschäft, Euro-bedingtes Neugeschäft im Immobilienbereich Abschlüsse in Höhe von 2,6 Milliarden D-Mark. Im Firmenkundengeschäft dienten Euro-Beratungsgespräche der Kundenbindung und als Einstiegsgespräch bei Neukunden auf Basis unserer Euro-Kompetenz.[435]

Die Vorgabe des Vorstands, Euro-induzierte Kosten und Umsatzausfälle durch Neugeschäft zu kompensieren, wurde in diesem Fall bereits mit Beginn der dritten Stufe der EWU drei- bis vierfach übererfüllt. Weniger gut auf die EWU eingerichtete Konkurrenzinstitute erlitten demgegenüber Kunden- und Umsatzverluste.

Ermöglicht wurde dies unter anderem durch die Sondersituation einer massiven Verunsicherung der Kundschaft, die einher ging mit einer als unzulänglich empfundenen Informationsarbeit der staatlichen Stellen, so daß die Geld- und Finanzwirtschaft diese Lücke füllen mußte, was sie, als sie die daraus resultierenden Möglichkeiten erkannte, bald auch gerne tat.

6.4 Euro-Fans wird der MMWI-Fonds verkauft

Euro-Quiz, Euro-Magazine, Euro-Preisverleihungen, Kundenveranstaltungen in den Filialen – vieles von dem, was sich das BPA und seine Agentur für seine staatliche Arbeit ausgedacht hatte, wurde von der Kreditwirtschaft umgesetzt.[436] Dabei entstanden den Auftraggebern hohe Kosten für die Buchung von Werbeflächen, Herstellung von Broschüren, Schaltung von Hotlines, Schulung von Mitarbeiterinnen und Mitarbeitern, während das BPA auf „social marketing" *(von Mannstein)* gesetzt hatte, also auf ein Entgegenkommen der Radio- und TV-Redaktionen.

Neben den klassischen Geldhäusern erkannten auch die Finanzdienstleister die Gelegenheit, ihre Zielgruppen in der Sondersituation der bevorstehenden Währungsumstellung leichter durchschauen und als Kunden gewinnen zu können.

Mittels weniger gezielter Fragen, so das *BHW* (früher *Beamtenheimstättenwerk*, 2005 ein Konzern mit 3,6 Millionen Kunden und 115 Milliarden Euro Bilanzsumme[437]), müsse man gleich zu Beginn des Verkaufsgesprächs herausfinden, wen man vor sich habe, ob der potentielle Kunde „pro, kontra oder neutral" zum Euro stehe.

---

434 Hier belief sich die Ertragseinbuße auf insgesamt 43 Millionen DM. Veranschlagt worden war 1996 ein Minus von 100 Millionen DM. Erklärung: „Ertragslücken wurden durch Neugeschäfte geschlossen." (Quelle: Interne Euro-Umstellungs-Bilanz einer Großbank)

435 Interne Euro-Umstellungs-Bilanz einer Großbank (Gesamtvolumina, nicht Erträge).

436 Die *HypoVereinsbank* erreichte allein damit nach eigenen Angaben über 100.000 Menschen. In Berlin hieß es von Vertretern der Regierungen Kohl und Schröder, man habe „stets voller Neid die außerordentlich gelungene Euro-Kampagne der *HypoVereinsbank* beobachtet" und sich gefragt, „warum wir nicht auch so etwas zustande gebracht haben" (Anonymität wurde den Informanten zugesichert). Das Institut hatte sich zum Kummer der Konkurrenz und der *Aktionsgemeinschaft Euro* außerdem rechtzeitig die Internetadresse www.euro.de gesichert, die sie nach wie vor als Informations- und Werbeplattform nutzt.

437 Angaben aus *BHW*-Internetauftritt www.bhw.de/unternehmen/ vom 20. April 2005.

Dies sei wichtig, um die „richtigen" *BHW*-Produkte zu empfehlen, hieß es in einem firmeninternen Leitfaden für *BHW*-Vertreter:

> Entpuppt sich der Kunde als „Euro-Fan", d. h., erwartet er einen „harten" Euro, stabile Zinsen und eine positive Wirtschaftsentwicklung, dann sind folgende Produkte angebracht:
>
> - BHW Dispo plus – mit weiterhin hoher Verzinsung im Anlagevergleich
> - MMWI-Euroleaders-Fonds – Beteiligung am wirtschaftlichen Aufschwung in Europa durch einen Aktienfonds, der in europäische Top-Aktien anlegt.
>
> Erweist sich der Kunde als „Euro-Skeptiker", d.h., er sieht einen „weichen" Euro, höhere Zinsen und Preisinflation, dann sind diese Produkte geeignet:
>
> - BHW Dispo plus – niedriger Darlehenszins nach Zuteilung für Bauspardarlehen – weit über die Euro-Einführung hinaus
> - BHW Tilgungshypotheken – mit Zinsbindungen über 15 oder 10 Jahre
> - Immobilienangebot von BHW Immobilien, falls möglich.[438]

Die *Deutsche Vermögensberatung AG*, nach eigenen Angaben Marktführer im Allfinanz-Sektor, bezeichnete den Euro als „Segen für die DVAG-Vermögensberater". Die 15.000 Vertreter verzeichneten eine steigende Nachfrage nach Aufklärung ihrer Kunden angesichts der bevorstehenden Einführung des Euro, berichtete *DVAG*-Alleinvorstand Reinfried Pohl. Die Umsatzerlöse aus Provisionen seien 1997 um 19 Prozent gestiegen, das Betriebsergebnis um 44,4 Prozent. Die Zahl der Vermögensberater solle deshalb bis zum Jahr 2000 auf 20.000 gesteigert werden.[439]

Im Kontrast dazu durchlebte die *Aktionsgemeinschaft Euro* mit Vertretern aus Bundesregierung, EU-Kommission und EP bis 1999 eine Reihe von Krisen und stand mehrfach kurz vor der Auflösung. Axel Bunz mußte hinnehmen, daß seine Bemühungen, in Brüssel Geld zu beschaffen für die deutsche Euro-Öffentlichkeitsarbeit, dazu führten, daß er von der Entscheidungsfindung ausgeschlossen wurde:

> Brüssel gab das Geld direkt an die Bundesregierung – und wir als EU-Kommissionsvertretung durften nur noch bei der Jahresplanung wirklich mitreden. Brüssel wollte das so. Es kam zu einem Eklat, zu einem richtigen Konflikt mit dem Kabinett. Ich habe gesagt: „Ich lehne die Verantwortung für das Projekt ab, wenn das so läuft." Antwort des Kabinettschefs: „Die Verantwortung übernehmen wir." Daraufhin haben wir das praktisch nur noch arbeitstechnisch abgewickelt.[440]

438 Interne *BHW*-Broschüre „Nur für BHW-Vertreter" vom Januar 1998, S. 25. So gut wie alle Finanz- und Kreditinstitute entwickelten in diesen Monaten „Euro-Tests" und ähnliches, um ihre Vertriebsstrategien möglichst gut auf die Erwartungen der Kunden abzustimmen. Die *Deutsche Bank* erklärte, Umfragen hätten ergeben, daß „fast drei Viertel der Bundesbürger erwarteten, von ihrer Bank über den Euro aufgeklärt zu werden" (zitiert nach *AFP*-Meldung vom 25. Februar 1998).

439 Der Euro ist ein Segen für die DVAG-Vermögensberater, *Frankfurter Allgemeine Zeitung* vom 10. Februar 1998, S. 22. Für die Organisation der Schulung der neuen Vertreter holte Pohl 1999 den ehemaligen Kanzleramtsminister Friedrich Bohl in die *DVAG*-Geschäftsleitung und ernannte ihn zum Generalbevollmächtigten. Bohl hatte als Kohl-Intimus an der Durchsetzung der Währungsunion wesentlichen Anteil.

440 Interview mit Axel Bunz vom 08. März 1999 (S. 1).

Eine Folge war, daß sich Bunz mit seinen Vorstellungen gegenüber dem BPA nicht durchsetzen konnte. Während Gotto den Euro (sein „Findling") absichtlich zunächst nicht thematisieren wollte, verlangte Bunz nach seiner Schilderung, den Euro „von Anfang an voll in den Mittelpunkt zu stellen – mit dem Slogan: ‚Der Euro kommt'". Er als Vertreter der EU-Kommission habe bereits bei der Konstituierung der *Aktionsgemeinschaft Euro* Ende 1995 gedrängt, „von Anfang an voll zu powern", aber daraus, so Bunz, sei nichts geworden:[441]

> In der [Bundesregierung] gab es dagegen viele Vorbehalte. Man wollte sich den Ausgang offenhalten, falls man parteipolitisch in Turbulenzen geraten sollte – etwa, falls die SPD, zum Beispiel nach einem Wahlsieg in Baden-Württemberg, voll auf Gegenkurs gehen sollte. ... Das war [zu unserem Kummer] viele Monate lang ein halbes Ja und ein halbes Nein zum Euro, völlig windelweich, zumal man in der Union auch nicht wußte, wie sich am Ende die Bundesbank verhalten würde.[442]

„Die Umfragen können wir ohnehin nicht gewinnen", habe er argumentiert, also gehe es darum, die „Multiplikatoren" zu überzeugen, damit diese „den Rest der Bevölkerung" überzeugten. Doch er sei an einer indifferenten Haltung gescheitert:

> Eine Runde von zwölf Elitenvertretern – von mir König-Artus-Tafelrunde genannt – kam nicht zustande, weil niemand ... aus der Deckung gehen wollte, als die Sache mit dem Euro auf der Kippe stand. Es gab keine Leadfigur, niemanden, nicht einmal Herrn Breuer von der Deutschen Bank.[443]

Auch andere Mitglieder waren unzufrieden mit der Arbeit der *Aktionsgemeinschaft*, dem Verhalten der Vertreter des BPA und ihren Resultaten. Die „technischen Mängel waren ganz gravierend", hieß es von einem Insider, der ungenannt bleiben möchte, „wir mußten dauernd aus der Defensive agieren". Jegliche Bindung an eine einzige Agentur sei abzulehnen gewesen, zumal diese nicht Resultat einer ordentlichen Ausschreibung gewesen sei, sondern lediglich einer Präsentation.[444] Absprachen, so weitere Kritik, seien nicht eingehalten worden, das BPA habe die Federführung an sich gerissen, von einer verläßlichen Linie habe keine Rede sein können:

> Heute wurde 'mal ein Spot gesendet, morgen eine Anzeige geschaltet, und übermorgen gab es gar nichts. Das war doch wirklich keine komponierte Kampagne. Deshalb gab es dauernd Krach. Der Kanzler wurde wahrscheinlich selektiv informiert. An der Informationspolitik konnte jeder sehen, wie zerstritten alle sind. Bunz und Gotto sind jedesmal aneinandergerasselt. Der Euro ist eben ein höchst politisches Thema, und das haben wir als Aktionsgemeinschaft zu spüren bekommen.[445]

Innerhalb der Bundesregierung zeigten sich ebenfalls Meinungsverschiedenheiten über Rolle und Arbeit des BPA. Das Auswärtige Amt verlangte, darauf hinzuwir-

---

441 Die *Aktionsgemeinschaft* verwendete den Slogan „Der Euro kommt" ab Ende 1996.

442 Ebenda. Kohl und seine ehemaligen Mitarbeiter bestreiten energisch jedes Zögern.

443 Interview mit Axel Bunz vom 08. März 1999 (S. 2).

444 Hausmann widerspricht der Darstellung: „Nach meiner Kenntnis war es eine Ausschreibung. ... Die Geschichte war schon so, daß wir Wert darauf gelegt haben, daß das hier den normalen Weg geht." (Interview mit Peter Hausmann, S. 2). Gotto-Stellvertreter Vogt ergänzte, *von Mannstein* habe den Etat bekommen für die „Herausarbeitung der politischen Botschaft – das haben die einfach kapiert" (Vogt zum Verfasser am 17. Februar 1998).

445 Dem Informanten wurde Anonymität zugesichert.

ken, „daß eine möglichst große Mehrheit hinter den zu treffenden politischen Entscheidungen steht". Deshalb sei zu überlegen, „ob Medien- und Werbekampagnen zugunsten Europas nicht stärker emotional ausgerichtet werden müßten", wie dies in Großbritannien unter dem Motto *Europe working for the people* gelungen sei:

> Die rationale Erklärung und die Werbung für die europäische Integration spricht die Eliten an und hat dort ihre Wirkung getan. Offenbar verfehlt [sie] aber ihre Wirkung bei der allgemeinen Bevölkerung. Ein Auseinanderfallen der Auffassungen von Eliten einerseits und allgemeiner Bevölkerung andererseits hinsichtlich europäischer Fragen ist gefährlich und sollte angesichts der Größe der anstehenden europapolitischen Aufgaben vermieden werden.[446]

Ob *Werbung*, *PR* und *Öffentlichkeitsarbeit* für den Euro bevorzugt auf rationaler oder auf emotionaler Ebene stattfinden sollten, war Streitthema in vielen Sitzungen der *Aktionsgemeinschaft Euro*. Meistens wurde die Auseinandersetzung vertagt, um bei nächster Gelegenheit von vorne zu beginnen. Entgegnet wurde vom BPA meist, man sehe dieses Problem, müsse sich aber an die Multiplikatoren wenden, weil das Geld für eine Ansprache breiter Massen nicht vorhanden sei – und dafür komme nur eine sachliche Ebene in Frage. So drehte man sich im Kreis.

Mit Bitternis wurde intern und extern registriert, daß die *Aktionsgemeinschaft Euro* während der gesamten Diskussion um die Einhaltung von Kriterien und Zeitplan 1997/1998 weitgehend stumm blieb, keine plausible Gegenstrategie kommunizieren konnte. Angesichts der Übermacht der täglichen Schlagzeilen, so eine Erklärung aus dem BPA, wäre jeder Versuch, dagegenzuhalten, von vornherein sinnlos gewesen. In einer von ihnen als schwere Krise erlebten Situation fühlten sich die Akteure machtlos. Hausmann rechtfertigte sich später, Kohl habe nie von ihm verlangt, „jetzt auch einmal etwas zu den Drei-Null" zu sagen:

> Ich habe es nicht für notwendig erachtet, nicht für politisch opportun, in der Öffentlichkeit von der Bundesregierung diese Komma-Null-Diskussion zu führen. Und ich muß sagen: Ich hatte den Bundeskanzler immer auch dahingehend interpretiert, daß er diese Meinung hier auch geteilt hat.[447]

6.5 Glos: Der Euro macht alle Deutschen ärmer

Ursache der Sprachlosigkeit könnte gewesen sein, daß Helmut Kohl keinerlei Verständnis für die Debatte um die Einhaltung der Kriterien hatte („Idiotenkram"[448]). Er hielt sie für höchst gefährlich für sein Projekt und sah ihre Urheber in Waigel und Stoiber. Hausmann verdankte sein Amt Waigels Vermittlung, aber sein Chef war Kohl, und damit saß er zwischen den Stühlen. Insofern wäre jede Stellungnahme für ihn in der Tat „nicht opportun" gewesen (Anm. 38).

Werner Hoyer, Staatsminister im Auswärtigen Amt, beklagte „gewaltige Kommunikationsdefizite" und bezeichnete sich als „schärfsten Kritiker der Euro-Kampagne innerhalb der Bundesregierung". Innerhalb der *Aktionsgemeinschaft Euro*

---

446 Statement von Reinhard Schweppe, Leiter der AA-Unterabteilung Europa (E1), auf einem Seminar der Bonner Vertretung der EU-Kommission am 06. Februar 1998 (unveröffentlichtes Manuskript). Schweppe sagte, es handele sich um seine Privatmeinung.

447 Interview mit Peter Hausmann (S. 4).

448 Interview mit Helmut Kohl, S. 284.

habe es „massiven Krach“ gegeben, weil das Auswärtige Amt „in seiner Not“ auf eigene Faust ein Faltblatt produziert habe, „um überhaupt etwas in der Hand zu haben“. Dieses wiederum habe das Bundesfinanzministerium mit dem Vorwurf auf den Plan gerufen, das AA habe in seine Kompetenzen eingegriffen.[449]

Zwischen Finanzministerium und BPA kam nach Darstellung von Betroffenen „überhaupt keine Zusammenarbeit zustande“. Die Herstellung einer Informations- und Argumentationsmappe (mit „Redevorlage“) für Abgeordnete, Diplomaten, Verbände, Gewerkschaften und Bildungswerke wäre eine Aufgabe der *Aktionsgemeinschaft Euro* gewesen, wurde aber vom Finanzministerium geleistet. Das Haus Waigel erklärte auf Anfrage:

> Es gibt keine Meinung des Bundesfinanzministeriums zu der Öffentlichkeitsarbeit der Bundesregierung für den Euro.[450]

In weiteren Ressorts der Regierung Kohl war man ähnlich unzufrieden bis unglücklich. Die ursprünglich als Sinn und Zweck der Gründung einer Aktionsgemeinschaft festgelegte Bündelung und Koordination alle kommunikationsrelevanten Schritte funktionierte nur auf dem Papier. Daß die *Aktionsgemeinschaft Euro* dennoch durchgehalten habe, war allein dem Umstand zu verdanken, daß andernfalls „der Geldfluß aus Brüssel versiegt wäre“.[451] Etwa anhand von Umfrageergebnissen meßbare Erfolge der Arbeit blieben aus. Die Lagebeschreibungen der *Aktionsgemeinschaft* von 1997 und 1998 gleichen sich einschließlich des Kernsatzes aufs Wort: Ein „gewichtiger Teil der Bevölkerung“ bringe dem Euro „wenig Sympathien“ entgegen, wenn sich auch die Erwartung verfestige, „daß der Euro kommt“. Identisch auch die Feststellung:

> Der Euro ist nach wie vor ein stark mit Emotionen belastetes Thema.[452]

Mangels konkreter Fortschritte hätte sich eine Neuformulierung der Zustandbeschreibung offenbar nicht gelohnt. In der Erkenntnis, daß die Mittel für eine wahrnehmbare klassische Werbekampagne nicht ausreichen, reduzierte man den Etat für Anzeigen, Beilagen und Werbespots von 70 auf 50 Prozent und stattete dafür den Posten „Regionale Dialogveranstaltungen/Events“ und „Öffentlichkeits- und Pressearbeit“ besser aus.[453] Den Versuch, unter Zuhilfenahme „bekannter Sympathieträger“ einen Vertrauenstransfer auf den Euro zu bewerkstelligen, hatte man bereits aufgegeben und sich auf „Informations-/Service-Spots“ konzentriert.[454] Offiziell sollten zwar auch diese dazu dienen, „das Vertrauen der Öffentlichkeit zu

449 Werner Hoyer am 26. Februar 1998 zum Verfasser. „Fragen und Antworten für die Praxis“ erreichten 1998 eine Auflage von 150.000 Exemplaren [Quelle: BMF-Vorlage für die Sitzung des Bundeskabinetts vom 27. März 1998, S. 5 (unveröffentlichtes Dokument)].

450 Michael Röskau, Leiter des BMF-Stabes „Euro“, telefonisch am 09. Februar 1998 zum Verfasser. Auflage der BMF-Broschüre *Der Euro – Stark wie die Mark:* Fünf Millionen.

451 Dem Informanten wurde Anonymität zugesichert.

452 Kommunikationskonzepte der *Aktionsgemeinschaft Euro* für 1997 und 1998, jeweils S. 2 (15. Mai 1997, 1998 ohne Datum).

453 Kommunikationskonzept der *Aktionsgemeinschaft Euro* für 1998, S. 4.

454 Ebenda, S. 6.

erhöhen", aber im Prinzip bedeutete dies die Aufgabe des Versuchs, mit den Mitteln der klassischen Werbung der neuen Währung zu Wohlwollen zu verhelfen.[455]

Damit bildeten Informations- und Diskussionsveranstaltungen das trotz hoher Arbeitsintensität selten gewürdigte Kernstück der Arbeit der *Aktionsgemeinschaft Euro*. Um möglichst viele Multiplikatoren zu erreichen, organisierte und finanzierte man 1996 und 1997 rund 200 Europa-Symposien und -Seminare – oft zusammen mit der *Europa-Union* und der *Europäischen Bewegung Deutschland*. Mit Informationsständen und einem Euro-Zelt bestückte die *Aktionsgemeinschaft* bundesweit Verbrauchermessen, Marktplätze und Fußgängerzonen. Redner und Multiplikatoren wurden mit Argumentationshilfen und Overheadfolien ausgestattet. In mühsamer Kleinarbeit, oft vor nur 20, 30 Menschen, versuchte man den Sinn der Währungsunion zu erklären und auf Fragen einzugehen. Axel Bunz schöpfte aus solchen Veranstaltungen aber auch immer wieder Zuversicht:

> Ich weiß nicht, wieviel hundert Veranstaltungen ich mitgemacht habe mit unseren Parlamentariern und mit sonstigen wichtigen Persönlichkeiten. Sobald die Leute konfrontiert waren mit mehr als der Angstsituation, die sie aus irgendwelchen Kurzkommentaren herausgenommen haben, waren sie bereit, sich damit auseinanderzusetzen – und sie waren auch danach offener. Und dann war es auch immer möglich, sehr große Kreise ... zu aktivieren.[456]

Bunz erklärte in seiner Bilanz, es sei „nicht optimal gelaufen", weil keine Agentur dieses Thema in den Jahren seit 1996 „wirklich überzeugend geschultert" habe. Daher sei das Ergebnis „eben doch relativ bescheiden" geblieben. Da das Geld für eine erfolgversprechende Aufklärung und Sympathiewerbung in den elektronischen Medien nicht einmal ansatzweise gereicht habe, sei fast das gesamte Budget neben einer „dosierten Schaltung von Anzeigen" für Aufklärungsveranstaltungen ausgegeben worden. Nach dem Regierungswechsel im Herbst 1998 und der Einführung des Euro als Buchwährung hätten die Probleme fortbestanden. Dies, so Bunz, habe sich gezeigt in dem Moment, als der Euro im Laufe des Jahres 1999 gegenüber dem Dollar Tag für Tag an Wert verlor und die Schlagzeilen wie zu Zeiten der Verschiebungsdebatte an Unfreundlichkeit wieder einmal nicht zu überbieten waren:

> Auch auf die Gefahr, rechthaberisch zu erscheinen: Ich habe immer gesagt „Liebe Leute, wir müssen eine Krisen-PR haben!". Hatten wir ja nie. Für diese Situation hatten wir überhaupt keine Instrumente entwickelt. Hatten wir bis zum Schluß eigentlich nicht. Haben wir heute noch nicht.
>
> Auch das Problem mit den Preiserhöhungen zum Beispiel hätte man durch eine gute Krisen-PR ... auffangen können. Man hätte von vornherein Argumente finden oder sich zumindest wappnen können: „Da kommt etwas auf uns zu, das ist so sicher wie das Amen in der Kirche". Aber man hat eben lieber die Augen geschlossen und gehofft, es werde schon gut gehen.[457]

Außerhalb der *Aktionsgemeinschaft Euro* wurde die Informationspolitik noch deutlicher kritisiert, wobei meist Bundesregierung und EU-Kommission gemeinsam als Adressaten dienten (Anm. 39). Die Verbraucherverbände sind ein Beispiel dafür,

455 Ebenda.

456 Interview mit Axel Bunz (S. 4).

457 Interview mit Axel Bunz vom 30. Januar 2002 (S. 6). „Preiserhöhungen": Bunz meinte das, was später als *Teuro*-Debatte die öffentliche Diskussion beherrschte.

daß die Kritik den Regierungswechsel von 1998 überdauerte. Die Verbraucherzentrale Berlin beklagte Anfang 1998 Verunsicherung und „viele Unklarheiten" bis hin zu einer Angst vor einer neuen Währungsreform. Verantwortlich hierfür sei „auch eine völlig unzureichende Informationspolitik der Bundesregierung". Als Folge der Stimmung gegen die neue Währung träfen die Verbraucher vermehrt „fatale Fehlentscheidungen", etwa die Flucht in Fremdwährungen oder unseriöse Immobilienangebote. Anfragen aus der Bevölkerung zeigten, so die Verbraucherzentrale Berlin, „daß die Zahl dubioser Geldanlageanbieter, welche Ängste vor dem Euro für ihre Ziele nutzen, kontinuierlich zunimmt" (Anm. 40).[458]

Eine „breite Einbindung von den Verbraucherverbänden bis zu den Gewerkschaften" sei „durchaus gelungen", entgegnete Hausmann in seiner Bilanz der Jahre 1994 bis 1998. Die Euro-Arbeit sei multimedial begleitet worden – erstmals mit der gleichzeitigen Nutzung von CD-ROM, Internet, Fernsehspots, Druckschriften und Anzeigen. „Insofern" habe seine Behörde „alle medialen Möglichkeiten ausgenutzt".[459] Daß der Etatansatz „sehr, sehr gering" ausgefallen sei, habe jedoch deutliche Beschränkungen verursacht, sagte der ehemalige Sprecher Kohls:

> Was wir allerdings geschafft haben: Eine PR-Kampagne in Gang zu bringen. Wir haben ja unseren Slogan „Der Euro kommt" relativ früh auf den Markt gebracht, auch mit *Testimonial*-Anzeigen, und wir haben durch viele Gespräche – Einzelgespräche, aber auch Gespräche im größeren Kreis – erreicht, daß der Euro und dieser Slogan, der Gedanke, daß man für den Euro etwas tun muß, vor allem auch von der Geldwirtschaft und der Finanzwirtschaft aufgegriffen worden ist.[460]

Schließlich müsse man die Arbeit des BPA auch immer vor dem Hintergrund der politischen Stimmungslage in der Koalition sehen, sagte Hausmann, denn die sei nicht unkompliziert gewesen und habe Folgen für die Arbeit des BPA gehabt:

> In der CSU war man sich gar nicht einig, und das ging bis in weite Teile der CDU hinein, ob man jetzt in Sachen Währungsunion die Wähler davon überzeugen soll, daß wir einen tollen Zug haben, oder besser auf die Vorzüge des Bremssystems hinweisen sollten, um das einmal in diesem Bild zu sagen. Und insofern war das eine schwierige Gemengelage; gerade in der CSU hatte man große, große Bedenken wegen des Euro.[461]

Eine uneingeschränkt positive Bilanz seiner Bemühungen zog Klaus Gotto. Es sei dem Bundespresseamt gelungen, die gesellschaftlichen Gruppen zum Mitmachen zu bewegen. Das sei im Vergleich zu 1995, als das gesamte Projekt der Mehrheit noch nebulös, weit entfernt und wackelig erschienen sei, ein Erfolg:

> Wenn die *Bild*-Zeitung schreibt „Der Euro kommt", dann ist das eine Bestätigung unserer Arbeit.[462]

458 Referat von Volker Pietsch, Verbraucherzentrale Berlin, vom 12. März 1998 über „Ängste und Hoffnungen der Verbraucher" (unveröffentlichtes Manuskript).
459 Interview mit Peter Hausmann (S. 5).
460 Ebenda (S. 1).
461 Ebenda (S. 3).
462 Interview mit Klaus Gotto (S. 3).

Außerdem habe man es vermocht, das BPA „außerhalb des politischen Streites" zu halten, auch wenn man ihm in Anspielung auf die Euro-kritischen Ausführungen des bayerischen Ministerpräsidenten Edmund Stoiber „natürlich" gesagt habe:

> Was seid Ihr für ein verrückter Haufen! Eine Rede aus München macht Euch 25 Anzeigen kaputt![463]

Wolfgang Gibowski, stellvertretender Chef des BPA, zweifelte grundsätzlich am Sinn einer Aufgabe, seine Behörde möge für eine signifikante Erhöhung der Euro-Akzeptanz sorgen. Wer das verlange, jage einer „Schimäre" nach:

> Sie haben eine Währung, die funktioniert. Jede Währung funktioniert, denn man kann in jedem Land mit jeder Währung das Entsprechende kaufen. Die deutsche Währung funktioniert aber besonders gut, weil den Deutschen immer von allen Ausländern gesagt wird, daß ihre Währung besonders gut sei ... Und aus welchem Grund sollte jemand diese Währung aufgeben? Dafür gibt es keinen vernünftigen Grund.[464]

In dieser Lage dürfe man nicht mehr erwarten, als daß die Menschen es hinnähmen, wenn Regierung und Opposition einer Meinung seien und die D-Mark gegen den Euro austauschen wollten, sagt Gibowski:

> Alle Daten zeigen uns doch, daß die Bevölkerung das zwar nicht lieben wird, aber sie wird es akzeptieren ... Und von daher gesehen sind wir eigentlich in einer hervorragenden Situation.[465]

Eine Ablehnungsquote zwischen 60 und 66 Prozent klinge besorgniserregend, doch sie habe – so der gelernte Meinungsforscher – „nicht die politische, nicht die gesellschaftliche Bedeutung, die wir manchmal glaubten, sie würde sie haben".[466]

AA-Staatsminister Hoyer widerspricht dieser These. Er betrachte erhebliche Kommunikationsdefizite als gefährlich für das politische System der Bundesrepublik, denn „diese große Skepsis [der Bevölkerung] bis hin zu einer klaren Gegnerschaft gegenüber dem Euro" werde im Bundestag „nicht abgebildet" – mit Ausnahme der PDS, aber mit der wollten die meisten Menschen nichts zu tun haben:

> Gerade wenn man Anhänger der repräsentativen Demokratie ist und der Auffassung, solche Fragen könne man nicht einem Volksentscheid unterwerfen, hat man eine noch höhere Verpflichtung, Aufklärungsarbeit, Überzeugungsarbeit zu leisten und Zustimmung zu erwerben.[467]

An der Abhängigkeit der Haltung der Bevölkerung von exogenen Faktoren änderte sich bis zur Bargeldeinführung und darüber hinaus nichts. Im Frühjahr 2000 richtete EZB-Präsident Duisenberg einen eindringlichen Appell an die 290 Millionen Einwohner der Euro-Länder. Anlaß waren die aktuellen Kursverluste des Euro

---

463 Ebenda.

464 Statement auf einem Symposium der Bonner Vertretung der EU-Kommission „Das Europäische Meinungsbild – eine Diskussion zwischen Wissenschaft, Politik und Publizistik" am 6. Februar 1998 in Bonn, veröffentlicht in: Europäische Gespräche 3/98, herausgegeben vom Veranstalter, S. 26-27.

465 Ebenda, S. 27.

466 Wolfgang Gibowski im *Deutschlandfunk* am 29. Oktober 1997, zitiert nach BPA-FHS II vom selben Tag.

467 Interview mit Werner Hoyer (S. 2).

an den Devisenmärkten. Er verstehe die Besorgnis, da ein auf Dauer niedriger Wechselkurs letztlich zu höheren Preisen führen könne, schrieb Duisenberg. Angesichts der gegenwärtigen Preisstabilität könnten die Menschen jedoch beruhigt sein:

> In den vergangenen Jahrzehnten waren die Preise sogar selten über einen so langen Zeitraum hinweg stabil.[468]

Seit dem Start am 1. Januar 1999 hatte der Euro ein Viertel seines Wertes gegenüber dem US-Dollar verloren. Anfang Mai 2000 schlossen einige Beobachter eine Fortsetzung des Verfalls des Außenwertes bis auf 0,80 Dollar nicht mehr aus. Michael Glos, Vorsitzender der CSU-Landesgruppe im Bundestag, prophezeite anläßlich dieses Allzeittiefs steigende Inflationsraten und verkündete:

> Der Euro macht alle Deutschen ärmer.[469]

Nach einer *forsa*-Umfrage besaßen vier von fünf Bundesbürgern „nur noch geringes oder gar kein Vertrauen in den Euro mehr“. Michael Holstein von der *DG Bank* sagte, wenn man den Euro als Gegengewicht zum Dollar etablieren wolle, sei es „notwendig, daß die öffentliche Meinung hinter der Währung steht“.[470]

2001 startete die *Aktionsgemeinschaft Euro* zusammen mit der Bundesbank angesichts einer unveränderten Verunsicherung der Bevölkerung und eines als ungenügend empfundenen Wissenstandes über die bevorstehende Bargeldumstellung eine neue Informationskampagne, die sie in 101 Städte führte. Bürger konnten sich im „Euro-Zelt“ zwischen dem 1. April und dem 17. Dezember 2001, dem Erstausgabetag der *Starter-Kits*[471], mit den neuen Banknoten und Münzen vertraut machen.

6.6 Aufklärungsversuche laut Duisenberg gescheitert

Das Urteil über Bemühungen, der Bevölkerung zumindest die grundlegenden Fakten nahezubringen, kam wiederum aus der Chefetage der Europäischen Zentralbank. Er sei im Jahr vor der Bargeldeinführung „wirklich enttäuscht“, daß es nicht gelungen sei, „der Öffentlichkeit zu vermitteln, daß der Euro nicht erst noch kommen wird, sondern schon längst vorhanden ist“, sagte Wim Duisenberg:

> „Hier kann man von einem Scheitern reden.“[472]

Schuld sei die Übergangsfrist zwischen der Einführung als Buchwährung und der Einführung des Bargeldes, die – so der EZB-Präsident – mit drei Jahren zu lang geraten sei. Waigel meinte später mit einem Anflug von Resignation, man hätte viel mehr Szenarien propagieren müssen, was eigentlich in Krisenzeiten – etwa während des Bürgerkriegs im Kosovo oder nach dem 11. September 2001 – geschehen wäre, hätte es die Europäische Währungsunion noch nicht gegeben:

---

468 Zitiert nach einem *dpa*-Korrespondentenbericht vom 05. Mai 2000.

469 *Welt am Sonntag* vom 23. April 2000.

470 Ebenda. Vier Tage später machte Glos aus der Feststellung eine Warnung: „Wenn wir nicht aufpassen, werden wir alle ärmer“ (*Reuters*-Meldung 4829 vom 09. Mai 2000). Doch die Aufregung über seine Klage, die schließlich von einem politischen Insider der ersten Reihe stammte, sollte noch wochenlang anhalten.

471 Münzbeutel, der 20 DM kostete und 20 Euro-Münzen im Wert von 10,23 Euro enthielt.

472 Duisenberg im Interview der *Börsen-Zeitung* laut *dpa*-Meldung vom 28. Dezember 2000.

> Ich behaupte: Das EWS hätte es in der Mitte auseinandergerissen, wir hätten eine Achterbahnfahrt der europäischen Währungen untereinander und gegeneinander gehabt, wir hätten verheerende außenwirtschaftliche Negativfolgen für Deutschland gehabt. Nicht zuletzt der Aufwertungsdruck des Jahres 1995 hat uns mindestens ein Prozent Wachstum und 500.000 Arbeitsplätze gekostet. Also wir hätten in der Richtung noch mehr argumentieren müssen. Ich habe es nach Kräften versucht, besser ist es uns nicht gelungen. Es gibt bestimmte Dinge, bei denen man vielleicht erst nach fünf oder nach zehn Jahren auch emotional recht bekommt.[473]

Bundeskanzler Schröder sagte im Juni 2001, ein halbes Jahr vor der Bargeldeinführung, man müsse noch eine Menge dafür tun, daß der Euro „emotional und sachlich angenommen wird". Dies werde leichter fallen, wenn der Euro ab Januar in Umlauf sein werde, denn dann werde er „begreifbar". Im übrigen sei es nicht schwer, für den Euro zu werben, denn es handele sich um ein „gutes Produkt".[474]

Die Europäische Kommission konstatierte, die Deutschen wüßten „fast nichts" über den bevorstehenden Parallelumlauf von D-Mark und Euro.[475] Regierungssprecher a. D. Peter Hausmann entgegnete, „alles in allem" sei er „ganz zufrieden", wie das BPA die Aufgabe unter seiner Ägide gelöst habe:

> Mit den Mitteln, die wir zur Verfügung hatten, war nicht mehr drin.[476]

Uwe-Karsten Heye nimmt die Behörde, deren Leitung er vier Jahre nach Hausmann übernommen hatte, ebenfalls in Schutz. Es sei stets klar gewesen, daß man von den Versuchen des BPA nicht zu viel habe erwarten dürfen. Die Komplexität des Vorgangs *Währungsunion* sei nicht in eine Werbesprache zu führen gewesen:

> Wir haben trotz aller Erfolge, die diese Volkswirtschaft in Europa und mit Europa hat, zugleich einen virulenten Euro-Skeptizismus behalten. Was spricht eigentlich unter werblichen Aspekten mehr [für die Währungsunion] als der Erfolg Europas sowohl in ökonomischer als auch in politisch stabilisierender Hinsicht? Es sind immer zwei Seelen, die in der Brust der Europäer schlagen.[477]

Die Agentur *Coordt von Mannstein* schildert die Ergebnisse ihrer Arbeit für das BPA positiv. Zwar seien ihre Ideen für TV- und Hörfunkkooperationen „nicht realisiert" worden; die Sender hätten sie aber „in anderer Form aufgegriffen". Die Kampagne des BPA sei in eine Vielzahl kommunikativer Aktivitäten von Banken, Sparkassen, Versicherungen und Verbänden „eingebettet" gewesen. Dadurch sei „ein singulärer Effekt der durch uns implementierten Print- und AV-Kommunikation natürlich isoliert nicht meßbar". Die Frage nach einem ausreichenden Budget relativiere sich „durch die Parallelität vieler Kommunikateure pro Euro-Einführung". Die Entwicklung, so die Bilanz der Agentur, spreche für sich:

> Wie wir rückwirkend wissen, vollzog sich die Einführung des Euro sowohl physisch (technisch) als auch massen-psychisch störungsfrei. Daran wird sicherlich auch [unsere bis 1998 geleistete Arbeit] ... nachhaltigen Anteil haben.[478]

---

473 Interview mit Theo Waigel, S. 315.

474 Zitiert nach *dpa*-Meldung vom 29. Juni 2001.

475 *AFP* am 03. September 2001 unter Berufung auf das *Eurobarometer* vom selben Tag.

476 Interview mit Peter Hausmann (S. 11).

477 Interview mit Uwe-Karsten Heye (S. 6).

478 E-Mail von Joachim Radtke, *von Mannstein*, vom 18. Februar 2003 an den Verfasser.

Der Bundesrechnungshof monierte 2002 in einem internen Prüfbericht, „zu Unrecht" habe das Bundespresseamt in der letzten Amtszeit der Regierung Kohl auf eine europaweite Ausschreibung der Anzeigenkampagne verzichtet. „Ohne Wettbewerb" seien Folgeaufträge erteilt worden: „Damit verstieß das BPA gegen vergaberechtliche Bestimmungen." Die Regierung Schröder knüpfte an diese Handhabung nach Feststellungen des Bundesrechnungshofes allerdings nahtlos an. Laut BRH-Prüfbericht erhielt die von der niedersächsischen SPD seit Jahren bevorzugte Agentur *Odeon Zwo* (Hannover) trotz scharfer Kritik eines Gutachters von der rotgrünen Bundesregierung 1999 Aufträge in Höhe von 56,6 Millionen DM (Anm. 41). Hinsichtlich der Auftragsvergabe habe man „keine Kriterien feststellen können", weshalb von 14 Firmen vorab sechs ausgewählt worden seien:

> Der Wettbewerb wurde dadurch in großen Teilen der Öffentlichkeitsarbeit nahezu ausgesetzt.[479]

In einem Fazit der deutschen und aller anderen Bemühungen, die Segnungen der Europäischen Union den Menschen nahe zu bringen, stellte Luxemburgs Premierminister Jean-Claude Juncker im Sommer 2001 resigniert fest:

> Die Europäer werden ihrer Erfolge nicht froh... Niemandem .. gelingt es, den Menschen vor Augen zu führen, daß der Euro uns schützt, nicht schadet.[480]

Der Euro, so Juncker, habe Währungsstabilität beschert. Wieso die Politik diesen „beweisbaren Erfolg" nicht zu vermitteln verstehe, bleibe ihm „unerklärlich".[481]

6.7 Angst als Kommunikationsbeitrag nicht gefragt

Der Soziologe Rainer-W. Hoffmann hatte den Euro-Verfechtern schon früh „Bescheidenheit" empfohlen. Unter vergleichbaren Umständen sei noch niemals ein Projekt wie die EWU realisiert worden: „Allein deshalb entzieht sich das Problem einer umfassenden und verläßlichen Kalkulation, die zu den verkündeten Gewißheiten berechtigen könnte." Es sei falsch, daß „zweifelnde, verunsicherte BürgerInnen oft als unvernünftige, inkompetente Geschöpfe hingestellt werden, deren zögernd-negative Haltung durch akzeptanzfördernde Maßnahmen ins erwünschte Jawort zu wandeln sei".[482]

Die Bundesregierung war dagegen stets davon überzeugt, Ablehnung sei zurückzuführen auf eine Mischung aus Irrationalität und Mangel an Information. Viele Menschen verwechselten eine Währungsumstellung mit einer Währungsreform, was wiederum Erinnerungen wecke an die großen deutschen Inflationen 1923 und 1948. Insofern müsse man die besondere historische Prädisposition akzeptieren, so der verständnisvolle Tenor der Politik und ihrer Helfer. Wenn das große Mißverständnis erst ausgeräumt sei, werde ein Meinungsumschwung erfolgen. Diese These hat sich bis zur Euro-Bargeldeinführung und darüber hinaus nicht bestätigt, was

479 Zitiert nach *Die Welt* vom 28. Dezember 2002.
480 Jean-Claude Juncker: Für Gefühlsstarke. *Frankfurter Allgemeine Zeitung* vom 2. August 2001, S. 7.
481 Ebenda.
482 Rainer-W. Hoffmann: Der schwierige Abschied von der D-Mark, S. 171 (1995).

nahelegt, daß sie falsch war. Allerdings sind die historischen Inflationen tatsächlich tief im kollektiven Gedächtnis der Deutschen verankert. „Der Schock dieser Erlebnisse hat sich der Bevölkerung so tief eingeprägt, daß ihr Kern quer durch die Generationen tradiert worden ist“ – mit einer „Inflationsphobie“ als Spätfolge.[483]

Möglicherweise liegen deren Wurzeln sogar im Dreißigjährigen Krieg mit seinen plötzlichen Geldentwertungen.[484] Im 20. Jahrhundert erlebte eine Generation dieses Trauma im Abstand von 25 Jahren gleich zweimal. Eine Bank berichtet in einer Jubiläumsschrift, ihr gesamter Ertrag aus dem Hypothekengeschäft des letzten Vorkriegsjahres, 6,6 Millionen Goldmark, habe 1923 nicht mehr ausgereicht, einen Fernbrief zu frankieren.[485] Doch nicht die Reichen oder die Armen litten am meisten unter der Geldentwertung, sondern der Mittelstand, dessen Rechnungen so spät bezahlt wurden, daß das Geld dann kaum noch etwas wert war. Die Folgen sind laut Wolfgang Bickerich noch heute in der ARD-*tagesschau* zu besichtigen:

> Anderswo erscheint die Nachricht unter „kurz berichtet“, versteckt im Wirtschaftsteil der großen Zeitungen. Nur in Deutschland, als einzigem Land der entwickelten Welt, zählt die monatlich ermittelte Inflationsrate zu den Spitzenmeldungen der Fernsehnachrichten.[486]

Die Überlegung, die Euro-Aversion der Deutschen könnte auch rationale und gut begründete Ursachen haben, war den Akteuren fremd und spielte deswegen in ihren Gegenstrategien keine Rolle. Das war möglicherweise nicht sehr nicht klug.

Ein zentrales Argument der Euro-Befürworter im Arbeitgeberlager, bei den Liberalen und in der Finanzwirtschaft lautete, die EWU werde Deutschland zwingen, endlich jene Reformen anzugehen, die viele Jahre verschleppt worden seien. Manfred Weber, Hauptgeschäftsführer des *Bundesverbandes der deutschen Banken*, sagte 1997 auf einer Festveranstaltung der *Gesellschaft für liberale Politik*:

> Denken Sie nur an unsere überregulierte Wirtschaft, unser völlig unübersichtliches Steuersystem, das dem Anspruch, effizient und gerecht zu sein, in keiner Weise mehr entspricht, unsere sozialen Sicherungssysteme, die wir uns so auf die Dauer nicht mehr leisten können, die verkrusteten Strukturen am Arbeitsmarkt, die mit dazu beitragen, daß die Millionenarbeitslosigkeit nicht zurückgeht, sondern steigt. Dies alles sind gute, wenn auch in der Breite der Bevölkerung noch nicht hinreichend gewürdigte Gründe, dem Euro aufgeschlossener und optimistischer entgegenzusehen.[487]

Aus Sicht eines Bankenlobbyisten mag dies alles zugetroffen haben, aber für die Masse der Arbeitnehmer dürfte dieses „Reformprogramm“ weniger verheißungs-

---

483 Ebenda, S. 173. Vielleicht, so Juncker weiter, habe dieses Phänomen damit zu tun, „daß die Europäer an sich selbst und ihrer Zukunft zweifeln, während der Dollar, eingebettet in objektiv ungünstigere ökonomische Fundamentaldaten, sich an der amerikanischen Unfähigkeit zum Selbstzweifel nährt“.

484 „Von allen Schrecken des beginnenden Krieges erschien dem Volke selbst keiner so unheimlich als eine plötzliche Entwertung des Geldes.“ Gustav Freitag über die Jahre 1621-23, zitiert nach *Spiegel special* 2/1998, S. 70.

485 Band zum 100jährigen Bestehen der *Bayerischen Hypotheken- und Wechselbank*, zitiert nach Manfred Weber: „Die Angst der Deutschen vor dem Euro“, unveröffentlichtes Manuskript einer Symposiumsrede vom 29. November 1997 auf dem Hambacher Schloß, S. 3.

486 Wolfgang Bickerich: Das Trauma der Deutschen. *Spiegel special* 2/1998, S. 70.

487 Manfred Weber: „Die Angst der Deutschen vor dem Euro, S. 7.

voll geklungen haben. Die Bevölkerung besaß ausreichend Routine, solche Ansagen zu übersetzen mit Lohndumping, Abbau des Kündigungsschutzes, Senkung des Rentenniveaus. Inwieweit dies „gute Gründe" sein sollten für sie, dem Euro „aufgeschlossener" entgegenzusehen, blieb unerklärt. Weber aber verglich die „unbegründete Angst" vor dem Euro mit einer – in seinen Augen ebenso unbegründeten – Angst, „nachts auf die Straße zu gehen". Deutschland belege hier mit 37 Prozent im europäischen Vergleich einen Spitzenplatz, „obwohl es sich bei uns mit der Kriminalität nicht grundlegend anders verhält als in den meisten anderen Ländern". Die Deutschen seien eben ein besonders ängstliches, zögerliches, bequemes und zaghaftes Volk. Entsprechend gering sei die gesellschaftliche Akzeptanz neuer Technologien, etwa der Gentechnik.[488]

Die Sozialwissenschaftler Eckstein/Pappi hatten demgegenüber herausgefunden, „ökonomische Präferenzen, kombiniert mit Erwartungen bezüglich der wirtschaftlichen Konsequenzen der Währungsunion, die sich die Bürger trotz schlechter Informiertheit und mangelnder währungspolitischer Kenntnisse gebildet haben", seien verantwortlich für die Haltung der Bevölkerung. Bei der Einstellung gegenüber der neuen Währung spielten im Ländervergleich ökonomisch-kulturelle Grundhaltungen eine tragende Rolle, die nicht als „irrational" abgetan werden könnten:

> Nationale Geld- und Finanzpolitik, die Positionen der Zentralbanken im politischen System, die Handelsbeziehungen der Staaten und die landesinternen Arbeitsmarktsituationen weisen zum Teil erhebliche Unterschiede auf. Zum anderen prägen die nationalen Erfahrungen mit der eigenen Währung und der nationalen Geldwertentwicklung die Einstellungen der Wähler zur Inflation, und diese prägen, kombiniert mit den Inflationserwartungen für die Währungsunion, ihre Präferenzen bezüglich des Euro.[489]

Die Einschätzungen der Menschen dessen, was sie in einer EWU zu gewinnen und zu verlieren haben, schwanken damit von Land zu Land. Die implizite Behauptung der Bundesregierung, der Euro sei für alle Gesellschaftsschichten und alle Teilnehmerländer gleich gut, kollidierte mit den Erfahrungen, Präferenzen und Erwartungen der Bevölkerung. Verbesserungen des jeweiligen Detailwissens vermochten diese Erwartungen nur wenig zu beeinflussen – und wenn, dann keineswegs nur in Richtung „höhere Akzeptanz". Eckstein/Pappi kommen zum Schluß:

> Im Gegensatz zu anderen Teilnehmerstaaten der Währungsunion erwarten die an Preisstabilität und feste Wechselkurse gewöhnten Deutschen eine Verschlechterung der geldpolitischen Rahmenbedingungen, insofern beruht ihre Ablehnung auf einem rationalen ökonomischen Kalkül.[490]

---

488 Ebenda, S. 10.

489 Eckstein/Pappi: Die öffentliche Meinung zur Europäischen Währungsunion, S. 8. Weiter: „Es muß kein allzu strikter Zusammenhang zwischen Inflation und Arbeitslosigkeit angenommen werden, um die langfristigen Wirtschaftspolitiken der verschiedenen Staaten in eher stabilitäts- und eher arbeitsmarktorientierte zu trennen. Letztere fühlen sich dem Ziel der Geldwertstabilität weniger verpflichtet, akzeptieren eine expansive Geldpolitik als Instrument zur Bekämpfung der Arbeitslosigkeit, selbst wenn dies die Inflation erhöht." (S. 10). Nach einer von den Autoren zitierten Studie (1993) hat die Inflationstoleranz nur in Dänemark, Italien und Großbritannien seit den 70er Jahren abgenommen (Collins/Giavazzi: Attitudes toward inflation and the viability of fixed exchange rates, S. 547).

490 Ebenda, S. 2.

Der Befund, nicht ein Mangel an Information, sondern viel grundsätzlichere Faktoren seien bestimmend für die ablehnende Haltung großer Bevölkerungskreise, wird gestützt von folgender Beobachtung: Zum einen kann keine Rede davon sein, daß die Besucher von Informations- und Diskussionsveranstaltungen hinterher durchweg weniger skeptisch gewesen seien als beim Betreten des Saales. Oft war auch das Gegenteil der Fall: Je mehr Einzelheiten vom Podium ausgebreitet wurden, desto kritischer wurden die Wortmeldungen, drängender die Fragen, weil sich die Zuhörer in ihren Sorgen bestätigt sahen, wenn sie etwa vom belgischen Staatsdefizit oder der Lage der italienischen Rentenkassen erfuhren. Als der Moderator eine Informations- und Diskussionsveranstaltung der *Frankfurter Sparkasse* in der Stadthalle von Hofheim mit den Worten schloß „Jetzt sind so viele Fragen offen wie am Anfang", schallte es ihm aus dem Saal entgegen: „Eher noch mehr!".[491]

Zum anderen herrschte spätestens ab 1996 auch für den unterdurchschnittlichen Mediennutzer kein Mangel an Information mehr. Nach 1995 quollen Medien aller Art über von Berichten, Kommentaren, Analysen und Umfragen aller Art. Die Politik klagte gleichzeitig, man komme auch mit den besten Argumenten an die Menschen längst nicht mehr heran. Der Akzeptanzforscher Hans-Christian Röglin erklärt dieses Phänomen mit kognitivem Streß durch Überinformation:

> In einem Akt geistiger Gesunderhaltung hat sich dann der Bürger auf seine bewährten Vorurteile zurückgezogen. Jetzt bildet er sich seine Meinung nicht mehr auf Grund einer Information, sondern seine Meinung, die er schon hat, entscheidet darüber, was als Information zu werten ist: Nur das ist Information, was seine Meinung bestätigt.[492]

Waigel mußte erfahren, wie dieser Filter-Verstärker-Effekt wirken kann. Im Februar 1998 meldete das Statistische Bundesamt, Deutschland habe das Defizitkriterium, das eine maximale Neuverschuldung in Höhe von 3,0 Prozent des Bruttoinlandsproduktes vorsah, mit 2,7 Prozent unerwartet deutlich unterboten:

> Ich bin damit freudestrahlend in die Kabinettsrunde gegangen. Damit hatten wir endlich ein Datum, womit wir die Skepsis der Menschen widerlegen konnten. Und dann kommt ein paar Stunden später das DIW mit einer Pressemeldung und behauptet, das könne nicht stimmen, ihre Rechnung liege bei 3,4 Prozent Defizit. Die ganze Presse hat sich nicht auf die Zahl des Statistischen Bundesamtes gestürzt, sondern auf die DIW-Prognose.[493] ... Die ganze positive Grundstimmung war mit dieser Meldung beim Teufel.[494]

Einige Wochen später habe das DIW zugeben müssen, einen Fehler begangen zu haben, aber das, so Waigel, habe „natürlich niemanden mehr interessiert". Ähnlich gehe es mit dem Außenwert des Euro: Sinke er, seien Aufregung und Häme groß, steige er deutlich über die Parität zum Dollar wie Anfang 2003, interessiere das niemanden. Schließlich die *Teuro*-Debatte, die durch die amtliche Inflationsrate, wie Waigel meint, längst widerlegt sei.

---

491 Memo des Verfassers von einer Euro-Diskussion der *Frankfurter Sparkasse* mit Manfred Körber und Norbert Wieczorek, Stadthalle Hofheim am Taunus, 15. November 1996.

492 Röglin: Risiko-Kommunikation, S. 21.

493 *Deutsches Institut für Wirtschaftsforschung*, Berlin.

494 Interview mit Theo Waigel, S. 321.

Ottmar Issing, Chefvolkswirt der EZB, habe ähnliche Erfahrungen machen müssen, wie er ihm (Waigel) berichtet habe:

> **Alle Zahlen habe ich hier parat und erzähle die in allen Vorträgen – und glauben tut mir niemand, nicht einmal meine eigene Frau.**[495]

Nach Röglin ist in hochkomplexen Gesellschaften eine Angst – begründet oder nach vorherrschender Meinung lediglich „eingebildet" – , die man folgenlos ignorieren könnte, nicht denkbar. Ängste hätten in unserer technisierten Welt „ihre durchaus sinnvolle Funktion". Ein „gewisses Optimum" an Angst sei für unsere Sozialbeziehungen und unsere Anpassung an die Umwelt notwendig. Angst sollte laut Röglin daher nicht als störender Faktor ausgeblendet oder eliminiert werden. Vielmehr handele es sich um einen wichtigen und oft auch wertvollen Kommunikationsbeitrag zur Entscheidungsfindung:

> **Auch in Ängsten kann sich gesellschaftlich Vernünftiges artikulieren.**[496]

Der Sozialwissenschaftler bezieht sich mit dieser Feststellung zwar in erster Linie auf technologische Großprojekte wie Wackersdorf oder Kalkar, doch die Grundlinien sind auch auf den vorliegenden Fall anwendbar, da der Euro als technokratisches Projekt erlebt wurde. Ängste bringen laut Röglin die Belange derer in die Entscheidungsprozesse ein, die sich nicht „rational" zu den Projekten äußern können, weil ihnen die Möglichkeit fehlt, sie zu beurteilen. Risiken würden nicht im Zusammenhang mit einem angeblichen oder tatsächlichen Nutzen erlebt, sondern isoliert als sinnlose Gefährdung:

> **Es fehlt eine Zukunftsvorstellung, die Risiken und Chancen zusammenfasst, für die es sich lohnt, Risiken überhaupt einzugehen.**[497]

Die Chance einer Risiko-Nutzen-Abwägung hat die Politik der Bevölkerung jedoch zu keinem Zeitpunkt gegeben, da das Projekt EWU – so ihre durchgängige Darstellung – ein komplett risikofreies sei. Angeblich stand ein enormer Nutzen – unter anderen laut Bundeskanzler Kohl der größtmöglich denkbare, die Vermeidung von Krieg in Europa für alle Zeiten – keinerlei Risiko gegenüber. Und falls es doch ein Risiko gegeben haben sollte, sei es durch den Abschluß des Stabilitätspaktes endgültig auf null gebracht worden. Diese Darstellung stand in Widerspruch zur Bewußtseinslage der Bevölkerung. Dort ging man davon aus, eine Mischung aus schwachen und starken Währungen müsse nach aller Lebenserfahrung einen Mittelwert ergeben, nicht aber den Maximalwert der stärksten Währung.

Warum diese als logisch angesehene Überzeugung hier nicht gelten sollte, wurde von der Politik nicht überzeugend erklärt. Außerdem, so Röglin, besage die Lebenserfahrung, daß die Möglichkeit eines hohen Gewinnes (hier: Die versammelten Vorteile einer Währungsunion) in aller Regel einhergeht mit einem Risiko. Dieses Risiko wurde jedoch tabuisiert, eine Auseinandersetzung mit den Verantwortlichen konnte nicht stattfinden (unter den Kritikern um so mehr), was den Akteuren ein Glaubwürdigkeitsdefizit einbrachte, das ab 1996 nicht mehr zu heilen war.

---

495 Ebenda: Waigel zitiert Issing.

496 Röglin: Technikängste und wie man damit umgeht, S. 50.

497 Ebenda.

Das implizite Eingeständnis der Politik, die Risikoanalyse sei vor den Verhandlungen über den Stabilitätspakt nicht vollständig gewesen, führte zu einem weiteren Verlust an Vertrauen. Damit mußte die von der Bundesregierung erhoffte Reaktion, der erfolgreiche Abschluß einer solchen Verpflichtungserklärung aller Teilnehmerländer werde nun endgültig die Skeptiker überzeugen, ausbleiben, zum Teil sogar ins Gegenteil umschlagen. Auf die Frage, warum man plötzlich einer Regierung vertrauen sollte, die kurz zuvor noch das Erfordernis zusätzlicher Sicherungen verneint hatte, gab es in den Augen einer Mehrheit keine plausible Antwort. Die Verfechter der EWU saßen damit für Röglin in einer selbst gestellten Falle:

> Dann ist der Ofen aus. Dann hilft nur noch eines: Zu sagen „Alles, was wir Euch bisher gesagt haben, war im Grunde genommen Mist." Und das kann keiner, denn dann verliert er für das, was er künftig sagen will, auch die Glaubwürdigkeit. Also: Es gibt Situationen, in denen es nicht einmal mehr hilft, die Wahrheit zu sagen.[498]

Die Wahrheit hätte gelautet: Vor dem Abschluß des Stabilitätspakt erschien auch der Bundesregierung das Risiko zu hoch, nach dem Abschluß zwar immer noch vorhanden – jeder Vertrag hat nur so lange einen Wert, wie er von den Partnern eingehalten wird – , aber beherrschbar und hinnehmbar angesichts der erwarteten Vorteile der EWU. Für Röglin war in der gegebenen Lage schon der Versuch verfehlt, Akzeptanz der neuen Währung herbeizuführen. Ziel einer intelligenten Öffentlichkeitsarbeit in solchen Fällen sei Transparenz, nicht Akzeptanz: „Sie soll nichts verkaufen, sondern etwas klarstellen." Das sei bescheidener im Anspruch, aber schwieriger in der Realisierung.[499] Öffentlichkeitsarbeit, so Röglin, müsse zunächst nachweisen, daß ein Projekt theoretisch überhaupt akzeptabel sei:

> Akzeptabilität geht vor Akzeptanz.[500]

Der Medienforscher Roland Schatz sagte, in den Äußerungen der Bundesregierung habe sich eine Haltung der Politik, speziell des Bundeskanzlers, gespiegelt, mit der man in diesem Fall und in dieser Zeit längst nichts mehr gewinnen könne:

> Vielleicht müssen wir da auf eine neue Generation von Politikern warten, die nicht mehr diese Attitüde haben: Friß oder stirb! Das ist ja die ganze Attitüde des Bundespresseamtes: Na, die 60 Prozent, die werden das dann schon kapieren, daß es gut ist für sie. ... Aber ich kann doch nicht 60 Prozent der Bevölkerung wie Dreijährige behandeln.[501]

6.8 Der Euro als Perpetuierung deutscher Sühne

Schröders Regierungssprecher Uwe-Karsten Heye schien Röglins Mahnung ernster zu nehmen als seine Vorgänger – zumal er wenig Sinn darin sah, seine beschränkten Mittel in einem Kampf gegen Windmühlenflügel zu verschwenden. Als solche betrachtete Heye die tägliche Berichterstattung über die Entwicklung an den Börsen- und Devisenmärkten.

---

498 Interview mit Hans-Christian Röglin (S. 2).
499 Röglin: Technikängste und wie man damit umgeht, S. 61.
500 Ebenda, S. 49.
501 Interview mit Roland Schatz (S. 3).

Gegen den Einfluß der Medien, so Heye, sei kein Kraut gewachsen:

> Es gibt da, wo der größte Sachverstand ist, Hotlines. Man kann sich quer über die Republik informieren, erkundigen, wenn man das Bedürfnis hat, und das kann befriedigt werden. ... Über Werbung ist Politik nicht besser oder schlechter zu machen. Es kann höchstens verstärkt werden, es kann ein Trend verstärkt werden, aber Werbung macht keine Trends, geschweige denn verändert das, was jeden Tag im Wirtschaftsteil der *Frankfurter Rundschau* oder der *FAZ* oder der *Süddeutschen Zeitung* steht.[502]

Das *IFM Institut für psychologische Wirkungsforschung* versuchte 1998 anhand von Einzelinterviews zu ergründen, warum gegenüber der Einführung des Euro „eine eigentümliche Teilnahmslosigkeit" herrsche, obwohl mittlerweile die Entscheidung über seinen Start zum 1. Januar 1999 bestätigt und der Kreis der Teilnehmer festgelegt worden sei. Die Bevölkerung nehme „anscheinend wenig echte Notiz von diesem in der Geschichte beispiellosen Vorgang". Daran habe auch eine weitere Zunahme der Medienberichterstattung nichts geändert. Es sei kaum zu glauben, daß die Umstellung in weniger als sechs Monaten bevorstehe. Die Interviews lieferten nach Darstellung der Autoren folgende Erkenntnisse:

- Einerseits beklagten die Befragten die Abstraktheit des Euro, andererseits schienen sie interessiert, daß der Euro abstrakt und alltagsirrelevant bleiben, das Projekt zerredet werden möge
- Die Befragten erleben die Einführung des Euro als Vererbung der in der D-Mark komprimierten Lebensleistungen zu Lebzeiten an eine europäische „Erbengemeinschaft"
- Die anderen Teilnehmer der Währungsunion kommen nun in den gleichen Genuß wie zuvor nur die Eigner der D-Mark. Umgekehrt erscheint es den Deutschen nicht sonderlich erstrebenswert, in den Genuß der Wertigkeiten der anderen Währungen zu kommen, weil sie glauben, sich damit Probleme ins Land zu holen, die zuvor „Ausland" gewesen seien
- Die deutsche Wiedervereinigung wird als Vorbild dieses Erbganges gesehen, hätten doch bereits die Ostdeutschen die D-Mark geerbt. Dieses Beispiel gibt in den Augen der Befragten wenig Anlaß zu Optimismus. Sie verbinden es mit haltlosen Politikerprognosen und (im Westen) mit dem Gefühl, Milliarden in ein Faß ohne Boden gegeben zu haben. Gleichwohl gönnt man den Landsleuten das Erbe eher als dem Ausland
- Die Rolle als größter EU-Nettozahler wird als ungerecht empfunden und mit der Schuld am Zweiten Weltkrieg und an Auschwitz erklärt. Das Zeugnis der „guten Führung" der Deutschen seither, die D-Mark, wird ihnen weggenommen, der Euro als Perpetuierung deutscher Sühne erlebt[503]

In weiteren tiefenpsychologischen Interviews knüpfte das *rheingold*-Institut 2001 an diese Erkenntnisse an. Der „Tod der D-Mark" erzeuge eine „unterschwellige Begräbnisstimmung". Die D-Mark sei historisch unbelastet und habe ihre Rolle als „zentralen Splitter einer ‚Deutschen Identität'" perfekt gespielt. Sie fließe zwischen

502 Interview Uwe-Karsten Heye (S. 12).

503 *IFM Freiburg*: Expertise zur qualitativ-psychologischen Untersuchung zur Einführung des Euro innerhalb ausgewählter Staaten der Europäischen Union (EU), 1998, S. 1-10. Die Ergebnisse entsprechender Befragungen im Ausland zeigten: Italienern und Franzosen fällt der Schritt in die EWU leichter als den Deutschen, Briten schwerer.

den Menschen und werde dadurch „zu einem der wenigen psychologischen Verbindungsmitteln zwischen den Deutschen". Sie verbinde die Generationen und Ost- mit Westdeutschen. Das Verschwinden der D-Mark habe bei Befragten, so die *rheingold*-Studie, bereits im vorhinein existentielle Sorgen und eine regelrechte Trauerarbeit ausgelöst, während der Euro schon vor seiner Existenz als problembelastet wahrgenommen werde, wie folgende Statements der Befragten zeigten:

> Erst wird die D-Mark abgeschafft, dann die deutsche Sprache und bald gibt es die Deutschen nicht mehr.
>
> Sobald die Umgebung es wußte, hatte man ein anderes Ansehen.
>
> Die Leute kümmerten sich viel mehr. Man hatte auf einmal drei Taxifahrer um sich. [Mit dem Euro ist man völlig] auf andere angewiesen.
>
> Das kann wie in den 20er Jahren werden, wo ... täglich das Geld ausgezahlt wurde, weil man nicht wusste, was es abends noch wert ist.
>
> Die D-Mark ist ein Stück Heimat. Mit der D-Mark verliere ich einen Teil meiner Identität. Ich bin dann nur noch Europäer und nicht mehr Deutscher.
>
> Ein Leben lang habe ich mich nach der D-Mark gesehnt. Dann hatte ich sie für zehn Jahre und jetzt ist alles wieder vorbei.

Für die Interviewten bestach die D-Mark durch ihre „Verwandlungsresistenz, ihre Kontinuität in Zeiten des ewigen Wandels, womit sie zu einem großen Halt im Leben wird".[504] Der Euro als „heimatlose" Währung werde sie nicht ersetzen können. Die Studie zeige, daß Aufklärungs- und Werbekampagnen nicht am eigentlichen Problem ansetzten und deshalb „kaum wahrgenommen" würden. Die Autoren betrachten diesen Prozeß als krisenhaft; er werde zu einer „verstärkten Zuwendung zu anderen Symbolen nationaler und regionaler Identität" und einer „vertiefenden Beschäftigung mit der eigenen Geschichte" führen. Eine Sehnsucht nach „Wir-Gefühl", Selbstbild und Abgrenzung werde wieder frei:

> Insbesondere in den neuen Bundesländern kann diese Entwicklung auch zu einem weiteren Anwachsen rechtsradikaler Tendenzen führen.[505]

Die Bundesregierung und ihre Helfer in den Verbänden redeten damit an den Befindlichkeiten der Bevölkerung vorbei. Unter anderem glaubten und glauben die Menschen auf der Basis ihres eigenen – laienhaften, aber nicht zwangsläufig unzutreffenden – Kalküls, der Euro könne ungeachtet aller Versprechungen nicht so stark sein wie die Mark. Daß diese Möglichkeit zumindest nicht völlig auszuschließen ist, durfte die *Aktionsgemeinschaft Euro* als Organ der Bundesregierung jedoch nicht einmal andeuten, geschweige denn zugeben.

Durch dieses Regierungstabu, so der Werbefachmann Till Wagner, litten ihre Aussagen an einem Vertrauensdefizit:

---

504 Bis ins Mark erschüttert: Die psychologischen Folgen der Währungsumstellung. *rheingold-Institut für qualitative Markt- und Medienanalysen*, S. 1 ff (2001).

505 Pressemitteilung des *rheingold*-Institutes vom 07. Juni 2001. 1995 hatte der französische Soziologe und Euro-Kritiker Emmanuel Todd gesagt: „Was Deutschland betrifft, so wird die Angst vor dem Verschwinden der Mark die Nation destabilisieren – eine ganz gefährliche Sache." (*Der Spiegel* 51/1995, S. 127)

> Eine rationale Kosten-Nutzen-Abwägung war den Adressaten nicht möglich, denn laut Regierung gab es ja keine Kosten, nur Nutzen. Das jedoch galt in den Augen der Bevölkerung als ausgeschlossen.
>
> Hätte die Regierung gesagt: „Okay, möglicherweise wird der Euro nicht ganz so stabil wie die D-Mark, aber das wird von den und den Vorteilen mehr als aufgewogen aus den und den Gründen", dann hätte es eine Chance auf einen Dialog mit der Bevölkerung, basierend auf Glaubwürdigkeit, gegeben. So jedoch nicht. Unausgesprochenes blockierte die Kommunikation zwischen Regierung und Bevölkerung und ließ sie scheitern.[506]

Mit einem gegenteiligen Ansatz war es möglich, erfolgreiche Euro-Kommunikation zu leisten. Dies bewies vor der Bargeldeinführung erneut die *HypoVereinsbank*. Mit Urlaubsbildern aus der Wirtschaftswunderzeit ließ der Berliner Werbefilmer Ralf Schmerberg noch einmal exemplarisch schöne Zeiten Revue passieren, die man mit der D-Mark erlebte. Die Botschaft lautete: Nostalgie.[507] Es ist erlaubt, Wehmut zu empfinden, wenn die gute alte Mark verschwindet und der Euro kommt. Schließlich fordert der Fernsehspot zu neuen Träumen auf: Wer sagt eigentlich, daß wir mit dem Euro nicht ähnlich schöne Dinge erleben werden?

Zuvor hatten 15 Studentinnen und Studenten der *Bauhaus*-Universität Weimar (Studiengang *Visuelle Kommunikation*) ihre Vorstellung einer Euro-Werbung zu Papier gebracht. Als Aufgabenstellung (*Copystrategie*) wurde vorgegeben, vorhandene Ängste zu nehmen und den Abschied von der D-Mark zu erleichtern. Ausgangspunkt war die Behauptung des FDP-Politikers Helmut Haussmann, bekäme der Euro eine Kampagne wie die *T-Aktie*, stiegen die Akzeptanzwerte deutlich. Innerhalb weniger Wochen wurden unter Leitung von Werner Holzwarth verschiedene Kampagnenstrategien erarbeitet. Beispiele:

Konzept:	Leute wie Du und ich
Bild:	Ältere Dame in Interviewsituation
Headline:	Kommen lassen und keine Panik machen!
Bild:	Kraftfahrer in Interviewsituation
Headline:	Ist doch Scheiße, das mit dem Euro!
Idee:	Schlicht im „Glotze-Look" gestaltete Anzeigen, die in der Sprache der Bevölkerung auf Urteile und Vorurteile eingeht[508]
Konzept:	Wort- und Bildspiele mit Geldbegriffen
Bild:	Kröten in allen Formen und Farben
Headline:	Das mit den Kröten wird einfacher
Idee:	Kein mühsames Umrechnen im Ausland mehr[509]
Konzept:	Appell an den Kampfgeist
Bild:	Bill Clinton, betroffen das linke Auge reibend
Headline:	Sorry, Mr. Clinton, aber der Euro wird kommen!
Idee:	Wir bekommen eine Währung, die es mit dem Dollar aufnimmt[510]

506 Interview mit Till Wagner, Werbeagentur *Jung von Matt/Main*.

507 Ein Internet-Wettbewerb der Bank rief dazu auf, die schönsten Erlebnisse mit der D-Mark zu schildern. Der Gewinner unter 194 Einsendern reiste nach Paris.

508 Idee und Umsetzung: Christian Schmermer, Thomas Hankel, Stefan Beyer.

509 Idee und Umsetzung: Alexandra Schäfer, Claudia Melzer-Schawinski, Miriam Kießling, Martina Kloke.

510 Idee und Umsetzung: Gemeinschaftsarbeit der Weimarer Studentinnen und Studenten.

Fazit: Der Bundeskanzler kannte aus Umfragen die skeptisch-negative Haltung der Bevölkerung gegenüber der Währungsunion. 1994 beauftragte Helmut Kohl das Bundespresseamt, Gegenstrategien zu entwickeln. Die Bundesregierung bat nach einem Jahr mangels ausreichender eigener Ressourcen die Kreditwirtschaft als Helferin und Multiplikatorin hinzu. Doch diese verfolgte nach kurzer Zeit eigene Interessen, in dem sie in der Kundschaft vorhandene Ängste zwecks Erhöhung von Umsatz und Gewinn und Eroberung von Marktanteilen instrumentalisierte, und machte alles nur noch schlimmer.

Die inhaltlich verkürzte, aber dafür um so heftiger geführte Debatte um die Frage, was wichtiger sei, die Einhaltung des Zeitplanes oder die punktgenaue Erfüllung der Beitrittskriterien, verfolgte die *Aktionsgemeinschaft Euro*, die sich einen Abbau des Mißtrauens gegenüber der EWU zum Ziel gesetzt hatte, als ohnmächtige Zuschauerin. Ein professionellen Ansprüchen genügender Versuch, eine Mehrheit der Bevölkerung für die Währungsunion zu gewinnen, wurde nicht unternommen.

Möglicherweise waren Aufwand, Strategie, Botschaft und Geschick aber im vorliegenden Fall auch nicht ausschlaggebend. Ein Produkt wie der Euro, das man kaufen *muß*, weil niemand mehr eine Wahl hat, widerspricht grundlegend dem Selbstverständnis von Werbung auch im weitesten Sinne, weil der Urfehler der Alternativlosigkeit in den Augen der Adressaten nicht zu heilen ist.

Strittige Thematisierung im Bundestagswahlkampf oder *Anberaumung einer Volksabstimmung* – diese beiden Wege hätten einer regierungsamtlichen Pro-Euro-Kampagne einen für die Bevölkerung nachvollziehbaren Sinn verliehen und das Aufmerksamkeitsfenster geöffnet. Die erste Möglichkeit wurde jedoch vom Kanzleramt bekämpft, die zweite aus Angst vor einer Niederlage abgelehnt.

Auf die Idee, nicht um jeden Preis Akzeptanz erringen zu wollen, sondern überhaupt erst einmal der Bevölkerung eine Kosten-Nutzen-Abwägung zu ermöglichen, *Akzeptabilität* herzustellen, kamen die Verantwortlichen nicht. Wahrscheinlich wäre ihnen ein solches Konzept auch umgehend vom Kanzleramt verboten worden, weil es in einen unaufhebbaren Widerspruch zur Behauptung der Politiker geraten wäre, die Währungsunion sei eine risikofreie Veranstaltung.

7. Währungsunion droht an Deutschland zu scheitern

7.1 Kriterienstreit bringt Bonner Koalition in Bedrängnis

Es war die Bundesregierung selbst, die 1994 – aus Versehen, wie sie später beteuerte – eine erste Debatte auslöste, ob man den Beitritt der Bundesrepublik zur Währungsunion verschieben könne oder solle. Theo Waigel erinnert sich, Helmut Kohl und er hätten einmal „in einem kleinen Bündnis für Arbeit" mit den Spitzen von Arbeitgebern und Gewerkschaftern den Gedanken ventiliert, unter welchen Umständen Deutschland aus dem weiteren Prozeß der EWU „aussteigen" könnte und sollte. Laut Waigel hatte man damals die Möglichkeit vor Augen, daß andere Länder die deutschen Bedingungen nicht mittragen wollten oder könnten:

> Wir hatten natürlich mehrmals interne Gespräche und haben Szenarien durchgespielt: Was ist, wenn das eine oder andere Land die Kriterien nicht erfüllt? Was ist, wenn...? Und dann war klar: Wir hätten das Projekt nicht um jeden Preis zu Ende geführt. Unter Aufgabe der Stabilitätserfordernisse hätten wir das Projekt nicht durchgezogen.[511]

Laut Waigel stand ein solcher Schritt der Bundesregierung nicht unmittelbar bevor, „aber wir haben das einmal diskutiert":

> Helmut Kohl hat das in einem kleinen Gremium auch einmal vor Wirtschaftlern und Gewerkschaftlern angedeutet. Darauf stand das am übernächsten Tag in der Zeitung. Darauf haben wir natürlich über so etwas nie mehr außerhalb unserer vier oder sechs Augen gesprochen.[512]

Es habe sich nicht um einen „Versuchsballon" gehandelt, wie eine derart spektakuläre und für den Zusammenhalt der Europäischen Union gefährliche Entscheidung im In- und Ausland angekommen wäre, sagt Waigel. Vielmehr sei es gegangen „um eine ehrliche Information von Personen, die für die deutsche Wirtschaft und für die deutsche Finanzwelt natürlich eine große Bedeutung haben". Wer damals geplaudert habe und aus welchen Motiven, habe man nie erfahren.

Zwei Jahre zuvor, im Frühjahr 1992, hatten 60 Ökonomen ein Manifest gegen die Beschlüsse von Maastricht unterschrieben und veröffentlicht: Man dürfe die Staaten nicht zusammenzwingen, sondern müsse sie zusammenwachsen lassen. Bis auf weiteres könne man auf Ausgleichsmechanismen wie veränderbare Wechselkurse nicht verzichten. Deshalb müsse man den Zeitplan aufkündigen, das Projekt verschieben. Initiatoren des in der Fachwelt stark beachteten Appells waren die Wirtschaftswissenschaftler Renate Ohr und Wolf Schäfer.[513]

Im Juni 1995 nahm Axel Herbst, ehemaliger Generaldirektor der Europäischen Kommission, diese Argumentation auf und wählte eine Tonlage, wie sie die Kritik am in Maastricht vereinbarten und allseits von den Parlamenten längst ratifizierten Zeitplan in den kommenden drei Jahren prägen sollte. Für eine erfolgreiche Währungsunion „Unerläßliches" bleibe auf der Strecke, schrieb er. Ein „revolutionärer

---

511 Interview mit Theo Waigel, S. 319.

512 Ebenda.

513 Renate Ohr: Einheitliche Währung wäre Zwangssystem. *Tagesspiegel* vom 14. Juni 1992.

Akt europäischer Staatsschöpfung" sei nicht zu erwarten, denn hierfür fehle es im Kreis der potentiellen EWU-Teilnehmer an brauchbaren und konsensfähigen „Zielvorstellungen". In eine „Sackgasse" geraten, versuchten Politiker, so Herbst, „das alte, ungenügende Maastricher Konzept gegen ökonomische Vernunft dennoch zu verwirklichen". Zu befürchten seien „Fluchtbewegungen von Geld und Kapital", sollte man diesen „fragwürdigen" Weg fortsetzen:

> Ein lebensgefährliches voluntaristisches Experiment. Denn einem im Brutkasten entstandenen Eurogeld würden die internationale Finanzwelt wie die verunsicherten Bürger schwerlich jenes Vertrauen schenken, das unverzichtbare Grundlage der Währungsstabilität ist.[514]

Auch Renate Ohr meldete sich, mit finanzwissenschaftlichen Argumenten unterlegt, wieder zu Wort. Im November 1995 nannte sie die neue Währung ein „Experiment mit ungewissem Ausgang". Daß das künftige Gemeinschaftsgeld stabil sein werde, könne man erwarten oder hoffen, aber nicht mit Sicherheit vorhersagen, erklärte sie an die Adresse der Bundesregierung. Wer die EWU mit dem Argument erzwingen wolle, andernfalls werde die europäische Einheit zerstört oder Europa falle um viele Jahrzehnte zurück, handele unverantwortlich, denn das Gegenteil sei richtig: Eine verfrühte Währungsunion könne, so Ohr, die ökonomische Basis angreifen, die Europa zusammenhalte:

> Eine Terminverschiebung für die Währungsunion ist daher nötig und auch kein Vertragsbruch, wie manche Politiker uns weismachen wollen, sondern nach dem Vertragstext rechtlich durchaus möglich.[515]

Zur selben Zeit formierte sich eine „Starke Lobby für den Euro" (*Der Spiegel*) aus Großbanken und Industrie. „Auf keinen Fall" dürfe der Termin *1999* verschoben werden, sagte der Vorstandsvorsitzende von *Daimler-Benz*, Helmut Werner, denn dies würde die Verschiebung „auf den Sankt-Nimmerleins-Tag" bedeuten und hätte für die Wettbewerbsfähigkeit der europäischen Industrie „verheerende" Folgen. Er plädiere nicht für eine Aufweichung der Kriterien, aber der „Geist" des Vertrages von Maastricht verlange, wenn man ihn „genau" lese, auch keine „Erbsenzählerei".[516] Später sprach Werner sogar von „Europas letzter Chance", sonst werde es in den Status einer „Freihandelszone" zurückfallen.[517] *Der Spiegel* kommentierte, es entstehe eine „bizarre Situation":

> Selten waren die Voraussetzungen der Bundesrepublik für den Euro-Beitritt so schlecht – und ausgerechnet jetzt wächst der Euro-Optimismus in der Wirtschaft.[518]

Hinter der „Drängelei", so das Magazin, stecke die Furcht vor einer massiven Aufwertung der D-Mark, sollte der Zeitplan scheitern, und die Hoffnung, daß eine „neue, weiche Euro-Währung" den Export beflügele.[519]

---

514 Axel Herbst: Diese Währungsunion ist ein zu gefährliches Experiment. *Frankfurter Allgemeine Zeitung* vom 21. Juni 1995.

515 Zitiert nach *Frankfurter Allgemeine Zeitung* vom 06. November 1995, S. 22.

516 Interview mit Helmut Werner in *Der Spiegel* 27/1996, S. 80.

517 Zitiert nach *dpa*-Meldung vom 12. Juni 1996.

518 *Der Spiegel* 27/1996, S. 78.

519 Ebenda, S. 79.

Horst Köhler, damals Präsident des *Deutschen Sparkassen- und Giroverbandes*, warnte vor einem „Währungschaos", sollte der Vertrag von Maastricht scheitern. Die Kritik etwa der Bundesbank, eine nicht mehr kündbare Solidargemeinschaft wie eine Währungsunion brauche für ihre Dauerhaftigkeit eine weitergehende Bindung in Form einer politischen Union und diese sei nicht gegeben, sei – so Köhler – allerdings berechtigt.[520] Köhlers Gegenüber vom *Bundesverband der Volks- und Raiffeisenbanken*, Wolfgang Grüger, entgegnete, „Chaos-Szenarien" seien „bewußte Panikmache". Wer eine Währungsunion „auf Teufel komm raus" auch unter Inkaufnahme einer Verletzung der Kriterien wolle, falle der Bundesregierung in den Rücken und „betreibt Verrat am deutschen Sparer". Eine „Weichwährungsunion" werde sich als „Jobkiller" erwiesen, warnte er.[521]

Der *Bundesverband der Deutschen Industrie* erklärte, ihm sei der Zeitpunkt des EWU-Starts weniger wichtig als die Anzahl der Teilnehmer und das Festhalten an den Konvergenzkriterien. Diese allerdings könnten sich als gefährlich für die europäische Konjunktur weisen, wenn gleichzeitig „überall in Europa" der „überfällige" Abbau der Staatsdefizite erfolge. Die Skepsis in der Bevölkerung „und auch in kleineren und mittleren Betrieben" rühre daher, daß die Vorteile des Projektes von seinen Befürwortern zum Teil übertrieben dargestellt würden.[522]

In der Wirtschaft, speziell in der Kreditbranche, hatte die Debatte damit bereits Anfang 1996 jene Merkmale eines Glaubensstreits angenommen, die 1997 die politische und gesellschaftliche Auseinandersetzung insgesamt kennzeichnen sollten. Sie fand statt vor dem Hintergrund, daß aktuell ein einziges Land, Luxemburg, zweifelsfrei alle Beitrittskriterien erfüllte. Belgien, Dänemark, Deutschland, Frankreich, Irland, die Niederlande und Österreich erfüllten zwar das Zins-, Inflations- und Wechselkurskriterium, wiesen aber einen zu hohen Schuldenstand und/oder ein zu hohes Haushaltsdefizit auf.[523] Daß Luxemburg eine Währungsunion mit sich selbst veranstaltet, erschien wenig attraktiv, zumal es sich bereits seit 1967 in einer Währungsunion mit Belgien befand.

Norbert Wieczorek, Währungsexperte und EWU-Unterhändler der SPD, betrachtete später die Verschiebungsdiskussion auch in Kenntnis der Vertragslage, auf die von der Bundesregierung stets hingewiesen wurde, nicht als eine akademische. Ein denkbarer Anlaß wäre seines Erachtens der Streit mit Frankreich um den Stabilitätspakt gewesen, der 1996 von Waigel ausgelöst worden war:

> Es gab Situationen, wo es Verunsicherungen in anderen Ländern gab, und da hätte man sehr wohl eine Situation herbeiführen können, um das Ding zu verschieben. Auf jeden Fall. ... Man hätte zum Beispiel den Stabilitätspakt in Dublin platzen lassen können. Dann wäre Herr Chirac schuld gewesen. Schlicht und einfach. Das ist aber nicht geschehen.[524]

520 Rede von *DSGV*-Präsident Horst Köhler auf dem Neujahrsempfang der *Städtischen Sparkasse Fulda*, zitiert nach *Frankfurter Rundschau* vom 07. Februar 1996.

521 Zitiert nach *Frankfurter Rundschau* vom 13. Februar 1996.

522 *BDI*-Präsident Hans-Olaf Henkel, zitiert nach *Frankfurter Allgemeine Zeitung* vom 14. Februar 1996.

523 Frühjahrsgutachten der führenden Wirtschaftsforschungsinstitute, 29. April 1996, S. 59.

524 Interview mit Norbert Wieczorek (S. 5).

„Immer wieder“ habe es „solche Fenster“ gegeben, die man – so Wieczorek – „hätte benutzen können“. Bonn habe sie aber nicht nutzen *wollen*, „weil wir das Ding … als im europäischen und damit im deutschen Interesse definiert hatten“.[525] Sogar den kompletten *Maastricht-Vertrag* hätte die Regierung – etwa auf Betreiben des Bundestages – „natürlich" notfalls kündigen können, sagt er:

> Die gesamten europäischen Verträge sehen kein Kündigungsrecht vor. Wenn ein Land aber sagt: „Wir wollen austreten!“, dann tritt es aus. Das sagt kein Europäer, aber das ist so. Ich kann doch kein Land zwingen, in einem Vertragswerk drinzubleiben! Das wäre absurd. Wir haben ein solches Beispiel ja mit dem Fall Grönland. Grönland ist faktisch teilweise ausgetreten.[526]

Die führenden Wirtschaftsforschungsinstitute nutzten die Vorlage ihres Frühjahrsgutachtens im April 1996 für eine ausführliche Abwägung der Vor- und Nachteile einer eventuellen Verschiebung der dritten EWU-Stufe. „Grundsätzlich“ sei auch eine Verschiebung „eine Option“. Beides, pünktlicher Start und Verschiebung, hätte, so die Experten, Vor- und Nachteile, wobei bei der Verschiebung die Nachteile leicht überwögen. Kritischer als dieser Aspekt sei der Mangel an Glaubwürdigkeit, der die Erklärungen der EU-Regierungen kennzeichne. Wer unverändert die gleichzeitige Einhaltung von Termin und Kriterien für einen Teilnehmerkreis sinnvoller Größe verspreche, handele „irreführend“, kritisierten die Wissenschaftler, da dies für jedermann erkennbar nicht stattfinden werde. Vielmehr zeichne sich bereits ab, daß so gut wie alle in Frage kommenden Länder die Kriterien auch 1997 verfehlten.[527]

Der Vertrag von Maastricht eröffne bei der Anwendung der Kriterien für Defizit und Schuldenstand „einen beträchtlichen Beurteilungsspielraum“. Diesen zu nutzen wäre nach Meinung der Gutachter legitim, nur müsse es, um *Attentismus* der Märkte mit negativen Folgen für die Konjunktur europaweit zu vermeiden, schnell geschehen, um Klarheit zu schaffen:

> Weil der Vertrag hier keine präzisen Vorkehrungen kennt, muß letztlich politisch entschieden werden.[528]

Die Politik nahm diesen Ball auf – zögernd zunächst, im Herbst 1996 mit Elan, erkennbar daran, daß das Thema in den politischen Teilen und bald auch auf den Titelseiten der Zeitungen auftauchte. Als gewiß galt in Berichten und Kommentaren, daß die Währungsunion verschoben oder nur aus einer kleinen „Kernunion“ bestehen werde. In langen Abhandlungen wurde diskutiert, in welchem Verhältnis EWU-Teilnehmer und -Nichtteilnehmer stehen sollten und wie das EWS II beschaffen sein müsse, um eine „neue Teilung Europas“ zu vermeiden.[529]

Bundesbankpräsident Hans Tietmeyer sagte, Haushaltsdefizit und Schuldenlast stiegen, Deutschland werde die Beitrittskriterien 1996 verfehlen. Tietmeyer warnte die Regierung davor, jetzt auf die Idee zu kommen, die Goldreserven der Bundes-

---

525 Ebenda.

526 Ebenda (S. 7).

527 Frühjahrsgutachten der führenden Wirtschaftsforschungsinstitute, 29. April 1996, S. 59 ff.

528 Ebenda.

529 Vgl. Manfred J. M. Neumann: Eine Währungsbrücke vom Kern zum Rand (*Frankfurter Allgemeine Zeitung* vom 07. September 1996, S. 17).

bank anzutasten. Diese könnten nur einmal verkauft werden, an der Schuldenproblematik änderte sich dadurch nichts, das Vertrauen in die D-Mark würde leiden.[530]

Ministerpräsident Schröder verlangte die Aufgabe des Zeitplanes. Er habe immer größere Zweifel, daß Deutschland die Beitrittskriterien zu erfüllen im Stande sei. Wäre die Bundesregierung „ehrlich", gäbe sie jetzt folgende Erklärung ab:

> So leid es uns tut, wir schaffen es zum geplanten Zeitpunkt nicht und verschieben das Projekt.[531]

Koalitionspolitiker reagierten empört. Außenminister Kinkel nannte die Äußerung „unverantwortlich", weil sie Zweifel säe. Der FDP-Politiker Haussmann verglich Schröder mit Jörg Haider und dessen Wählerfang mittels Euro-Skepsis. Schröders Parteifreunde Lafontaine (SPD-Vorsitzender) und Eichel (hessischer Ministerpräsident) sprachen sich umgehend gegen eine Verschiebung aus.[532]

7.2 Hilflos gegenüber dem Haushaltsdefizit

1997 eskalierte die Auseinandersetzung um den Starttermin der Währungsunion, was eine erhebliche Verunsicherung der Bundesregierung und der sie tragenden Fraktionen und Parteien zur Folge hatte. Gleich zu Jahresbeginn mußte Waigel eine Prognose von 27 Chefvolkswirten führender deutscher Kreditinstitute zur Kenntnis nehmen, nach der Deutschland 1997 ein zu hohes Haushaltsdefizit und einen zu hohen Gesamtschuldenstand aufweisen und damit die in diesen Monaten am innigsten beachteten Maastricht-Kriterien erneut verfehlen werde.[533]

Der Unternehmensberater Roland Berger verkündete das „Ende der europäischen Einigung" für den Fall, daß der Euro „ein Flop" werden sollte.[534] Die Autoindustrie erklärte, „Zweifel, Angst oder Resignation" seien „die falsche Rezeptur für die Einführung des Euro", ohne daraus allerdings einen konkreten Ratschlag für die Politik abzuleiten.[535] Der *DGB*-Vorsitzende Dieter Schulte machte sich zwar nicht die Forderung des *IG-Bau*-Vorsitzenden Klaus Wiesehügel zu eigen, die Einführung des Euro zu verschieben, warnte aber vor einem plötzlichen Sparkurs Bonns: Eine Revision der *DGB*-Position zur Währungsunion sei möglich, denn eine Haushaltspolitik allein zu Lasten der Arbeitnehmer gehe nicht an.[536] Fünf Monate zuvor hatte der *DGB*-Bundesvorstand noch erklärt:

> Eine Verschiebung der Währungsunion leistet keinen Beitrag für eine aktive Beschäftigungspolitik.[537]

Bei den bedeutenden Akteuren von Wirtschaft und Verbänden war deutlich ein Bemühen erkennbar, Festlegungen zu vermeiden. Man wollte nicht im Falle eines

530 Interview mit Hans Tietmeyer vom 27. Oktober 1996 im *Hessischen Rundfunk*, zitiert nach *Frankfurter Allgemeine Zeitung* vom 28. Oktober 1996.

531 Zitiert nach *Frankfurter Allgemeine Zeitung* vom 28. Oktober 1996.

532 Ebenda.

533 *dpa*-Meldung vom 03. Januar 1997.

534 *Bild*-Zeitung vom 06. Februar 1997, S. 1.

535 *VDA*-Präsident Bernd Gottschalk in *VDA*-Presseerklärung vom 20. Februar 1997.

536 *dpa*-Meldung vom 06. März 1997.

537 *DGB*-Positionspapier zur europäischen Beschäftigungspolitik vom 01. Oktober 1996.

Scheiterns des Euro-Zeitplanes plötzlich auf der falschen Seite stehen, zumal die Zahl der ins Feld geführten Argumente Tag für Tag stieg, die Debatte auch für Kenner der Materie unübersichtlich wurde. Der britische Bankier und Journalist David Marsh schrieb, das Problem sei „so komplex", daß sich niemand wundern dürfe, wenn „verschiedene Beobachter des gleichen Sachmaterials zu gegensätzlichen Schlußfolgerungen kommen".[538] Maastricht habe die Ungleichgewichte in Europa erhöht und nicht die Konvergenz gefördert. Den von manchen Ländern „sporadisch" geäußerten Verdacht, die Bundesbank wolle die Latte zur EWU so hoch ansetzen, daß sie unüberwindbar werde, müsse man „ernst nehmen".

Selbst wenn, so der Brite, auf Grund einer deutsch-französischen Verständigung eine „relativ kleine" Anzahl von Mitgliedsländern 1999 zusammenkäme, führte dies „eher zur Spaltung Europas als zur Verschmelzung". Mittels einer Verschiebung des Termins „bei gleichzeitiger Bewahrung des politischen Drucks zur wirtschaftlichen Konvergenz" eröffnete man sich die Chance, eine Währungsunion „am Anfang des nächsten Jahrhunderts" zu starten, an der dann „möglicherweise" auch Großbritannien, Spanien und Italien teilnähmen, schrieb Marsh:

> Starke politische Entschlußkraft kann eine Menge erreichen, aber wenn der wirtschaftliche Rückhalt zu schwach ist, dann ist eine Neuordnung der Prioritäten kein Schritt zurück, sondern eine zukunftssichernde Reaktion. „Wir können unsere Uhren vorstellen, doch deswegen vergeht die Zeit nicht schneller", hat ein deutscher Staatsmann einmal gesagt.[539]

Am ersten Märzwochenende 1997 kolportierten die Medien Gerüchte, die Bundesregierung beabsichtige, die dritte Stufe der EWU zu verschieben. Außenminister Kinkel ortete „Gegner des Euro" als Urheber, die „ihr unverantwortliches Treiben" fortsetzten und „Turbulenzen an den Finanzmärkten sowie eine Verunsicherung der Bürger" in Kauf nähmen:

> Es soll offensichtlich Unsicherheit verbreitet werden.[540]

Die Bundesregierung stehe „uneingeschränkt hinter ihrer Absicht", fristgerecht zum 1. Januar 1999 in die dritte Stufe der EWU einzutreten. Jede gegenteilige Spekulation sei „an den Haaren herbeigezogen". „Abgerechnet" werde Anfang 1998 – dann werde sich zeigen, wer „zur ersten Liga zählt". 14 europäische Währungen und „Kleinstaaterei" könnten sich die deutsche und die europäische Wirtschaft nicht mehr leisten. An den Stabilitätskriterien werde aber „nicht gerüttelt" – „alle diesbezüglichen Sorgen sind unberechtigt", beteuerte der Außenminister:

> Der Euro wird mindestens so hart sein wie die D-Mark.[541]

Unerwartete Unterstützung erhielt die Bundesregierung im März 1997 von der Bundesbank. Tietmeyer sagte, er sei „überzeugt", daß die EWU pünktlich 1999 starten werde. Deutschland habe „gute Aussichten", die Kriterien 1997 zu erfüllen. Gerüchte, die Deutschen bereiteten eine Verschiebung vor, seien „unsinnig".[542]

538 David Marsh: Spaltpilz Einheitswährung. *Die Zeit* vom 01. März 1996, S. 29.
539 Ebenda.
540 Pressemitteilung des Auswärtigen Amtes 92/97 vom 01. März 1997.
541 Ebenda.
542 Zitiert nach *dpa*-Meldung vom 04. März 1997.

Die Nachrichtenlage des darauf folgenden Wochenendes wurde wiederum von Verschiebungsforderungen geprägt. Deutschland werde sich nicht „planmäßig" für die Währungsunion qualifizieren, prognostizierte der zu den *Wirtschaftsweisen* zählende Konjunkturforscher Herbert Hax; der Start der EWU solle „um ein Jahr" verschoben werden. Wenige Stunden später hatte es Hax nicht mehr so gemeint.[543]

Der frühere spanische Ministerpräsident Felipe Gonzáles schlug vor, den Start des Euro um ein Jahr auf den 1. Januar 1998 vorzuziehen. Damit, so der Sozialist, könne man verhindern, daß die Euro-Gegner in der Bevölkerung weiter an Rückhalt gewönnen. Die spanische Regierung wies die Idee zurück.[544]

Hans-Dieter Barbier empfahl dem Kanzler in der *Frankfurter Allgemeinen Zeitung*, sich den Maastricht-Artikel 109 genau anzusehen. Anhand von „Buchstabe j, Absatz 4" werde er feststellen, daß es eine „Terminautomatik" nicht gebe und auch nicht die Alternative „1999 oder nie". Zur Kunst der politischen Führung gehöre es, „den ‚Hundertneun' jetzt ins Bewußtsein der Bevölkerung zu heben", denn angesichts der Prognosen der Forschungsinstitute sei für das maßgebliche Jahr 1997 mit einer „deutlichen" Überschreitung des deutschen Etatdefizits zu rechnen.[545] Artikel 109 Buchstabe j Absatz 4 hat folgenden Wortlaut:

> Ist bis Ende 1997 der Zeitpunkt für den Beginn der dritten Stufe nicht festgelegt worden, so beginnt die dritte Stufe am 1. Januar 1999.
>
> Vor dem 1. Juli 1998 bestätigt der Rat, der in der Zusammensetzung der Staats- und Regierungschefs tagt, nach einer Wiederholung des in den Absätzen 1 und 2 – mit Ausnahme von Absatz 2 zweiter Gedankenstrich – vorgesehenen Verfahrens unter Berücksichtigung der Berichte nach Absatz 1 sowie der Stellungnahme des Europäischen Parlaments mit qualifizierter Mehrheit auf der Grundlage der Empfehlungen des Rates nach Absatz 2, welche Mitgliedsstaaten die notwendigen Voraussetzungen für die Einführung einer einheitlichen Währung erfüllen.[546]

Das war hinreichend unübersichtlich formuliert und eröffnete allerlei Interpretationsspielraum, den die deutsche Seite hätte nutzen können – wenn sie es gewollt hätte. Die Bundesregierung zog es jedoch vor, die Beitrittskriterien in ihrem Sinne auszulegen: Start am 1. Januar 1999 mit einer großen Zahl von Teilnehmern.

Zunächst aber sollte Kohls schwarz-gelbe Koalition in Turbulenzen geraten.

Am 12. März 1997 sagte Bundesfinanzminister Waigel, die Auffassung sei falsch, es werde wegen der Konvergenzkriterien gespart. Vielmehr müsse der Staatshaushalt unabhängig von der Währungsunion saniert werden.[547]

Wolfgang Grüger vom *Bundesverband der Volks- und Raiffeisenbanken* entgegnete, gegenüber einem „Auseinanderplatzen" der Währungsunion sei eine Verschiebung

---

543 Hax erklärte am Abend desselben Tages, so dezidiert, wie es in der Zeitung gestanden habe, habe er sich nicht geäußert, sondern lediglich erklärt, daß keinesfalls die Kriterien aufgeweicht werden dürften. Ehe man das tue, solle man die EWU besser verschieben (dpa-Meldung vom 09. März 1997).

544 Ebenda.

545 *Frankfurter Allgemeine Zeitung* vom 11. März 1997, S. 17.

546 Zitiert nach: Die Vertragstexte von Maastricht, S. 195-196 (1996).

547 Interview mit Theo Waigel in *Süddeutsche Zeitung* vom 12. März 1997.

„das geringere Übel".[548] Helmut Haussmann, ehemaliger Bundeswirtschaftsminister, forderte von der Regierung, bis Ostern „massive Einsparungen über ein Haushaltssicherungsgesetz" einzuleiten, um die Einhaltung der Kriterien zu gewährleisten.[549] „Durch Untätigkeit", so der FDP-Europapolitiker, werde das Projekt „erheblich gefährdet". Wenn die Entscheidungen erst im Herbst getroffen würden, sei es für die Währungsunion „zu spät". Ein Scheitern der EWU werde „einen Crash an den Finanzmärkten" und eine „Katastrophe für die Exportwirtschaft" verursachen.[550]

Vier Tage später meldete die *Berliner Zeitung* auf der Titelseite:

> **FDP will Euro mit Sozialkürzungen retten**
> **Haussmann: Opfer sind gerechtfertigt**

Deutschland müsse noch in diesem Jahr einen „zweistelligen Milliardenbetrag" sparen. Ohne Kürzungen im Sozialbereich sei das nicht möglich. Anstelle eines Haushaltssicherungsgesetzes forderte Haussmann nun ein Haushaltsstrukturgesetz; das dürfe „nicht länger tabu sein".[551] Darin könnten niedrigere Sätze für die Arbeitslosenhilfe und andere Sozialleistungen festgelegt werden.

Die SPD solle „ihrer europapolitischen Verantwortung" gerecht werden und entsprechenden Kürzungen im Bundesrat zustimmen, verlangte der FDP-Politiker. Die Debatten um die Staatsausgaben und um den Euro seien zu verknüpfen; der Zusammenhang sei eindeutig: „Nur wenn wir Deutschen unsere Haushaltsprobleme in den Griff kriegen, kommt der Euro."

SPD-Chef Lafontaine entgegnete, in Zeiten hoher Arbeitslosigkeit sei „das sture Beharren auf den Haushaltskriterien falsch". „Vernünftigerweise" lasse der Vertrag von Maastricht „einen gewissen Spielraum".

Zuvor hatte *Der Spiegel* gemeldet, Berechnungen des Kanzleramtes zufolge befürchte die Regierung inzwischen einen Anstieg des 97er Haushaltsdefizits auf 4,15 Prozent des Bruttoinlandsproduktes.[552]

In der dritten Märzwoche des Jahres 1997 manifestierte sich die allgemeine Ratlosigkeit angesichts der tristen Haushaltslage in einem handfesten Krach innerhalb der Koalition. Otto Graf Lambsdorff, der Währungsunion ohnehin nicht gewogen, verdammte die Wirtschaftspolitik der von seiner Partei mitgetragenen Regierung in Bausch und Bogen und warf ihr schwere ordnungspolitische Versäumnisse vor.

Sie kenne die Rezepte, weigere sich aber, sie anzuwenden, kritisierte Lambsdorff in einem *stern*-Interview mit Forderungen, die erst ein SPD-Kanzler Jahre später umsetzen sollte: So müsse neben der Sozialhilfe auch das Arbeitslosengeld „in Höhe und Bezugsdauer noch weiter abgebaut werden".

---

548 *dpa*-Meldung vom 12. März 1997.

549 Ein Haushaltssicherungsgesetz ermöglicht im Unterschied zum regulären Haushaltsverfahren des Bundestages auch Eingriffe in gesetzlich verankerte Sozialleistungen.

550 Zitiert nach *dpa*-Meldung vom 13. März 1997.

551 Mit einem Haushaltsstrukturgesetz lassen sich nicht nur einmalige, sondern dauerhafte Einschnitte in staatliche Leistungen über mehrere Haushaltsjahre hinweg vorschreiben.

552 Alle zitiert nach *Berliner Zeitung* vom 17. März 1997, S. 1.

Es räche sich jetzt, so die Lambsdorff-Philippika, daß der Bundeskanzler von Wirtschaft keine Ahnung habe und ihren Problemen teilnahmslos gegenüber stehe:

> Seit Jahren stelle ich die Frage: Muß Helmut Kohl nicht mit Blick auf die wirtschaftspolitischen Schwierigkeiten, in denen wir uns befinden und zu denen er keinen eigenen unmittelbaren Zugang hat, sehen, daß wir dabei sind, sein zweites Lebensziel nach der Einheit zu gefährden:
> Die europäische Einigung?[553]

Die SPD nahm am selben Tag Waigel unter Beschuß, weil er zuvor bestätigt hatte, er wolle noch 1997 die Sozialhilfe kürzen und „notfalls" auch Steuern erhöhen, um das Haushaltsdefizit EWU-kompatibel zu machen. Der SPD-Finanzpolitiker Joachim Poß nannte Waigels Plan einen „Skandal". Der Finanzminister habe sich „so weit in die Sackgasse begeben, daß ihm auch letzte Spuren eines Gefühls für soziale Gerechtigkeit abhanden gekommen sind".

Sozialhilfeempfänger sollten „die von ihm selbst produzierten Haushaltslöcher" stopfen, um den Euro-Start doch noch zu ermöglichen. Der Finanzminister sei überfordert und sollte „von seiner Aufgabe befreit" werden, sagte Poß. Waigel betreibe „ein äußerst gefährliches Spiel mit dem Feuer"; mit einer weiteren Kürzung der Sozialhilfe bringe er die Bürger „endgültig" gegen die Währungsunion auf:

> Dies ist politisch unverantwortlich und verfestigt den Eindruck, daß Waigel gar nicht will, daß Deutschland an der EWU teilnimmt.[554]

Ähnlich FDP-Generalsekretär Guido Westerwelle. Wer die Sozialhilfe mit dem Euro verknüpfe, habe eine „sichere Art und Weise" entwickelt, „den Euro zu beerdigen", schimpfte Westerwelle auf Waigel – ungeachtet der Tatsache, daß exakt dies sein Parteifreund Haussmann sieben Tage zuvor von Waigel gefordert hatte. Die Annahme, man könne „jemandem in Deutschland erklären", Kürzungen seien notwendig für die EWU, sei „abenteuerlich", erklärte der FDP-Generalsekretär:

> Wir machen doch keine Sozialstaatsreform für den Euro.[555]

Die Nerven lagen blank in der Koalition; es ging kunterbunt durcheinander. Die *Süddeutsche Zeitung* kommentierte:

> Gäbe es irgendwo eine finstere Vereinigung mit dem Ziel, den Europäern Europa zu verleiden – der Vorschlag Waigels wäre ihr jüngster Erfolg.[556]

7.3 Wollte Kohl den Euro im Frühjahr 1997 aufgeben?

Der CDU-Bundestagsabgeordnete Peter Altmaier, heute – wie Hintze – ein Vertrauter Merkels, berichtet mit Blick auf die schlechte Stimmung dieses Bonner Frühjahres 1997, Helmut Kohl habe keine klaren Vorstellungen besessen, wie der Euro innerstaatlich durchzusetzen sei. Vor allen Dingen habe er nicht gewußt, wie die Stabilitätskriterien zu erreichen seien, insbesondere das Verschuldungskriterium von drei Prozent. Für den Fall, daß die Kriterien erfüllt werden, war Kohl nach

553 Zitiert nach *dpa*-Meldung vom 24. März 1997 gemäß Vorabmeldung der *stern*-Redaktion.
554 Zitiert nach *dpa*-Meldung vom 24. März 1997.
555 Westerwelle laut *dpa*-Meldung vom 24. März 1997.
556 *Süddeutsche Zeitung* vom 24. März 1997.

Altmaiers Wahrnehmung entschlossen, an der Währungsunion teilzunehmen. Allerdings sei man davon ausgegangen, daß es in bezug auf die Kriterien vor allen Dingen mit Italien und Frankreich zu Problemen kommen würde. 1997 sei man überraschend mit dem Umstand konfrontiert worden, daß man selbst größere Probleme habe als etwa die Franzosen:

> Darauf war man nicht vorbereitet. Die Strategie von Kohl in der Bundesregierung lautete: Man muß alles tun, um die Kriterien in irgendeiner Weise zu erfüllen. Das ging im Grunde nur nach zwei Seiten:
>
> Indem man auf der Einnahmenseite des Staates Verbesserungen schafft [und die Steuern erhöht] – das war aber wegen der FDP nicht möglich – ,
>
> zum anderen, indem man auf der Ausgabenseite des Staates für Entlastung sorgt – das war aber wegen der ohnehin bereits sehr schlechten politischen Stimmung und der zurückgehenden Konjunktur ebenfalls nicht realistisch.[557]

Daraufhin habe sich zunächst eine Debatte innerhalb der CDU/CSU-Fraktion und der Bundesregierung entwickelt, wie genau man die Kriterien des Maastrichter Vertrages zu nehmen habe, zumal es in der Auslegung Grauzonen gegeben habe. Man habe, so Altmaiers Schilderung, „ausgetestet", ob man das Drei-Prozent-Kriterium „etwas überdehnen" könne, und es habe eine zweite Überlegung gegeben, zur Sicherstellung dieses Kriteriums kurzfristig Steuern zu erhöhen. Über eine Erhöhung der Mineralölsteuer sei auch konkret mit der FDP gesprochen worden:

> Diese Diskussion ist dann sehr schnell in der Öffentlichkeit geführt worden und hat dazu geführt, daß der damalige FDP-Vorsitzende Gerhardt sich ... festgelegt hat: „Keine Steuererhöhungen für den Euro!".
>
> Das hat auf der einen Seite den Spielraum für Theo Waigel weiter verengt, auf der anderen Seite aber auch dazu geführt, daß die FDP auf anderen Politikfeldern einen wesentlich schwächeren Stand gegenüber der CDU/CSU hatte und sich beispielsweise in der Reform des Staatsangehörigkeitsrechtes nicht mehr durchsetzen konnte.[558]

Kohl habe immer sehr stark darauf geachtet, die „innere Balance in der Koalition" zwischen FDP und CSU mit der CDU in der Mitte zu erhalten, berichtet Altmaier weiter. Oft habe er dafür den kleineren Parteien Zugeständnisse in wichtigen Bereichen gemacht, die oft von der CDU zu „bezahlen" gewesen seien. „In diesem Fall war es so, daß das ‚Nein' der CSU und der bayerischen Staatsregierung zu jeder Form von doppelter Staatsangehörigkeit ein wichtiges politisches Anliegen war. Offenbar war es so, daß man glaubte, es sei nicht vermittelbar, auch der CSU nicht, zweimal der FDP in solch zentralen Fragen entgegenzukommen."[559] Mit seinem „Gespür für die öffentliche Meinung" habe Kohl sofort erkannt, daß er ein unpopuläres Projekt wie den Euro endgültig zum Scheitern brächte „und seine eigene Regierung mit" (Altmaier), wenn er bei den Staatsausgaben, vor allen Dingen bei dem großen Block der Sozialhilfe, Kürzungen vornähme.

Bestätigt fühlte sich Kohl schon bald durch die Wahlergebnisse in Frankreich und Großbritannien. „Ich weiß auch, daß in der Fraktion dieser Vorschlag nie

557 Interview mit Peter Altmaier vom 24. Februar 2002 (S. 2-3).

558 Ebenda (S. 1).

559 Ebenda (S. 1-2).

ernsthaft in Erwägung gezogen worden ist, weil die öffentliche Debatte darüber nicht zu gewinnen war", berichtet Altmaier:[560]

> Das Endergebnis jedenfalls war: Es gab weder Steuererhöhungen, noch gab es eine Reform des Staatsangehörigkeitsrechtes. ... Zu dem Zeitpunkt ... zu dem die Diskussion auf der Kippe stand, gingen Theo Waigel und auch die Haushälter in der Fraktion davon aus, daß die Stabilitätskriterien nur durch eine Anhebung der Mineralölsteuer einzuhalten wären.[561]

In dieser krisenhaften Situation veröffentlichten 14 Abgeordnete der CDU/CSU-Bundestagsfraktion eine Presseerklärung: „Gegen Verschiebung des Euro – Junge Aussen- und Finanzpolitiker der CDU/CSU stellen sich hinter Theo Waigel". Sie versuchten, wieder zusammenzubringen, was längst mit Macht auseinander lief:

1. Wir sind für eine *vertragsgerechte* Einführung des Euro zum 1.1.1999. Zeitplan und Kriterien gehören untrennbar zusammen. ...
2. Der Euro darf nicht an Deutschland scheitern. ...
3. Wir wehren uns daher entschieden gegen das kurzsichtige Nörgeln am Euro – bis hinauf auf die Ebene der Ministerpräsidenten. ...
4. Wir unterstützen demgegenüber die konsequente und mutige Politik Theo Waigels für einen stabilen Euro. ...
5. Wir fordern die Verantwortlichen auf *allen* politischen Ebenen auf, der gegenwärtigen Verschiebungsdebatte *offensiv* entgegenzutreten. Die *Verschiebung* des Euro bedeutet in Wahrheit *Verabschiedung* vom Euro. ... Einer solchen Entwicklung werden wir uns .. widersetzen.[562]

Es ist nicht zuverlässig überliefert, ob Waigel mit dem Gedanken spielte, einer Aufforderung des SPD-Abgeordneten Poß zu folgen und sein Amt zur Verfügung zu stellen. Einige CDU- und CSU-Politiker hatten diesen Eindruck. Hinweise, selbst Kohl habe in diesen Tagen des März 1997 resignative Züge entwickelt, habe zu zweifeln begonnen, ob er den Euro noch werde durchsetzen können, habe von Wolfgang Schäuble und Karl Lamers aufgemuntert und gestützt werden müssen, ließen sich ebenfalls nicht zuverlässig verifizieren, auch wenn einiges dafür spricht. Kohl bestreitet es energisch und vermutet niedere Motive bei den Urhebern:

> Die Sache ist frei erfunden.[563]

Schäuble und Lamers ließen eine entsprechende Anfrage ohne Antwort.[564] Waigel sagt wie Kohl: „Nein, das stimmt nicht."

---

560 Ebenda (S. 3).

561 Ebenda (S. 1).

562 Presseerklärung von 14 CDU/CSU-Bundestagsabgeordneten vom 24. März 1997 (Hervorhebungen wie im Original). Unterzeichner: Peter Altmaier, Hermann Gröhe, Claus-Peter Grotz, Eckart von Klaeden, Hartmut Koschyk, Karl A. Lamers (Heidelberg), Armin Laschet, Friedrich Merz, Friedbert Pflüger, Ruprecht Polenz, Christian Ruck, Andreas Schockenhoff, Michael Stübgen, Kersten Wetzel.

563 Interview mit Helmut Kohl, S. 296.

564 Alle Unterzeichner wurden vom Verfasser Ende 2001 mit der Bitte um Auskunft angeschrieben. Es gibt Hinweise, daß Kohl davon erfuhr und auf die Beantwortung jeweils Einfluß zu nehmen versuchte.

Ruprecht Polenz schreibt zur Initiative der 14 Abgeordneten, sie habe nicht gezielt auf einen „angeblich zögerlichen Bundeskanzler Helmut Kohl", sondern auf Stoiber und die Debatte, ob der Zeitplan Vorrang habe vor den Stabilitätskriterien:

> Mir sind innere Zweifel von Helmut Kohl an der Durchsetzbarkeit der EWWU nicht bekannt. Ich hatte auch nie den Eindruck, dass er sie gehabt hätte.[565]

Hartmut Koschyk berichtete, es sei den Verfassern des Aufrufs darum gegangen, „die Diskussion in der Gesamtunion nicht größer werden zu lassen" und Waigel „als den Gesamtarchitekten der Währungsunion ein bißchen zu stärken".[566] Andreas Schockenhoff ergänzt, es habe auch in der Union „Verunsicherung" gegeben, aber das seien „Einzelmeinungen" gewesen, „nehmen Sie Schulhoff oder andere einzelne". Manche hätten in einer Verschiebung aber einen Ausweg gesehen:

> Ich habe aber nie das Gefühl gehabt, daß Helmut Kohl wirklich Zweifel hatte, die Währungsunion durchsetzen zu können. Kohl hat auch immer klipp und klar gesagt: „Der Zeitplan steht."
>
> Gut, es gab dann dieses Papier, diesen Aufruf von ein paar jüngeren Unionsabgeordneten, den wir unterschrieben haben ... Ich habe im Nachhinein aber nicht den Eindruck, daß die Situation dramatisch war. Es ging einfach darum, denjenigen, die noch einmal den Zeitplan in Frage stellen, klar entgegenzutreten und zu sagen: Jetzt ziehen wir es auch vollends durch.[567]

Friedbert Pflüger erinnert sich anders. Der Vorstoß der 14 sei entstanden in einer Situation, „wo es richtig wackelte in der Fraktion". Er wisse noch, wie sie ins Plenum zu Karl Lamers gegangen seien und auf ihn eingeredet hätten:[568]

> „Ihr müßt jetzt die Fraktion und auch Kohl bei der Stange halten. Wenn die Union jetzt einbricht..." Der hat dann wiederum mit Schäuble gesprochen.
>
> Also es gab Situationen bei uns, wo zwei, drei große Populisten, wenn sie den Mut gehabt und das organisiert hätten, durchaus Erfolg hätten haben können. Das wäre dann vielleicht das Ende des Euro gewesen.[569]

Wer den Zeitplan habe aufkündigen wollen, habe sich in Wahrheit von der EWU verabschieden wollen, glaubt Pflüger – „jedenfalls ein großer Teil". Schließlich hätten die Beitrittskandidaten gerade begonnen, „sich zu konzentrieren, sich auf die Kriterien vorzubereiten, enorme Anstrengungen zu unternehmen". Wenn man „das geöffnet hätte", gesagt hätte „jetzt warten wir noch ein Jahr", dann wäre „weder das eine noch das andere gelungen", glaubt Pflüger.[570]

Nicht den geringsten Anhaltspunkt, daß irgendwann irgendwer hätte aufgemuntert oder stabilisiert werden müssen, vermag dagegen Peter Hintze im Rückblick zu

565 Brief von Ruprecht Polenz vom 31. Januar 2002 an den Verfasser.

566 Telefongespräch mit Hartmut Koschyk vom 25. Januar 2002 mit dem Verfasser.

567 Interview mit Andreas Schockenhoff. Mit Blick auf das deutsche Haushaltsdefizit schrieb er in einem Meinungsartikel unter anderem: „Warum soll der Euro bei 3,1 Prozent eine Weichwährung sein, wenn die D-Mark bei vier Prozent im Jahre 1996 eine Hartwährung war?" (*Frankfurter Allgemeine Zeitung* vom 06. September 1997, S. 12).

568 Karl A. Lamers (Heidelberg, Jahrgang 1951), damals noch recht neu im Bundestag, ist nicht identisch mit Karl Lamers (Königswinter, Jahrgang 1935), einflußreicher Außenpolitiker und Vertrauter Schäubles.

569 Interview mit Friedbert Pflüger (S. 4-5).

570 Ebenda.

erkennen. Kohl habe den Euro „als das große historische Projekt des 21. Jahrhunderts empfunden" und sich entsprechend verhalten:

> Er war zu allen Zeitpunkten der felsenfesten Überzeugung, daß am Terminplan der Euro-Einführung nicht zu rütteln sei. Er war auch der Überzeugung, daß – wenn der Terminplan mit dem 1. 1. 1999 in irgendeiner Form ins Rutschen käme – dann das ganze Projekt in Frage gestanden hätte.[571]

„Es gab kein Wackeln", betont auch Wolfgang Gerhardt. Der Vorsitzende der FDP-Bundestagsfraktion siedelt außerdem die Qualität der damaligen Koalitionsverhandlungen über die Abwehr eines zu hohen Haushaltsdefizits weitaus höher an als oben geschildert: „Wir waren in der Koalition entschlossen, den Terminfahrplan durchzuhalten, und führten die Haushaltsgespräche immer so, daß wir auf jeden Fall ganz klar die Kriterien erfüllen würden." Einen Zusammenhang der Euro-Start-Problematik mit den damals diskutierten Steuerplänen bestreitet Gerhardt:

> In der Legislaturperiode von 1994 bis 1998 hat es einige Überlegungen in den Reihen von CDU und CSU gegeben, die Mehrwertsteuer oder die Mineralölsteuer zu erhöhen. Sie waren nicht kurzfristig angestellt worden, um das Verschuldungskriterium einzuhalten. Darauf wurde im Kontext auch hingewiesen, aber nicht ausschließlich. Eher spielten Erhöhungen der indirekten Steuern im Kontext der Steuerreform eine Rolle, bei der ja die direkten Steuern deutlich gesenkt werden sollten.
>
> Die FDP hatte sich seit meiner Wahl zum Bundesvorsitzenden 1995 aber auf einen klaren Steuersenkungskurs so unmißverständlich festgelegt, daß dem Koalitionspartner klar war, daß er in Koalitionsgesprächen mit Steuererhöhungsvorstellungen nicht erfolgreich sein konnte.[572]

Erst recht nicht habe der Streit um die Reform des Staatsbürgerschaftsrechts etwas mit den damaligen Überlegungen der Koalition zu tun gehabt, wie man den deutschen Haushalt noch EWU-kompatibel gestalten könnte, schreibt Gerhardt. Hier seien die Haltung der CSU und die des Bundesinnenministers Manfred Kanther „ausschlaggebend" gewesen für die „Unwilligkeit der gesamten CDU/CSU-Fraktion, das Thema zu entscheiden", obwohl Schäuble und andere „durchaus" nicht abgeneigt gewesen seien. Angesichts der inneren Verfassung der Unionsfraktion, so der FDP-Fraktionsvorsitzende, sei da aber nichts zu machen gewesen:

> Die CDU/CSU war nicht in der Lage, dieses gesellschaftspolitische Thema zu beraten. Es hing nicht von der Stärke der FDP ab, die ganze Angelegenheit schien der CDU/CSU mit Blick auf ihr mögliches Wählerpotential nicht entscheidbar.[573]

Altmaier entgegnet, diese Darstellung des Koalitionspartners widerspreche nicht nur seiner persönlichen Erinnerung, sondern auch den damaligen Schlagzeilen:

> Ein Bonner Journalist schrieb damals: „Steuern für Pässe";
> anschließend kommentierte er: „Keine Steuern – keine Pässe".[574]

---

571 Interview mit Peter Hintze (S. 1).

572 Brief von Wolfgang Gerhardt vom 31. Januar 2002 an den Verfasser.

573 Ebenda.

574 Interview mit Peter Altmaier (S. 1). Der Beleg für diese Schilderung konnte vom Verfasser nicht rekonstruiert werden. Dennoch kann sie natürlich zutreffend sein.

Norbert Wieczorek antwortete in einem *taz*-Interview, ob denn die SPD angesichts der massiven Probleme „noch für die Währungsunion" sei: „Aber ja". Über „einzelne" in seiner Partei wollte er allerdings nicht reden.[575] *Die Zeit* schrieb:

> **Die Debatte über den Euro gleitet der Bundesregierung aus den Händen.**[576]

Der EWU-Starttermin 1. Januar 1999 war akut gefährdet – und schuld war Deutschland. Die Institute prognostizierten eine Überschreitung des Defizitkriteriums, aber eine großzügige Interpretation des Wortlautes des Vertrages verboten die innerparteilichen Verhältnisse der CSU, Steuererhöhungen verbot die FDP, Kürzungen im Sozialetat verbot der Bundeskanzler.

In diesem Trilemma fiel Waigels Blick auf die Goldreserven der Bundesbank.

575 Interview mit Norbert Wieczorek in der *taz* vom 24. März 1997, S. 7.
576 *Die Zeit* vom 28. März 1997, S. 24.

8. Avanti dilettanti: Waigel holt sich blutige Nase

8.1 Das Gold der Bundesbank – Verlockung für Finanzminister

Das Verhältnis der Bundesbank zur Europäischen Währungsunion war während der Jahre 1988 bis 1999 ein ambivalentes. Karl Otto Pöhl formte als Bundesbankpräsident durch seine Arbeit im *Delors-Ausschuß* die Grundlage der späteren EWU. Ohne Pöhl wäre es kaum gelungen, die französische Seite zur Übernahme der deutschen Essentials – Supranationalität der EZB und ihre weitgehende Unabhängigkeit von den nationalen Regierungen – zu bewegen. Das wiederum ermöglichte es den Deutschen erst, dem Projekt auf dem EU-Gipfel von Hannover im Juni 1988 näherzutreten und es erstmals nicht nur als Vision zu betrachten.

Andererseits hat Pöhl die Dynamik des von ihm mit angestoßenen Prozesses unterschätzt und gleichzeitig den Willen der Bundesregierung überschätzt, ihre Forderung durchzusetzen, eine Währungsunion nur gleichzeitig mit einer politischen Union zu realisieren.[577] Die Europäische Währungsunion ist auch sein Kind, aber das Verhältnis ist geprägt von einer Haßliebe. Skepsis, Kritik, Stolz und Bewunderung wechseln sich in Pöhls Bewertungen ab.[578] Das Wort vom *disaster*, das Pöhl wählte für die (bereits vollzogene) deutsch-deutsche wie für die (auf dem Weg befindliche) Europäische Währungsunion, ist unvergessen, beschrieb es doch den Schlußpunkt eines längeren Entfremdungsprozesses zwischen ihm und Helmut Kohl.[579] Distanziert hat er sich 1991 per Rücktritt („aus persönlichen Gründen") von Kohl, nicht von dieser Wertung (Anm. 42).[580]

Ein halbes Jahr zuvor hatte der Zentralbankrat der Bundesregierung (einstimmig, also mindestens mit Pöhls Billigung, wenn nicht auf seine Initiative hin) eine öffentliche Warnung zugestellt: Eine europäische Währungsunion müsse ausreichend fundiert sein, sonst werde sie zum Risiko. Die teilnehmenden Volkswirtschaften würden „im Währungsbereich auf Gedeih und Verderb miteinander verbunden", erklärte die Bundesbank mit Blick auf die Vorbereitungen des EU-Gipfels von Maastricht. In einer EWU werde der Wert des Geldes fortan beeinflußt „von der Wirtschafts- und Finanzpolitik sowie dem Verhalten der Tarifpartner in allen Mitgliedsländern".

---

577 Tietmeyer beschreibt Pöhls Haltung wie folgt: „Er hat gesagt: Das ist ein Konzept, aber die Verwirklichung ist noch ein langer Weg. Insofern hat er sich von der Sache nicht distanziert. Die entstandene Dynamik entsprach aber nicht seiner ursprünglichen Vorstellung, als er aus der Delors-Gruppe kam."

578 So schrieb er 1996, seine „Skepsis" gegenüber der EWU sei „im Lichte der Entwicklung der letzten Jahre ... eher noch gewachsen" (S. 203). Dann lobte er die „Machtfülle" der EZB als „ohne historisches Vorbild" (S. 205). Als Resümee nannte er die Währungsunion mehrdeutig einen „Schritt von wahrhaft historischer Bedeutung" (S. 208). Karl Otto Pöhl in: Theo Waigel (Hg.): Unsere Zukunft heißt Europa.

579 Pöhl schrieb Kohl nach dessen Beschwerde: „Aber wenn ich das Echo vorausgesehen hätte, hätte ich es vielleicht nicht so genannt." (Zitiert nach *Spiegel special* 2/1998, S. 12)

580 „Persönliche Erklärung" des Bundesbankpräsidenten Karl Otto Pöhl vom 16. Mai 1991, veröffentlicht als Pressenotiz der Deutschen Bundesbank am selben Tag.

Was bisher noch die inneren Angelegenheiten anderer Länder seien, betreffe, so der Zentralbankrat, in einer Währungsunion künftig alle anderen genauso. Außenpolitik werde zur Innenpolitik:

> Eine Währungsunion [ist] damit eine nicht mehr kündbare Solidargemeinschaft, die nach aller Erfahrung für ihren dauerhaften Bestand eine weitergehende Bindung in Form einer umfassenden politischen Union benötigt.[581]

Eine tiefe Sorge, die Europäische Währungsunion könnte auf Grund elementarer Konstruktionsfehler des politischen Umfeldes ein schlimmes Ende finden, schwingt in vielen Pöhl-Äußerungen mit.[582]

Pöhls Nachfolger Helmut Schlesinger lobte nach der Konferenz von Maastricht deren Ergebnisse – zumindest ein wenig. Die von der Bundesbank zuvor formulierten Bedingungen seien „weitgehend erfüllt“ worden. Das wichtigste Resultat sei, „daß es keine faulen Kompromisse über Währungsunion und Zentralbank“ gegeben habe. Das verbreitete Gefühl einer „Enttäuschung“ über die Ergebnisse der Regierungskonferenz sei zumindest im Hinblick auf die EWU unberechtigt. Die „Leitlinie“ der Bundesbank sei unverändert gültig: Die D-Mark dürfe nur durch eine europäische Währung ersetzt werden, „die mindestens genauso stabil ist“. Diese Haltung werde von der Bundesregierung, so Schlesingers Diagnose nach Maastricht, „uneingeschränkt geteilt“. Das sei auch gut so, denn eine gemeinsame Währung sei ein Verhandlungsgegenstand, der „Kompromisse kaum zuläßt“.[583]

Schlesinger amtierte nur 26 Monate. Am 1. September 1993 wurde er von Hans Tietmeyer abgelöst. Der neue Bundesbank-Präsident verfügte bereits bei Amtsantritt über eine intensive EWU-Vorgeschichte, hatte er doch 1970/71 am *Werner-Bericht*, der Urform aller späteren Pläne einer europäischen Währungsunion, als stellvertretendes Mitglied mitgearbeitet.

Tietmeyer fühlte sich berufen, auch bei den politischen Fragen mitzureden, die das Projekt aufwarf, zumal er als Referatsleiter in Ludwig Erhards Wirtschaftsministerium, Vorsitzender des EG-Ausschusses für Wirtschaftspolitik und Staatssekretär im von Gerhard Stoltenberg geleiteten Bundesfinanzministerium administrative Erfahrungen in der Bundesregierung und auf europäischer Ebene gesammelt hatte, bevor er am 1. Januar 1990 Mitglied des Bundesbank-Direktoriums wurde.[584]

Dem Bundeskanzler hatte der neue Präsident als *Sherpa* gedient.[585] Außerdem hatte ihn Kohl im März 1990 – auch unter dem Eindruck des Konfliktes mit Pöhl um die deutsch-deutsche Währungsunion – zu seinem persönlichen Berater für die

---

581 Stellungnahmen der Deutschen Bundesbank zur Errichtung einer Wirtschafts- und Währungsunion in Europa vom 06. September 1990, veröffentlicht in Pressemitteilung vom 25. September 1990.

582 Das gleiche gilt, wie zu zeigen sein wird, für Tietmeyer.

583 Helmut Schlesinger: Eine europäische Währung muß genauso stabil sein wie die D-Mark. Meinungsartikel in *Handelsblatt* vom 31. Dezember 1991.

584 Tietmeyer: „Sie wissen ja: Die Stellvertreter leisten die eigentliche Arbeit.“ (Tietmeyer zum Verfasser am 20. Januar 2003). Regulärer Vertreter Deutschlands war Johann Baptist Schöllhorn, Präsident des Ausschusses für mittelfristige Wirtschaftspolitik. Pierre Werner (1913-2002) war von 1959 bis 1984 mit einer Unterbrechung Premier- und zeitweise auch Finanz-, Verteidigungs-, Außen-, Tresor- und/oder Justizminister von Luxemburg.

585 Berater und Unterhändler der Kanzler auf Gipfeltreffen, benannt nach Himalaya-Volk.

Einzelheiten dieses Vorhabens ernannt. Dies sollte Kohl nicht daran hindern, sich zum Schrecken des Zentralbankrates auch bei der Gestaltung der Umtauschkurse über die Vorstellungen und Einwände der Bundesbank hinwegzusetzen. Daß Kohl von Wirtschaftsfragen wenig und von Währungsfragen keine Ahnung habe und sich dieses Defizit nur schwer durch Versuche intensiver Beratungstätigkeit ausgleichen lasse, da der Kanzler politischen und anderen Gesichtspunkten Vorrang einzuräumen pflege, galt in der Bundesbank längst als leidvolle Erfahrung.

Manche Beobachter werteten die Hochzinspolitik der Bundesbank zwischen 1991 und 1993 als übertrieben, als Trotzreaktion auf die währungspolitischen Entscheidungen der Bundesregierung von 1990, und machten sie mit verantwortlich für die konjunkturelle Rezession, in die Deutschland zwei Jahre nach der Wiedervereinigung geriet, ebenso für die existenzbedrohenden Turbulenzen, von denen das EWS geschüttelt wurde und die das Projekt EWU schon bald nach dem Abschluß des Ratifizierungsprozesses in vielen Ländern grundsätzlich in Frage stellten.

Bundesregierung und Bundesbank zogen in dieser Zeit an einem Strang – in gegensätzliche Richtungen. Dieser unübersehbare Mangel an Harmonie sollte es Tietmeyer erleichtern, in den folgenden Jahren sukzessive auch eine härtere und kritischere Tonart gegenüber dem Projekt EWU und seinen Protagonisten in der Bundesregierung anzuschlagen. Insofern war er der eigentliche Nachfolger Pöhls.

Möglicherweise waren ihm auch Pöhls Erfahrungen eine Lehre, die dieser, auf zwei Hochzeiten tanzend, hatte machen müssen während und nach seiner Mitarbeit im *Delors-Ausschuß*. Tietmeyer sollte den Kurs der deutschen Notenbank in den entscheidenden Jahren des EWU-Stufenprozesses prägen.[586] Bereits mit der Vorlage des *Werner-Berichts* habe Deutschland Abschied genommen von der *Krönungstheorie*, nach der eine Währungsunion nur als Schluß- und Höhepunkt einer Politischen Union in Frage komme, und erstmals, so schildert es Tietmeyer, lediglich auf einer „parallelen" Entwicklung bestanden. Entsprechend heißt es im *Werner-Bericht* in den „Grundsätzen für die Verwirklichung des Stufenplanes":

> Auf allen Gebieten sind die zu treffenden Maßnahmen interdependent, und sie werden sich gegenseitig verstärken; insbesondere wird die Schaffung der Währungsunion mit ausreichenden Fortschritten in der Konvergenz und später der Vereinheitlichung der Wirtschaftspolitiken verbunden sein müssen. Parallel zur Einschränkung der wirtschaftspolitischen Autonomie der Mitgliedstaaten müssen entsprechende Kompetenzen auf Gemeinschaftsebene aufgebaut werden.[587]

„Genau an dieser Stelle" sei der vom *Werner-Bericht* angestoßene Prozeß gescheitert, sagt Tietmeyer, und dies, obwohl die deutsche Seite Anfang der 70er Jahre den Begriff „Wirtschaftsregierung" noch mit vertreten habe. Erst später, als Frankreich begonnen habe, darunter auch ein Gegengewicht zu einer Zentralbank, ein Korrekturinstrument zu verstehen, sei die Vorstellung einer europäischen Wirtschaftsregierung für Bonn inakzeptabel geworden, weil eine derartige Institution nach deutscher Überzeugung die Unabhängigkeit der Zentralbank konterkariert hätte.

586 Schlesinger war laut Bundesbank im Amt vom 01. August 1991 bis 30. September 1993.

587 *Bericht an Rat und Kommission* über die stufenweise Verwirklichung der Wirtschafts- und Währungsunion in der Gemeinschaft, S. 15 (1970).

Mitte der 80er Jahre, so Tietmeyer, habe Deutschland erstmals Signale aus Paris empfangen, daß man die Einrichtung einer EZB entgegen früherer Überzeugung eventuell für sinnvoll halten könnte. Mit der einstimmigen Verabschiedung des *Delors-Berichtes* sei der Paradigmenwechsel der Franzosen 1988 amtlich geworden.

Zwar war Tietmeyer wie sein Vorgänger Schlesinger der Meinung, in Maastricht sei der schlimmste anzunehmende Währungsunfall vermieden worden. Gleichwohl ist Tietmeyer bis heute unglücklich, daß der von Kohl zuvor stets als untrennbar erklärte Zusammenhang von Währungs- und Politischer Union aufgegeben wurde – und dies sei keinesfalls allein auf Grund eines französischen Unwillens geschehen. Vielmehr sei die Bundesregierung, so seine Kritik, 1991 ohne klares Konzept in die Verhandlungen über eine Politische Union gegangen:

> Das muß man leider so sagen. Es gab in den 60er-, 70er-Jahren die Bundesstaatsvorstellung. Schon mit der Ausweitung auf eine Neuner-Gemeinschaft, England, Dänemark, Irland, war klar, daß diese – ebenso wie Frankreich – eine politische Integration im Sinne einer staatlichen Gemeinsamkeit auf keinen Fall mitmachen würden.[588]

Mit der Zehner-, der Zwölfer-, der 15er-Gemeinschaft sei „endgültig klar geworden", so Tietmeyer, daß das Bundesstaatsmodell „auf keinen Fall mehr funktionieren" könne, zumal es inzwischen auch in Deutschland darüber Streit gegeben habe:

> Das „Nein" zum Europäischen Bundesstaat ist in Deutschland leider nicht genügend begleitet worden von einer Klärung dessen, was dann an Substanz einer politischen Union an seine Stelle treten sollte. Dahinter stand das sogenannte *Monnet-Prinzip*: Immer kleine Schritte, aber wir können uns nicht festlegen, wohin. Ungeklärte Finalität.[589]

Die deutschen Diplomaten hätten die Kontroverse stets gescheut, beklagt Tietmeyer. Im Währungsbereich sei die Bereitschaft zur Kontroverse stärker gewesen – und das habe sich ausgezahlt: „Dort hat man sich am Schluß aber zusammengerauft. In den anderen Bereichen ist man immer wieder zurückgezuckt":

> In Maastricht waren diese beiden Züge formell noch zusammen. Aber der eine Zug hatte viele Worte, die dann über Amsterdam und Nizza jetzt zum Konvent gekommen sind, und relativ wenig Substanz. Der andere Zug hatte weniger Worte, aber sehr viel Substanz: Der Wirtschafts- und Währungsunionszug.
>
> Der politische Zug ist zwar immer noch in Bewegung, hängt aber gegenüber dem Währungszug unverändert deutlich zurück. Der politische Bereich hat zwar ein gewisses Regelwerk, ist an vielen Stellen aber noch ungeklärt, beginnend mit der politisch-institutionellen Entscheidungsstruktur und endend beim Inhalt dieser Politik.[590]

In der Öffentlichkeit und in den Medien mußte die Bundesbank seit 1990 mit dem Vorwurf leben, sie bekämpfe die EWU auch aus selbstsüchtigen Motiven, sehe nicht das große Ganze, sondern wehre sich gegen ihre Entmachtung. Helmut Schmidt ließ sich einmal im Jahr so vernehmen. Roger de Weck hielt ihr in der *Zeit* vor, ihr „DM-Nationalismus" sei „Unfug", ihr „Kommandoton" unangemessen. „Notfalls" müsse Helmut Kohl „den Widerstand der Bundesbank brechen", wie es

588 Interview mit Hans Tietmeyer (S. 4).

589 Ebenda.

590 Ebenda (S. 3).

Schmidt bei der Etablierung des EWS vorgemacht habe. Andernfalls drohe der EWU das gleiche Schicksal wie 1954 der *Europäischen Verteidigungsgemeinschaft.*[591]

Mit Beteuerungen, sie fühle sich nicht als „Sprachrohr der EWU-Gegner", versuchte die Bundesbank gegenzuhalten. Sie werde dennoch nicht aufhören, auf die „Schwächen und Risiken" des Vorhabens hinzuweisen, die bei der Umsetzung des Vertrages von Maastricht bedacht werden müßten, kündigte sie an. Vizepräsident Johann Wilhelm Gaddum wird mit dem Satz zitiert, die Bundesbank dürfe das ihr entgegengebrachte öffentliche Vertrauen „nicht durch einen falschen Zweckoptimismus enttäuschen". Die EWU führe zu einem Souveränitätsverzicht, der sie auch zu einer Form der politischen Union mache, auch wenn diese nicht die Startvoraussetzung für die Währungsunion sei.[592] Tietmeyer wehrt Vorwürfe, die Bundesbank sei eine Trutzburg der Euro-Gegner, ab mit dem Argument, er sei schon in der Werner-Gruppe für eine EWU gewesen – wenn die Voraussetzungen stimmten:

> Ich bin immer ein Anhänger einer Währungsunion gewesen – auf solider Grundlage, damit sie sich auch langfristig stabilitätsgerecht durchsetzen kann. Manche Leute haben das mißverstanden, ich sei ein Gegner des Euro. Ich war nie ein Euro-Gegner, ich war ein Euro-Anhänger für eine stabile Währung, für eine stabile Grundlage.[593]

Im März 1996, die Verschiebungsdebatte hatte in Fachkreisen und in den Wirtschaftsteilen der Zeitungen bereits begonnen, suchte Tietmeyer auf einem europapolitischen Symposion des Auswärtigen Amtes in Stromberg die Konfrontation mit dem Bundeskanzler. Kohl hatte wenige Stunden zuvor „katastrophale" Folgen einer Nichteinhaltung des Zeitplanes beschworen; diese würde eine Flucht in die D-Mark auslösen, so der Kanzler in einer Pressekonferenz.

Tietmeyer schien sich an diesem Tag auf die Seite der Befürworter einer Verschiebung zu schlagen. Die EWU sei im wirtschaftlichen Sinne „nicht absolut notwendig". Hoffentlich werde sie nicht zum Albtraum. Die Währungsunion könne nur einen Fortschritt bedeuten, so der Bundesbankpräsident, wenn sie „dauerhafte monetäre Stabilität produziert", sich „in der harten Alltagswirklichkeit" bewähre und „wenn ihre politischen Konsequenzen von den wichtigsten Akteuren akzeptiert werden". Stabilität sei eindeutig wichtiger als die Einhaltung des Zeitplanes. Anders als Großbanken hielte er eine Verschiebung um ein Jahr nicht für fatal:

> Vor die Alternative gestellt, ist mir das solide Fahren des Zuges lieber als ein Zug, der genau an einem bestimmten Tag abfährt.[594]

Im übrigen, so Tietmeyer, warne er vor überzogenen Hoffnungen: „Die Währungsunion wird die Beschäftigungskrise nicht lösen." Das Beharren auf einer Erfüllung der sechs Maastricht-Kriterien dürfe nicht als „kleinteilige" Frage abgetan werden. Ein Stabilitätspakt müsse geschlossen werden, weil sich das im Vertrag vorgesehene Sanktionsverfahren als wirkungslos erweisen werde. Teilnehmer der Europäischen Währungsunion gingen eine „dauerhafte politische Bindung im Kernbereich nationalstaatlicher Souveränität" ein. Er bevorzuge daher ein Europa

591 *Die Zeit* vom 12. Oktober 1990. Die *EVG* scheiterte aber überraschend an Frankreich.
592 Beitrag von Gaddum in der *Frankfurter Allgemeine Zeitung* vom 05. März 1996.
593 Interview mit Hans Tietmeyer (S. 6).
594 Zitiert nach *Handelsblatt* vom 20. März 1996, S. 1.

der konzentrischen Kreise. Der innere Kreis werde sich durch Vertiefung und Supranationalität auszeichnen.[595] Die *Frankfurter Allgemeine Zeitung* bezeichnete Tietmeyers Ausführungen als Ausdruck einer „unverhohlenen, fast britisch anmutenden Skepsis" gegenüber der EWU. Beobachter bewerteten sie als Zeichen „eines deutlichen Dissenses zwischen der Bundesregierung und der Bundesbank".

Vorgänger Pöhl zerpflückte wenig später die meistgebrauchten Argumente der Bundesregierung für eine Währungsunion: Sie werde in weniger wettbewerbsfähigen Ländern eher Arbeitsplätze kosten, als zusätzliche zu bringen, und sie führe zu einem Anstieg der Zinsen in Deutschland. „Das kann man jetzt schon sehen. Die Märkte nehmen die Währungsunion vorweg. Dann werden die Zinsen nicht die niedrigen deutschen sein, sondern ein Durchschnitt von vielen verschiedenen." Eventuell werde die EWU für Europa sogar Spaltung bedeuten und nicht Integration – „wenn man von der Prämisse ausgeht, daß einige ‚in' sind und andere ‚out'". Nicht sehr freundlich auch Pöhls Meinung über die Berechnung der deutschen Staatsschulden: „Wenn Sie zum Beispiel die Verpflichtung der Rentenversicherer zur Staatsverschuldung addieren würden, könnten Sie die Sache ganz vergessen."[596]

Gemeinsam und in scharfer Form warnten Pöhl und Tietmeyer Anfang 1997 die französische Regierung vor dem Versuch, eine politische Kontrolle der EZB zu erreichen. Entsprechende französische Vorstöße seien extrem gefährlich und widersprächen dem Vertrag von Maastricht.[597]

Im April 1997 erreichte die Verschiebungsdebatte in Deutschland ihren Höhepunkt. Die *Wirtschaftsweisen* Herbert Hax und Rolf Peffekoven plädierten für eine Verschiebung der Euro-Einführung „um ein bis zwei Jahre", denn angesichts der „Konjunkturflaute" sei eine Besserung der Staatsfinanzen auch 1998 nicht zu erwarten.[598] Wenige Tage später prognostizierten der IWF und die sechs führenden Wirtschaftsforschungsinstitute für Deutschland eine Defizitquote von 3,3 Prozent. Eine „Punktlandung", so die Institute, sei aber bei entsprechendem politischen Willen noch möglich.[599]

Mitte Mai wurde der Bundesfinanzminister im Bundestag von der Opposition scharf angegriffen. Sie sah die Einführung des Euro durch Waigels Auslegung der Defizitkriterien akut gefährdet. Waigel habe den Spielraum, den der Vertrag von Maastricht biete, mittels seiner eigenen Interpretation „immer weiter eingeengt", sagte für die SPD Heidemarie Wieczorek-Zeul:

> Wir verlangen eine vertragsgerechte Anwendung der Kriterien, auch des Defizitkriteriums.[600]

Die Grüne Kristin Heyne empfahl dem Minister als „schöpferische Pause" einen „Erziehungsurlaub"[601], anstatt weiter „nach dem Rasenmäherprinzip" zu kürzen:

---

595 Wahrscheinlich hatte Tietmeyer das Schäuble/Lamers-Modell „Europa der zwei Geschwindigkeiten" (1994) vor Augen. Man hätte es energischer verfolgen müssen, sagte er am 20. Januar 2003 zum Verfasser.

596 Interview mit Pöhl im *Hessischen Rundfunk* laut *hr*-Meldung vom 29. September 1996.

597 *dpa*-Meldung vom 20. Januar 1997.

598 *dpa*-Meldung vom 9. April 1997.

599 *dpa*-Meldung vom 22. April 1997.

600 BtPPl 13/175 vom 15. Mai 1997, S. 15703.

> Kommen Sie endlich von Ihrem hohen Roß der 3,0 Prozent herunter, und gestehen Sie ein, daß eine zusätzliche Verschuldung notwendig ist! Wenn Sie dazu nicht in der Lage sind, Herr Waigel, weil Ihr Stolz oder was auch immer Sie daran hindern, dann machen Sie den Weg frei, damit andere die weiteren nötigen Schritte in die gemeinsame Währungsunion gehen können, in eine Europäische Union, die von der Bevölkerung gewollt wird.[602]
>
> (Beifall beim Bündnis 90/Die Grünen und bei der SPD sowie bei Abgeordneten der PDS)

Maastricht, so die Grüne, werde in der deutschen Debatte „immer mehr zum Synonym für Sparen". Dahinter drohe das Ziel aus dem Blick zu geraten:

> Es ist schon eine gezielte Torpedierung der Währungsunion, Herr Waigel, wenn Sie in einer Situation allgemeiner Verunsicherung und Ablehnung der Währungsunion in der Bevölkerung auch noch ankündigen, daß wegen des Euro die Sozialhilfe gekürzt werden muß.[603]
>
> (Zustimmung bei Abgeordneten der SPD)

Waigel erwiderte, seine Kritikerinnen seien „die letzten Rückständigen, die von der sozialistischen Völkerwanderung übriggeblieben sind und noch nicht begriffen haben, daß Konsolidierung notwendig ist, um Stabilität und Wachstum zu erreichen". Er habe seine Ansicht „nie geändert": Wer eine „permanente Diskussion" über die Kriterien führe, müsse wissen, wo er „am Ende" lande:

> Darum ist die strikte und stringente Einhaltung der Kriterien eine Voraussetzung für die Glaubwürdigkeit und Akzeptanz in der deutschen Bevölkerung. Dazu stehe ich.[604]

Am selben Tag erklärte der *Arbeitskreis Steuerschätzung*, Bund, Länder und Gemeinden müßten 1997 mit einem Einnahmeausfall in Höhe von 18 Milliarden DM rechnen. Auf den Bundeshaushalt entfielen 9,1 Milliarden DM. Gleichzeitig drohe eine Mehrbelastung auf der Ausgabenseite durch die steigende Arbeitslosigkeit in Höhe von 20 Milliarden DM. Mit dieser amtlichen Vorhersage war Waigels laufender Bundeshaushalt nach allgemeiner Einschätzung, die durch inzwischen fast tägliche Prognosen von Experten aller Art genährt wurde, Makulatur. Die Einhaltung des Defizitkriteriums erschien nunmehr so gut wie ausgeschlossen.

Am Nachmittag dieses 15. Mai 1997 meldete *dpa*, Waigel spiele mit dem Gedanken, einen Teil des Bundesbankgoldes auf den Markt zu werfen, um seine Haushaltslöcher zu stopfen.[605] Am folgenden Tag sagte der Minister im Bundestag, auch mit den Zahlen der Steuerschätzung werde man die Defizitgrenze 1997 nicht überschreiten.

601 Waigel hatte im November 1994 die Ärztin und ehemalige Skirennläuferin Irene Epple geheiratet und war sechs Monate später Vater eines weiteren Sohnes namens Konstantin Theodor geworden. Dieser zweiten Ehe war eine innerparteiliche Intrige („Ehebruch") gegen Waigel vorausgegangen, die ihn 1993 aus dem Rennen um das Amt des Ministerpräsidenten warf, als es um die Nachfolge von Max Streibl ging.

602 Ebenda, S. 15710.

603 Ebenda, S. 15709.

604 Ebenda, S. 15707.

605 24 Stunden zuvor war die Telekom-Aktie nach ähnlichen Verkaufsgerüchten unter Druck geraten. Waigels Plan, entgegen einer beim Börsengang gemachten Zusage Telekom-Aktien zu verkaufen, scheiterte am öffentlichen Protest von Vorstandschef Ron Sommer.

Für diese Zuversicht habe er einen guten Grund, erklärte Waigel dem Plenum:

> Gestern habe ich mit dem Zentralbankrat der Deutschen Bundesbank über die mit dem Eintritt in die dritte Stufe notwendige Neubewertung der Reserven gesprochen.
>
> (Lachen bei der SPD und dem Bündnis 90/Die Grünen – Werner Schulz: Rein zufällig!)
>
> Diese Reserven belegen den Erfolg der deutschen Volkswirtschaft in den letzten 50 Jahren. Es ist eine Ersparnis, die wir gegenüber dem Ausland angesammelt haben. Es war unbestritten richtig, daß die Bundesbank in den letzten 50 Jahren mit äußerster Vorsicht bei der Bewertung ihrer Devisen- und Goldreserven vorgegangen ist. Die dadurch stetig wachsenden Bewertungsreserven hatten maßgeblichen Anteil am Ansehen der Deutschen Bundesbank und der deutschen Stabilitätspolitik insgesamt.
>
> (Beifall bei Abgeordneten der CDU/CSU und der FDP)
>
> Die Neubewertung wird mit der gebotenen Vorsicht angegangen. Die finanzielle Solidität der Bundesbank wird gewahrt. Die Vorsorge für Währungsrisiken und das Volumen der Goldreserven bleiben unangetastet. Keine Unze wird verkauft. Es fließt auch keine Unze ... in den Haushalt. ...
>
> (Joseph Fischer: Das glaubt Ihnen doch niemand!)
>
> Es ist aber recht und billig, dieses „Erbguthaben" zur Tilgung unserer Erblastschulden zu verwenden.
>
> (Lachen bei der SPD und dem Bündnis 90/Die Grünen)
>
> Das ist kein aktueller Trick, sondern gängige und legitime Praxis. Sonst wären ja schon die bisherigen Sondertilgungen durch den Bundesbankgewinn ein Buchungstrick gewesen. Davon kann gar keine Rede sein.
>
> (Beifall bei der CDU/CSU und der FDP)
>
> Es war richtig, daß wir in der Vergangenheit Versuchen prominenter SPD-Vertreter widerstanden haben, den angeblichen Goldschatz durch offene Goldverkäufe zu heben. ...
>
> (Zuruf von der SPD: So ein Quatsch!)
>
> Als Berater des früheren SPD-Vorsitzenden Vogel hat Professor Krupp ebenfalls die verstärkte Nutzung der Bundesbankreserven gefordert.
>
> (Joseph Fischer: Mein Gott, seid ihr fertig! Das gibt es doch gar nicht!)
>
> Erst im Januar dieses Jahres hat Kollege Lennartz von der SPD gefordert: „Der deutsche Goldschatz soll Barren für Barren verkauft werden." Solchen Ratschlägen werden wir nicht folgen.
>
> (Beifall bei der CDU/CSU und der FDP)
>
> Darum ist Ihre Kritik an dem, was wir auf Grund der Empfehlung des Europäischen Währungsinstitutes vorhaben, völlig unbegründet. Wir werden die Solidität und das Standing der Deutschen Bundesbank, der deutschen Währungspolitik und der deutschen Finanzpolitik voll gewährleisten. Daran wird kein Zweifel aufkommen.
>
> (Beifall bei der CDU/CSU und der FDP) ...
>
> Meine Damen und Herren, ich wünsche uns allen ein gutes Pfingsten und hoffe, daß der Geist der Erleuchtung auch über die Opposition kommt. Herzlichen Dank.[606]
>
> (Anhaltender Beifall bei der CDU/CSU und der FDP)

606 BtPPl 13/176 vom 16. Mai 1997, S. 15858.

Die stellvertretende SPD-Fraktionsvorsitzende Ingrid Matthäus-Meier kritisierte in ihrer Erwiderung zwar ausführlich Theo Waigels Haushalts- und Steuerpolitik, erwähnte das Thema „Goldreserven" aber erst zum Schluß ihrer Rede und nur mit einigen unfreundlichen Pressezitaten sowie einem plakativen Satz:

> Man stelle sich einmal vor, ein sozialdemokratischer Finanzminister wäre auf die Idee gekommen, an die Goldreserven der Bundesbank heranzugehen! Da wäre diese Regierung vor Abscheu und Entsetzen aus dem 29. Stock des Langen Eugen gesprungen.[607]
>
> (Beifall bei der SPD sowie bei Abgeordneten des Bündnisses 90/Die Grünen – Guido Westerwelle: Ein leicht mißglücktes Bild!)

Aller rhetorischen Zuspitzung zum Trotz wirkte die Empörung der Opposition an der *Aktion Goldfinger*, wie Waigels Versuch eines Befreiungsschlages tags drauf in den Medien genannt wurde (alternativ war von einer *Operation Maingold* die Rede), anfangs wie eine Pflichtübung. SPD und Grüne waren offenbar zunächst insgeheim ebenfalls froh, daß Waigel eine – wie es schien – halbwegs elegante Lösung zur Abwehr der drohenden Verfehlung des Defizitkriteriums gefunden zu haben glaubte, nachdem bisher diskutierte Auswege sich als nicht gangbar erwiesen hatten.

Alle Fraktionen des Bundestages mit Ausnahme der PDS bedrückte die Vorstellung, der Euro könnte 1997 ausgerechnet an Deutschland scheitern. Schärfer wurden die Attacken der Opposition erst parallel zum nationalen und internationalen Medienecho mit negativen Einlassungen der Fachwelt.

Um noch vor Jahresende an Geld zu kommen, sollte die Bundesbank, so Waigels Plan, eine Sonderbilanz erstellen. Veranlaßt werden sollte sie dazu durch eine Änderung des Bundesbankgesetzes, was mit einfacher Mehrheit des Bundestages möglich gewesen wäre. Waigel beteuerte, ein Teil des Buchgewinnes von maximal 42 Milliarden D-Mark solle zur Tilgung von Staatsschulden, speziell zur Tilgung des DDR-Erblastenfonds, verwandt werden, nicht jedoch für laufende Ausgaben.

Im Mai 1997 hielt die Bundesbank Goldreserven von 95,2 Millionen Unzen – die größte Menge innerhalb der EU. Bewertet wurde das Gold nach dem – laut Zentralbankrat gesetzlich vorgeschriebenen – Niederstwertprinzip mit einem Viertel des Marktpreises, 92,4 Dollar pro Unze. Die geplante Neubewertung sollte das Bundesbankgold in der Bilanz näher an den Weltmarktpreis bringen, der aktuell bei 340 US-Dollar lag. Der Wert des Goldes wäre von 14 Milliarden auf bis zu 56 Milliarden D-Mark gestiegen, was den an den Staatshaushalt abzuführenden 97er Jahresgewinn der Bundesbank entsprechend erhöht hätte.

Das Echo auf Waigels Ankündigung war verheerend. Die Londoner *Times* höhnte über eine „Operation Rheingold". Die *Frankfurter Allgemeine Zeitung* sprach von einem „Debakel": „Den ehrlichsten Weg, nämlich das Projekt [Euro] noch einmal zu verschieben", habe die Koalition aus politischen Gründen ausgeschlossen. Die Regierung schicke sich an, ihre Versprechen zu brechen. Fortan könne sie sich ihre Euro-Aufklärungskampagnen sparen, wenn der Finanzminister nun über seinen „goldenen Buchungstrick" Geld schöpfe:

> Dieser Weg zum Euro bestätigt für viele schlimmste Befürchtungen.[608]

607 Ebenda, S. 15862.

608 Kommentar von Heike Göbel in der *Frankfurter Allgemeinen Zeitung* vom 23. Mai 1997.

Das *Sonntagsblatt* erkannte eine Demütigung Waigels „ersten Ranges, weil sie einem Selbstrufmord gleichkommt". Daß „ausgerechnet" die Bundesbank für Bonner Liquiditätsprobleme herhalten solle, sei „ein Symptom abgrundtiefer Ratlosigkeit".[609]

Ökonomen und Vertreter der Geld- und Kreditbranche kritisierten den Plan tagelang und in scharfer Form auf allen Kanälen. Die *Gemeinschaft zum Schutz deutscher Sparer* meinte, Waigels Drängen auf eine Höherbewertung der Goldreserven sei eine im *Maastricht-Vertrag* mit guten Gründen verbotene Geldschöpfung:

> Wenn schon im Vorfeld der Währungsunion zu fragwürdigen Finanzierungsmethoden Zuflucht genommen wird, kann dem Euro schwerlich Vertrauen zuwachsen.[610]

Aus Rom kam die Meldung, Außenminister Lamberto Dini habe die Pläne Waigels ebenfalls scharf kritisiert. Das Vorgehen der Bundesregierung wecke Zweifel, so Dini, ob Deutschland die Stabilitätskriterien dauerhaft erfüllen könne.[611]

In der Nacht vor der Plenardebatte, in der Waigel sein Vorhaben öffentlich machte, war die CDU/CSU-Bundestagsfraktion zu einer Krisensitzung zusammengekommen. Teilnehmer berichteten, die meisten Abgeordneten hätten von Waigel Einzelheiten des Planes gar nicht so genau wissen wollen, aber verstanden, daß dieser Kunstgriff nach Waigels Meinung sowohl die neuen Haushaltslöcher zu stopfen als auch Ärger mit der FDP wegen Steuererhöhungen zu vermeiden als auch eine Einhaltung der Maastricht-Kriterien zu gewährleisten in der Lage sei – ein Zauberkunststück, von dem Finanzpolitiker sonst nur träumen dürfen.

Auch die FDP-Fraktion war bereit, den Plan zu decken, solange nur die Themen „Mehrwertsteuer" und „Mineralölsteuer" nicht wieder auf den Tisch kamen.

Einige Tage später – das Meinungsklima war extrem rauh geworden – wurde der Verlauf derselben Fraktionssitzung anders geschildert: Waigel sei auf Unverständnis bei den Abgeordneten gestoßen; diese hätten es abgelehnt, etwas zu billigen, was sie den Sozialdemokraten – so ein zentrales Argument – niemals würden durchgehen lassen, sich, so Teilnehmer, „wie in einem falschen Film" gefühlt.

Der Zentralbankrat tagte am 28. Mai. Es handelte sich um eine lange und schwierige Sitzung. Ergebnis war eine Erklärung, verabschiedet mit den Stimmen sämtlicher Teilnehmer, nach der die vom Bundesfinanzminister angestrebte „Sonderregelung" als „Eingriff in die eigenverantwortliche Aufstellung und Feststellung der Bilanz und insoweit in die Unabhängigkeit der Deutschen Bundesbank angesehen" werde. Sie würde eine Gefahr erzeugen „der Einbuße an Vertrauen in die Stabilität der künftigen europäischen Währung".

Zusätzlich sah die Bundesbank Anlaß, Waigels Darstellung der rechtlichen Sachverhalte zu korrigieren. Damit war der Eklat perfekt:

---

609 *Das Sonntagsblatt* 23/97 vom 06. Juni 1997.
610 Zitiert nach *dpa*-Meldung vom 20. Mai 1997.
611 *dpa*-Meldung vom 20. Mai 1997.

> Über die Bewertungsmethode in der Währungsunion entscheidet verbindlich erst der EZB-Rat. Das gilt auch für die Bewertung des von den nationalen Notenbanken auf die EZB zu übertragenden Teils der Reserven. ...
>
> Das vorgelegte Konzept des Bundesministeriums der Finanzen für die Jahre 1997 und 1998 entspricht nicht den für das ESZB vorgesehenen Regelungen, da es die Neubewertung der Reserven mit einer Ausschüttung nicht realisierter Gewinne verbindet. ...
>
> Eine Ausschüttung stiller Reserven wäre je nach Größenordnung geldpolitisch beherrschbar. Wird sie jedoch gesetzlich vorgeschrieben, bedeutet dies einen Eingriff in die Geldpolitik der Deutschen Bundesbank.
>
> Eine solche Maßnahme stünde im Widerspruch sowohl zur deutschen Tradition als auch zu den Vorstellungen des Maastricht-Vertrages über die Unabhängigkeit der Notenbanken.[612]

Der Machtkampf zwischen Bonn und Frankfurt sollte noch eskalieren. Am selben Abend setzten die Vorsitzenden der Koalitionsparteien und -fraktionen alles auf eine Karte und verkündeten in einer gemeinsamen Erklärung, sie hielten die Bedenken der Bundesbank für nicht stichhaltig und blieben bei ihrem Vorhaben, noch in diesem Jahr eine Neubewertung der Goldreserven kassenwirksam werden zu lassen. In Bonn kursierten Vermutungen, Waigel habe diesen Schulterschluß ultimativ von Kohl, Schäuble, Gerhardt und Solms gefordert (Anm. 43).

Französische und italienische Zeitungen sprachen von „Manipulation", von einer „neuen und schweren Gefahr für den Euro", von einem „Unwetter, das gestern abend zur Explosion gekommen ist", von einem „Krieg ums Gold" mit unkalkulierbaren Folgen für die Währungsunion.

Der Euro-Kritiker Wilhelm Hankel sagte: „Seit Hitler hat kein Finanzminister mehr einen solchen Angriff auf die Notenbank gewagt wie jetzt Herr Waigel." Wilhelm Nölling, ehemaliger Präsident der Landeszentralbank Hamburg, drohte mit einer Klage vor dem Bundesverfassungsgericht, sollte Deutschland 1999 an der Euro-Einführung teilnehmen.[613]

Die Bemühungen von Koalitionspolitikern, ihren Finanzminister in einer immer garstigeren Öffentlichkeit zu unterstützen, wirkten ab diesem Zeitpunkt von Tag zu Tag defensiver. Es dämmerte ihnen, daß sie sich auf einen Konflikt eingelassen hatten, den sie nicht gewinnen konnten. Erste Anzeichen eines Rückzuges waren zu erkennen. Wolfgang Schäuble argumentierte, es sei ja lediglich der Zeitpunkt der Aktion umstritten: Ob man es jetzt schon tue oder erst, wie von der Bundesbank gewollt, 1999. Das Ziel einer „marktnäheren Bewertung" der Goldreserven bleibe „richtig". CDU-Generalsekretär Peter Hintze sekundierte, der pünktliche Start des Euro sei für Deutschland „von höchstem Interesse"; die Notwendigkeit einer Neubewertung im Zuge der EWU „unbestritten". Es sei „politisch und ökonomisch vernünftig", dies schon 1997 zu tun und „die Ergebnisse in den Jahren 1997, 1998 und 1999 wirksam werden zu lassen".[614]

Hermann Otto Solms sagte, das „Sparvermögen des deutschen Volkes" – und um dieses handele es sich bei den Goldreserven – zu verwenden „für die große

612 Stellungnahme des Zentralbankrates vom 28. Mai 1997.
613 Zitiert nach *Rhein-Zeitung* vom 01. Juni 1997.
614 Zitiert nach *AP*-Meldung vom 31. Mai 1997.

Aufgabe der deutschen Einheit“ halte er für einen „ausgezeichneten Vorschlag“. Zwar sei das Zusammentreffen mit der Haushaltsdiskussion „äußert unglücklich“, das „Zeitmanagement“ hätte „deutlich besser“ sein können, aber „in der Sache“ sehe er „keinen anderen Weg“.[615]

Den Statements wurden mehr und mehr Untertöne beigemischt, nach denen es doch schade wäre, das schöne deutsche Gold dem Zugriff der EU-Partner zu überlassen, anstatt es selbst zu nutzen, so lange es noch möglich sei. Doch der Meinungskampf war verloren. Der Eindruck, die Aktion diene allein dem Stopfen von Haushaltslöchern, um ein Scheitern der Koalition und eine Verletzung der Maastricht-Kriterien irgendwie noch abzuwenden, war nicht mehr zu korrigieren. CDU-Abgeordnete meldeten sich zu Wort, sie stünden für eine Änderung des Gesetzes über die Bundesbank unter diesen Umständen nicht zur Verfügung.

Am 1. Juni 1997 forderten Verbände der deutschen Wirtschaft Bundesregierung und Bundesbank auf, sich schnell zu verständigen. Nur so könnten Zweifel an der Unabhängigkeit der Notenbank und an der Glaubwürdigkeit der Geld- und Finanzpolitik ausgeräumt werden. In einer Sitzung des CSU-Parteivorstands wurde Waigel von Stoiber und Fraktionschef Glück davor gewarnt, gegen den Willen der Bundesbank zu agieren. Dennoch verteidigte er seinen Plan auch noch öffentlich, als Beobachter in Bonn bereits den Eindruck gewannen, die Koalition habe den Rückzug angetreten, ohne den in München weilenden Waigel ins Bild zu setzen.

Hintze sagte im Fernsehen, wenn es gelinge, ein Arrangement mit der Bundesbank zu finden, werde es bei der Änderung des Bundesbankgesetzes auch keine Abweichler in der Unionsfraktion geben. Rudolf Scharping und Joschka Fischer gaben in Bonn gemeinsam eine Pressekonferenz – ein singuläres Ereignis – und erläuterten einen Antrag von SPD und Grünen, Waigels Ablösung zu verlangen.

Tags drauf trafen sich Waigel und Tietmeyer in Bonn. Unmittelbar im Anschluß eilte Waigel in eine Sondersitzung der CDU/CSU-Fraktion und erklärte, Tietmeyer und er hätten sich auf einen Kompromiß verständigt. Die Neubewertung solle noch 1997 geschehen, der Buchungsgewinn jedoch erst 1998 ausgeschüttet werden, berichtete Waigel wenige Stunden vor der von SPD und Grünen beantragten Abstimmung im Bundestag über seinen Verbleib im Amt. Die nordrhein-westfälischen CDU-Abgeordneten hatten zuvor zu Protokoll gegeben, sie würden einem Entwurf Waigels für ein neues Bundesbankgesetz nur zustimmen, falls die Bundesbank vorher ihr Einverständnis zum Punkt „Goldreserven“ erklärt habe.

Es folgte ein weiterer Tiefschlag für Waigel: Tietmeyer widersprach seiner Darstellung am folgenden Tag von Interlaken aus. Über die Frage der Goldreserven hätten sie gar nicht gesprochen. Von einer formellen Einigung könne nicht die Rede sein. Es sei um eine andere Bilanzposition gegangen (Anm. 44). Abgeordnete von CDU und CSU fühlten sich daraufhin von Waigel unkorrekt informiert und hinters Licht geführt. In der Plenardebatte erklärte Waigel am darauffolgenden Tag, Tietmeyer und er hätten sich auf „ein ernsthaftes Bemühen um eine einvernehmliche Lösung“ verständigt:[616]

615 Solms am 31. Mai 1997 im *Deutschlandfunk*, zitiert nach *AP* vom 31. Mai 1997.
616 BtPPl 13/177 vom 04. Juni 1997, S. 15894.

> Niemand wird das, was in 50 Jahren an Vertrauen und gefestigtem Zusammenwirken – unabhängig von Personen und Parteien – gewachsen ist, in Frage stellen.
>
> (Beifall bei der CDU/CSU und der FDP) ...
>
> Die in langen Jahren erwirtschafteten Goldreserven werden nicht vergeudet. Sie bleiben jedem kurzfristigen Zugriff dauerhaft entzogen. ...
>
> Ich habe zu keinem Zeitpunkt einen Zusammenhang zwischen der Bewertungsfrage und der Lösung der aktuellen Aufgaben beim Bundeshaushalt hergestellt.[617]
>
> (Lachen beim Bündnis 90/Die Grünen sowie bei Abgeordneten der SPD)

Oppositionsführer Scharping erwiderte, „niemals zuvor" habe es eine „so hektische, aufgeregte und für die internationale Glaubwürdigkeit und die Seriosität der deutschen Finanzpolitik desavouierende Aktivität" gegeben wie in den letzten Tagen. Waigel müsse „aus dem Amt"; der Bundeskanzler solle als Akt der „Befreiung für alle Beteiligten" Neuwahlen herbeiführen.[618]

Schäuble bezeichnete demgegenüber „ein Einvernehmen mit der Bundesbank" als „hohes Gut"; deswegen sei er Waigel „dankbar, daß wir auf diesem Weg gut vorangekommen sind". Im übrigen bestehe kein Widerspruch zwischen dem, was Waigel gestern über den Verlauf des Gespräches mit Tietmeyer gesagt habe, und dem, was er heute gesagt habe:

> Die Lage ist schwierig genug, das ist wahr. Aber deswegen sollte man die Menschen nicht zusätzlich verwirren, indem man völlig falsche Tatsachen behauptet.[619]

Joschka Fischer sagte an die Adresse des Bundeskanzlers, es sei „unfaßbar, daß eine konservative Regierung das Vertrauen in die Unabhängigkeit der Bundesbank über Nacht zertrümmert" habe. Waigel gebühre nicht das Gold der Bundesbank, sondern „die Goldmedaille für kreative Buchführung im Kreise Ihrer Kollegen in der EU". Ihm falle zu den vergangenen drei Wochen nur eine Überschrift ein:

> Avanti dilettanti![620]

Bundeskanzler Kohl versuchte die Angriffe zu kontern mit dem Hinweis, die Opposition sei „bisher noch nicht einmal in der Lage, zu sagen, wer Spitzenkandidat wird". Die Koalition werde den Antrag auf Entlassung Waigels ablehnen:

> Theo Waigel ist ein exzellenter Finanzminister. Er hat selbstverständlich nicht nur das Vertrauen der Koalition, sondern auch mein Vertrauen. Sie können noch so viele Anträge stellen. Er ist und bleibt Finanzminister. Das ist das, was zu sagen ist.[621]
>
> (Beifall bei der CDU/CSU und der FDP)

In der anschließenden – offenen – Abstimmung sprach der Bundestag Waigel mit den Stimmen von CDU, CSU und FDP erwartungsgemäß das Vertrauen aus.

617 Ebenda, S. 15894-15895.
618 Ebenda, S. 15897-15899.
619 Ebenda, S. 15905.
620 Ebenda, S. 15907.
621 Ebenda, S. 15908 ff.

Das *Handelsblatt* zitierte einen Bankier aus Südeuropa mit der Bemerkung, Waigel habe „den südlichen EWU-Aspiranten einen großen Gefallen getan“:

> Nun gehen Bonner und Frankfurter Unterhändler drei Nummern kleiner in die entscheidenden Verhandlungen um den Euro hinein.[622]

Diese Einschätzung wurde in Deutschland von vielen Beobachtern geteilt. Bonner Korrespondenten waren sich weitgehend einig, daß es Deutschland ab sofort sehr viel schwerer fallen werde, weniger überzeugende Kandidaten aus dem Euro-Kreis fernzuhalten. Heiner Geißler wurde mit der Feststellung zitiert, die CDU sei dabei, ihren besten Wahlkampftrumpf endgültig zu verspielen: Daß „die Schwarzen besser mit Geld umgehen können als die Roten“ (Anm. 45).

Von Gerhard Schröder war mit Blick auf die Siegeschancen der SPD bei der Bundestagswahl 1998 zu lesen:

> Das Ding können wir nur noch selbst vergeigen.[623]

Tietmeyer sagte rückblickend, beim Thema „Goldreserven“ sei er hart geblieben, weil es notwendig gewesen sei, und er stehe unverändert zu dieser Haltung. Ob er Kohl mit Demission gedroht, notfalls seinen Rücktritt erklärt hätte, ließ er offen:

> Nur soviel dazu: Ich habe sehr deutlich meine Position von Anfang an vertreten. ... Daß wir auf Dauer Gold verkaufen wollten, weil es seine Funktion nicht mehr in gleicher Weise erfüllte wie früher, war klar. Ich habe sogar einmal vorgeschlagen, etwaige Gewinne auf Dauer zum Ausgleich von DDR-Altschulden zu verwenden.
>
> Den Verkauf der Bundesbank-Goldreserven aber in die 96er, 97er Phase hineinzunehmen, um das deutsche Budget besser dastehen zu lassen – das durfte nicht sein. Damals erfüllten wir die Kriterien nicht. Jetzt sie mit Goldverkauf artifiziell zu erfüllen, hätte nicht nur für uns in Deutschland die Glaubwürdigkeit gefährdet, sondern auch gegenüber allen anderen.[624]

Tatsächlich fand eine bereits 1997 kassenwirksame Neubewertung der Goldreserven der Deutschen Bundesbank nicht statt.

Ein gewisser Opportunismus ist allerdings bei diesem Vorgang unübersehbar – in Koalition *und* Opposition: Hätten Bundesbank, Öffentlichkeit und Verbände den Goldplan toleriert, wäre Waigel – auch und besonders von der Fraktion – belobigt worden für sein Geschick, in scheinbar auswegloser Situation eine Lösung gefunden zu haben, die offensichtlich niemandem weh tut und alle Zielkonflikte geschmeidig beilegt. Keiner der maßgeblichen Akteure hätte in diesem Fall einen Preis bezahlen müssen: Kohl nicht (keine Verschiebung der EWU, keine Kürzung bei den Sozialleistungen), Gerhardt und Solms nicht (keine Steuererhöhungen), Waigel und Stoiber nicht (keine Aufweichung der Kriterien). Das machte die Goldreserven für die Bonner Koalition des Frühjahrs 1997 unwiderstehlich. Deshalb ging sie ein so hohes Risiko ein und trieb die Machtprobe mit der Bundesbank auf die Spitze.

---

622 *Handelsblatt* vom 02. Juni 1997.

623 Zitiert nach *stern* 25/97, S. 22.

624 Interview mit Hans Tietmeyer (S. 6).

Mindestens zwei dieser vier Regierungsziele lagen zudem erklärtermaßen auch im Interesse von SPD und Grünen: Keine Verschiebung der EWU, keine Kürzung bei den Sozialleistungen. Die beiden übrigen betrachtete die Opposition zwar gelassener als CDU, CSU und FDP, befand sich aber auch nicht in Gegnerschaft zu ihnen, sondern wertete sie als vorteilhaft für die Euro-Akzeptanz in der Bevölkerung, wenn auch nicht als unabdingbar. Deshalb hätten es SPD und Grüne bei einem für die Koalition günstigen Verlauf der *Operation Maingold* wahrscheinlich bei ironischen Kommentaren nach dem Motto *Das hätten wir uns einmal erlauben sollen!* belassen und alle Fragen, ob die Währungsunion am Ende an Deutschland scheitere, was aus den Sozialleistungen werde und ob die Öffentlichkeit eine Verknüpfung von Steuererhöhungen mit dem Euro und/oder eine großzügige Auslegung der Beitrittskriterien akzeptieren würde, bald beruhigt abgehakt.

Da der Regierung die Haltung der Opposition gegenüber den vier beschriebenen Determinanten bekannt war, glaubte sie offenbar, ein gewisses Einvernehmen der Gegenseite einkalkulieren zu dürfen – was, wie der für Waigel eher harmlose Verlauf der ersten Plenarsitzung dazu vom 16. Mai 1997 zeigt, so unberechtigt nicht war. Offensichtlich waren sich SPD und Grüne unschlüssig, was sie von der Geschichte halten sollten, und ließen sich zunächst alle Möglichkeiten offen, um sich später für eine schroffe, Salz in die Wunden streuende Reaktion zu entscheiden.

Der Vorgang ist damit ein klassisches Beispiel für heftige Rückwirkungen medialer Ereignisse auf den politischen Betrieb. Verkalkuliert hat sich die Regierung in den Reaktionen von Bundesbank, konservativer, ihr gewöhnlich gewogener Medien und der Finanz- und Fachwelt, die dann auch die Opposition rasch und für jeden erkennbar auf Distanz zu Waigels Vorhaben gehen ließ.

Man darf anhand der Abläufe eine Kettenreaktion unterstellen. Hätte die Bundesbank frühzeitig ein Signal gegeben, daß sie mit Waigels Plan einverstanden sei, wäre die öffentliche Aufregung deutlich geringer ausgefallen und schnell in sich zusammengebrochen, da ihr der Kulminationspunkt gefehlt hätte: Das Motiv, die Bundesbank gegen eine „verantwortungslose" Regierung verteidigen zu müssen.

Wäre der Zentralbankrat dagegen nicht in den Genuß massiver öffentlicher Unterstützung gekommen, hätte die Koalition den Widerstand durch eine Änderung des Bundesbankgesetzes unter Hinweis auf den Primat der Politik gebrochen. Nominell verfügte sie über die erforderliche einfache Mehrheit und war auf Mitwirkung der Opposition weder im Bundestag noch im Bundesrat angewiesen.

Das Ausscheren der (mächtigen, weil zahlenmäßig größten) Landesgruppe Nordrhein-Westfalen der CDU/CSU-Fraktion – Vorsitzender seinerzeit: Norbert Lammert, später Bundestagspräsident – , das wiederum eine Folge des verheerenden Presseechos war, verwehrte ihr die Möglichkeit, gesetzgeberisch tätig zu werden, solange – so das Junktim der Abgeordneten – der Dissens mit dem Zentralbankrat andauerte. Damit erhielt die Bundesbank direkten Einfluß auf die Mehrheitsfähigkeit der Regierung Kohl in einer sie betreffenden Angelegenheit – quasi eine außerparlamentarische Sperrminorität.

Wahrscheinlich handelte es sich um einen weltweit einzigartigen Vorgang. Er zeigte, daß in der Bundesrepublik der Primat der Politik in Währungsfragen bis zur Abschaffung der D-Mark in bestimmten Fällen nicht galt. Waigel faßte diese Erfahrung später in der nur vordergründig humorvoll gemeinten Feststellung zusammen, „der Glaube der Deutschen an die Bundesbank" sei „noch stärker" gewesen „als der Glaube an die kirchlichen Institutionen".[625]

In den folgenden Monaten bemühten sich Regierung und Bundesbank um eine Versachlichung ihres Verhältnisses, das unter dem Streit um die Goldreserven gelitten hatte. Tietmeyer fand es befremdlich, daß Waigel ihn – wie er es empfand – in eine Lage gebracht hatte, öffentlich eine Schilderung ihres Gesprächs vom 3. Juni 1997 richtigstellen zu müssen. Waigel wiederum sah sich zu Unrecht als nicht vertrauenswürdig dargestellt. Die Szenen vom 4. Juni hatten seiner ohnehin ramponierten Reputation weiteren Schaden zugefügt – öffentlich und in den eigenen Reihen in Bonn und München.

Mangels neuer Geldquellen blieben weitere Koalitionsrunden zur Deckung des Haushaltsdefizits ergebnislos. Wochenlang stritt man weiter um den richtigen Weg, „befand sich noch mitten in der Sachdiskussion", wie es offiziell hieß. Erneut tauchten Zeitungsberichte auf, nach denen die Bundesregierung die Verschiebung der Euro-Einführung um ein Jahr erwäge. Trotzdem solle die Währungsumstellung planmäßig im Jahr 2002 abgeschlossen sein; man wolle den Zeitplan im Gegenzug von drei auf zwei Jahre verkürzen.

„Koalitionskreise" wurden mit dem Argument zitiert, es sei besser, die Euro-Uhr ein Jahr anzuhalten, als mit einer weichen Währung zu starten. Allerdings dürfe der Vorschlag nicht von Deutschland kommen, sondern müsse von einem anderen europäischen Partner unterbreitet werden, etwa von Frankreich. Paris reagierte genauso wenig wie andere Regierungen. Der Urheber blieb unbekannt.

Im August 1997 meldeten sich 53 deutsche Wirtschaftsprofessoren unter der Überschrift „10 Punkte wider die Euro-Skepsis" zu Wort. Nach eigener Darstellung wollten sie den Eindruck widerlegen, „die" deutschen Ökonomen seien in ihrer Gesamtheit gegen eine EWU, und sich einsetzen „für einen pünktlichen Start des Euro". Die wesentlichen Argumente der Wissenschaftler lauteten:

- Der Euro stärkt Wachstum und sichert Arbeitsplätze, wie sich anhand des Gegenbeispiels der übertriebenen D-Mark-Aufwertung zwischen 1991 und 1995 zeigt
- Der Euro hilft, Kosten zu senken, weil Umtauschgebühren und Kurssicherungen in Höhe von einem Prozent der Wirtschaftsleistung entfallen. Der internationale Wettbewerb wird sich intensivieren
- Der Euro schafft eine Stabilitätsgemeinschaft; mit rund 1,5 Prozent befindet sich die Inflation in der EU auf einem historischen Rekordtief
- Das Staatsdefizit sagt nichts über die Qualität einer Währung. Deutschland wies 1996 bei einem Defizit von 3,8 Prozent eine Inflationsrate von 1,5 Prozent auf. Deshalb ist es unerheblich, ob die Defizitquote im Referenzjahr 3,0 oder 3,2 Prozent betragen wird
- Der Euro-Pessimismus der Kritiker steht in Widerspruch zu den tatsächlichen Stabilitätserfolgen. Für eine Verschiebung gibt es derzeit keinen vernünftigen Grund[626]

625 Interview mit Theo Waigel, S. 313.

8.2 „Angst kann Deutschland sich nicht erlauben“

Mitte September 1997 – die Verschiebungsdebatte dauerte an – veröffentlichten Schäuble, Glos, Seiters und Lamers ein Bekenntnis zur Europäischen Währungsunion, das neben der Öffentlichkeit auch die eigene Partei, wahrscheinlich sogar den eigenen Parteivorsitzenden zum Adressaten hatte. Der Tenor lautete, die durch den Konvergenzprozeß europaweit bereits erreichten Fortschritte, etwa im Hinblick auf die Preisstabilität, würden zu wenig beachtet und gewürdigt. Die Deutschen hätten keine rechte Vorstellung, so das *Schäuble-Glos-Papier*, welche Mühen, welche Brüche mit ihren Wertvorstellungen und Traditionen andere Völkergemeinschaften auf sich nähmen, um die von Deutschland vorgegebenen Standards erfüllen zu können, und welche Verantwortung sich daraus für Deutschland ergebe. Es sei der Politik bislang nicht gelungen, elementare Sachverhalte zu vermitteln, obwohl die Entwicklungen im ureigenen Interesse Deutschlands lägen.

In allen potentiellen Teilnehmerländern, so der Unions-Appell, sei ein hohes Maß an politischer Führung verlangt, um die offensichtlichen Probleme zu bekämpfen, die sich aus einer problematischen Bewußtseinslage der Bevölkerung ergäben:

> Die enorme politische Schwierigkeit besteht nun darin, daß die schmerzhaften Anstrengungen, die sich [aus dem Projekt „Währungsunion als Stabilitätsunion“] erheben, sofort spürbar sind, die Früchte aber, die sich daraus ergeben werden, erst später geerntet werden können. [627]

Die Politik müsse ihre Darstellung „auf die konkreten und anschaulichen Ergebnisse des Konvergenzprozesses konzentrieren“; die technischen Details würden ohnehin nicht verstanden. Unglücklicherweise sei ausgerechnet die Währungsunion „zum Synonym für den als bedrohlich empfundenen Wandel geworden“. Mittels der Konvergenzkriterien zeige sich, so Schäuble, Glos und andere, „was Globalisierung konkret bedeutet, nämlich weltweiten Wettbewerb, den Wegfall schützender Grenzen, den Abschied von der Sicherheit, die diese zu bieten schien“. Ein Rückzug „ins enge nationale Schneckenhaus“ wäre aber eine verkehrte Reaktion:

> Angst kann Deutschland sich nicht erlauben, eigentlich hat es auch keinen Grund zur Angst – den hätte es vielmehr dann, wenn in einer rapide sich verändernden Welt in Europa alles unverändert bliebe. ... Die größte Herausforderung der Politik besteht darin, sich nicht von dieser Angst anstecken oder gar leiten zu lassen, sondern sie zu überwinden.[628]

Der Text der Spitzen der CDU/CSU-Bundestagsfraktion schließt mit einem erneuten Appell, „kluge Vorsicht und mutige Weitsicht und entschlossene politische Führung“ walten zu lassen.

---

626 *manager-magazin* September 1997, S. 8-9. Als Unterzeichner werden genannt: Norbert Andel (Frankfurt am Main), Jürgen G. Backhaus (Maastricht), Dieter Biehl (Frankfurt am Main) und 50 weitere.

627 Schäuble, Glos, Seiters, Lamers: Die Europäische Währungsunion – Deutschlands Interesse und Verantwortung. Veröffentlicht als Pressemitteilung der CDU/CSU-Fraktion vom 16. September 1997.

628 Ebenda.

Nach Lage der Dinge muß mit dem Schlußappell Helmut Kohl gemeint gewesen sein; zumindest hatte er, der Bundeskanzler und Bundesvorsitzende der Christlich-Demokratischen Union, als zentraler Adressat zu gelten. Der Hintergrund ist nicht zu erhellen. Kohl selbst weist, wie beschrieben, jede Vermutung brüsk zurück, es habe bei ihm Phasen der Unsicherheit oder der Resignation im Hinblick auf die Währungsunion gegeben, und er war auch Jahre später energisch bemüht, zu verhindern, daß andere derartiges schildern, telefonierte mit allerlei Leuten.

Andererseits kann man das *Schäuble-Glos-Papier* auch als Dokument der Selbstkritik verstehen. In der Zustandsbeschreibung ging es in weiten Teilen konform mit der Opposition. Schließlich hatte die Koalition seit Jahresbeginn nur wenige Gelegenheiten ausgelassen, ihr Ziel, die Währungsunion pünktlich zum 1. Januar 1999 starten zu lassen, zu verbinden mit Plänen, die allesamt großen Teilen der Bevölkerung als nicht erstrebenswert erscheinen mußten:

- Erhöhung der Mineralölsteuer und/oder der Mehrwertsteuer
- Einschnitte bei den Sozialleistungen, speziell: Kürzung der Sozialhilfe
- Geldschöpfung nach Neubewertung der Goldreserve
- Aufweichung der Kriterien mit eventuellen Folgen für den Geldwert

Daß man sich ausgerechnet von der italienischen Regierung hatte vorhalten lassen müssen, das Vorgehen der Bundesregierung wecke Zweifel, ob Deutschland die Stabilitätskriterien dauerhaft erfüllen könne, Fischers Spott „Avanti dilettanti!", der noch monatelang im Bonner Regierungsviertel und in den Medien nachhallte, die dauerhafte Einigungsunfähigkeit der Koalition in Kernfragen ihrer Politik, die Belastung des Verhältnisses zur Bundesbank, die auch von konservativen Medien geäußerten Zweifel an der Führungskraft Helmut Kohls und an der Aufrichtigkeit der Regierung insgesamt, die öffentlichen Demütigungen des Finanzministers – bittere schwarz-gelbe Erfahrungen eines Krisenjahres. Hier wurden die Weichen für Kohls, Waigels und Gerhardts Niederlage im September 1998 gestellt.

Ein weiteres Mal in der deutschen Entstehungsgeschichte der Europäischen Währungsunion war eine Gefahr für die Regierung Kohl nicht von der Opposition ausgegangen, sondern von Faktoren außerhalb des parlamentarischen Systems, die zutreffend einzuschätzen die Regierung nicht in der Lage gewesen war.

Aber Kohl sollte sich revanchieren. Noch war er der mächtigste Mann im Lande.

9. Kohls Revanche: Bundesbank wird zur Kronzeugin

9.1 Wider besseres Wissen gibt Zentralbankrat Weg frei

Wie das alte Jahr geendet hatte, ging es 1998 weiter: Mit Problemen für die Bundesregierung. Am 9. Februar veröffentlichten 155 Wirtschaftswissenschaftler eine Stellungnahme mit dem Titel „Der Euro kommt zu früh". Als Initiatoren zeichneten Renate Ohr (Hohenheim), Wim Kösters (Bochum), Manfred Neumann (Bonn) und Roland Vaubel (Mannheim). Es war ein Versuch, die Argumente, die seit Jahren von Koalition, Opposition und Verbänden gegen eine Verschiebung der dritten Stufe der EWU vorgebracht worden waren, zu widerlegen:

- Die Konsolidierung der öffentlichen Haushalte habe zwar Fortschritte gemacht, sei in Italien, Frankreich und Deutschland aber noch nicht ausreichend – und dies trotz günstiger Umstände und „zahlreicher Beispiele kreativer Buchführung"
- Die durchschnittliche Schuldenquote in der EU sei seit 1991 um 15 Prozentpunkte gestiegen. Das widerspreche dem Geist des Vertrages
- Der Stabilitätspakt sei in seiner beschlossenen Form wirkungslos
- Die Arbeitsmärkte hätten in Deutschland, aber auch anderswo bei weitem noch nicht das Maß an Flexibilität erreicht, das notwendig sei, um den Wegfall von Wechselkursanpassungen auszugleichen

Eine „geregelte Verschiebung um einige Jahre" müsse „ernsthaft als politische Option in Betracht gezogen werden", denn sie wäre „keine politische Katastrophe" und könne auch nicht gedeutet werden als Signal des Ausstiegs aus dem Integrationsprozeß. Der dauerhafte Erfolg des Euro sei wichtiger als der Zeitpunkt seiner Einführung. Sollte eine „geregelte Verschiebung" ein Land wider Erwarten veranlassen, in seinen Konsolidierungsanstrengungen nachzulassen, erbrächte es – so die Autoren – damit den Beweis seiner Untauglichkeit, weil es sich die Ziele in Wirklichkeit nie zu eigen gemacht habe. Alternativ zu einer Verschiebung im Konsens dürfe ein EWU-Start mit einer „kleinen Gruppe von Ländern" nach strengstmöglicher Kontrolle der Konvergenzerfolge nicht „zum Tabu erklärt werden".[629]

Auswärtiges Amt und Bundesministerium der Finanzen reagierten umgehend. Klaus Kinkel ließ seine Presseabteilung unter Bezugnahme auf das Pro-Euro-Statement von 53 Wirtschaftsprofessoren vom August 1997 verbreiten, die „ökonomische Vernunft" sei „keine Frage von Zufallsmehrheiten". Die in Frage kommenden Länder hätten „ihre Hausaufgaben gemacht". Die Kritiker, „Wirtschaftsprofessoren inbegriffen", müßten begreifen, daß der Euro „an den Märkten längst schon Realität geworden" sei:

> Wir brauchen den Euro dringend.
> Und er kommt auch so sicher wie das Amen in der Kirche.[630]

---

629 Der Euro kommt zu früh – Wirtschaftswissenschaftler zum geplanten Beginn der Europäischen Währungsunion. *Frankfurter Allgemeine Zeitung* vom 09. Februar 1998.

630 Zitiert nach Erklärung von Bundesaußenminister Kinkel vom 09. Februar 1998 (verbreitet als Pressemitteilung des Auswärtigen Amtes 73/98) und nach einem Redemanuskript Kinkels bei einer gemeinsamen Veranstaltung mit dem Außenminister des Königreichs

Schon 1948 hätten sich, so Kinkel, „nicht wenige Professoren" mit ihrer Vorhersage getäuscht, die D-Mark sei inflationsgefährdet und „das beste Mittel, um aus einem großen Vermögen ein kleines zu machen". So „gründlich" könne man irren.

Das Finanzministerium argumentierte ein wenig konzilianter, zwischen dem größten Teil der Feststellungen und Forderungen der 155 Kritiker und den Haltungen und Absichten der Bundesregierung gebe es in Wirklichkeit keinen Unterschied. Die bereits erzielten Konvergenzfortschritte bei Inflation und Zinsniveau hätten die Professoren „unbeachtet" gelassen. Entstanden sei eine „europäische Stabilitätskultur"; damit sei die Zeit „reif" für den Beginn der Währungsunion:

> Ebenso bleibt es dabei: Ob die bislang erzielten Konvergenzfortschritte für jedes einzelne Land ausreichen, wird in der Tat einer „unnachsichtigen Prüfung der Konvergenz" unterliegen.[631]

Norbert Walter von der Deutschen Bank sagte, wenn der Euro nicht pünktlich starte, komme die nächste Chance nicht 2003, sondern 2010.[632] Die USA kämen nicht auf die Idee, 50 Währungen für ihr Land vorzuschlagen, aber die Europäer hielten sich für „klug genug, 25 Währungen uns zu halten". Das könne „nur schiefgehen".[633] Heiner Geißler meinte, der Euro werde im Falle einer Verschiebung „nie wieder" kommen: „Warum sollen nun ausgerechnet diese 150 recht haben?".[634] Christa Randzio-Plath (SPD), Vorsitzende des Unterausschusses für Währung im Europäischen Parlament, nannte die Professorenerklärung „unlauter und verantwortungslos".[635]

Euro-Kritiker und -Kläger Wilhelm Hankel bezeichnete den Euro als „Ablenkungsmanöver, weil die Regierungen in Europa nicht weitergekommen sind mit der politischen Union".[636] Waigel sagte, eine Verschiebung könne man fordern, „wenn man dafür nicht verantwortlich ist".[637] Lafontaine erklärte, problematisch seien Regierungen wie die deutsche, „die eben sich einer gemeinsamen Wirtschafts- und Finanzpolitik verweigern".[638] Manfred Weber vom *Bundesverband deutscher Banken* bezeichnete die Professoreninitiative als „Störmanöver", von dem man sich nicht „vom Weg abbringen lassen" solle, auch wenn es „praktisch in jedem Land Vorkommnisse gegeben" habe, die man sich „vielleicht nicht gewünscht hätte".[639]

Die EU-Kommission erklärte, sie werde die im Vertrag niedergelegten Kriterien bei der Auswahl der EWU-Gründungsmitglieder „strikt anwenden".[640] Helmut

---

Belgien, Erik Derycke, mit dem Titel „Europa und der Euro" am 17. Februar 1998 auf Schloß Fürstenberg (veröffentlicht als Pressemitteilung des Auswärtigen Amtes 1017/98).

631 Zitiert nach BMF-Pressemitteilung F. 28 vom 09. Februar 1998.

632 Walter am 10. Februar 1998 im *SR*, BPA-FHS II vom 10. Februar 1998.

633 Walter am 09. Februar 1998 in ARD-*tagesthemen*, BPA-FHS I vom 10. Februar 1998.

634 Geißler am 10. Februar 1998 im *DLF*, BPA-FHS II vom 10. Februar 1998.

635 *Frankfurter Allgemeine Zeitung* vom 10. Februar 1998, S. 15.

636 Hankel am 09. Februar 1998 in ARD-*tagesthemen*, BPA-FHS I vom 10. Februar 1998.

637 Waigel am 09. Februar 1998 in ARD-*tagesthemen*, BPA-FHS I vom 10. Februar 1998.

638 Lafontaine am 09. Februar 1998 in ARD-*tagesthemen*, BPA-FHS I vom 10. Februar 1998.

639 Weber am 12. Februar 1998 im ZDF-*Morgenmagazin*, BPA-FHS II vom 12. Februar 1998.

640 *Frankfurter Allgemeine Zeitung* vom 10. Februar 1998, S. 15.

Kohl sagte, der Euro werde „pünktlich" kommen und stabil sein, daran könnten „noch so viele Aufrufe" nichts ändern:[641]

> Vor einem halben Jahr hieß es, die Deutschen halten die Kriterien nicht ein. Jetzt ist dieses Argument weg, jetzt wird inszeniert, es muß verschoben werden.[642]

Hans-Dieter Barbier kommentierte in der *Frankfurter Allgemeinen Zeitung*, bei den „beunruhigten Bürgern" gebe es keine Neigung, die 155 Professoren als „Spinner" abzutun, und dies habe seine Gründe:

> Der Aufruf der Professoren findet in der Öffentlichkeit auch deswegen viel Widerhall, weil die Politik selbst Zweifel an der Glaubwürdigkeit ihrer Bemühungen um beste Stabilitätsvoraussetzungen geschaffen hat: mit der völligen Vernachlässigung des Schuldenstandskriteriums, mit den Tricksereien in den Etatrechnungen für die Erfüllung der Drei-Prozent-Bestimmung, mit der schleichend, aber unwiderstehlich daherkommenden Dominanz politischer Erwägungen für die Kandidatenwahl – und nicht zuletzt mit der wahrhaft oberfaulen Idee, die Figur des Präsidenten der Europäischen Notenbank schon vor der ersten Berufung einer Person zu politisieren und durch Amtszeitverkürzung zu entmachten.[643]

Vier Tage nach dem Wissenschaftler-Aufruf, am 13. Februar 1998, holte der Bundeskanzler zu seinem, wie sich zeigen sollte, entscheidenden Schlag aus: Er bat „im Rahmen der im Gesetz vorgesehenen Beratung der Bundesregierung in Angelegenheiten von wesentlicher währungspolitischer Bedeutung" den Bundesbankpräsidenten „um eine schriftliche Stellungnahme zur Konvergenzlage in der Europäischen Union mit Blick auf die 3. Stufe der Wirtschafts- und Währungsunion".

Anfang Mai werde, so Kohl zu Tietmeyer, über den Teilnehmerkreis entschieden. Die Konvergenzberichte der EU-Kommission und des EWI sowie die Empfehlungen der EU-Kommission zum Teilnehmerkreis würden am 25. März 1998 dem Rat vorgelegt, erklärte Kohl. Am Nachmittag des 27. März werde sich das Bundeskabinett mit den Berichten und Empfehlungen befassen und die Haltung der Bundesregierung festlegen:

> Ich hielte es daher für wünschenswert, wenn die Stellungnahme der Deutschen Bundesbank zu diesem Zeitpunkt vorläge. Schon jetzt darf ich Sie zu dieser Sitzung gerne einladen.
>
> Die Bundesregierung würde dann die Stellungnahme der Deutschen Bundesbank gemeinsam mit den Konvergenzberichten sowie ihrer eigenen Stellungnahme dem Deutschen Bundestag und Bundesrat unmittelbar zuleiten.
>
> Mit freundlichen Grüßen
> Ihr
> Helmut Kohl[644]

Es entwickelte sich umgehend eine Debatte über die Bedeutung der zu erarbeitenden Bundesbank-Stellungnahme. Stoiber vertrat die Auffassung, die Politik werde sich über ein kritisches oder gar ablehnendes „Euro-Gutachten" aus Frankfurt

641 Zitiert nach *ADN*-Meldung vom 11. Februar 1998.
642 Kohl am 09. Februar 1998 in ARD-*tagesschau*, BPA-FHS I vom 10. Februar 1998.
643 *Frankfurter Allgemeine Zeitung* vom 10. Februar 1998, S. 15.
644 BPA-Pressemitteilung 65/98 vom 13. Februar 1998.

am Main nicht hinwegsetzen können. Kohl entgegnete, das letzte Wort habe die Politik. Die Regierung, nicht die Bundesbank werde über die Teilnahme Deutschlands an der Währungsunion entscheiden, daran, so Kohl, führe „kein Weg vorbei".[645] Der *Wirtschaftsweise* Rolf Peffekoven widersprach dem Kanzler: An dem „wichtigen Gutachten" der Bundesbank werde Bonn am 27. März „nicht einfach vorbeigehen" können. Agenturberichten zufolge reagierte die Bundesbank „verstimmt" auf Kohls Äußerungen und warnte erneut vor Traumtänzereien. Tietmeyer wurde mit dem auf den Kanzler gemünzten Satz zitiert: „So wichtig Visionen sind, sie müssen sich in der Welt des Alltages bewähren."[646]

Am 27. Februar 1998 veröffentlichte das Statistische Bundesamt die deutschen Wirtschafts- und Finanzdaten für das Jahr 1997. Danach betrug das Defizit des Bundeshaushaltes im abgelaufenen Jahr 2,7 Prozent des Bruttoinlandsproduktes. Deutschland hatte das zwei Jahre lang heftig diskutierte und umstrittene Kriterium für die Teilnahme an der dritten Stufe der EWU unerwartet deutlich erfüllt.

Kohl und Waigel hatten diesem Termin mit gemischten Gefühlen entgegengesehen. Jetzt sah Kohl „durch eine konsequente Reformpolitik und strikte Haushaltsdisziplin" das letzte Hindernis vor dem 1. Januar 1999 aus dem Weg geräumt. Die Erklärung des Statistischen Bundesamtes sei „eine eindrucksvolle Bestätigung für die Politik der Bundesregierung und insbesondere für Bundesfinanzminister Theo Waigel". Niemand, so Kohl, werde die Währungsunion jetzt noch stoppen können:

> Allen Zweiflern, die ohne genaue Zahlenkenntnis immer neuen Verschiebungsdiskussionen das Wort redeten, wird durch die jetzt vorliegenden Daten der Boden entzogen.[647]

Waigel ergänzte, auch der Stand der öffentlichen Schulden liege mit 61,3 Prozent des BIP „nur leicht über dem Referenzwert von 60 Prozent". Deutschland erfülle damit „die strengen Voraussetzungen" zur Teilnahme an der EWU:

> Wir werden zum Kreis der Länder gehören, die sich durch solide öffentliche Finanzen, niedrige Zinsen und Preissteigerungsraten und eine stabile Währung für die Teilnahme ... von Anfang an qualifizieren.[648]

Getrickst worden sei nicht; alle Zahlen seien ordnungsgemäß ermittelt und verbucht worden, „keine Mogelei", beteuerte der Finanzminister, erleichtert, daß ihm die Schmach einer Überschreitung der Drei-Prozent-Grenze im Jahr der Evaluierung nach zwei mißglückten Anläufen 1995 und 1996 erspart blieb. In einer Pressekonferenz feierte sich ein fröhlicher Waigel mit dem Spruch „Ich schleppe mich von Sieg zu Sieg"[649], der *Bericht aus Bonn* meldete: „Die Euro-Lotterie – kommt er

645 *General-Anzeiger* vom 21. Februar 1998, S. 1, unter Verwendung einer *Reuters*-Meldung.

646 *Presseplan-Bonn*-Korrespondentenbericht von Egge Weers vom 03. März 1998.

647 Erklärung von Bundeskanzler Helmut Kohl zur Veröffentlichung der Haushaltskriterien – BPA-Pressemitteilung 79/98 vom 27. Februar 1998.

648 Zitiert nach BMF-Pressemitteilung F. 44 (D. 23) vom 27. Februar 1998 und Waigel-Interview vom 27. Februar 1998 in *n-tv*, BPA-FHS I vom 02. März 1998.

649 Waigel am 27. Februar 1998 im *Bericht aus Bonn* laut BPA-FHS I vom 02. März 1998. Waigel zitierte hier nach eigener Darstellung nicht den Rennrodler Georg Hackl, sondern einen früheren bayerischen Innenminister, der mit dieser Formulierung seine Mühen um eine Gebietsreform beschrieben habe.

oder kommt er nicht? – ist beendet“[650], Ingrid Matthäus-Meier sagte, die Kriterien seien erfüllt, und das sei gut so, „denn wir brauchen den Euro“.[651] Edmund Stoiber sprach von einer „beachtlichen Leistung“, an der er allerdings seinen Anteil habe:

> Aber auf der anderen Seite ist es natürlich auch [auf] unser großes Beharren auf der strikten und engen Auslegung vor allen Dingen dieses Drei-Prozent-Kriteriums zurückzuführen. Hätten wir diese Diskussion nicht im letzten Jahr so scharf geführt, dann wäre sicherlich die Aufweichungstendenz in Europa breiter gewesen.[652]

Im übrigen, so der bayerische Ministerpräsident, sei das letzte Wort entgegen der Darstellung des Bundeskanzlers seines Erachtens noch nicht gesprochen:

> Jetzt kommen ja die ökonomischen Bewertungen durch das Europäische Währungsinstitut und vor allen Dingen die Deutsche Bundesbank, und da geht es dann darum, ob eine Nachhaltigkeit, also eine Sicherheit besteht, daß die Stabilitätspolitik in allen Ländern, die Mitglieder werden wollen, gesichert ist.[653]

Waigel erinnerte sich auch Jahre später an dieses Wochenende, als wäre es gestern gewesen, an sein Bangen und Zittern an jenem Freitag:

> Da stellt sich heraus, was keiner von uns erwartet hatte: Nur 2,7 Prozent Defizit. Ich hatte gehofft: 2-9. Das war etwa meine Voraussage.
> Gehofft. Ich wußte es auch nicht.
> Meine Mitarbeiter haben gesagt: Es kann 3-0 sein, 2-95 – wir können aber auch nicht ausschließen, daß es 3,05 sind.
> Dann wäre eine ganz schwierige Debatte gekommen.[654]

Waigels gute Laune sollte nicht lange vorhalten. Am Nachmittags desselben Tages verbreitete das *Deutsche Institut für Wirtschaftsforschung* eine Erklärung, nach der die Berechnung des Statistischen Bundesamtes fehlerhaft sein müsse. Der tatsächliche Wert des Haushaltsdefizits, so das *DIW* unter Verweis auf eine eigene Studie, liege bei 3,3 Prozent. Damit habe Deutschland das entsprechende Kriterium deutlich verfehlt, sei nicht EWU-tauglich.

Johann Hahlen, Präsident des Statistischen Bundesamtes, wies die Zweifel noch am Abend als „völlig unbegründet“ zurück; seine Behörde verfüge über eine „wesentlich breitere statistische Basis“ als das *DIW*, dem die Zahlen des vierten Quartals 1997 noch fehlten. Dennoch sollten die Meldungen einer deutlichen Diskrepanz zwischen offizieller und wissenschaftlicher Zahl zum Zorn der Bundesregierung die folgenden drei Tage beherrschen. Es handelte sich um jenes Wochenende, an dem sich Ministerpräsident Schröder in Niedersachsen zur Wiederwahl stellte und deren Ausgang gemäß einer Vereinbarung mit Lafontaine entscheiden sollte, wer von beiden Kanzlerkandidat der SPD werde. Dadurch erhielt die – fehlerhafte, wie sich am Montag nach der spektakulären Landtagswahl zeigen sollte – Meldung des DIW zusätzliche politische Brisanz.[655] Waigel sagte später, er un-

650 Jochen Hütte am 27. Februar 1998 im *Bericht aus Bonn*, BPA-FHS I vom 02. März 1998.
651 Matthäus-Meier am 27. Februar 1998 im *heute journal*, BPA-FHS I vom 02. März 1998.
652 Stoiber am 27. Februar 1998 im *heute journal*, BPA-FHS I vom 02. März 1998.
653 Stoiber am 27. Februar 1998 in *heute*, BPA-FHS I vom 02. März 1998.
654 Interview mit Theo Waigel, S. 321.
655 Seine erste Meldung ersetzte das *DIW* durch eine zweite: Das Haushaltsdefizit sei allein mit Hilfe von „Sondermaßnahmen“ unter die Drei-Prozent-Grenze gedrückt worden.

terstelle dem damaligen *DIW*-Präsidenten Lutz Hoffmann keine politischen Absichten; das sei „ein honoriger Mann“.[656] Aber er sei „wütend“ gewesen:

> [Es] war schon eine üble Geschichte. Bevor man so etwas auf den Markt wirft, muß man sich doch ein bißchen versichern, ob es auch stimmen könnte oder nicht. Insofern: Objektiv oder subjektiv hat damit das DIW der Sache furchtbar geschadet.[657]

Niedersachsens SPD triumphierte am 1. März 1998 über die CDU von Herausforderer Christian Wulff; Lafontaine wartete die Gremiensitzungen nicht mehr ab, sondern erklärte Schröder noch am Wahlabend per Telefon zum Gewinner auch des Wettstreits mit ihm. Die CDU hatte sich auf Lafontaine als Gegner eingestellt und wirkte im sofort beginnenden Wahlkampf noch indisponierter als zuvor.

Verantwortlich für die fehlerhafte Defizitmeldung war die Konjunkturabteilung des DIW. Diese wurde geleitet von Heiner Flassbeck. Flassbeck beriet Lafontaine in finanz- und steuerpolitischen Fragen. Diese Konstellation nahm Schäuble zum Anlaß, von einer – so ein Zeitungsbericht – „gezielten Sauerei“ zu sprechen, die das DIW mit seiner Veröffentlichung begangen habe. Wer unseriös arbeite, der müsse sich auch die Frage stellen, ob er weiter Fördermittel erhalte, wurde Schäuble zitiert. Schäubles Sprecher Walter Bajohr bestätigte wenige Stunden später entsprechende Überlegungen des Fraktionsvorsitzenden:

> Wenn es zutrifft, daß ein Institut wie das DIW offensichtlich unseriös arbeitet, dann muß die Frage erlaubt sein, ob dafür Forschungsmittel des Bundes zur Verfügung gestellt werden.[658]

Flassbeck wehrte sich: Der Zeitpunkt der Veröffentlichung habe mit dem Wahltermin nichts zu tun gehabt. Die Behauptung, das DIW habe sich als Handlanger für eine politische Stimmungsmache betätigt, sei durch nichts zu beweisen. Die Angelegenheit sei unglücklich gelaufen, die Zweifel an den Zahlen des Bundesamtes seien aber begründbar und nachvollziehbar. Nicht nur er – alle Kollegen hätten eigentlich von den Zahlen aus Wiesbaden überrascht sein müssen, sagte Flassbeck. Mit seiner Beratungstätigkeit für den SPD-Vorsitzenden habe der Vorgang nichts zu tun: „Ich trenne Wissenschaft und Politik klar und berate jeden.“ Eine Kürzung des Zuschusses wäre in seinen Augen ein Verstoß gegen alle Regeln.[659]

Nachdem die für das Wirtschaftsressort zuständige FDP der Union signalisiert hatte, man mißbillige den Vorgang ebenfalls, halte aber nichts von Überreaktionen, ließ Schäuble die Überlegung fallen. Der Machtwechsel sechs Monate später nahm ihm endgültig die Möglichkeit einer Strafaktion gegen das DIW.

656 Laut *Berliner Morgenpost* vom 04. März 1998 warf Waigel dem *DIW* in einer Sitzung der CSU-Landesgruppe vor, mit „bewußter Desinformation“ die Wahl beeinflußt zu haben

657 Interview mit Theo Waigel, S. 321.

658 Zitiert nach *dpa*-Meldung vom 04. März 1998. Das *DIW* erhielt jährlich jeweils 7,5 Millionen D-Mark vom Bundeswirtschaftsministerium und vom Berliner Senat – unter anderem für die zweimal im Jahr mit weiteren Instituten vorzulegenden Konjunkturgutachten.

659 Zitiert nach *dpa*-Meldungen vom 04. März 1998. – Unterstellt, die Falschmeldung sollte der SPD nützen und habe dies bei der Wahl auch getan, hätte Flassbeck seinem Klienten Lafontaine klar geschadet. Insofern scheint der Vorwurf nicht durchdacht.

Am 25. März 1998 legten das Europäische Währungsinstitut und die EU-Kommission ihre Berichte über die Konvergenzlage in den Mitgliedsstaaten der Europäischen Union vor. Unmittelbar danach tagte der Zentralbankrat und erarbeitete eine 24seitige Stellungnahme, um sie – wie von Helmut Kohl gewünscht – der Regierung zur Kabinettssondersitzung am 27. März zuzuleiten.

Nach Meinung des Zentralbankrates unterschritten lediglich Dänemark, Finnland, Irland, Luxemburg und das Vereinigte Königreich sämtliche Grenzwerte für eine Teilnahme an der dritten Stufe der EWU zweifelsfrei und dauerhaft. Alle übrigen – so der Tenor – erfüllten die Kriterien nur bei einer großzügigen Auslegung und unter gleichzeitiger Anwendung optimistischer Prognosen. In drei Fällen helfe allerdings auch Großzügigkeit eigentlich nicht mehr, so die Botschaft der Bundesbank an den Bundeskanzler, denn weder Richtung noch Geschwindigkeit der Konsolidierung stimmten. Und Nachhaltigkeit sei auch nicht gegeben:

> In Belgien, Griechenland und Italien lag der Betrag der Budgetlücke ... bei teilweise deutlich mehr als 4% des BIP. In diesen Mitgliedsstaaten müßten, um den Referenzwert innerhalb von zehn Jahren zu erreichen, Jahr für Jahr über einen längeren Zeitraum beträchtliche staatliche Überschüsse erzielt werden. Nach den bisher vorliegenden Konvergenzprogrammen werden [dort] bis zum Jahr 2000 jedoch weiterhin merkliche Defizite geplant.[660]

In seiner Zusammenfassung schreibt der Zentralbankrat:

> Bei einer relativ großen Anzahl von Mitgliedstaaten (Deutschland, Frankreich, den Niederlanden, Österreich, Portugal, Schweden und Spanien) bedarf es, um den Referenzwert innerhalb von zehn Jahren zu erreichen, einer Fortsetzung der Konsolidierungsmaßnahmen, einer Rückführung der Ausgabenquote sowie weiterer durchgreifender Reformen der Sozialversicherungssysteme.[661]
>
> ...
>
> Belgien hat in den vergangenen Jahren zwar deutliche Konsolidierungsfortschritte gemacht; sie reichen jedoch nach Einschätzung der Bundesbank bisher nicht aus, um die außerordentlich hohe Schuldenquote in so starkem Maße zurückzuführen, daß – auch unter Berücksichtigung der bisher bekannten Planungen – erhebliche Zweifel an der dauerhaften Tragbarkeit der Finanzlage der öffentlichen Hand ausgeräumt wären. Auch Italien hat zuletzt beachtliche Konsolidierungsfortschritte erzielt. Die Schuldenquote ist allerdings vergleichsweise nur wenig zurückgegangen.
>
> Die Fortschritte reichen nach Einschätzung der Bundesbank bisher nicht aus, um die außerordentlich hohe Schuldenquote in so starkem Maße zurückzuführen, daß – auch unter Berücksichtigung der bisher bekannten Planungen – erhebliche Zweifel an der dauerhaften Tragbarkeit der Finanzlage der öffentlichen Hand ausgeräumt wären.[662]

660 Stellungnahme des Zentralbankrates zur Konvergenzlage in der Europäischen Union im Hinblick auf die dritte Stufe der Wirtschafts- und Währungsunion, in: Deutsche Bundesbank Monatsbericht 50. Jahrgang Nr. 4 (April 1998): Eine „allgemeine Stabilitätskultur" könne „noch nicht überall als gesichert gelten", „Fortschritte" seien aber „nicht zu übersehen". Aber: „Zweifelsohne wäre es beruhigender, wäre der statistisch gemessene Grad an Preisstabilität bei einem hohen Beschäftigungsstand erreicht worden." (S. 28)

661 Die Bundesbank sah Probleme „auch bei Mitgliedsstaaten, die in der Schuldenquote unter oder nahe bei dem Referenzwert von 60% bleiben. So weisen Deutschland und Frankreich eine starke Dynamik im Wachstum der öffentlichen Verschuldung auf." (S. 32)

662 ZBR-Stellungnahme zur Konvergenz, S. 38.

Man darf den Zentralbankrat so verstehen, daß dieser Befund um so ernster zu nehmen sei, als er unter Anwendung einer umfangreichen und weitverbreiteten Bilanzkosmetik zustande gekommen sei. In zwei Fällen seien Tricks sogar das entscheidende Moment gewesen, um nicht von vornherein disqualifiziert zu werden:

> Nach Angaben im EWI-Bericht wurde die Defizitquote vieler Mitgliedsstaaten in 1997 durch Maßnahmen mit zeitlich begrenzter Wirkung beeinflußt. In Italien war deren Ausmaß mit 1% des BIP und in Frankreich mit 0,6% des BIP ausschlaggebend dafür, daß 1997 der Referenzwert von 3% des BIP eingehalten werden konnte.[663]

In der „Zusammenfassenden Beurteilung" heißt es dann aber, der Eintritt in die Währungsunion ab 1999 erscheine „stabilitätspolitisch vertretbar". Im Falle Belgiens und Italiens bestünden allerdings „ernsthafte Besorgnisse":

> Diese ließen sich nur ausräumen, wenn zusätzliche substantielle Verpflichtungen verbindlich eingegangen werden.[664]

Der Zentralbankrat wollte Belgien und Italien nicht die Tür vor der Nase zuwerfen, auch wenn das nach den Zahlen indiziert gewesen wäre. Lediglich Griechenland mußte – zunächst – außen vor bleiben, aber das war erwartet worden.

Zwischen Bestandsaufnahme und Schlußfolgerung klaffte damit eine Lücke. Der Zentralbankrat versuchte sie zu überbrücken, indem er ein neues Instrument einführte: Die „zusätzliche substantielle verbindliche Verpflichtung". Mit seiner Hilfe vermied er die eigentlich fällige Konsequenz: Den Ausschluß Belgiens und Italiens.

Die Bundesbank wollte einen Eklat vermeiden. Diesen hätte sie ausgelöst, hätte sie von der Regierung verlangt, zwei Gründungsmitglieder der EWG (wegen der bereits existierenden Währungsunion zwischen Belgien und Luxemburg wären es sogar drei gewesen) aus dem Kreis der EWU-Gründungsmitglieder auszuschließen.

Von den von der Bundesbank selbst zu Grunde gelegten Daten her wäre der Schritt geboten gewesen. Er hätte Kohl vor die Wahl gestellt, das Votum der Bundesbank zu übergehen, die Partnerländer zu bitten, den Start zu verschieben, oder eine Währungsunion um Belgien, Luxemburg und Italien herum zu bauen. Aber:

- Ein Ausschluß anderer EWG-Gründungsmitglieder galt als ähnlich schwer vorstellbar wie eine Währungsunion ohne Deutschland oder Frankreich.
- Gegen eine Verschiebung hatte sich Kohl in den vergangenen zwei Jahren so oft ausgesprochen, alle bekämpft, die entsprechende Forderungen erhoben, daß ihm ein Kurswechsel auf Druck der Bundesbank im letzten Moment als Demütigung und national und international als nicht vermittelbar erschienen wäre – sechs Monate vor der Bundestagswahl.
- Es wäre somit nach Lage der Dinge auf die Brachiallösung hinausgelaufen: Der Kanzler hätte das Votum der Bundesbank wahrscheinlich übergangen.

663 Ebenda, S. 32.
664 Ebenda, S. 39.

Entsprechende Warnungen hatte er fünf Wochen zuvor gestreut mit seiner Aussage, beim Euro habe die Politik das letzte Wort und daran führe „kein Weg vorbei“. Es wäre Kohl auf Grund seiner Überzeugungen und Festlegungen sicherlich als das geringste der drei Übel erschienen. Dies kalkulierend, stand der Zentralbankrat in Wirklichkeit vor der Alternative, gequält-gute Miene zu einem seines Erachtens bösen Spiel zu machen oder ein Votum abzugeben, von dem er wissen mußte, daß es mit hoher Wahrscheinlichkeit übergangen werden würde.

Direktorium und LZB-Präsidenten entschieden sich für Möglichkeit 1 – im Interesse des Euro, der andernfalls mit einer sehr schweren Hypothek hätte starten müssen, noch größere Akzeptanzprobleme bekommen hätte – und auch, so darf man annehmen, im Interesse seines eigenen Ansehens, weil er nicht sehenden Auges in einen Frontalzusammenstoß mit dem Kanzler und damit in eine Niederlage hineinlaufen wollte. Der Schlußsatz der Bundesbank-Stellungnahme lautet deshalb:

> **Die Auswahl der Teilnehmer bleibt letztlich jedoch eine politische Entscheidung.**[665]

Die Bundesbank fällte ein Urteil, das den Ergebnissen ihrer eigenen Beweisaufnahme widersprach.

Den Kampf um die Goldreserven neun Monate zuvor hatte sie insofern gewonnen, als ihre Kontrahenten noch mehr Blessuren davongetragen hatten als sie und ihren Plan aufgeben mußten. Den Kampf gegen eine EWU-Teilnahme von Belgien und Italien gegen dieselbe Formation hätte sie nach menschlichem Ermessen verloren, weil es keine Gewinner, sondern nur Verlierer gegeben hätte.

9.2 Biedenkopf hält als einziger dagegen

Äußerungen des sächsischen Ministerpräsidenten Kurt Biedenkopf widersprechen diesem Resümee nur scheinbar. In der Plenardebatte des Bundesrates vom 24. April 1998 sagte der sächsische Ministerpräsident, man müsse die Erklärungen der Bundesbank und Tietmeyers nur genau genug lesen, dann werde man die Darstellung, die Bundesbank habe auch für Belgien und Italien grünes Licht gegeben, wenn auch unter Auflagen, nicht aufrecht erhalten.

Biedenkopf mußte sich im Bundesrat jedoch im wesentlichen auf das stützen, was *nicht* in der Stellungnahme des Zentralbankrates stand. Biedenkopf bestritt zu Recht, daß sich die Bundesbank die Teilnehmerkreis-Empfehlung der EU-Kommission – elf Länder einschließlich Belgiens und Italiens – zu eigen gemacht habe. Der Satz „Belgien und Italien erfüllen nach Meinung der Deutschen Bundesbank die Kriterien nicht“ kommt aber in der Stellungnahme nicht vor. Der Zentralbankrat war dieser Meinung, aber er schrieb es nicht. Das sei Sache der Politik.

Tatsächlich hatte der Zentralbankrat vorweggenommen, was anschließend Sache der Politik gewesen wäre: Eine politische Beurteilung der Konvergenzfortschritte und -versäumnisse. Ob „verbindlich“ abzugebende „zusätzliche substantielle Verpflichtungen“ theoretisch und in der konkreten Situation der in Rede stehenden Länder ein erlaubtes, geeignetes und hinreichendes Instrument sein könnten, die

---

665 ZBR-Stellungnahme zur Konvergenz, S. 40.

objektiv vorhandenen Defizite zu heilen, ob die Gewährung von einem „Stück Vertrauensvorschuß" (Tietmeyer[666]) angezeigt sei, war eine substantiell politische Frage, die eigentlich eine diffizile und langwierige Untersuchung der Erfolgsaussichten hätte auslösen müssen.[667] Die Bundesbank beantwortete diese Frage jedoch bereits in dem Moment, in der sie der Bundesregierung diesen Ausweg eröffnete, weil sie ahnte oder wußte, daß Kohl ihn genauso ohne jedes Zögern benutzen würde wie anschließend Bundestag und Bundesrat. Die Erfindung des Instrumentes „zusätzliche substantielle Verpflichtungen" implizierte bereits die – positive – Prognose, sonst wäre sie sinnlos. Eine solche abzugeben, lag aber auch bei großzügiger Auslegung angesichts ihrer Folgen nicht mehr in der Kompetenz der Bundesbank.

Biedenkopf mußte deshalb für seine Argumentation mündliche Erläuterungen Tietmeyers zu Hilfe nehmen, die dieser am 3. April 1998 in den Bundestagsausschüssen für Finanzen und für die Angelegenheiten der Europäischen Union zu eben diesem Punkt gegeben habe, was wiederum zeigt: Der Text der Bundesbank war interpretationsfähig. Das sollte er offenbar auch sein. Beide Seiten, Kritiker und Befürworter, sollten bedient werden. Und sie wurden bedient – nicht zu gleichen Teilen, aber die wenigen Sätze für die Befürworter einer Elfer-Lösung reichten sogar aus, Stoiber als Brücke zu dienen und die Seiten wechseln zu lassen.

Gesonderte Interpretationen Tietmeyers waren für die Bundesregierung in dieser Lage aber nicht mehr von Belang. Damit mag Biedenkopfs Argumentation interessant sein für eine Gesamtwürdigung der Bundesbank-Einlassungen, nicht jedoch für eine Betrachtung der Wirkung auf die Bundesregierung. Nur diese zählt hier, denn allein die Bundesregierung würde Deutschland auf dem EU-Gipfel in Brüssel vertreten, nicht Bundestag oder Bundesrat. Und nicht Tietmeyers persönliches Urteil oder seine Auslegung des ZBR-Beschlusses waren gefragt, sondern das Statement der Bundesbank insgesamt – vertreten durch den Zentralbankrat.

Kohl wußte also genau, was er tat, als er von Tietmeyer mit Schreiben vom 13. Februar 1998 eine verbindliche Stellungnahme „der Deutschen Bundesbank" konkret und speziell für die Bundesregierung (mit späterer Weiterleitung an Bundestag und Bundesrat) anforderte. Auch des von ihm erzeugten Zeitdrucks (es blieben dem ZBR nur etwa 30 Stunden für die Ausarbeitung seiner Expertise) war sich der Kanzler bewußt, wie sein Hinweis zeigt, die Kabinettssitzung finde ausnahmsweise nicht um 9.30 Uhr statt, sondern erst nachmittags.

Die Bundesbank-Stellungnahme ermöglichte es Kohl, alle anderen, teilweise sehr viel kritischeren Aussagen von Präsident und Mitgliedern des Zentralbankrates, seien sie früher, gleichzeitig oder später entstanden, zu ignorieren. Das von ihm gewählte Verfahren der Einbindung des Zentralbankrates war ein Versuch des Kanzlers, kritisches Potential zu kanalisieren und auf einen Zeitpunkt zu konzentrieren, um es damit für ihn handhabbar zu machen.

Der Versuch hatte Erfolg. Biedenkopfs Hinweis auf weitere Tietmeyer-Äußerungen war zutreffend – und ging doch ins Leere. Bestenfalls war er geeignet,

---

666 Interview mit Hans Tietmeyer (S. 7).

667 Eine hohe Frequenz von Regierungswechseln dürfte den Wert solcher Zusagen mindern.

die Argumentation Stoibers, der Bundesratsmehrheit insgesamt und des Bundestages als vordergründig und selektiv bloßzustellen.

Die Bundesbank hatte in diesen Wochen nur eine Gelegenheit, sich Kohl in den Weg zu stellen: Am 26. März 1998 mit ihrer offiziellen Stellungnahme zur Konvergenzlage. Diese hat sie nicht genutzt – aus den beschriebenen Gründen.

Die Frage, ob Kohl eine vierwöchige erregte Debatte durchgestanden hätte, ob er sich über das Votum der Bundesbank hinwegsetzen dürfe oder nicht, ist vor allem angesichts der für Kohl zuvor ungünstig verlaufenen Goldreserven-Diskussion berechtigt. Ein erheblicher innen-, währungs- und/oder außenpolitischer Schaden wäre allerdings unabhängig vom Ausgang dieser Auseinandersetzung unvermeidlich gewesen, denn daß die Währungsunion zum 1. Januar 1999 starten würde, war an jenem 26. März 1998 angesichts der Empfehlung der EU-Kommission, die auf elf Teilnehmer abstellte, absehbar. Inwieweit Kohl auch in Brüssel entsprechend Einfluß genommen hatte, bliebe zu untersuchen.

Die Gefahr eines Pyrrhussieges war evident – auch und besonders für den Zentralbankrat. Niederlage sofort oder Pyrrhussieg nach vier Wochen[668] – diese Perspektive veranlaßte die Bundesbank nach Lage der Dinge zu ihrem schmerzhaften Spagat zwischen Erkenntnis und Handlung. Kohls Ablaufplan, ein schon vor längerer Zeit raffiniert angebrachter Schraubstock, funktionierte perfekt. Tietmeyer berichtete später, die Stellungnahme sei entstanden in einer langen Sitzung:

> Die ging von morgens bis abends, und da ist Satz für Satz die Stellungnahme diskutiert worden, und zwar teilweise sehr kontrovers, und es wurden auch Formulierungen immer wieder geändert. Die Knackpunkte waren Italien und Belgien – unter dem Gesichtspunkt speziell des großen Schuldenstandes.
>
> Dabei spielte eine wichtige Rolle, daß die italienische und die belgische Seite sich ihrerseits verpflichtet hatten, die Schulden weiter herunterzufahren. ... Daß diese Länder auf Dauer einen Überschuß haben müssen.[669]

Auf der Basis der in Belgien und Italien erreichten Fortschritte und des – so Tietmeyer – „commitments" der beiden Länder habe der Zentralbankrat damals gesagt: „Wir glauben, wir können es verantworten." Es habe sich gehandelt um „ein Stück Vertrauensvorschuß – basierend auf dem, was sie zu diesem Zeitpunkt geleistet hatten", um ein „konditioniertes ‚Ja'" nach „sehr, sehr sorgfältigen Überlegungen".[670] Kohls Aussage vom Februar 1998, nach der die Bundesregierung „das

668 Ein Szenario war ein ruckartiger Anstieg des D-Mark-Wechselkurses mit allen Folgen.

669 Interview mit Hans Tietmeyer (S. 7).

670 Ebenda. – Zu den von Italien 1997 angewandten Buchungstricks schrieb die *Frankfurter Allgemeine Zeitung* zwölf Jahre später, Italien verdanke seine Teilnahme an der Währungsunion allein der damaligen Autoverschrottungsprämie, die das Bruttoinlandsprodukt (BIP) um 0,5 Prozent gesteigert und die Defizitquote im Gegenzug unter die Drei-Prozent-Marke gedrückt habe (Ausgabe vom 4. Februar 2009, S. 13). Das Blatt zitiert den damaligen Schatzminister Carlo Azeglio Ciampi: „Wenn der Nenner in der Berechnung des Haushaltsdefizits größer wird, ist das genauso gut wie eine Verringerung der Zahl für das Defizit." Der Schuldenstand Italiens in Relation zum BIP schwankt nach den Erhebungen des Bundesfinanzministeriums seit Jahren unverändert um die 100-Prozent-Marke (ein Spitzenwert unter den Euro-Ländern, angefochten nur von Belgien und Griechenland), verletzt die 60-Prozent-Grenze der Euro-Zone permanent, was regelmäßig zu

letzte Wort haben" werde und nicht die Bundesbank, habe er als „Selbstverständlichkeit" betrachtet, erklärt Tietmeyer:

> Daß das insgesamt eine politische Entscheidung ist, ist doch gar keine Frage. Daß die Bundesbank nicht Politik in dem Sinne machen kann, ist ebenso klar. Sie kann Politik beraten, und diese Beratungspflicht hat sie wahrgenommen. Den Primat der Politik haben wir nie in Frage gestellt. Das hätte auch der Verfassung nicht entsprochen. ...
>
> Die Bundesbank hat einen begrenzten Auftrag. In diesem begrenzten Auftrag war und ist sie souverän. Und sie hat einen Beratungsauftrag. Aber ebenso richtig ist, daß die letzte Entscheidung bei demjenigen liegt, der der Empfänger von Rat ist.[671]

Nicht selbstverständlich sei dagegen, so die Betrachtung des ehemaligen Bundesbankpräsidenten, die Aufforderung des Kanzlers an die Bundesbank gewesen, eine eigene Einschätzung abzugeben:

> Es war nicht irgendwo formell vorgesehen, daß die Bundesbank noch zusätzlich zu EWI und Kommission eine Stellungnahme abgeben möge. Wir hätten das tun können laut Bundesbankgesetz; wir hätten nicht auf eine Anfrage warten müssen.
>
> Jetzt stellte sich die Frage, ob wir das von uns aus tun sollten oder nicht. Wir hatten uns das offen gelassen, aber auch gesagt: Wenn uns die Regierung auffordert, tun wir es auf jeden Fall. Dann hat uns die Regierung offiziell aufgefordert.
>
> Ich halte das durchaus für richtig. Ich sehe das positiv. Andernfalls hätten wir möglicherweise die Initiative ergreifen müssen. So aber bat uns die Regierung, Stellung zu nehmen, bevor sie ihre Entscheidung trifft. Das ist doch wirklich ein ordentliches Verfahren.[672]

Die Regierung habe demonstrieren wollen, daß sie auf die Bundesbank höre, sie als „eine wichtige Stimme" betrachte, so Tietmeyer. Am 2. Mai 1998 beschloß der Rat der Staats- und Regierungschefs der Europäischen Union in Brüssel den Eintritt in die dritte Stufe der Europäischen Wirtschafts- und Währungsunion zum im Vertrag vorgesehenen Zeitpunkt 1. Januar 1999.

Belgien und Italien sollten zu den Gründungsmitgliedern gehören, da sie die Kriterien nach Meinung des Rates erfüllten, Großbritannien und Dänemark nicht, obwohl sie die Kriterien erfüllten, denn diese beiden Länder machten von ihren in Maastricht separat ausgehandelten *opting-out*-Klauseln Gebrauch.

Griechenland qualifizierte sich später nach Meinung des Rates nachträglich und konnte deshalb noch rechtzeitig zum Kreis der EWU-Gründungsmitglieder stoßen.

Ermahnungen („Rentenreform") der Partnerländer führt, die ebenso regelmäßig folgenlos bleiben. Der Italien und Belgien 1998 vom Zentralbankrat der Bundesbank gewährte „Vertrauensvorschuß" wurde nie gerechtfertigt; die von ihm als Ausweg aus seinem Dilemma postulierten „zusätzlichen substantiellen Verpflichtungen" blieben substanzlos.

671 Interview mit Hans Tietmeyer (S. 8).

672 Ebenda (S. 7).

9.3 Waigel: Beinahe wäre es in Amsterdam noch gescheitert

Überschattet wurde der Brüsseler EU-Gipfel von einem erbitterten Streit zwischen Chirac und Kohl um die Amtszeit des ersten EZB-Präsidenten, der schließlich zu einem in Medien und Fachwelt als fragwürdig kritisierten Kompromiß führte: Der damals 62 Jahre alte Wim Duisenberg wurde gezwungen, vor den Staats- und Regierungschefs eine Erklärung zu verlesen, nach der er sich verpflichte, „wegen meines Alters" nicht die volle Amtszeit von acht Jahren auszuüben, sondern den EZB-Chefsessel vor Ablauf dieser Frist zugunsten eines Franzosen zu räumen.[673] *Agence France Press* faßte die Ereignisse von Brüssel wie folgt zusammen:

> Für Kohl war das Geschacher höchst unangenehm. Wenige Monate vor der Bundestagswahl [im Herbst 1998] hatte er sich wesentlich mehr Glanz ... versprochen. Stattdessen hatte ihn sein wichtigster Partner .. vorgeführt.[674]

Laut Waigel brachte dieser Streit das ganze Projekt noch einmal ins Wanken. Er habe Kohl beschworen, mit seiner Kompromißbereitschaft nicht zu weit zu gehen:

> Auch am 2. Mai [1998] in Brüssel habe ich dem Kanzler gesagt: „Bestimmten Dingen kannst Du nicht zustimmen. Wenn zum Beispiel eine Bedingung wäre, die Amtszeit des EZB-Präsidenten zu teilen – das ist völkerrechtswidrig und das wird auch die Bevölkerung nicht akzeptieren." ... Wir hätten dann nicht an diesem Tag eine Entscheidung getroffen, sondern wir hätten einen Gipfel verschieben müssen. Der Gipfel verlief ohnehin schon nicht optimal.
>
> Wenn wir dann die Entscheidung über die EZB nicht hätten treffen können und über die Länder, die daran teilnehmen, wenn wir das ganze hätten verschieben müssen um 14 Tage oder vier Wochen – das wäre eine verheerende Diskussion gewesen mit einem Ausgang, den niemand hätte voraussagen können. Aber auch da gab es keinen Kompromiß um jeden Preis.[675]

In Deutschland hatten dem Eintritt in die dritte EWU-Stufe – einschließlich der Festlegung des Teilnehmerkreises in der beschlossenen Form – nach der Bundesregierung auch Bundestag und Bundesrat mit jeweils sehr großen Mehrheiten zugestimmt. Ministerpräsident Stoiber begründete sein Abstimmungsverhalten in der Plenardebatte des Bundesrates vom 24. April 1998 explizit mit der Stellungnahme der Bundesbank; sie sei für ihn „entscheidend" gewesen.[676] Gleichlautende Verweise gab es im Bundestag. Damit fand ein Entscheidungsprozeß seinen vorläufigen Abschluß, den das Bundesfinanzministerium der Öffentlichkeit drei Monate zuvor als „unnachsichtige Prüfung der Konvergenz" angekündigt hatte. Tietmeyer antwortete später auf die Frage, ob die Bundesbank seinerzeit frei genug gewesen wäre, in bestimmten Fällen zu erklären, die Kriterien seien nicht erfüllt:

---

673 *AFP*-Korrespondentenbericht von Hervé Rouach vom 08. Februar 2002.

674 Ebenda.

675 Interview mit Theo Waigel, S. 319-320.

676 Bundesrats-Plenarprotokoll 724 vom 24. April 1998, S. 200. Stoiber sprach dort weiter: „Wir vertrauen der Bundesbank, meine Damen und Herren, und den Empfehlungen, die sie gibt, die umgesetzt werden müssen." Unmittelbar zuvor hatte der sächsische Ministerpräsident der Darstellung widersprochen, die Bundesbank habe die Teilnahme aller elf in Rede stehenden Länder als „stabilitätspolitisch vertretbar" bezeichnet. Biedenkopf: „Das stimmt nicht. ... Die Bundesbank hat das nicht getan." (ebenda, S. 198)

> Wenn es so gewesen wäre, hätten wir dieses in der Tat getan.[677]

Waigel sagt in seiner Rückschau auf jene Ereignisse, er habe die Bundesbank „schon als Partner empfunden", obwohl das „nicht immer einfach gewesen" sei. Sie habe „eine ganz wichtige Mission erfüllt – auch in der Innenpolitik":

> Nie und nimmer hätte man ein solches Projekt ohne oder gegen die Bundesbank verwirklichen können. Deshalb habe ich großen Wert darauf gelegt, daß zunächst Herr Pöhl und dann Herr Schlesinger und dann natürlich auch Herr Tietmeyer in all die Entscheidungsprozesse eingebunden waren.
>
> Wir haben ja oft noch bei Verhandlungsrunden in Tag-und-Nacht-Gesprächen angerufen: Könnt Ihr mit dieser oder jener Formulierung leben, ist die akzeptabel oder nicht? Es hat eine ganz, ganz enge Verbindung stattgefunden. Zudem hatten wir ja auch beim Bundeskanzler und öfter noch bei mir einen regelmäßigen Gesprächskontakt, wo wir alle Dinge im Detail miteinander abgesprochen haben.[678]

„Dann und wann", so schildert es Waigel, hätte er sich von der Bundesbank „auch ein bißchen mehr Unterstützung erwartet". Dabei habe er weniger den Präsidenten im Auge als den „einen oder anderen im Direktorium oder im Zentralbankrat", der „nicht unbedingt ein glühender Anhänger der Wirtschafts- und Währungsunion" gewesen sei.[679]

Helmut Kohl hatte für die zweijährige, immer wieder erbittert und unversöhnlich geführte Diskussion um die Auslegung der Kriterien und eine eventuelle Verschiebung der dritten EWU-Stufe nur Verachtung übrig – weil er ihre Folgen für unkalkulierbar hielt, weil es daraufhin „gekracht" habe „im Gebälk" seiner Koalition:

> Drei null null null null, der ganze Idiotenkram, der dann abgelaufen ist.[680]

Theo Waigel bezeichnet sich demgegenüber freimütig als ihr Urheber. Es sei eine „notwendige Debatte" gewesen, um allen Beteiligten in Europa klarzumachen: „Wir spielen nicht Theater. Wir bauen keinen Popanz auf." Den Deutschen sei es „ernst", habe seine Botschaft gelautet, jeder habe wissen müssen, woran er sei:

> Also längst bevor sich Edmund Stoiber dazu geäußert hat, habe ich in Brüssel erklärt: Drei ist 3,0. Damit habe ich keine Interpretationsmöglichkeiten zugelassen. Denn wenn wir einmal damit angefangen hätten, zu sagen „3,1 ist doch auch noch drei" etwa, oder: „3,4 ist doch auch noch drei, nur 3,5 oder 3,51 tendiert mehr zur vier hin", dann hätte das eine unabsehbare Negativdiskussion gegeben.
>
> Drum mußten wir klar sagen: „Drei ist drei, und da gibt es keine Interpretationsmöglichkeiten." Daran hat sich dann ja auch jeder gehalten, und das zeigt im nachhinein: Das war richtig ... das war bei uns, jedenfalls bei mir, in besten Händen. Ich hätte einen falschen Kompromiß nicht akzeptiert.[681]

Die Bundesbank als Erfüllerin einer „ganz wichtigen Mission", ohne oder gegen die man die Europäische Währungsunion „nie und nimmer" hätte verwirklichen können – in Waigels Charakterisierung taucht das Pöhl-Dilemma von 1989 wieder

677 Interview mit Hans Tietmeyer (S. 6).
678 Interview mit Theo Waigel, S. 313.
679 Ebenda.
680 Interview mit Helmut Kohl, S. 284.
681 Interview mit Theo Waigel, S. 320.

auf. Hatte sie damals doch (noch) mehr Macht, als sie ahnte? Hin- und hergerissen zwischen ihrer Loyalität zur Bundesregierung und der Loyalität zu ihren währungspolitischen Überzeugungen und Erkenntnissen, sah sie sich zuletzt nicht in der Lage, mit einem Veto eine Entwicklung zu verhindern, die sie nicht grundsätzlich, aber in ihrer konkreten Ausgestaltung für riskant und verfehlt hielt.

Als Quelle von Legitimation für das Verhalten von Bundesregierung, Bundestag, Bundesrat und schließlich wieder – in Brüssel – Bundesregierung konnten die Erklärungen der Bundesbank nur bei leichtfertiger, interessengeleiteter Interpretation aufgegriffen und instrumentalisiert werden. Eine stabile, seriöse Legitimationskette läßt sich mit Verweis auf die Bundesbank nicht aufbauen. Genau das hat die Politik jedoch für eine besorgte Öffentlichkeit versucht – zuletzt sogar Stoiber.

Das Vorgehen des bayerischen Ministerpräsidenten ist besonders bemerkenswert, hätte er in der Stellungnahme des Zentralbankrates doch mühelos eine ganze Reihe von substantiierten Argumenten für ein negatives Votum im Bundesrat finden können – wenn er es gewollt hätte. Seine tatsächlichen Motive, mit *Ja* zu stimmen, sind folgerichtig nicht in der Stellungnahme des Zentralbankrates zu suchen, sondern in seiner konkreten Situation als bayerischer Ministerpräsident und stellvertretender CSU-Vorsitzender. Das gleiche hätte gegolten für eine weniger auf den Starttermin 1. Januar 1999 fixierte Bundesregierung: Auch sie hätte eine Suspendierung des Euro-Zeitplanes mit der Bundesbankexpertise begründen können, ohne diese damit zu überbeanspruchen oder gar zu mißbrauchen.

Das meiste von dem, was die deutsche Notenbank seit den 80er Jahren an Beiträgen zur EWU leistete, läßt sich unter „Schadensbegrenzung" einordnen – mit dem Verlangen – oder war es nur ein Appell? – an Belgien und Italien als Höhepunkt, „zusätzliche substantielle Verpflichtungen verbindlich" einzugehen. Verräterische Sprache: Gibt es auch unverbindliche Verpflichtungen? Ihre Versuche, mit Mahnungen und Aufrufen Fortschritte beim politischen Unterbau zu bewirken, hatte sie – wie der Bundesrat[682] – zu diesem Zeitpunkt bereits weitgehend eingestellt – wegen erwiesener Aussichtslosigkeit, wie man unterstellen darf, und weil sich ihre Prioritäten angesichts des hohen Handlungsdruckes zugunsten unmittelbar bevorstehender Ereignisse verschoben hatten. Ad acta gelegt hat zumindest Tietmeyer dieses Thema allerdings nicht. Ähnlich wie bei Pöhl ist eine Sorge zu erkennen, Versäumnisse bei der Integration könnten sich rächen:

> Auf Dauer könnte die Währungsunion gefährdet sein, wenn es deutliche Divergenzen in der politischen Entwicklung gibt. In der Fiskalpolitik, in der Wirtschaftspolitik, auf Dauer aber auch, wenn es nicht ein hinreichendes Maß an Gemeinsamkeit nach außen gibt. Das heißt auch: Außenpolitik.[683]

Diejenigen mit Währungsunion bräuchten „eine stärkere Vertiefung in den anderen Bereichen" als diejenigen ohne Euro. Insofern spreche viel „auch für Zweistufigkeit in den übrigen Institutionen", sagte Tietmeyer. Die „sehr schwierige" Frage sei nur, wie man Zweistufigkeit im Parlament oder in der Kommission praktisch umsetzen könne. Man werde zu substantiellen Änderungen ge-

682 Biedenkopf beklagte dies in seiner Bundesratsrede vom 24. April 1998 ausdrücklich.
683 Interview mit Hans Tietmeyer (S. 5).

umsetzen könne. Man werde zu substantiellen Änderungen gezwungen sein, sonst werde der Euro irgendwann in eine existentielle Krise geraten:

> Jetzt beginnen bereits erste Konflikte. Daß die Politiken unterschiedlich sind zwischen den Ländern, ist keine Frage. Eine Währungsunion alleine wird auf Dauer in Schwierigkeiten kommen.[684]

9.4 Des Kanzlers Kalkül geht auf

Die *Drei-Null-Frage*, obwohl lediglich eine Momentaufnahme betreffend und nicht maßgeblich für dauerhaften Erfolg oder Mißerfolg dieser Geldvereinheitlichung, erfüllte endlich das mediale Erfordernis der Komplexitätsreduktion, bot in einem bisher abstrakten Umfeld einer noch nur virtuellen Währung auch Personalisierungsmöglichkeiten und wurde so für fast zwei Jahre zentraler Streitgegenstand der Innenpolitik. Daraus ergaben sich für die Bundesregierung erhebliche Probleme, hatte sie doch – zum Teil mit ihren selbstgesetzten Lösungsverboten aus eigener Schuld – nur geringen Einfluß auf den Ausgang der Auseinandersetzung, sondern war von externen Faktoren wie den Zahlen des Statistischen Bundesamtes und ihrer Interpretation abhängig.

Eine weitere Schlüsselposition besaß der Zentralbankrat der Deutschen Bundesbank. Als Hüterin der D-Mark genoß er in der Bevölkerung mehr Vertrauen im Hinblick auf die Stabilität der Währung als die Bonner Akteure. Deshalb entbrannte um seine Haltung ein kurzer, aber mit harten Bandagen geführter Kampf.

Von der Stellungnahme der Bundesbank machten Bundestag, Bundesrat und vordergründig auch die Bundesregierung in den entscheidenden Stunden des Frühjahres 1998 ihre Haltung abhängig, als es um Deutschlands Beitritt zur dritten Stufe der EWU ging. Mit der Aufgabe, diese hochpolitische Entscheidung zu fällen, fühlte sich die Bundesbank jedoch überfordert, weil ein negatives, Länder ausschließendes Votum sofort zu internationalen Konflikten auf einem heiklen, das Selbstwertgefühl der Völker tangierenden Feld geführt hätte, was dem Zentralbankrat eingedenk seiner Erfahrungen als Prügelknabe von Paris und Rom bewußt war.

In einer krisenhaften Sitzung am 26. März 1998 entschloß sich die Bundesbank daher, ihre großen Bedenken zwar zu Protokoll zu geben, sich dem Euro aber um Zentimeter genau nicht in den Weg zu stellen, da man den Primat der Politik nicht mißachten wolle. Statt dessen erfand sie das – politische – Konstrukt der „verbindlichen Verpflichtung" der fragwürdigen Beitrittskandidaten, sich zu bessern und ab sofort nachhaltig Haushaltüberschüsse zu erwirtschaften, von dem ihr selbst klar sein mußte, daß es nicht tragen würde (was inzwischen als bewiesen gelten darf).

Damit ging das Kalkül von Helmut Kohl auf: Mit der Stellungnahme der Bundesbank in der Hand konnte er den letzten Widerstand gegen den Euro auf verschiedenen politischen Ebenen überwinden – und dies, obwohl der Wortlaut des Dokuments eine ablehnende Reaktion von Bundestag und Bundesrat gerechtfertigt, gestützt, verlangt hätte.

684 Ebenda.

10. Herbe Niederlage bringt SPD auf Euro-Kurs

10.1 Linke unschlüssig über Charakter der Währungsunion

Längst schweigt sie zum Thema, weil sie es abgehakt hat oder ihr nichts mehr dazu einfällt. Klar war das Verhältnis der deutschen Linken zur Europäischen Währungsunion schon in den 90er Jahren nicht.[685] Einerseits verfolgte sie mit einer gewissen Faszination, wie ausgerechnet die Galionsfigur der Konservativen, Helmut Kohl, mit aller Kraft daranging, einen Kernbestandteil nationaler Souveränität, die Herrschaft über die Landeswährung, ein für allemal abzuschaffen. Andererseits hatte die Linke die EWU aber auch stets in Verdacht, Sozialabbau durch die Hintertür ermöglichen und dem Neoliberalismus auch im Lande des rheinisch-gemäßigten Kapitalismus' zum Durchbruch verhelfen zu sollen.

Man wisse, daß „die Masse der Bevölkerung gegen den Euro" sei, schrieb Heiner Karuscheit, und das liege gerade der kommunistischen Linken „wie ein Stein im Magen".[686] Die ablehnende Haltung sei verständlich, werde „die Arbeiterklasse" durch die Währungsunion doch „gleich zweifach zur Kasse gebeten".[687]

Der Grüne Ludger Volmer nannte den Euro „eine westeuropäische Maßnahme zur Förderung der Arbeitslosigkeit".[688] Der Politikwissenschaftler Frieder Otto Wolf verkündete, das „Verfalldatum der These" sei abgelaufen, „daß die Linke in der Eurofrage in babylonischer Gefangenschaft an Kohl gekettet sei".[689] Schließlich gebe es eine Alternative zum „monetaristischen Euro", zum „‚Sachzwang' Sozialabbau", und die sei ein „politischer Euro, eingebettet in ein soziales und ökologisches Europa". Die französische Linke habe das inzwischen begriffen und damit sogar einen Regierungswechsel durchgesetzt, die deutsche nicht. Sollte der Euro nicht pünktlich zum 1. Januar 1999 starten, würden die europäischen Nationalstaaten deswegen „nicht aufeinander losgehen". Im Gegenteil: Diese Währungsunion stärke – so Wolf – die nationale Rechte:

> Darum ist es um so gefährlicher, wenn die Linke zu den offensichtlichen Problemen des Maastricht-Europa schweigt und keine eigene Alternative aufzeigt.[690]

In Gesellschaft dezidierter Euro-Gegner fühlte sich die Linke allerdings erst recht unbehaglich. Wenn die CSU sich von allen etablierten Parteien am schwersten tat mit der Vorstellung von einer Währungsunion, der CSU-Politiker Peter Gauweiler die Einheitswährung als „Esperanto-Geld" abtat und die D-Mark per Volksab-

---

685 Als *Linke* sollen hier Parteien und Gruppierungen gelten, die nach allgemeiner Anschauung links von Union und FDP stehen mit den im Parlament vertretenen Parteien SPD, Bündnis 90/Die Grünen und – seinerzeit – PDS im Zentrum der Betrachtung.

686 Heiner Karuscheit: Die Europäische Währungsunion – der Preis für die deutsche Einheit, S. 1 (1998).

687 Ebenda, S. 6.

688 Zitiert nach Kristin Heyne in: Wem nützt der Euro? Broschüre der Bundesgeschäftsstelle Bündnis 90/Grüne, August 1997, S. 13.

689 Frieder Otto Wolf war von 1994 bis 1999 MdEP für Bündnis 90/Die Grünen.

690 Frieder Otto Wolf in: Wem nützt der Euro?, S. 16.

stimmung retten wollte, gab ihr das zu denken. Verwirrend allerdings, daß sich Gauweiler bei diesem Thema auf einer Linie befand mit Gregor Gysi und der PDS, die sich eine Währungsunion erst als Krönung einer Angleichung von Preisen, Löhnen und Standards aller Art in Europa vorstellen konnte. Statt dessen gehe „eine der größten Koalitionen in der Geschichte dieser Bundesrepublik“[691], so Gysi im Bundestag, umgekehrt den Weg des „Marktradikalismus“, der „eine Angleichung nach unten“ erzwingen werde:

> Genau das ist mit uns nicht zu machen.[692]

Andererseits machte die Linke das Engagement der Großbanken für den Euro stutzig. *Deutsche-Bank*-Chefvolkswirt Norbert Walter ließ jahrelang kaum einen Abend vergehen, ohne im Fernsehen oder auf Podiumsdiskussionen für die Währungsunion zu werben und Skepsis zu bekämpfen. Auch das müsse seinen Grund haben, dachte man. Ist der Euro ein neoliberales Projekt – oder genau das Gegenteil? Ist er ein Versuch, den D-Mark-Nationalismus zu beenden – oder sollte er vielmehr genau diesen über ganz Europa ausbreiten? Irritiert stellte der Grüne Jürgen Trittin fest, gegen den Vertrag von Maastricht hätten 1993 „flämische Rechtsradikale wie dänische Linkssozialisten“ mobilisiert, während „linke Antinationalisten“ zusammen mit „Vertretern der Großbanken für die pünktliche Einführung des Euro“ stritten.[693]

Der Euro war ein Vorhaben, das die üblichen parteipolitischen Zuordnungen strapazierte; bisherige Weltbilder erwiesen sich als ungeeignet für seine Deutung. Der Blick auf Befürworter und Gegner taugte nicht als Orientierungshilfe, sondern vergrößerte die Unsicherheit.

Nach einer, wie er meinte, gründlichen Sichtung und Abwägung bekannte sich Trittin 1997 zur Währungsunion und verlangte dies auch von anderen Linken. Es müsse darum gehen, so sein Hauptargument, jenen Kräften einen Riegel vorzuschieben, die nach der Wiedervereinigung „deutsche, nationale Interessen wieder selbstbewußter formulieren“. Kohl habe recht: Die Währungsunion sei „in der Tat“ eine „Frage von Krieg und Frieden“, auch wenn das „einige Linke wie Frieder Otto Wolf nicht wahrhaben wollen“ oder Micha Brumlik „das Heil in einem Zurück in den Nationalstaat“ suche. Die Idee der EWG, Kriegen in Europa den ökonomischen Boden zu entziehen, habe funktioniert, konstatiert Trittin:

> Die Europäische Wirtschafts-Gemeinschaft war die europäische Antwort auf den Holocaust.[694]

Der historische Zusammenhang mit dem Holocaust sollte es „Linken erleichtern, zu erkennen, daß die Zukunft Europas jenseits des Nationalstaates liegt“, mahnt Trittin. „So oder so“ hätte sich der Binnenmarkt eine Einheitswährung geschaffen – die Frage habe lediglich gelautet, „ob eine gemeinsame Währung politisch, das heißt unter Beteiligung der Mitgliedstaaten“ gestaltet werden solle. Die Alternative

691 BtPPl 13/227, S. 20787.
692 Ebenda, S. 20788.
693 Jürgen Trittin in: Wem nützt der Euro?, Broschüre der Bundesgeschäftsstelle, S. 3.
694 Ebenda.

der „Gauweilers, Stoibers, Tiedmeyers *[sic]* und wohl auch Schröders" laute: „Sie wollen die DM als gemeinsame Währung."[695] Deshalb gilt für Trittin:

> Dieser Akt politischer Gestaltung der Währungsunion war so das Gegenteil eines neoliberalen Projekts.[696]

Sollte der Euro scheitern, dann, so Trittin, würde die Bundesbank die Rolle einer europäischen Zentralbank „endgültig übernehmen". Maastricht beschränke zwar die Staatsverschuldung, nicht aber die Staatsquote. „Natürlich" werde der Euro „weicher als die DM" sein, seien doch Waigels Stabilitätspakt in Dublin „die Zähne gezogen" worden, wenn der Ministerrat Strafen wegen einer Überschreitung der Defizitgrenzen erst nach zehn Monaten und nur mit Zwei-Drittel-Mehrheit beschließen könne. Aber wirklich schlimm könne er das nicht finden:

> Wo alle kleine Sünderlein werden, wird sich das Lebensmotto des rheinischen Katholizismus durchsetzen: Das paßt schon. Und wenn es nicht paßt, machen wir es passend.[697]

Kristin Heyne[698], seinerzeit währungspolitische Sprecherin von Bündnis 90/Die Grünen im Bundestag, verzichtete in ihrem Plädoyer auf ideologischen Unterbau und führte eine Reihe von ökonomischen Vorteilen auf, die der Euro bringe, etwa „europaweit einen einheitlichen niedrigen Zinssatz". Die Währungsunion sei die notwendige Antwort auf eine „verschärfte Weltmarktkonkurrenz".[699]

Die Befürworter der Währungsunion setzten sich auf ganzer Linie bei den Grünen durch. Kohl wurde höchstens noch in Details kritisiert, in der großen Linie aber vorbehaltlos unterstützt und bei Rückschlägen sogar verteidigt. In der Bundestagsdebatte vom 23. April 1998 um den Beitritt der Bundesrepublik und der übrigen zehn Staaten zur dritten Stufe der EWU bescheinigte Joschka Fischer dem Bundeskanzler „große Verdienste um den europäischen Einigungsprozeß". Zu dieser Politik gebe es „keine Alternative" angesichts der „grauenhaft gewalttätigen europäischen Geschichte"[700], sagte der Grünen-Fraktionsvorsitzende:

> Es gehört sich eigentlich nicht, den Bundeskanzler im Wahljahr in Schutz zu nehmen. Aber sowohl von François Mitterrand als auch von Helmut Kohl muß ich sagen: Ich finde ihre Haltung nicht altmodisch. Sie ist das Vermächtnis einer abtretenden Generation, das gerade die Deutschen pflegen müssen.[701]

Fischer stand Kohl in dieser Frage ungeachtet aller rot-grünen Machtperspektiven näher als Schröder, nannte Schröder in einem Atemzug mit Stoiber. Beide warnte er „vor jeder Lockerung der europäischen Bindungen unseres Landes".

Wer glaube, er habe hier eine Wahl, der, so Fischer im Bundestag, erliege einem fundamentalem Irrtum:

---

695 Ebenda, S. 35.
696 Ebenda, S. 34.
697 Ebenda, S. 35.
698 Heyne gelang es in Hamburg, Doppelspitze und Amt-Mandat-Trennung zu überwinden.
699 Kristin Heyne in: Wem nützt der Euro?, Broschüre der Bundesgeschäftsstelle, S. 12.
700 BtPPl 12/230, S. 21077.
701 Ebenda, S. 21073.

> Wenn Gerhard Schröder sagt, er wolle Europäer sein, er müsse es aber nicht sein, dann halte ich ihm entgegen: Aus deutschem Interesse und vor dem Hintergrund unserer Geschichte, aber auch unserer gemeinsamen Zukunftsgestaltung müssen wir Europäer sein.[702]

Der Verzicht von Maastricht, der Verzicht auf eine gesicherte Verbindung der Währungsunion mit der Politischen Union sei nicht die Schuld der Bundesregierung und des Kanzlers, sagte Fischer. Allerdings entstehe ein „gewaltiger Druck", ein demokratisches, politisches, soziales Europa zu schaffen:

> Eine Währungsunion, die sich nur als eine Deregulierungsveranstaltung darstellen wird, die die Menschen als eine Bedrohung erfahren, fährt krachend gegen die Wand.[703]

In der Union wurde die Position der Grünen mit Respekt, Verwunderung und Ironie beobachtet und bewertet. Helmut Kohl tat so, als berührten ihn Lobeshymnen eines Grünen-Fraktionsvorsitzenden nicht („Der ist völlig uninteressant"[704]), aber in Wirklichkeit genoß er derartige Auftritte Fischers und gab das in seinem Mienenspiel zu erkennen. Für den CDU-Europapolitiker Peter Altmaier liegen die Motive der Grünen für deren fast uneingeschränkte Unterstützung der EWU auf der Hand: Für sie sei der Euro ein Symbol der „Entmachtung des verhaßten deutschen Staates" und insofern ein faszinierender Vorgang:

> „Deutschland, Deutschland über alles" – das zu beenden ist das Projekt, in dem sich die Linke mit Kohl insgeheim einig ist.[705]

Die SPD tat sich deutlich schwerer mit dem Euro – und dies, obwohl sie sich bereits auf ihrem Heidelberger Programmparteitag 1925 „für die aus wirtschaftlichen Ursachen zwingend gewordene Schaffung der europäischen Wirtschaftseinheit, für die Bildung der Vereinigten Staaten von Europa" ausgesprochen hatte.[706] Nach dem Zweiten Weltkrieg hatte sie allerdings große Mühe, ihre Außen- und Europapolitik neu zu sortieren, ohne das Ideal der Vereinigten Staaten von Europa „als Idee von großer Tradition der Freiheit und der Völkerversöhnung" aufgegeben zu haben. Als Konrad Adenauer den wirtschaftlichen Schulterschluß mit Frankreich suchte, reagierten die Sozialdemokraten empört, weil sie glaubten, dies diene allein „der europäischen Schwerindustrie".[707]

Adenauers Europapolitik war der SPD lange Jahre suspekt. Erbittert bekämpfte ihr Vorsitzender Kurt Schumacher den *Schuman-Plan*, der eine Vergemeinschaftung der Kohle- und Stahlindustrie an Rhein und Ruhr vorsah und aus dem die *Montanunion* hervorgehen sollte, als „zweite Kapitulation sechs Jahre nach der ersten".[708]

---

702 BtPPl 12/227, S. 20782.

703 Ebenda, S. 20783.

704 Interview mit Helmut Kohl, S. 292.

705 Interview mit Peter Altmaier vom 12. September 1999. Joschka Fischer sagte 1997, mit dem Gelingen der EWU seien die politische Integration Europas und damit der Abschied vom souveränen Nationalstaat kaum noch aufzuhalten (*Die Zeit* vom 21. März 1997).

706 Martin Große Hüttmann/Christian Roth: Europapolitische Leitbilder der SPD (1998).

707 Ebenda.

708 Zitiert nach: Zwang zur Gemeinsamkeit – 50 Jahre Montanunion. *Frankfurter Allgemeine Zeitung* vom 18. April 2001, S. 16.

Der Oppositionsführer nannte den Plan „unannehmbar" und „im Widerspruch zum elementaren Lebensinteresse des deutschen Volkes" stehend: „Er ist nichts europäisches, denn er bürdet alle Nachteile auf die eine und gibt alle Vorteile an die andere Seite."[709] Der *Montanunion* seien keine Instrumente in die Hand gegeben worden, „in möglichen Krisenzeiten die Vollbeschäftigung" zu sichern.

Die sozialdemokratische Außenpolitik jener Jahre war national und auf Wiedervereinigung ausgerichtet, die der Union zielte auf Aussöhnung und Kooperation mit Frankreich und den Benelux-Ländern. In Adenauers Entwurf sei das deutsche Interesse mit dem europäischen zusammengefallen, schreibt Fritz René Allemann:

> Das Minus an Souveränität, mit dem Deutschland startete, in ein Plus an europäischer Bereitschaft zu verwandeln, die Emanzipation der Bundesrepublik mit der Konstitution einer neuen kontinentalen Ordnung zu verknüpfen – das war ja, über die bloß psychologisch begründete „Politik des Vertrauens" hinaus, die Grundlinie des politischen Entwurfs [Adenauers].[710]

Die SPD habe demgegenüber um des Sozialismus willen die Nation als Ausgangspunkt aller ihrer Überlegungen gewählt. Das Argument Schumachers, ohne Großbritannien und Skandinavien sei Adenauers Europa „ersatz-europäisch", betrachtete der Schweizer Journalist als Ablenkungsmanöver. Gleichwohl ging Schumachers Vierklang von einem Europa, das „konservativ, klerikal, kapitalistisch, kartellistisch" und deshalb abzulehnen sei, in die Nachkriegsgeschichte ein:

> Vieles ... was heute europäisch genannt wird, ist in Wirklichkeit nur alliiert.[711]

Zu spät bemerkte die SPD, daß sie sich mit ihrem Widerstand gegen Adenauers geschickte Aussöhnungs- und Westbindungsstrategie in eine Sackgasse manövriert hatte, bescherte unter anderem diese doch dem Alten 1957 eine absolute Mehrheit der Stimmen, die erste und bislang einzige im Bundestag, und zementierte seine Macht bis in die 60er Jahre. Allerdings hatten zumindest einige SPD-Bundestagsabgeordneten Mitte der 50er Jahre eine Kurskorrektur vollzogen, die sich darin zeigte, daß sie anläßlich der Debatte über die *Römischen Verträge* „eine Harmonisierung der Wirtschafts- und Währungspolitik" verlangten.[712] Mehrheitsfähig wurde die SPD jedoch erst 1969, weil zuvor die Union die Zeichen der Zeit verkannt hatte – diesmal die aus der entgegengesetzten Himmelsrichtung: Osten.

Bundeskanzler Willy Brandt fand 1969 ein stabiles europäisches Fundament vor – das er in den drei Jahren zuvor als Außenminister der Großen Koalition durchaus gepflegt hatte – und konzentrierte sich auf seine Ostpolitik. Nachfolger Helmut Schmidt installierte vor dem Hintergrund der Erfahrungen mit der Ölkrise von 1974 ein internationales Krisenmanagement mit Weltwirtschaftsgipfeln und intensivierte die Beziehungen zu Frankreich. Schmidt bildete ein Tandem mit dem französischen Staatspräsidenten Valérie Giscard d'Estaing; die beiden gelten als Väter

709 Ebenda. Vgl. auch Große Hüttmann/Roth: Europapolitische Leitbilder der SPD.

710 Fritz René Allemann: Bonn ist nicht Weimar, S. 167.

711 Ebenda, S. 170.

712 Der bayerische SPD-Abgeordnete Gerhard Kreyssig in der Bundestagsdebatte vom März 1956, zitiert nach Große Hüttmann/Roth: Europapolitische Leitbilder der SPD, S. 7.

des 1979 ins Leben gerufenen EWS, auf dessen Erfahrungen, den guten wie den schlechten, die Währungsunion aufbauen sollte.

1982 mußte Schmidt das Kanzleramt für Kohl räumen; die SPD ging für 16 Jahre in die Opposition, wo sie über weite Strecken nicht durch europapolitischen Ideenreichtum auffiel. Schmidt blieb ein leidenschaftlicher Verfechter einer Europäischen Währungsunion und litt daran, daß zahlreiche Parteifreunde seinen Enthusiasmus nicht teilen mochten. 1987 wurde Heidemarie Wieczorek-Zeul, ehemalige Juso-Vorsitzende, europapolitische Sprecherin zunächst der Bundestagsfraktion und 1993 auch der Partei als stellvertretende Bundesvorsitzende. Sie sollte sich in den kritischen Jahren 1996 bis 1998 als Stütze des Projektes erweisen.[713]

Wieczorek-Zeul gehört mit Ingrid Matthäus-Meier zu den Initiatoren einer Erklärung der SPD-Bundestagsfraktion vom April 1988, die als – positive – Antwort auf das *Genscher-Memorandum* vom Februar verstanden werden sollte. Danach sei es an der Zeit, mit Rücksicht auf die bevorstehende Verwirklichung des Binnenmarktes die Weichen zu stellen für eine einheitliche europäische Währung und eine europäische Zentralbank. Die Bundesrepublik sei in der Pflicht, einen konstruktiven Beitrag zur weiteren monetären Integration Europas zu leisten.[714]

10.2 Schröder triumphiert: Endlich wieder ein nationales Thema

Der Berliner SPD-Programmparteitag Ende 1989 erneuerte unter dem Eindruck der *Wir sind ein Volk*-Rufe der ostdeutschen Bevölkerung unter Berufung auf Heidelberg 1925 das Ziel der Vereinigten Staaten von Europa. Von einer Währungsunion ist in dem Beschluß keine Rede.[715] Lafontaines Versuch von 1990 als Kanzlerkandidat, deutsche und europäische Einheit zeitlich und inhaltlich zu verknüpfen, wurde von den Wählern als indifferent und Ausdruck einer Verzögerungstaktik verstanden; damit trug er wesentlich zu Kohls Triumph über die SPD bei.

Die europapolitischen Haltungen und Vorstöße der SPD gehen somit einher mit einer Reihe herber Niederlagen. Das Ergebnis der Vertragsverhandlungen von Maastricht trug die SPD Ende 1991 trotz deutlicher Kritik im Detail mit, was Helmut Kohl zu dem nur zum Teil spöttisch gemeinten Kompliment veranlaßte:

> Auf diesem Gebiet enttäuschen Sie mich nie, liebe Kolleginnen und Kollegen.[716]

Ingrid Matthäus-Meier deutete das Verhandlungsergebnis wie Kohl als friedenssichernde Maßnahme, indem sie an eine Schlacht des Ersten Weltkriegs zwischen

---

713 Als Heidemarie Wieczorek-Zeul allerdings im April 1997 damit drohte, die SPD werde die Ratifizierung des Vertrages von Amsterdam nicht mittragen, weil die Beschäftigungspolitik darin nicht ausreichend berücksichtigt worden sei, wurde sie von SPD-Bundesgeschäftsführer Franz Müntefering zurechtgewiesen: Die Partei stehe zu ihren EWU-Beschlüssen und wisse, daß nicht alle notwendigen Schritte gleichzeitig getan werden könnten (zitiert nach *dpa*-Meldung vom 04. April 1997).

714 Presseerklärung der SPD-Bundestagsfraktion vom 06. April 1988, zitiert nach Schönfelder/Thiel, S. 32.

715 SPD-Grundsatzprogramm gemäß Parteitagsbeschluß vom 20. Dezember 1989, S. 16.

716 BtPPl 12/68 vom 13. Dezember 1991, S. 5798.

Briten und Franzosen einerseits und den Deutschen andererseits erinnerte. „Seit Jahren“ habe die SPD eine Währungsunion gefordert; ihre Partei begrüße daher „dieses Ergebnis von Maastricht“. Was die Politische Union angehe, habe Kohl „die Meßlatte erfreulich hoch gelegt“:

> Leider sind sie dann aber in Maastricht nicht drübergesprungen, sondern drunter durchgekrochen, denn die Ergebnisse zur Politischen Union sind ausgesprochen kläglich, meine Damen und Herren.[717]

Allerdings hätten viele Menschen „Angst um unsere Währung“; diese müsse „ernst genommen“ und „überwunden“ werden, sagte Matthäus-Meier.[718] Die Aufforderung des CDU-Abgeordneten Stefan Schwarz, „das Schüren der Angst um die D-Mark zu beenden und eher auf die positiven Zeichen zu setzen“, wies sie zurück: Nicht Sozialdemokraten, sondern „die Springer-Blätter und der ‚Spiegel‘“ hätten Ängste geschürt. Da man den EWS-Erfinder Helmut Schmidt in den eigenen Reihen wisse, seien Belehrungen der Union deplaciert.[719]

Im Mai 1995 legte Norbert Wieczorek, seit 1994 Vorsitzender des Bundestagsausschusses für die Angelegenheiten der Europäischen Union und einer der wenigen Währungsexperten in der Fraktion, dem SPD-Parteipräsidium ein Diskussionspapier zur EWU vor, um es auf die 1996 zu treffenden Entscheidungen vorzubereiten.[720] Aus politischer und ökonomischer Sicht sei die Zustimmung zur EWU „in deutschem Interesse“, schrieb er. Allerdings müßten die Bedingungen stimmen, weil ein Scheitern der Währungsunion nach ihrer Einführung, so Wieczorek, „die EU wahrscheinlich in ihrem Bestand zerstören würde“.[721] Er plädiere für eine konditionierte Zustimmung der SPD dergestalt, daß sie…

> - strikt an den Kriterien und an den Rechten des Bundestages und des Bundesrates aus dem sogenannten Parlamentsvorbehalt festhält,
>
> - die Forderung nach zusätzlichen wirtschaftspolitischen Abmachungen insbesondere bei der Haushalts-, Fiskal-, Arbeitsmarkt- und Sozialpolitik zwischen den tatsächlichen Teilnehmerländern deutlich vertritt und zugleich ihre Unterstützung für den Konvergenzprozeß bei allen Partnerländern deutlich macht,
>
> - das Konzept einer kritischen Menge für die Anzahl der Teilnehmerländer an einer EWU verdeutlicht,
>
> - alle Anstrengungen unternimmt, auch über die bilateralen und multilateralen Beziehungen zu den Schwesterparteien, für weitere Integrationsschritte in anderen Politikfeldern zu werben,
>
> - den wirtschaftlichen und politischen Nutzen der währungspolitischen Integration in der BRD offensiv vertritt, zugleich aber deutlich macht, daß sie einer EWU nur zustimmt, wenn die konkreten Bedingungen erfüllt sind.[722]

---

717 BtPPl 12/68 vom 13. Dezember 1991, S. 5803. Zwischenruf des CSU-Abgeordneten Wolfgang Bötsch an dieser Stelle laut Protokoll: „Das ist anatomisch unmöglich!“.

718 Ebenda.

719 Ebenda, S. 5804. Zuruf hier von der Union: „Der muß wieder in den Bundestag!“.

720 Helmut Kohl über Norbert Wieczorek: „Der wäre bei mir noch etwas geworden. Die [Sozis] haben den ja nicht hochkommen lassen. Aber bei mir wäre der noch was geworden.“ (Kohl zum Verfasser am 21. März 2002).

721 Norbert Wieczorek: EWU-Diskussionspapier SPD-Präsidiumssitzung am 29. Mai 1995.

722 Ebenda, S. 7.

Laut Wieczorek wurde im Präsidium festgestellt, „daß alle zustimmen".[723] Im Juni 1995 befaßte sich auch der SPD-Parteivorstand mit dem Thema und akzeptierte Wieczoreks Vorlage als „Grundlagenpapier zur EWU". Die SPD gehe von einem Start der Währungsunion zum 1. Januar 1999 aus, vorausgesetzt, „mindestens zwei große und mehrere kleine Länder" erfüllten die Bedingungen für den Eintritt, denn eine Währungsunion, die nur „aus der sogenannten heutigen D-Mark-Zone bestehen würde", sei sinnlos. Grundsätzlich gelte:

> Die SPD wird auf der Basis dieser Überlegungen alles tun, um für die Währungsunion Unterstützung zu mobilisieren.[724]

Das Gegenteil geschah. In den kommenden Monaten mehrten sich Zeichen, daß die Zustimmung führender Sozialdemokraten zur Europäischen Währungsunion nicht auf einem stabilen Fundament ruhte.

Rudolf Scharping, seit 1993 Bundesvorsitzender, ließ im Oktober 1995, wenige Wochen vor dem Mannheimer Bundesparteitag, Distanz zur Währungsunion erkennen, indem er sie als „irgendeine Idee" bezeichnete, für die es sich nicht lohne, die D-Mark aufzugeben.[725] Scharpings Stellvertreter Oskar Lafontaine bezeichnete den *Maastricht-Vertrag* als „schlecht ausgehandelt".[726] Gerhard Schröder sagte, die Bundestagswahl 1998 werde durch eine „gewaltige Kontroverse" über die Währungsunion entschieden:

> Endlich haben wir Sozialdemokraten wieder ein nationales Thema.[727]

Anstelle des von Gauweiler benutzten Schmähwortes „Esperanto-Geld" spreche er, Schröder, lieber von „Monopoly-Geld". Grundsätzlich liege Gauweiler aber richtig. Nationale und internationale Medien widmeten Schröders Äußerungen breiten Raum und kritische Kommentare: „Welche nationale Mücke hat die SPD gestochen?" (*Liberation*, Paris), „Mit diesem Hin und Her wird die SPD zum Risikofaktor für das Zusammenwachsen Deutschlands" (*Der Standard*, Wien), „Der Opportunismus ist so grob, daß es Rückschläge geben kann" (*Politiken*, Kopenhagen).[728] Klaus Hänsch (SPD), Präsident des Europäischen Parlaments, war entsetzt:

> Auf einer nationalistischen Welle kann die SPD keine Wahlen gewinnen.[729]

---

723 Wieczorek am 11. Februar 2003 telefonisch zum Verfasser. Protokoll unterliegt Sperrfrist.

724 Pressemitteilung des SPD-Parteivorstands 277/95 vom 13. Juni 1995.

725 Rudolf Scharping in einem Interview des *Deutschlandfunks* vom 28. Oktober 1995. Die Äußerungen des Noch-Parteivorsitzenden riefen in der SPD und ihr nahestehenden Kreisen Verwirrung, Zorn, scharfe Gegenreaktionen hervor. Klaus Harpprecht nannte sie „schiere Demagogie oder, noch schlimmer, die blanke Dummheit", einen „Kniefall vor der Mark", und das, obwohl er gehofft habe, nicht erleben zu müssen, „daß die SPD zur deutsch-nationalen Partei degeneriert" (*Die Zeit* 45/1995). CDU-Generalsekretär Peter Hintze, stets auf der Hut vor einem eventuellen Anti-Euro-Wahlkampf der SPD, stellte zufrieden fest: „Im Moment verschärft sich erst mal der Konflikt in der SPD, weil auch diese Frage für den innerparteilichen Richtungs- und Führungsstreit instrumentalisiert wird." (zitiert nach Thomas Hanke in derselben Ausgabe des Blattes).

726 *Der Spiegel* 45/95, S. 26, zit. nach Hüttmann/Roth: Europapolitische Leitbilder der SPD.

727 Ebenda.

728 Alle Zeitungsausgaben vom 04. November 1995.

729 *Der Spiegel* 45/95, S. 26, zit. nach Hüttmann/Roth: Europapolitische Leitbilder der SPD.

Eine Zäsur stellte der SPD-Bundesparteitag von Mannheim dar wenige Tage später im November 1995, auf dem Lafontaine überraschend gegen Scharping antrat und neuer Bundesvorsitzender wurde. Unmittelbar zuvor hatte Lafontaine im *ZDF* gesagt, ihm graue vor der Vorstellung, daß Kohl jetzt noch eine Währungsunion mache, nachdem er bereits die deutsch-deutsche Währungsunion „in den Sand gesetzt" habe.[730] Norbert Wieczorek zufolge war Lafontaine vor Mannheim insgesamt sehr skeptisch der EWU gegenüber, habe „die Risiken sehr stark" betont:

> Das hat er aber dann überwunden, auch durch seine Arbeit als Parteivorsitzender. Es geschah dann sogar, daß er unter dem Einfluß seiner Berater den Stabilitätspakt kritisierte, weil er ihn zu rigide fand. Das sind so die Schwankungen in Politikeräußerungen.[731]

Die SPD erneuerte in Mannheim zum zweiten Mal nach 1989 ihr Bekenntnis zu den Vereinigten Staaten von Europa: An diesem Ziel halte sie fest. Die SPD sei eine „europäische Partei": „Die Wirtschaftskraft stärken, den Sozialstaat erhalten und ausbauen und Frieden und Umwelt sichern" seien „vorrangig europäische Aufgaben". Alle Mitglieder seien aufgerufen, sich „für die Fortentwicklung der Europäischen Union einzusetzen". Mit der Integration wolle man verhindern, daß sich „nationalistische Verirrungen der Vergangenheit" wiederholten:

> Wir bejahen die Europäische Wirtschafts- und Währungsunion. Wir wollen sie nutzen, um die politische Einigung Europas voranzubringen.[732]

Lafontaine erklärte seine ursprünglich Euro-skeptische Haltung später mit einem Mißtrauen gegen über dem Bundeskanzler. Politiker neigten zu populistischen Handlungen. Bei Kohl sei er sich nicht im klaren gewesen, wie er auf Stoibers Angriffe auf die EWU reagieren, ob er nachgeben und das Projekt beerdigen werde:

> Wir waren am Anfang, das weiß ich noch sehr gut, unsicher, ob Kohl diesen Kurs durchhalten würde. Denn der Euro war ja sehr unpopulär und es gab immer wieder Umfragen, daß die Deutschen in der Mehrheit sich gegen den Euro wenden würden. Und es gab in der SPD – ich habe diese Sorge geteilt – die Sorge, daß wir in eine Falle tappen würden, daß die SPD sich für den Euro aussprechen würde und daß dann auf einmal die Regierung Kohl nicht mehr zu dieser Absicht sich bekennen würde und damit uns eben praktisch ins Abseits laufen lassen könnte.[733]

Er, Lafontaine, habe aber auch aus inhaltlichen Gründen „kritische Stellungnahmen zum Euro öffentlich vorgetragen", darauf hingewiesen, „daß die deutsche Volkswirtschaft in der Regel Produktivitätsvorteile gegenüber konkurrierenden Volkswirtschaften hat und daß diese dann nicht mehr durch die D-Mark-Aufwertung aufgefangen werden" könnten. „Im Laufe der Zeit" sei bei ihm jedoch die „Überzeugung gewachsen", daß Kohl auf Kurs bleiben werde, seine, Lafontaines, Sorgen „unbegründet" gewesen seien, „obwohl ich mir nie ganz sicher war". Gleichzeitig habe er „von der Sache" her immer klarer gesehen, daß der Euro „die richtige Lösung" sein würde, je mehr er sich mit den Finanzmärkten beschäftigt

---

730 Zitiert nach *dpa*-Meldung vom 01. November 1995.
731 Interview mit Norbert Wieczorek (S. 8-9).
732 Antrag Eu1 SPD-Parteivorstand „Wir brauchen Europa", laut Protokoll „angenommen".
733 Interview mit Oskar Lafontaine, S. 301.

habe.[734] Noch vor seiner Wahl zum SPD-Vorsitzenden habe er sich daher, so Lafontaine, „mit vielen anderen" entschieden, „konsequent für den Euro einzutreten". Mannheim sei für die Meinungsbildung der SPD wichtig gewesen:

> Denn im Vorfeld des Mannheimer Parteitages gab es eine Diskussion, ob die SPD nicht lieber eine Anti-Euro-Haltung einnehmen sollte. Ich habe noch als Vorsitzender der Programmkommission damals das durchgezogen und gesagt: Das ist eine ganz klare Sache für die Sozialdemokratie auf Grund der Argumente, die für den Euro sprechen, aber auch auf Grund ihrer europäischen Tradition, daß sie also für den Euro eintreten wird.[735]

10.3 Spöri testet Wahlkampftauglichkeit des Projekts

Zwei Monate nach dem Mannheimer Parteitag wurde diese Beschlußlage im SPD-Landtagswahlkampf von Baden-Württemberg für alle erkennbar konterkariert. SPD-Spitzenkandidat Dieter Spöri, amtierender Wirtschaftsminister in einer Großen Koalition, thematisierte die Währungsunion, weil er darin eine Möglichkeit sah, zum Ministerpräsidenten aufzusteigen.[736]

Auf dem SPD-Landesparteitag in Waiblingen am 20. Januar 1996 intonierte Spöri das Thema, indem er Kohl vorwarf, die Europäische Währungsunion, die zweifellos notwendig sei, dilettantisch vorbereitet zu haben. Der vorliegende Zeitplan werde zu einer Abkühlung der europäischen Konjunktur und einer groß angelegten Vernichtung von Arbeitsplätzen in Südwestdeutschland führen.

Ministerpräsident Erwin Teufel (CDU) erinnerte den Koalitionspartner, die Landesregierung habe am 15. Dezember 1992 „einstimmig und damit mit der Stimme des Wirtschaftsministers und heutigen SPD-Spitzenkandidaten Dieter Spöri" dem Maastrichter Vertrag zugestimmt. Dies gelte auch für fast die gesamte SPD-Bundestagsfraktion, den größten Teil der aus Baden-Württemberg stammenden SPD-Abgeordneten sowie die SPD-regierten Bundesländer.[737]

Teufels Ermahnung blieb wirkungslos. Nominell verlangte Spöri in den folgenden Wochen eine Streckung des EWU-Zeitplanes um fünf Jahre, aber die Botschaft wurde als grundsätzliche Ablehnung des Projektes verstanden:

> Stabilität und Arbeitsplätze gehen jetzt vor. Deshalb: Die Währungsunion verschieben! SPD Baden-Württemberg[738]

---

734 Ebenda.

735 Ebenda.

736 Die SPD wurde hier ihrem Ruf gerecht, ihre Organisationsform entspreche – so der Göttinger Parteienforscher Peter Lösche – einer „lose verkoppelten Anarchie" mit dem zentralen Ziel einer Maximierung von Wählerstimmen: „Programmatisch und ideologisch stellt sich die SPD ebenso verschiedenartig dar wie ihre Sozialstruktur. Die Folge ist, daß es nur einen vagen allgemein akzeptierten Konsens gibt, der für die Alltagspolitik – wenn überhaupt – nur geringe Bedeutung hat." – Hüttmann/Roth sehen hierin eine Erklärung für ihre Differenzen in europäischen Fragen (Europapolitische Leitbilder der SPD, S. 5).

737 Zitate zum Anti-Euro-Kurs der SPD Baden-Württemberg und ihres Spitzenkandidaten – Eine Dokumentation. Vorgelegt von Volker Kauder MdB (ohne Datum). Teufel wiederholte den Hinweis auf die Beschlußlage der Landesregierung mehrmals (vgl. *Frankfurter Allgemeine Zeitung* vom 20. März 1996).

738 Text einer SPD-Broschüre im Landtagswahlkampf Baden-Württemberg 1996.

Im Begleittext dieser Wahlkampfbroschüre hieß es, die Währungsunion müsse „sorgfältig geplant und bis ins Kleinste vorbereitet“ werden. „Überall in Europa“ werde dies bereits erkannt, nur die Union halte „starrköpfig“ an ihrem Zeitplan fest. „Wir in Baden-Württemberg können ein deutliches Zeichen setzen. Stoppen wir diese CDU-Politik!“. Das war ein Appell, der Landtagswahl bundespolitische Bedeutung zu verleihen, sie zu einem Signal für Bonn, gegen Kohl zu machen. Die CDU wolle den Euro „durchdrücken, koste es, was es wolle“. Zu befürchten sei eine „Währungsreform“, und diese, so die Landes-SPD, würde Baden-Württemberg „am härtesten treffen“. „Tausende von Arbeitsplätzen“ stünden auf dem Spiel:

> Aus der positiven Idee der europäischen Währungsunion ist durch miserable Vorarbeit eine Mißgeburt geworden, an der die CDU nur noch aus Prestigegründen festhält. Das ist ein unverantwortliches Spiel mit hunderttausenden von Arbeitsplätzen im mittelständischen Bereich. Die CDU täuscht die Öffentlichkeit über die Schwierigkeiten der Währungspläne.[739]

Eine „Mini-Währungsunion“ schade „ganz Europa“, hieß es weiter. Die Währungen der nicht teilnehmenden Länder kämen, so Spöris Szenario, unter „starken Abwertungsdruck“, woraufhin Produkte aus Baden-Württemberg zu teuer und „nicht mehr konkurrenzfähig“ würden.[740]

Hans Tietmeyer (Bundesbankpräsident), Renate Ohr (Wirtschaftswissenschaftlerin), Lothar Späth (Jenoptik-Vorstand und Ministerpräsident a. D.) und Otmar Issing (Bundesbankdirektor) wurden mit Zitaten als Kronzeugen teils gegen den Zeitplan der EWU, teils gegen das Projekt insgesamt aufgeboten. Als Herausgeber dieser Veröffentlichung wird der SPD-Landesvorstand Baden-Württemberg genannt mit SPD-Landesgeschäftsführer Ulrich Henke als Verantwortlichem. Neben der Währungsunion griff die SPD die Union auch an, weil sie immer mehr deutschstämmige Aussiedler, sogenannte Rußlanddeutsche, ins Land hole.

Spöris ganz auf seine Person zugeschnittene Wahlkampfstrategie unterzog die SPD einer Zerreißprobe. Im Landesvorstand und in der Wahlkampfleitung kam es zu erbitterten Auseinandersetzungen: Ein „antieuropäischer“ und „ausländerfeindlicher“ Wahlkampf vertrage sich nicht mit dem eigenen Selbstverständnis. Jörg Trautner, Mitglied dieser Wahlkampfleitung, später Mitarbeiter von SPD-Generalsekretär Olaf Scholz, hat dieses Zerwürfnis in schlimmer Erinnerung:

> Es ging schon darum, daß man herauszufinden suchte, inwieweit sich durch Ängste vor dem Euro Mobilisierungseffekte gegen die Bundesregierung wekken lassen und wie man Sorgen um den Arbeitsplatz aufnehmen kann. Spöri wollte folgenden Text: „Den Euro stoppen – SPD wählen!“. Das wurde aber nicht plakatiert.
>
> Dann hat man versucht, halbwegs geschlossen zu handeln und einen Kompromiß zu finden nach dem Motto „Arbeitsplätze sichern...“ und dabei irgendwie den Euro einzubinden. Aber dieses Plakat wurde von der Partei boykottiert, denn die SPD ist traditionell eine Europapartei. Das Thema „Euro“ hat die Partei gespalten.[741]

739 Ebenda.

740 Ebenda.

741 Interview mit Jörg Trautner vom 01. Februar 2002.

Nicht mit letzter Sicherheit rekonstruierbar ist die Rolle des Bundesvorsitzenden. Der Versuch Spöris, der Bundesregierung in Baden-Württemberg quasi exemplarisch mit dem Euro Probleme zu bereiten und Stimmungen auszunutzen, scheint, wie aus Äußerungen der damals Hauptbeteiligten herauszuhören ist, unausgesprochen eine gewisse Rückendeckung Lafontaines genossen zu haben. Ein Augenzeuge berichtet, Lafontaine und Spöri hätten „den Wahlkampf in enger Abstimmung geplant". Dadurch sei Lafontaine stets im Bilde gewesen über Spöris weitere Schritte und habe auch gewußt, wie weit Spöri jeweils gehen wollte. Trautner berichtet von einem Zwischenfall, daß Spöri „an der Wahlkampfleitung vorbei heimlich ein härteres Plakat" habe in Auftrag geben wollen:

> Lafontaine hat da ganz brutal interveniert und ihn gezwungen, dieses Plakat zurückzunehmen.[742]

Der Öffentlichkeit blieb der Konflikt nicht verborgen. Die *Republikaner* lobten Spöri, ein – anschließend nicht gedruckter – besonders Euro-kritischer Plakatentwurf „hätte von uns stammen können". Der Vorsitzende der CDU-Fraktion im Landtag, Günther Oettinger, sagte, Spöri betreibe das Geschäft der Radikalen. Der FDP-Landesvorsitzende Walter Döring nannte Spöris Verhalten eine „europapolitische Geisterfahrt".

Spöri stürzte die SPD in Verlegenheit. Günter Verheugen, stellvertretender Vorsitzender der Bundestagsfraktion, sprach von einem „plumpen D-Mark-Nationalismus" und einem „billigen Versuch", Wählerstimmen zu erringen[743], Klaus Hänsch erklärte, eine Verschiebung gaukele eine Lösung lediglich vor[744], Hans Eichel verwies auf die Beschlußlage der SPD, die „eindeutig" sei und „ja" sage zu Währungsunion, Stabilitätskriterien und Zeitplan.[745]

Wie bereits im November 1995 anläßlich Schröders Äußerungen zum Euro reagierten die Medien auf Spöris Wahlkampf mit breiter Berichterstattung und ablehnender Kommentierung, in der ein Mangel an Geschlossenheit der Partei und ein Widerspruch zur Beschlußlage der Bundespartei herausgestellt wurden.

Der Ausgang der Landtagswahl vom 24. März 1996 wurde für die Sozialdemokraten zum Desaster. Mit 25,1 Prozent erzielten sie das schwächste Ergebnis seit Kriegsende – gegenüber 41,3 Prozent der CDU. Die *Republikaner*, zuvor schon im Landtag vertreten, bekamen mit 9,1 Prozent nur 0,5 Prozentpunkte weniger als die FDP und stellten damit im Landtag genauso viele Abgeordnete wie die FDP. Die CDU gewann 69 von 70 Wahlkreisen direkt. Lediglich im Wahlkreis Mannheim I war die SPD 6,1 Prozentpunkte besser als die Union. In Biberach betrug der Vorsprung der CDU vor der SPD 38,5 Prozentpunkte. In früheren SPD-Hochburgen blieb die Wahlbeteiligung hinter dem Landeswert zurück. Die *Republikaner* schnitten dort mit 9,7 Prozent überdurchschnittlich gut ab.[746] Die Grünen errangen 12,1 Pro-

742 Ebenda.
743 *dpa*-Meldung vom 08. Februar 1996.
744 Klaus Hänsch in *Die Woche* vom 02. Februar 1996.
745 *Focus*-Interview vom 22. Januar 1996.
746 Statistisches Landesamt Baden-Württemberg, Materialien und Berichte, Heft 19, S. 12.

zent, 2,6 Prozentpunkte mehr als 1992; in drei Wahlkreisen kamen sie auf Werte zwischen 22 und 24,9 Prozent.

Die Große Koalition wurde durch eine christlich-liberale abgelöst; die SPD mußte in die Opposition. Spöris Hoffnung auf eine rot-grüne Koalition zerschlug sich in spektakulärer Weise. Noch in der Wahlnacht zog er sich aus der Politik zurück.

In einer Analyse schreibt die *Konrad-Adenauer-Stiftung*, Teufel und die Union hätten mit über 80 Prozent über einen deutlich höheren Rückhalt in der eigenen Anhängerschaft verfügt als Spöri und die SPD, die nur auf zwei Drittel gekommen seien. Die Zustimmung zu Spöri habe auf geringem Niveau stagniert:

> Die Zustimmung zum amtierenden Ministerpräsidenten ging bis in die SPD-Anhängerschaft hinein, von der jeder fünfte ihn vor dem eigenen Kandidaten bevorzugte.[747]

Zentrales Thema im Wahlkampf, und zwar mit großem Abstand „vor dem Ausländer-, Asylanten und Aussiedlerkomplex", sei die Arbeitslosigkeit gewesen, die „mehr und mehr als persönlich bedrohlich empfunden" werde. Auch in anderen Untersuchungen taucht der Euro unter den für die Wahlentscheidung relevanten Themen nicht auf. Die SPD-Niederlage gehe auf die Schwäche ihres Spitzenkandidaten ebenso zurück „wie auf eine populistische Wahlkampagne, die im Widerspruch zu traditionellen Positionen der SPD stand und ihrer Glaubwürdigkeit geschadet hat". Damit sei das Kompetenzprofil der SPD verborgen geblieben:

> Ihre Kampagne trug dazu bei, daß sie erhebliche Stimmenanteile an die CDU, die Grünen und nicht zuletzt frustrierte SPD-Anhänger an das Nichtwähler-Lager verlor.[748]

Die *Republikaner* hätten ihr Wahlergebnis „erst im Wahlkampf zurückgewinnen" können, schrieben die Wahlforscher, denn sie seien „der Hauptgewinner der SPD-Kampagne gegen Aussiedler und die europäische Währung", weil sie ihnen „aus dem latenten rechtspopulistischen Protestpotential in Baden-Württemberg Themen und Proteststimmen zuführte". Die Wahl habe bestätigt, daß das Potential „vor allem sogenannter ‚Modernisierungsverlierer' nicht nur relativ hoch, sondern auch leicht reaktivierbar" sei.[749]

Die Zeitungen schrieben, diese „Pleite" hätten „die schwärzesten Pessimisten nicht für möglich gehalten". Die „Südwest-Genossen" hätten „den falschen Wahlkampf mit den falschen Leuten" geführt. Erneut hieß es, Spöri habe die Thematisierung von Euro und Aussiedlern mit Lafontaine abgestimmt und bis zuletzt verteidigt.[750] Zu erwarten seien „Zeiten voller Kämpfe und Depressionen".

---

747 Interne Studien der *Konrad-Adenauer-Stiftung* Nr. 121/1996 vom 12. April 1996, S. 2.

748 Ebenda, S. 3.

749 Ebenda, S. 4. – Ulrich von Wilamówitz-Moellendorff, Projektleiter der *KAS*-Euro-Akzeptanz-Untersuchungen, bezweifelte, daß es überhaupt möglich war, einen Euro-kritischen Wahlkampf zu führen, der nicht von der Zielgruppe als anti-europäisch verstanden wurde und nicht vom politischen Gegner diskriminiert werden konnte (Telefonat vom 12. Februar 1998 mit dem Verfasser).

750 Vgl. *Süddeutsche Zeitung* vom 26. März 1996.

Spöri, so der Tenor der Kommentatoren, habe in seinem Wahlkampf alles falsch gemacht, was man habe falsch machen können:

> Mit den Aussiedlern und dem Euro wurden ... zwei Probleme ins Zentrum gerückt, die die Anhängerschaft spalteten, für die eine Landesregierung nur eine sehr bescheidene Zuständigkeit besitzt und die zu einer schwungvollen Offensive gegen den Hauptgegner CDU nahezu nichts beitragen konnten.[751]

Auch SPD-intern erging ein Scherbengericht über Spöri. Erhard Eppler wird mit dem Satz zitiert, es gebe „Formen von Wahlkampf, die sind unter dem Niveau der Partei Willy Brandts".[752] Herta Däubler-Gmelin sagte, sie wünsche sich eine SPD, „deren Linie in wichtigen Fragen nicht ständig durch Mätzchen, unverantwortliche Kapriolen, Opportunismus oder Beliebigkeit verdunkelt wird".[753]

Von Seiten der Grünen als Wunsch-Koalitionspartner hieß es, es räche sich, wenn eine Partei, die sonst zu internationaler Solidarität aufrufe, eine Minderheit [wie die Aussiedler] zu Sündenböcken stempele. Rezzo Schlauch warf Spöri vor, durch Appell an Nationalismen Wasser auf die Mühlen der Rechtsradikalen geleitet und den Wiedereinzug der *Republikaner* ins Parlament begünstigt zu haben. Fritz Kuhn, Fraktionsvorsitzender der Grünen, sagte, der Ton, in dem die SPD über die Rußlanddeutschen herziehe, sei „einer linken Volkspartei unwürdig".[754]

SPD-Landesgeschäftsführer Ulrich Henke meinte später, der Euro habe im Wahlkampf „nur eine untergeordnete Rolle gespielt". Es habe nur „einen einzigen Euro-kritischen Plakatentwurf" gegeben, der jedoch wegen des Widerstands in den Gremien nie gedruckt oder gar geklebt worden sei. Spöris Euro-kritische Haltung habe nichts mit „irgendwelchen taktischen Überlegungen von ihm" zu tun gehabt. Die Behauptung, Baden-Württemberg sei eine Art Versuchsfeld der Bundes-SPD gewesen, ob man mit Euro-kritischen Tönen Stimmen holen könne, sei verfehlt, erklärt Henke im Widerspruch zu Trautner. In seinen Augen wäre das auch „absurd" gewesen, weil Lafontaine „ein klarer Euro-Befürworter" gewesen sei:

> Wir haben uns intern im Gegenteil gefragt, ob es wirklich eine glückliche Idee ist, wenn der Wirtschaftsminister eines Exportlandes wie Baden-Württemberg die Euro-Einführung in Frage stellt. Innerhalb des Landesverbandes gab es in den Sitzungen während des Wahlkampfes deshalb kritische Fragen an Spöri in dem Sinne: „Warum thematisierst Du das überhaupt, Dieter? Du liegst damit quer zur Partei! Wir, die SPD, sind für den Euro. Wenn Du persönlich damit ein Problem hast, dann tue uns den Gefallen und halte die Klappe!" Wir haben das eher als eine falsche Marotte Spöris betrachtet und uns gefragt: Was soll das?[755]

Laut Lafontaine stand die Haltung der SPD nach dem Mannheimer Parteitag zu keinem Zeitpunkt mehr „ernsthaft" zur Diskussion. Der SPD-Wahlkampf von Baden-Württemberg habe lediglich ein „kurzes Aufflackern einer Problematisierung des Euro" dargestellt, das jedoch „sofort eingedämmt" worden sei. Lafontaine bestritt später, Spöris Anti-Euro-Kurs unterstützt zu haben:

---

751 Peter Henkel in *Frankfurter Rundschau* vom 26. März 1996.
752 Ebenda.
753 Ebenda.
754 Zitiert nach *Frankfurter Allgemeine Zeitung* vom 26. März 1996.
755 Interview mit Ulrich Henke.

> Hier hatte ich nicht zugestimmt ... den Euro zu problematisieren. Ich hätte ja gegen meine eigenen Überzeugungen vorgehen müssen. Deshalb habe ich gebeten im Hintergrundgespräch, daß Herr Spöri das etwas herunterfahren möge. ... Für die Gesamtpartei war das [ohnehin] nie eine Frage. Die Entscheidung war gefallen, spätestens auf dem Mannheimer Parteitag.[756]

Daß Baden-Württemberg ein Testlauf gewesen sei, ob man mit Parolen gegen die Währungsunion Stimmen gewinne, könne er „nicht bestätigen", sagt der ehemalige SPD-Bundesvorsitzende. Vielmehr sei die Partei „mit großer Mehrheit unzufrieden" gewesen mit Spöris Kurs und habe versucht, diesen „zu korrigieren". Da dies „nicht öffentlich" erfolgt sei, habe sich es der Öffentlichkeit nicht vermittelt.

Mit ihm abgestimmt worden seien allerdings Spöris Auftritte in bezug auf die „Aussiedlerproblematik", berichtet Lafontaine. Er gebe zu, daß das „nicht sehr erfolgreich" gewesen sei, weil SPD-Basis und Landesvorstand „nicht verstanden" hätten, was „eigentlich" gemeint gewesen sei:

> Ich habe immer einem Staatsangehörigkeitsrecht, das auf deutsche Abstammung abstellte, widersprochen und halte diese Position auch heute noch für richtig. Viele in der SPD sahen aber in den Aussiedlern so etwas ähnliches wie Asylbewerber und haben diese Fragestellung, die für mich immer eindeutig war, nicht aufgenommen. ...
>
> [Ich habe einmal gesagt]: Einen Asylbewerber, der verfolgt wird, also vom Tode bedroht ist, müssen wir eher aufnehmen als jemanden, der nur auf diese Abstammung verweisen kann. Das trug mir wütende Kommentare [von Rechten] ein: „Der liebt die Neger mehr als die Deutschen!"[757]

Johannes Rau sah die Ursache für Spöris Niederlage in einem „solistischen" Wahlkampf, und der sei „mit oder ohne Euro" nicht erfolgreich zu führen gewesen. Spöri habe sich nicht im *mainstream* der SPD befunden. Der Chef müsse vor der Truppe hergehen, aber die Truppe müsse ihn noch sehen können. Sobald sie ihn nicht mehr sehe, nütze das Vorhergehen nichts mehr.[758]

Ulrich Henke meint, die Euro-kritische Haltung des Spitzenkandidaten sei „sicherlich" eine von mehreren Ursache für das schlechteste SPD-Wahlergebnis seit Gründung des Bundeslandes: „Schließlich haben wir eine lange gemeinsame Grenze mit Frankreich. Die Menschen, die dort leben, sind seit jeher dem europäischen Gedanken gegenüber besonders aufgeschlossen."[759]

Norbert Wieczorek sagt, der Wahlkampf sei „falsch dargestellt" worden. Daß es sich um eine Anti-Euro-Kampagne gehandelt habe, sei „hinterher hinein interpretiert worden aus verschiedenen Interessen". Der Hinweis, die Wahl sei über den Euro verloren worden, stelle „eine ziemlich gewalttätige Interpretation des Wahlkampfes" dar. Er habe selbst dort Wahlkampf gemacht und wisse: „Es war ein Thema, aber nur eines unter anderen."[760]

---

756 Interview mit Oskar Lafontaine, S. 302.
757 Ebenda.
758 Interview mit Johannes Rau (S. 1-2).
759 Interview mit Ulrich Henke.
760 Interview mit Norbert Wieczorek (S. 1).

10.4 Schröder muß Skepsis für seine Kanzlerschaft beerdigen

Der politische Gegner verfolgte Verlauf und Ergebnis des SPD-Landtagswahlkampfes mit Argusaugen und wertete ihn akribisch aus. Sein Scheitern wurde im Bonner Kanzleramt mit Erleichterung zur Kenntnis genommen, wie der damalige Kanzleramtsminister Bohl berichtet:

> Ich erinnere ich mich so, daß Helmut Kohl dieses Wahlergebnis auch dahingehend interpretiert hat, daß ... man den Menschen durchaus das [Euro-Thema] vermitteln kann. ...
>
> Kohl war ... gerade nach der Landtagswahl in Baden-Württemberg zunehmend davon überzeugt, daß man den Menschen die Angst auch dadurch würde nehmen können, daß man Europa ein Stück sicherer, ein Stück befriedeter, politisch stabiler machen würde, daß das den Menschen unheimlich imponieren oder sie überzeugen würde.[761]

Zu den Akten gelegt habe der Kanzler die Fragestellung *Kann mir der Euro als Instrument der Opposition gefährlich werden?* allerdings nicht, betont Bohl. Vielmehr habe er auch nach 1996 eine latente Gefahr gesehen, daß – durch wen und wie auch immer – der Euro zum Wahlkampfthema werden könnte und er sich wappnen müsse. „Beruhigung, aber nicht Entwarnung" habe die Botschaft des 24. März 1996 gelautet. Kohl selbst kommentierte die Wahl rückblickend mit dem Satz:

> Na, die war doch gar nicht so schlecht.[762]

Das *Institut für Demoskopie Allensbach* erklärte seinerzeit, der Euro habe bei den Wahlmotiven der Menschen nicht einmal zu einem Prozent eine Rolle gespielt. Nach Darstellung von Kanzlerberater Andreas Fritzenkötter sei „die Stimmung" und damit die Wahrnehmung im Kanzleramt aber damals „eine andere" gewesen:

> Die Medien zumindest haben die Wahl sehr wohl in Verbindung gebracht mit dem Euro. Und das ist ja das entscheidende.[763]

Kohls Staatsminister Anton Pfeifer glaubt weniger an inhaltliche als an machtstrategische Motive Spöris bei der Themenwahl. Die *Republikaner* sollten so stark wie möglich werden, um die Bildung einer CDU/FDP-Koalition zu verhindern:

> Ich bin der Überzeugung, daß nicht alle, aber ein Teil in der SPD die Aussiedler und den Euro nur deswegen zum Wahlkampfthema versucht haben zu machen, weil sie darauf spekuliert haben, daß ihnen allein das die Fortsetzung der Großen Koalition ermöglicht.
>
> Dieses ist zunächst einmal deswegen daneben gegangen, weil wir als CDU das Thema nicht aufgenommen haben. Wir haben uns damals schlicht geweigert, das Aussiedler-Thema und das Euro-Thema im Wahlkampf aufzunehmen. Das sei eine Landtagswahl und dergleichen lautete unsere Begründung.
>
> Es ist zum zweiten schief gegangen, weil es in der SPD über die Benutzung des Euro als Wahlkampfthema dann zu massivsten, auch öffentlichen Auseinandersetzungen gekommen ist.[764]

761 Interview mit Friedrich Bohl (S. 2-3).
762 Interview mit Helmut Kohl, S. 294.
763 Interview mit Andreas Fritzenkötter (S. 2).
764 Interview mit Anton Pfeifer (S. 3).

Pfeifer bestätigt Bohls Darstellung, der Wahlausgang habe die Sorge, der Euro könnte 1998 zum Problem werden, zwar gemindert, aber keineswegs auf null reduziert. Zum Teil habe sich diese Skepsis ja als berechtigt herausgestellt:

> Eine Ursache [der Niederlage 1998] war, daß es nicht wenige in der Bevölkerung gegeben hat, die gesagt haben, sie wählen uns nicht mehr wegen dieser Politik in bezug auf den Euro und auf Europa überhaupt.
>
> Ich weiß jetzt nicht, ob das zwei oder drei Prozent waren oder wie viele, aber ganz ohne Einfluß war das nicht.[765]

Peter Altmaier glaubt, der Ausgang dieser Landtagswahl habe auf den Verlauf der bundesweiten öffentlichen Diskussion und damit das Schicksal der Gemeinschaftswährung großen, möglicherweise entscheidenden Einfluß gehabt:

> Wenn die SPD mit ihrem Spöri-Wahlkampf gegen den Euro in Baden-Württemberg Erfolg gehabt hätte, wäre sie in Versuchung geraten.[766]

„Eindeutig", so der CDU-Europapolitiker und spätere Staatssekretär bei Schäuble im Innenministerium, habe die Niederlage eine Schlüsselrolle für den weiteren Lauf der Dinge in Bundesregierung und Bundestag in Bonn gespielt. Hätte Spöris Wahlkampf zu einem für die SPD erfreulichen Ergebnis geführt, hätte die Euro-Debatte auf Bundesebene einen negativen Impuls bekommen, glaubt Altmaier:

> Es gab auch in der [CDU/CSU-Bundestags-]Fraktion Gegner der Währungsunion ... denen das Projekt nicht paßte. Es gab andere, die hatten Bedenken im Hinblick auf die Vermittelbarkeit in der Wählerschaft, keine Euro-Gegner, aber sie gingen davon aus, daß es nicht durchsetzbar ist.
>
> Wenn es also im Frühjahr 1996 gelungen wäre, mit Anti-Euro-Kampagnen Wählerstimmen zu mobilisieren, hätte dies mit Sicherheit zu einem Aufbrechen dieser Diskussion nicht nur bei der SPD, sondern vor allen Dingen auch bei der CDU/CSU geführt. Dann wäre völlig offen gewesen, ob man diese Diskussion noch vom Bundeskanzler aus steuern und hätte im Griff behalten können.[767]

Bei der SPD Baden-Württemberg ist das Thema auch Jahre später äußerst unbeliebt, tabu. Dieter Spöri, später Repräsentant für politische Beziehungen von *Daimler-Chrysler* in Berlin, läßt alle entsprechenden Anfragen abwehren; er wolle mit Politik nichts mehr zu tun habe. Abbildungen von Euro-kritischen Plakaten sind erst auf hartnäckiges Nachfragen vom SPD-Landesverband zu erhalten, nachdem sie doch „nie" gedruckt worden waren. Andere Dokumente über den SPD-Wahlkampf waren nur über die baden-württembergische CDU zu erhalten, wo die Vorgänge auch viele Jahre danach noch gut in Erinnerung sind.

Der Konflikt um Euro und Aussiedler hat der SPD Baden-Württemberg eine Wunde gerissen, die die Wahlkampagne mißlingen ließ und auch viele Jahre später nicht verheilt ist. 2001 erholte sie sich auf 33,3 Prozent, aber da die CDU ebenfalls zulegte, die *Republikaner* an der Fünf-Prozent-Hürde scheiterten, die FDP leicht und die Grünen deutlich schwächer abschnitten, änderte sich an den Mehrheitsver-

765 Interview Anton Pfeifer (S. 4).
766 Interview mit Peter Altmaier vom 12. Februar 1999.
767 Interview mit Peter Altmaier vom 25. Januar 2002 (S. 4).

hältnissen in Stuttgart nichts.[768] 2006 fiel die SPD erneut zurück auf 25,2 Prozent – fast exakt der Wert ihres Horrorjahres 1996 und meilenweit entfernt von jeder Chance auf eine Regierungsbeteiligung.

Zwei Jahre nach dem Wahlkampf 1996 beklagte Hamburgs Erster Bürgermeister Henning Voscherau, einer der innerparteilichen Kritiker der Währungsunion in der vorliegenden Form, die innerparteilichen Folgen. Unter dem Eindruck der Ereignisse von Baden-Württemberg habe sich die Parteispitze eindeutig festgelegt und die Debatte um den Euro samt des Zeitplanes für beendet erklärt:

> Die Frage der Rückenfreiheit, die konkreten Auswirkungen eines Einzelprojektes vorurteilsfrei abzuklopfen, ist innerhalb der SPD-Gremien sehr frühzeitig verschüttet worden durch die Modalitäten des baden-württembergischen Landtagswahlkampfes ...
>
> Diese oberflächliche und polemische Wahlkampfzuspitzung eines Themas gegen Europa hat unter sehr vielen Sozialdemokratinnen und Sozialdemokraten große Entrüstung ausgelöst und die Beschlußgremien unserer Partei damals veranlaßt, ein für allemal ein „So nicht mit uns!" zu beschließen.
>
> Seither ist die Beschlußlage der SPD ganz klar: Für den europäischen Integrationsprozeß auch in der Reihenfolge des Euro jetzt.[769]

Der SPD-Bundestagsabgeordnete Dieter Schloten teilte dennoch die Befürchtung des Kanzleramtes, die SPD habe die Möglichkeit eines Euro-kritischen Bundestagswahlkampfes trotz der miserablen Erfahrungen des Frühjahres 1996 keineswegs endgültig verworfen. Angesichts einer immer heftiger werdenden Verschiebungsdiskussion initiierte der aus Mülheim an der Ruhr stammende Europapolitiker im Juni 1996 einen Aufruf, die EWU keinesfalls erneut zum Wahlkampfthema zu machen, sondern für ihren pünktlichen Start einzutreten, der hauptsächlich die eigene Partei zum Adressaten hatte. Die EWU sei Bestandteil europäischen Vertragsrechts und entziehe sich damit „der Beliebigkeit parteipolitischer Opportunität". Es sei höchste Zeit, so Schloten, „über die Vorteile und politischen Chancen einer gemeinsamen Währung gründlich und umfassend aufzuklären":[770]

> Der Aufruf war überparteilich gemeint, richtete sich aber auch an die SPD. Ich bin doch im Bundestag durch die Reihen gegangen: Viele bei uns haben den Euro skeptisch gesehen und die Unterzeichnung abgelehnt, etwa 80 bis 100 Kolleginnen und Kollegen.
>
> Also die Begeisterung in der SPD-Bundestagsfraktion für die EWWU – die war gemäßigt. Und was Lafontaine betrifft: Er hat zwar diesen Brief zu unserem Aufruf geschickt, aber unterschrieben hat er auch nicht.[771]

14 der 251 SPD-Bundestagsabgeordneten unterstützten den Aufruf. In der Unterschriftenliste wurden zudem unter anderen die Sozialdemokraten Helmut Schmidt, Klaus Hänsch, Annemarie Renger, Hans-Jürgen Wischnewski, Johannes Rau, Wolfgang Clement, Hans Eichel und Willi Görlach genannt. Lafontaine

---

768 Statistisches Landesamt Baden-Württemberg: Endgültiges Ergebnis Landtagswahl 2001.

769 Hennig Voscherau am 12. Februar 1998 in Bonn bei der Vorstellung des Buches „Die Euro-Klage" von Hankel, Nölling, Schachtschneider, Starbatty (Tonbandaufzeichnung).

770 Dieter Schloten MdB: „Entschlossen handeln, für die Europäische Währungsunion eintreten. Jetzt!". Dokument vorgestellt in der Bundespressekonferenz am 20. Juni 1996.

771 Interview mit Dieter Schloten vom 30. Januar 2002.

schrieb in seinem Brief an Schloten, die SPD „ist und bleibt die Europa-Partei Deutschlands", stellte im folgenden allerdings eine Reihe von Bedingungen: Die Währungsunion müsse der Wohlfahrt aller europäischen Staaten dienen, zu mehr Wachstum und Beschäftigung führen und eine „Stabilitätsgemeinschaft" werden. „Alle Beteiligten" seien aufgefordert, alles zu unternehmen, „damit das Zieldatum der Währungsunion, der 1. Januar 1999, bei Beachtung der Stabilitätskriterien erreicht wird".[772]

Schloten kritisierte später, die SPD sei „im Prinzip" für die Währungsunion gewesen, habe aber zu seinem Ärger mit dem Thema taktiert. Zuhause in den Wahlkreisen seien die Kollegen immer wieder mit der negativen Haltung der Basis konfrontiert worden und hätten diese in die Fraktion hineingetragen, zumal es auch geheißen habe: „Das ist eine Geschichte, die der Kohl und der Mitterrand ausgeheckt haben, deshalb ist uns das ein wenig suspekt." Lange Zeit, so Schloten, habe sich die SPD ambivalent und abwartend verhalten:

> Es war nicht so, daß die SPD, die Parteiführung oder die Bundestagsfraktion zu irgendeinem Zeitpunkt eine Pro-Euro-Führungsrolle übernommen hätten gemäß der Einsicht, daß der Euro für Europa wichtig sei. Man glaubte vielmehr, mit Bedenken ein paar Stimmen holen zu können. Diese Gefahr bestand auch noch nach dem SPD-Desaster der Landtagswahl von Baden-Württemberg. ...
>
> Das änderte sich erst ganz allmählich, als den einzelnen – dem einen früher, dem anderen später – die Einsicht dämmerte, daß der Euro unabwendbar war, daß er tatsächlich kommen würde. Das haben manche lange Zeit nicht glauben wollen. „Wir kriegen plötzlich eine neue Währung!" – das ist manchem sehr, sehr spät klargeworden.[773]

Grundsätzlich sei nichts einzuwenden, wenn man ein Thema, das die Menschen bewege, im Wahlkampf aufgreife. In diesem Fall habe es jedoch „übergeordnete Gründe" gegeben, „den Euro unbedingt herauszuhalten": Es habe die Gefahr bestanden, so Schloten, „daß aus nationalen Egoismen heraus das nationale Element im Wahlkampf zu stark geworden wäre, vielleicht sogar unkontrollierbar". Deshalb habe er sich zu diesem Aufruf entschlossen, dessen Resonanz in den eigenen Reihen ihn allerdings enttäuschte.[774] Norbert Wieczorek sagte, er rechne diesen Aufruf nicht zu den „ernsthaften Diskussionen über die Währungsunion"; Schloten betrachte er „nicht gerade als einen Spezialisten" und vermute deshalb andere Motive:

> Der Kollege Schloten war immer ein Gegner von Oskar Lafontaine und meinte, er könne Oskar Lafontaine hiermit Schwierigkeiten machen.[775]

Während der SPD-Bundesvorsitzende die Währungsunion trotz mannigfaltiger und ausführlicher Kritik im Detail seit 1996 „aus übergeordneten Gründen" stützte[776], lotete sein Konkurrent Schröder während des gesamten Jahres 1997 immer wieder Spielräume aus und wehrte sich gegen innerparteiliche Sprachregelungen:

772 Brief von Lafontaine an Schloten vom 19. Juni 1996.
773 Interview mit Dieter Schloten vom 30. Januar 2002 (Memo).
774 Ebenda.
775 Interview mit Norbert Wieczorek (S. 8).
776 Lafontaine auf SPD-Konferenz, Schröder widersprechend (*dpa* vom 29. Oktober 1996).

> Zunächst finde ich einmal, daß man im Volk über diese Frage [des Euro-Zeitplanes] streiten muß. Das ist ja nicht irgendein Problem, hier geht es um die Aufgabe einer bewährten Währung ...
>
> Mindestens [besteht] Gefahr, daß Ausgleichszahlungen fällig werden. Und wir Deutschen haben genug mit Ausgleichszahlungen im eigenen Land zu tun.[777]

Anders als für Kohl sei der Euro für ihn „keine Frage von Krieg und Frieden", verkündete Schröder im Februar 1997. Wenn die Bedingungen stimmten und der Kreis der Teilnehmer „vernünftig" festgelegt werde, könne man „das Wagnis" zum 1. Januar 1999 eingehen. Notfalls müsse man aber auch sagen dürfen:

> Laßt die Finger davon, verschiebt das Ganze.[778]

Zwei Monate später nannte Schröder den Euro eine „prinzipiell vernünftige Angelegenheit". Er habe „nur Zweifel am Zeitpunkt" und denke nicht daran, sich deswegen „in die Ecke des Antieuropäers" drängen zu lassen:

> Ich fordere nicht mehr als die Einhaltung der von der Regierung selbst aufgestellten Bedingungen. Das muß doch möglich sein.[779]

Weitere zwei Monate später, im Juni 1997, warnte der niedersächsische Ministerpräsident vor „ungeheuren ökonomischen, sozialen und politischen Schleifspuren" bei einer Euro-Einführung zum 1. Januar 1999. Deshalb müsse man „einen günstigeren Zeitpunkt" abwarten und „zu einer kontrollierten Verschiebung" raten:

> Das hielte ich für weit weniger schlimm, als die Kriterien außen vor zu lassen und die Stabilitätsorientierung aufzugeben.[780]

Einen rhetorischen Höhepunkt seiner Eurokritik bildeten Äußerungen drei Wochen nach der Landtagswahl von Niedersachsen, die gleichzeitig den Wettstreit mit Lafontaine um die Kanzlerkandidatur zu seinen Gunsten entschieden hatte. Der Euro sei eine „kränkelnde Frühgeburt"; eine „überhastete" Währungsunion werde „zunächst" Arbeitsplätze kosten, sagte Schröder:

> Die Bürger müssen wissen: Der Euro bringt keine blühenden Landschaften.[781]

Am Tag zuvor hatte Lafontaine noch die – positiven – Stellungnahmen der EU-Kommission und des Europäischen Währungsinstitutes zur Einführung des Euro 1999 begrüßt.[782]

Schröder provozierte mit solchen Erklärungen innerparteilichen Widerstand, öffentliche Belehrungen und scharfe Kritik der CDU/CSU/FDP-Koalition, die dem SPD-Kanzlerkandidaten „Angstmacherei" vorwarf. Heidemarie Wieczorek-Zeul erklärte, der Euro sei „auf gutem Wege" und es gebe „nichts, was ihn noch wirklich aufhalten könnte".[783] Fraktionschef Scharping sagte, die politische Entscheidung über die Einführung des Euro sei längst gefallen. Der CSU-Politiker Glos sprach

777 Interview mit Gerhard Schröder in ARD-Jahresrückblick 1996 am 30. Dezember 1996, BPA-FHS I vom 02. Januar 1997.

778 Schröder-Interview in *Der Spiegel* 09/97.

779 Schröder-Interview in *Die Zeit* vom 18. April 1997, S. 3.

780 Ebenda, S. 4.

781 Schröder in *Bild*-Zeitung vom 26. März 1998.

782 *dpa*-Meldung vom 26. März 1998.

783 Wieczorek-Zeul in *Frankfurter Allgemeine Sonntagszeitung* vom 08. März 1998, S. 4.

von „Populismus pur". Lafontaine warnte vor einer Verschiebung der EWU, weil sie Deutschland mit einer „neuen Aufwertung" konfrontieren würde:

> Ein ständige Aufwertung der D-Mark kostet Arbeitsplätze, der Euro würde diese Bewegung abstellen.[784]

Weitere vier Wochen später nutzte Schröder die Bundestagsdebatte über den Beitritt zur dritten Stufe der Währungsunion, um sich vom Euro-Kritiker zum Euro-Befürworter – unter den Bedingungen des geltenden Zeitplanes – zu wandeln und der Position des innerparteilich unterlegenen Lafontaine anzunähern: Kritik am Verfahren, nicht aber mehr grundsätzlich an Inhalt und Ziel. Es gebe einen Unterschied „zwischen der Zustimmung der Menschen zum politischen Einigungswerk und der Zustimmung der Menschen in Deutschland zur Wirtschafts- und Währungsunion". Es wäre „fatal", so Schröder, sollte der Bundestag für die Ängste der Menschen „kein oder nur wenig Verständnis" aufbringen:

> Wer die D-Mark durch eine gemeinsame ... Währung ersetzen will, der braucht verdammt gute Gründe dafür. Er braucht sie nicht nur; er muß sie auch vermitteln können. Mein Eindruck ist, daß es diese Gründe gibt.[785]

Die Ernennung zum SPD-Kanzlerkandidaten hatte auch bei Schröder die verbale Reduktion des Akzeptanzproblems, mit dem die Politik unverändert zu kämpfen hatte, auf ein Vermittlungsproblem zur Folge. Dieses sei leicht zu erklären, sei die D-Mark für die Bevölkerung schließlich „nicht nur irgendein Zahlungsmittel". Anders als er ignoriere die Bundesregierung den „Kern dieses Legitimationsproblems"; die Menschen in Deutschland hätten „überhaupt nicht mehr das Gefühl, daß Sie in dieser oder auch in anderen Fragen ihre Sorgen, ihre Nöte und ihre Interessen ernst nehmen". Deswegen, so Schröder in Anspielung auf die aktuellen Umfragewerte der Regierung Kohl fünf Monate vor der Wahl, stehe sie jetzt da, wo sie hingehöre.[786] Er, Schröder, sei jedoch überzeugt:

> Die Einführung der Wirtschafts- und Währungsunion zum 1. Januar 1999 ist richtig.[787]

Lafontaine sagte rückblickend, Schröders Äußerungen, die Bezeichnung als „kränkelnde Frühgeburt", sei für die Partei „nicht von irgendeiner Relevanz" gewesen. Es habe „überhaupt keine Diskussion" in der SPD gegeben, am Euro „in irgendeiner Form" etwas zu ändern. Insofern habe er seinerzeit als Parteivorsitzender keinen Anlaß gesehen, auf Schröders Kritik ausführlich einzugehen:

> Wahrscheinlich habe ich im Parteivorstand eine Bemerkung gemacht, aber bitte, das habe ich nicht mehr genau in Erinnerung, weil die Haltung der Partei zum Euro längst festgelegt war und daran konnte also auch die Bemerkung über die „kränkelnde Frühgeburt" nichts ändern.
>
> Man konnte sie ja so verstehen, daß – und dafür hatte man Argumente – der Euro allein unzureichend war. Diese Position teile ich, der Euro verlangt auch eine koordinierte Wirtschafts- und Finanzpolitik.[788]

---

784 *dpa*-Meldung vom 26. März 1998.
785 BtPPl 13/230, S. 21059.
786 Ebenda.
787 Ebenda, S. 21059 und 21061.
788 Interview mit Oskar Lafontaine, S. 303.

Johannes Rau meinte später, Schröder und Lafontaine seien nicht gegen den Euro gewesen, sondern gegen den Euro bei zu wenig politischer Einigung. Zu Recht hätten sie diese Argumente später zurückgezogen. Im übrigen seien die beiden mit ihrer Kritik nicht alleine gewesen, wenn man zum Beispiel die Stellungnahmen der Bundesbank berücksichtige. Insgesamt habe die SPD aber keinen Anlaß gehabt, den Euro hinauszuzögern.

Norbert Wieczorek betrachtet die damalige Aufregung über Schröders Zitate als übertrieben: „Das war Wahlkampf. Da versucht man, da oder da noch ein bißchen was einzusammeln." Das sei gesagt worden „so aus der Art, wie er redet".[789] Daß Schröder sich auch parteiintern gegen die Währungsunion ausgesprochen habe, habe er „nicht erlebt". Die Kritik, so Wieczorek, habe vielmehr etwas zu tun mit dem Selbstverständnis eines niedersächsischen Regierungschefs:

> Schröder war in der Europa-Politik ... immer ein Verbündeter von Stoiber. Das hat jetzt nichts mit der Währungsunion zu tun. Die Länder leiden halt darunter, daß sie nicht machen können, was sie gerne möchten.
>
> Am liebsten möchten sie ja von der Bundesregierung unabhängig sein, ... am liebsten auch von der EU, es alles selber machen. Das ist so das natürliche Bestreben jedes Ministerpräsidenten.[790]

Schröders Sprecher und Berater Uwe-Karsten Heye erläuterte später, Schröder habe seiner Skepsis nur Ausdruck geben können, solange die Ratifizierung nicht vollzogen worden sei und „er sozusagen in der Opposition war", aber nicht länger:

> In dem Moment, in dem er als Regierungschef sich auf ein ratifiziertes Abkommen setzen mußte, mußte er zugleich seine Position in der Sache verändern. Das war völlig unvermeidlich. ... Sonst kannst du nicht Kanzler werden. Das geht gar nicht. Pacta sunt servanda.[791]

Deutschland sei nicht Dänemark, sagt Heye. Deutschland müsse gegenüber all denen, die in diesem Europa eine Rolle spielten, „zurückhaltend und eher demütig sein als das Gegenteil". Es gelte: „Man kann recht haben, bekommt aber nicht Recht." Eine tatsächliche Option, den Euro aufzuhalten, besaß ein Kanzler Schröder laut Heye genauso wenig wie ein Kanzler Kohl:

> Es gibt eine Räson, die dieses Land auf Grund seiner historischen Erfahrung an jeden Politiker richtet und stellt, wenn es denn wirklich um das Eingemachte geht. Und das ist ein Teil des Eingemachten gewesen.
>
> Was glauben Sie, was passiert wäre, wenn sich diese Bundesrepublik .. vor dem Hintergrund ihrer Größe und ihrer nach der Wiedervereinigung noch gewachsenen politischen Bedeutung aus dem Euro verabschiedet hätte oder auch nur auf Zeit verabschiedet hätte? Was wäre mit diesem Europa los gewesen? Es wäre unter unseren Händen kaputt gegangen.[792]

Schröders Kritik an der Währungsunion habe in die Kategorie „normale Auseinandersetzung zwischen Opposition und Regierung" gehört, sagt Heye.

789 Interview mit Norbert Wieczorek (S. 3).
790 Ebenda (S. 9).
791 Interview mit Uwe-Karsten Heye (S. 8-9).
792 Ebenda.

„Natürlich" sei mit dem Kanzleramt auch die Notwendigkeit gekommen, „in einem anderen Zusammenhang zu denken, als das als Herausforderer in jeder Hinsicht nötig ist". Schröder habe der Ratifizierung im Bundesrat zugestimmt. Nach Maastricht habe es noch einen „gewissen Spielraum" gegeben, später nicht mehr:

> Nach der Ratifizierung gab es keinen Spielraum mehr. [Schröders Kritik am Euro-Fahrplan] war legitim, solange Ergebnisoffenheit erwartet werden kann, aber wenn klar wird, daß die Ergebnisoffenheit durch die Entscheidung aller um uns herum oder vieler um uns herum ernsthaft nicht mehr gegeben ist, muß man sich in das Reich der Notwendigkeiten begeben.[793]

Am 23. April 1998 stimmte der Bundestag der Festlegung des Teilnehmerkreises zur Dritten Stufe der EWU gemäß des Beschlusses der Bundesregierung, der den Start zum 1. Januar 1999 implizierte, mit übergroßer Mehrheit zu. Die von Kohl auf Betreiben der SPD durchgesetzte Aufnahme eines Beschäftigungskapitels in den revidierten Maastrichter Vertrag hatte die sozialdemokratischen Abgeordneten eventuell verbliebene Bedenken hintanstellen lassen.

Von den SPD-Abgeordneten votierten lediglich Brigitte Adler, Liesel Hartenstein, Peter Conradi, Robert Leidinger und Bodo Teichmann mit *Nein*; sie begründeten dies mit der ablehnenden Haltung der Bevölkerung. Im Bundesrat verweigerte allein Sachsen die Zustimmung; alle anderen Bundesländer, auch jene mit SPD-Regierungsbeteiligung, billigten die Vorlage der Bundesregierung.

10.5 Kanzleramt: Die SPD hat uns nicht im Stich gelassen

Die Union sieht in Lafontaine den Mann, der die SPD seit seiner Wahl zum Parteivorsitzenden auf Euro-Kurs gehalten habe. Kohl sagt über ihn, „verständlicherweise" teile er nicht Lafontaines Vorstellungen von Sozialismus. In der Europapolitik habe er in ihm jedoch eine verläßliche Stütze gehabt:

> Was mir immer gut an ihm gefallen hat: Er ist ein leidenschaftlicher Europäer, ein Mann mit einer wirklichen europäischen Überzeugung. Ganz im Gegensatz zu Gerhard Schröder.[794]

Daß ihm die SPD hier über alle Jahre hinweg Flankenschutz gewährte, speziell in der heftigen Debatte um Zeitplan und Kriterien zwischen 1996 und 1998, sei – so Kohl – „natürlich nicht schlecht" gewesen, andererseits für ihn aber auch logisch:

> Erstens habe ich nie ein Freund-Feind-Verhältnis gehabt. Das haben sie mir immer nachgesagt. Und zum zweiten ist die SPD doch die Partei beispielsweise von Carlo Schmidt und von Fritz Erler. Die waren doch mindestens so europäisch wie ich oder der Adenauer!
>
> Die Sozialdemokraten waren doch nicht borniert. Ein Mann wie der Schorsch Leber war doch in diesen Fragen total auf dem Europa-Dampfer.[795]

Theo Waigel führt die von ihm ebenfalls als solche empfundene Verläßlichkeit Lafontaines auf internationale Einflüsse zurück:

---

793 Ebenda (S. 10).
794 Helmut Kohl: Mein Tagebuch 1998-2000, S. 58.
795 Interview mit Helmut Kohl, S. 294.

> Ich bin ja nun wirklich kein politischer Freund von Lafontaine, aber er hat ja damals sehr klar für den Euro Stellung bezogen. Er hat auch eine Zeitlang etwas geschwankt. Offensichtlich bei einer Konferenz – ich glaube in Madrid – haben ihm seine sozialdemokratischen Freunde in Europa sehr klar ihre Meinung gesagt.
>
> Ab diesem Zeitpunkt zwei Jahre vor der Einführung hat jedenfalls die Spitze der SPD sich klar für den Euro ausgesprochen, und die Bundestagsfraktion hat sich ja auch sehr klar hinter die Wirtschafts- und Währungsunion immer gestellt.[796]

Anton Pfeifer war im Kanzleramt als Staatsminister damals unter anderem zuständig für die Koordinierung der Politik der Bundesregierung mit dem Bundesrat. Die Haltung der SPD spielte nach Pfeifers Worten eine zentrale Rolle für das gesamte Euro-Projekt des Bundeskanzlers:

> Das war natürlich wichtig. ... Ich habe deswegen natürlich nicht nur jede Bundesratssitzung vom Anfang bis zum Ende auf der Regierungsbank verbracht , sondern auch in dieser Zeit immer sehr genau hingehört ... es war so, daß Helmut Kohl sich eigentlich immer sehr sicher war und sein konnte, daß die SPD ihn in dieser Sache nicht im Stich lassen wird. ...
>
> Sie hat ihn ja auch nicht im Stich gelassen. Das muß man nun wirklich sagen: Egal um wen es gegangen ist, nicht nur um den Herrn Hänsch, sondern auch um die Ministerpräsidenten der Länder – sie waren in dieser Frage verläßlich. Das hat sehr geholfen, wirklich sehr geholfen.[797]

Norbert Wieczorek gibt das Kompliment an das Kanzleramt zurück, wie aus seiner Antwort auf die Frage nach einer Vertrauensbasis mit Helmut Kohl hervorgeht:

> Alles, was wir abgesprochen haben, ist eingehalten worden.
> Von beiden Seiten.[798]

Die Frage, ob Helmut Kohl den Euro auch ohne die Hilfe der SPD hätte durchsetzen können, läßt Wieczorek offen. Kohl könne sehr stur sein. Warum, so fragt er zurück, hätte die SPD anders handeln sollen, wenn sie selbst der Meinung gewesen sei, daß die EWU richtig sei? Die Aufforderung von Arnulf Baring, auf Gegenkurs zu gehen, damit die Wähler über eine demokratische Alternative verfügten, beruht für Wieczorek auf einem „sehr merkwürdigen Verständnis von Politik“:

> Wenn die Bedingungen richtig sind, die Risiken erkannt und diskutiert werden – das ist geschehen – , Mechanismen zur Abwehr und Begrenzung von Risiken ausgedacht werden, dann kann man sagen: Okay, das ist ein Risiko, aber dieses Risiko kann ich eingehen. Und dann stelle ich selbst die positiven Seiten dagegen: Das ist dann die Risikoabwägung.
>
> Und wenn ich dann zu dem Ergebnis komme: „Es ist ein vernünftiges Projekt“ – soll ich dann sagen: „Ich bin dagegen“? Nur, weil die gegenwärtige Bundesregierung oder eine andere, je nach dem, wo ich gerade sitze, dafür ist? Das hieße ja, man müßte nach jeder Wahl alles wieder anders machen. Das ist absurd. Das kann ja nun nicht Demokratie sein. Dann kann sich etwas anderes auftun. Dann kann sich eine Partei auftun, die dagegen ist. In den Niederlanden haben wir das ja erlebt.[799]

---

796 Interview mit Theo Waigel, S. 322.
797 Interview mit Anton Pfeifer (S. 12).
798 Interview mit Norbert Wieczorek (S. 3).
799 Ebenda (S. 14).

Fazit: Ein Regionalereignis, die Landtagswahl in Baden-Württemberg von 1996, veranlaßte die SPD-Spitze, sich selbst jede *Exit-Strategie* zu verbauen und den Euro-Kurs von Bundeskanzler Kohl fortan zu unterstützen, sich in der Praxis bei diesem Thema nicht länger als Oppositions-, sondern als Regierungspartei zu verstehen und zu verhalten. In der Folge wurden Euro-Kritiker innerhalb der SPD auf Bundes- und Landesebene isoliert und diszipliniert. Partei- und Fraktionsführung der Sozialdemokraten sorgten in den entscheidenden Abstimmungen von Bundestag und Bundesrat im Frühjahr 1998 für jeweils überparteiliche Mehrheiten.

Für die Wähler entfiel jede realistische Möglichkeit, einer Euro-kritischen Partei zur Macht zur verhelfen und das Ende der D-Mark noch aufzuhalten.

11. Bitterer Streit in der CSU um den Euro

11.1 Stoiber als tragischer Hauptkritiker der Währungsunion

Zu Beginn der 90er Jahre glaubte sich Theo Waigel beim Projekt *Währungsunion* der Unterstützung Edmund Stoibers sicher. Waigel hatte Stoiber 1988, gleich nach seiner Wahl zum Nachfolger von Franz Josef Strauß in das Amt des CSU-Vorsitzenden, mit der Leitung der Grundsatzkommission betraut. Außerdem rückte Stoiber auf vom Leiter der Staatskanzlei zum Innenminister im Kabinett Streibl.

Als Waigel 1992 von Peter Gauweiler angegriffen wurde, dieser verächtlich von *Esperanto-Geld* sprach, „stand Edmund Stoiber an meiner Seite", erinnert sich Waigel: „Er hat damals meinen Kurs mit vertreten als stellvertretender Parteivorsitzender". Bei der Vorstellung des neuen Grundsatzprogramms auf dem 57. CSU-Parteitag warnte Stoiber dem Versuch, „alte nationale Gegensätze in Europa neu zu beleben". Wer wieder „Deutschland, Deutschland über alles" gröle, habe „nichts, aber auch gar nichts aus der deutschen und europäischen Geschichte gelernt":

> Wer nationale Eifersucht fördert und europäische Zwietracht sät, der gehört vom Platz gestellt.[800]

Waigel vernahm es mit Wohlwollen. Im Zuge der *Amigo-Affäre*, die Anfang 1993 die CSU erschütterte, trat Streibl als bayerischer Ministerpräsident zurück. Stoiber, längst als Kronprinz und „Ersatzmann Nummer 1" hinter Waigel gehandelt, wurde am 28. Mai 1993 vom bayerischen Landtag zum Nachfolger gewählt, obwohl auch er kurz zuvor die Annahme von Vergünstigungen der Firmen *BMW* und *Audi* hatte einräumen müssen.[801] Der Aufstieg zum Regierungschef veränderte, so Waigels Wahrnehmung, Stoibers Haltung gegenüber ihm und der Währungsunion:

> In der auch für die CSU schwierigen Zeit 1993 und danach mag es sein, daß natürlich auch eine Rolle gespielt hat: Schadet das vielleicht der CSU, wenn ausgerechnet der Finanzminister aus ihren Reihen als Landespartei ein Projekt unterstützt, das in der Bevölkerung nicht überall positiv bewertet wird? Das hat sicher auch in den schwierigen Jahren 1994 bis 1998 eine Rolle gespielt.[802]

---

800 Stoiber zum Grundsatzprogramm auf dem 57. CSU-Parteitag, 08./09. Oktober 1993.

801 Stoiber profitierte von einer CSU-internen Intrige, die Waigels Verhältnis mit der Ärztin und ehemaligen Skirennläuferin Irene Epple just im Frühjahr 1993 öffentlich machte, als es um die Nachfolge Streibls ging, auf die sich Waigel, noch in erster Ehe verheiratet, ebenfalls Hoffnung gemacht hatte. Die Vorgänge haben Waigel verletzt, sein Verhältnis zu Stoiber beschädigt und am Anstand der Partei zweifeln lassen, deren Vorsitzender er seit fünf Jahren war. Zehn Jahre nach seinem Rücktritt wurde er im Juli 2009 auf Betreiben von CSU-Chef und Ministerpräsident Horst Seehofer, der ähnliche Erfahrungen mit der Partei hatte machen müssen („Ich habe in 40 Jahren nichts Widerwärtigeres erlebt" – *stern.de*-Interview vom 26. August 2007), zum zweiten Ehrenvorsitzenden neben Stoiber ernannt. Zu den Vorgängen von 1993 sagte Waigel später: „Das war nicht die ganze Partei. Sonst wäre ich gegangen. … Aber ich hätte eine persönliche Entscheidung früher treffen und mich früher öffentlich zu Irene bekennen sollen. Das hätte meinen Gegnern den Wind aus den Segeln genommen." (Interview in *Süddeutsche Zeitung* vom 16. Juli 2009)

802 Interview mit Theo Waigel, S. 318.

Waigel berichtet, er habe erwidert, man müsse seiner Überzeugung und dem, was die CSU auf dem Europa-Feld getan habe, „treu bleiben". Wer abspringe, werde „nicht profitieren". Schließlich stünden CSU und CDU in einer europafreundlichen Tradition, aus der sie sich nicht ohne weiteres verabschieden könnten:

> Schon 1946 hatte der Gründer der CSU, Josef Müller, gesagt: „Wir brauchen eine gemeinsame europäische Währung, weil Länder, die eine gemeinsame Währung haben, nie mehr Krieg miteinander führen." Und auch Franz Josef Strauß hat als Parteivorsitzender und als Finanzminister sich dem Projekt der europäischen Währung immer verbunden gefühlt und auch in der Opposition den Werner-Plan nachdrücklich unterstützt und eine möglichst schnelle europäische Währungsunion gefordert.[803]

Waigel sah sich im Einklang mit seinen Vorgängern, während er bei Stoiber Zweifel hatte. Dieser provozierte im November 1993 einen Streit mit der CDU und dem Auswärtigen Amt in Bonn, als er eine Abkehr der Union von Adenauers Europapolitik forderte und verkündete, die CSU habe das Ziel eines europäischen Bundesstaates aufgegeben. Zwei Monate später nutzte er den Abschied von Umweltminister Gauweiler aus seinem Kabinett, um das Europaressort zu sich in die Staatskanzlei zu holen, das zuvor von Thomas Goppel geleitete Europaministerium aufzulösen und die Auseinandersetzung mit der EWU zur Chefsache zu machen.

Bei der Landtagswahl vom September 1994 erzielte die CSU 52,8 Prozent der Stimmen (minus 2,1 Prozentpunkte gegenüber 1990) und verteidigte ihre absolute Mehrheit. Stoiber regierte fortan unangefochten; Kabinett und CSU-Landtagsfraktion standen nach Meinung von Beobachtern in seinem Schatten.[804]

1995 begannen sich die Meinungsverschiedenheiten zwischen Stoiber und Waigel um die Währungsunion zu einem Konflikt zwischen München und Bonn auszuweiten. Im Bundesrat kündigte Stoiber an, er werde sich gegen alle Versuche stemmen, durch Aufweichung der Beitrittskriterien der EWU „einen möglichst großen Teilnehmerkreis zu sichern":

> Die Stabilität unserer D-Mark steht für solche Experimente nicht zur Verfügung. Die strikt anzuwendenden Konvergenzkriterien müssen Vorrang vor dem sehr ehrgeizigen Zeitplan haben.[805]

Von Übel, so Stoiber, wäre allerdings auch eine zu kleine Währungsunion:

> Ein zu kleiner Teilnehmerkreis 1999 birgt das Risiko – das hat man möglicherweise 1991 in dieser Deutlichkeit nicht gesehen – einer Spaltung Europas .... Auch diese Tatsache müssen wir bei der abschließenden Beratung voll mit einbeziehen.[806]

Zur CSU-Klausurtagung drei Monate später in Wildbad Kreuth holte Waigel Bundeskanzler Kohl als Verstärkung. Kohl sollte Waigels innerparteiliche Probleme in eigener Anschauung erleben und helfen, die CSU-Landesgruppe, die der CSU angehörenden Bundestagsabgeordneten, gegen Stoiber in der Frage der Währungsunion zu positionieren. Gegenüber den Medien wiegelte Waigel in Kreuth ab: Stoi-

803 Ebenda, S. 310.
804 *Munzinger*-Archiv, zitiert nach „Profil: Edmund Stoiber" in *FTD* vom 07. Januar 2002.
805 Bundesrats-Plenarprotokoll 690 vom 03. November 1995, S. 494.
806 Ebenda.

bers Linie liege „genau“ auf der vereinbarten. Die Konvergenz bestimme den Zeitplan; das habe er, Waigel, persönlich in Europa durchgesetzt. Die Landtagsfraktion habe zu seinem Vortrag eine Woche zuvor – ebenfalls in Kreuth – „nicht eine kritische Wortmeldung“ abgegeben. Eine Mindestanzahl von EWU-Teilnehmerländern stehe „nicht im Vertrag“. Wenn die EU-Kommission von acht Teilnehmerländern spreche, sei das „natürlich wünschenswert“, sagt Waigel.[807] Vorteile, Ängste und Probleme seien bekannt; „wir nehmen das ernst“. „Ein Stück Angst“ vor dem „Kreuther Geist“ sei „auch für die CDU gesund“, bestehe die CDU doch „nicht nur aus Helmut Kohl“; ohne die Stimmenanteile der CSU bei der Bundestagswahl 1994 „wäre Helmut Kohl heute nicht Bundeskanzler“.

Kohl schrieb Stoiber – ohne ihn namentlich zu erwähnen – ins Stammbuch, eine Rückkehr zum nationalstaatlichen Denken des 19. und beginnenden 20. Jahrhundert sichere nicht Frieden und Freiheit. Man wisse, daß der von der Bundesregierung beschrittene Weg ein schwieriger sei, aber er sei als Lektion aus der Geschichte der einzige sichere. Deshalb wolle die Union auf allen Feldern am Bau des Hauses Europa mitwirken. „Völlig einig“ sei er sich mit der CSU, daß der „Zusammenhang zwischen Wirtschafts- und Währungsunion und Politischer Union eindeutig gegeben ist“. Entscheidend sei, „daß wir jetzt den Prozeß nicht unterbrechen“, weil sonst, so der Kanzler, seine Befürchtung wahr werden könnte:

> Wer jetzt unterbricht, muß wissen, daß er leicht abbricht.[808]

Das hätte zur Folge, so Kohl, daß die Nachbarn Deutschland erneut des Isolationismus bezichtigten. Wenn andere „aus opportunistischen Gründen des Tages“ versuchten, „hier politische Geschäfte zu machen“, dann – so der Kanzler mit Blick auf die SPD in Baden-Württemberg – sollten sie das tun:

> Wir werden mit Sicherheit auch Wahlen der Zukunft mit diesem Thema gewinnen.[809]

CSU-Generalsekretär Bernd Protzner erklärte in Kreuth, es gebe in Grundsatzfragen innerhalb der CSU Übereinstimmung, und wo es die nicht gebe, greife Waigels „Richtlinienkompetenz“ als Parteivorsitzender.[810]

11.2 Brüchiger Burgfrieden zwischen München und Bonn

Kohl, Waigel und Stoiber bemühten sich im gesamten Verlauf des Jahres 1996, Berichte über angebliche Differenzen zu dementieren und den Eindruck zu erwekken, man sei sich im Hinblick auf die Rangfolge von Beitrittskriterien und Zeitplan absolut einig. Tatsächlich war dies nicht der Fall.

807 Waigel und Kohl in Kreuth am 28. Januar 1996 (Tonbandabschrift der Pressekonferenz).
808 Ebenda.
809 Ebenda.
810 Statements auf der Kreuther Klausurtagung am 26. Januar 1996 (Tonbandabschrift).

Kohl dachte nicht daran, öffentlich zu erklären, daß er der Einhaltung der Beitrittskriterien Vorrang vor dem Termin einräume, wie Stoiber es inzwischen täglich unter Hinweis auf gegebene Versprechen von ihm verlangte:

> Der Bundeskanzler, der Bundesfinanzminister, der bayerische Ministerpräsident, die Union insgesamt sind angetreten 1992 und haben gesagt: Der Euro wird so stark sein wie die D-Mark. Und das kann er nur, wenn die Kriterien eingehalten werden.[811]

Kohl machte sich daraufhin ein eigenes Bild von der Stimmungslage in der CSU insgesamt, indem er auf dem Münchner CSU-Parteitag als Ehrengast auftrat. Er wurde dort mit mehr Beifall bedacht als Waigel und sagte – wenige Wochen vor dem EU-Gipfel in Dublin – das, was der Saal hören wollte, ohne sich festzulegen:

> Hier geht es nicht um Begeisterung, hier geht es die Existenzgrundlage unserer Währung. Und da kann kein Spaß gelten.[812]

Der Streit um den Stabilitätspakt, Waigels Forderung nach automatischen Sanktionen für Verstöße gegen die Drei-Prozent-Grenze bei der Neuverschuldung, brachte das Dubliner Treffen der EU-Staats- und Regierungschefs an den Rand des Scheiterns, weil dieser Mechanismus fast allen anderen Beteiligten zu weit ging. Frankreich verlangte eine politische Bewertung der Situation des gegen den Stabilitätspakt verstoßenden Landes, „das letzte Wort für die Politik". Deutschland wollte genau dies verhindern.

Jean-Claude Juncker entwickelte die Lösung: Sanktionen können frühestens nach zehn Monaten verhängt werden und benötigen eine Zwei-Drittel-Mehrheit im europäischen Rat.[813] Eine *automatische* Verhängung von Strafen unter Ausschluß der Regierungschefs, wie Waigel sie bis zuletzt verlangt hatte, findet damit nicht statt.

Anfang 1997, wenige Wochen nach dem Krisengipfel von Dublin, verdichteten sich Hinweise, Deutschland habe 1996 das Drei-Prozent-Kriterium verfehlt. Stoiber hielt im Bundesrat eine flammende Rede gegen „kreative Buchführung" im Ausland wie im Inland und kritisierte heftig SPD-regierte Bundesländer, weil sie eine von ihm gewünschte Festlegung des Bundesrates, wonach die Einhaltung der Stabilitätskriterien „absoluten Vorrang" genießen müsse, in den Ausschüssen abgelehnt hätten – „erstaunlicherweise" mit den Stimmen Niedersachsens.[814]

In Wirklichkeit war diese Kritik gegen Waigel und Kohl gerichtet. Stoiber unterstellte Kohl, dieser wolle die Währungsunion um jeden Preis zum 1. Januar 1999 und mit einem maximalen Teilnehmerkreis, also einschließlich Italiens und Belgiens. Waigel warf er vor, Kohl bei diesem Bestreben nicht in den Arm zu fallen.

Die Spannung entlud sich im April 1997 bei passender – und dankbar wahrgenommener – Gelegenheit vorübergehend über dem Koalitionspartner FDP. Gemeinsam kritisierten Waigel und Stoiber Außenminister Klaus Kinkel, weil dieser erklärt hatte, an einer fristgerechten Einführung des Euro führe kein Weg mehr vorbei. Waigel schimpfte, Kinkel kümmere sich stärker um die Währungsunion als

811 Stoiber im *heute journal* vom 22. November 1996, BPA-FHS I vom 25. November 1996.
812 Rede auf CSU-Parteitag vom 23. November 1996, BPA-FHS I vom 25. November 1996.
813 Zitiert nach *Der Spiegel* vom 16. Dezember 1996 und *Die Zeit* vom 20. Dezember 1996.
814 Bundesrats-Plenarprotokoll 708 der Sitzung vom 31. Januar 1997, S. 14-15.

um seine eigenen Aufgaben. Stoiber hielt ihm vor, er lasse es an Glaubwürdigkeit vermissen, wenn er von einer „Prozeßlandung" spreche, anstatt einer strikten Einhaltung der Stabilitätskriterien das Wort zu reden.[815]

Ende Mai 1997 geriet Waigel mit seinem Plan, die Gold- und Devisenreserven der Bundesbank neu zu bewerten und die Gewinne zugunsten des Bundeshaushalts auszuschütten (*Aktion Goldfinger*), in der Öffentlichkeit und in der CSU in schwere Bedrängnis. Stoiber sah sich in seiner Befürchtung bestätigt, ausgerechnet der Parteivorsitzende stehe bei den von ihm so verachteten Bilanztricksern an vorderer Stelle. Im Parteivorstand erhielt Waigel einen schweren Rüffel. Stoiber und Alois Glück, der Vorsitzende der CSU-Landtagsfraktion, warnten ihn, gegen den Willen der Bundesbank zu handeln.[816] Waigel mußte sein Vorhaben aufgeben, mit dem er die Einhaltung der Stabilitätskriterien 1997 endlich sicherstellen wollte, nachdem es 1995 und 1996 – zum Erstaunen des In- und Auslandes – nicht funktioniert hatte. Reicher geworden war er nur um Blessuren. Glück verlangte in einem Zeitungsinterview eine Verschiebung der Währungsunion.[817]

Zwei Wochen später drohte Stoiber dem Bundeskanzler und seinem Finanzminister mit einer Klage vor dem Bundesverfassungsgericht, sollte die Bundesrepublik die Stabilitätskriterien nicht erfüllen. Waigel versicherte umgehend, er werde „keine Kommadiskussion führen", denn sollte man hierzulande „3,3 oder 3,4 Prozent" noch für tolerabel halten, werde man in anderen Ländern über „3,8 oder 3,9 Prozent reden". Entgegen der *OECD*-Prognose werde Deutschland 1997 nicht mit 3,2 Prozent erneut das Defizitkriterium für die EWU verfehlen, sondern dank Sparmaßnahmen besser abschneiden.[818]

Jean-Claude Juncker und der niederländische Zentralbankchef Wim Duisenberg äußerten sich verständnislos über die deutsche Diskussion: Im Maastrichter Vertrag sei von 3,0 Prozent nicht die Rede; ein Defizit von 3,2 Prozent des Bruttoinlandsproduktes „wäre keine Katastrophe".[819]

Die Bundestagsdebatte vom 27. Juni 1997 stand im Zeichen der Konfrontation von Bonn und München um die Einhaltung der Kriterien. Eine breite Mehrheit der Abgeordneten nutzte sie, um Waigel gegenüber Stoiber den Rücken zu stärken. Kohl stellte klar, seine Entscheidung für einen Start der Währungsunion 1999 sei gefallen – ungeachtet des Kriterienstreits und des Widerstands Stoibers:

> Wer die Einführung des Euro verschieben will, muß wissen, daß dies möglicherweise eine Verschiebung für immer werden könnte. Dies können und wollen wir uns nicht leisten.
>
> (Beifall bei der CDU/CSU und der FDP sowie bei Abgeordneten B90/Die Grünen)[820]

Karl Lamers, außenpolitischer Sprecher der CDU/CSU-Fraktion, lobte die aktuellen Inflationsraten in der EU, die im Schnitt nur noch 1,7 Prozent betrügen, „in Italien nur noch 1,6 Prozent", was „vor einigen Jahren völlig unvorstellbar erschie-

815 *dpa*-Meldung vom 09. April 1997.
816 Zitiert nach *dpa*-Meldung vom 04. Juni 1997 – Details in Kapitel 8.1.
817 *dpa*-Meldung vom 02. April 1997, zit. nach *Saarbrücker Zeitung* vom selben Tag.
818 Zitiert nach *Berliner Zeitung* vom 14. Juni 1997.
819 Ebenda.
820 BtPPl 13/185 vom 27. Juni 1997, S. 16736.

nen" sei, und kritisierte mit Blick auf den bayerischen Ministerpräsidenten „das Gerede von einem schwachen Euro":

> Wer die Währungsunion nicht will, wer sie hintertreibt, versündigt sich an der Zukunftsfähigkeit Europas und seiner Völker.[821]
>
> (Beifall bei der CDU/CSU und der FDP sowie bei Abgeordneten der SPD, Zwischenruf von Joseph Fischer: „Ich kann ja nicht dauernd klatschen!")[822]

Joschka Fischer stellte in seinem Redebeitrag fest, er habe beim Euro-Teil der Lamers-Rede „mehr geklatscht als Herr Glos", womit man „wieder" beim Problem der Zerrissenheit der CSU sei, denn Stoiber wolle „die Koalition in der Euro-Frage gegen die Wand fahren lassen".[823] Doch dazu kam es nicht. Auf einer Klausurtagung in Kloster Andechs Anfang September 1997 verabschiedeten die Spitzen von CDU und CSU eine Erklärung ganz im Sinne von Kohl, Waigel und der FDP:

> CDU und CSU sind sich einig in dem Ziel, die Europäische Währungsunion unter strikter Einhaltung der Stabilitätskriterien am 1. Januar 1999 beginnen zu lassen. Dies ist im Interesse Deutschlands. ... Deutschlands Chance heißt Europa. Wir werden diese Chance konsequent nutzen.[824]

Formal konnte Stoiber mit dieser Aussage leben, aber tatsächlich hatte er eine Niederlage erlitten, denn die Formulierung stellte Starttermin und Einhaltung der Kriterien nur scheinbar gleichrangig nebeneinander, wie die beiden letzten Sätze zeigen. „Chance konsequent nutzen" war zu übersetzen mit: Wenn der Himmel nicht einstürzt, kommt der Euro zum 1. Januar 1999. Das wußte auch Stoiber.

Dessen Revanche ließ ein halbes Jahr auf sich warten, fiel aber um so heftiger aus. Bayerns Ministerpräsident vergällte Waigel die Freude an der Meldung des Statistischen Bundesamtes, Deutschland habe das Verschuldungskriterium im Evaluierungsjahr 1997 mit 2,7 Prozent des BIP unerwartet deutlich unterschritten. Statt Beifalls bekam Waigel skeptische Kommentare aus der eigenen Partei zu hören. Bayerns Finanzminister Erwin Huber verlangte eine sehr strenge Überprüfung der Zahlen. Stoiber schloß sich der Forderung an und meinte, die Bundesbank müsse kontrollieren, inwieweit dieses Ergebnis auf „kreative Buchführung" zurückgehe.

Von den eigenen Leuten wurde Waigel in der Öffentlichkeit als nicht vertrauenswürdig abgestempelt – und dies ausgerechnet in einem Moment, als er dachte, er habe es endlich geschafft und könne die Skepsis gegenüber dem Euro und seiner Politik dank harter Fakten ein für allemal ausräumen. Seine Parteifreunde glaubten nicht dem Statistischen Bundesamt, sondern dem *Deutschen Institut für Wirtschaftsforschung*, das einen Defizitwert von 3,4 Prozent für plausibel erklärt hatte.[825] Waigel war verbittert und wütend. CSU-Mitglieder wurden mit dem Satz zitiert:

> Die haben dem Theo gehörig ins Weißbier gespuckt.

Zwar tat Waigel so, als wäre nichts gewesen: Er kenne niemanden, der die deutschen Zahlen in Zweifel gezogen habe. Die Kräfteverhältnisse hatten sich jedoch

---

821 BtPPl 13/185 vom 27. Juni 1997, S. 16744.

822 Ebenda, S. 16736.

823 Ebenda, S. 16749. Fischer rief wiederholt „3,0?" dazwischen. Waigel beschwerte sich bei Vizepräsident Hans-Ulrich Klose: „Herr Präsident, da ist ein Papagei." (S. 16755)

824 Punkt 4 der Andechser Erklärung von CDU und CSU vom 04. September 1997.

825 Vergleiche Waigels Schilderung dieser Tage im Kapitel 9.1.

seit 1994 parteiintern, immer, wenn Helmut Kohl nicht zur Stelle war, zu seinen Ungunsten entwickelt. Eine Nachrichtenagentur berichtete aus München:

> Im Machtkampf mit Stoiber hat Waigel als „Bonner" die kleineren Bataillone, die undankbarere Rolle und somit einen schlechten Stand. Stimmungsbarometer wie die Länge des Applauses bei gemeinsamen Auftritten sprechen eine deutliche Sprache. ... Hinter vorgehaltener Hand wird der Euro-Verfechter auf dem Parteithron denn auch schon als Auslaufmodell bezeichnet.[826]

11.3 Überraschende Wende in letzter Minute

Im den vier Wochen vor der entscheidenden Abstimmung im Bundesrat über den Euro-Teilnehmerkreis versuchten, so die Schilderung von Insidern, Landtagsabgeordnete und Mitglieder des bayerischen Kabinetts in nächtlichen Anrufen bei Waigel, den Parteichef und Finanzminister von einer Spagat-Strategie zu überzeugen: „Das bayerische Kabinett und Stoiber sagen ‚nein' im Bundesrat zum Euro, die CSU-Landesgruppe und Waigel sagen ‚ja', und wir veranstalten keinen Streit, sondern tun einfach so, als wenn nichts geschehen wäre." (Anm. 46).

Doch es kam anders. Am 24. April 1998 stimmte der Freistaat Bayern – anders als Sachsen – im Bundesrat dem Beschluß der Bundesregierung vom 27. März 1998 zur Festlegung des Teilnehmerkreises an der Dritten Stufe der Europäischen Wirtschafts- und Währungsunion zu – einschließlich der dieser Vorlage zugrundeliegenden Konvergenzberichte.

Ministerpräsident Stoiber sagte im Plenum, entscheidend sei für ihn gewesen, daß auch die Bundesbank die Risiken als beherrschbar betrachte.[827] Deshalb solle und müsse die Politik die Chance der gemeinsamen europäischen Währung ergreifen:

> Wir vertrauen der Bundesbank, meine sehr verehrten Damen und Herren, und den Empfehlungen, die sie gibt, die umgesetzt werden müssen. Deswegen werden wir der Wirtschafts- und Währungsunion auch zustimmen.[828]

Er sei Waigel dankbar, sagte Stoiber, daß dieser den Stabilitätspakt gegen alle Widerstände durchgefochten und allen Angriffen darauf getrotzt habe. Der Einsatz des Bundesfinanzministers habe die erfolgreiche deutsche Stabilitätskultur zur Grundlage für den Euro gemacht.

Das Beharren der CSU auf einer peniblen Einhaltung des Defizitkriteriums, das als „Komma-Fetischismus" verhöhnt worden sei, habe „sicherlich" zu den Bemühungen der Teilnehmerländer um Einhaltung dieser Grenze „beigetragen". Allerdings, so Stoiber, bereite die Verschuldung mancher Länder „ernste Sorge".[829]

---

826 Boris Reitschuster in einem *AFP*-Korrespondentenbericht vom 03. März 1998.

827 Genau dies tue sie nicht, hatte zuvor Sachsens Ministerpräsident Kurt Biedenkopf dargelegt und unter anderem damit seine Ablehnung begründet (vgl. Kapitel 9).

828 Bundesrats-Plenarprotokoll 724 vom 24. April 1998, S. 200.

829 Ebenda.

Wenige Stunden zuvor war Stoiber nach dem Bericht eines verläßlichen Zeugen noch entschlossen gewesen, die Beteiligung Deutschlands an der EWU abzulehnen:

> Am allerletzten Abend vor der Abstimmung wurde alles umgedreht. Die ganze Staatskanzlei war schon darauf eingerichtet, mit allen Dokumenten entsprechend vorbereitet, daß Bayern im Bundesrat „Nein" sagt. Da rief Waigel bei Stoiber an: „Lieber Edmund, wenn Du Dich da weiter quer legst, dann werde ich die Konsequenzen ziehen." Waigel wäre also zurückgetreten. Und das hätte die CSU zerrissen. Das wußte Stoiber, und deswegen schwenkte er um. Aber es war kein „Ja" aus besserer Einsicht.[830]

Die Bevölkerung sei zu zwei Dritteln gegen den Euro gewesen, doch Stoiber habe die EWU immer aus Überzeugung abgelehnt, nicht aus populistischen Erwägungen, berichtet dieser Zeuge. Er habe um die Stabilität der Währung gefürchtet und die „plötzliche Solidität" von Beitrittsländern wie Italien für eine nur vorübergehende Erscheinung gehalten. „Das gibt eine Staatskrise, wenn der Euro unter diesen Bedingungen kommt!", habe Stoiber geglaubt und gesagt.[831] Aus Brüssel habe sich Stoiber über jeden kleinsten Schritt berichten lassen, habe „ganz genau, bis ins winzigste Detail, über den Euro Bescheid gewußt und mit den kritischen Professoren gesprochen". Seine „Anfangsgegnerschaft" sei zudem eine andere gewesen als seine „Schlußgegnerschaft". Zwei Züge seien aufeinander zu gerast: „Stoiber war in der Euro-Frage ein absoluter Überzeugungstäter."[832] Waigel will nicht beeiden, daß das Telefonat erst in der Nacht vom 23. auf den 24. April 1998 geführt worden ist. Wenn er sich recht erinnere, habe es „schon ein paar Tage zuvor" stattgefunden. Alles andere werde hier zutreffend beschrieben:

> Richtig ist, daß es ein langes, intensives Telefongespräch zwischen Edmund Stoiber und mir gab und ich ihm gesagt habe: Die Vorstellung, die Landesgruppe stimmt im Bundestag mit mir dafür, ich halte die Rede, und dann im Bundesrat stimmt die bayerische Staatsregierung dagegen, und dann spricht möglicherweise der bayerische Ministerpräsident, ist für die Partei, für mich als Parteivorsitzender und als Bundesfinanzminister, der von der CSU getragen ist, völlig inakzeptabel. Wir haben uns darüber lange unterhalten und es kam dann zur Zustimmung ... im Bundesrat.[833]

Die Intention Stoibers sei „in die Richtung" gelaufen, die EWU-Vorlagen im Bundesrat abzulehnen, berichtet Waigel.[834] Stoiber habe deshalb eine Sondersitzung des bayerischen Kabinetts anberaumt. Einige Staatsminister hätten zuvor erklärt, daß man sich im Falle eines negativen Votums Bayerns „in Übereinstimmung mit der Mehrheit der bayerischen Bevölkerung" befunden hätte, und dies sei doch nicht schlecht – Vorgänge, die Waigel als „sehr problematisch" empfand:

> Wenn die bayerische Staatsregierung damals im Bundesrat dem Projekt nicht zugestimmt hätte, wäre ich in der gleichen Sekunde zurückgetreten als Finanzminister und als Parteivorsitzender. Aber nicht leise.[835]

---

830 Ein kundiger CSU-Politiker, der ungenannt bleiben möchte, zum Verfasser.
831 Ebenda.
832 Ebenda.
833 Interview mit Theo Waigel, S. 317.
834 Stoiber stand für ein Gespräch nicht zur Verfügung. Eine Zusage der Staatskanzlei, ersatzweise einen Text von ihm zum Thema zu übermitteln, wurde nicht eingehalten.
835 Interview mit Theo Waigel, S. 317.

Ein solcher Eklat hätte die CSU nach Waigels Überzeugung in eine „schwierige Situation" gebracht. Ein „Nein" zur Währungsunion hätte einen Bruch mit ihren Wurzeln bedeutet, meint er. Die Partei wäre zurückgefallen „auf den Status einer etwas eleganteren Bayern-Partei" – und das wäre seine, Waigels, „Linie jedenfalls nicht gewesen". Offenbar ist die Christlich-Soziale Union einer krisenhaften Zuspitzung des Konflikts an jenem 24. April 1998 nur knapp entgangen. Von einer solchen hätte sich die Partei laut Waigel lange nicht erholt:

> Wie eine Partei behandelt wird, die in existentiellen Fragen geteilt ist, das haben einige Parteien in den letzten Jahren gezeigt. Das wäre verheerend für sie gewesen. Die CSU hat sich den „Luxus" erlaubt 1948 und 1949, über existentielle Dinge so zu streiten, und ist dann von über 50 Prozent, die sie 1946 bei der Landtagswahl erhielt, auf unter 28 Prozent zurückgeworfen worden, die sie 1950 erhalten hat. Wir haben bis in die 60er Jahre hinein gebraucht, um das wieder zu erreichen, was wir 1946 einmal erreicht hatten.[836]

Akteure außerhalb der CSU berichteten später, sie hätten von einer derart dramatischen Zuspitzung des Konfliktes zwischen Waigel und Stoiber nichts bemerkt und könnten deshalb dazu wenig sagen. Helmut Kohl sagt, er sei stets überzeugt gewesen, daß Stoiber der dritten Stufe der EWU im Bundesrat zustimmen werde. Schließlich sei Waigel der Parteivorsitzende gewesen, und es gebe „doch noch eine gewisse Kleiderordnung" innerhalb der Partei. Daß Stoiber erst mit Waigels Rücktrittsdrohung habe umgestimmt werden können, könne er, Kohl, nicht bestätigen:

> Ich weiß es nicht. Ich war nicht dabei. Es kann sein, es kann nicht sein. ... Es hat mich auch nicht interessiert. Für mich war völlig klar, daß er zustimmt. Stoiber hätte doch die Abstimmung in der CSU verloren.[837]

Medienberater Fritzenkötter bestätigt die Darstellung seines früheren Chefs. Kohl sei nie „in wirklicher Sorge" gewesen, Stoiber könnte sich verweigern:

> In der Tat war Stoiber nicht prinzipiell gegen den Euro, sondern er hat lediglich – auch um für sich selbst daraus politisches Kapital zu schlagen – immer wieder appelliert, auch die Kriterien hart einzuhalten.[838]

Auch Friedrich Bohl meint rückblickend, „sicherlich" habe Stoiber den Euro nicht „generell" abgelehnt: „Stoiber war für den Euro." Eine Eskalation mit Entscheidung in letzter Minute möchte Bohl „nicht als wahrscheinlich ansehen":

> Natürlich war Edmund Stoiber auch ein bißchen nervig manchmal. Wenn er kritische Äußerungen verlauten ließ, haben wir uns mit Sicherheit nicht gefreut darüber im Kanzleramt ... Es gab doch einen Parteitag der CSU, und da haben sie sich in der Tat gekloppt über die genaue Formulierung mit 3,0 Prozent und das alles ganz wasserdicht sein müsse. Aber daß es auf Messers Schneide stand, ist mir neu.[839]

Stoiber habe gezweifelt, ob die Mechanismen wirklich ausreichend gewesen seien: „Er war ja damals jemand, der sehr hart für diese 3,0 Prozent kämpfte und auf keinen Fall 3,00001 Prozent tolerieren wollte." Objektiv sei das richtig gewesen; poli-

836 Ebenda.
837 Interview mit Helmut Kohl, S. 296.
838 Interview mit Andreas Fritzenkötter (S. 3).
839 Interview mit Friedrich Bohl (S. 10).

tisch sei ihnen im Kanzleramt diese Einstellung aber „etwas überzogen" vorgekommen. Damals habe man allerdings nicht die Reaktionen einer späteren Regierung Schröder auf Defizitüberschreitungen ahnen können, meint Bohl:

> Man muß natürlich aus heutiger Sicht sagen, wenn das mit dem Blauen Brief schon solche politischen Turbulenzen auslöst wie in den vergangenen Wochen, dann kann man vielleicht im Nachhinein Stoiber sogar nur Recht geben. Vielleicht hätten wir das Ganze noch wetterfester machen müssen. Also, Stoiber ist uns da nicht jeden Morgen mit Beifall auf den Schreibtisch gekommen, aber das war keine irgendwie ernst zu nehmende Kontroverse innerhalb der Union.[840]

Anton Pfeifer sagt, er wisse ebenfalls nichts von einer dramatischen Zuspitzung in der beschriebenen Form. Gegen eine Absicht, im Bundesrat „Nein" zur dritten EWU-Stufe zu sagen, sprächen auch aus Stoibers Sicht ganz grundlegende politische und historische Überlegungen:

> Theo Waigel war ja immerhin der Landesvorsitzende der CSU. In einer solchen Frage gegen den Bundesfinanzminister und den Landesvorsitzenden der CSU anzugehen... – also so stark ist der bayerische Ministerpräsident dann auch nicht, daß er sich das leisten kann.[841]

Man müsse berücksichtigen, so der ehemalige Staatsminister im Kanzleramt, daß die bayerischen Ministerpräsidenten in allen wesentlichen Fragen der Nachkriegspolitik in den Regierungsjahren von CDU/CSU am Ende immer auf der Linie der Bundesregierung gestanden hätten. Auch über die Adenauersche Politik habe es in Bayern zunächst immer wieder Streit gegeben, gibt Pfeifer zu bedenken:

> Denken Sie nur zurück an die Zeit, als diese EVG-Verträge im Bundesrat anstanden und in Bayern ein CSU/SPD-Kabinett regierte. Die SPD in Bayern ist natürlich überhaupt nicht für diese Verträge gewesen. Der bayerische Ministerpräsident hat aber immer die Adenauersche Politik unterstützt – in der Grundlinie, nicht in allen Details. Stoiber hätte, wenn er das nicht gemacht hätte, eine solche Abkehr von dieser Tradition der bayerischen Politik vollzogen – das ging doch gar nicht.

Die heftigen Konflikte fanden laut Pfeifer *vor* 1998 statt, als die Frage zur Diskussion gestanden habe, ob Deutschland die Kriterien erfülle: „Damals hat der bayerische Finanzminister eine öffentliche Erklärung abgegeben, die er sicherlich nicht ohne den Ministerpräsidenten abgegeben hat, die Waigel auf die Palme trieb." Daraufhin habe es in der CSU „die erheblichsten Auseinandersetzungen gegeben".

Joachim Bitterlich sagt, er halte Stoiber nicht für einen „Anti-Europäer", nicht einmal für einen „Euro-Skeptiker". „Grundsätzlich" habe er nichts gegen die EWU gehabt, mögliche Folgen für die Parteienlandschaft allerdings mit Sorge betrachtet:

> Er wollte das Projekt so vorbereiten, daß ihm von den Flanken nichts passiert. Stoiber ist von den Unionspolitikern derjenige, der – aus spezifischen Gründen und Erfahrungen – am meisten ängstlich nach rechts schaute, der eine erhebliche Sorge hatte nach dem Motto: „Wenn Ihr das falsch macht, bekomme ich plötzlich eine rechtsextreme Partei in das Parlament, unter Umständen eine linksextreme, und in diesem Moment ist die Basis für die beiden großen Volksparteien kaputt."

---

840 Interview mit Friedrich Bohl (S. 8-9).
841 Interview mit Anton Pfeifer (S. 11-12).

Bitterlich glaubt, Stoibers Verhalten sei stark von „taktischen Momenten" geprägt worden, als er erkannt habe, daß jetzt der Moment gekommen sei, einzulenken: „Ich war immer sicher, daß er springt." Ernst genommen habe man die Möglichkeit, daß sich Bayern im Bundesrat verweigern könnte, allerdings schon:

> Ich war Zeuge vieler Gespräche mit Stoiber zuletzt im Vorfeld von Amsterdam, zuvor im Umfeld von Maastricht. [Wir haben] einzelne Themen, einzelne Punkte diskutiert, regelrecht durchgehechelt, Punkt für Punkt ganz genau. Wir wollten natürlich seine Unterstützung. Aber die SPD-Seite war nicht besser.[842]

Peter Hintze erklärte rückblickend, Kohl sei „der felsenfesten Überzeugung" gewesen, daß der Bundesrat den Euro passieren lassen werde, sich „nicht noch querlegt". Allerdings habe der Bundeskanzler die Äußerungen aus München sehr aufmerksam verfolgt, sagt der ehemalige CDU-Generalsekretär:

> [Kohl nahm Stoiber ernst] wobei er dann aber aus den Zusammenkünften mit dem bayerischen Ministerpräsidenten erfuhr, daß Stoiber in der Grundfrage „Einführung des Euro" hundertprozentig stand und den Aspekt sehr stark auf die Einhaltung der Maastricht-Kriterien und die Nichtüberschreitung der Neuverschuldungsgrenze hier in Deutschland legen würde. ... Von daher ist er auch aus diesen Besprechungen dann immer wieder beruhigt weggefahren.[843]

Friedbert Pflüger glaubt in Stoibers damaligem Verhalten ein Muster zu erkennen, das sich später bei anderen Gelegenheiten wiederholt habe:

> Er wird niemals die Osterweiterung blockieren. Er wird viele Hürden aufbauen und sich zum Sprecher der Ängste machen, aber er wird letztlich beidrehen. Ich halte ihn nicht für einen destruktiven Politiker. Vor allen Dingen glaube ich, daß Stoiber immer auch weitere politische Zielvorstellungen hatte und auch weiß, was nötig ist.[844]

Stoiber habe gewußt, daß der Euro kommen müsse, nicht an Deutschland scheitern könne. Und er habe etwas erreicht, etwas vorweisen können, so Pflüger:

> Da gab es diese Professoren-Initiative gegen den Euro und so verschiedene Punkte, wo es brannte. In einem bestimmten Moment drohte es so stark zu werden, daß das ganze Projekt in Gefahr kam. Also an mindestens einer Stelle waren große Teile der Fraktion in Gefahr, zu sagen: Na, warten wir doch noch zwei Jahre. Aber letztlich haben wir es eben nicht gemacht. Und das ist unsere Leistung.[845]

Schäuble meint, Stoiber habe sich stets einen eleganten Ausweg offengehalten und diesen schließlich auch problemlos und gesichtswahrend nutzen können:

> Stoiber hat die Auffassung vertreten, die Kriterien müßten erfüllt werden. Und er hat, als klar war, daß die Kriterien erfüllt, eingehalten worden sind, gesagt: Ich bin ja gar nicht in Widerspruch zu dem, was ich bisher gesagt habe. Ich habe nur gesagt: Wenn die Kriterien nicht erfüllt werden, dann dürfen wir nicht beitreten.[846]

---

842 Interview mit Wolfgang Bitterlich (S. 6).
843 Interview mit Peter Hintze (S. 1).
844 Interview mit Friedbert Pflüger (S. 5).
845 Ebenda (S. 6).
846 Interview mit Wolfgang Schäuble (S. 10).

„In der Substanz", wenn es nicht nur um die Ausnutzung „polemischer Vorteile" gehe, sei die CSU eine ebenso europafreundliche Partei wie die CDU, sagt Schäuble. Dies gelte, wie er aus eigener Anschauung wisse, auch für ihren Vorsitzenden:

> Wir haben ja auch in der Zeit, in der Stoiber Parteivorsitzender war und ich eine Zeitlang auch Parteivorsitzender gewesen bin – wir sind fast ja miteinander, ich ein paar Wochen vor ihm, Parteivorsitzende geworden – einen Europawahlkampf geführt. Der war auch nicht euroskeptisch.[847]

Das Ergebnis der bayerischen Landtagswahl im September 1998, die die CSU zwecks Abkoppelung von Bundestrend und Bundesthemen auf den Sonntag zwei Wochen vor der Bundestagswahl gelegt hatte, machte alle Befürchtungen der Parteispitze gegenstandslos, die Währungsunion werde ihr von den Wählerinnen und Wählern zur Last gelegt werden. Gegenüber 1994 legte die CSU 0,1 Prozent zu und kam auf 52,9 Prozent der Stimmen. Beobachter werteten das Ergebnis als großen persönlichen Erfolg des Ministerpräsidenten. Seine distanzierte Haltung gegenüber dem Euro, sein Streiten mit und gegen Bonn für eine strenge Anwendung der Beitrittskriterien, habe sich ausgezahlt.

Waigel sagte später, die CSU habe inzwischen ihren Frieden mit dem Euro gemacht. Er sehe „kaum noch jemanden", der die EWU „wirklich in Frage" stelle:

> Auch die größten Kritiker, die – wenn sie sich intensiv damit beschäftigt haben – durchaus meinen Respekt verdienen, sagen eigentlich heute: Jawohl, es war richtig. Ich glaube, es ist heute *common sense*, in der CSU zu sagen: Jawohl, der Weg und die Entscheidung waren richtig.[848]

Einen Tag nach der Bundestagswahl 1998 erklärte Waigel seinen Rücktritt vom CSU-Vorsitz. Sein Schritt habe mit dem Euro „wirklich gar nichts" zu tun, betont er. „Niemand" habe ihn gedrängt, im Herbst 1998 aufzuhören. Glos habe ihm angeboten, zurückzukehren auf den Posten des Landesgruppenvorsitzenden, aber das habe er abgelehnt. Sein Rückzug beruhe auf einer „freien Entscheidung":

> Ich war der Meinung, nun solle der Neubeginn stattfinden und ein anderer solle die Chance wahrnehmen. Ich war Finanzminister, vorher sieben Jahre Landesgruppenvorsitzender und fast 30 Jahre im Parlament und wollte ganz bewußt einen anderen Akzent setzen – aber nicht wegen der Wirtschafts- und Währungsunion.[849]

Am 16. Januar 1999 wählte die CSU Edmund Stoiber mit 93,4 Prozent der Stimmen zum neuen Landesvorsitzenden. Seine „Hauptaufgabe" sehe er darin, die Identität Bayerns und der CSU zu erhalten, erklärte er und erhielt dafür von den Delegierten „Applaus wie für den Herrgott".[850] Sechs Wochen zuvor hatte Stoiber mit der EU abgerechnet und dafür den „Deutschlandtag" der Jungen Union in Weiden genutzt. Die EU sei unpopulär und strukturell undemokratisch:

> Wenn Europa den Antrag auf Aufnahme in die EU stellen würde, würde es wegen seiner Demokratiedefizite nicht aufgenommen.[851]

---

847 Ebenda.
848 Ebenda.
849 Ebenda.
850 *Süddeutsche Zeitung* vom 18. Januar 1999.
851 Bericht von Karl Feldmeyer in *Frankfurter Allgemeine Zeitung* vom 11. Januar 2003, S. 4.

EU-Entscheidungen fielen in undurchschaubaren Expertengremien; von Bürgernähe könne nicht die Rede sein. Worum es auch gehe – die Menschen erführen von Entscheidungen erst hinterher, so Stoiber im November 1998:

> Ich warne vor dieser Entwicklung. Ohne entscheidende Strukturveränderungen scheitert Europa.[852]

Eine europäische Öffentlichkeit sei nicht vorhanden, wetterte Stoiber; damit habe sie nicht an der Entwicklung mitgewirkt und werde dies auch künftig nicht können. Sollte man versuchen, Europa zu einem Bundesstaat zu entwickeln, werde Europa an seinen Gegensätzen scheitern. An Diskussion und Entscheidung über die EU-Osterweiterung müsse die Öffentlichkeit in einem deutlich größeren Maße beteiligt werden, als dies bei der Einführung des Euro gewollt und gegeben gewesen sei. Anders als vor zehn Jahren sei er inzwischen der Ansicht, daß direkte Beteiligung des Volkes durch Volksentscheide der Demokratie nicht schade.[853]

Der Spiegel zitiert den CSU-Vorsitzenden und Ministerpräsidenten mit dem Satz:

> Wenn ich einmal überzeugt bin, dann gehe ich bis zur Endkonsequenz.[854]

Offenbar gilt dies nicht uneingeschränkt. Der oben zitierte Zeuge der Eskalation der Nacht vom 23. auf den 24. April 1998 berichtete weiter, Edmund Stoiber bereue zwei politische Entscheidungen in seinem Leben: Nachgegeben zu haben bei der *Deutsch-Tschechischen Erklärung*[855] und bei der Frage, welche Länder zu den Gründungsmitgliedern der Europäischen Währungsunion gehören sollen.

Theo Waigel sagte am 4. Juli 2002 in seiner Abschiedsrede vor dem Bundestag, die Euro-kritischen Stimmen seien „wesentlich ruhiger" geworden angesichts des Umstands, daß sich der Euro der Parität zum Dollar nähere. Jene, die zuvor den Untergang des Abendlandes beklagt hätten, machten sich nun plötzlich Sorgen um die Konjunktur.

---

852 Zitiert nach Karl Feldmeyer in *Frankfurter Allgemeine Zeitung* vom 11. Januar 2003, S. 4.

853 Ebenda.

854 Zitiert nach *Der Spiegel* 5/2002, S. 74.

855 Die *Deutsch-Tschechische Erklärung über die gegenseitigen Beziehungen und deren künftige Entwicklung* wurde am 21. Januar 1997 von Kohl, Kinkel, Premierminister Václav Klaus und Außenminister Josef Zieleniec in Prag unterzeichnet und von beiden Parlamenten ratifiziert. Die Frage eventueller Entschädigungen für Enteignungen und Vertreibungen blieb jedoch unbehandelt, was Stoiber reichlich Ärger mit der *Sudetendeutschen Landsmannschaft* einbrachte, einer für die CSU wichtigen Wählergruppe. Ein ähnlicher Konflikt stand 2009 im Zentrum der langen Weigerung des – nunmehr – Staatspräsidenten Klaus, den *Lissabon-Vertrag* zu unterzeichnen, weil er unter anderem Regreßansprüche von Sudetendeutschen unter Berufung auf die darin enthaltene *Charta der Menschenrechte* befürchtet, was Klaus schließlich mit einer einem künftigen ratifikationspflichtigen EU-Vertrag anzuhängenden Ausnahmeregelung auszuschließen hoffte. EU-Kommissar Günther Verheugen (SPD) gab der CSU die Schuld an der Blockade, weil sie sich immer wieder zum Sprachrohr „radikaler" Positionen der *Sudetendeutschen Landsmannschaft* mache und die Tschechen ängstige („Benes-Dekrete sind ein Thema von gestern" – Interview in *Tagesspiegel* vom 13. Oktober 2009).

Die Diskussion um den *Teuro* werde ebenfalls leiser, stellte Waigel zufrieden fest:

> **Jetzt bekräftigt sich, daß es sich bei der Einführung des Euro um eine der größten Erfolgsgeschichten der deutschen Nachkriegszeit seit 1949 handelt. Wir können alle miteinander stolz darauf sein, daß wir das durchgesetzt haben. ... Ihnen allen viel Glück und Gottes Segen![856]**
>
> **(Anhaltender Beifall bei der CDU/CSU und der FDP – Beifall bei der SPD, dem Bündnis 90/Die Grünen und der PDS – Die Abgeordneten von CDU/CSU und FDP erheben sich)**

Fazit: Ihr Vetorecht gab der Länderkammer die Möglichkeit, das Gesetzgebungsverfahren im letzten Moment zumindest innenpolitisch noch scheitern zu lassen. Aus dieser Verhinderungsmacht erwuchs dem Bundesrat ein Maß an Verantwortung, das dem des Bundestages nur graduell nachstand.[857] Die Ministerpräsidenten haben von dieser Macht aber nur im Vorfeld und in Form von Drohgebärden Gebrauch gemacht, nicht jedoch in der Schlußphase. Dies gilt auch für das damals von Gerhard Schröder regierte Niedersachsen.

Allein Sachsen stimmte mit *Nein.* Das Abstimmungsverhalten mindestens von Bayern war bis Beginn der Sitzung offen. In dieser erfolgte eine überraschende Wende: Bayerns Ministerpräsident Edmund Stoiber stimmte dem Beitritt Deutschlands zur dritten Stufe der Europäischen Währungsunion und damit dem Teilnehmerkreis insgesamt einschließlich Belgien und Italien zu – gegen seine Überzeugung, die er sich in unzähligen Gesprächen und durch Aktenstudium erarbeitet hatte. Aber sein *Ja* erschien ihm als einziger Ausweg aus seiner Lage.

Hätte Stoiber mit *Nein* gestimmt, wäre die CSU in die wahrscheinlich schwerste Krise seit 1949 geraten. Damit war der Mann nicht frei, sondern stand unter hohem Druck. Er hatte sich über die Einzelheiten der Währungsunion so viel Wissen wie möglich erworben. Doch eine Entscheidung nach bestem Wissen und Gewissen war Stoiber aus parteiinternen Gründen nicht möglich, nachdem Waigel eine *Spagat-Lösung* (CSU Bayern lehnt die EWU ab, CSU Bonn stimmt ihr zu) abgelehnt und Stoiber ultimativ mit sofortigem Rücktritt aus allen Ämtern gedroht hatte.

856 BtPPl 14/248, S. 25049 u. 25052.

857 Auch der Bundestag hatte in der letzten Abstimmung vom 23. April 1998 über den Beitritt zur dritten EWU-Stufe, keine 24 Stunden vor der Sitzung des Bundesrates, nur noch *Ja* oder *Nein* sagen können – eine binäre Verkürzung unter hohem, künstlich erzeugten Zeitdruck – wie so oft und bis heute in der Europapolitik zu beobachten.

12. Die Wahrnehmung der Abgeordneten

12.1 Erkenntnisinteresse und Erhebungsdesign

Anfang des Jahres 2000 erhielten die 672 amtierenden und 180 ehemaligen Bundestagsabgeordneten der 13. und 14. Wahlperiode (1994 bis 2002) einen persönlich adressierten und formulierten Brief, dem ein sechsseitiger Fragebogen mit jeweils 30 Fragen beigefügt war.[858] Der Verfasser erklärte, er suche bei den Abgeordneten, die für die Teilnahme der Bundesrepublik an der dritten Stufe der Europäischen Währungsunion gesetzgeberisch verantwortlich waren, für eine politikwissenschaftliche Arbeit Antworten auf die Fragen, ob der Euro in Deutschland „hinter einer ‚Mauer des Schweigens' durchgesetzt" worden sei, eine faire Diskussion über das Projekt in Parteien, Fraktionen, Gewerkschaften, Verbänden mittels einer „Schweigespirale" unterbunden worden, der Euro, was den deutschen Part angehe, „nicht wirklich demokratisch entstanden" sei.

Das Fragebogendesign konzentrierte sich auf das Ziel, vermeintlich oder tatsächlich Betroffene einer wie auch immer gearteten Unterdrückung mißliebiger Meinungen und Haltungen gegenüber dem Euro dazu zu bringen, sich zu offenbaren. Deshalb kam schon das Begleitschreiben sofort zur Sache. Es ging nicht darum, ein möglichst differenziertes Meinungsbild gegenüber dem Euro herzustellen oder eine Vielzahl abgewogener Argumente pro und kontra Währungsunion zu sammeln, denn die Beschlüsse waren zum Zeitpunkt der Befragung längst gefallen.

Das Verfahren war hier der Gegenstand, nicht die Inhalte, der Umgang mit den Abgeordneten und eventuelle Zwänge und Nöte, nur in zweiter Linie ihre Einschätzung der Sinnhaftigkeit der Europäischen Währungsunion. Es ging um – soweit voneinander trennbar – ihre Rolle, ihre Wahrnehmung der Abläufe, nicht um ihre Meinung. Deshalb erschien dem Verfasser eine eher holzschnittartige, provozierende Fragestellung sinnvoller mit geringen Abstufungsmöglichkeiten („trifft zu", „trifft zum Teil zu", „trifft nicht zu") als eine differenzierte, breite Palette von Antwortmöglichkeiten, etwa auf einer Skala von 1 bis 5 oder ähnliches.

Selbst wenn sich mittels einer „sanfteren" Vorgehensweise beispielsweise herausgestellt hätte, daß die damit befaßten Bundestagsabgeordneten den Euro Anfang 2000 freundlicher oder kritischer gesehen haben als 1994 oder 1998, wäre das im Sinne der Aufgabe dieser Untersuchung keine weiterführende Erkenntnis. Es ging darum, zu ermitteln, ob es eine nennenswerte Anzahl von Parlamentariern gab, die sich bei der Ausübung ihrer Aufgabe als primär legitimitätsstiftende Instanz unter Druck oder gar Zwang sah und falls ja, wie sich diese Einflüsse ihnen subjektiv vermittelten. Deshalb auch die Betonung der Möglichkeit, anonym zu antworten, gegebenenfalls per Brief ohne Absender.[859]

Es war absehbar, daß dieses Vorgehen Abwehrreaktionen – speziell unter den eindeutig positionierten Euro-Verfechtern – verursachen würde, aber das war im

---

858 Rund ein Viertel der Abgeordneten der 13. Wahlperiode ist 1998 ausgeschieden.

859 Auch von dieser Möglichkeit machten Teilnehmer Gebrauch, etwa, um sich nicht durch die Fax-Absenderkennung zu offenbaren.

Interesse eindeutiger Positionierungen zumindest nicht unerwünscht. Die Methode war geeignet, wenn sie in der Lage war, relevante Einschränkungen der Entscheidungsfreiheit der Bundestagsabgeordneten zu identifizieren. Die Bearbeitung des Fragebogens, so wurde den Empfängern versichert, dauere nur fünf bis zehn Minuten, und man möge bitte aus den Fragen nicht auf die Einstellung des Verfassers schließen, vielmehr auch reagieren, wenn man die Ausgangsthese für unzutreffend, das Vorhandensein einer „Schweigespirale“ für Einbildung halte. Handschriftliche Anmerkungen seien willkommen. Diskretion, so der Schluß des Begleitbriefes, werde zugesichert; zitiert werde nur, wer sich damit einverstanden erkläre. Vorgeschlagen wurde Rücksendung per Fax.

Um einen Eindruck zu gewinnen, wie zum selben Zeitpunkt Abgeordnete anderer politischer Ebenen die Euro-Entstehungsgeschichte einschätzten, ging der Fragebogen fast wortgleich an 129 deutsche Mitglieder und Mitglieder a. D. des Europäischen Parlaments (MdEP) sowie an die 110 amtierenden Abgeordneten des Hessischen Landtages (MdL). Es wurden somit 1086 Fragebögen versandt.

Insgesamt reagierten 414 Politiker aller Ebenen, entsprechend einer Rücklaufquote über alles von 28,6 Prozent.[860] 532mal wurden handschriftliche Anmerkungen gemacht.[861] 70 Prozent der Teilnehmer waren Männer, 13,9 Prozent Frauen, Rest unbekannt. Im Schnitt 62,2 Prozent gestatteten ausdrücklich, namentlich zitiert zu werden; die übrigen verneinten diese Frage oder ließen es offen.[862] Von den 847 amtierenden beziehungsweise jüngst ausgeschiedenen Bundestagsabgeordneten reagierten 165, entsprechend 19 Prozent. Das Durchschnittsalter dieser 165 Politiker betrug zum Zeitpunkt der Befragung 53,6 Jahre; 73,9 Prozent waren männlich, 15,8 Prozent weiblich.[863] 78,8 Prozent stammten aus Westdeutschland, 12,1 Prozent aus Ostdeutschland. 314mal wurde von dieser Gruppe die Möglichkeit genutzt, Anmerkungen anzubringen. Einige sandten den Fragebogen nicht zurück, sondern schrieben dem Verfasser zum Teil ausführliche Briefe, um ihre Sichtweise der Abläufe individuell und jenseits des Befragungsrasters darzulegen. Die Rücklaufquoten schwankten unter den Fraktionen zwischen 18,1 und 20,3 Prozent; eine Quote von 18 Prozent wurde überall überschritten.

Von den 129 amtierenden beziehungsweise jüngst ausgeschiedenen Mitgliedern des Europäischen Parlaments sandten 36 den Fragebogen ausgefüllt zurück, was einer Quote von 28 Prozent entspricht. 69,4 Prozent waren Männer, 14 Prozent Frauen. 55,6 Prozent erteilten eine Freigabe für namentliche Zitate, 121mal wurden handschriftliche Anmerkungen angebracht.[864] Die 110 angeschriebenen Abgeordneten des Hessischen Landtages reagierten zu 38,2 Prozent (42 Rücksendungen), was die höchste Rücklaufquote darstellte. 66,7 Prozent waren Männer, 11,9 Prozent Frauen. 66,7 Prozent waren mit namentlicher Nennung einverstanden; 97mal machten sie Anmerkungen.

---

860 Da zum Teil anonym geantwortet wurde, lassen sich die Rücklaufquoten für die einzelnen Gruppen nur mit einer Schwankungsbreite von plus/minus einem Prozent angeben.

861 Wiedergegeben wird eine Auswahl. Die Zitate wurden sinnbewahrend zusammengefaßt.

862 Freigabe erteilten 64,2 Prozent der MdB, 55,6 Prozent der MdEP, 66,7 Prozent der MdL.

863 Jeweils fehlende Werte zu 100: Unbekannt wegen anonymer Beantwortung.

864 Das jeweilige Alter wurde nur bei den Bundestagsabgeordneten ermittelt.

12.2 Antworten der Abgeordneten

Frage 1: Charakter des Verfahrens

> Es gibt eine These, die sinngemäß lautet: „Die Europäische Währungsunion wurde allgemein in den deutschen Parteien, Gewerkschaften und Verbänden weitgehend ‚von oben' durchgesetzt.

MdB total:[865]	30 % „trifft zu", 48 % „teils", 22 % „trifft nicht zu".
MdB detail:	CDU: 17/49/32, CSU 29/36/36, SPD 32/51/20, Grüne 50/50/0, PDS 70/30/0, FDP 29/50/21, anonym 27/53/20.
MdEP:	19% „trifft zu", 44% „teils", 36% „trifft nicht zu".
MdL:	31 % „trifft zu", 41 % „teils", 24 % „trifft nicht zu".
Anmerkungen:	„Denken Sie daran, daß das Thema seit 1957 Programm war und seit 1984 (!) vorbereitet wurde." (Erich G. Fritz, CDU). „Das ist bei allen zentralen Entscheidungen so." (Wolfgang Vogt, CDU). „Wobei die PDS eigene Vorstellungen hatte, die in ihr nicht ‚von oben' durchgesetzt werden mußten. (Willibald Jacob, PDS). „Wie fast alle Regelungen in einer Demokratie." (Dietrich Sperling, SPD).

Frage 2: Umgang mit Kritik

> Kritische Fragen zum Euro und Bedenken waren allgemein in den entscheidenden Gremien und Institutionen ab einer gewissen Zeit unerwünscht.

MdB total:	13 % „trifft zu", 34 % „teils", 53 % „trifft nicht zu".
MdB detail:	CDU: 9/23/68, CSU 14/36/50, SPD 11/35/54, Grüne 25/38/38, PDS 40/50/10, FDP 21/29/50, anonym 7/53/40.
MdEP:	6 % „trifft zu", 3 % „teils", 92 % „trifft nicht zu".
MdL:	14 % „trifft zu", 26 % „teils", 55 % „trifft nicht zu".
Anmerkungen:	„In der Arbeitsgruppe Wirtschaft gab es Gesprächskreis, in dem bewußt die Argumente für den Euro kritisch gegen den Strich gebürstet wurden." (Erich G. Fritz, CDU). „In der CSU gab es eine intensive und auch kritische Diskussion." (Gerhard Friedrich, CSU). „Kritische Fragen waren vor einer gewissen Zeit unerwünscht." (Willibald Jacob, PDS). „Selbstbewußtsein muß man in der Politik schon haben!" (Michael Müller, SPD).

865 Die Prozentangaben wurden bis 0,4 ab- und ab 0,5 aufgerundet. Daraus resultieren zum Teil Summen knapp unter oder über 100 Prozent. An 100 fehlende: Keine Antwort.

Frage 3: Umgang mit Opposition

> Opposition gegen die Europäische Währungsunion, soweit sie sich überhaupt regte, wurde in den deutschen Parteien, Fraktionen, Gewerkschaften und Verbänden weitgehend unterbunden oder zumindest unwirksam gemacht.

MdB total:	7 % „trifft zu", 23 % „teils", 70 % „trifft nicht zu".
MdB detail:	CDU: 4/13/83, CSU 7/29/57, SPD 7/19/74, Grüne 25/13/63, PDS 20/60/20, FDP 0/21/79, anonym 0/53/47.
MdEP:	0 % „trifft zu", 8 % „teils", 89 % „trifft nicht zu".
MdL:	12 % „trifft zu", 17 % „teils", 67 % „trifft nicht zu".
Anmerkungen:	„Wichtiges Beispiel CDU/CSU: BK Kohl wollte, Teile der Partei nicht – ‚Chefsache'." (Helmut Haussmann, FDP). „Diesen Eindruck mußte man zwangsläufig gewinnen, weil Argumente stereotyp wiederholt wurden." (Rolf Kutzmutz, PDS). „Das Thema wurde nie so hoch gezogen, daß dies zur Rede stand." (Michael Müller, SPD).

Frage 4: Offenheit der Debatte

> Eine wirklich offene, konstruktive und faire Diskussion über den Euro und seine Vor- und Nachteile fand in meiner Fraktion und/oder in der Partei nicht statt.

MdB total:	5 % „trifft zu", 15 % „teils", 80 % „trifft nicht zu".
MdB detail:	CDU: 4/15/81, CSU 7/14/79, SPD 5/12/83, Grüne 13/13/75, PDS 0/20/80, FDP 7/7/86, anonym 0/33/67.
MdEP:	3 % „trifft zu", 8 % „teils", 83 % „trifft nicht zu".
MdL:	7 % „trifft zu", 21 % „teils", 67 % „trifft nicht zu".
Anmerkungen:	„Interesse war oft nicht da oder begrenzt." (Rainer Jork, CDU). „CSU forderte 1946 (!) eine Europäische Währungsunion!" (Bernd Protzner, CSU). „Wir haben Euro bewußt diskutiert (Genscher und ich) und Meinungsänderung erreicht bei Solms, Graf Lambsdorff, Kinkel!" (Helmut Haussmann, FDP). „Jeder hatte Möglichkeit, in Fraktion seine Meinung zu sagen." (Hans-Hinrich Knaape, SPD). „In Fraktion wohl, aber nicht in organisiertem Entscheidungsprozeß." (Eckart Kuhlwein, SPD).

Frage 5: Verleumdung von Kritikern

> Wer sich in meiner Fraktion und/oder in der Partei kritisch zum Euro äußerte oder kritische Fragen stellte, mußte damit rechnen, als D-Mark-Chauvinist oder Schlimmeres oder als schlechter Europäer hingestellt zu werden.

MdB total:	4 % „trifft zu“, 16 % „teils“, 81 % „trifft nicht zu“.
MdB detail:	CDU: 0/17/83, CSU 0/36/64, SPD 2/9/90, Grüne 13/13/75, PDS 10/0/90, FDP 7/21/71, anonym 13/27/60.
MdEP:	0 % „trifft zu“, 17 % „teils“, 81 % „trifft nicht zu“.
MdL:	5 % „trifft zu“, 17 % „teils“, 74 % „trifft nicht zu“.
Anmerkungen:	„Ich habe in der Fraktion einen sehr fairen Umgang mit den Kritikern beobachtet; sie haben auch nicht mit ihrer Meinung zurückgehalten.“ (Erich G. Fritz, CDU). „Wir mußten uns vor den späten CSU-Bedenken und noch rechteren Ansichten hüten.“ (Willibald Jacob, PDS). „Ich konnte meine kritischen Positionen breit vortragen.“ (Reinhard Schultz, SPD). „Die Fraktion hat unendlich viel Zeit und Kraft aufgewendet, um die Problematik von allen Seiten zu erörtern. (Arne Fuhrmann, SPD). „Diese Gefahr bestand immer (Lummer, Gauweiler, Stoiber).“ (anonym).

Frage 6: Unangenehme Situationen

> Es kam vor, daß mir Menschen, die sich mit dem Thema nicht so gut auskannten, z. B. im Wahlkreis, an der Basis, Fragen zu Sinn, Zweck und Risiken des Euro stellten, auf die ich keine wirklich überzeugende Antwort hatte.

MdB total:	4 % „trifft zu“, 20 % „teils“, 76 % „trifft nicht zu“.
MdB detail:	CDU: 4/15/81, CSU 0/7/93, SPD 4/23/74, Grüne 0/13/88, PDS 0/0/100, FDP 7/36/57, anonym 13/47/40.
MdEP:	0 % „trifft zu“, 11 % „teils“, 86 % „trifft nicht zu“.
MdL:	5 % „trifft zu“, 14 % „teils“, 76 % „trifft nicht zu“.
Anmerkungen:	„Die meisten Fragen wurden zu Risiken gestellt.“ (Rolf Kutzmutz, PDS). „Habe mich mit sehr viel Literatur versorgt und sie auch gelesen und eigene Veranstaltungen zum Thema gemacht.“ (Heidemarie Ehlert, PDS).

Frage 7: Zurückhaltung eigener Bedenken

> Ich erinnere mich an Situationen, in denen ich meine eigenen Bedenken und Fragen zum Euro nicht zu erkennen gab, um nicht andere Menschen, die sich nicht so gut auskannten, bei diesem heiklen Thema noch mehr zu verunsichern.

MdB total:	4 % „trifft zu", 20 % „teils", 76 % „trifft nicht zu".
MdB detail:	CDU: 4/15/81, CSU 0/7/93, SPD 4/23/74, Grüne 0/13/88, PDS 0/0/100, FDP 7/36/57, anonym 7/40/47.
MdEP:	0 % „trifft zu", 11 % „teils", 86 % „trifft nicht zu".
MdL:	5 % „trifft zu", 14 % „teils", 76 % „trifft nicht zu".
Anmerkungen:	„Es gibt keinen Euro ohne Risiken." (Rita Süßmuth, CDU).

Frage 8: Verbergung von Unsicherheiten

> Manchmal hätte ich bei einigen Fragen zum Euro am liebsten einfach gesagt: ‚Leute, ich weiß es auch nicht!'. Aber das ging in meiner Position natürlich nicht.

MdB total:	4 % „trifft zu", 18 % „teils", 77 % „trifft nicht zu".
MdB detail:	CDU: 2/9/90, CSU 0/7/79, SPD 5/19/75, Grüne 0/25/75, PDS 0/20/80, FDP 14/14/71, anonym 6/47/47.
MdEP:	0 % „trifft zu", 14 % „teils", 81 % „trifft nicht zu".
MdL:	5 % „trifft zu", 14 % „teils", 76 % „trifft nicht zu".
Anmerkungen:	„Daß ich den Vorgang nicht voll durchschaute, habe ich gesagt." (Gerhard Scheu, CSU).

Frage 9: Energischere Intervention

> Rückblickend betrachtet, wünsche ich, ich wäre beim Euro hier und da hartnäckiger geblieben oder hätte energischer meine Bedenken formuliert.

MdB total:	2 % „trifft zu", 7 % „teils", 89 % „trifft nicht zu".
MdB detail:	CDU: 0/6/94, CSU 0/14/79, SPD 4/4/92, Grüne 13/25/63, PDS 0/0/100, FDP 7/7/86, anonym 0/13/87.
MdEP:	0 % „trifft zu", 3 % „teils", 97 % „trifft nicht zu".
MdL:	5 % „trifft zu", 10 % „teils", 81 % „trifft nicht zu".
Anmerkungen:	„Es reicht eben nicht aus, Europa um eine Bank herum zu bauen. Ich hatte weitergehende Ziele." (Michael Müller, SPD). „Ich habe oft und deutlich meine Bedenken geäußert und gegen die Verträge von Maastricht und Amsterdam gestimmt." (Peter Conradi, SPD). „Nein – weil ich nun besser mit Entwicklung leben kann als erwartet." (Reinhard Schultz, SPD).

Frage 10: Automatik des Prozesses

> Mit dem Vertrag von Maastricht 1991 war die Sache im Prinzip gelaufen. Eine Möglichkeit, die Währungsunion zu stoppen, gab es – realistisch betrachtet – danach nicht mehr.

MdB total:	38 % „trifft zu“, 37 % „teils“, 24 % „trifft nicht zu“.
MdB detail:	CDU: 32/26/43, CSU 57/36/0, SPD 35/47/16, Grüne 36/25/38, PDS 10/70/20, FDP 64/29/7, anonym 47/33/20.
MdEP:	22 % „trifft zu“, 31 % „teils“, 42 % „trifft nicht zu“.
MdL:	45 % „trifft zu“, 36 % „teils“, 17 % „trifft nicht zu“.
Anmerkungen:	„Bei Nichterfüllung der Kriterien wäre es sehr schwierig geworden, die Währungsunion noch zu stoppen.“ (Gerhard Friedrich, CSU). „Warum hätte man den stoppen sollen? Wichtig war Stabilitätspakt.“ (Wolfgang Gröbl, CSU). „Wegen der deutschen Einigung wurde das Thema in Parteien, Parlament und Öffentlichkeit völlig unterbelichtet behandelt.“ (Liesel Hartenstein, SPD).

Frage 11: Bewußtsein der Tragweite

> Die Tragweite der Beschlüsse von Maastricht – der endgültige Abschied von der D-Mark, die Unumkehrbarkeit der Entscheidungen – ist mir erst hinterher nach und nach klargeworden.

MdB total:	6 % „trifft zu“, 17 % „teils“, 77 % „trifft nicht zu“.
MdB detail:	CDU: 4/15/81, CSU 7/14/71, SPD 4/16/81, Grüne 13/38/50, PDS 0/50/50, FDP 14/0/86, anonym 7/13/80.
MdEP:	0 % „trifft zu“, 11 % „teils“, 86 % „trifft nicht zu“.
MdL:	10 % „trifft zu“, 17 % „teils“, 71 % „trifft nicht zu“.
Anmerkungen:	„Ich kannte und wollte Unumkehrbarkeit.“ (Wolfgang Gröbl, CSU). „Mir wurde es klar, als auch die Bundesbank einknickte.“ (Gerhard Scheu, CSU). „Im Fraktionsvorstand habe ich davor gewarnt, die PDS könnte sich des Themas in populistischer Weise bemächtigen und damit Wahlkampf machen.“ (Eckart Kuhlwein, SPD).

Frage 12: Rolle des Bundestages

Der Deutsche Bundestag hätte sich intensiver mit der Europäischen Währungsunion und damit zusammenhängenden Fragen befassen sollen. So war es nach meinem Empfinden zu sehr ein Projekt der Exekutive, während die Legislative häufig nur eine Zuschauer-Rolle spielte.[866]

MdB total:	18 % „trifft zu", 34 % „teils", 47 % „trifft nicht zu".
MdB detail:	CDU: 6/43/51, CSU 14/14/71, SPD 18/35/46, Grüne 38/0/63, PDS 50/30/20, FDP 14/43/43, anonym 33/33/33.
MdEP:	3 % „trifft zu", 19 % „teils", 75 % „trifft nicht zu".
MdL:	21 % „trifft zu", 43 % „teils", 33 % „trifft nicht zu".
Anmerkungen:	„Viele MdB außerhalb der Fachbereiche gaben uns Europapolitikern grenzenloses Vertrauen (die schaffen das schon) und hielten sich nur für Wahlkreiskommunikation auf dem laufenden." (Rudolf Meyer, CDU). „Selten ist etwas ausgiebiger diskutiert worden." (CDU-Bundestagsabgeordnete). „In Europafragen spielt Bundestag bis heute nur marginale Rolle." (Gerhard Scheu, CSU).

Frage 13: Hoffnung auf Karlsruhe

Ich habe – insgeheim oder offen – gehofft, das Bundesverfassungsgericht werde den Euro und die Abschaffung der D-Mark noch stoppen.

MdB total:	4 % „trifft zu", 3 % „teils", 93 % „trifft nicht zu".
MdB detail:	CDU: 0/4/96, CSU 0/7/86, SPD 5/0/95, Grüne 0/13/86, PDS 20/10/70, FDP 7/0/93, anonym 0/0/100.
MdEP:	0 % „trifft zu", 0 % „teils", 97 % „trifft nicht zu".
MdL:	2 % „trifft zu", 5 % „teils", 91 % „trifft nicht zu".
Anmerkungen:	„Gehofft hatte ich auf eine breitere Stimmung für einen Volksentscheid." (Rolf Kutzmutz, PDS). „Es ist eine politische Entscheidung und ich halte nichts davon, das den Gerichten zu überlassen." (Monika Griefahn, SPD).

866 Die Europaabgeordneten wurden in dieser Frage nach Ihrer Rolle im EP gefragt.

Frage 14: Schwächen der Medien

> **Die Medien haben die Tragweite der Beschlüsse von Maastricht viel zu spät begriffen. Sie sind erst richtig auf das Thema „Euro" eingegangen und haben die Bevölkerung aufgeklärt, als es keinen Weg zurück mehr gab.**

MdB total:	24 % „trifft zu", 46 % „teils", 29 % „trifft nicht zu".
MdB detail:	CDU: 21/36/38, CSU 7/71/21, SPD 26/47/26, Grüne 37/13/50, PDS 20/70/10, FDP 36/29/36, anonym 20/67/13.
MdEP:	31 % „trifft zu", 42 % „teils", 19 % „trifft nicht zu".
MdL:	29 % „trifft zu", 43 % „teils", 26 % „trifft nicht zu".
Anmerkungen:	„Das gilt für viele Fragen in der Politik: Besserwisserische Kommentare zu Entschlüssen stehen deutlich vor Information und Aufklärung." (Rainer Jork, CDU). „Es gab unglaublich viel Berichterstattung und Problemaufarbeitung in den Medien, aber die Aufmerksamkeit hielt sich bei den meisten Menschen in Grenzen." (Rudolf Meyer, CDU). „Die Medien haben zu wenig geworben, also zu wenig positiv berichtet." (Klaus Francke, CDU). „Kritik entwickelt sich oft erst breit und populistisch, wenn sie nichts mehr bewirken kann." (Reinhard Schultz, SPD)

Frage 15: Junktim mit politischer Union

> **Man hätte darauf bestehen müssen, daß die politische Union der EU zusammen mit der Währungsunion kommt, wie es bis August 1991 versprochen wurde.**

MdB total:	22 % „trifft zu", 25 % „teils", 53 % „trifft nicht zu".
MdB detail:	CDU: 13/19/68, CSU 14/14/71, SPD 25/26/47, Grüne 25/25/50, PDS 60/30/10, FDP 29/21/50, anonym 13/47/40.
MdEP:	14 % „trifft zu", 22 % „teils", 58 % „trifft nicht zu".
MdL:	14 % „trifft zu", 33 % „teils", 50 % „trifft nicht zu".
Anmerkungen:	„Europa ist immer so vorangekommen. Wer auf die politische Union gewartet hätte, hätte den Euro nicht bekommen. Der Euro erhöht nun den Zwang zu integrierter Politik." (Erich G. Fritz, CDU).

Frage 16: Generelle Existenz einer Schweigespirale

Kritiker sagen, es habe in Politik, Gewerkschaften, Verbänden und Institutionen eine Art „Schweigespirale" gegeben, die Ansätze einer offenen, sachlichen, fairen Debatte über Pro und Contra des Euro im Sande verlaufen ließ.

MdB total:	6 % „trifft zu", 24 % „teils", 67 % „trifft nicht zu".
MdB detail:	CDU: 2/19/79, CSU 7/21/64, SPD 5/18/75, Grüne 13/38/50, PDS 30/40/20, FDP 0/29/64, anonym 13/47/40.
MdEP:	0 % „trifft zu", 11 % „teils", 86 % „trifft nicht zu".
MdL:	10 % „trifft zu", 14 % „teils", 69 % „trifft nicht zu".
Anmerkungen:	„Aus Desinteresse!" (CDU-Bundestagsabgeordnete). „Wo waren die ganzen Kritiker eigentlich während dieser Diskussion?" (CDU-Bundestagsabgeordnete). Es gab heftige Diskussionen in allen CSU-Parteigremien (Wolfgang Gröbl, CSU). „Das hat auch etwas mit unserer Zeit der kurzen Fristen zu tun." (Michael Müller, SPD).

Frage 17: Konsequenzen für Dritte wegen Tabuverletzung

Ich kenne jemanden, dem wurden wegen seiner kritischen Haltung zum Euro persönliche Nachteile angedroht bzw. er/sie hat diese Nachteile tatsächlich erfahren.

MdB total:	3 % „trifft zu", 90 % „trifft nicht zu".
MdB detail:	CDU: 0/96, CSU 0/93, SPD 2/92, Grüne 0/75, PDS 20/70, FDP 7/86, anonym 7/93.
MdEP:	0 % „trifft zu", 94 % „trifft nicht zu".
MdL:	7 % „trifft zu", 91 % „trifft nicht zu".
Anmerkungen:	„Abgeordnete der Regierungsparteien haben immer Probleme, wenn sie abweichende Meinungen vertreten. Artikel 38 GG ist ausgehebelt. (Hans Wallow, SPD)

Fragen 18 und 19: Persönliche Konsequenzen wegen Tabuverletzung

Ich habe die Wirksamkeit dieser Schweigespirale mindestens einmal am eigenen Leibe verspürt.

MdB total:	6 % „trifft zu", 24 % „teils", 67 % „trifft nicht zu".
MdB detail:	CDU: 2/19/79, CSU 7/21/64, SPD 5/18/75, Grüne 13/38/50, PDS 30/40/20, FDP 0/29/64, anonym 7/40/47.
MdEP:	0 % „trifft zu", 11 % „teils", 86 % „trifft nicht zu".
MdL:	10 % „trifft zu", 14 % „teils", 69 % „trifft nicht zu".

Anmerkungen zu Fragen 18 und 19:

„Der Euro war von Helmut Kohl zu einer Frage von Krieg und Frieden erklärt worden." (Gerhard Scheu, CSU).

„These ist falsch. Euro ist Ergebnis einer konstruktiven, demokratischen Auseinandersetzung, bei der die Bedenken nicht außer Acht gelassen wurden." (Georg Brunnhuber, CDU).

„Diskussionen zwischen Gegnern und Befürwortern waren immer möglich. Die Euro-Argumentation war aber überzeugender nach meiner Erfahrung." (Rudolf Meyer, CDU).

Öffentliche und interne Darstellung erfolgten erst, nachdem die Beschlüsse gefaßt waren." (CDU-Bundestagsabgeordneter).

„Es hat zwar in den großen Parteien zu wenig offene Diskussionen gegeben; durch die extrem aufwendigen und intensiven Anzeigenkampagnen insbesondere der Partei ‚Initiative Pro DM' kann von einer ‚Schweigespirale' wohl nicht die Rede sein." (Andreas Storm, CDU).

„Viele Leute hatten Bedenken, hatten sich aber auch mit dem komplexen Thema zu wenig beschäftigt." (Helmut Haussmann, FDP).

„Europa wurde von oben angegangen, das heißt: Kritik war immer auch Kritik an den führenden Personen." (Ulrike Flach, FDP).

„Leider habe ich resigniert und sogar zugestimmt – das erste Mal gegen meine Überzeugung! Das ärgert mich bis am allermeisten." (Grüne Abgeordnete).

„Kritiker wurden gefragt, ob sie den begonnenen Weg der Einheit in Europa aufhalten wollten." (Rolf Kutzmutz, PDS).

„Der Euro wurde nicht als politisches Projekt, dem man zustimmen oder nicht zustimmen kann, sondern als wirtschafts- und finanzpolitischer Sachzwang behandelt." (Wolfgang Gehrke, PDS).

„Die Schweigespirale hat funktioniert wie immer: Zwei bis drei Spitzenfunktionäre von CDU/CSU und SPD beschließen das und die Hammelherden folgen. Je nach Temperament widerwillig murrend oder brav angepaßt. Aber sie folgen!" (Hans Wallow, SPD).

„Angeblich konnte es sich Deutschland nicht leisten, sich gegen einen angeblichen europäischen Konsens zu stellen. Verspätetes Nachkriegstrauma." (Reinhard Schulz, SPD).

„Es wurde halt von der Exekutive zack-zack durchgezogen, ohne daß eine öffentliche Debatte gesucht worden wäre." (Axel Berg, SPD).

„Diskussionsverweigerung der Parteiführung auf Parteitagen und in der Fraktion; keine kontroverse Debatte erwünscht; geringe Redemöglichkeiten im Bundestag." (Peter Conradi, SPD).

„Es gab weder in Fraktion noch in Partei einen organisierten Willensbildungsprozeß über das Ob, sondern höchstens noch über das Wie. Vorlagen und Beschlüsse blieben meistens bewußt unscharf." (Eckart Kuhlwein).

„Euroskeptische Parteien wurden unter Faschismusverdacht gestellt." (anonym).

Frage 20: Souveränität der Vorsitzenden

Manchmal glaube ich, unseren Spitzenleuten und -vordenkern war beim Thema „Euro" selbst nicht ganz wohl in ihrer Haut. Sie haben es nur nicht zugegeben.

MdB total:	5 % „trifft zu", 36 % „teils", 54 % „trifft nicht zu".
MdB detail:	CDU: 0/28/70, CSU 7/29/64, SPD 5/51/35, Grüne 0/13/75, PDS 20/50/30, FDP 7/21/71, anonym 7/33/53.
MdEP:	3 % „trifft zu", 31 % „teils", 61 % „trifft nicht zu".
MdL:	10 % „trifft zu", 24 % „teils", 64 % „trifft nicht zu".
Anmerkungen:	„Es war ja auch durchaus ein Risiko. Die Verunsicherung sollte nicht noch verstärkt werden." (anonym).

Frage 21: Alternative für Wählerinnen und Wähler

Ich hätte es gut gefunden und unterstützt, wenn meine Partei kraft ihrer politischen Kompetenz klar auf Gegenkurs zur Währungsunion gegangen und dies auch offensiv in den Wahlkämpfen vertreten hätte. Dann hätten die Wählerinnen und Wähler auch eine echte Alternative zum Euro-Kurs besessen.

MdB total:	2 % „trifft zu", 4 % „teils", 89 % „trifft nicht zu".
MdB detail:	CDU: 0/4/96, CSU 0/0/79, SPD 4/4/90, Grüne 13/13/63, PDS 10/10/70, FDP 0/7/86, anonym 0/0/100.
MdEP:	0 % „trifft zu", 0 % „teils", 97 % „trifft nicht zu".
MdL:	2 % „trifft zu", 5 % „teils", 88 % „trifft nicht zu".
Anmerkungen:	„Die CSU (Ministerpräsident Dr. Stoiber) hat getan, was sie konnte." (Gerhard Scheu, CSU). „Die PDS war auf Gegenkurs." (Wolfgang Gehrke, PDS). „Ich wollte keinen Gegenkurs, sondern einen Gegenentwurf mit dem Euro am Ende." (Reinhard Schultz, SPD).

Frage 22: Signalwirkung von Baden-Württemberg

Hätte die SPD mit ihrem Anti-Euro-Landtagswahlkampf in Baden-Württemberg damals Erfolg gehabt, wäre die ganze Sache anders gelaufen. Dann hätte es viel mehr politischen Widerstand gegen den Euro in Bonn gegeben.

MdB total:	9 % „trifft zu", 35 % „teils", 49 % „trifft nicht zu".
MdB detail:	CDU: 11/32/55, CSU 7/21/57, SPD 7/28/53, Grüne 25/50/25, PDS 0/60/30, FDP 14/50/29, anonym 7/47/47.
MdEP:	6 % „trifft zu", 31 % „teils", 56 % „trifft nicht zu".
MdL:	5 % „trifft zu", 31 % „teils", 55 % „trifft nicht zu".
Anmerkungen:	„Gerade deshalb hatte sie keinen Erfolg." (Siegfried Hornung, CDU). „Das wäre eine Katastrophe gewesen." (Sabine Leutheusser-Schnarrenberger, FDP).

Frage 23: Sorgen wegen des Außenwertes

> **Wenn ich an den Euro denke, speziell daran, daß er einen guten Teil seines Außenwertes gegenüber dem Dollar bereits verloren hat, mache ich mir Sorgen, weil die Sache ein Experiment mit ungewissem Ausgang und damit riskant ist.**

MdB total:	8 % „trifft zu", 17 % „teils", 73 % „trifft nicht zu".
MdB detail:	CDU: 2/11/87, CSU 7/7/79, SPD 5/18/74, Grüne 0/13/75, PDS 50/40/10, FDP 14/7/79, anonym 7/40/53.
MdEP:	3 % „trifft zu", 3 % „teils", 83 % „trifft nicht zu".
MdL:	5 % „trifft zu", 17 % „teils", 74 % „trifft nicht zu".
Anmerkungen:	„Bitte nicht Außenwert und Binnenstabilität verwechseln. Auch die D-Mark stünde heute bei der zweitschwächsten Wirtschaftsentwicklung in Europa gegen den Dollar schlecht da." (Erich G. Fritz, CDU). „Der Verlust des Außenwertes hat positive und negative Auswirkungen für die Euro-Zone." (SPD-Bundestagsabgeordneter). „Im Gegenteil: Exportintensive Branchen profitieren." (Arne Fuhrmann, SPD.

Frage 24: Legitimation durch Volksabstimmung

> **Man hätte auch in Deutschland eine Volksabstimmung über den Euro veranstalten sollen, um die Währungsunion besser demokratisch zu legitimieren und in der Bevölkerung zu verankern. Das Risiko, daß die Währungsunion daraufhin hätte verschoben werden müssen, hätte man eingehen sollen.**

MdB total:	33 % „trifft zu", 64 % „trifft nicht zu".
MdB detail:	CDU: 2/96, CSU 14/86, SPD 42/53, Grüne 75/25, PDS 100/0, FDP 50/50, anonym 33/67.
MdEP:	14 % „trifft zu", 78 % „trifft nicht zu".
MdL:	24 % „trifft zu", 71 % „trifft nicht zu".
Anmerkungen:	„Die Meinung des Volkes war auch ohne Volksabstimmung bekannt." (Heinrich Lummer, CDU). „Das Volk war auch nicht gescheiter als Eliten und Experten." (Gerhard Scheu, CSU). „Ja, aber schon 1991/1992 nach Maastricht!" (Christian Sterzing, Grüne) „Politik muß auch Verantwortung übernehmen." (Michael Müller, SPD). „Die Chance zu Volksabstimmungen mittels Grundgesetzänderung wurde 1991/1992 vertan." (Reinhard Schultz, SPD). „Komplizierte währungspolitische Zusammenhänge sind nicht für Volksentscheide geeignet." (Eckart Kuhlwein, SPD).

Frage 25: Option einer Verschiebung

> Man hätte die Europäische Währungsunion und die Abschaffung der D-Mark auf jeden Fall verschieben sollen. Die Zeit ist einfach noch nicht reif."

MdB total:	11 % „trifft zu", 86 % „trifft nicht zu".
MdB detail:	CDU: 4/96, CSU 7/93, SPD 7/88, Grüne 13/75, PDS 80/20, FDP 7/93, anonym 7/87.
MdEP:	0 % „trifft zu", 97 % „trifft nicht zu".
MdL:	10 % „trifft zu", 86 % „trifft nicht zu".
Anmerkungen:	„Wenn schon, dann gleich, aber mit härteren Kriterien." (Gerhard Scheu, CSU).

Frage 26: Demokratische Qualität in der Gesamtschau

> Wirklich demokratisch ist die Sache mit dem Euro nicht gelaufen.

MdB total:	16 % „trifft zu", 20 % „teils", 61 % „trifft nicht zu".
MdB detail:	CDU: 4/15/79, CSU 7/14/71, SPD 14/26/53, Grüne 38/13/50, PDS 80/0/20, FDP 14/21/64, anonym 13/33/53.
MdEP:	3 % „trifft zu", 11 % „teils", 78 % „trifft nicht zu".
MdL:	10 % „trifft zu", 31 % „teils", 57 % „trifft nicht zu".
Anmerkungen:	„Es gibt ein grundsätzliches Demokratiedefizit bei europäischen Entscheidungen." (Michael Roth, SPD).

Frage 28: Schlüsselrolle von Helmut Kohl

> Der Euro ist in erster Linie Helmut Kohls Werk. Er hat die Währungsunion in der CDU, dann in der CSU und schließlich in ganz Deutschland gegen alle Widerstände und Kritik durchgesetzt.

MdB total:	21 % „trifft zu", 49 % „teils", 29 % „trifft nicht zu".
MdB detail:	CDU: 30/52/19, CSU 36/57/7, SPD 11/47/39, Grüne 25/38/38, PDS 40/50/10, FDP 14/36/50, anonym 13/53/33.
MdEP:	6 % „trifft zu", 31 % „teils", 58 % „trifft nicht zu".
MdL:	24 % „trifft zu", 36 % „teils", 29 % „trifft nicht zu".
Anmerkungen:	„Kohl hat dafür alle demokratischen Hebel benutzt. Ich bin ihm dafür dankbar – seine Leistung ist mit Geld nicht zu bezahlen!" (Rudolf Meyer, CDU). „Waigels Rolle sollte aber nicht unterschätzt werden!" (Gerhard Friedrich, CSU). „Bis auf Waigel war die CSU im Grunde nicht überzeugt." (Gerhard Scheu, CSU). „Es war gerade auch Genschers Werk." (Sabine Leutheusser-Schnarrenberger, FDP). „Die Idee stammt von Helmut Schmidt!" (Brigitte Schulte, SPD).

Frage 29: Charismatische Wirkung von Helmut Kohl

Erst war ich ja auch skeptisch gegenüber der Währungsunion, aber die unerschütterliche Zuversicht Kohls, daß er so fest an die friedensstiftende Wirkung des Euro in Europa glaubte, hat mich irgendwann umdenken lassen."

MdB total:	1 % „trifft zu", 14 % „teils", 81 % „trifft nicht zu".
MdB detail:	CDU: 2/19/79, CSU 0/14/71, SPD 2/4/86, Grüne 0/13/86, PDS 0/0/100, FDP 14/36/50, anonym 13/53/33.
MdEP:	0 % „trifft zu", 3 % „teils", 89 % „trifft nicht zu".
MdL:	2 % „trifft zu", 10 % „teils", 76 % „trifft nicht zu".
Anmerkungen:	„Ich war auch erst skeptisch, aber es war nicht Kohl, der mich überzeugte." (Christian Sterzing, Grüne). „Ich war auch ohne Kohl nicht skeptisch." (Alfred Hartenbach, SPD).

Frage 30: Klarheit über Motivlage von Helmut Kohl

Die Motive Kohls, die D-Mark abzuschaffen, habe ich bis heute nicht hundertprozentig verstanden.

MdB total:	2 % „trifft zu", 9 % „teils", 82 % „trifft nicht zu".
MdB detail:	CDU: 2/2/96, CSU 0/0/79, SPD 4/7/77, Grüne 0/38/63, PDS 0/30/60, FDP 7/7/86, anonym 0/13/80.
MdEP:	0 % „trifft zu", 0 % „teils", 81 % „trifft nicht zu".
MdL:	2 % „trifft zu", 2 % „teils", 83 % „trifft nicht zu".

Grafik zu These 24:

„Man hätte auch in Deutschland ein Referendum über den Euro veranstalten sollen": (MdB total):

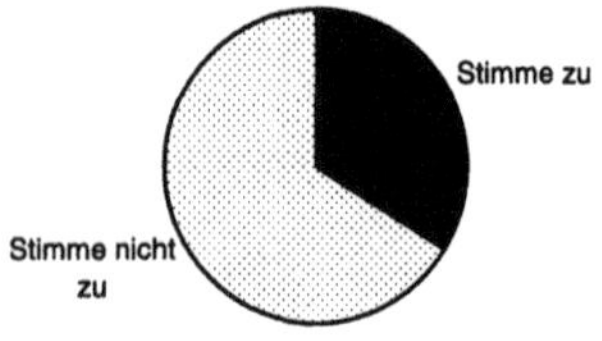

64 Prozent: Stimme ich nicht zu 33 Prozent: Stimme ich zu

12.3 Fragebogen-Auswertung und Schlußfolgerungen

Daß die Europäische Währungsunion ein „von oben", von den jeweiligen Führungsgremien in Parteien und Fraktionen durchgesetztes Projekt ist, wird von den Bundestagsabgeordneten als maßgebliche Quelle von Legitimität nicht bestritten. Größtenteils verbinden sie damit offenbar aber kein Problem, gehören derartige Entscheidungsmuster doch zu den zentralen Lebenserfahrungen jener Politiker, die selbst nicht Führungsverantwortung tragen. Mit einer gewissen Nonchalance scheinen die Abgeordneten in ihrer Mehrheit auch hinzunehmen, daß „kritische Fragen und Bedenken" (Frage 2) in innerparteilichen und -fraktionellen Entscheidungsprozessen nur innerhalb begrenzter Phasen gestattet oder gar willkommen sind und Debatten zu einem bestimmten Zeitpunkt abgeschlossen sein müssen. Wer sich darüber hinaus zu Wort meldet, darf nicht allzu zart besaitet sein: „Selbstbewußtsein muß man in der Politik schon haben!".

Bei der Frage, inwieweit Opposition gegen die EWU unterbunden worden sei, zeigen sich signifikante Unterschiede zwischen den Parteien: CSU-Abgeordnete beobachteten dies – trotz Fraktionsgemeinschaft – häufiger als ihre Kollegen von der CDU, Grüne häufiger als Sozialdemokraten. Zu einer wirklichen Kraftprobe mit daraus resultierender Notwendigkeit, Opposition niederzuringen, ist es freilich im Bundestag mangels eines zahlenmäßig nennenswerten Widerstandes gegen den Euro nicht gekommen.

Auch wird man angesichts des statistischen Materials nicht von einer weitverbreiteten Unzufriedenheit der Abgeordneten mit Verlauf und Qualität der Debatte sprechen können, wenn 80 Prozent an ihr nichts auszusetzen haben, lediglich fünf Prozent sie als völlig unzureichend qualifizieren (Frage 4). Allerdings gibt es Hinweise aus der SPD, nach denen man sich einen ernsthafter strukturierten Meinungsbildungs- und Entscheidungsprozeß hätte vorstellen können.

Am nähesten sind sich hier – erneut – Christsoziale und Grüne, von denen 21 beziehungsweise 26 Prozent ein Fragezeichen an der Fairneß der Auseinandersetzung anbringen. Die PDS ruht hier – gängiges Muster dieser Erhebung – weitgehend in sich selbst, hatten ihre Vertreter doch keinerlei Diskrepanz zwischen Partei- und persönlicher Meinung gegenüber dem Euro zu überbrücken. Alles in allem betrachten die Befragten die demokratische Qualität der Entscheidungsfindung (Frage 26) als eher durchwachsen. 36 Prozent wollen ihr jedenfalls das Gütesiegel der Makellosigkeit nicht gewähren.

Ähnliche Übereinstimmungen treten folgerichtig auf zwischen CSU und Grünen, wenn es um den Umgang mit Kritikern geht: 26 Prozent der Grünen-Abgeordneten haben verleumderische Gegenmaßnahmen zumindest zum Teil beobachtet, 28 Prozent der FDP-Politiker und sogar 36 Prozent der CSU-MdB. Mit 40 Prozent ist das entsprechende Votum der Anonymen hier signifikant hoch – vielleicht eine Erklärung für ihre Vorsicht.

In der SPD war die Gefahr, als Abweichender in die nationalistische Ecke gestellt zu werden, nach Wahrnehmung der Betroffenen am geringsten. Der Umstand, daß die auffälligsten Euro-Gegner wie Peter Gauweiler, Heinrich Lummer, Manfred Brunner, auch Edmund Stoiber im linken Lager als indiskutabel, ihre Motive als fragwürdig galten, hat Hemmungen, sich als Euro-Skeptiker zu outen, dort sicherlich von vornherein erhöht.

Drängende Fragen – etwa im Wahlkreis – über Sinn, Zweck und Risiken der Währungsunion, auf die man als Abgeordneter keine überzeugende Antworten hatte, schienen so selten nicht gewesen zu sein, wenn ein Viertel der Befragten (unter Liberalen sogar 43 Prozent) entsprechende Erfahrungen nicht verneinen mag.

Die Europaabgeordneten fühlten sich hier viel besser präpariert. Vergleichsweise viele Bundestagsabgeordnete geben auch zu, sich an Auseinandersetzungen mit Bürgern zu erinnern, in denen sie sich – zumindest zum Teil – überzeugter und informiert gaben, als sie in Wirklichkeit waren (Fragen 7 und 8), was MdEP wiederum für sich fast vollständig zurückweisen.

Daß sie sich rückblickend mehr Zivilcourage gewünscht hätten, bejahen nicht einmal zehn Prozent der Bundestagsabgeordneten insgesamt – mit (wiederum kaum zufälligen) Spitzenwerten unter den Grünen und – mit Abstand – den CSU-Vertretern. Der große Rest sieht in dieser Hinsicht keinen Anlaß zu Selbstkritik, schildert es jedenfalls so.

Die größten Zustimmungswerte dieser Erhebung erscheinen bei der Frage, welche praktischen Möglichkeiten die Abgeordneten nach der Unterzeichnung des Vertrages von Maastricht eigentlich noch sahen, die Währungsunion zu stoppen. Drei Viertel der Befragten erklären, es treffe zumindest zum Teil zu, daß ihnen eine solche Option nach 1992 „realistisch betrachtet" nicht mehr zur Verfügung stand.

Schaut man sich die Darlegungen im Detail an, so fällt auf, daß immerhin noch 43 Prozent der CDU-Abgeordneten einen ergebnisoffenen Entscheidungsprozeß wahrnahmen, aber nicht ein einziger CSU-Abgeordneter – eine bemerkenswerte Differenz innerhalb derselben Bundestagsfraktion. Bei der FDP war der Anteil derjenigen, die „die Sache im Prinzip als gelaufen" betrachteten, mit 64 Prozent am größten (gegenüber 57 Prozent bei der CSU), was angesichts der Rolle Genschers freilich nicht automatisch als Kritik der FDP-Bundestagsfraktion an einem Automatismus interpretiert werden darf. In der Tendenz einig mit den Bundestagsabgeordneten waren sich hier die Europaparlamentarier.

Die Abgeordneten des Hessischen Landtages verneinten die Möglichkeit eines *opting out* zu 83 Prozent, waren aber auch von allen Befragten am weitesten vom Entscheidungsprozeß entfernt. Jeweils ein Fünftel von CDU-, CSU- und SPD-Abgeordneten erklärt, die These, sie hätten die Tragweite der Beschlüsse von Maastricht erst nach und nach begriffen, sei zumindest nicht ganz falsch. Bei den Grünen scheint der Erkenntnisprozeß am längsten gedauert zu haben, wenn die Hälfte ihrer Abgeordneten der These zumindest zum Teil zustimmt.

Haben die Parlamentarier an ihrem persönlichen Verhalten – wie gesehen – nur vereinzelt etwas zu bemängeln, so wird die Kritik beim Blick auf das Plenum schon deutlich schärfer. Mehr als die Hälfte der MdB machen sich die These zumindest teilweise zu eigen, der Bundestag hätte sich „intensiver" mit der EWU auseinandersetzen und den Spielraum der Exekutive einschränken sollen, anstatt sich häufig auf eine „Zuschauerrolle" zu beschränken. Die Bekundungen von Unbehagen verteilen sich gleichmäßig auf die beiden Volksparteien CDU und SPD (49 und 53 Prozent) mit einem Spitzenwert von 57 Prozent bei der FDP.

Rundheraus, und zwar vermutlich auch aus übergeordneten, nicht im Thema liegenden Gründen, wird dagegen eine Hoffnung bestritten, das Bundesverfassungsgericht werde eine Notbremsung vornehmen – per Urteil im letzten Moment. In den Fraktionen, die den Euro mehrheitlich unterstützten, gab es lediglich unter Grünen und Liberalen einige wenige Anhänger dieser Lösung. Die übergroße Mehrheit hielt dagegen nichts davon, sich eine politische Entscheidung von Karlsruhe aus der Hand nehmen zu lassen.[867] Der harte Kern der Euro-Gegner im Bundestag, die das Projekt unbedingt gestoppt sehen wollten, dürfte unterhalb von fünf Prozent geblieben sein (einschließlich der explizit Euro-kritischen PDS).[868]

Am deutlichsten kritisieren die Abgeordneten jedoch nicht sich selbst, sondern die Medien. Zwei Drittel attestieren ihnen teilweises oder völliges Versagen, weil sie die Tragweite von Maastricht viel zu spät begriffen und die Bevölkerung erst *post festum* aufgeklärt hätten, „als es keinen Weg zurück mehr gab". Ob die Politiker mit den Medien auch deshalb so hart ins Gericht gehen, weil sie dadurch ebenfalls zu spät für das Thema sensibilisiert wurden, bleibt offen.

Nicht glücklich ist ein Großteil der Befragten unverändert mit der Erkenntnis, daß aus der ursprünglich von Helmut Kohl in Aussicht gestellten, parallel zu vereinbarenden politischen Union nichts wurde. Die CSU tut sich damit noch am leichtesten, stand sie doch seit jeher weiteren Integrationsschritten am skeptischsten gegenüber, während weder SPD noch Grüne noch Liberale bereit sind, den Mantel des Schweigens über dieses Thema zu decken.

Der These von einer Schweigespirale, nach der Euro-Befürworter immer lauter und Euro-Kritiker immer stiller wurden, können immerhin 30 Prozent der MdB zumindest teilweise etwas abgewinnen. In den handschriftlichen Anmerkungen äußert sich stellenweise vor allem Unmut über das Verfahren („von der Exekutive zack-zack durchgezogen", „bewußt unscharfe Vorlagen") und die Verwendung von Totschlagargumenten („Faschismusverdacht").

Daß in ihrem Umfeld Euro-Kritiker abgestraft wurden (Frage 17), möchte nur eine kleine Minderheit der Abgeordneten bestätigen. Auch mit Aufrufen, eine Partei möge auf Gegenkurs zum Euro gehen, um dem Wähler eine demokratische Alternative zu liefern[869], konnte der Bundestag nichts anfangen. Allenfalls in den Reihen der Grünen traf diese Idee vereinzelt auf Sympathie, zeigt sich in dieser Umfrage doch ohnehin unter den Grünen eine größere Distanz zur EWU, als die klare Position etwa von Joschka Fischer und Jürgen Trittin erwarten ließ. Das Mißtrauen, der Euro könnte in Wirklichkeit ein aus neoliberalen Motiven heraus antinationalistisches Projekt sein, scheint dort unverändert virulent. Die SPD wiederum wollte eine europäische Währung, aber – so der Tenor vieler Äußerungen – nicht jetzt und nicht so.

Die in dieser Untersuchung beschriebene Signalwirkung der Landtagswahl von Baden-Württemberg 1996 wird von der Hälfte der Parlamentarier zumindest teilweise bestätigt. Am ehesten trauten Grüne und Freidemokraten den Sozialdemo-

867 Den Europaabgeordneten darf man angesichts einer *Nein*-Quote von 97 Prozent unterstellen, daß sie ein Veto des Bundesverfassungsgerichts als grotesk betrachtet hätten.

868 Bei 672 Abgeordneten (14. LP) bedeuten fünf Prozent (Mindestfraktionsstärke) 34 MdB.

869 So zum Beispiel Arnulf Baring an die Adresse der SPD vor der Bundestagswahl 1998.

kraten eine Thematisierung des Euro auch auf Bundesebene zu, zumindest aber eine Stärkung der Kritiker, wäre Spöris Versuch erfolgreich gewesen, anstatt im Desaster zu enden.

Die Antworten auf Frage 24 zeigen, daß das Bedürfnis nach zusätzlicher Legitimation des Euro im Bundestag alles andere als ein vereinzeltes war. Ein Drittel hätte sich ein Referendum erwünscht – auch um den Preis einer eventuellen Verschiebung der dritten Stufe der Währungsunion. Die Meinungen zwischen den Parteien gehen bei diesem Thema allerdings so weit auseinander wie bei keinem anderen dieser Untersuchung. Die der CDU angehörenden Abgeordneten lehnten ein Referendum strikt ab. Bei der CSU waren es sechs von sieben, die negativ votierten, bei der SPD aber nur noch gut die Hälfte, während 42 Prozent der Sozialdemokraten eine zusätzliche Legitimitätsbasis für wünschenswert hielten. Die FDP war in dieser Frage genau hälftig gespalten, die Grünen zu drei Vierteln dafür und die PDS komplett. Eine Verschiebung der Euro-Einführung unter allen Umständen fand dagegen außerhalb der PDS nur geringen Zuspruch.

Mehrheitlich unbestritten über alle Partei- und Fraktionsgrenzen hinweg ist die Führungsrolle des Bundeskanzlers bei der Durchsetzung des Euro. 70 Prozent der MdB stimmten der These mindestens teilweise zu, der Euro sei „in erster Linie Helmut Kohls Werk“ – mit einem Spitzenwert von 93 Prozent bei der CSU und 90 Prozent bei der PDS. Vergleichsweise distanziert – vermutlich mit Blick auf die Rolle Genschers als *spiritus rector* – das Votum der FDP und jenes der Europaabgeordneten, die ihren eigenen Anteil sicherlich auch nicht gering schätzen wollten.

Eine charismatische Funktion Kohls wird in der Union stellenweise bestätigt, in der SPD weniger, signifikant von den Liberalen. Daß schließlich die Grünen noch lange über Kohls Beweggründe grübelten, ein Kernstück nationaler Souveränität preiszugeben, darf man aus ihren Antworten auf die letzte Frage schließen: Vier von zehn bekundeten, Kohls Motive, die D-Mark abzuschaffen, bis heute nicht ganz verstanden zu haben.

Die strukturellen Probleme der Meinungs- und Mehrheitsbildung im Deutschen Bundestag treten beim Thema *Euro* besonders deutlich zu Tage: Weitgehende Spezialisierung der Abgeordneten mit entsprechender Unbedarftheit bei fremden Themen und daraus resultierender Abhängigkeit von den Vorgaben weniger Fachleute sowie eine „Sektoralisierung von Entscheidungen“ (Michael Müller), eine Aufteilung eines großen Projektes in viele unübersichtliche Einzelfelder und -schritte, von denen jedes einzelne jeweils vertretbar oder minder wichtig zu sein schien, die Gesamtschau – wenn sie denn ermöglicht worden wäre – jedoch ein anderes Bild ergeben hätte.

Zu diskutieren ist, inwieweit die Gelassenheit gegenüber Mängeln des parlamentarischen Verfahrens auf eine Mischung aus Gewöhnung, Betriebsblindheit und Fatalismus zurückzuführen ist. Die Abgeordneten scheinen unempfindlich geworden zu sein, desillusioniert gar, was ihre Gestaltungsmöglichkeiten angeht.

Mehrheitlich wird das Grundmuster einer Willensbildung von oben nach unten, von den Führungsgremien zur Parteibasis mit den Abgeordneten in einer oft unbequemen Sandwichposition, nicht ernsthaft in Frage gestellt, obwohl es dem unter anderem in den Artikeln 20 und 38 Grundgesetz verankerten demokratischen Prinzip einer Willensbildung in einem „freien und offenen Prozeß" vom Volke hin zu den Staatsorganen (und nicht umgekehrt) widerspricht[870], was das Bundesverfassungsgericht in seinem Lissabon-Urteil soeben in aller Deutlichkeit bekräftigt hat.

Die ihrer Rolle als primäre Schöpferin von Legitimität bei den Schritten hin zur Europäischen Währungsunion elementar widersprechende Erkenntnis, nach der Unterzeichnung, vielleicht sogar schon nach der Paraphierung des Vertrages von Maastricht sei die Entwicklung auf Grund normativer Zwänge nicht mehr aufzuhalten gewesen, scheint die Mehrheit nicht ernsthaft zu beunruhigen – und wenn, gibt sie es nicht zu erkennen, sondern beläßt es sinngemäß bei dem Hinweis, das sei eben so in einer repräsentativen Demokratie, besonders in europäischen Angelegenheiten.[871]

Fazit: Die Abgeordneten des Deutschen Bundestages unterlagen in der finalen Abstimmung über die deutsche Teilnahme an der Europäischen Währungsunion im Frühjahr 1998 nach eigener Wahrnehmung, und allein auf diese kommt es natürlich an, Einflüssen, die die Qualität dieses Legitimitätsschöpfungsaktes in Frage stellen. Normativen Zwängen war auch der Bundestag insgesamt ausgesetzt. Eine große Zahl von Abgeordneten konnte bei der Beschlußfassung nach eigener Einschätzung nicht mehr frei entscheiden: Eine realistische Möglichkeit, den Euro noch zu stoppen, sahen sie zu diesem Zeitpunkt längst nicht mehr. Was aber sind die Ergebnisse solcher Abstimmungen dann noch wert?

---

870 BVerfGE 20, 56 zur Parteienfinanzierung.

871 Norbert Wieczorek sagte dazu: „Na, in dem Moment, wo Sie es paraphiert haben, davon herunterzugehen, wird sehr schwierig." (Interview mit Norbert Wieczorek, S. 13)

13. Kein Ruhmesblatt der deutschen Demokratie

13.1 Zusammenfassung

Ergebnis 1: Die Einführung des Euro geriet zu einem Negativbeispiel von Kommunikation in einer Demokratie. Ein legitimationsstiftendes Zusammenspiel formeller und informeller Institutionen blieb aus. Eine ergebnisoffene Geltungsüberprüfung der Argumente fand nicht statt.

Die im Rahmen dieser Studie befragten Akteure und die ausgewerteten schriftlichen Quellen bestätigen, daß – auch zum Erstaunen der Verfechter der Währungsunion – in der Verhandlungsphase vor der Paraphierung des Vertrages von Maastricht eine nennenswerte öffentliche Auseinandersetzung mit dem Thema mit angemessener medialer Darstellung nicht stattfand und später eine nur unbefriedigende Qualität und Tiefe erreichte. Entsprechende Darstellungen stammen gleichermaßen von Euro-Kritikern (Stoltenberg, Hartenstein, Hirsch, Jochimsen, Baring, Biedenkopf), Neutralen (Wuermeling, Krause, Weidenfeld) und Befürwortern (Schweppe, Bitterlich, Bunz, Thiele, Hoyer, Walter), so daß eine einseitig interessengeleitete Bewertung ausgeschlossen werden darf.[872]

Selbst im Kanzleramt waren sich viele Beamte der Tragweite des Projektes und der legitimatorischen Herausforderung zunächst nicht bewußt (Bohl). Die Aufmerksamkeitsressourcen des ersten gesamtdeutschen Bundestages waren von 1990 bis 1992 durch Wiedervereinigung und Beschäftigung mit sich selbst erschöpft (Bohl, Wieczorek, Hartenstein) mit der Folge, daß das Parlament als zentrale Kommunikationsinstanz ebenfalls ausfiel.

Die Analyse der Presseberichterstattung ergab, daß selbst die Leitmedien – Hamburger Magazine, Qualitätszeitungen, Boulevardpresse, auch *ARD* und *ZDF* – ihr Millionenpublikum erst auf die Tragweite der Ereignisse hinwiesen, als die Grundentscheidungen bereits gefallen waren und nur unter Inkaufnahme hoher außenpolitischer Kosten, speziell für das deutsch-französische Verhältnis, hätten revidiert werden können. Als schließlich ab Mitte der 90er Jahre Einzelaspekte der EWU zu erregten öffentlichen Auseinandersetzungen zwischen Kritikern und Befürwortern führten, entwickelte sich daraus ebenfalls kein demokratischer, schon gar kein herrschaftsfreier Diskurs. Skeptische Fachleute und verantwortliche Politiker verleugneten gegenüber den Bürgern ihre Bedenken (Schatz, Krause).

Öffentlich auftretende Kritiker wurden von Kohl, Kinkel, Waigel scharf angegriffen. Kritisch berichtende Journalisten sahen sich persönlichen Interventionen von Kohl, Kinkel, von Kyaw und Isolierungsdrohungen von Kollegen ausgesetzt (Münster, Wuermeling). Bundespräsident Herzog intervenierte mit scharfen Formulierungen, um eine Thematisierung des Euro im Wahlkampf zu unterbinden, so daß ein öffentlicher Diskurs in diesem Rahmen ebenfalls entfiel.

872 In Klammern jeweils die wichtigsten Zeugen bzw. Belege für eine Behauptung.

Ergebnis 2: Die Bundestagsabgeordneten fühlten sich bei der Beschlußfassung über die Euro-Einführung normativen Zwängen ausgesetzt. Sie waren subjektiv nicht in der Lage, nach bestem Wissen und Gewissen zu entscheiden.

Drei Viertel der im Rahmen dieser Studie befragten Bundestagsabgeordneten erklären, es treffe teilweise oder völlig zu, daß ihnen eine Option, den Euro noch zu stoppen, nach 1992 bei realistischer Betrachtungsweise nicht mehr offengestanden habe. Dieser Befund erlaubt den Schluß, daß die Frage, ob Deutschland ab 1999 an der Währungsunion teilnehmen werde, nicht mehr in der Hand des Parlaments als dem primären Schöpfer von Legitimität lag. Vielmehr waren die Abläufe von erheblichen normativen Zwängen mit einhergehendem Automatismus geprägt. Daraus erklärt sich auch eine interfraktionelle, mit einem Verbreitungsgrad von 33 Prozent nicht geringe Sehnsucht nach einem Referendum als zusätzlicher Legitimationsinstanz, die die Abgeordneten von einem Teil der Verantwortung entlastet hätte. Des weiteren zeigt die Studie, daß sich ein beachtlicher Teil der Abgeordneten in der Euro-Auseinandersetzung mit ihrer Wählerbasis unwohl, stellenweise überfordert fühlte.

Daß auf Seiten der Euro-Befürworter auch mit unfairen Mitteln gearbeitet wurde, was der demokratischen Qualität der Auseinandersetzung schadete, wird ebenfalls von einem signifikanten Anteil der Abgeordneten bestätigt, während sie den Medien weitgehendes Versagen bei der Aufgabe der Aufklärung und als Anreger einer demokratischen Debatte attestieren.

In der Gesamtschau sind die Parlamentarier – wiederum über Fraktionsgrenzen hinweg – mit ihrer Rolle nicht wirklich glücklich, empfinden den Bundestag in der Frage der EWU zu einem beachtlichen Anteil als zu passiv, zu wenig engagiert. Sieben von zehn Abgeordneten bestätigen – wiederum lagerübergreifend – teilweise oder ganz die These, der Euro sei in erster Linie Helmut Kohls Werk.

Beweise, nach denen vom EWU-Kurs abweichende Abgeordnete Pressionen oder gar Mobbing ausgesetzt waren, fanden sich nicht – von wenigen, nicht signifikanten Ausnahmen abgesehen. Da sich die offenen Euro-Gegner klar erkennbar in einer Außenseiterposition befanden und die stillen sich fügten, gab es dazu in den Fraktionen aber auch keinen Anlaß.

Ergebnis 3: Die Haltung der SPD gegenüber der EWU war ab 1996 weniger inhaltlich als machtstrategisch motiviert: Ihre Skepsis gegenüber der Währungsunion blieb virulent, doch auf keinen Fall wollte sie als europafeindlich gelten oder gar den zum Greifen nahen Machtwechsel 1998 vergeigen.

Das Trauma der verpatzten Bundestagswahl von 1990 (Vorwurf des Totalversagens in der nationalen Frage) führte in Kombination mit der derben Niederlage bei der Landtagswahl in Baden-Württemberg 1996 (Vorwurf der Europa- und Fremdenfeindlichkeit) zu einem Kurswechsel in der Haltung der SPD gegenüber der Währungsunion – trotz bis zuletzt erheblicher Bedenken bezüglich eines neoliberalen Charakters des Vorhabens und der Folgen für Sozialstaat und Lohnniveau. Ähnliche Überlegungen, diskreter artikuliert, gab es auch in der Union. Deshalb und wegen der anhaltenden Unzufriedenheit der Bevölkerung mit dem Projekt hatten sich die Volksparteien gegenseitig bis 1998 in Verdacht, sie könnten einen Anti-Euro-Wahlkampf aus dem Hut zaubern und den politischen Gegner überrumpeln (Kohl, Lafontaine, Bohl).

Der SPD hatte allerdings Spöri diese Option mit seiner die Partei spaltenden Wahlkampfführung, die in der Wahrnehmung der Medien auch ausländerfeindliche Züge trug, bereits verbaut. Die Verknüpfung des Euro-Projektes mit einem gegen Minderheiten gerichteten Thema desavouierte jede Kritik an der EWU so gründlich, daß sie ab diesem Moment von der SPD nie wieder ernsthaft hätte aufgenommen werden können, ohne von den Medien erbarmungslos verprügelt zu werden. Euro-Kritiker unter den Sozialdemokraten wurden deshalb ab 1996 unter Verweis auf Baden-Württemberg und seine Folgen gemaßregelt (Voscherau).

Am Ende war die Angst der SPD-Führung vor einer Etikettierung als „europafeindlich" und „nationalistisch" mit daraus resultierender Spaltung der Anhängerschaft größer als die Angst vor dem Euro. Dieser Einsicht fügte sich nach seiner Nominierung als Kanzlerkandidat im März 1998 auch Schröder, um den sich abzeichnenden Wahlsieg im September nicht zu gefährden und sich auf seine Rolle als Kanzler vorzubereiten, der später mit der EWU ungeachtet persönlicher Ressentiments umzugehen hatte (Heye).

Der Versuch, den Euro zu problematisieren, ist 1996 auch an den Medien gescheitert, die der SPD diese Positionierung nicht erlaubten, sondern sie zu einer Frage ihrer Glaubwürdigkeit als weltoffene, internationale Partei machten. Ihr Scheitern hatte ernüchternde Wirkung auch auf die Euro-Skeptiker in der CDU/CSU-Bundestagsfraktion, so daß die kritische Masse für einen Aufstand 1997 dort ebenfalls nicht zu Stande kam (Altmaier, Pflüger).

Ein Regionalereignis hatte also für das Schicksal des Euro eine Schlüsselfunktion. Ohne Spöris hanebüchene Fehler wäre die Geschichte vielleicht anders verlaufen.

Ergebnis 4: Das Wahlergebnis von 1998 ist keine Quelle von rückwirkender EWU-Legitimation, weil das Thema kaum eine Rolle spielte.

Ungeachtet der Haltung der Bevölkerung verzichtete die SPD darauf, die EWU im Bundestagswahlkampf streitig zu stellen; sie beließ es bei Mäkeleien. Ihre Positionierung unterschied sich zwar nur geringfügig von der der Union, doch der Unterschied reichte aus, um wenigstens einen kleinen Anteil eigentlich unionsfreundlicher, aber euroskeptischer Wähler abzuschöpfen, jedenfalls nicht von der Euro-Skepsis mitgetroffen zu werden.

Auf offenen Widerspruch der SPD gegen den Euro hätte die Union im Wahlkampf reagieren können. Doch so, mit einer Millimetertaktik des Gegners, waren ihr die Hände gebunden (Schäuble, Hausmann, Bohl); Kohls Kompetenzvorsprung in außenpolitischen Fragen kam nicht zum Tragen (Jung/Roth, Eckstein/Pappi).

Als Quelle rückwirkender Legitimität, wie Schäuble es sieht, kann das Wahlergebnis damit nicht interpretiert werden, denn die Euro-Frage hatte eher negativen als positiven Einfluß auf das Unionsergebnis (Kohl), wenn auch, so die Wahlforscher, nicht in einem für die Regierungsbildung entscheidenden Ausmaß.

Die Chance, das Thema streitig zu stellen und damit in der Rangliste der aus Wählersicht wichtigen Fragen aufsteigen zu lassen, hatte Kohl selbst schon lange vor der Wahl mit Drohungen an die Adresse der Opposition verbaut. Damit entfiel für ihn die Möglichkeit, den EWU-Beitritt tatsächlich rückwirkend per Wahlergebnis zu legitimieren. Kohl wollte der Gefahr einer offenen Absage der Wähler an den Euro entgehen. Deshalb vermied er es, per Konfrontation mit der Opposition auf diesem Feld seine Wahlchancen zu erhöhen.

Zwar hatte der Kanzler die Wahl zur Volksabstimmung über den Euro erklärt; tatsächlich tat er aber alles, um zu verhindern, daß es tatsächlich eine wird. Den einzigen Themenbereich, in dem er deutlich höhere Kompetenzwerte genoß als Schröder, erklärte er für tabu, weil ihm der außenpolitische Einsatz zu hoch war.

Ergebnis 5: Der Versuch der Bundesregierung, die im Falle des Euro delegitimierende Wirkung der Demoskopie zu wandeln in eine legitimierende, endete in einem Fehlschlag, den sie selbst zu verantworten hatte.

Helmut Kohl maß den Versuchen des Bundespresseamtes, den Euro beliebt zu machen, zwar hohe Bedeutung bei, zog aber nicht die erforderlichen Konsequenzen. Der Etat reichte regelmäßig nicht für eine schlüssige, konsequente Werbe- und Aufklärungsstrategie, sondern nur für Stückwerk (Wagner, Hausmann).

In besonders kritischen Phasen, als die Verschiebung der EWU drohte, wirkte die *Aktionsgemeinschaft Euro* machtlos. Auf Grund der Vorgaben der Politik war den Akteuren die Option einer vertrauenerweckenden, Vor- und Nachteile des Euro sachlich und nachvollziehbar abwägenden Kampagne verbaut, denn angeblich gab es nur Nutzen, keinerlei Kosten. Diese Behauptung der Regierung widersprach aber der Lebenserfahrung der Bevölkerung. Mangels Glaubwürdigkeit kam so eine Kommunikation zwischen Sendern und Empfängern nicht zu Stande, zumal der Kommunikationsbeitrag der Bevölkerung nicht gefragt war und abgeblockt wurde (Röglin). Damit konnte das grundlegende Handicap des Bundespresseamtes, Menschen von etwas begeistern zu sollen, dem sie ohnehin nicht ausweichen können, nicht einmal gemildert werden.

Letztlich hätte die *Aktionsgemeinschaft Euro* nur eine Chance gehabt, Kommunikation mit der Bevölkerung herzustellen, wenn eine Volksabstimmung angesetzt worden, es also wirklich um etwas gegangen wäre.

Fehleinschätzungen und Fehlleistungen, etwa die Zuhilfenahme der Kreditwirtschaft, die der Bevölkerung nicht als glaubwürdiger Zeuge galt (und prompt eigensüchtige Motive mit ihren Kampagnen verfolgte), ließen den Plan, die Akzeptanzwerte zu erhöhen, endgültig scheitern (Duisenberg, Juncker, Noelle-Neumann).

Ergebnis 6: Mitglieder des Bundesrates unterlagen bei der Ratifizierung der EWU sachfremden Zwängen. Sie waren dadurch nicht in der Lage, nach bestem Wissen und Gewissen zu entscheiden.

Hätte Stoiber die Währungsunion im Bundesrat abgelehnt, wäre Waigel noch am selben Tag als CSU-Vorsitzender und Bundesfinanzminister zurückgetreten und hätte die CSU in eine existentielle Krise gestürzt (Waigel). Deshalb vollzog Stoiber im letzten Moment eine selbst für enge Mitarbeiter überraschende Wende, nachdem die Staatskanzlei bereits alles für ein *Nein* Bayerns einschließlich Kabinettssondersitzung vorbereitet hatte (CSU-Insider, der nicht genannt werden möchte).

Der Öffentlichkeit verschwieg Stoiber die tatsächlichen Motive seines Sinneswandels. Statt dessen berief er sich auf die Stellungnahme der Bundesbank, der er vertraue, wenn sie die mit der EWU einhergehenden Risiken für beherrschbar erkläre. Das jedoch hat sie nicht getan, sondern massive Zweifel an der Euro-Tauglichkeit von Belgien und Italien zu Protokoll gegeben, die bei ihr „ernsthafte Besorgnisse" auslösten.

Daß der Zentralbankrat der Politik zuletzt dennoch eine Hintertür öffnete, war allein der Tatsache geschuldet, daß ihm ein Szenario *Bundesbank sagt Nein zu diesem Teilnehmerkreis, aber Bundesregierung übergeht ihr Votum* – wie von Kohl öffentlich angekündigt – im Hinblick auf den absehbaren Skandal und seine Folgen für das Schicksal des Euro einen noch größeren Schrecken verursachte als der Start einer Währungsunion mit zwei untauglichen Teilnehmern.

Die Behauptung, die Bundesbank habe erklärt, sie halte die Risiken für beherrschbar, hält einer Untersuchung nicht stand (Textanalyse ZBR-Stellungnahme). Tatsächlich hat sie die Verantwortung an die Politik zurückgegeben, weil sie sich überfordert fühlte. Die Bundesbank ließ sich nach Lage der Dinge bewußt als vermeintliche Quelle von Legitimität mißbrauchen. Sie tat dies nach einer schmerzhaften Güterabwägung (Tietmeyer), denn die Alternative eines Frontalzusammenstosses mit dem Kanzler erschien ihr noch schlimmer.

13.2 Schlußfolgerungen

Es ist ungewiß, inwieweit die Qualität des Entscheidungsprozesses Folgen hatte für die Qualität des Produktes. Angesichts der hier beschriebenen Entstehungsgeschichte möge, so ist zu hoffen, der Zusammenhang ein möglichst ferner sein und der Zweck die Mängel der Mittel dereinst heilen.

Daß der Euro „alle Deutschen ärmer macht" (Michael Glos in einem schwachen Moment, in dem der ganze Frust über die Zerrissenheit seiner Partei in dieser Frage aus ihm herausbrach) und überhaupt erst der Globalisierung jene Durchschlagskraft verlieh, die in Deutschland nach 2002 zu aggressiv-hilflosen Auseinandersetzungen über Dumpinglöhne, Betriebsverlagerungen und Gewinnstreben führte, ist eine häufig zu vernehmende Vermutung. Wäre es angesichts der Folgen nicht verantwortungslos gewesen, Schröder hätte als Bundeskanzler sicherlich seine alten Vorbehalte gegen den Euro durch einige neue ergänzt, hat er es – zusammen mit Stoiber – ja als einer der wenigen schon immer gesagt. Vom Unbehagen weiterer Führungspersonen wie Verheugen oder Clement über die Art, wie die Währungsunion durchgesetzt wurde, ist in diesem Buch mehrfach die Rede.

Daß der grenzüberschreitende Ansehensverlust der Europäischen Union einsetzte, als die Tinte unter dem *Maastricht-Vertrag* eben getrocknet war, und bis heute andauert, ist sicherlich kein Zufall. Frißt die Währungsunion die diffuse, aber früher doch zuverlässige Legitimität der Europäischen Union ganz langsam auf? Wir stehen hier vor dem Scheitern mehrerer Kommunikationsversuche:

- Der Regierung mit dem Volk: *Glaubt uns, es ist zu Eurem Besten!;*
- des Volkes mit der Regierung:
  Wir suchen vergebens nach dem Sinn und fürchten uns!;
- des Verfassungsgerichtes mit dem Parlament:
  Ihr dürft das tun, aber Ihr müßt Euch der Verantwortung würdig erweisen!;
- der Demoskopen mit der Regierung: *Hört auf uns, sonst werdet Ihr es bereuen!*;
- der Bundesbank mit der Regierung:
  Seht, es ist verkehrt, aber Ihr müßt es auch sehen wollen!;
- der Abgeordneten mit ihren Wählern im Wahlkreis:
  Ich höre Eure Klagen wohl, doch mir sind die Hände gebunden!

Politiker und Wähler haben in einem bestürzenden Maße aneinander vorbeigeredet. Regierung und Parlament lernten seither nichts dazu, wie die Verfahren zeigen, mit denen sie EU-Osterweiterung, Verfassungsvertrag, *Lissabon-Vertrag* behandelten.

Wie Helmut Kohl François Mitterrand beistand, als es darum ging, das Maastricht-Referendum zu überstehen, so eilte das Kabinett Schröder im April 2005 nach Paris, um Jacques Chirac Schützenhilfe im Ringen um die fehlenden Prozente für das Verfassungsreferendum zu leisten und den Franzosen zu bedeuten, sie sollten keine Angst haben vor noch mehr EU. Daß sich Schröder und Fischer mit ähnlichen Eifer einer ernsthaften Auseinandersetzung mit ihrer eigenen Bevölkerung gestellt hätten, ist nicht überliefert.

Im Gegenteil: Mit demselben abenteuerlichen Zeitplan, mit dem Kohl im Frühjahr 1998 den Beitritt Deutschlands zur dritten Stufe der Währungsunion durch Bundesbank, Bundestag und Bundesrat peitschte, zerstörte sein Nachfolger jede Chance zu einer halbwegs gründlichen Befassung mit dem Verfassungsvertrag. Begründung: Die Deutschen müßten den zögernden Franzosen ein positives Signal geben, auf daß diese 48 Stunden später die Verfassung nicht blockieren. Offenbar ist der Hang unserer Kanzler(innen), speziell in der Europapolitik Verfahrensfragen als Prestigeangelegenheiten zu betrachten, die eine allzu demokratische Befassung leider nicht zulassen, ein parteiübergreifendes Phänomen. Haben sie Angst, im Kreise der 27 Staats- und Regierungschefs als Waschlappen dazustehen, die zu Hause, *horribile dictu*, auf ihr Parlament oder gar ihr Volk Rücksicht nehmen müssen, oder woher rührt diese Serie autokratischer Attitüden?

Daß die Ministerpräsidenten seinerzeit Kanzler Schröder weitere Zugeständnisse im Hinblick auf die innerstaatliche Machtverteilung abzupressen versuchten, kommt einem auch bekannt vor, denn so ähnlich entstand 1993 Artikel 23 GG in seiner heutigen Form, den derselbe Schröder später als Kanzler nur zu gerne revidiert gesehen hätte, weil die Neuregelung aus seiner Sicht viel zu weit geht.

Spätestens an dieser Stelle müßte eigentlich ein Regierungschef merken, daß er nicht nur die anderen Verfassungsorgane inakzeptabel unter Druck setzt, sondern auch sich selbst erpreßbar gemacht hat und erpreßt wird. Doch der Ehrgeiz, auf Biegen und Brechen als eines der ersten EU-Mitglieder Ratifizierungsurkunden hinterlegen zu können, ist offensichtlich übermächtig.

Wenn der Souverän nicht folgen kann, ist das sein Problem. Axel Bunz sagt in seiner Bilanz der Euro-Entstehung: „Alle Kommunikation konzentrierte sich allein auf die politischen Gremien. Die Bevölkerung wurde absichtlich außen vor gelassen – weil es auf sie nicht ankam."

Warum aber lassen sich die Bundestagsabgeordneten das bieten? Warum besinnen sie sich nicht auf ihre Macht und setzen einen angemessenen Umgang mit der hochkomplexen, heiklen Materie *Europarecht* durch? Die wenigen, die bis 1998 auf Ergebnisoffenheit pochten, mußten sich zuletzt sagen lassen, die (fast einstimmige) Selbstverpflichtung des Plenums von 1992 zu ernsthafter, strenger Prüfung der Voraussetzungen sei wertlos und rechtlich irrelevant. Was man den Bürgern seinerzeit versprochen habe, zähle nicht. Rückwirkende Delegitimation.

Sachzwang essen Seele auf – die Seele unserer Demokratie.

Eine Ursache für das seltsam zahnlose Verhalten des Parlaments liegt in dem Umstand begründet, daß schon geringfügige inhaltliche und/oder zeitliche Abweichungen von den administrativen Vorgaben unabsehbare nationale und internationale Folgen haben können – manchmal nur angeblich, oft tatsächlich.

Die Parlamentarier haben keine Zeit mehr, sich intensiv mit den Gegenständen auseinanderzusetzen und handwerklich saubere Gesetze zu fabrizieren. Fast wöchentlich wird ihnen erklärt, daß an diesem oder jenen Vorgang das Schicksal ihrer Koalition hänge, die Zukunft Europas, mindestens aber eine Milliardenklage aus Brüssel wegen Zeitverzugs. Sie hasten von Baustelle zu Baustelle, deren Tiefe – etwa in der Finanz- oder Gesundheitspolitik – nicht einmal mehr von der Ministerialbürokratie und den Fraktionsexperten überschaut wird. 1992 wunderte sich Rudolf Augstein über „die nahezu unanständige Hast, mit der Mitterrand und Kohl den Vertrag von Maastricht durchgepeitscht haben, als ginge es um eine Flucht nach Gretna Green".[873] Nicht besser wurde es seitdem, sondern schlimmer.

Mit unschöner Regelmäßigkeit bewirken mittlerweile Gesetze, Verordnungen und Erlasse das Gegenteil von dem, was man damit bezweckt hatte. Kaum zeigen sich die ersten Folgen etwa der Niederlassungsfreiheit innerhalb Europas und schlagen sich in den Medien nieder, wird hektisch an neuen Entsendegesetzen gebastelt, die in der Hoffnung, damit den Zorn der verunsicherten Wähler über dieses Europa wenigstens ein bißchen mildern, innerhalb weniger Stunden in erster, zweiter und dritter Lesung durch den Bundestag geprügelt werden. Daß dabei nichts Vernünftiges entstehen kann und die Bevölkerung das Vertrauen in die politische Klasse verlieren muß, versteht sich von selbst. Und ein Fehler zieht weitere nach.

In der Berliner Republik gilt inzwischen die *Regel vom nichtintendierten Ergebnis als Normalfall des Gesetzgebungsprozesses.* Und da etwas herauskommt, das niemand gewollt hat, ist auch niemand am Ergebnis schuld. Die Anzahl der beteiligten Instanzen (einschließlich Medien, Lobbyisten, Brüssel) verhält sich umgekehrt proportional zur individuellen Verantwortung für oft peinliche Nebenwirkungen. Bei der umgehend fälligen Nachbesserung geht der ganz normale Wahnsinn – gerne in noch höherem Tempo – von vorne los.

Man sehnt sich nach Zeiten zurück, in denen sich der Bundeskanzler täglich zum Mittagsschlaf zurückzog und in dieser Stunde von Frau Poppinga erst ab Atomkrieg aufwärts gestört werden durfte. Fand eine Bundestagswahl statt, genügte es

873 Rudolf Augstein: Europa á la carte. *Der Spiegel* 51/1992, S. 34.

Adenauer, das Ergebnis am nächsten Morgen zu erfahren; das war immer noch früh genug. Von der gediegenen, durchdachten Qualität der damals geleisteten Arbeit zehrt die Bundesrepublik noch heute. Der Gesetzesausstoß betrug zwar nur ein Zehntel der heutigen Menge, die Haltbarkeit aber belief sich auf das Zehnfache.

Das Bundesverfassungsgericht bescheinigte den Bundestagsabgeordneten im April 2005 in der Anhörung um die Verfassungsklage gegen den europäischen Haftbefehl, sie wüßten nicht, was sie tun. Sie hatten EU-Recht in deutsches umgesetzt, ohne sich über groteske Folgen im Klaren zu sein. Die zuständigen Berichterstatter in der Fraktion hatten ihnen irrtümlich erzählt, wenn sie den Entwurf nicht durchwinkten, drohe eine Strafe der EU.[874] So werden Glaubwürdigkeit und Legitimität nicht geschaffen, sondern zerstört. Entschleunigung tut not, sonst ist die nächste Legitimitätskrise keine eingebildete mehr.

In der Entstehungsgeschichte des Euro sind diese Fehlentwicklungen bereits prototypisch zu beobachten. Die Abgeordneten waren objektiv unfrei, empfanden dies zu einem beachtlichen Teil auch so, aber subjektiv hat die Mehrheit kein Problem damit. Behauptet sie jedenfalls. Sie deuten ihre normativen Zwänge als irrelevant, ja sogar als willkommen, dienten sie doch dem guten Zweck *Europa* und verhinderten ein Abweichen von Parlament und Parteien vom rechten Wege. Das Thema *Macht und Gestaltungswillen* haben sie für sich selbst weitgehend abgehakt; diesbezügliche Ambitionen projizieren sie, ganz nach dem Vorbild einer Angela Merkel, auf den Erhalt von Koalition und Regierung.

Ab einer bestimmten Komplexität stößt das System der Delegation von Informationsgewinnung und -verarbeitung an wenige Abgeordnete (Norbert Wieczorek: „eine Handvoll") jedoch an seine Grenzen. Was beim *Erneuerbare-Energien-Gesetz* (trotz Milliardenkosten?) noch vertretbar sein mochte, entwickelte sich im Falle der EWU zur organisierten Verantwortungslosigkeit, als wenige Vordenker erledigten, was die Pflicht aller gewesen wäre. Das Wissen weniger mußte genügen, der Kardinalvorteil der Demokratie, die Nutzung des Verstandes vieler, wurde verspielt.

Der Souverän arbeitet schon im Normalbetrieb mit einer Auslastung von schätzungsweise 120 Prozent. Wenn der Normalarbeitstag der Parlamentarier 14 und mehr Stunden zählt, ist es unmöglich, alle Vorlagen so zu studieren, wie es eigentlich notwendig wäre. Wer dem Klischee vom faulen Abgeordneten nachhängt, hat keine Ahnung von der Wirklichkeit. Eher trifft das Bild vom Hamsterrad: Der Politiker kann arbeiten, soviel er will: Es wird stets eine Gesetzesvorlage mehr im Posteingang finden, als er seriös bewältigen kann.

In besonders anspruchsvollen Situationen, wenn die Materie noch komplexer, die Konsequenzen noch schwerer absehbar sind als ohnehin im parlamentarischen Alltag, droht das System zu kollabieren und produziert, wie 2005 beim europäischen Haftbefehl und zuletzt bei den Begleitgesetzen zum *Lissabon-Vertrag*, keine verantwortbaren Entscheidungen mehr. Und die *Overload*-Zustände häufen sich.

Mit geliehenem Ausschnitt-Wissen lassen sich legitimatorisch anspruchsvolle Aufgaben nicht lösen. In diesem Buch zitierte Äußerungen legen die Vermutung

874 Vgl. Der Staatsschützer. Verfassungsrichter Udo Di Fabio ist nicht bereit, für Europa auf Bürgerrechte zu verzichten. *Frankfurter Allgemeine Sonntagszeitung* vom 24. April 2005, S. 14.

nahe, manche Abgeordneten hätten die Details der EWU-Problematik so genau gar nicht wissen wollen – etwa, als das Interesse an Expertenanhörungen nach kurzer Zeit verebbte, nachdem die Sender ihre Kameras abgebaut hatten.

„Nach der Ratifizierung der verhandelten Verträge im Deutschen Bundestag gab es keine Entscheidungsmöglichkeiten mehr über Termine, Abläufe und den Eintritt in die dritte Stufe der Währungsunion“, schreibt Wolfgang Gerhardt.[875] Offenbar, ohne das besonders schlimm zu finden. Das heißt: Eigentlich hätten die Abgeordneten zwischen 1992 und 1998 jedesmal zuhause bleiben können, wenn die Währungsunion auf der Tagesordnung stand, denn Wissen, Gewissen, Fingerspitzengefühl, politische Erfahrung waren nicht gefragt, sogar explizit unerwünscht. Ob Karlsruhe dem Parlament noch einmal einen Vertrauensvorschuß gewähren würde wie 1993 im *Maastricht*-Urteil? Die *Lissabon*-Entscheidung klingt nicht danach.

War wenigstens die zentrale Figur des Projekts, Helmut Kohl, frei, er nicht ebenfalls ein Getriebener, sondern der echte Herr des Verfahrens? Für den Zeitraum nach seiner Selbstbindung gegenüber Mitterrand im Dezember 1989 sind auch hier Zweifel angebracht. Ein Abweichen von der mit Frankreich vereinbarten Linie hätte für den Kanzler subjektiv einen massiven Ansehensverlust verursacht, ging ihm Verläßlichkeit doch über alles. Als Kohl den Euro im Bundestag als „zwingende Notwendigkeit“ bezeichnete, war dies ernst gemeint. Das von ihm ins Feld geführte Gegengewicht war der ultimative *Output*, der Erhalt des Friedens in Europa.[876]

Helmut Kohls Zwangslage aber übertrug sich auf weitere Instanzen. Man wird zwar nie beweisen können, daß Mitterrand die Gefühlszustände Kohls meisterhaft zu instrumentalisieren wußte und ihn so zur Aufgabe der Deutschen Mark brachte, obwohl er ahnte, welchen Ärger Kohl sich damit bei seinen Landsleuten einhandelte. Das Material verbietet diesen Schluß aber auch nicht. Der Euro war nicht Kohls Idee, sondern Genschers. Genscher speiste den Plan so in den politischen Betrieb ein, daß er als *Spiritus rector* ab 1992 nur noch zuschauen brauchte, wie die Währungsunion im Zeitlupentempo von oben nach unten durch die Instanzen sickerte, bis sie am 1. Januar 2002 in den Geldbörsen der Bürgerinnen und Bürger ankam. Ohne daß jene darum gebeten hätten.

Die Ministerpräsidenten machten in diesem Umfeld oft noch die beste Figur. Für sie geht es stets um die Macht, was ihre Energie erklärt, sich bei Europathemen tief in die Details einzuarbeiten. In der Regel ist der Bund auf ihre Zustimmung angewiesen, seltener umgekehrt. Die Ministerpräsidenten haben, anders als der Bundestag, die Möglichkeit, sich genehme Gegenstände auszusuchen. Niemand kannte sich besser mit den Verästelungen der EWU aus als Edmund Stoiber. Deswegen wollte er sie ablehnen. In Grenzsituationen allerdings, unter massivem Druck, produziert auch das System *Bundesrat* legitimatorisch zweifelhafte Entscheidungen.

Die Europäische Währungsunion ist wie ein Atomkraftwerk: Es darf nichts schiefgehen. Auf keinen Fall. Doch die Voraussetzungen, die bei Konstruktion, Bau und Betrieb galten und gelten, sind nicht gut, zumal gerade weitere Sicherungen ausgebaut und heilige Regeln in der Not der Finanz- und Wirtschaftskrise au-

875 FDP-Fraktionschef Gerhardt am 31. Januar 2002 in einem Brief an den Verfasser.
876 Vgl. Interview mit Helmut Kohl, S. 287.

ßer Kraft gesetzt werden, weil die Mitgliedsländer der Euro-Zone nicht mehr in der Lage sind, ihnen gerecht zu werden. Peter Altmaier sagt: „Der Euro surfte auf der Welle auslaufender Europasympathie gerade noch so ins Ziel."

So ist diese Untersuchung ein Plädoyer für mehr Selbstbewußtsein und Courage. Wer seine Macht nicht verantwortungsbewußt nutzt, dem wird sie irgendwann weggenommen. Der Bundestag ist auf bestem Wege dorthin. Bundesregierung und Bundesrat haben an dieser Front bereits beachtliches erreicht; endgültig gefährlich wird es, wenn auch die Wähler Konsequenzen ziehen. Die Beteiligung an der Bundestagswahl 2009 lag mit 70,8 Prozent so niedrig wie nie (minus 6,8 Prozent gegenüber 2005). Damit ist der Anteil der Nichtwähler erstmals größer als jener der CDU als stärkster Partei (27,3 Prozent im Bund ohne Bayern).

Auffällig ist weiterhin, daß der SPD vor allem jene Entscheidungen schadeten, die noch Schröder als Kanzler mit Brachialgewalt gegen massiven Widerstand in den eigenen Reihen unter Mißachtung des Status' der Abgeordneten durchgesetzt hatte: *Afghanistan*, *Hartz 4*, *Rente mit 67*. Ein weiterer kapitaler Fehler Schröders war die vorzeitige Auflösung des Bundestages 2005 durch eine fingierte Niederlage bei der Vertrauensfrage. Dafür hatte er – wiederum mit Hilfe von Peter Struck und Franz Müntefering – erneut den Willen vieler SPD- und Grünen-Abgeordneten gebrochen, die Neuwahlen für Harakiri hielten. Das führte zunächst zum Verlust der Kanzlerschaft und vier Jahre später zum Verweis in die Opposition bei Dezimierung der SPD-Bundestagsfraktion.[877]

Das ganze ist ein Lehrstück dafür, wie einsame Entscheidungen von Spitzenfunktionären nicht nur allen Demokratietheorien Hohn sprechen, sondern auch konkret zerstörerische Langzeitfolgen haben. Hätten Schröder, Struck und Müntefering auf ihre eigenen Abgeordneten gehört, könnten sie heute noch an der Macht sein. Ein Niedergang auf 23 Prozent wäre der Partei jedenfalls erspart geblieben.

Es ist manchmal gefährlich, aufzustehen und *Nein* zu sagen, wenn die anderen sich fügen. Noch gefährlicher kann es aber offensichtlich auf mittlere Sicht sein, gegen die eigene Überzeugung mit dem Strom zu schwimmen. Die Volksvertreter müssen ihre Selbstachtung, die Hoheit über ihr Abstimmungsverhalten und ihre Arbeitszeit zurückerhalten. Halb so viele Gesetze, diese doppelt so gut, auf Herz und Nieren und mit Geduld geprüft – das wäre ein Fortschritt, erforderte freilich ein neues Vertrauen in die Fähigkeit zur Selbstorganisation der Gesellschaft.

Sie brauchen Zeit zum Denken. Kein Chef kann seine Belegschaft schlimmer ausnutzen, als diese 622 Bundesarbeiter (17. Wahlperiode) im *Plenarbereich Reichstagsgebäude* ausgenutzt werden. Aber die Fehlerquote zeigt, daß übertriebenes Effizienzstreben Ineffizienz erzeugt. Umgekehrt ist es richtig: Effizienz durch mit Augenmaß einkalkulierte scheinbare Ineffizienz. Der Bundestag braucht Reserven. 25 Prozent (scheinbarer) Leerlauf (lesen, nachdenken, diskutieren, ausruhen, recherchieren) ist rationeller als 125 Prozent Auslastung.

877 Die SPD verlor 76 Mandate – ein Drittel. Auch prominente Sozialdemokraten mußten damit 2009 aus dem Bundestag ausscheiden (Markus Meckel, Steffen Reiche, beides Mitbegründer der Ost-SPD). Andere retteten ihren Sitz nur mit hauchdünnem Vorsprung (Brigitte Zypries, 55 Stimmen Unterschied in Darmstadt) oder allein dank ihrer Absicherung auf der Landesliste (Ulla Schmidt, Heidemarie Wieczorek-Zeul, Wolfgang Thierse).

Gleichzeitig ist das Prinzip, Regierungsfähigkeit durch Koalitionen herzustellen (das das Grundgesetz nicht untersagt, aber keineswegs vorschreibt, nicht einmal erwähnt – mit „Koalitionsfreiheit“ ist anderes gemeint), offenbar an sein Ende gekommen. Ein Modell muß her, daß die Problemlösungskompetenz des Bundestages bestmöglich nutzt, und zwar für jeden Einzelfall und nicht mehr nur für die großen Linien entlang ideologischer Grenzen (wie seinerzeit Westbindung oder Ostpolitik): Wechselnde Mehrheiten je nach Thema, um Blockaden durch Partikularinteressen zu verhindern, buntere Mischung der jeweiligen Bundesregierung (bis hin zu einem Allparteienkabinett), die sich auf ihre Rolle als *Exekutive* im Wortsinne, als ausführendes Organ zu besinnen hätte. Für das Parlament ist es eine lebensnotwendige Chance, seine Bedeutung wiederzuerlangen, Schauplatz erneut spannender Debatten zu werden, weil es wieder um etwas ginge, die Bürger echte Mehrheitsbildung live verfolgen könnten. Daß es das noch kann, hat es bei „Gewissensfragen“ wie *Organspende* oder *Stammzellforschung* bewiesen: Kaum ist der unselige Fraktionszwang einmal aufgehoben, kommt wieder Leben ins Hohe Haus.

13.3 Abstract

The introduction of the Euro set high demands on the legitimacy of the political decision-process. Its quality was evaluated on the basis of two case-studies: public discourse and parliamentary proceedings.

The public discourse can be seen as failed, because the media did not report on the Maastricht Treaty, until the process leading to the EMU effectively could no longer be stopped. In doing so, the sovereign's right on freedom of knowledge became distinctly violated. What is more, the democratic feed back became blocked through the coherence of values and interests among the elites. The later introduced attempts by the government to change the people's rejection and mistrust into agreement through official state communication campaigns had to fail. Public opinion surveys likewise could not create the necessary legitimacy.

Many Members of the Bundestag, according to their answers in the questionnaire, doubted the legitimacy and therefore would have preferred a referendum. They felt under normative constraints, because after 1992 they no longer saw an opportunity to stop on the road to the Monetary Union. The result of the general elections in 1998 too can not be seen as a source of legitimacy, for the elections did not meet the necessary preconditions. Bundestag and even more Bundesrat based their decision on the Bundesbank's vote. The Bundesbank though re-delegated its decision about potential Euro-members to the political body. He, in turn, reinterpreted the vote. Premierminister Stoiber agreed to the EMU in the very last moment, feeling constraint by circumstances. This once again damaged the legitimising power of the Bundesrat.

All in all, the described process does not meet the criteria to gain legitimacy for the introduction of the Euro. Due to the lack of input-legitimacy, the Euro is solely dependent on generating output-legitimacy. This state of undercover uncertainty implies the risk of a (possibly critical) loss of acceptance.

14. Dokumentation

14.1 Anmerkungen

1. In einem Aufsatz für die Zeitschrift *Die Bank* (Ausgabe 12/2008) untersucht Klaus Watzka, Professor für Betriebswirtschaft an der FH Jena, „Groupthink – Das Phänomen der Fehlentscheidung". Warum, so seine Leitfrage, erzeugen scheinbar perfekt besetzte Gremien – etwa Aufsichtsräte – so oft Fehlentscheidungen? Die hier geschilderten Verhaltensmuster aus dem Unternehmensalltag lassen sich auf die Situation von Politikern, speziell in Fraktionen organisierten Abgeordneten, übertragen, so daß dieser Text zur Pflichtlektüre von MdB gehören sollte – wobei fraglich ist, ob die jeweiligen Vorsitzenden bei der Entscheidungsfindung jederzeit auch „optimale" Ergebnisse anstreben. Auszüge:

„In Gruppen können Wissen, Erfahrungen und Informationen mehrerer Personen zusammengeführt und genutzt werden. Ideenaddition und gegenseitige Anregungsprozesse führen zu einem höheren Kreativitätsniveau. Die Perspektivenvielfalt erlaubt eine komplexere, vielfältigere und kritischere Prüfung und Beurteilung von Handlungsalternativen. Alle diese Vorteile sind allerdings nur potenzieller Natur. In Entscheidungssituationen kommen sie nur zum Tragen, wenn die Gruppenmitglieder (GM) einerseits ihr unabhängiges Denken bewahren und andererseits tatsächlich auch alle Aspekte in den Gruppenprozess eingesteuert werden. Genau dies geschieht aber nicht, wenn sich eine Gruppe zu früh und intensiv auf eine gemeinsame Denkhaltung festlegt. Dieser Effekt wird in der Sozialpsychologie als 'Groupthink' (Gruppendenken) thematisiert. Es ist ein sehr subtiler Mechanismus, der in Entscheidungsgremien zu suboptimalen Entscheidungen führen kann. Spätestens wenn Unternehmen in eine Krise geraten, stellt sich die Frage, ob nicht der ein oder andere Schaden hätte vermieden werden können, wenn sich die an den Entscheidungen beteiligten Personen ihr unabhängiges und kritisches Denken bewahrt hätten, statt sich in den Zug der Lemminge einzureihen.

Ursprünglich formuliert wurde die Groupthink-Theorie von dem Amerikaner Irvin Janis schon in den siebziger Jahren. Er untersuchte markante Negativereignisse in der jüngeren US-Geschichte, die im Rückblick gemeinhin auf gravierende politische Fehlentscheidungen zurückgeführt wurden: Pearl Harbour, Invasion in der Schweinebucht, Koreakrieg und Vietnamkrieg. Sein Interesse galt der Frage, warum eigentlich hochkompetente Beratergruppen der Präsidenten diese Fehlentscheidungen nicht verhinderten, sondern ihnen vielmehr sogar Vorschub leisteten. Zentrale Erkenntnis der Untersuchung war, dass die Beraterstäbe einer starken Gleichschaltung im Denken unterworfen waren, ein Phänomen, das Janis 'Groupthink' nannte und dessen Entstehungsbedingungen, Symptome und negative Folgewirkungen er in einem Modell abbildete.

Unter Groupthink wird die Neigung von GM verstanden, sich in Entscheidungssituationen stark dem Gruppendruck anzupassen, eigenes kritisches und reflektierendes Denken zu unterdrücken und Informationen von außen zu ignorieren. Die Aufrechterhaltung der Gruppengeschlossenheit und -solidarität wird für die Mitglieder zu einem wichtigeren Ziel als die kritische Auseinandersetzung mit einer objektiven Faktenlage.

Es wird auch vom 'Einmütigkeitsstreben' gesprochen, von dem eine Gruppe dominiert wird. Menschen in Gruppen haben oft eine latente Tendenz zu dieser Einmütigkeit, da sie implizit davon ausgehen, dass in der Gruppe eine Konsenslösung erwartet wird. Zudem besteht aus Gründen des eigenen Selbstwertgefühls ein Bedürfnis danach, die eigene Position in der Gruppenentscheidung wiederzufinden. Durch ein schnelles Einschwenken auf den (vermeintlichen) Gruppenkonsens ist dies am sichersten gewährleistet.

Die Qualität von Entscheidungen in und durch Gruppen lebt von der Vielfalt der Perspektiven und der auf ihr basierenden kontroversen und kritischen Diskussion und Bewertung alternativer Handlungsoptionen. Dazu gehört auch ganz explizit die 'Unterlassensalternative'. Das 'Geschäft des Lebens' kann auch einmal sein, ein Geschäft nicht gemacht zu haben. Wird Perspektivenvielfalt nicht gesichert, so sind suboptimale, wenn nicht sogar Fehlentscheidungen eine häufige Folge. Diese beruhen auf typischen Defekten, die mit einem überstarken Einmütigkeitsstreben einhergehen: Unzureichende Hinterfragung von Zielen, unvollständiges Zusammentragen potenzieller Handlungsalternativen, ungenügende Hinterfragung der gewählten Handlungsalternative hinsichtlich ihrer Risiken, Verzicht auf neuerliche Prüfung einmal abgelehnter Handlungsalternativen auch bei geändertem Informationsstand, verfrühter Abbruch der Suche nach weiteren Informationen, unvollständige oder/und verzerrte Auswertung von vorhandenen Informationen; wahrgenommen und verarbeitet werden nur die mit der beabsichtigten Entscheidung kompatiblen Informationsbestandteile, Verzicht auf die Ausarbeitung von Ausweichplänen.

Was sind nun Rahmenbedingungen, die das Auftreten von Gruppendenken wahrscheinlicher machen?

Hohe Gruppenkohäsion (Gruppenzusammenhalt): Sie gründet darauf, dass die Mitgliedschaft in der Gruppe für den Einzelnen attraktiv und erstrebenswert ist. Dies ist insbesondere in Gruppen gegeben, für die hohe Zugangsbarrieren existieren, die eine hohe Statuswirkung nach außen entfalten oder in denen überdurchschnittliche Anreize gewährt werden. Die Zugehörigkeit zum Inner Circle eines Unternehmens dürfte wohl alle diese Kriterien erfüllen. Die Mitgliedschaft soll durch 'Abweichlertum' oder Äußerung kritischer Positionen nicht leichtfertig gefährdet werden.

Isolation der Gruppe: Wenn eine Gruppe – zum Beispiel aus Geheimhaltungsgründen oder schlicht wegen einer entfernten lokalen Ansiedlung – wenig Kontakt zu anderen Gruppen, Mitarbeitern oder der Außenwelt hat, dann ist sie damit auch von abweichenden Standpunkten und Informationen abgeschirmt. Die Gruppe 'schmort im eigenen Saft' und hinterfragt mangels Außenimpulsen eigene Positionen nicht mehr hinreichend.

Direktiver Leiter mit klaren eigenen Präferenzen: Wenn Leiter von Gruppen eine starke Machtposition haben und schon zu Beginn von Gruppensitzungen ihre präferierten Entscheidungen und Handlungsoptionen durchblicken lassen, dann haben die Mitglieder die Tendenz, schnell auf diesen Kurs einzuschwenken. Sie scheuen dann das Risiko, das aufgrund der Machtasymmetrie mit einer kritischen Auseinandersetzung verbunden ist. Verschärft wird diese Tendenz, wenn der Leiter den Diskussionsverlauf sehr straff führt, auf schnelle Entscheidungen dringt und offen oder subtil abweichende Standpunkte abwertet oder sogar unterdrückt.

Fehlen von definierten Entscheidungsprozeduren: Wenn nicht festgelegt ist, auf welchem methodischen Weg man in einer Gruppe zu gemeinsamen Entscheidungen gelangt und wie alternative Standpunkte einbezogen werden, dann wird dieses Strukturvakuum durch andere Prozesse gefüllt. Entweder es herrscht Chaos, was aus Effizienzgründen in Wirtschaftsorganisationen aber nicht über längere Zeit toleriert wird. Oder es dominieren schnell soziale Prozesse – die zumindest den Anschein von Effizienz und Struktur erwecken – über sachlichen Austausch. Ein solcher sozialer Prozess ist die Gleichschaltung von Denken. Strukturlose Diskussionen befördern also Groupthink.

Homogenität der Gruppenmitglieder: Ein gleicher ideologischer Background und soziale Ähnlichkeit (zum Beispiel Alter, Geschlecht, Ausbildung, beruflicher Werdegang) beschleunigen über Perspektivenähnlichkeit das (zu) schnelle Finden eines gemeinsamen Standpunkts. Banken sind hier wegen ihrer tendenziellen Monostruktur bei den Berufsbildern stärker gefährdet als klassische Industrieunternehmen, in denen eine variantenreichere Mischung an Berufsbildern vorherrscht. Auf eine gewisse Heterogenität in der Gruppenzusammensetzung zu achten, kann also eine wirksame Vorbeugung gegen Groupthink sein.

Hoher Druck durch (gefühlte) externe Bedrohung: Gerade bei starkem Leistungs- oder Termindruck, bei Unternehmenskrisen oder wenn das Unternehmen stark im Blickpunkt der Öffentlichkeit steht, baut sich bei den GM ein hoher Stresslevel auf. Die Neigung, via Meinungskonsens enger zusammenzurücken ('Wagenburgmentalität') steigt. Dies gibt persönliche Sicherheit und gestattet in der eigenen Wahrnehmung eine leichtere Verteilung der Verantwortung auf alle Schultern (Verantwortungsdiffusion). Der Einfluss dürfte dann besonders stark sein, wenn wenig Hoffnung auf eine bessere Entscheidung besteht als die vom Leiter der Gruppe favorisierte. Und dem wird wegen seiner Position implizit die bessere Informationsbasis unterstellt.

Reduziertes Selbstwertgefühl: Selbstwertreduktionen können auf unterschiedlichen Ursachen beruhen. Erstens können vergangene Misserfolge/Fehlentscheidungen zu einem individuellen

Gefühl der Inkompetenz führen. Dies verstärkt dann die Neigung, sich auf die Gruppenmeinung zu verlassen. Zweitens kann die Gruppe vor schwierigen und komplexen Aufgaben stehen, denen sich die Mitglieder nur bedingt gewachsen fühlen. Die Herstellung von Gruppenharmonie erhöht den 'Kuschelfaktor' und stellt dann ein wirksames emotionales Gegengewicht zur subjektiv empfundenen persönlichen Unsicherheit dar. Drittens können moralische Dilemmasituationen bei Entscheidungen selbstwertbedrohend wirken (beispielsweise Personalabbau oder Arbeitsplatzsicherung über Geschäfte mit weniger seriösen Partnern).

Wenn alle wählbaren Handlungsalternativen mit empfundenen ethischen Verstößen einhergehen, dann werden Schuldgefühle und Gewissensbisse erträglicher, wenn sich alle GM durch eine gleichgerichtete Meinung gegenseitig implizit bestätigen, dass 'die Handlung nicht so schlimm ist'. Auch hier wirkt der Effekt der Verantwortungsdiffusion, denn in der Wahrnehmung des Einzelnen verteilt sich die Last der ethisch-moralisch problematischen Entscheidung auf viele Schultern. An welchen Symptomen sind Tendenzen zum Gruppendenken zu erkennen?

Selbstüberschätzung: Es wird die Illusion der Unverwundbarkeit aufgebaut und ein überstarker Optimismus an den Tag gelegt ('wir können eigentlich nichts falsch machen', 'das hat schon immer gut funktioniert'). Hinzu kommt oft ein bedingungsloser Glaube an die moralische Integrität der eigenen Position ('wir wollen nur das Beste für das Unternehmen', 'das Recht steht auf unserer Seite', 'wenn wir keine Schmiergelder zahlen, dann tun es andere').

Engstirnigkeit im Denken: Es werden gemeinsame Rationalisierungsmuster und stereotype Wahrnehmungen über Andersdenkende entwickelt. Im Gefolge werden mit der Entscheidungstendenz der Gruppe inkompatible Informationen abgewertet, ausgeblendet oder umgedeutet. Externen Vertretern einer abweichenden Position wird unterstellt, 'die Zusammenhänge nicht zu verstehen', 'unzureichende Informationen' oder gar 'verwerfliche Ziele' zu haben. Sie werden schnell als Dummköpfe, Ignoranten oder unseriöse Gestalten abgestempelt. Dann erübrigt sich auch eine vertiefte Auseinandersetzung mit deren Argumenten.

Selbstzensur: Um den Entscheidungsprozess nicht zu verlängern und die Gruppenharmonie nicht zu gefährden, unterdrücken GM (wider besseres Wissen) selbst eigene Gegenargumente. Jeder dürfte wohl in Gruppensitzungen schon am eigenen Leib verspürt haben, welche Überwindung es kostet, in einer Situation, in der sich (vermeintlich) alle GM einig sind und in der 'die Messen hinsichtlich der zu treffenden Entscheidung gelesen' scheinen, einen kritischen Aspekt offen zu thematisieren.

Peerdruck: Werden abweichende Positionen geäußert, dann bauen andere GM schnell – explizit oder subtil – Druck auf. Die vorgetragenen Argumente werden abgewertet ('Erbsenzählerei') oder das Mitglied gar isoliert ('Querulant', 'ewiger Bedenkenträger').

Erzeugung der Illusion der Einstimmigkeit: Es wird intensiv betont, dass jeder seine Meinung einbringen konnte. Schweigen wird konsequent als Zustimmung gedeutet. 'Starke' Gruppenleiter nutzen damit im Verbund mit einer sehr autoritären Sitzungsführung subtil die Mechanismen der Selbstzensur und des Peerdrucks.

Einsatz von Mindguards: Einzelne GM füllen die Rolle von Gedankenwächtern aus, die den Leiter gegen abweichende Informationen oder Standpunkte abschirmen. Dies geschieht, indem im Vorfeld Äußerungen unterdrückt werden ('das kann unmöglich in der Sitzung laut gesagt werden') oder Abweichler in Einzelgesprächen wieder auf Linie gebracht werden ('ich rede mal unter vier Augen mit ihm')."

Watzkas Originaltext liefert auch eine Reihe von einleuchtenden und vergleichsweise einfach umzusetzenden Vorschlägen, wie die oben beschriebenen Mechanismen mit dem Ziel eines optimalen Ergebnisses umgangen oder ausgeschaltet werden können.

2. Auszug aus „Euro-Trip ins ungewisse", *Der Spiegel* 8/1997, Seite 22: „Ein düsteres Szenario zeichnet der Brite David Lascelles. Unter dem Titel ‚Der Crash von 2003' hat der frühere *Financial Times*-Journalist und heutige Vizedirektor des Londoner *Centre for the Study of Financial Innovation* ausgemalt, wohin das Experiment mit dem Einheitsgeld führen kann – so anschaulich und detailreich wie niemand vor ihm. Die mit viel literarischer Freiheit formulierte, gleichwohl fachlich fundierte Prognose: Vier Jahre nach ihrem Beginn bricht die Währungsunion tosend wieder auseinander. Das politische Ziel erweist sich als zu ehrgeizig, die Geldgemeinschaft scheitert an den ökonomischen Realitäten und den kulturellen Unterschieden. Das rückblickend erzählte Drama des britischen Publizisten nimmt seinen Lauf, als beim Prüftermin im Frühjahr 1998 kein einziges europäisches Land die Beitrittskriterien im strengen Sinn erfüllt – keine unrealistische Vorstellung, wie sich heute [1997] zeigt. Die Staats- und Regierungschefs, beseelt vom Wunsch, die Einigung Europas voranzutreiben, handeln sieben Gründungsmitglieder der Währungsunion aus – neben Deutschland und Frankreich sind das Österreich, Belgien, Luxemburg, Irland und die Niederlande. Italien und Spanien wollen ebenfalls von Anfang an dabeisein, doch die nördlichen Kernländer stellen sich dagegen. Weil die Zustimmung der beiden Länder aber für den Start einer kleinen Währungsunion zwingend benötigt wird, erhalten sie in Lascelles ‚EWU-Märchen' die Zusage, dem Klub bereits ein Jahr später beitreten zu dürfen.

Gleichwohl könnte der Euro, so nimmt der britische Publizist voller Optimismus an, zunächst durchaus einen starken Auftritt auf der internationalen Währungsbühne haben. Gestützt werde die neue Währung nämlich durch eine gute Weltkonjunktur, die Euphorie des politischen Aufbruchs und ein anfänglich großes Vertrauen der Finanzmärkte in den Stabilitätswillen der nach dem Vorbild der Bundesbank gegründeten Europäischen Zentralbank.

Der Auslöser für den Zusammenbruch der Währungsunion ist in Lascelles Szenario ein zyklischer Umschwung der Weltwirtschaft mit der Folge eines bereits lange erwarteten Aktiencrashs in den USA. Der Kursverfall an der Wall Street reißt in den europäischen Ländern die Börsen mit in die Tiefe, bringt die Banken in Schwierigkeiten und schlägt auf die Volkswirtschaften durch. In dieser Situation zeigt sich, wie verhängnisvoll der 1996 in Dublin beschlossene Stabilitätspakt wirkt. Er zwingt die EWU-Länder, ihre Staatsausgaben gerade dann übermäßig einzuschränken, wenn die Konjunktur ohnehin schwach ist.

Am stärksten würde der Protest vermutlich in Frankreich ausfallen. Steigende Arbeitslosenzahlen und die in der Flaute notwendige Sparpolitik treiben in Lascelles Szenario die Menschen in Paris zu gewalttätigen Demonstrationen auf die Straße. Um den Druck zu mildern, beginnt Frankreichs Regierung gegen die Europäische Zentralbank Front zu machen. Die Technokraten in Frankfurt täten nicht genug, um die europäische Wirtschaftskrise zu mildern. Die Akteure an den internationalen Finanzmärkten reagieren sogleich auf die politischen Risse im Währungsbündnis. Für französische Anleihen setzen sie höhere Zinsen durch, auch Italien und Spanien werden mit Aufschlägen bestraft.

Um die innenpolitische Krise abzuwenden, schlägt der französische Staatspräsident Jacques Chirac eine umfassende Reform der Währungsunion vor: Der unselige Stabilitätspakt soll abgeschafft und die Europäische Zentralbank zur Förderung der Konjunktur verpflichtet werden. Auf Importe in die EU soll es einen Zoll von zehn Prozent geben. Das Geld soll für Beschäftigungsprogramme eingesetzt werden. Binnen 24 Stunden verliert die europäische Währung gegenüber dem Dollar zehn Prozent an Wert. Die Spekulanten nehmen den Euro ins Visier. Die großen Anlagefonds verkaufen die Währung auf Termin, um aus dem drohenden Kollaps der Union Profit zu schlagen. Die Europäische Zentralbank ist paralysiert. Die eine Hälfte ihrer Ratsmitglieder will Zinssenkungen, um die Wirtschaftskrise zu meistern; die andere votiert für eine straffe Geldpolitik zur Stützung des Euros.

Ein Krisengipfel im Jahr 2003 endet schließlich mit einem Eklat. Der Bundeskanzler weist das französische Ansinnen nach einer Neuorientierung in der Währungspolitik zurück. 48 Stunden später proklamiert Frankreich die Wiedereinführung des Franc zum Ende des Jahres 2003. Die Märkte erzwingen eine massive Abwertung gegenüber dem Umtauschkurs bei der Einführung des Euros vier Jahre zuvor. Auch Italien und Spanien steigen aus. ‚Nach dem Zusammenbruch beschränkt sich die Mitgliedschaft in der Währungsunion auf Deutschland, die Benelux-Staaten und Österreich', läßt Lascelles seinen fiktiven Berichterstatter der dramatischen Ereignisse mit feiner Ironie resümieren, ‚ein D-Mark-Block, wie es ihn bereits 1996 gab.'"

3. Von den Interviews und deren Abschriften existieren damit jeweils bis zu drei Fassungen: Eine im Originalton auf Tonband, eine schriftliche des Verfassers, in der der Text sinnbewahrend grammatikalisch geglättet, lesbar und verständlich gemacht und ggf. gestrafft wurde, und eine schließlich vom Interviewpartner überarbeitete und autorisierte Version. Einige Interviewpartner machten von der Möglichkeit, Korrekturen und/oder eine Autorisierung vorzunehmen, nicht Gebrauch, sondern nahmen lediglich den übersandten Text zur Kenntnis, was der Verfasser nach mindestens einer Nachfrage und Ablauf einer angemessenen Frist als Zustimmung wertete, andere gaben auch nach längerer Diskussion mit dem Verfasser nur einzelne Sätze frei. Genscher verbot eine Aufzeichnung und sagte dann (erwartungsgemäß) nur das, was er sagen wollte – auch ungeachtet der Fragestellung. Rau bevorzugte unverfängliche Formulierungen, während Schäuble präzise und aufgeschlossen auf den Punkt kam. Kohl gilt als nur mit viel Fingerspitzengefühl interviewbar; der Übergang zum narrativen Monolog, dann jenseits des Gegenstandes, ist bei ihm stets möglich. Dem darf man erfahrungsgemäß allerdings nur behutsam begegnen.

4. Vgl. Elisabeth Noelle-Neumann: Öffentliche Meinung: die Entdeckung der Schweigespirale (1989). Die Autorin beschreibt die Erfindung dieses wissenschaftlichen Begriffes wie folgt: „Bundeskanzler Erhard fuhr 1965 mit Königin Elisabeth II. durch Deutschland. Das verbreitete gute Stimmung. Ich beobachtete, daß die CDU-Anhänger immer optimistischer und redefreudiger wurden, während die Gegner immer schweigsamer wurden. So verbreitete sich die Stimmung, daß die CDU 1966 die Wahl gewinnen werde. Ich hatte die Schweigespirale entdeckt." (Interview mit Elisabeth Noelle-Neumann in der ZDF-Serie *Zeugen des Jahrhunderts*, 2001).

5. Einige prominente Akteure zeigten sich vielfach erst nach wiederholtem Drängen und mehreren Jahren bereit zu einem Interviewtermin, wobei sich der Regierungswechsel 1998 als hilfreich erwies. Manchmal blieben vier Briefe unbeantwortet und alle Anrufe erfolglos; erst eine zufällige Begegnung machte ein Gespräch dann doch noch möglich. Gerhard Schröder, Edmund Stoiber, Klaus Kinkel, Karl Otto Pöhl und Rudolf Scharping standen nicht zur Verfügung.

6. Verheugen sagte in einem Zeitungsinterview auf den Einwand, die Ost-Erweiterung der EU sei ein „Eliten-Projekt", das den Menschen in West wie Ost „übergestülpt" werde: „Das stimmt schon. Meine These ist ja auch, dass man speziell in Deutschland den Fehler nicht wiederholen darf, der beim Euro gemacht wurde. Der wurde ja geradezu hinter dem Rücken der Bevölkerung eingeführt. Ich war damals für eine Volksabstimmung. Sie hätte die Eliten gezwungen, aus ihrem Elfenbeinturm herauszukommen und im Dialog mit den Menschen für den Euro zu werben. Nun, bei der EU-Erweiterung, dürfen wir nicht wieder über die Köpfe der Bürger hinweg entscheiden." (*Süddeutsche Zeitung* vom 02. September 2000, S. 14). Die Folge dieser Äußerung war ein Sturm der Entrüstung in Berlin und Brüssel über den für die EU-Erweiterung zuständigen EU-Kommissar. Verheugen wurde unterstellt, er wolle die Osterweiterung in Wirklichkeit nicht und mittels der Forderung nach einem Referendum neue Hürden errichten.

7. Es existieren Beispiele für gelungene politische Kampagnen des BPA. Bereits Adenauer bewies, daß sich auch gefährliche Meinungstrends umkehren lassen, wenn man es nur geschickt und mit Ausdauer anstellte – etwa die anfangs von großen Teilen der Bevölkerung sehr skeptisch betrachtete Konzeption der *Sozialen Marktwirtschaft* sowie Aussöhnung mit Frankreich und Westbindung, klassische Beispiele für nachträgliche Legitimation heikler politischer Grundsatzentscheidungen. Vgl. Johannes Hoffmann in seiner Untersuchung der Aufbauphase des BPA: „Es liessen sich ... Medienereignisse schaffen, die der Bundesregierung im eigenen Volk bzw. im Ausland Zustimmung und Rückhalt verschafften ... , wobei es das BPA mit großem Geschick verstand, Adenauer zum Symbol für die innere Stabilität und eine berechenbare Entwicklung der Bundesrepublik zu stilisieren ... Der starken Wechselwirkung zwischen inlands- und auslandsgerichteter Informationspolitik und Öffentlichkeitsarbeit hat Adenauer einiges für den überragenden Wahlsieg zu verdanken, den er 1953 erringen konnte." (Johannes Joachim Hoffmann: Vorsicht und keine Indiskretionen! S. 389).

8. Angela Merkel, damals noch Oppositionsführerin, sieht darin ein politisches Prinzip, wie sie in der Bundestagsdebatte vom 3. April 2003 über Schröders Regierungserklärung zum Europäischen Rat von Brüssel darlegte: „Wir haben im übrigen in der Gestaltung des Binnenmarktes durch die Einführung des Euro Europa irreversibel und unumkehrbar *[sic]* gemacht. Und ... das waren mutige Entscheidungen von Helmut Kohl, von Theo Waigel, und ... diese Entscheidungen für den Euro, die von Ihnen (weist auf Bundeskanzler Schröder) übrigens damals als ‚kränkelnde

Frühgeburt' disqualifiziert wurde, diese Entscheidung für den Euro ist nicht mit der Mehrheit der Bevölkerung gefallen, sondern sie ist in einer Führungsaufgabe der Bevölkerung nahegebracht worden. Und heute wird sie von der Bevölkerung mit Überzeugung getragen. Dies wird immer wieder bei wichtigen Entscheidungen notwendig sein." [Beifall in den Reihen der Opposition] (Abschrift nach Tonbandaufzeichnung).

9. Kirchhof hat dieses Bild später anläßlich des Karlsruher Lissabon-Urteils ergänzt und variiert. Auszüge: „Grundsätzlich erreicht Recht, das nicht vom deutschen Parlament beschlossen worden ist, Verbindlichkeit in Deutschland nur, wenn es über die Brücke eines Rechtsanwendungsbefehls des deutschen Gesetzgebers nach Deutschland Eingang findet. Das Parlament hält die Schranke auf dieser Brücke geschlossen, bis es das Recht auf seine Geeignetheit und Tauglichkeit für Deutschland geprüft und ihm sodann Eintritt verschafft hat. (...) Aber der Lissabon-Vertrag sieht auch andere Ermächtigungen vor. Der aus Lissabon kommende Zug wird die Kontrollstelle des deutschen Parlaments passieren und die Erlaubnis erhalten, auf den bei der Kontrolle benannten Gleisen zu den dort bekannten Bedingungen in Deutschland zu fahren. Doch nun will das Europarecht jenseits der Kontrolle eigene Gleise bauen und sich aus eigener Kompetenz weitere Zuständigkeiten erschließen, auch die Fahrbedingungen ändern und aus dem Einstimmigkeitsprinzip ein Mehrheitsprinzip machen. Diese Anmaßung einer Kompetenzerweiterung aus eigener Macht unterbindet das Bundesverfassungsgericht." (Professor Dr. Paul Kirchhof: Faszination Europa. *Frankfurter Allgemeine Zeitung* vom 19. September 2009, S. 8).

10. In fünf Experimenten der Universität München und der Technischen Universität Dresden wurden zwei Gruppen von Versuchsteilnehmern weitgehend identische Speisekarten vorgelegt – in D-Mark und in Euro. Manchmal seien tatsächlich Preisänderungen vorgenommen worden, manchmal nicht. Ergebnis: Nur bei Euro-Preisen unter den ursprünglichen D-Mark-Preisen hätten die Versuchsteilnehmer einen fairen Wechselkurs wahrgenommen. Sobald aber die Durchschnittspreise der Euro-Speisekarte mit denen der D-Mark-Speisekarte identisch gewesen seien, hätten die Versuchsteilnehmer Preissteigerungen von mehr als zehn Prozent gesehen mit der Folge, daß sie von der Euro-Speisekarte weniger bestellt hätten als von der D-Mark-Speisekarte.

Die Forscher vermuten als Ursache eine fehlerhafte Korrektur von Rechenfehlern. Beim Umrechnen von D-Mark in Euro blieben Rechenfehler eher unentdeckt, die der Erwartung einer Preiserhöhung entsprächen, als Rechenfehler, die der Erwartung der Preiserhöhung widersprächen (*Frankfurter Allgemeine Zeitung* vom 30. Juni 2003, S. 7). – Möglicherweise begünstigt der Umstellungskurs von 1,95583:1 auch solche Irrtümer (Vermutung des Verfassers).

11. Versuche der *Zentrale zur Bekämpfung des unlauteren Wettbewerbs* in Bad Homburg, einen mit D-Mark-Annahme werbenden Modehändler aus Neu-Anspach abzumahnen, scheiterten letztinstanzlich am Oberlandesgericht Hamm, nachdem es sich bei einem solchen Vorgehen nicht um ein wettbewerbswidriges „übertriebenes Anlocken" von Kunden handele. Offenbar macht vielen Kunden das Zahlen mit D-Mark sogar ganz besonderen Spaß (vgl. Die Rückkehr der D-Mark – C&A nimmt wieder alte Währung. *Frankfurter Allgemeine Zeitung*/S-Ausgabe vom 30. November 2002, S. 63).

12. In den Monaten vor der Währungsumstellung hatte die EU-Kommission versucht, entsprechende Befürchtungen zu zerstreuen: Umsatzeinbußen des Handels würden einen veränderten Bedarf bei den Verbrauchern voraussetzen. Dies sei aber weder bei teuren Konsumgütern noch bei Lebensmitteln zu erwarten: „Gekauft wird, was gebraucht wird – daran ändert auch das neue Bargeld nichts", schreibt Ute Hirschburger vom *Libertas*-Institut in souveräner Mißachtung von 50 Jahren Verkaufspsychologie. Vielleicht, so Hirschburger, werde sogar „so mancher Verbraucher der Täuschung erliegen", daß er gerade halb so viel ausgegeben habe wie bisher (zitiert nach EU-Nachrichten Nr. 4 vom 1. Februar 2001, S. 5).

Auf der Jahrestagung der *Gesellschaft für Konsum-, Markt- und Absatzforschung* (GfK) am 19. Juni 1998 in Nürnberg berieten Marketingexperten, wie sich die in dreieinhalb Jahren anstehende Preisumstellung auf das Preisgefüge und bisherige psychologische Preisschwellen (1,99, 2,99, 3,99, 1,49 etc.) auswirken könnte. Ergebnis: Es komme einiges durcheinander; alte Regeln gelteten nicht mehr, neue kämen, aber welche, das sei unklar; der Euro sei eine Jahrhundertherausforderung für alle Verkaufsprofis.

Hermann Diller, Marketingprofessor an der Universität Erlangen-Nürnberg, warnte die Versammlung: Es werde große „Preisunsicherheit" herrschen, viele Kunden würden besonders auf der Hut sein, wenn der Euro komme, „entdeckte Versuche der Übervorteilung dürften deshalb gravierende Imageschäden nach sich ziehen"; die Medien warteten nur auf solche Missetäter. „Rein theoretisch" bestehe für die Anbieter aber „eine beträchtliche Chance, mit der Währungsumstellung ehemalige Preisschwellen zu überspringen". Es werde spannend sein, zu beobachten, welchen Branchen dies tatsächlich gelinge.

Wer über ein hohes Einkommen verfüge, der werde „vermutlich länger der Preisillusion alter DM-Preise" erliegen als weniger betuchte Menschen, denen schnell klar werde, daß sich mit den Preisen auch ihre Einkommen halbiert haben. Für Artikel, die von den Kunden nicht in besonderem Maße „preiskritisch und preisachtsam" beobachtet würden, empfehle er entweder eine exakte Umrechnung von DM auf Euro „oder eine prophylaktische Preiserhöhung im Vorfeld der Währungsunion ..., die nach der Umstellung bei exakter Umrechnung zu einem optisch günstigen Euro-Preis knapp unterhalb einer vermuteten neuen Preisschwelle führt". Die durch die Preiserhöhung zunächst entstehenden Umsatzverluste würden später doppelt und dreifach kompensiert. (Quelle: GfK-Dokumentation der Jahrestagung vom 19. Juni 1998, S. 24, 32 ff.).

13. Charisma wird nach Max Weber unter anderem gespeist von „Heldenkraft oder Vorbildlichkeit einer Person und der durch sie geschaffenen Ordnungen". Wenn nun der Euro laut Helmut Kohl „eine Frage von Krieg und Frieden in Europa" ist und – wie er meint – die Währungsunion ihre friedens- und gemeinschaftsstiftende Wirkung in ihrer kurzen Lebenszeit bereits mindestens einmal nachdrücklich bewiesen hat, dann nimmt Kohl Charisma in Anspruch. Inwieweit es speziell in der Ausformung des „großen Europäers" innerhalb des politischen Betriebes zur Überwindung von Widerständen beigetragen hat, läßt sich nur schätzen, zumal sich dieser Aspekt vermischen dürfte mit Kohls ausgeklügeltem, parteiintern flächendeckenden Belohnungs-Bestrafungs-System, *System Kohl* genannt. Sicher schwingt aber der Charisma-Aspekt in hier zitierten Äußerungen von Wegbegleitern mit.

Kohls langjähriger Pressesprecher und -berater Eduard Ackermann widerspricht in diesem Zusammenhang Darstellungen, Kohl habe immer und durchweg eine schlechte Presse gehabt: „Es gab Phasen, in denen die Presse den Kanzler sehr positiv bewertete, wie zum Beispiel bei seinen Bemühungen um die deutsche Einheit oder die Schaffung einer europäischen Währungsunion und einer politischen Union." Kohls Charisma hatte also zumindest Einfluß auf die Medien. (Eduard Ackermann: Im Getriebe der Bonner Politik, in: *Frankfurter Allgemeine Zeitung* vom 13. August 1994, S. B3).

In der Außenwirkung auf die Bevölkerung entfaltete es jedoch offenbar geringere Wirkung, konnte also nur einen bescheidenen Beitrag zur Steigerung von Legitimität leisten. Allerdings blieben ja auch ein Aufstand, das Aufleben einer Euro-feindlichen Partei o. ä. aus. Der Versuch von CDU-Generalsekretär Peter Hintze, dem Bundestagswahlkampf 1998 mit Hinweis auf das Charisma Kohls als einzig wahrer Europäer unter den Spitzenkandidaten noch eine Wende zu geben, schlug allerdings fehl. Außerdem hatten die Befürworter des Euro auf diesem Feld mit einer starken, mindestens ebenbürtigen Gegenkraft zu kämpfen, wie sie auch immer wieder beklagten: Dem Charisma der D-Mark [vgl. Hans Röper: Die D-Mark. Vom Besatzungskind zum Weltstar (1978)].

14. Am 12. April 2001 versuchten die Professoren Hankel, Nölling, Schachtschneider und Starbatty, die in dieser Konstellation die EWU bereits per Verfassungsklage hatten aufhalten wollen, mittels eines *Offenen Briefes* an Bundeskanzler Schröder, Bundespresseamt und EU-Kommission zu veranlassen, ihr im Erscheinen begriffenes Buch „Die Euro-Illusion. Ist Europa noch zu retten?" in ihrer Werbekampagne anläßlich der bevorstehenden Bargeldeinführung zu erwähnen. Darauf hätten sie gemäß der Konvention zum Schutz der Menschenrechte zwecks objektiver Meinungsbildung des Volkes ein Recht. Bisher habe das BPA pure Propaganda getrieben; „der Einsatz der Haushaltsmittel für die einseitige und damit verfälschende Propagierung des Euro ist rechtswidrig". Gemäß seines Amtseides schulde der Kanzler eine Versachlichung des öffentlichen Diskurses um die Währungspolitik. Eine Antwort Schröders ist nicht überliefert und konnte auch vom Büro des Regierungssprechers nicht mehr rekonstruiert werden.

15. Einige Euro-Kritiker fühlten sich absichtlich von öffentlichen Debatten über den Euro ferngehalten. Wilhelm Hankel wurde aus der ersten *Sabine Christiansen*-Sendung am 4. Januar 1998 zunächst ein- und kurz darauf wieder ausgeladen. Während die Redaktion „konzeptionelle Gründe" nannte und 500 DM Ausfallhonorar anbot, vermutete Hankel eine Intervention von Wolfgang Schäuble, was dann von NDR-Intendant Jobst Plog bestritten wurde (Schriftwechsel liegt dem Verfasser vor). Angeblich soll auch Theo Waigel mindestens einmal die Teilnahme an einer Euro-Talkrunde mit Hankel und anschließend auch mit Karl Albrecht Schachtschneider abgelehnt haben. Branchengerüchten zufolge haben sich Politiker bei den Chefredaktionen von *Capital*, *manager-magazin* und *Handelsblatt* zugunsten einer Euro-freundlicheren Kommentierung interveniert, woraufhin vorgesehene Autoren erklärt hätten: „Dann schreibe ich eben gar nicht." Belege für diese Darstellungen fehlen.

16. In der *Süddeutschen Zeitung* vom 16. Dezember 1996 war auf Grundlage einer *Reuters*-Meldung vom Vortag unter der Überschrift „Herzog: Euro darf nicht Wahlkampfthema werden" zu lesen: „Bundespräsident Roman Herzog hat die Parteien davor gewarnt, die gemeinsame europäische Währung im Wahlkampf zu mißbrauchen. ‚Das wäre eine Katastrophe, und ich bin mir sogar ziemlich sicher, daß es genau aus diesem Grund nicht zum Wahlkampfthema werden wird', sagte Herzog im *Deutschlandfunk*. Die Frage bei der europäischen Währung sei ihre Stabilität und nicht, ob man damit Wahlkämpfe gewinnen oder verlieren könne." Ganz in diesem Sinne der Kommentartenor der *Bild*-Zeitung zwei Jahre später gegen Schröder: „Für Profilierungssüchtige und Wahlkampfmätzchen ist bei diesem wichtigen Thema jetzt kein Platz mehr." (*Bild*-Zeitung vom 24. April 1998).

17. Daß man sich über Details der Vertragsverhandlungen auf EU-Ebene bei entsprechendem Aufwand bei der Informationsbeschaffung auch als Durchschnittsbürger zumindest in groben Zügen hätte ins Bild setzen können, soll nicht bestritten werden. Wenn jedoch seinerzeit sogar das Kanzleramt und (laut Fragebogen-Auswertung) eine erhebliche Anzahl von Bundestagsabgeordneten die Tragweite dieser Ereignisse verkannte, wird man eine realistische Einschätzung der Konsequenzen von einem Nichtpolitiker erst recht nicht verlangen dürfen. Das Problem hat sich nach der Jahrtausendwende gerade im Hinblick auf die EU-Rechtsetzung noch verschärft.

18. Das ZDF ging so weit, zur bevorstehenden Bargeldeinführung am 1. Januar 2002 in einer „Medienpartnerschaft" (Intendant Dieter Stolte) mit der Bundesbank eine Euro-Informationskampagne mit zwei „Schwerpunktwochen" aufzulegen; zwei „Shows", so die Ankündigung, sollten sich „um den Euro drehen". „Entsprechend dem Informationsauftrag als öffentlich-rechtliche Anstalt" wolle das ZDF „dazu beitragen, bestehende Ängste in der Bevölkerung hinsichtlich des Euro abzubauen" (Stolte). Bundesbankpräsident Ernst Welteke habe dem ZDF auf einer gemeinsamen Pressekonferenz in Frankfurt am Main „für die Unterstützung" gedankt (*ddp*-Meldung vom 08. Mai 2001).

Drei Jahre zuvor (23. März 1998, 19.25 Uhr) hatte das ZDF schon einmal einen Abend dem Euro gewidmet – unter dem Titel „Mordfall D-Mark". Der *hr*-Wirtschaftsjournalist Christoph Wehnelt nannte das TV-Ereignis in seiner Kritik eine „mehr oder weniger gelungene Show zugunsten des Euro" (hr1-Morgenmagazin *Start* vom 24. März 1998). Einfluß auf die Haltung der Zuschauer hatte sie ausweislich zweier TED-Umfragen indes nicht: Zu Beginn der Sendung bezeichneten 16 Prozent die EWU als „gut", 84 Prozent „schlecht", am Ende der Sendung 17 Prozent „gut", 83 Prozent „schlecht" (Zahl der Teilnehmer unbekannt).

19. In einem „Nachruf" auf die D-Mark bezieht sich die NPD Zwickau auf dieses Kohl-Zitat: Es sei ein Beweis für einen Verrat an deutschen Interessen durch die Einführung des Euro und für Verlogenheit der (damaligen) Bundesregierung. Dem Publikum versuche man – so die Darstellung der Rechtsradikalen – einzureden, der Euro biete eine Fülle von Chancen, aber die Politiker wüßten es besser. Das Pamphlet endet mit einem Dank des Verfassers an die „Kameradinnen und Kameraden" für ihre Teilnahme an einer „Euro-Verbrennung": „Es war zwar ein sehr teures Feuer aber das schönste seit langen." *[sic]* (2002). –

Die Schilderung der französischen Dolmetscherin Brigitte Sauzey in ihren Memoiren, Kohl sei im Vier-Augen-Gespräch auf eine explizite Forderung Mitterrands eingegangen und habe ihm die Aufgabe der D-Mark versprochen für Mitterrands „Ja" zur deutschen Einheit, bewertet Bitterlich wie folgt: „Es steht mir als Deutschem nicht zu, innerfranzösische Dinge zu kommentieren. Bei allem Respekt für die Dame und ihre berufliche Leistung: Sie ist gelernte Dolmetscherin. Und ich sage immer: Schuster, bleibe bei deinen Leisten."

Dies mag eine für einen Diplomaten angemessene Aussage sein – ein Dementi ist es nicht. Möglicherweise ist Madame Sauzey neben Kohl der einzige noch lebende Zeuge eines solchen Dialoges. Daß Kohl kein Interesse an einer Verifizierung haben kann, versteht sich. Bitterlichs Erklärung für die Hartnäckigkeit dieser Darstellung: „In Frankreich scheint einer vom anderen aus der politischen Klasse abzuschreiben." (Interview mit Wolfgang Bitterlich, S. 11-12).

20. Das Abkommen sah eine Europäisierung der Kontrolle über die an der Ruhr konzentrierte deutsche Stahl- und Kohleindustrie vor. Im Gegenzug entledigte sich Bundeskanzler Adenauer der als Diskriminierung empfundenen Beschränkungen durch das Besatzungsrecht und entschärfte den Streit mit Frankreich um das Saargebiet. Schließlich wurde ein neues Element in die schwierigen nachbarlichen Beziehungen eingeführt: Gegenseitiges Vertrauen.

21. Tietmeyer plädiert bei diesem Thema für eine kühlere Sichtweise: „Hätten die Franzosen ihre Währung stärker gemacht, hätten *sie* führen beziehungsweise diktieren können – im selben System. Es ist ja nicht so, daß der D-Mark diese Rolle formell zugeordnet worden wäre, sondern das ist einfach die Konsequenz ihrer Stärke, die sich durchgesetzt hat, und ihrer Reputation, die dahinter stand. Hinter den gesamten Streitigkeiten stand immer eine Grundfrage: Wenn wir denn in eine Währungsintegration gehen wollen – welche wollen wir? Wollen wir eine Orientierung am Durchschnitt in Europa oder wollen wir eine Orientierung an der stabilsten Währung? Das war die eigentliche Auseinandersetzung in der Substanz." (Interview mit Hans Tietmeyer, S. 4, Hervorhebung durch den Verfasser).

22. Genscher fühlte sich kompetent, auch in Wirtschafts- und Währungsfragen mitzureden. Nach seiner Darstellung wäre er im Sommer 1972 nach dem Rücktritt von Finanz- und Wirtschaftsminister Karl Schiller beinahe vom Innen- in das Wirtschaftsressort gewechselt, doch habe Bundeskanzler Willy Brandt seine Forderung nicht erfüllen wollen, die Abteilung „Geld und Kredit" aus dem Finanz- in das Wirtschaftsressort zurückzuverlagern.

23. Unter der Überschrift „Soooo deutsch" schreibt London-Korrespondent Johannes Leithäuser in der *Frankfurter Allgemeinen Zeitung* vom 11. September 2009 über Margaret Thatcher:

„Der zwanzigste Jahrestag des Mauerfalls gibt auch Briten wieder Anlass, sich zu fragen, warum ihre Regierung damals einen derart spürbaren Unwillen verströmte gegen die sich abzeichnende deutsche Einheit. An diesem Donnerstag hat das Londoner Foreign Office wichtige Dokumente zur Veröffentlichung freigegeben. Es war in jener Zeit die Premierministerin Margaret Thatcher persönlich, die misstrauische Abgeneigtheit gegen eine eilige Wiedervereinigung erkennen ließ – und es war ihr einstiger außenpolitischer Berater, Charles Powell, der jetzt auf einem Londoner Treffen des Berliner Alliiertenmuseums gleich einen ganzen Strauß von Gründen dafür anbot. Frau Thatcher und Bundeskanzler Kohl hätten schon in den vielen Jahren vor dem Herbst 1989 zu keinem vertrauens- und respektvollen Umgang miteinander gefunden – obwohl sich Kohl Frau Thatcher gegenüber große Mühe damit gegeben habe. Powell erzählte, dass der Kanzler seiner Kollegin bei jedem Treffen kleine Geschenke präsentiert und sie einmal auch zu einem Wochenende ‚nach Hause' in die Pfalz eingeladen habe, zu jener Tour also, zu deren Programm Wein, Saumagen und der Speyerer Dom gehörten.

Dort, in der Krypta der Salier-Kaiser, habe Kohl dann ihn, Powell, beiseitegenommen und ihm voll Hoffnung gesagt, nun, nach diesem Wochenende, müsse Frau Thatcher doch erkennen, dass der deutsche Kanzler kein krachender Teutone, sondern ein überzeugter Europäer sei. Doch die Premierministerin habe, kaum dass sie auf dem Rückweg ins Flugzeug geklettert war und die Schuhe abgestreift hatte, gleichfalls ihn, Powell, angeblickt und über Kohl gesagt: ‚Charles, dieser

Mann ist soooo deutsch.' Nach Powells Erinnerungen war es auch so, dass das Thatchersche Unbehagen anfangs von vielen europäischen Ländern geteilt wurde. Der Berater der Premierministerin berichtete freimütig: ‚Wenn ich jemals einen Menschen in Panik sah, dann war es Mitterrand im zweiten Halbjahr 1989.' Es sei auch nicht Frau Thatchers Idee, sondern die Anregung des französischen Staatspräsidenten gewesen, dass Frankreich und Großbritannien auf die Veränderungen in Deutschland mit einer engeren Zusammenarbeit, einer erneuerten Entente cordiale, reagieren müssten. Doch während Mitterrand dann doch wieder dem deutsch-französischen Verhältnis Vorrang gegeben habe, sei Frau Thatcher bei ihrer Skepsis geblieben: Sie sei halt nicht für waghalsige Wendemanöver gewesen, stellte Powell fest – die Kehrseite der ‚eisernen Lady'.

Es spielten aber offenkundig auch politische Erwägungen und persönliche Erfahrungen eine Rolle. Frau Thatcher hatte zwei Jahre zuvor auf einer Reise nach Moskau ein enges Verhältnis zum sowjetischen Staats- und Parteichef Gorbatschow entwickelt; sie fürchtete, ein rascher Aufbruch der DDR in ein vereintes Deutschland werde den sowjetischen Reformpräsidenten zu Hause destabilisieren und womöglich die Reformen in Osteuropa gefährden. Powell ist heute noch der Ansicht, die hastige deutsche Einheit habe die europäische Vereinigung verzögert und den osteuropäischen Ländern Jahre im zugigen Warteraum vor den Türen der EU beschert. Die Premierministerin habe in ihrem Urteil über Deutschland überdies aus der Geschichte – zumal der selbsterlebten – geschöpft, also aus den dreißiger und vierziger Jahren (eine Zeitlang lebten im Haushalt ihrer Eltern in Grantham auch zwei jüdische Mädchen, die aus Deutschland geflohen waren). Powell erwähnte das Stirnrunzeln seiner damaligen Chefin, als die Transparente ostdeutscher Demonstranten die Parole ‚Wir sind das Volk' in ‚Wir sind ein Volk' verwandelten.

Damalige britische Diplomaten, die jetzt in der Powellschen Erzählstunde zugegen waren, berichteten, um die Zeit des Mauerfalls herum hätten sie ein paar Tage lang eine Art Selbstzensur geübt und in den Depeschen nach London das Wort ‚Wiedervereinigung' lieber nicht auftauchen lassen. Und während die Hausherrin in Downing Street Nr. 10 noch lange Kohl und Genscher bei ihrem Wort nehmen wollte, die Wiedervereinigung stehe ‚nicht auf der Tagesordnung', begann nebenan in Whitehall das Auswärtige Amt zu erkennen, dass auch die westdeutschen Politiker eher getrieben wurden von der Dynamik des Vereinigungsprozesses, als dass sie ihn selbst lenkten. Der damalige britische Botschafter in Bonn, Christopher Mallaby, notierte über ein Treffen mit dem deutschen Kanzler im Januar 1990, erstmals habe Kohl zugestanden, die Einheit werde sicherlich kommen, und ein Datum dafür genannt – es sei der Anfang des Jahres 1995 gewesen."

24. *Zehn-Punkte-Plan* – Erklärung von Bundeskanzler Helmut Kohl vor dem Deutschen Bundestag am 28. November 1989. Quelle: *Weichenstellungen* – Online-Dokumentation der *Konrad-Adenauer-Stiftung* (http://www.kas.de/upload/dokumente/2008/6020/zehn_punkte.pdf).

„1. Sofortmaßnahmen: Humanitäre Hilfe, wo sie benötigt wird, z. B. bei der ärztlichen Versorgung. Devisenhilfe statt Begrüßungsgeld für unsere Landsleute in der DDR. ‚Wir sind bereit, für eine Übergangszeit einen Beitrag zu einem Devisenfonds zu leisten.' Voraussetzungen: Mindestumtausch für Reisen in die DDR muß entfallen, Erleichterungen von Einreisen in die DDR, eigener substantieller Beitrag der DDR zu dem Fonds. Letztlich muß die DDR ihre Reisenden selbst mit den nötigen Devisen ausstatten.

2. Ausbau der Zusammenarbeit, die den Menschen auf beiden Seiten unmittelbar zugute kommt, z. B. Umweltschutz, Telefonverbindungen, Verkehrswege.

3. Umfassende Wirtschaftshilfe, wenn ein grundlegender Wandel des politischen und wirtschaftlichen Systems … verbindlich beschlossen und unumkehrbar in Gang gesetzt wird. Das ist gewährleistet, wenn sich die gegenwärtige DDR-Staatsführung und die Opposition auf eine Verfassungsänderung und ein neues Wahlgesetz verständigt haben. Es müssen neue wirtschaftliche Grundlagen geschaffen werden, damit unsere Hilfe greifen kann. Wir unterstützen die Forderung nach freien, gleichen und geheimen Wahlen, Aufhebung des Machtmonopols der SED, Abschaffung des politischen Strafrechts, sofortige Freilassung aller politischen Gefangenen.

4. Vertragsgemeinschaft: Wir sind dazu bereit. Nähe und besonderer Charakter der Beziehungen zwischen den beiden Staaten in Deutschland erfordern ein immer dichteres Netz der Zusammenarbeit unter voller Einbeziehung Berlins. Gemeinsame Kommissionen für Wirtschaft, Verkehr, Umweltschutz, Kultur.

5. Konföderative Strukturen mit dem Ziel, eine Föderation, d. h. eine bundesstaatliche Ordnung in Deutschland zu schaffen. Voraussetzung: Eine demokratisch legitimierte Regierung in der DDR. Vorstellbare Institutionen: Gemeinsamer Regierungsausschuß zur ständigen Konsultation und politischen Abstimmung, gemeinsame Fachausschüsse, gemeinsames parlamentarisches Gremium u. a.

6. Deutschland als Bestandteil der Architektur Gesamteuropas: Die Entwicklung der innerdeutschen Beziehungen bleibt eingebettet in den gesamteuropäischen Prozeß und in die West-Ost-Beziehungen. Die künftige Architektur Deutschlands muß in eine gerechte europäische Friedensordnung eingefügt sein.

7. Die Europäische Gemeinschaft als Grundlage der gesamteuropäischen Einigung muß gegenüber den reformorientierten Staaten in Mittel-, Ost- und Südosteuropa offen sein. Sie muß auch offen sein für einen baldigen Abschluß eines Handels- und Kooperationsabkommens mit der DDR und angemessene Formen der Assoziierung.

8. Die Verhandlungen der Konferenz über Sicherheit und Zusammenarbeit in Europa (KSZE) müssen energisch vorangetrieben werden, z. B. durch Einrichtung eines gesamteuropäischen Umweltrates und einer Institution zur Koordinierung der Ost-West-Wirtschaftszusammenarbeit.

9. Abrüstung und Rüstungskontrolle müssen mit der politischen Entwicklung Schritt halten. Sie müssen vorangetrieben und wenn nötig beschleunigt werden, z. B. beim beiderseitigen Abbau der konventionellen Streitkräfte in Europa, beim weltweiten Verbot der chemischen Waffen, bei der beiderseitigen Verringerung der strategischen Nuklearwaffen.

10. Ein freies und geeintes Deutschland in einem freien und geeinten Europa. Die Wiedervereinigung, d. h. die Wiedergewinnung der staatlichen Einheit Deutschlands bleibt das Ziel der CDU."

25. Klaus Dreher schildert die Szene wie folgt: „Während er seinen Rücktritt für das Jahr 1996 ankündigte, stand er zu abendlicher Stunde auf einem hölzernen Podest in der Nähe der Ortschaft Mödlareuth. Der Ort Mödlareuth war historischer Boden. Der Grenzwall aus Beton und Maschendraht zerschnitt die Gemeinde in der Mitte. Offenbar ließ sich der Redner von der Wucht der Erinnerungen und der Symbolkraft der historischen Kulisse beeindrucken. Die Fragesteller waren darüber so verblüfft, daß sie es versäumten nachzuhaken." (Klaus Dreher: Helmut Kohl – Leben mit Macht, S. 612).

26. Der 13. Deutsche Bundestag hatte 672 Mitglieder. Die Kanzlermehrheit berechnet sich nach der Formel [Anzahl der gesetzlichen Mitglieder des Bundestages x 0,5 + 1]. Neben der Kanzlerwahl wird sie benötigt für die Zurückweisung von Einsprüchen des Bundesrates und bei der Vertrauensfrage des Bundeskanzlers nach Artikel 68 GG, wird also im Laufe einer Wahlperiode meist mehrfach von der Regierung benötigt. Maßgeblich in der geheimen Abstimmung sind allein die Ja-Stimmen. Insofern kommt es auf die Regierungsfraktionen und eventuelle heimliche Unterstützer aus den Reihen der Opposition an.

27. Kohl erhielt am 15. November 1994 in der Abstimmung über seine Wiederwahl 338 Stimmen, eine Stimme mehr als unbedingt notwendig. Da CDU, CSU und FDP 341 Abgeordnete stellten, haben ihm mindestens drei Koalitionsabgeordnete ihre Stimme verweigert. Pfeifer geht, wie gesehen, von vier oder fünf Verweigerern aus den eigenen Reihen aus. Bei vier Verweigerern hätte es die Koalition noch aus eigener Kraft geschafft, Kohl erneut zum Kanzler zu wählen, bei fünf *Nein*-Stimmen oder Enthaltungen wäre Kohl ohne Unterstützung aus den Reihen der Opposition gescheitert (Abstimmungsergebnis nach Angaben des Bundestagsreferats WD 3).

Kohl hat auf jeden Fall Burkhard Hirsch als Verweigerer in Verdacht: Dieser FDP-Abgeordnete habe ihn „niemals" gewählt und 1994 „erst recht nicht", denn es sei „klar" gewesen:

„Bei mir wird der nie etwas", denn Hirsch sei „hinterhältig, verlogen und scheinheilig" (Interview mit Helmut Kohl, S. 9).

28. Hintze wurde in der Pressekonferenz des Konrad-Adenauer-Hauses am 30. März 1998 in Bonn gefragt, ob die CDU die CSU in Bayern mittels ihrer Euro-Kampagne „missionieren" werde. Antwort: „Wir hatten unsere bayerischen Freunde zur Vorbereitung der Kampagne mit eingeladen. Sie waren auch da. Gleichwohl ist Bayern nicht im Sinne des Euro, sondern nur im Sinne der CDU zwar befreundetes, aber ansonsten exterritoriales Gebiet. Also unsere Kampagne wird in all den Ländern durchgeführt, in denen die CDU als Partei politisch auftritt, und das ist, wie Sie wissen, in Bayern nicht der Fall." (Memo des Verfassers).

29. In die Reihe der Analogien, die auch in den eigenen Reihen Befremden verursachten, gehört Klaus Kinkels Warnung, ohne Währungsunion werde die D-Mark zur „Dorfwährung" absteigen (Pressegespräch des Bundesaußenministers am 07. Januar 1997 auf dem Petersberg). Wörtlich hatte Kinkel zu einem eventuellen Nichtzustandekommen der EWU gesagt: „Um den Menschen klar zu machen, wie so etwas aussehen könnte, wären wir dann vielleicht später einmal sehr zu unserem Nachteil eine Art Dorfwährung – aber dort, wo man in der Bundesliga mitspielen muß, da könnten wir nicht mehr dabei sein." (Tonband-Abschrift des Verfassers). Peter Hausmann, seinerzeit Regierungssprecher, sagte dazu: „Man kann doch nicht die eigene Währung schlechtreden. Das war das, was Theo Waigel nicht wollte, was der Kanzler auch nicht wollte. Wir hatten eine ungeheure Erfolgsstory mit der D-Mark." (Interview mit Peter Hausmann, S. 8).

30. In einer 2000 veröffentlichten Untersuchung veranschlagen Pappi/Thurner die Stimmenverluste, die CDU/CSU 1998 wegen ihrer Europapolitik erlitten, auf unter einen halben Prozentpunkt – „sehr konservativ" geschätzt. Damit seien sie nicht entscheidend für die Wahlniederlage gewesen, hätten aber „das ihre zum Misserfolg beigetragen". Die Union sei in eine „europäische Rationalitätsfalle" geraten, die speziell deutschen Regierungen auflauere:

„Die aus Sicht der integrationsfreudigen deutschen Eliten für richtig gehaltene Politik stößt auf Ablehnung beim Wähler; die Eliten rechnen aber mittelfristig mit Wählerakzeptanz, weil sie auf die diffuse affektive Unterstützung der Europaidee vertrauen und die utilitaristische Komponente unterschätzen. Die Regierungsparteien haben bei diesem Szenario das größere Risiko zu tragen, in die Falle zu laufen, weil sie nicht nur ihre Wiederwahl im Auge haben können, wollen sie international erfolgreich verhandeln. Europäische Regierungsverhandlungen scheitern zu lassen, kann aber wiederum wegen der diffusen Unterstützung des Europagedankens in Deutschland kein wohlfeiler Ausweg sein." [Franz Urban Pappi/Paul W. Thurner: Die deutschen Wähler und der Euro: Auswirkungen auf die Bundestagswahl 1998?, S. 462-463 (2000)].

31. Die hessische Landtagswahl 1999 mit Roland Kochs Kampagne gegen die doppelte Staatsbürgerschaft ist ein Beispiel: Sie wirkte offenbar demobilisierend auf potentielle Wähler der Grünen, was zu Verlusten führte, die die Gewinne der SPD nicht ausgleichen konnten. Die Folge war eine knappe CDU/FDP-Mehrheit.

32. Gibowski kam von der *Forschungsgruppe Wahlen*, Mannheim, die er geleitet hatte. Auch wenn Kohl sich öffentlich abfällig äußerte über das demoskopische Handwerk und Politiker, die seines Erachtens zu sehr darauf bauten, widmete er den Ergebnissen der Meinungsforschung stets große Aufmerksamkeit. Für ihn günstige Umfrageergebnisse hatte er im Kopf parat. Wurde er von Journalisten mit ungünstigen konfrontiert, unterstellte er dem entsprechenden Institut oder dem Fragesteller feindliche Motive, da dieser absichtlich bessere Umfragewerte aus anderer Quelle verschweige (Erfahrung des Verfassers).

33. Dreher schildert den Vorgang so: Gibowski habe Freunden berichtet, „in Kohls Hofstaat würden solche Zurückstufungen so subtil ins Werk gesetzt, daß diejenigen, die es betraf, es erst bemerkten, wenn es zu spät war. Sie wurden nach und nach in ihren Kompetenzen beschnitten, dann nicht mehr mit vertraulichen Informationen versorgt und zu Beratungen im kleinen Kreis nicht mehr hinzugezogen. Bitten um eine Unterredung wurden ignoriert, schriftliche Eingaben blieben unbeantwortet." So geschehen laut Dreher Ende 1994 nach der Regierungsbildung, die der Bundestagswahl vom 16. Oktober 1994 folgte (Klaus Dreher: Helmut Kohl – Leben mit Macht, S. 615).

34. Werbung für das Produkt „Euro“ in Form von Zeitungs- und Zeitungsanzeigen, Radio- und Fernsehspots, Plakatwerbung und ähnliches.

Vorteil: Der Auftraggeber ist in Botschaft und Gestaltung innerhalb gesetzlicher Grenzen weitgehend frei und nicht auf die Kooperation Dritter angewiesen. Innerhalb kurzer Zeit lassen sich in günstigen Fällen deutliche und meßbare Erfolge im Sinne des Auftraggebers erzielen.

Nachteil: Wirkungsvolle Kampagnen erfordern einen neunstelligen Betrag und müssen sich meist über längere Zeit, oft Jahre, erstrecken. Leichte bis mittlere grundsätzliche Skepsis in der Bevölkerung gegenüber Werbebotschaften mit entsprechend ungünstiger Kategorisierung.

Öffentlichkeitsarbeit (ÖA) durch Internet-Auftritte, Telefon-Hotlines zur Beantwortung von Fragen, Versendung von Broschüren, Plakaten, Disketten, CD-ROM, Aufbau und Bestückung von Info-Ständen auf belebten Plätzen und Messen, Organisation, technische und personelle Betreuung von Informations- und Diskussionsveranstaltungen.

Vorteil: Der Auftraggeber kann auf einzelne Bevölkerungsgruppen und deren Bewußtseinsstand eingehen und erhält auch ohne Meinungsumfragen anhand eingehender Anfragen und aus Gesprächen genaue Rückmeldungen über eventuelle Defizite und Veränderungen, was ein Nachsteuern erlaubt.

Nachteil: Je nach Schwerpunkt hoher Personal- und Organisationsaufwand, mühsame, Geduld erfordernde Kleinarbeit, bei der sich – anders als bei einer großen und gelungenen Werbe- oder Public-Relations-Kampagne – ein meßbarer Erfolg oft erst spät einstellt.

Public Relations (PR) stellen den Versuch dar, Medien oder andere Institutionen (hier: Verbände, Kreditinstitute, Gewerkschaften) kostenlos in den Dienst der eigenen Botschaft zu stellen. Klassische PR beinhaltet die Versendung von Material an die Redaktionen aller in Frage kommenden Medien, die gezielte Ansprache einzelner Journalisten oder deren Vorgesetzter, Förderung einer positiven Grundhaltung durch Pressereisen, Geschenke, Aufmerksamkeiten, Vermittlung für die Medien mutmaßlich interessanter Gesprächspartner, Versuch der Einflußnahme auf die Programmplanung oder auf die Inhalte bereits laufender Radio- und Fernsehsendungen.

Vorteil: Im Erfolgsfall sehr preisgünstig, weil keine Kosten für die Schaltung von Anzeigen, Werbespots et cetera anfallen. Eventuell sogar höhere Glaubwürdigkeit der Botschaft als bei Auftritt im Anzeigen- beziehungsweise Reklameteil, verliehen durch die redaktionelle Autorität des entsprechenden Mediums.

Nachteil: Hohe Abhängigkeit von den anzusprechenden Redaktionen und Institutionen, Erfolg nur schwer kalkulierbar, da die meisten Anläufe im Papierkorb landen, Gefahr einer Verfremdung oder Umkehrung der erhofften Botschaft durch die Redaktionen oder Institutionen auf Grund von Interessenkonflikten. Die Akteure gingen mit den Begriffen ungenau um.

35. Konrad Adenauer hatte für solche Fälle einen Reptilienfonds, den berühmt-berüchtigten Haushaltstitel 300. Johannes J. Hoffmann schildert seine Verwendung wie folgt: „Adenauer zeichnete als Bundeskanzler ein äußerst unbefangenes Verhältnis zu dem Einsatz von Mitteln aus dem Geheimfonds aus. Zeigten die Ergebnisse der demoskopischen Umfragen eine für die Bundesregierung unerfreuliche Tendenz, sagte er unter vier Augen zu leitenden Angehörigen des Presseamtes: ‚Sie haben doch einen Reptilienfonds, ich meine natürlich den Titel 300, offiziell zur Verfügung. Von seiner nützlichen Verwendung merke ich aber sehr wenig! Sie müssen sich mal was Neues einfallen lassen!‘“

Gab es später im Bundestag Ärger, etwa wegen Bestechungsverdachts, sprach Regierungssprecher Felix von Eckardt von „karitativen Maßnahmen“ zugunsten notleidender Journalisten oder solchen, „die, aus der Sowjetzone kommend, einer Starthilfe bedurften“. Gern gebraucht wurde auch das Argument, man habe der regen Propagandatätigkeit der DDR „dringend“ etwas entgegensetzen müssen. Wenn gar nichts mehr ging im Presseamt, stand Adenauer noch am selben Abend bei seinem Finanzminister Fritz Schäffer auf der Matte und verlangte Geld (Johannes J. Hoffmann: Vorsicht und keine Indiskretionen!, S. 136-137).

36. Auch zehn Jahre später genoß die Idee, das Fernsehen für Zwecke der Popularisierung Europas einzuspannen, große Sympathien – auch im Kreise der Staats- und Regierungschefs: „Der österreichische Bundeskanzler Wolfgang Schüssel verfiel gar auf den Gedanken, nach

Big Brother-Muster Kandidaten aus den 25 Ländern in einen Container zu stecken. EU-Ratspräsident Jan Peter Balkenende traute sich anschließend nicht, solche Ideen dem Publikum zu präsentieren." (Hajo Friedrich: Quizsendungen sollen Europa in die Wohnzimmer tragen. *Frankfurter Allgemeine Zeitung* vom 09. November 2004, S. 19). Bei dieser Gelegenheit, so der Bericht, habe sich gezeigt, daß Politiker wie Tony Blair oder Gerhard Schröder die Euro-Skeptiker als Zielgruppe von Werbestrategien abgeschrieben hätten. Dies, so der Brüsseler Journalist weitblickend, könne sich bei den bevorstehenden Volksabstimmungen über eine EU-Verfassung als „fatale Einschätzung" erweisen.

37. Eine Erklärung der Banken lautete, Europa stehe in den Augen der Bevölkerung auch für Bürokratie, BSE und die *Herodes-Prämie.* Bei letzterer handelte es sich um eine Schlachtprämie, die in der deutschen Öffentlichkeit große Empörung auslöste. Ab Herbst 1996 zahlte die EU für jedes getötete Kalb, das jünger war als 20 Tage, eine Prämie von 230 bis 290 DM. Nach Darstellung von Tierschützern wurden bis Ende Januar 1997 allein aus Deutschland etwa 120.000 erst wenige Tage alte Kälber nach Frankreich, Portugal oder Großbritannien transportiert und dort zu Tiermehl, Hunde- oder Katzenfutter verarbeitet oder vernichtet. Mit Hilfe der Herodes-Prämie sollten bis Anfang 1998 EU-weit rund eine Million Kälber „vom Markt genommen" werden.

38. Theo Waigel berichtet, Hausmann habe bestenfalls erwartet, stellvertretender Amtschef zu werden. Nach seinem Vorstellungsgespräch bei Kohl habe Hausmann ihn angerufen und ihm gesagt: „Stellen Sie sich vor, der Kanzler hat mir den Posten des Regierungssprechers angeboten!". Daraufhin habe er Hausmann gesagt, das könne er „eigentlich nicht ablehnen", auch wenn er „sicherlich nicht nur schöne Tage als Regierungssprecher erleben" werde (Waigel zum Verfasser am 03. Februar 2003).

39. Der CSU-Politiker Alexander Radwan MdEP beschwerte sich 2001 bei der rot-grünen Bundesregierung, „ausgerechnet in Deutschland, wo die emotionalen Vorbehalte gegenüber dem Euro" am ausgeprägtesten seien, werde beim Budget für die Kampagne gespart. Irland gebe pro Kopf der Bevölkerung 4,90 Euro für Euro-Aufklärung und Werbung aus, Spanien 1,10 Euro und Frankreich 0,71 Euro. Deutschland investiere lediglich 29 Cent pro Kopf und liege damit noch hinter Österreich mit 37 Cent. Zeitungsanzeigen „gegen die Atompolitik früherer Bundesregierungen" seien Schröder und Eichel „viel wichtiger als Publicity für das bedeutendste europäische Integrationsprojekt aller Zeiten" (Pressemitteilung von Radwan vom 02. April 2001).

40. Dreieinhalb Jahre später kritisierte der *Bundesverband der Verbraucherzentralen* (vzbv) im Verein mit dem *Hauptverband des deutschen Einzelhandels* „unprofessionelles Management" und „kleinkariertes Verhalten" von Regierung und Banken. Beides sei geeignet, „die Euro-Skepsis in der Bevölkerung zu verstärken". Statt klarer Antworten auf klare Fragen werde der Bürger mit „substanzlosen" Plakaten und Fernsehwerbespots konfrontiert, auf und in denen Prominente wie Helmut Schmidt oder Ulrich Wickert lediglich „Plattitüden" *[sic]* von sich gäben.

Regierungssprecher Uwe-Karsten Heye wies die Vorwürfe zurück. 2001 stünden 43 Millionen Euro – mehr als die Hälfte davon bereitgestellt von der EZB – für Euro-Aufklärung zur Verfügung, so viel wie nirgendwo sonst in Europa (zitiert nach *dpa*-Meldung vom 08. August 2001). Zur massenhaften kriminellen Nutzung von Euro-Ängsten vgl. auch die BKA-Publikation „Kriminalität und kriminogene Faktoren bei der Einführung des Euro" (1999).

41. BPA-Referatsleiter Christian Krämer widersprach dieser Darstellung: Nicht die Agentur, sondern die jeweiligen Zeitungs- und Zeitschriftenverlage seien mit den Aufträgen bedacht worden. *Odeon Zwo* habe lediglich eine branchenübliche Vermittlungsprovision behalten dürfen (Leserbrief in *journalist* 4/2003, S. 54). Der FDP-Haushaltspolitiker Jürgen Koppelin nannte den BRH-Bericht „künstlich hochgezogen", weil nun einmal jede Regierung mit einer Agentur ihres Vertrauens zusammenarbeite: „Bei der Union hieß sie *von Mannstein*, bei der SPD heißt sie *Odeon Zwo.*" Das werde ungeachtet der Kritik der Haushälter auch immer so bleiben (zitiert nach *taz* vom 28. Dezember 2002, S. 7).

42. Karl-Otto Pöhl schrieb weiter, sein Ausscheiden sei „keine Demonstration oder ein Zeichen der Resignation, sondern entspricht meiner längerfristigen Lebensplanung". „Natürlich" habe es „auch gelegentlich Spannungen und Meinungsverschiedenheiten" mit der Bundesregierung gegeben, aber dies sei „normal und kein Zeichen der Schwäche, sondern ein Zeichen der Stärke". Die Einführung der D-Mark in der DDR habe man als „politische Entscheidung der Bundesregierung trotz mancher Bedenken in der Sache von Anfang an loyal unterstützt" und werde dies auch weiterhin tun.

Ungeachtet dessen wurde Pöhls Schritt in der Öffentlichkeit als spektakuläres Zeichen eines Zerwürfnisses zwischen Pöhl und der Bundesregierung, speziell Kohl, interpretiert. In späteren Medienberichten hieß es, Pöhl habe bereits am 06. Februar 1990 „auf der Stelle" zurücktreten wollen, als Kohl der DDR eine Währungsunion anbot, ohne die Bundesbank gefragt zu haben. Pöhl habe dies nur deshalb unterlassen, weil er „nicht wie eine beleidigte Leberwurst" habe reagieren wollen (zitiert nach *Spiegel special* 2/1998, S. 12).

43. In einem Bericht des *Hessischen Rundfunks* über die Sitzung des Zentralbankrates hieß es: „Man weiß dort [im Zentralbankrat] einerseits natürlich, daß genau wie für die Bundeswehr auch für die Bundesbank der Vorrang der Politik gilt. Man darf sich nicht dem Verdacht aussetzen, die Bundesbank fühle sich als Staat im Staate. Andererseits war dem Zentralbankrat auch absolut bewußt, daß seine Unabhängigkeit, sein Ansehen, letztlich seine Selbstachtung auf dem Spiel steht. Rein rechtlich sitzen Bundesregierung und Bundesrat am längeren Hebel, wenn es ihnen gelingt, eine einfache Mehrheit für eine Änderung des Bundesbankgesetzes zustande zu bringen. Der Zentralbankrat wollte sich aber nicht kampflos geschlagen geben – deshalb diese beispiellose Konfrontation mit dem Bundesfinanzminister." (Korrespondentenbericht des Verfassers in hr1 *Passiert-Notiert* vom 29. Mai 1997).

44. In Interlaken hatten sich die Chefs von rund 100 großen Banken und Finanzinstitutionen zur *International Monetary Conference* versammelt. Nach einer Schilderung des *Handelsblattes* vom 02. Juni 1997 „stellen sie sich im Streit um die Höherbewertung der Goldreserven eindeutig auf die Seite der Deutschen Bundesbank und üben beißende Kritik am ‚unvorstellbaren Fehlen jeglicher Sensibilität für die Märkte durch Finanzminister Theo Waigel und die Bonner Koalition'. ... Nach Ansicht des Chefs einer der größten Banken der Welt hätte Theo Waigel die Frage der mit Blick auf den Euro ‚sowieso anstehenden Marktbewertung der Goldreserven der Bundesbank kaum dilettantischer und für das internationale Standing Deutschlands kaum schädlicher organisieren können'. Er, für seine Person, verstünde *[sic]* ‚diesen Mann nicht mehr'. Für den Vertreter einer ... internationalen Finanzinstitution haben die Deutschen mit dem Streit der Bundesregierung und der Bundesbank ‚das Zeitalter der D-Mark von Regierungsseite zu einem abrupten Ende gebracht'. Nun habe währungspolitisch ‚eine neue Zeitrechnung begonnen'. Ohne Grund hätten ‚konservative Politiker vom Rhein die Bundesbank und ihr internationales Vertrauensfundament demontiert'."

45. An sarkastischen Bemerkungen war koalitionsintern kein Mangel in jener Zeit. So ließ die sächsische Staatskanzlei laut *stern* verlauten, Ministerpräsident Kurt Biedenkopf leide angesichts der Bonner Vorgänge an einem schweren „Kopfschüttel-Syndrom". Kohl habe sich in der Sondersitzung der CDU/CSU-Fraktion über „Klugscheißer" auf Kreisebene empört, die ständig fragten: „Was macht ihr denn für eine Scheiße in Bonn?". Der FDP-Abgeordnete Jürgen Koppelin suche Aufmunterung bei dem Kalauer: „Waigel lernt jetzt Griechisch. – Warum? – Weil er mit seinem Latein am Ende ist." (Weicher Euro – schlapper Kohl. *stern* 25/97, S. 19-28).

46. Nach undementierten Presseberichten erhielt Waigel im Jahre 2001 Morddrohungen, sobald negative Berichte über den Euro erschienen. Bundesinnenminister Otto Schily habe deshalb – wie bei Helmut Kohl – eine Fortdauer des Personenschutzes angeordnet (*Bild*-Zeitung vom 3. April 2001, S. 1). Daß auch seine Kinder Birgit, Christian oder gar der Jüngste, Konstantin-Theodor, Drohungen ausgesetzt waren, wollte Waigel gegenüber dem Verfasser nicht bestätigen.

14.2 Literaturverzeichnis

Abromeit, Heidrun, Wozu braucht man Demokratie? – Die postnationale Herausforderung der Demokratietheorie. Verlag Leske + Budrich, Opladen 2002.

Adenauer, Konrad, Teegespräche 1950-1954, Rhöndorfer Ausgabe, Stiftung Bundeskanzler-Adenauer-Haus. Rudolf Morsey/Hans-Peter Schwarz (Hg.), bearbeitet von Hanns Jürgen Küster. Siedler-Verlag Berlin, 1984.

Allemann, Fritz René, Bonn ist nicht Weimar. Neue, überarbeitete Auflage. R. G. Fischer Verlag Frankfurt am Main, 2000.

Altmaier, Peter et al., Presseerklärung von 14 CDU/CSU-Bundestagsabgeordneten vom 24. März 1997, Bonn.

Auel, Katrin, Strategische Anpassung nationaler Parlamente an das europäische Mehrebenensystem – ein deutsch-britischer Vergleich, in: Edgar Grande (Hg.): Politische Steuerung und neue Staatlichkeit, 1. Auflage Baden-Baden 2003.

Baring, Arnulf, Scheitert Deutschland? Deutsche Verlags-Anstalt, Stuttgart Taschenbuchausgabe 1998.

Beyme, Klaus von et al. (Hg.), Politikwissenschaft. Eine Grundlegung. Band I: Theorien und Systeme, Verlag W. Kohlhammer, Stuttgart/Berlin/Köln/Mainz, 1987.

Beyme, Klaus von et al. (Hg.), Politikwissenschaft. Eine Grundlegung. Band II: Der demokratische Verfassungsstaat, Verlag W. Kohlhammer, Stuttgart/Berlin/Köln/Mainz, 1987.

Beyme, Klaus von, Der Gesetzgeber. Der Bundestag als Entscheidungsgremium, Opladen 1997.

Biskup, Uta, Der Euro-Beschluß des Bundesverfassungsgerichts. Thüringer Verwaltungsblätter, Heft 3 v. 3. März 1999, Verlag Richard Boorberg, Weimar.

Bitterlich, Joachim, In memoriam Werner Rouget: Frankreichs (und Europas) Weg nach Maastricht im Jahr der Deutschen Einheit, in: Ernst Weisenfeld/Joachim Bitterlich (Hg.): Werner Rouget – schwierige Nachbarschaft am Rhein – Frankreich/Deutschland. Bouvier-Verlag Bonn, 1998.

Brosius-Gersdorf, Frauke, Deutsche Bundesbank und Demokratieprinzip. Verlag Duncker & Humblot, Berlin 1997, S. 400.

Bundeskriminalamt, „Kriminalität und kriminogene Faktoren bei der Einführung des Euro", BKA-Schriftenreihe „Informationen aus der Kriminalistisch-kriminologischen Forschung", Wiesbaden 1999.

Bundesministerium des Innern unter Mitwirkung des Bundesarchivs (Hg.), Dokumente zur Deutschlandpolitik, Deutsche Einheit. Sonderedition aus den Akten des Bundeskanzleramtes 1989/90. Bearbeitet von Hanns Jürgen Küsters und Daniel Hofmann, R. Oldenbourg Verlag, München 1998.

Bundesrat, Plenarprotokoll 708.

Bundesrat, Plenarprotokoll 724.

Bundestag, Plenarprotokoll 12/53.

Bundestag, Plenarprotokoll 12/68.

Bundestag, Plenarprotokoll 13/130.

Bundestag, Plenarprotokoll 13/175.

Bundestag, Plenarprotokoll 13/176.

Bundestag, Plenarprotokoll 13/177.

Bundestag, Plenarprotokoll 13/227.

Bundesverband deutscher Banken, Euro-Akzeptanz 11/1995 bis 11/2001. Unveröffentlichte Studie.

Cesar, Rolf/Scharrer, Hans-Eckart (Hg.), Die Europäische Wirtschafts- und Währungsunion. Regionale und globale Herausforderungen. Europa Union Verlag, Bonn 1998.

Classen, Claus Dieter, Europäische Integration und demokratische Legitimation. Archiv des öffentlichen Rechts, Band 119, Nr. 2, Juni 1994, S. 238-260, Tübingen 1994.

Dernedde, Ines, Autonomie der Europäischen Zentralbank. Verlag Dr. Kovac, Hamburg 2002.
Deutsche Bundesbank, Stellungnahme des Zentralbankrates vom 28. Mai 1997 zur Neubewertung der Gold- und Devisenreserve, Frankfurt am Main 1997.
Deutsche Bundesbank, Stellungnahme des Zentralbankrates zur Konvergenzlage in der Europäischen Union im Hinblick auf die dritte Stufe der Wirtschafts- und Währungsunion. Veröffentlicht in: Deutsche Bundesbank Monatsbericht 50. Jahrgang Nr. 4 (April 1998).
Deutsche Bundesbank, Stellungnahme zur Errichtung einer Wirtschafts- und Währungsunion in Europa vom 06. September 1990, veröffentlicht in: Deutsche Bundesbank, Auszüge aus Presseartikeln Nr. 79 vom 25. September 1990.
Deutscher Gewerkschaftsbund, DGB-Positionspapier zur europäischen Beschäftigungspolitik vom 01. Oktober 1996, Düsseldorf.
Donsbach, Wolfgang, Beziehungsspiele – Medien und Politik in der öffentlichen Diskussion. Fallstudien und Analysen. Verlag Bertelsmann-Stiftung, Gütersloh 1993.
Dreher, Klaus, Helmut Kohl – Leben mit Macht. Deutsche Verlags-Anstalt, Stuttgart 1998.
Eberwein, Wolf-Dieter/Kaiser, Karl (Hg.), Deutschlands neue Außenpolitik. Band 4: Institutionen und Ressourcen. R. Oldenbourg Verlag, München 1998.
Eckstein, Gabriele/Pappi, Franz Urban, Die öffentliche Meinung zur Europäischen Währungsunion. Unveröffentlichte Studie des Mannheimer Zentrums für Europäische Sozialforschung an der Universität Mannheim, Mannheim 1998.
Europäische Gemeinschaften, Bericht an Rat und Kommission über die stufenweise Verwirklichung der Wirtschafts- und Währungsunion in der Gemeinschaft – „Werner-Bericht" (endgültiger Text), veröffentlicht als Sonderbeilage zum Bulletin 11-1970.
Forschungsgruppe Wahlen e.V., Mannheim: Bericht Nr. 91. Bundestagswahl 1998 – Analyse vom 30. September 1998.
Fuchs, Michael, Der Ausschuss für die Angelegenheiten der Europäischen Union. Zeitschrift für Parlamentsfragen 35 (März 2004), 2004.
Gesellschaft für Konsum-, Markt- und Absatzforschung, GfK-Jahrestagung vom 19. Juni 1998, Meistersingerhalle Nürnberg, Dokumentation. Nürnberg 1998.
Gormley, Laurence W., Europäische Währungsunion und Demokratieprinzip, Referat vom 15. Dezember 1997 im Rahmen der Vortragsreihe „Europa vor der Wirtschafts- und Währungsunion" in Bonn, in: Zentrum für Europäisches Wirtschaftsrecht, Vorträge und Berichte Nr. 90, Bonn 1997.
Gougeon, Jacques-Pierre, „Frankreichs neuer Selbstbehauptungswille", in: Internationale Politik 09/98.
Grande, Edgar, Demokratische Legitimation und europäische Integration, in: Leviathan, S. 343, 1996, Westdeutscher Verlag.
Grande, Edgar/Jachtenfuchs, Markus (Hg.), Wie problemlösungsfähig ist die EU? Regieren im europäischen Mehrebenensystem, Nomos Verlagsgesellschaft, Baden-Baden 2000.
Groeben, Hans von der, Funktionsfähigkeit und demokratische Legitimation des institutionellen Systems der Europäischen Union – in: Weilemann/Küsters/Buchstab (Hg.): Macht und Zeitkritik, Festschrift für Hans-Peter Schwarz zum 65. Geburtstag. Herausgegeben im Auftrag der Konrad-Adenauer-Stiftung, Rhöndorf 1999.
Große Hüttmann, Martin/Roth, Christian, Europapolitische Leitbilder der SPD. Beitrag für Prospekte, Nr. 3, Tübingen/Bremen Juli 1998.
Habermas, Jürgen, Strukturwandel der Öffentlichkeit. Untersuchungen zu einer Kategorie der bürgerlichen Gesellschaft. Mit einem Vorwort zur Neuauflage 1990. 6. Auflage. Suhrkamp Verlag, Frankfurt am Main 1999.
Hankel, Wilhelm et al., Die Euro-Klage. Warum die Währungsunion scheitern muß. Rowohlt Taschenbuch Verlag, Reinbek bei Hamburg 1998.
Hankel, Wilhelm et al., Die Euro-Illusion. Ist Europa noch zu retten? Rowohlt Taschenbuch Verlag, Reinbek bei Hamburg 2001.

Hanns-Seidel-Stiftung e. V., Wahlkampf und Fernsehen. Schriftenreihe Heft 20 der Akademie für Politik und Zeitgeschehen, München 1980.
Hänsch, Hans-Martin, Gesamtwirtschaftliche Stabilität als Verfassungsprinzip. Verlag Duncker & Humblodt, Berlin 2002.
Harder, Bettina von, Die Interdependenzen zwischen Währungsunion und Politischer Union in der Europäischen Union des Maastrichter Vertrages. Verlag Peter Lang, Frankfurt am Main 1997.
Hartenstein, Liesel, Das Wagnis Euro – kein Bravourstück der Demokratie, in: Wilhelm Nölling et al.: Währungsunion und Weltwirtschaft. Festschrift für Wilhelm Hankel, Lucius und Lucius, Stuttgart 1999.
Hayo, Bernd, Empirische und theoretische Studien zur Europäischen Währungsunion. Verlag Peter Lang, Frankfurt am Main 1998.
Herbst, Axel, Diese Währungsunion ist ein zu gefährliches Experiment, in: *Frankfurter Allgemeine Zeitung* vom 21. Juni 1995.
Héritier, Adrienne, Elements of Democratic Legitimation in Europe: An Alternative Perspective. Journal of European Policy, Vol. 6, No. 2, S. 269-282, Glasgow 1997.
Herzog, Roman, Demokratische Legitimation in Europa, in den Nationalstaaten, in den Regionen. Le Forum Franco-Allemand, 1. Hj. 2000, Deutsch-Französisches Forum (Hg.), Freiburg.
Herzog, Roman, Der Euro lebt. Roman Herzog im Gespräch mit Manfred Bissinger und Hans-Ulrich Jörges. Abgedruckt in Roman Herzog: Vision Europa. Hoffmann und Campe 1996.
Heyne, Kristin, Wem nützt der Euro? Broschüre der Bundesgeschäftsstelle von Bündnis 90/Die Grünen, 08/97, Bonn.
Hill, Hermann, Staatskommunikation: Begriff, Erscheinungsformen und Entwicklungschancen, in: Hill (Hg.), Staatskommunikation, Band 1, 1993.
Hirsch, Burkhard, Automatisch in die Währungsunion? in: Hans-Ulrich Jörges (Hg.): Der Kampf um den Euro. Hoffmann & Campe (campe paperback), Hamburg 1998.
Hoffmann, Johannes Joachim, Vorsicht und keine Indiskretionen! Shaker-Verlag, 1995.
Hofmann, Michael, Der Faktor „Zeit" als zentrales Element des politisch-administratives Managements. Verlag Peter Lang, Frankfurt am Main 1995.
Hölscheidt, Sven, Mitwirkungsrechte des Bundestages in Angelegenheiten der EU, in: Aus Politik und Zeitgeschichte, 2000, B 28.
Hölscheidt, Sven/Schotten, Thomas, Zur Rolle des Deutschen Bundestages beim Eintritt in die dritte Stufe der Währungsunion, Zeitschrift für Rechtspolitik 12/1997.
Höreth, Marcus, Das Demokratiedefizit lässt sich nicht wegreformieren. Über Sinn und Unsinn der europäischen Verfassungsdebatte. Internationale Politik und Gesellschaft 4/2002.
Höreth, Marcus, Die erweiterte EU in der Legitimitätskrise, in: Die Osterweiterung der EU, Heft 1/2004. Herausgegeben von der Landeszentrale für politische Bildung Baden-Württemberg.
Höreth, Markus, Die Europäische Union im Legitimationstrilemma. Zur Rechtfertigung des Regierens jenseits der Staatlichkeit. 1. Auflage. Nomos Verlagsgesellschaft, Baden-Baden 1999.
Huber, Peter M., Die Rolle der nationalen Parlamente bei der Rechtssetzung der Europäischen Union. Aktuelle Analysen 24 der Hanns Seidel Stiftung, Akademie für Politik und Zeitgeschehen, München 2001.
Hurrelmann, Achim, Europäische Demokratie ohne europäischen Demos? Zeitschrift für Politik 2/2003.
IFM Institut für psychologische Wirkungsforschung, Expertise zur qualitativ-psychologischen Untersuchung zur Einführung des „Euro" innerhalb ausgewählter Staaten der Europäischen Union, Freiburg 1998.
Infratest-dimap, Deutschlandtrend „Benotung von Politikern", September 1998.
Infratest-dimap, Deutschlandtrend „Bewertung der Politikressorts", September 1998
Infratest-dimap, Deutschlandtrend „Helmut Kohl als Kanzler", September 1998.
Infratest-dimap, Deutschlandtrend „Vergleich Kohl-Schröder", September 1998.
Infratest-dimap, Deutschlandtrend „Wichtigste Probleme", September 1998.
Infratest-dimap, Wahlreport zur Wahl zum 14. Deutschen Bundestag.

Institut für Demoskopie Allensbach, Allensbacher Berichte, 2001/Nr. 7.
Institut für Demoskopie Allensbach, Allensbacher Jahrbuch der Demoskopie 1993-1997, Band 10: Demoskopische Entdeckungen.
Jachtenfuchs, Markus, Die Problemlösungsfähigkeit der EU: Begriffe, Befunde und Erklärungsversuche. Vorab-Manuskript für Edgar Grande/Markus Jachtenfuchs (Hg.): Wie problemlösungsfähig ist die EU? Regieren im europäischen Mehrebenensystem, Nomos Verlagsgesellschaft, Baden-Baden 2000.
Jarren, Otfried et al. (Hg.), Zerfall der Öffentlichkeit? 1. Auflage, Westdeutscher Verlag, Wiesbaden 2000.
Jochimsen, Reimut, Perspektiven der europäischen Wirtschafts- und Währungsunion. 2. Auflage, Nomos Verlagsgesellschaft, Baden-Baden 1998.
Jörges, Hans Ulrich (Hg.), Der Kampf um den Euro. Wie riskant ist die Währungsunion? Hoffmann & Campe (campe paperback), Hamburg 1998.
Jung, Matthias/Roth, Dieter, Wer zu spät geht, den bestraft der Wähler – Eine Analyse der Bundestagswahl 1998. Aus Politik und Zeitgeschichte 52/98.
Kaina, Viktoria, Elitenvertrauen und Demokratie – Empirische Befunde zur Akzeptanz gesellschaftlicher Führungskräfte im vereinten Deutschland. Dissertationsschrift o. J., Potsdam.
Kauder, Volker (Hg.), Zitate zum Anti-Euro-Kurs der SPD Baden-Württemberg und ihres Spitzenkandidaten – Eine Dokumentation von Volker Kauder MdB, Generalsekretär der CDU Baden-Württemberg, o. O. u. J.
Kielinger, Thomas, Helmut Kohl oder das Demokratie-Defizit. Kolumne vom 6. Oktober 1996 für *Deutschlandradio.* Unveröffentlichtes Manuskript.
Kielmansegg, Peter Graf, Läßt sich die Europäische Gemeinschaft demokratisch verfassen? Europäische Rundschau, 22 (2).
Kielmansegg, Peter Graf, Legitimität als analytische Kategorie, in: PVS, Jahrgang 12, 1971.
Kirchhof, Paul, in: Theo Waigel (Hg.): Unsere Zukunft heißt Europa. Der Weg zur Wirtschafts- und Währungsunion, 1996.
Kluth, Winfried, Die demokratische Legitimation der Europäischen Union. Schriften zum Europäischen Recht, Band 21. Duncker & Humblot, Berlin 1995.
Kohl, Helmut, Manuskript der Rede auf dem ZEI-Europaforum der Rheinischen Friedrich Wilhelms-Universität Bonn, 14. Januar 2002.
Kohl, Helmut, Mein Tagebuch 1998 – 2000. Droemersche Verlagsanstalt Th. Knaur Nachf. München 2000.
Kohl, Helmut, Erinnerungen 1982 – 1990. Droemersche Verlagsanstalt Th. Knaur Nachf. München 2005.
Kolboom, Ingo, in Frankreich-Jahrbuch 1993, S. 14.
Konrad-Adenauer-Stiftung, Interne Studien, Ausgabe 173/1998.
Krause, Rolf Dieter in: Symposium der Vertretung der Europäischen Kommission in der Bundesrepublik Deutschland „Das Europäische Meinungsbild – eine Diskussion zwischen Wissenschaft, Politik und Publizistik" am 6. Februar 1998 in Bonn, veröffentlicht in: Europäische Gespräche 3/98, herausgegeben vom Veranstalter.
Küsters, Hanns Jürgen, Die deutsch-französische Europapolitik in der Phase der Wiedervereinigung. Vortrag vor der Konrad-Adenauer-Stiftung im Rahmen der Reihe „Die Ära Kohl im Gespräch", St. Augustin, 22. November 2002.
Lafontaine, Oskar, Die Wut wächst. Politik braucht Prinzipien. 1. Auflage, Econ Verlag, München 2002.
Lambeck, Alfred, Die Krise bewältigen. Management und Öffentlichkeitsarbeit im Ernstfall; ein praxisorientiertes Handbuch. Institut für Medienentwicklung und Kommunikation GmbH, Frankfurt am Main 1992.
Laschet, Armin/Pflüger, Friedbert (Hg.), Der Euro und Europa, Weiss Verlag o. O., 2002.

Lechner, Antje, Unpolitisches Geld. Die Wechselwirkungen von Währungsunion und Politischer Union am Beispiel des Deutschen Reichs vor 1914 und der Vereinigten Staaten. Verlag Peter Lang, Frankfurt am Main 2000.

Loth, Wilfried, Die zweite Chance. In: Frankreich-Jahrbuch 1992, S. 48.

Majone, Giandomenico, Europe's „Democratic Deficit". The Question of Standars, in: European Law Journal 4, S. 5-28, 1998.

Marschall, Stefan, „Niedergang" und „Aufstieg" des Parlamentarismus im Zeitalter der Denationalisierung, in: Zeitschrift für Parlamentsfragen 33, 2002.

Marschall, Stefan, Strukturwandel der parlamentarischen Öffentlichkeit, in: Zeitschrift für Politik 50 (2003), Heft 4.

Marsh, David, Die Europäische Integration und die Einführung des Euro. Unveröffentlichtes Manuskript eines Vortrages an der Universität Hohenheim vom 5. Februar 1998.

Marsh, David, Der Euro. Die geheime Geschichte der neuen Weltwährung, Murmann-Verlag, Hamburg 2009.

Mathes, Rainer et al., Kommunikation in der Krise. Autopsie eines Medienereignisses. IMK Institut für Medienentwicklung und Kommunikation, Frankfurt am Main 1991.

Media Res, Presseanalyse zu der Euro-Berichterstattung, Media Res Studienreihe, Marcel Seyppel et al., Mai 1997, Köln 1997.

Medien-Tenor, MT-Forschungsbericht 4. Jahrgang Nr. 58 vom 15. März 1997, Bad Godesberg.

Müller-Peters, Anke et al., The Psychology of the European Monetary Union: A cross-national study of attitudes towards the Euro. Institut für Wirtschafts- und Sozialpsychologie der Universität Köln and Center for Work, Organizational and Economic Psychology der Vrije Universität Brussels. Köln/Brüssel, 1998.

Neumann, Manfred J. M., Eine Währungsbrücke vom Kern zum Rand, in: *Frankfurter Allgemeine Zeitung* vom 07. September 1996.

Neyer, Jürgen, Legitimes Recht oberhalb des demokratischen Rechtsstaates? Supranationalität als Herausforderung für die Politikwissenschaft, in: Politische Vierteljahresschrift 40, S. 390-414, 1999.

Noelle-Neumann, Elisabeth, Die öffentliche Meinung, in: Jahrbuch der Europäischen Integration 1996/97.

Noelle-Neumann, Elisabeth, Öffentliche Meinung: die Entdeckung der Schweigespirale. Erweiterte Ausgabe der als Ullstein-Taschenbuch erschienen Ausgabe, Frankfurt am Main/Berlin: Ullstein, 1989.

Nohlen, Dieter (Hg.), Wörterbuch Staat und Politik, Piper-Verlag, München 1991, 4. Auflage Mai 1996.

Nohlen, Dieter/Schultze, Rainer-Olaf (Hg.), Lexikon der Politikwissenschaft, Band 1 und 2. Verlag C. H. Beck, München 2002.

Nölling, Wilhelm et al., Währungsunion und Weltwirtschaft. Festschrift für Wilhelm Hankel. Lucius & Lucius Verlagsgesellschaft, Stuttgart 1999.

Oeckl, Albert, PR-Praxis. Der Schlüssel zur Öffentlichkeitsarbeit. Econ-Verlag, Düsseldorf/Wien, 1976.

Oertzen, Jürgen von, Komplexe Abstimmungssituationen im Deutschen Bundestag: Ein Verfahrensvorschlag zur Sicherung parlamentarischer Legitimität. Zeitschrift für Parlamentsfragen 34 (2003), Heft 3.

Pappi, Franz Urban/Thurner, Paul W., Die deutschen Wähler und der Euro: Auswirkungen auf die Bundestagswahl 1998? Politische Vierteljahresschrift, XLI. Jahrgang, S. 453-477, 2000.

Peter Graf Kielmansegg, Läßt sich die Europäische Gemeinschaft demokratisch verfassen? Europäische Rundschau, 22 (2), S. 23.

Pöhl, Karl Otto, Der Delors-Bericht und das Statut einer Europäischen Zentralbank in: Theo Waigel (Hg.): Unsere Zukunft heißt Europa. Der Weg zur Wirtschafts- und Währungsunion, 1996.

Pöhl, Karl Otto, Persönliche Erklärung vom 16. Mai 1991, veröffentlicht als Pressenotiz der Deutschen Bundesbank, Presseabteilung, Frankfurt am Main 1991.
Pollak, Johannes/Kaiser, Wolfram, Wessen Europa? Legitimationsprobleme der Europäischen Union, in: Beirat für gesellschafts-, wirtschafts- und umweltpolitische Alternativen (Hg.): Wege zu einem anderen Europa. Papy Rossa Verlag, Köln 1997.
Presse- und Informationsamt der Bunderegierung (Hg.) in Zusammenarbeit mit dem Bundesverfassungsgericht: Das Urteil des Bundesverfassungsgerichts vom 2. März 1977 zur Öffentlichkeitsarbeit von Staatsorganen in Bund und Ländern. Dokumentation des Verfahrens und Materialien. Bonn o. J.
Preuss, Ulrich K. in: Transit – Europäische Revue, Heft 17.
Prince, K. Michael, Deutschland, Europa und das Dilemma der demokratischen Legitimation. Außenpolitik. Deutsche Ausgabe, Jahrgang 46, Nr. 1/1995, S. 3-12, Hamburg 1995.
Randzio-Plath, Christa, Europa ist immer noch unterwegs, in: Europäische Währungsunion – Sieg der Märkte über die Politik? Ein Symposium am 22. Februar 1999 in Frankfurt/Main, Basler, Hans-Peter, S. 35-38, 1999.
Rheingold-Institut für qualitative Markt- und Medienanalysen, Bis ins Mark erschüttert: Die psychologischen Folgen der Währungsumstellung. Köln 2001.
Röglin, Hans-Christian, Risiko-Kommunikation zwischen Verständigung und Verwirrung, in: gdi-impuls 8 (1990) 1, S. 17-25.
Röglin, Hans-Christian, Technikängste und wie man damit umgeht. VDI-Verlag, Düsseldorf 1994.
Röper, Hans, Die D-Mark. Vom Besatzungskind zum Weltstar. Societäts-Verlag Frankfurt am Main, 1978.
Rosenau, James N./Czempiel, Ernst-Otto (Hg.), Governance, Order and Change in World Politics, Cambridge, Mass. 1992.
Saalfeld, Thomas, The Bundestag, Institutional Incrementalism and Behavioral Reticence, in: Kenneth Dyson/Klaus Goetz (Hg.), Germany, Europe and the Politics of Constraint, Oxford 2003.
Sarcinelli, Ulrich, „Repräsentation oder Diskurs? Zu Legitimität und Legitimitätswandel durch politische Kommunikation" in: Zeitschrift für Politikwissenschaft 8. Jahrgang (1998) Heft 2.
Sarcinelli, Ulrich, Demokratie unter Kommunikationsstress? Das parlamentarische Regierungssystem in der Mediengesellschaft. Aus Politik und Zeitgeschichte B 43/2003.
Sarcinelli, Ulrich, Legitimität, in: Jarren/Sarcinelli/Saxer (Hg.): Politische Kommunikation in der demokratischen Gesellschaft. Opladen/Wiesbaden 1998.
Sarcinelli, Ulrich, Repräsentation oder Diskurs? Zu Legitimität und Legitimitätswandel durch politische Kommunikation. Zeitschrift für Politikwissenschaft 8. Jahrgang (1998), Heft 2.
Scharpf, Fritz W., Europa nach dem Euro. Ökonomische Integration ohne politischen Fortschritt, in: Internationale Politik 6/1998.
Scharpf, Fritz W., Legitimate Diversity: The New Challange of European Integration, in: Zeitschrift für Staats- und Europawissenschaften, 1(2003).
Scharpf, Fritz W., Legitimationskonzepte jenseits des Nationalstaates. Working Paper 04/6 (November 2004) des Max-Planck-Institutes für Gesellschaftsforschung, Köln 2004.
Scharpf, Fritz W., Regieren im europäischen Mehrebenensystem, in: Leviathan, 58/2002, Westdeutscher Verlag, 2002.
Scharpf, Fritz W./Schmidt, Vivian A. (Hg.), Welfare and Work in the Open Economy. Vol. 1: From Vulnerability to Competitiveness. Oxford University Press, Oxford 2000.
Schäuble, Wolfgang et al., Die Europäische Währungsunion – Deutschlands Interesse und Verantwortung. Presseerklärung der CDU/CSU-Bundestagsfraktion vom 16. September 1997, Bonn.
Schäuble, Wolfgang, Mitten im Leben. 1. Auflage C. Bertelsmann Verlag, München 2000.
Schmidhuber, Peter M., Die Europäische Wirtschafts- und Währungsunion und das Problem der Glaubwürdigkeit, in: Cesar, Rolf/Scharrer, Hans-Eckart (Hg.): Die Europäische Wirtschafts-

und Währungsunion. Regionale und globale Herausforderungen. Europa Union Verlag, Bonn 1998.

Schmitt, Carl, Die geistesgeschichtliche Lage des heutigen Parlamentarismus (1926), Duncker & Humblot, Berlin 1991.

Schnell, Rainer, Methoden der empirischen Sozialforschung. 6. Auflage, R. Oldenbourg Verlag München/Wien 1999.

Schönfelder, Wilhelm/Thiel, Elke, Ein Markt – Eine Währung. 2., aktualisierte Auflage, Nomos Verlagsgesellschaft, Baden-Baden 1996.

Schulhoff, Wolfgang, Europa auf dem Weg zur Selbstfindung. Nomos Verlagsgesellschaft, Baden-Baden 1997.

Schumpeter, Joseph A., Das Wesen des Geldes. Aus dem Nachlaß herausgegeben und mit einer Einführung versehen von Fritz Karl Mann. Verlag Vandenhoeck & Ruprecht, Göttingen 1970.

Schweppe, Reinhard, in: Symposium der Vertretung der Europäischen Kommission in der Bundesrepublik Deutschland (Hg.), „Das Europäische Meinungsbild – eine Diskussion zwischen Wissenschaft, Politik und Publizistik" am 6. Februar 1998 in Bonn, veröffentlicht in: Europäische Gespräche 3/98, Bonn 1998.

Selmayr, Martin, Die Europäische Währungsunion zwischen Politik und Recht, in: Europäische Zeitschrift für Wirtschaftsrecht, Heft 4/1998, Frankfurt am Main 1998.

Sozialdemokratische Partei Deutschlands, Antrag Eu 1 des SPD-Parteivorstands „Wir brauchen Europa" für den SPD-Bundesparteitag in Mannheim, November 1995.

Stark, Jürgen, „Die Wirtschafts- und Währungsunion aus deutscher Sicht". Manuskript vom 22. März 1996 eines Vortrags im Festsaal der Wiener Börse, herausgegeben vom Bundesministerium der Finanzen, Bonn.

Statistisches Bundesamt, Endgültiges Ergebnis Bundestagswahl 1998 (Bundesgebiet).

Statistisches Landesamt Baden-Württemberg, Endgültiges Ergebnis der Landtagswahl 2001.

Stein, Ekkehart, Staatsrecht. 9. Auflage, Verlag J. C. B. Mohr (Paul Siebeck), Tübingen 1984.

Steinberg, Rudolf, Grundgesetz und Europäische Verfassung, in: Zeitschrift für Rechtspolitik 09/1999.

Steinmetz, Rüdiger, Freies Fernsehen. Das erste privat-kommerzielle Fernsehprogramm in Deutschland. 1. Auflage, UVK Medien, Konstanz 1996.

Theurl, Theresia, Eine gemeinsame Währung für Europa: 12 Lehren aus der Geschichte. Österreichischer Studien-Verlag, Innsbruck 1992.

Tietmeyer, Hans, Herausforderung Euro. Carl-Hanser-Verlag München/Wien, 2005.

Töller, Annette Elisabeth, Europapolitik im Bundestag. Eine empirische Untersuchung zur europapolitischen Willensbildung im EG-Ausschuß des 12. Deutschen Bundestages. Verlag Peter Lang, Frankfurt am Main 1995.

Töller, Annette Elisabeth, Dimensionen der Europäisierung – Das Beispiel des Deutschen Bundestages. Zeitschrift für Parlamentsfragen 1/244, Jahrgang 35, Heft 1, März 2004.

Tsebelis, George, Maastricht and the democratic deficit, in: Aussenwirtschaft, Schweizerische Zeitschrift für Internationale Wirtschaftsbeziehungen, Band 52, Heft 1, S. 29-56, Zürich 1997.

Ullmann, Wolfgang, Die europäische Dimension der demokratischen Frage, in: Blätter für deutsche und internationale Politik, September 1999.

Vertrag von Amsterdam. Texte des EU-Vertrages und des EG-Vertrages. Mit den deutschen Begleitgesetzen. 3. Auflage. Europa Union Verlag GmbH, Bonn 1999.

Vertragstexte von Maastricht. Europa Union Verlag Bonn, 5. Auflage 1996.

Waigel, Christian, Die Unabhängigkeit der Europäischen Zentralbank – gemessen am Kriterium demokratischer Legitimation. Nomos Verlagsgesellschaft, Baden-Baden 1999.

Waigel, Theo (Hg.), Unsere Zukunft heißt Europa. Der Weg zur Wirtschafts- und Währungsunion, 1996.

Weber, Lutz B., Die Umsetzung der Bestimmungen über die Europäische Währungsunion in das deutsche Verfassungsrecht. Verlag Peter Lang, Frankfurt am Main 2000.

Weber, Max, Soziologie. Weltgeschichtliche Analysen. Politik. Alfred Kröner Verlag, Stuttgart 1956.
Weidenfeld, Werner (Hg.), Wie Europa verfaßt sein soll – Materialien zur Politischen Union. Verlag Bertelsmann Stiftung, Gütersloh 1991.
Weidenfeld, Werner, Europas neues Gesicht, in: Internationale Politik 11/1997.
Weidenfeld, Werner, Innere Herausforderungen für die Europäische Union, in: Ole Due u. a. (Hg.), Festschrift für Ulrich Everling, Band 2, Baden-Baden 1995.
Wieczorek, Norbert, Diskussionspapier zur EWU für die Sitzung des SPD-Präsidiums am 29. Mai 1995, Archiv der Friedrich-Ebert-Stiftung, Bonn (unveröffentlichtes Dokument).
Wilamówitz-Moellendorff, Ulrich von, Die Europäische Währungsunion in der öffentlichen Meinung. Arbeitspapier der Konrad-Adenauer-Stiftung, Sankt Augustin März 1996.
Winckelmann, Johannes, Legitimität und Legalität in Max Webers Herrschaftsideologie. Verlag J. C. B. Mohr (Paul Siebeck), Tübingen 1952.
Wirsching, Andreas, Stationen auf dem Weg nach Maastricht. Text des Vortrages vor der Konrad-Adenauer-Stiftung im Rahmen der Reihe „Die Ära Kohl im Gespräch", St. Augustin, 22. November 2002.
Wolf, Frieder Otto, in: Wem nützt der Euro? Broschüre der Bundesgeschäftsstelle von Bündnis 90/Die Grünen, 08/97, Bonn.
Wright, James D., The Dissent of the Governed, New York 1976.
Zürn, Michael, Regieren jenseits des Nationalstaats. Suhrkamp-Verlag, Frankfurt am Main 1998.

Autorenartikel in Tageszeitungen und Wochenmagazinen

Ackermann, Eduard, Im Getriebe der Bonner Politik. Erinnerungen eines Altgedienten, in: *Frankfurter Allgemeine Zeitung* vom 13. August 1994, *Bilder und Zeiten.*
Adam, Konrad, Volksvertreter ohne Volk. Warum es schwer ist, an die Parlamentarisierung der Europäischen Gemeinschaft zu glauben. *Frankfurter Allgemeine Zeitung*, 12. Juni 1999.
Baehring, Bernd, Leserbrief in *Frankfurter Allgemeine Zeitung* vom 18. März 1997.
Barnewitz, Joachim, Leserbrief in *Frankfurter Allgemeine Zeitung* vom 17. Januar 2002.
Brok, Elmar, Der Vertrag von Nizza: Wird die EU handlungsunfähig?, in: *Frankfurter Allgemeine Zeitung* vom 13. Januar 2001.
Clement, Wolfgang, Die Europäische Union wird föderal sein, in: *Frankfurter Allgemeine Zeitung* vom 22. März 1999.
Delors, Jacques, Europa ist fähig, Wunder zu vollbringen. Interview in *Frankfurter Allgemeine Zeitung* vom 27. Dezember 2001.
Di Fabio, Udo, Ist die Staatswerdung Europas unausweichlich? *Frankfurter Allgemeine Zeitung* vom 02. Februar 2001.
Friedrich, Hajo, Quizsendungen sollen Europa in die Wohnzimmer tragen. *Frankfurter Allgemeine Zeitung* vom 09. November 2004.
Gaddum, Johann Wilhelm, Kein Sprachrohr der EWU-Gegner. *Frankfurter Allgemeine Zeitung* vom 05. März 1996.
Genscher, Hans-Dietrich, Der Euro war nicht der Preis für die Wiedervereinigung. Interview in *Die Welt* vom 22. August 2000.
Grunenberg, Nina, Euro des Vertrauens. *Die Zeit* vom 29. Januar 1998.
Habermas, Jürgen, Warum braucht Europa eine Verfassung? *Die Zeit* vom 28. Juni 2001.
Herbst, Axel, Diese Währungsunion ist ein zu gefährliches Experiment, in: *Frankfurter Allgemeine Zeitung* vom 21. Juni 1995.
Hintze, Peter, Das wird Wahlkampfthema. Interview in *Focus* 43/96.
Juncker, Jean-Claude, Für Gefühlsstarke. Die Europäische Union muß für die Bürger kein Buch mit sieben Siegeln bleiben. *Frankfurter Allgemeine Zeitung* vom 2. August 2001.
Kielinger, Thomas, Ein Kanzler, dem der Widerspruch fehlt. *Die Welt* vom 14. November 1996.

Klein, Hans H., Entmachtung der Parlamente. *Frankfurter Allgemeine Zeitung* vom 29. November 2004.
Marsh, David, Spaltpilz Einheitswährung. *Die Zeit* vom 01. März 1996.
Nass, Klaus Otto, Ein beliebtes Phantom: das Demokratiedefizit der EU. *Frankfurter Allgemeine Zeitung* vom 29. März 1999.
Neumann, Manfred J. M., Eine Währungsbrücke vom Kern zum Rand, in: *Frankfurter Allgemeine Zeitung* vom 07. September 1996.
Schlesinger, Helmut, Eine europäische Währung muß genauso stabil sein wie die D-Mark, in: *Handelsblatt* vom 31. Dezember 1991.
Schmid, Klaus-Peter, Wenn die Mark geht. *Die Zeit* vom 7. März 1997.
Schmidtchen, Dieter, Der eigene Charme Europas. *Frankfurter Allgemeine Zeitung* vom 27. November 2004.
Schmierer, Joscha, Zweierlei Art des Europessimismus. *die tageszeitung* vom 26. November 1996.
Schockenhoff, Andreas, Meinungsartikel in *Frankfurter Allgemeine Zeitung* vom 06. September 1997.
Schröder, Gerhard, Interview in *Die Zeit* vom 06. Juni 1997.
Sterzing, Christian: Europa braucht einen Montesquieu, in: *Frankfurter Allgemeine Zeitung* vom 26. Januar 2001.
Waigel, Theo, Interview in *Süddeutsche Zeitung* vom 12. März 1997.
Weidenfeld, Werner, Die Achillesferse Europas – Die EU muss darüber nachdenken, was sie aus sich selbst machen will. *Frankfurter Allgemeine Zeitung* vom 31. Januar 2000.

Internetdokumente

Bundesverfassungsgericht, BVerfGE in den Verfahren 2 BvR 1877/97 und 2 BvR 50/98 vom 31. März 1998, www.bundesverfassungsgericht.de/entscheidungen
Holtz, Uwe, The previous four Round Tables of Members of Parliament on the United Nations Convention to Combat Desertification – Achievements and Challenges. www.unccd.int/parliament/data/bginfo/PPRT(eng).pdf.
Karuscheit, Heiner, Die Europäische Währungsunion – der Preis für die deutsche Einheit. www.Kommunistische-Debatte.de/politik/euro1998.html
Konrad-Adenauer-Stiftung, 10-Punkte-Plan von Bundeskanzler Helmut Kohl. http://www.kas.de/upload/dokumente/2008/6020/zehn_punkte.pdf.
NPD Zwickau, Nachruf auf die D-Mark, 17. August 2002. www.npd-zwickau.de/deutschland
Ollmann, Helgo, Die „BILD"-Zeitung zur Einführung des Euros, September 1998. http://home.wtal.de/Ollmann/BILD_D.htm
Sarcinelli, Ulrich, Entertainment? Nein danke Der Bundestag ist kein Theater. Ausdruck aus Internet-Angebot der Zeitschrift *Das Parlament* August 2003. http://www.bundestag.de/cgi-in/druck.pl?N=parlament
Schabert, Thilo, Das grenzt an bewußte Geschichtsfälschung. http://www.spiegel.de/politik/deutschland/0,1518,382435,00.html

14.3 Interview-Verzeichnis

Altmaier, Peter	25. Januar 2002	MdB/CDU, Europapolitiker[878]	telefonisch, 5 S.
Bitterlich, Joachim	13. Juli 2001	Botschafter Madrid, ehem. Chef Europareferat Kanzleramt	telefonisch, 11. S.

878 Funktionen zum Zeitpunkt des Interviews; Umfang der Abschrift DIN-A-4-Seiten.

Bohl, Friedrich	20. Januar 2002	Kanzleramtsminister a. D. MdB/CDU	vis-à-vis, 12. S.
Bunz, Axel	30. Januar 2002	Leiter der Vertr. EU-Kommission in Deutschland	telefonisch, 8 S.
Fritzenkötter, Andreas	15. Februar 2002	Ehem. Medienberater Kohls und Sprecher im Kanzleramt	telefonisch, 5. S.
Genscher, Hans-Dietrich	27. Januar 2003	Bundesminister des Auswärtigen a. D., ehem. FDP-Bundesvorsitzender	vis-à-vis, 4 S.
Gotto, Klaus	11. Februar 1998	Leiter Inlandsabteilung BPA	vis-à-vis, 3 S.
Hartenstein, Liesel	11. Februar 1998	MdB/SPD	vis-à-vis 2 S.
Hausmann, Peter	11. März 1999	Ehem. Regierungssprecher und Chef BPA	telefonisch, 9 S.
Henke, Ulrich	28. Januar 2002	Landesgeschäftsführer SPD Baden-Württemberg	telefonisch, 1 S.
Heye, Uwe-Karsten	03. April 2001	Regierungssprecher, Chef BPA	vis-à-vis, 15 S.
Hintze, Peter	21. Januar 2002	MdB/CDU, Europaexperte, ehem. CDU-Generalsekretär	telefonisch, 5 S.
Hoyer, Werner	26. Februar 1998	Staatsminister im Auswärtigen Amt	vis-à-vis, 7 S.
Kohl, Helmut	21. März 2002	Bundeskanzler a. D., ehem. CDU-Bundesvorsitzender	vis-à-vis, 18 S.
Lafontaine, Oskar	26. Mai 2002	Ehem. SPD-Vorsitzender, Bundesfinanzminister a. D.	vis-à-vis, 6 S.
Münster, Winfried	13. Dezember 2002	Journalist, ehem. Korrespondent Süddeutsche Zeitung, Brüssel	vis-à-vis, 8 S.
Pfaff, Thomas	08. März 1999	Pressesprecher Hypo-Vereinsbank	telefonisch, 1 S.
Pfeifer, Anton	21. Februar 2002	Staatsminister a. D. im Kanzleramt, MdB/CDU	vis-à-vis, 12 S.
Pflüger, Friedbert	17. September 2001	MdB/CDU, Vors. BT-EU-Ausschuß	vis-à-vis, 9 S.
Rau, Johannes	24. März 2003	Bundespräsident, ehem. SPD-Bundesvorsitzender	vis-à-vis, 7 S.
Röglin, Hans-Christian	16. Februar 1998	Akzeptanzforscher, Sozialwissenschaftler	vis-à-vis, 3 S.
Schatz, Roland	11. Februar 1998	Medienforscher	vis-à-vis, 3 S.
Schäuble, Wolfgang	13. September 2001	Ehem. Fraktionsvorsitzender, ehem. CDU-Bundesvorsitzender	vis-à-vis, 14 S.
Schloten, Dieter	30. Januar 2002	MdB/SPD	vis-à-vis, 1 S.
Schockenhoff, Andreas	22. Januar 2002	MdB/CDU	vis-à-vis, 1 S.
Schulhoff, Werner	19. März 2002	MdB/CDU	vis-à-vis, 18 S.
Tietmeyer, Hans	20. Januar 2003	Bundesbankpräsident a. D., Staatssekretär a. D.	vis-à-vis, 8 S.
Trautner, Jörg	01. Februar 2002	Ehem. Mitglied SPD-Wahlkampf-Leitung Baden-Württemberg 1996	telefonisch, 1 S.
Treinen, Heiner	25. April 1998	Soziologe, Währungsexperte	vis-à-vis, 8 S.
Waigel, Theodor	03. Februar 2003	Bundesfinanzminister a. D., ehem. CSU-Vorsitzender	vis-à-vis, 19 S.
Wieczorek, Norbert	29. Januar 2002	MdB/SPD, ehem. Vors. BT-EU-Ausschuß	vis-à-vis, 14 S.
Wurmeling, Joachim	31. Januar 2002	MdEP, später MdB	telefonisch, 4 S.

Interview mit Dr. phil. Dr. h. c. mult. Helmut Josef Michael Kohl, Mitglied des Landtages Rheinland-Pfalz von 1959 bis 1976, Ministerpräsident des Landes Rheinland-Pfalz von 1969 bis 1976, Mitglied des Deutschen Bundestages von 1976 bis 2002, Bundeskanzler der Bundesrepublik Deutschland von Oktober 1982 bis Oktober 1998, Ehrenbürger Europas. Persönlich geführt am 14. März 2002 von 14.30 bis 16.25 Uhr in seinem Abgeordnetenbüro Unter den Linden 71, 10117 Berlin. Ebenfalls anwesend: Staatsminister a. D. Anton Pfeifer und Büroleiter Lutz Stroppe.

Paul: Herr Dr. Kohl, ist der Euro, die Durchsetzung der Europäischen Währungsunion, Ihre wichtigste politische Lebensleistung – noch vor der deutschen Wiedervereinigung?

Kohl: Das ist eine der Fragen, die ich überhaupt nicht schätze. Etwa wie: Wer ist Ihr bester Freund? Was ist Ihr größtes Lebenserlebnis? Diese Fragestellung hat so etwas absolutes. Wenn Sie gesagt hätten „eine der wichtigsten" – das akzeptierte ich sofort. Aber nicht „die".

Paul: Vor wenigen Tagen haben Sie erstmals öffentlich erkennen lassen, daß Sie 1996 mit dem Gedanken spielten, den Stab weiter zu geben.

Kohl: Ich hatte die Absicht, sagen wir einmal 1994, aus vielerlei Gründen hatte ich das Gefühl: Du mußt jetzt aufpassen. Nicht, daß ich einen Schwächeanfall oder so etwas hatte. Aber links und rechts begegnest Du unentwegt neuen Leuten und einer anderen Generation. Nun müssen Sie natürlich bei dem, was ich jetzt sage, eines immer bedenken: Wenn ich jetzt hier hinausgehe, bin ich 44 Jahre Abgeordneter. Landtag Rheinland-Pfalz und Bundestag.

Als ich mich jetzt auf meinem Landesparteitag verabschiedet habe, das war ein einziger Triumph natürlich, aber die Hälfte im Saal kennt mich nicht mehr, jedenfalls nicht mehr so wie früher – da kannte ich die Partei in Rheinland-Pfalz wirklich wie meine Hosentasche. Ich war ja lange genug auch vorher Landesvorsitzender. Das gilt für alles in der Politik, in ganz besonders hohem Maße für die Europapolitik: Was Antriebskraft von mir und meiner Generation war, ist weitgehend weg.

Wir haben gesagt: Nie wieder Krieg, weil wir wußten, was Krieg ist. Aber jetzt sind zwei Drittel der heute lebenden in Europa nach dem Krieg geboren. Es hat keinen Sinn, dauernd den Jungen zu sagen: Du mußt jeden Tag dankbar sein, daß jetzt kein Krieg mehr ist. Das liegt hinten, sie sind ja dankbar, aber es liegt hinten. Vor vier Wochen war ich mal wieder in Paris, bin ich mit dem Auto mal wieder hingefahren, weil ich es genieße, über das Land zu fahren. Im Flieger kriegst Du ja nichts mehr mit. Da bist Du halt hinter den Spicherer Höhen.

Da vorne [in Berlin-Mitte] gibt es eine U-Bahn-Station *Spichernstraße*. Ich bin sicher: Von 100, die da hineinlaufen, wissen 99 nicht, was das war. Das war das erste große Gefecht und zugleich das letzte große Kavalleriegefecht der modernen Zeit im deutsch-französischen Krieg, 1870. Spichern ist direkt hinter Saarbrücken, und von dort an findest du alle 30, 40 Kilometer einen Hinweis „Soldatenfriedhof sowieso". Was für mich wichtig war, für den älteren Mitterrand, für viele andere: Nie wieder Krieg und nie wieder Bruderkrieg mit Frankreich, nie wieder Bruderkrieg also in Europa. Deswegen bauen wir das Haus Europa.

Neben den allgemeinen politischen und kulturellen Fragen ist im Ökonomischen die Frage nach einer gemeinsamen Währung natürlich die allerwichtigste. Eine ganz wichtige Kenntnis wird ja nicht weitergegeben: Völker mit einer gemeinsamen Währung haben nie Krieg gegeneinander geführt. Es sei denn, man nimmt den amerikanischen Sezessionskrieg, das war ein Bürgerkrieg. Aber die haben die Währung danach geändert. Verstehen Sie? Die gemeinsame Währung ist mehr als das Geld, mit dem bezahlt wird.

Als der François Mitterrand abtrat, war schon klar, daß es nicht mehr viel Zeit gibt für ihn. In unserem letzten Gespräch hat er gesagt: „Weißt Du, ich bin jetzt in meiner letzten Schlacht. Und das ist eine Schlacht, die man nicht mehr gewinnen kann." Ich habe in der ersten Reihe gesessen in *Notre Dame*, als der Kardinal die Totenrede gehalten hat. Mitterrand hat mir immer gesagt, aber nicht nur er – alle: „Du mußt den Euro durchsetzen!". Weil sie natürlich der Meinung waren, und zwar mit Recht: Wenn in Deutschland der Euro nicht kommt, kommt er nicht. Und unter deutschen Verhältnissen haben sie gesagt: Wenn der Helmut Kohl ihn nicht durchsetzt, macht es kein anderer. Aus dieser Grundhaltung heraus sind ja Entscheidungen gekommen.

Die berühmteste Entscheidung, die dabei gelungen ist, war Frankfurt am Main, nicht? In der entscheidenden Runde „Holen wir die Bank nach Frankfurt oder nicht?" waren zwei dabei, die gute Gründe hatten. Mitterrand hatte immer einen Grund, die Franzosen waren immer der Meinung, Paris gebühre der Vorrang, aber der John Major hatte schon mehr Gründe gehabt, denn der Finanzplatz London ist natürlich der bedeutendere als Frankfurt, das kann man drehen und wenn, wie man will.

Beide aber haben in der Schlußabstimmung gesagt, der François Mitterrand hat gesagt: Nein, nicht „Ich", Mitterrand, sondern „Frankreich stimmt für den Bundeskanzler." Und der John Major hat gesagt, er sei für London und so weiter, aber es ist ganz wichtig, daß der Helmut Kohl, der es am schwierigsten hat von allen, Aufgabe der D-Mark und die Haltung der Deutschen zur D-Mark, die übrigens nicht ganz so war, wie viele geglaubt hatten, wie wir am 1. Januar dieses Jahres feststellen konnten [*gemeint ist der Bargeldumtausch*], daß die Leute dann ganz vernünftig waren im Umgang mit dem Thema. So ist das dann gewachsen.

Und ich habe geglaubt, jetzt im Jahr 1994, Du gehst im Laufe der Periode, 96, 97 muß der neue Mann ja kommen, das war ja ganz klar. Ich habe eine ganz klare Perspektive gehabt. Ich wollte, daß der Wolfgang Schäuble mein Nachfolger wird. Obwohl ich damit weitgehend allein war. was die anderen dachten, haben sie meistens dann nicht gesagt, wenn ich dabei war: Das jemand mit einem Wägelchen nicht Bundeskanzler wird. Ich habe immer leidenschaftlich genau die Gegenthese vertreten: Der Franklin D. Roosevelt hat den Zweiten Weltkrieg gewonnen. Ich war aber nie in einer Mehrheitssituation in der Sache.

Ich habe das dem Schäuble auch damals gesagt, daß ich das will. Und dann kam ja der Zeitpunkt, wo klar war, daß wir möglicherweise kippen. Also nicht ich. Wie hieß es: Drei null null null null null, der ganze Idiotenkram, der dann abgelaufen ist. Es hat gekracht im Gebälk. Was immer die Abgeordneten hingeschrieben haben, haben sie ja später hingeschrieben. Es ist ja dann plötzlich eine Kampagne gekommen zu den Euro-Sachen. Da war dieser Mann, wo ich heute noch nicht weiß, wer das alles finanziert hat, der ja dauernd noch fortfährt.

Paul: Bolko Hoffmann.

Kohl: Ja. Die Schmähungen Kohls und Waigels. Da gab es ja die ganzen Professoren-Riegen...

Paul: 155 Wissenschaftlerinnen und Wissenschaftler.

Kohl: ...ja ja ja, endlose Geschichten, und es gab bei mir eine ganz klare Erkenntnis. Das sage ich auch öffentlich. Da bekomme ich aber sofort Schmähbriefe aus dem Publikum. Aber ich wußte, daß ich die Abstimmung nie gewinnen kann in Deutschland. Eine Volksabstimmung über die Einführung des Euro hätten wir verloren. Das ist ganz klar. Ich hätte sie verloren.

Paul: Zu jedem Zeitpunkt?

Kohl: Ja, bis es dann zu spät war. Bis es da war.

Paul: Axel Bunz, der Leiter der Berliner Vertretung der Europäischen Kommission, schwört: Hätte es eine Volksabstimmung in Deutschland über den Euro gegeben, wäre diese positiv ausgegangen.

Kohl: Kein ernsthafter Demoskop behauptet so etwas. Eine Volksabstimmung hätte ich natürlich verloren, und zwar im Verhältnis 7 zu 3. Vor allem: Wen hätte ich denn als Weggenossen gehabt? So müssen Sie es doch einmal sehen! Der Mann hockt doch in einem goldenen Käfig. Wenn wir die Schlacht eröffnet hätten – wäre er mit mir in die Schlacht gezogen? Also die Sozialdemokraten wären in weiten Teilen nicht mit in die Schlacht gezogen zugunsten des Euro, ganz sicher nicht. Das hätten ja der Oskar Lafontaine machen müssen und der Schröder. Die hätten nicht „nein" gesagt, aber gemacht hätten sie nix.

Wir hätten die geballte Macht der PDS dagegen gehabt; im Osten ist das ja ganz unpopulär. Jetzt haben wir gerade die D-Mark – jetzt sollen wir sie schon wieder hergeben! Früher haben Sie geschrieen: Wenn die D-Mark nicht nach Leipzig kommt, gehen die Leipziger zur D-Mark! Bei uns war schon die Führung dafür. Aber wissen Sie: Wenn ich höre „Die Führung ist dafür", dann muß man wissen: Was heißt „dafür"? (*lacht*) Da gibt es welche, die sagen: Und wenn die Kugeln kommen – ich stehe dafür! Und dann gibt es aber die größere Gruppe, die steht in der Nische. Und wenn das Unwetter der Geschichte heruntergeht, machen sie schnell die Tür zu, bis die Luft sauber ist.

Paul: So wäre das in der Frage des Euro auch gelaufen?

Kohl: Ja, natürlich. Bei uns in der Union sind doch viele Leute offen aufgetreten. Der Biedenkopf ist doch offen aufgetreten. Es ist ja keiner aufgetreten und hat gesagt: Ich lehne das ab. Sondern die Abstimmung wäre dann anders gekommen: „Das ist zu früh!". Und dafür hätten sie die Mehrheit dann zusammenbekommen. Eine reinrassige Sache „Machen wir eine europäische Währung oder nicht?" – da mag Herr Bunz sogar recht haben. Aber in der konkreten Situation zu sagen „Wir machen es jetzt"... Der Kurt Biedenkopf hätte mit Sicherheit gesagt – und zwar professoral glänzend belegt –, aus dem und dem Grund ist es zu früh. Wir machen es ja, aber wir vertagen diese Sache noch einmal für ein paar Jahre.

Paul: Aber Biedenkopf war im Bundesrat dann der einzige, der die Währungsunion abgelehnt hat. Sogar Stoiber und Schröder haben ihr zugestimmt.

Kohl: Ja, aber so läuft das politische Leben nicht. Das politische Leben läuft so: Demokratie hin, Demokratie her, Wahlen hin und her, repräsentative Demokratie kann nur erfolgreich sein, wenn irgendeiner sich hinstellt und sagt: So ist das. Ich verbinde – wie ich – meine Existenz mit diesem politischen Projekt. Dann hast du automatisch in der eigenen Partei eine ganze Reihe von Leuten, die sagen: Wenn der fällt, falle ich auch. Das ist dann nicht das Thema Euro – das ist die Lebensphilosophie.

Ich wollte, daß der Euro kommt, weil für mich die Einführung des Euro eine Frage der Beständigkeit, der Irreversibilität der europäischen Entwicklung ist. Ich bleibe bei meiner These: Schon in Nizza wären sie auseinander gelaufen mit ganz großen Blessuren, das haben genug gemacht in der Nacht, wenn es den Euro nicht gegeben hätte. Dann käme die ganze Sache wieder hoch, dieses und jenes. Jetzt ist es wie so ein Faß, wissen Sie? Und sie haben die Faßreifen *[gemeint ist die Währungsunion]*, da hält das Faß. Wenn Sie den Reifen lockern, dann läuft das Faß aus. Das ist die Lage. Aber jetzt ist es gelaufen.

Was jetzt vielleicht noch gelegentlich als Problem erscheint – in fünf Jahren [ist auch das überstanden]. Es ist ja noch viel schneller gegangen mit dieser Generation, als ich geglaubt habe. Meine These war ja immer: Wenn ein paar Jahre jetzt der Euro da ist, dann werden die Kinder gar nicht mehr anders denken. Das stellen wir jetzt ja mit Verblüffung fest. Viele Leitartikler schreiben ja jetzt mit einem Unterton des Bedauerns: Eigentlich sind doch die Deutschen komisch. Wir haben doch fest damit gerechnet, daß sie wegen des Abgangs der D-Mark Nationaltrauer ausüben – und jetzt genießen sie das neue Geld.

Paul: Warum haben Sie sich überhaupt den Kopf über eine Volksabstimmung zerbrochen? Die war doch nach unserer Verfassung überhaupt nicht nötig.

Kohl: Puh, wie alt sind Sie denn überhaupt?

Paul: Demnächst 45.

Kohl: Und wie alt waren Sie dann 1982, als es um die NATO-Nachrüstung ging?

Paul: Mitte 20.

Kohl: Na also, dann waren Sie doch dabei, wie die Volksabstimmung verlangt worden ist über die Nachrüstung.

Paul: Ja, schon, aber ich habe nicht im Bonner Hofgarten mitdemonstriert.

Kohl: Das zeigt ja nur, daß Sie einen Rest von Verstand schon damals hatten.

Paul: Oder ich hatte keine Zeit – ich weiß es nicht mehr! *(beide lachen)*

Kohl: Wie dem auch sei: Das ist keine Frage, ob es die Verfassung verlangt oder nicht. Man hätte ja viele Möglichkeiten haben können. Die Ambivalenz war schon sehr stark. Selbst wenn Sie in die *FAZ* hineinschauen, in den Wirtschaftsteil: Da war ein Jein. Die Banker und so weiter – die sind dann alle umgekippt. Wissen Sie, das ist genau wie bei der Wiederbewaffnung beim Adenauer. Das ist genau der Vorgang wie bei der Stationierung. Die Union hat niemals einen Beschluß gefasst in der Nachrüstungsfrage. Das habe ich verkündet. Und der Parteitag hat es bestätigt. Wir haben ja nicht darüber geredet, aber trotzdem ist 14 Tage lang dieser Vielschwätzer Franz Alt vom Südwestfunk mit seiner Kamera und seiner Gruppe „CDU-Mitglieder gegen Nachrüstung“, so hieß es, ja, vor dem Adenauer-Haus gestanden. Es gibt die Kraft des Faktischen, die mitreißt. Das ist der Punkt. Das ist jetzt sehr übertrieben und hochtrabend, aber: Das Prinzip des Bismarck-Satzes – ich will das nicht aufs Geld beziehen, daß wir uns ja nicht falsch verstehen – „Wenn der Mantel Gottes durch die Geschichte geht, muß man hinzuspringen und ihn festhalten." Das setzt voraus, daß man daran glaubt, daß Gott durch die Geschichte geht, daß man es erkennt – und daß man am richtigen Platz steht und festhält.

Für mich war der Euro sozusagen das Synonym, daß es in Europa weitergeht. Ich habe jahrelang, bis in die 80er hinein, geglaubt, man kann den Prozeß der Wirtschaftsunion parallel mit der politischen Union betreiben. Ich habe dann lernen müssen...

Paul: ...daß das nicht stimmt.

Kohl: Natürlich, weil die Lebenserfahrung dann anders war. Aber ich bin ja ein *Newcomer* gewesen. Ich bin 1982 gekommen, da haben wir uns nicht über Euro unterhalten, sondern über Eurosklerose, also eine ganz schreckliche Krankheit. Ich habe also einen ganz anderen Input gehabt. Dann haben wir das also vorangebracht, Stück für Stück, und der Satz „Die Visionäre sind die eigentlichen Realisten" ist ja nie so klar bewiesen worden wie im letzten Jahr. Und alles, was ich jetzt sage, war die Vorstellung *vor* der deutschen Einheit. Die deutsche Einheit hat natürlich den Prozeß bei unseren Nachbarn gewaltig befördert, allen voran bei den Franzosen.

Paul: Haben die Franzosen im Ernst geglaubt, daß die Deutschen bereit sein würden, die D-Mark herzugeben für den Euro? Oder waren die nicht selbst verblüfft, daß Sie dann 1989/90 Ernst gemacht haben damit?

Kohl: Über die Franzosen insgesamt kann ich das nicht sagen. Aber der François Mitterrand war fest überzeugt davon, daß ich es ernst meine.

Paul: Und das hat ihm die Zustimmung zur deutschen Einheit jedenfalls leichter gemacht?

Kohl: Ja, aber das war nicht... Daß das ganz klar ist: Das ist ein Irrtum, der da dauernd verbreitet wird. Nie wieder Krieg – das war die erste Botschaft. Also für einen Mann wie Mitterrand und Helmut Kohl, die 1984 in Verdun auf dem Schlachtfeld standen mit dem berühmten Handschlag – das war der Punkt. Nicht primär die deutsche Einheit. Die deutsche Einheit hat einen anderen Punkt. Das können Sie wieder leicht belegen.

Was heute immer gepriesen wird, Schuman, der *Stahlpakt*, *Schuman-Plan*, der hat ja im Ausgangspunkt keine europäische Idee gehabt. Das wurde erst im nachhinein [so ausgelegt]. Die Idee war doch damals, in Paris, richtigerweise, auch von Monnet, jedenfalls mit einer der ersten Perspektiven: Also wenn die Deutschen so sind, wie sie sind, wir können sie nicht totschlagen und den Plan von dem amerikanischen Idioten Morgenthau...

Paul: ...Deutschland zu einem reinen Agrarland zu machen...

Kohl: ...der geht nicht auf. Und dann haben sie hingeschaut und festgestellt: Jetzt sind die kaum aus den Löchern gekrochen und haben schon eine blühende Stahlindustrie aufgebaut. Dann war die nächste Frage für die damalige Perspektive: Was braucht man im Krieg? Energie, das ist Kohle, und Stahl. Also machen wir jetzt Energie und Kohle und Stahl zusammen und einen Plan, wobei der sehr schön europäisch klingt, aber in Wahrheit ist das Kontrolle über die deutsche Stahl- und Kohleindustrie gewesen. Und dann ist das europäisch richtig deklariert und 20 Jahre weiterentwickelt.

So ist der *Schuman-Plan* sozusagen der Geburtsschein für die spätere Entwicklung geworden. Das ist auch Mitterrands Perspektive geworden. Mitterrand hat einen Satz gesagt, der die meisten Deutschen gar nicht interessiert hat, als die Schwierigkeiten in den Neuen Ländern auftauchten: „Es ist wahr, die Deutschen haben jetzt Schwierigkeiten, große Schwierigkeiten. Aber sie werden diese Probleme lösen, sonst wären sie keine richtigen Deutschen." Wörtliches Zitat! Und dann kommt der französische Satz: „Und danach werden sie stärker sein als je zuvor." Das ist der eigentliche Satz.

So, was heißt das konkret jetzt für das französische Denken? Über Nacht sind es jetzt 80 Millionen. Die haben ja nicht das Gefühl, daß wir am Arsch des Propheten gehen. Die haben nicht das Gefühl, daß wir nichts mehr zuwege bringen. Das ist ja alles deutsches Gequatsche. Die wissen schon, daß die Deutschen etwas zuwege bringen, wenn sie nur wollen. Daß sie zum großen Teil heute nicht wollen, ist eine andere Frage. Der Rest der Welt denkt so nicht. Der Rest der Welt denkt an das russische Sprichwort: Die Deutschen haben den Affen erfunden. Das heißt: Wenn etwas ganz Intelligentes ist, etwas ganz Subtiles, dann sitzen die Deutschen da drin! Verstehen Sie? Das ist kein jetziges Sprichwort, das ist ein altes russisches Sprichwort.

Ich sage es jetzt mal sehr plastisch: Mitterrand. Ein Stück de Gaulle, Ludwig XIV. Der hat schon weiter gedacht. In der Hauptstadtfrage ist ein weiterer Beweis für sein Denken. In der Zeit, 1991, sagt er eines Tages zu mir: „Du bist doch für Berlin?" Da sage ich: Du weißt, doch, daß ich die Hauptstimme für Berlin bin! Aber ich bin schon sehr verwundert, daß Du jetzt für Berlin bist! Nach der alten Rheinbund-Ideologie ist doch Bonn sehr viel günstiger." Da hat er absolut richtig definiert, indem er sagte: Die europäische Erweiterung wird kommen mit Ost- und Südosteuropa, und dann muß eine Hauptstadt eines großen Landes weit ostwärts vom Rhein liegen – und das konnte ja nur Berlin sein.

Jetzt sitzen wir hier in diesem Raum, 85 oder 88 Kilometer von der polnischen Staatsgrenze weg. Wenn wir jetzt in Bonn wären, wäre das alles sehr viel weiter weg, insofern war das europapolitisch eine zentrale Entscheidung. Wenn Sie das jetzt alles zusammenfassen, hat er das schon kapiert und neben ihm viele andere. Jetzt komme ich wieder zur deutschen Einheit: Da war er hin- und hergerissen. Der Präsident der Republik hat die ganzen Akten vom Quai d'Orsay hinter sich gehabt – und die waren nicht für die deutsche Einheit. Möglichst klein halten und so (*lacht*).

Der Mann François Mitterrand war übrigens in Menschenrechtsfragen einem täglichen oder wöchentlichen Einfluß seiner Frau ausgesetzt, die sonst in der Politik nie von Bedeutung war. Aber in der Menschenrechtsfrage ist die Madame Mitterrand nicht nur in der Kurdenfrage immer ganz, ganz vorne. Das hat sie aus ihrer Jugendzeit bei der Résistance.

Und menschenrechtlich war immer klar: Wenn die Deutschen die Einheit wollen, kannst Du nicht sagen als Anhänger der französischen Revolution: „Das geht mich einen Scheißdreck an", sondern dann mußt Du dafür sein. Dann ist er zu der ich glaube ganz gescheiten Erkenntnis gekommen, ich sage es jetzt einmal auf französisches Denken: Also schießen können wir nicht mehr, sie sind da, sie sind auch nicht auszurotten, also was können wir noch machen? Die urälteste Sache von der Welt: Wir legen uns zusammen ins Bett und umarmen uns.

Und da waren wir im Bett gelegen. Und dann er gesagt jetzt plötzlich: Wir sind für die Deutsche Einheit, wir respektieren das, und Frankreich muß die größte Investition in den Neuen Ländern machen, siehe *Elf-Aquitaine*, wo die ganze deutsche Chemie sich davongedrückt hat, Frankreich muß das machen. Ich habe ihm einmal im Spott gesagt: „Du kannst jetzt in Dresden die Brühl'schen Terrassen wieder herrichten, der Graf Brühl, das ist ja alles französisches Bestechungsgeld vom französischen Königshaus gewesen!" (*lacht*), aber er wollte dann mit *Elf-Aquitaine*, mit Leuna ein Signal, ein Fanal für moderne Industrie setzen und hat es ja auch erreicht mit 9000 Arbeitsplätzen, mit das beste, was es in der ganzen früheren DDR gibt. Das war die Politik.

Am 1. Januar [2002 am ersten Tag des Bargeldumtauschs] ging abends um zehn Uhr das Telefon, da hat kein Deutscher angerufen. Die Deutschen haben ja verbreitet, das hätte der Schröder gemacht und der Eichel, in Deutschland hat sich gar keiner erinnert, aber ab zehn Uhr ging das Telefon. Von Jacques Chirac die zwei, die da fotografiert sind, haben dieses Bild aufgenommen unmittelbar zehn Minuten vor Beginn des weltberühmten Neujahrskonzerts in Wien, der Prodi und der Schüssel, und dann haben alle möglichen alten Kollegen angerufen und gesagt: Das ist Dein Tag. Das war es ja auch. Und die kleinen Leute schicken ihre Euro-Scheine in großer Zahl, wo sie draufschreiben: „Helmut Kohl – 1. 1. 2002".

Paul: Aber ist es nicht erstaunlich? Sie reisen nach Paris zu einer Fernsehdiskussion mit Mitterrand, um mit dafür zu sorgen, daß die Volksabstimmung in Frankreich nicht in die Hose geht, aber hier in Deutschland findet keine Volksabstimmung statt und auch kein Bundeskanzler im Fernsehen in solch einer direkten Konfrontation... – ich finde das ein bißchen schade. Sie haben versucht, die Franzosen durch den vollen Einsatz Ihrer Person zu überzeugen. Wenn es schief gegangen wäre, wären Sie der Böse gewesen!

Kohl: Ich habe doch in Deutschland auch den vollen Einsatz gefahren. Ich habe doch in hunderttausenden von Versammlungen geredet. Mehr Leute haben mich doch persönlich, nicht im Fernsehen, reden hören als jeden anderen. Das war doch mein Hauptthema. Muß ich Ihnen jetzt zum Hessischen Rundfunk einen Vortrag halten? Warum soll ich denn jetzt ins deutsche Fernsehen gehen? Das deutsche Fernsehen wird domestiziert vom WDR. Da brauche ich Ihnen doch nicht die Gesichter zu zeigen, die da hocken!

Gucken Sie sich doch einmal den an, der jetzt gerade Fernsehdirektor wird, den man jetzt schon bis zum Erbrechen einmal am Wochenende sehen muß im *Bericht aus Berlin*! Ich bin ein freier Mann, ich kann zum ersten Mal in meinem Leben so frei reden, wie ich nur mag! Und das genieße ich. Wissen Sie: Da waren ja lauter so Sachen. Das war ja nicht der einzige Fall, was Sie jetzt sagen. Im Januar 1990 – der Toni *(deutet auf seinen ehemaligen Staatsminister Anton Pfeifer)* ist ja wirklich Zeitzeuge und war nebendran – war mitunter in einer ganz schlimmen, beschissenen Lage, denn wir wußten sehr genau, ich auch, wenn die deutsche Einheit kommt, wir die Oder-Neiße-Grenze anerkennen. Das war doch völlig klar. Wir wußten aber auch, daß wir alle, übrigens auch die SPD, die ist dann nur abgesprungen, den Vertriebenen immer gesagt haben: Das ist eine Sache des Friedensvertrages und wir anerkennen diese Willkür von Potsdam nicht.

Wir haben dann durch die Staatsregierung auch in unserem Auftrag ein Urteil vom Bundesverfassungsgericht herbeigeführt. Wir waren also ganz schön sattelfest in der Sache. Und jetzt kam die deutsche Einheit in Sicht. Im Januar wußte das kein Mensch, daß das im Oktober sein wird, aber sie kam in Sicht. Ich selber habe die zehn Punkte gemacht, und beim zehnten Punkt war schon zum ersten Mal ganz offen dokumentarisch ausgesprochen, was ist. In dieser schwierigen Situation haben alle gesagt: dann muß aber jetzt die Anerkennung der Oder-Neiße-Grenze gemacht werden.

Da waren allen voran natürlich die Polen, da waren der Mitterrand und die Franzosen alle, die Amerikaner, und jedes Zögern... – also innenpolitische Argumente haben die überhaupt nicht gelten lassen. Einer der größten Anpasser in der Geschichte der Republik, der weißhaarige Präsident Weizsäcker, hat ja damals hinter den Kulissen – anstatt mir zu helfen, was sein Job war als Bundespräsident – alles getan, um die Leute hochzuziehen, daß *jetzt* abgestimmt wird. Und er schreibt ja auch in seinen Memoiren, ich hätte wieder nur Parteipolitik – ich sage das jetzt mit meinen Worten – im Sinn gehabt.

Natürlich habe ich die nächste Wahl im Sinn gehabt, die kam ja auch, und es war mir auch klar, daß wir die Oder-Neiße-Grenze anerkennen müssen. Wir haben eine dramatische Sitzung in der Fraktion gehabt, Czaja/Kohl in der Debatte – wo ich gesagt habe: Herr Czaja, das, was Sie jetzt wollen, daß wir die Oder-Neiße-Grenze nicht anerkennen, heißt doch: 17 Millionen Deutsche haben nicht die Chance, mit uns zusammenzugehen.

Und natürlich mußten wir unsere eigene Argumentation „Wir brauchen einen Friedensvertrag" auffressen (*lacht*), aber ab April 1990 war das letzte, was wir gebrauchen konnten, einen Friedensvertrag, denn wenn wir Friedensvertragsverhandlungen begonnen hätten anstatt Zwei-plus-Vier, wären wir vielleicht 1991 zu einer Vertragsverhandlung gekommen, was weiß ich, mit 150 Teilnehmerstaaten des Zweiten Weltkrieges, halb Lateinamerika hat am 1. Mai 1945 noch den Krieg erklärt, damit sie die Botschaft und die Patente stehlen und was in solch einer Situation alles passiert.

Ich habe beispielsweise eine wirkliche Angst damals gehabt, wir kämen im Bundestag zu einer Abstimmung. Das wollte die SPD, war ganz klar, weil die SPD natürlich wollte, daß wir Ärger kriegen mit den Vertriebenen, auf mich bezogen dann, zur Person, die CSU war mühsam eingebunden, aber das ist das persönliche Verdienst von Theo Waigel gewesen, auch der Fritz Zimmermann hat mitgemacht, das muß man objektiv sagen, und die FDP war natürlich ganz entschieden für eine Abstimmung im Bundestag.

Schon allein deswegen, weil kein Mensch bei der FDP den Mut hatte, dieser schrecklichen Dame da aus München, die ja wie eine Halbwilde durch die Gegend geifert, entsprechend zu entgegnen. [Von Marion Gräfin Dönhoff] von der *Zeit*,

Gott segne sie, sie ist ja gerade gestorben, die Dame, will ich gar nicht reden. Da haben wir auch keine Abstimmung gemacht. Die hätten wir verloren! Die Volksabstimmung hätten wir nicht verloren über die Oder-Neiße-Grenze, aber wir hätten eine tiefe Zerklüftung gekriegt. Die meisten Leute haben ja vergessen, daß wir kein gestohlenes Land verloren haben, sondern ein Drittel des Reichsgebietes. Das war ja nicht Hitler-Erwerbung, nicht?

Paul: Lassen Sie uns noch einmal auf 1996 zurückkommen, den Ausgangspunkt unseres Gespräches. Sie haben vorhin gesagt: Daß ein Mann im Rollstuhl sitze, im *Wägelchen*, könne kein unüberwindliches Hindernis sein. Nur: Ein Bundeskanzler wird in geheimer Wahl gewählt. Hätten Sie den Stab weitergegeben an Schäuble, hätte er möglicherweise nicht genug Stimmen bekommen.

Kohl: Sie haben doch recherchiert. Jetzt merkt man, daß er recherchiert. Sie haben genau mein zweites Argument getroffen. Ich hätte es selber auch gebracht. Das erste Argument war für mich das wichtigere, um es klar und deutlich zu sagen: Der Euro. Das zweite Argument habe ich geringer geachtet, ganz offen gesagt, als mein ganzes Umfeld. Aber Leute wie er *(deutet auf Pfeifer)*, die Führung von CSU und FDP waren genau in der Frage, die Sie gestellt haben, negativ eingestellt. Nicht so wie ich. Die haben die Gefahr sehr groß gesehen. Das ist auch wahr.

Pfeifer: Zumal ja die Kanzlerwahl 1994 schon sehr knapp war.

Kohl: Verstehen Sie?

Paul: Da haben Sie auch schon nicht alle Stimmen bekommen.

Kohl: Nee. Was ich dann gekriegt habe, weiß ich nicht. Ich bin aber ziemlich sicher – Sie haben schon einen geoutet, den Sie gerade genannt haben, der hat mich niemals, zu keiner Wahl gewählt *(lacht)*, aber da hat er mich erst recht nicht gewählt. Weil da war es ja klar: Bei mir wird der nie etwas, weil ich ihn für hinterhältig, verlogen und scheinheilig halte. Das können Sie in der Arbeit schreiben, daß ich das von ihm halte.

Paul: Aber aus der Opposition haben Sie dafür eine Stimme bekommen...

Kohl: Nein, ich rede jetzt von dem FDP-Mann.

Paul: Sie meinen Burkhard Hirsch.

Kohl: Von der Opposition eine Stimme gekriegt? Ja, da müssen Sie die Leute fragen! Da Sie anscheinend in der Euro-Frage mit Leuten geredet haben, schließe ich das nicht aus.

Paul: Und Schäuble hätte, selbst wenn er zum Kanzler mit ausreichender Mehrheit gewählt worden wäre in geheimer Wahl, es nicht geschafft, den Euro durchzusetzen?

Kohl: Glaube ich nicht.

Paul: Warum?

Kohl: Da gehört ja eine ganz andere Potenz dazu. Wissen Sie, das ist keine Sache für... Der Schäuble ist ein hochbegabter Mann, das ist außerhalb jeder Diskussion, aber dies war keine Sache mehr von einem *Newcomer*, das war schon... – da mußte jemand mit seiner vollen Autorität rein. Auch mit Blick auf den eigenen Verein. Sie haben ja eben die Frage gestellt: Wäre der überhaupt gewählt worden? Wir haben jetzt über das Innenleben der Fraktion nicht geredet. Das hätte der Schäuble nicht gepackt. Wissen Sie, das war ein Vertrauenskapital, das ja nicht über

Nacht kommt. Das war die Arbeit von vielen Jahren. Das hat sich ja sehr deutlich gezeigt bei der Frankfurter Bank [*gemeint ist Frage des Standortes der EZB*].

Paul: Sie haben vorhin selbst erwähnt, daß der Euro nicht gerade ein populäres Thema gewesen ist. Glauben Sie, daß der Euro Sie 1998...

Kohl: ...Stimmen gekostet hat? Natürlich! Das ist außer Frage. Ich kann Ihnen den Prozentsatz nicht sagen, aber daß wir Stimmen verloren haben, daß ich Stimmen nicht gekriegt habe, das ist ganz sicher. Sie brauchen sich ja nur die Hamburger Propaganda anzusehen. Der Mann hat ja Woche für Woche ganzseitige Anzeigen gemacht: Wählt den Kohl ab! Das dürfen Sie ja nicht vergessen. Ich überbewerte das nicht, ich kann es aber auch nicht unterbewerten.

Paul: Nur sehe ich da einen Widerspruch. Je nach Blickwinkel werden Sie dafür bewundert oder verdammt: Sie gelten als Machtpolitiker *par excellence.* Und so ein Mann gibt Stimmen her für ein Projekt, daß ja im Prinzip ein antinationales, ein antinationalistisches ist. Die Galionsfigur der deutschen Konservativen gibt die Herrschaft über die deutsche Währung auf.

Kohl: Na, jetzt hat Sie natürlich Ihre Hessischer-Rundfunk-Verblendung eingeholt!

Paul: Nein. Ich habe jetzt einmal ersucht, mich in Joschka Fischer hineinzudenken. Der hat Sie ja immer bewundert für den Euro.

Kohl: Der ist völlig uninteressant; was der bewundert, interessiert mich überhaupt nicht.

Paul: Das hat Ihnen doch Spaß gemacht! Das weiß ich doch ganz genau! Oder etwa nicht?

Kohl: Nein, der Joschka Fischer ist mir völlig egal. Daß der leider intelligenter ist in außenpolitischen Fragen als der Bundeskanzler [Schröder], das kann ich bedauern. Ich meine, der ist wirklich politisch intelligenter. Aber das ist wirklich nicht mein Thema. Ich habe mit dem nichts im Sinn, der ist mir völlig wurscht. Zum Thema: Die Deduktion ist natürlich völlig falsch. Ich habe in meinem Leben immer Visionen gehabt. Und eine Vision ist doch nicht eine Frage, die ich aus Machtgesichtspunkten aufgebe!

Verstehen Sie: Ich bin ein Machtmensch, okay – was heißt eigentlich: Wieso bin ich Machtmensch? Wenn einer Bundeskanzler ist, will etwas durchsetzen, muß er doch ein Machtmensch sein! Und wenn er gescheit ist, dann weiß er: Jetzt ist eine Zeit reif, um etwas durchzusetzen. Und wenn er gescheit ist, dann weiß er: Es gibt Sachen, da muß ich warten.

Es ist mein volles Leben: In einem Fall war ich wie ein Diktator, siehe Euro, in einem Fall war ich ein Zauderer, habe alle Probleme ausgesessen. Ist immer noch der gleiche Helmut Kohl, von dem wir reden. Mit Machtmensch hat das nichts zu tun. Der Euro ist ja nur ein Synonym für Europa. Verstehen Sie: Für mich ist die Idee der Einigung Europas nicht irgend eine Sache wie dem Riester seine Rentenversicherung. Das ist eine wichtige Sache, aber von der Qualifikation ist das ein Nichts gegenüber dem Euro! Die Rentenversicherung wird jetzt geändert, wird wieder geändert, wird noch einmal geändert. Aber Europa hat zum ersten Mal keinen Krieg mehr. Das muß man doch einmal sehen! Das ist doch ein historischer Bezug.

Bei dem historischen Bezug kommt es jetzt doch nicht darauf an, ob ich die Wahl gewonnen habe oder nicht. Ich schiele doch nicht auf die Geschichte, ich bin doch nicht der Weizsäcker, daß ich morgens aufstehe und gucke, ob ich ins Geschichtsbuch hineinkomme. Da könnte man noch weitere nennen. Nein: Ich habe eine Vision mit anderen, daß endlich in Europa nie wieder Krieg ist. Verstehen Sie?

Ich will es Ihnen in einer nicht rührseligen Geschichte sagen, die sich da vorne wiederholt *(deutet auf seinen Schreibtisch mit einer Pietà-Miniatur)* in der Käthe-Kollwitz-Plastik. Der Bruder meiner Mutter ist im Ersten Weltkrieg gefallen. Da haben meine Eltern in katholischer Tradition ihrem ersten Sohn den gleichen Namen gegeben. Mein Bruder. Der ist im Zweiten Weltkrieg gefallen. Und als unser ältester Sohn, dessen Bild dahinten steht, auf die Welt kam, habe ich zu meiner Frau gesagt: „Suche Du den Namen aus." Sie kannte ja meinen Bruder nicht. Meine Frau ist Flüchtling, mein Bruder bei Kriegsende gefallen, sie hat ihn ja nie gesehen. Da hat sie gesagt: Walter – das gefällt ihr gut. Also: Walter.

Dann hat meine Mutter natürlich wissen wollen, wie der Bub heißt. Da habe ich gesagt: Das erfahren wir im Krankenhaus. Da hat sie das gesagt. Ich bin ja ein Nachgeborener, deshalb sind meine Eltern sehr alt gewesen. Da war sie richtig verspannt. Der Gefallene ist sozusagen in unserer Familie von einer Aura umgeben. Die Wirklichkeit ist nie so, wie sie dann später erzählt wird. Bei Müttern ist das ja ein Teil ihres Herzens, das da mit umgebracht wird. Beim Herausgehen hat sie mich dann auf dem Gang am Jackett genommen und gesagt: Kann man das ein drittes Mal machen? Da haben Sie die Antwort auf Ihre Frage.

Diese Sache – ich habe das bisher nicht erzählt – steht in den Memoiren von allen möglichen Leuten. Denn auf dem Höhepunkt der Auseinandersetzung um die *Scud*-Kurzstrecken-Raketen Ende der 80er Jahre, vor der Einheit aber, hat die Margaret Thatcher einmal im Kreise der westlichen Regierungschefs eine gewaltige Rede gehalten: Man müsse Mut haben und so weiter. Sie wollte zu den anderen Raketen noch die *Scud*. Und in der *Scud* haben wir [Deutschen] überhaupt keinen Sinn gesehen. Die hat nämlich eine Reichweite von 500 Kilometern.

Das heißt: Du hast sie in Hermeskeil abgeschossen und dann ist sie auf Rostock gefallen. Oder umgekehrt. Das hat den Russen einen Scheißdreck interessiert. Die hätte die Polen vielleicht noch in Breslau getroffen, aber das war den Russen erst recht egal. Bei den Mittelstreckenwaffen war ja der durchschlagende Erfolg: Das war in Moskau [*gemeint ist: Pershing II wären mit ihrer Reichweite in Moskau eingeschlagen*], das war im Kreml. Das heißt: Tod oder Überleben. Aber die *Scud* hat gar nichts bedeutet. Dann hat sie da herumgetobt. Ich habe mich gemeldet – sie hatte kein Wort gesagt, was mich betrifft – und ihr gesagt: Gemeint hast Du die Deutschen.

Dann habe ich noch einmal gesagt, warum das überhaupt nicht in Frage kommt. Wir machen das nicht. So, und das sage ich jetzt privat als Helmut Kohl, nicht als Bundeskanzler. Dann habe ich die Geschichte mit meiner Mutter erzählt. Da war Totenstille. George Bush hat auf seine Tischkarte geschrieben: „Helmut, this was a fine speech". Das Thema war weg. Das bewegt mich. Das ist mein eigentlicher Hintergrund von der ganzen Geschichte.

Paul: Und nicht ein paar Wählerstimmen mehr oder weniger?

Kohl: Liebe Leute! Erstens wußten wir nicht, wie es herumläuft, und dann habe ich halt verloren. Davon geht doch die Welt nicht unter. Ich lebe ja noch. Ich sitze hier in diesem Raum – und die Frau Honecker sitzt nicht mehr hier. Das ist doch allein schon ein Lebensgenuß sondergleichen.

Paul: Nun gab es die Landtagswahl 1996 in Baden-Württemberg.

Kohl: Na, die war doch gar nicht so schlecht.

Paul: Da hat Herr Spöri versucht, gegen den Euro Stimmung zu machen. Ergebnis: Die SPD fuhr ihr schlechtestes Ergebnis seit Menschengedenken ein – 25,1 Prozent.

Kohl: Das hat aber nichts mit dem Euro zu tun gehabt.

Paul: Die Wahlforscher sagten anschließend, die Leute habe alles mögliche interessiert, aber nicht der Euro.

Kohl: Na, das ist doch gut.

Paul: War das nicht für Sie in Bonn ein wichtiges Zeichen, daß der Euro von der SPD nicht als Waffe gegen Sie benutzt werden konnte?

Kohl: Nein. Wissen Sie, das ist ja eine völlig andere Kategorie im Denken, die Sie jetzt haben *(läßt sich von Pfeifer die damalige Lage in Baden-Württemberg erläutern).*

Paul: Das war also kein großes Thema damals im Kanzleramt?

Kohl: Ich weiß nicht, was damals im Kanzleramt Thema war. Ich war dort ja nur einer von vielen, aber ich war der, der das meiste zu sagen hatte. Was im Kanzleramt sonst noch auf den Gängen geredet wurde, das kann ich nur ahnen. Ich bin beispielsweise überhaupt nicht sicher, inwieweit in einigen Abteilungen die Liebe zum Euro so stark war. Oder bist Du *(an Pfeifer gewandt)* da anderer Meinung?

Pfeifer: Nein, da gab es natürlich auch welche.

Kohl: Aber das war ja bei der Deutschen Einheit kein Deut anders.

Pfeifer: Nein. Aber auf unserer Etage hat sich das nie ausgewirkt.

Kohl: Ja sicher. Aber ich rede jetzt von Abteilungen.

Paul: Schauen wir noch einmal auf die SPD. Lafontaine hat Scharping im November 1995 in Mannheim weggeboxt. Vorher war er sehr Euro-kritisch, danach hat es Lafontaine relativiert. War es für Sie wichtig, daß die SPD im großen und ganzen, auch wenn sie vielleicht nicht so begeistert gewesen ist von der Europäischen Währungsunion, Ruhe gehalten hat an dieser Stelle?

Kohl: Das war natürlich nicht schlecht. Sie dürfen ja nicht vergessen: Erstens habe ich nie ein Freund-Feind-Verhältnis gehabt. Das haben sie mir immer nachgesagt. Und zum zweiten ist die SPD doch die Partei beispielsweise von Carlo Schmidt und von Fritz Erler. Die waren doch mindestens so europäisch wie ich oder der Adenauer! Die Sozialdemokraten waren doch nicht borniert. Ein Mann wie der Schorsch Leber war doch in diesen Fragen total auf dem Europa-Dampfer.

Es waren ja eigentlich die Halbwilden, die da nachgewachsen waren, die ja antiamerikanisch und anti-europäisch waren, die übrigens zum beachtlichen Teil links standen, aber beinahe rechtsradikale Parolen dann von sich gaben. Die übrigens zutiefst antisemitisch auch waren! Der Herr Fischer ist ja nicht im Kibbuz gewesen. Der war im Basislager der PLO. Das merken Sie übrigens noch sehr rasch in den nächsten Monaten, das sage ich Ihnen jetzt voraus, wieviel Antisemitismus in dem Verein drinsteckt. – *(Kohl hält plötzlich inne und wechselt das Thema)*

Aber jetzt möchte ich schon einmal wissen: Ist das *(hält Briefkopie von mir an verschiedene CDU-Abgordnete in der Hand, in der es um die Darstellung geht, Kohl habe 1997 bei der Euro-Durchsetzung eine Phase des Zweifels durchlebt)* ein Originalzitat?

Paul: Einer meiner Gesprächspartner, in diesem Fall aus der CDU/CSU-Fraktion, hat mir gesagt, es habe eine Phase gegeben, Tage oder Wochen [*in denen unklar war, ob Deutschland die Maastricht-Kriterien erfüllen werde, und die innenpolitische Auseinandersetzung außer Kontrolle geriet*], in der Sie unsicher gewesen seien.

Kohl: Das ist der Pflüger? War neben dem Pflüger auch der Lamers dabei?

Paul: Mit Karl Lamers habe ich noch gar nicht gesprochen. Ich habe seither niemanden mehr gefunden, der es mir bestätigen wollte. Aber wichtig ist es natürlich schon: Haben Sie einmal gezögert oder gewackelt?

Kohl: Überhaupt nicht. Das kann der viel besser *(deutet auf Pfeifer)* bezeugen als ich selbst!

Paul: Er hat ja auch nichts anderes gesagt. Aber wenn ich schon die Gelegenheit habe, frage ich Dr. Kohl lieber selbst.

Kohl: Nein, überhaupt keine Spur. Dieses Zitat ist natürlich im nachhinein gemacht. Der Pflüger gehört zu der Gruppe von Leuten, für die der Satz meiner Mutter gilt: Die Hand, die da segnet, wird zuerst gebissen.

Ich habe überhaupt nichts gegen den Pflüger gehabt. Die Art und Weise, wie er als Adlatus den Richard Weizsäcker kopiert hat, fand ich immer lächerlich. Die Arroganz, wie er mit seiner Frau auftrat – jetzt sind sie ja beide Professor und machen noch alles mögliche –, fand ich noch lächerlicher, und er hat einen miesen Charakter. Das habe ich damals noch nicht gewußt, das habe ich aber erlebt: Wenn Sie 'mal vom Hochhaus in den Keller fallen, da merken Sie schon, während Sie fallen, wer alles das Fenster zu macht, der früher gewunken hat. Dann hat er ein Buch geschrieben, das von A bis Z gelogen ist, das hat aber nichts mit diesem Thema zu tun.

Kohl zitiert Passagen aus meinem Brief an Abgeordnete mit folgender Schilderung, zu der ich keine Quelle genannt hatte:

„Ich weiß auch, daß Helmut Kohl ein paar Mal selbst gezögert hat, ob er es durchsetzen kann, und dann von Schäuble und Karl Lamers auf Linie gehalten wurde. Ich weiß es wirklich. Meines Erachtens vor dem Karlsruher Parteitag der CDU, denn ich habe auf dem Karlsruher Parteitag mit Schäuble noch darüber geredet. Ich weiß noch, wie ich dann zum Karl Lamers gegangen bin ins Plenum und zu ihm gesagt habe: ‚Ihr müßt jetzt den Kohl bei der Stange halten und 'ran. Wenn er jetzt einbricht...'. Der hat dann wiederum mit Schäuble gesprochen. Also es gab Situationen bei uns, wo zwei, drei große Populisten, wenn sie den Mut gehabt hätten und das organisiert hätten, hätten Erfolg haben können."

Paul: Unzutreffend?

Kohl: Das ist geschrieben von heute. Das ist ja geschrieben von Friedbert Pflüger, um den Wolfgang Schäuble zu einem Übervater zu machen, weil der Wolfgang Schäuble der Beleidigte ist. Dem sein Haß-Syndrom hat damit zu tun, daß er nicht ins Amt gekommen ist. Verstehen Sie: Das ist ja eine posthume Geschichte.

Paul: Schäuble selbst hat zu mir darüber jedoch kein Wort verloren. Hinterher erst habe ich ihn mit dieser Frage konfrontiert, erhalte aber keine Antwort. Wahrscheinlich will er davon nichts wissen.

Kohl: Ja, das weiß ich nicht. Die Leute, die da aufgeführt sind, gehören alle zum nächsten Umfeld vom Schäuble. Der Lamers hat einen Brief gekriegt von mir und hat dann aufgeschrieen. Nein, der Stübgen hat den Brief gekriegt, so war es. Ich habe mit dem Lamers telefoniert, und da hat der Lamers gesagt, er hätte es nicht gesagt und er habe doch den Pflüger gewarnt, er solle so etwas nicht sagen.

Pfeifer: Lamers dementiert es heftig – wahrscheinlich Ihnen gegenüber auch.

Paul: Herr Lamers hat mit mir kein Wort gesprochen.

Kohl: Das ist die Wahrheit.

Paul: Ich habe von niemandem mehr eine Bestätigung für diese Schilderung erhalten. Aber ich hatte und habe nicht den Eindruck, der betreffende Politiker habe diese Szene erfunden.

Pfeifer: Das ist aber wichtig, daß es wegkommt, nicht wahr? Daß es eben nicht stimmt. Das halte ich für unheimlich wichtig.

Kohl: Die Sache ist frei erfunden.

Paul: Trotzdem: Es gibt ja auch die Frage, wie ernst Sie damals den Widerstand von Stoiber genommen haben. Waren Sie von Anfang an überzeugt, daß er im Bundesrat der Ratifizierung zustimmen wird?

Kohl: Ja. Stoibers Parteivorsitzender – ja, wie hieß der denn?

Paul: Waigel.

Kohl: Es gibt doch noch (*lacht*) eine gewisse Kleiderordnung.

Paul: Mit wurde aus vertrauenswürdiger Quelle berichtet, Stoiber sei bis zum Vorabend der Abstimmung im Bundesrat wild entschlossen gewesen, „nein" zu sagen zur Ratifizierung. Theo Waigel habe nur mit einer Rücktrittsdrohung Stoiber zwingen können, daß er im Bundesrat beidreht.

Kohl: Ich weiß es nicht. Ich war nicht dabei. Es kann sein, es kann nicht sein. Ich weiß es nicht. Es hat mich auch nicht interessiert. Für mich war völlig klar, daß er zustimmt. Stoiber hätte doch die Abstimmung in der CSU verloren.

Paul: Es hätte die Partei möglicherweise zerrissen.

Kohl: Also aus der Sicht des bayerischen CSU-Kreisvorsitzenden von Memmingen – das ist das wahre, das pure Leben – also der hätte gesagt: Ja, sind wir denn verrückt? Der hätte zuerst nach dem Euro gefragt. Und hätte dann vielleicht gesagt: Mit dem Euro, das ist doch Scheiße, was der Helmut Kohl macht. Warum macht der das überhaupt? Eigentlich hat der Edmund vielleicht sogar recht. Da waren doch der gescheite Professor Biedenkopf und noch drei andere. Das war eine Aussage.

Die nächste Aussage: Aber da fallen wir doch dem Theo in den Rücken! Und dann wäre die nächste Aussage gekommen: Der Stärkere war natürlich in Bayern der Edmund Stoiber. *(Stoiber frei zitierend:)* „Die Leute wollten doch mit mir die Zukunft machen!" Das war doch keine Frage. Ich war doch nicht in der Situation, daß ich nicht respektiert wurde bei der CSU. Das Gegenteil war der Fall.

Paul: Sie haben vorhin gesagt, bei manchen Themen seien Sie ein Zauderer gewesen, ein Aussitzer...

Kohl: Ich sage das nicht. Das wird mir nachgesagt.

Paul: ...und bei anderen Themen Diktator. Beim Euro.

Kohl: Ich habe beim Euro eine Position gehabt. Das gleiche müssen Sie natürlich sagen für die Nachrüstung und für die Deutschland-Politik. Da bin ich keinen Millimeter zurückgewichen – siehe Oder-Neiße-Grenze. Aber auf der anderen Seite hieß es doch von morgens bis abends: „Der hat da gezögert." Wobei das ja alles dummes Zeug ist. Es gibt ja Situationen, die nicht reif sind, da wäre es ja dumm, wenn sie zuschlagen. Sondern das ist ein Prozeß, da muß man klug sein.

Paul: Als Gerhard Schröder kam mit seiner „kränkelnden Frühgeburt" – haben Sie sich darüber geärgert?

Kohl: Wahlkampf-Geschwätz. Ich arbeite jetzt an meinen Memoiren. Zwangsläufig komme ich jetzt auf Sachen, die ich vergessen oder gar nicht gemerkt habe. Jahrelang war es doch ganz einfach so: Der Kohl war doch ein Depp der Nation. An geraden Tagen konnte ich schreiben, an ungeraden Tagen konnte ich lesen. Es ist doch ganz klar: Wenn ich mir meine Amtsvorgänger betrachte, habe ich gar kein Problem, mich in der allerersten Reihe zu sehen mit meiner Allgemeinbildung. Und wie hieß der Ausdruck? Was bin ich für ein Idiot? Die Birne. Das wissen Sie doch. In Euren Sendungen kam doch jeden Tag einmal „die Birne" vor!

Jeder intelligente Mensch, jeder Mensch, der einigermaßen noch einen Funken von Verstand hatte, wußte doch: Die diesen Begriff verwandt hatten, das waren auch Deppen, die wußten auch nicht, wo der Begriff „Birne" herkommt, das ist von dem König Louis Philippe, der ja nun wirklich ziemlich doof war, der Nachfolger vom Napoleon, nicht? Aber die Bundespressekonferenz, zu der Sie ja kommen, hat keine Ahnung, wer der Louis Philippe war. Wo soll sie es denn her wissen? Weil sie sich nie drum gekümmert haben.

Schauen Sie sich nur *Die Zeit* an. Die hat über zwei Jahrzehnte eine Diffamierungskampagne gemacht mit allem, was da möglich ist. Die hat mich kriminalisiert. Es gab nicht ein einziges Mitglied des Ausschusses, der nicht genau wußte: Der Helmut Kohl hat nie Geld für sich genommen. Ich habe einen Fehler gemacht bei der Spendengeschichte. Aber die lügen doch alle. Quer durch alle Parteien.

Ich habe die Tage da drüben gesagt, als es um die Stückelung [*von Spenden an die CDU, damit sie unterhalb der Grenze bleiben, ab der die Pflicht zur Veröffentlichung gilt*] ging: Wenn der Deutsche Bundestag – jedenfalls die, die schon ein paar Jahre drin sind, die jungen lasse ich jetzt 'mal weg – alle aufstehen und den Saal verlassen ließe, die bei Spenden nie gestückelt haben, da ist doch der Saal leer! Das ist doch alles gelogen, ich war doch dabei! Ich entschuldige ja nicht meinen Fehler. Aber die Proportion meines Fehlers... – wir waren doch nicht korrupt *(atmet tief durch)*.

Das bei uns möglicherweise im Apparat Leute korrupt waren, auch der Kiep, wobei der Kiep möglicherweise in einer anderen Form korrupt war. Der Kiep hat kein Geld genommen, um dafür Ware zu liefern. Der Kiep war Versicherungsagentur-Inhaber, und insofern, weil er ein renommierter Mann war, hat er leichter Zugang gekriegt zu Versicherungen. Aber die Versicherung war natürlich eine Gegenleistung, so ist das nicht. Er hat also nicht ein Haus gebaut oder so. Und daß der Lüthje und der andere in die Kasse gelangt haben, was sie in der Schweiz angelegt haben, das hat sich ja erwiesen. Das ist eine andere Geschichte. Die haben sogar die Steuern bezahlt dazu. Also mit diesen Leuten ist das wirklich nicht zu vergleichen.

Paul: Es gibt die These, die Deutschen hätten nach der Paraphierung der Maastricht-Verträge gar nicht mehr „Nein" sagen können. Die einen sagen: Aus wirtschaftlichen Gründen. Die anderen sagen: Dann wäre Europa unter unseren Händen zerbrochen. Wenn Dänemark *Nein* sagt, in Ordnung, aber die Deutschen hätten das nie und nimmer sich erlauben dürfen.

Kohl: Es geht ja gar nicht um den Euro. Ihre Frage ist falsch gestellt. Die Leute, die das torpedieren wollten, die hätten immer gesagt: Es ist zu früh, wir verschieben das um zehn Jahre. Du kriegst für alles in Deutschlands eine Mehrheit fürs Verschieben. Wenn du jetzt 100 Leute hier hereinholst und redest mit 100 Leuten: Besteht die Notwendigkeit, daß wir die Lebensarbeitszeit nicht verkürzen, sondern verlängern? Besteht die Notwendigkeit, daß wir im Gesundheitssystem auch mehr selbst dafür tun? Besteht die Notwendigkeit, daß derjenige, der arbeitet, mehr verdient als derjenige, der nicht arbeitet? Kriegst Du hundertmal eine Zustimmung. Wenn Du es jetzt aber umsetzt, dann hörst du 95mal: Du hast ja ganz recht, aber es muß nicht jetzt sein. Ich bin jetzt 55, dann mache ich noch die drei Jahre – und dann gehe ich in die Frühpension. Das ist doch der Punkt.

Paul: Glauben Sie, das Bundespresseamt hätte sich mehr anstrengen müssen, als es darum ging, den Euro beliebter zu machen?

Kohl: Ach was. Das war doch keine Frage vom Bundespresseamt. Das Bundespresseamt hatte doch gar keine eigentliche Position dafür. Wenn man das hätte machen wollen, wenn man viel Geld hätte in die Hand nehmen wollen, was übrigens sofort einen Riesenärger gegeben hätte, deswegen habe ich es ja nicht gemacht, so blöd war ich ja auch nicht, zu begreifen, daß wir mehr hätten tun müssen. Dann hätten wir das privat machen müssen, mit Agenturen, aber nicht mit den herkömmlichen Mitteln. Da gab es doch so ein Idiotenspiel, vom verstorbenen Chef des Bundespresseamtes, Johnny Klein, so ein Europa-Spiel. Das hat doch nichts gebracht.

Paul: Das Bundespresseamt hat geklagt, 17 Millionen Mark im Jahr seien viel zu wenig für eine gescheite Euro-Kampagne. Wenn die *T-Aktie* kommt oder Persil mit neuen *Mega-Perls*, dann klotzen die richtig mit 80 oder 100 Millionen Mark, aber für den Euro sei zu wenig da gewesen.

Kohl: Das weiß ich auch. Aber was glauben Sie, was das für einen Aufstand gegeben hätte im Bundestag einschließlich der eigenen Fraktion, wenn ich gesagt hätte: Wir geben 100 Millionen aus für den Euro!

Paul: Das hätten die nicht mitgemacht?

Kohl: Ach was. Wir haben es doch gemacht! Wissen Sie: Ihre ganze Fragestellung ist eine deutsche Fragestellung.

Paul: Ich bin Deutscher. Hesse. Ich bin Hanauer. Tut mir leid.

Kohl: Der Unterschied zwischen uns beiden: Für mich ist das Glas halbvoll, für Sie ist es halb leer.

Paul: Nein.

Kohl: Doch. Das ist die Philosophie, die zugrunde liegt. Ich wußte, daß ich es will, ich habe es mir zugetraut, daß ich es durchsetzen kann – nicht alleine, aber mit anderen – , und deswegen habe ich also nicht Tag und Nacht darüber nachgedacht. Ich wußte, es ist eine harte Geschichte, eine schwierige Geschichte, aber ich habe nicht Tag und Nacht darüber nachgedacht, was es für Grunde geben könnte, warum es noch schiefgehen soll. So geht es. Es ist ja nicht schiefgegangen. Für mich ist das die Vollendung eines Traums. Da haben Sie schon recht: Die Deutsche Einheit und den Bau des Hauses Europa – das sind die beiden Träume, die ich hatte. Wobei das eine das andere bedingt. Aber wenn wir dieses Gespräch 1985 geführt hätten, dann hätte ich geglaubt, wir kommen später mit Europa zuwege als mit der deutschen Einheit.

Paul: Jetzt ist es umgekehrt gekommen.

Kohl: Ja Gott sei Dank. Wenn der Mantel Gottes durch die Geschichte geht, muß man hinzuspringen. Und jetzt sitze ich hier, guck' auf meine alten Tage Unter die Linden, da drüben ist der Reichstag, da ist eine Kuppel drauf, die auch alle nicht wollten. Das war ja auch eine Entscheidung ohne Mehrheit, nicht?

Paul: Heute ist der Architekt stolz darauf, der sie [die Kuppel] gar nicht haben wollte.

Kohl: Dann hieß es: Das Kanzleramt. Jetzt ist es mit weitem Abstand der bedeutendste Neubau, der nach der Wende geschaffen worden ist in Berlin. Es gibt gar keinen Zweifel, auch international, daß das das ansehnlichste Gebäude ist. Mein Nachfolger ist eingezogen, hat saudumm geredet, und jetzt präsentiert er es jedermann. Er hat geschwätzt, nur aus dem Bauch heraus.

Da vorne steht die Käthe Kollwitz. Was war das für ein Affentheater! Die intellektuellen Höchstgeister von Berlin haben sich versammelt, die Juden haben sie aufgestachelt... Jetzt ist der meist besuchte Ort von Berlin die Pietà. Ich weiß, wie das ist: Wenn noch zwei, drei Jahre um sind – es wird so nicht laufen, das sage ich gleich vorweg, weil die Welt ihren eigenen Rhythmus hat – , da werden Sie hören: Wir und der aus Oggersheim waren gegen die deutsche Einheit.

Das ist ein Beispiel, was sie an Propaganda machen: Ich war nie in meinem Leben aus Oggersheim. Nie. 1976 gab es den Weltbürger Helmut Schmidt und dann diesen Bauern mit dem deutlichen pfälzischen Hintergrund in der Stimme. Es traten also an: Weltbürger aus Hamburg mit dem Ozon der Weltmeere in der Nase und dann so ein halber Depp da aus der Pfalz. Dann haben sie Recherchen gemacht, damals schon mit Umfragen.

Da war die wichtigste Umfrage: Bei wem kaufst Du ein gebrauchtes Auto? Das war dann zwei zu eins für den Kohl. Deswegen mußte ich ja dann auch kriminalisiert werden, um diesen Geruch wegzubringen, daß man bei mir ein Auto kaufen kann. Ja, was machen sie denn dann? Wo kommt der her? Das naheliegende wäre ja gewesen: Ich bin ja von Ludwigshafen. Aber Ludwigshafen ist zwar keine schöne Stadt, aber es ist kein Dorf. Und es ist die Hochburg der deutschen Chemie, sogar etwas Zukunftsträchtiges.

Also hat man den Ort Oggersheim genommen. Die haben übrigens gar keine Ahnung, was intellektuell Oggersheim für die Region bedeutet. Alles, was der Schiller in Mannheim geschrieben hat, ist in Oggersheim bereits geschrieben worden. Hundert Sachen kann man erzählen. Im Weißen Haus steht heute noch überall auf Dokumenten „Chancellor Kohl, Oggersheim". Das haben die Sozis selber erfunden und dann haben sie in Ludwigshafen getobt, ich würde meine Vaterstadt verleugnen *(lacht)*.

Ich wohne aber jetzt in Oggersheim, das ist richtig. Meine Frau war happy in Oggersheim, das war ihre erste Wohnung nach zwölf Wohnungswechseln seit ihrer Flucht, wo sie sich ganz wohl gefühlt hat, aber mein Stadtteil, wo ich herkomme, ist nebendran und heißt Friesenheim. Aber das ist ja egal. So ist das.

Interview mit Oskar Lafontaine, Bundesvorsitzender der Partei Die Linke seit 2007, Bundesvorsitzender der Sozialdemokratischen Partei Deutschlands von 1995 bis 1999, Bundesfinanzminister von 1998 bis 1999, Ministerpräsident des Saarlandes von 1985 bis 1998, Oberbürgermeister von Saarbrücken von 1976 bis 1985. Persönlich geführt am Sonntag, 26. Mai 2002, von 18 bis 19 Uhr im ARD-Hauptstadtstudio, Wilhelmstraße 67a, 10117 Berlin.

Paul: Herr Lafontaine, die SPD hat dem Kohlschen Kurs, Deutschland in die Währungsunion hineinzuführen bis hin zur Konkretisierungsstufe, Flankenschutz gewährt. Was waren Ihrer Meinung nach die entscheidenden Weichenstellungen? Konnte sich die Union von Anfang an, konnte sich Kanzler Kohl von Anfang an darauf verlassen, daß die SPD mitspielen würde, oder hat das auch etwas damit zu tun, daß der SPD-Parteitag von Mannheim im November 1995 eine Zäsur gebracht hat und einen Wechsel in der Führung von Scharping zu Lafontaine?

Lafontaine: Wir waren am Anfang, das weiß ich noch sehr gut, unsicher, ob Kohl diesen Kurs durchhalten würde. Denn der Euro war ja sehr unpopulär und es gab immer wieder Umfragen, daß die Deutschen in der Mehrheit sich gegen den Euro wenden würden. Und es gab in der SPD – ich habe diese Sorge geteilt – die Sorge, daß wir in eine Falle tappen würden, daß die SPD sich für den Euro aussprechen würde und daß dann auf einmal die Regierung Kohl nicht mehr zu dieser Absicht sich bekennen würde und damit uns eben praktisch ins Abseits laufen lassen könnte.

Paul: Gab es Indizien, die eine solche Falle befürchten ließen, oder war das eine Sorge aus dem Bauch raus?

Lafontaine: Es war zumindest das Indiz, daß also Politiker dazu neigen, populistisch zu handeln, und daß eben die Union, denken Sie auch an Stoiber damals oder auch andere, sehr populistisch versucht hat, auch Stimmung zu machen gegen den Euro, und daß insofern zumindest die Frage nicht eindeutig beantwortet werden konnte, ob Kohl bei diesem Kurs bleiben wird oder ob er denen nachgeben wird, die gegen den Euro waren.

Paul: Das war während Ihrer Zeit als Parteivorsitzender, also nach dem November 1995?

Lafontaine: Das war auch vorher schon, aber auch während meiner Zeit als Parteivorsitzender. Ich sage das deshalb, weil ich selbst auch vorher etwas kritische Stellungnahmen zum Euro öffentlich vorgetragen hatte. Beispielsweise habe ich darauf hingewiesen, daß die deutsche Volkswirtschaft in der Regel Produktivitätsvorteile gegenüber konkurrierenden Volkswirtschaften hat und daß diese dann nicht mehr durch die D-Mark-Aufwertung aufgefangen werden können, um einmal ein Sachargument zu nennen.

Aber im Laufe der Zeit ist dann doch bei uns die Überzeugung gewachsen, daß erstens Kohl wahrscheinlich diesen Kurs durchhalten wird, also daß diese Sorgen unbegründet waren, obwohl ich mir nie ganz sicher war. Auf der anderen Seite war es dann von der Sache her immer klarer, daß der Euro die richtige Lösung sein würde, insbesondere in dem Ausmaße, was mich jetzt persönlich angeht, indem ich mich mit den internationalen Finanzmärkten beschäftigte. Der Euro ist ja, wenn man so will, ein Gegengewicht auch zum Dollar, das hat etwas mit dem Thema der Globalisierung, der Globalisierungskritik und *Attac* und all diesen Fragestellungen zu tun.

Also habe ich mich dann persönlich entschieden – auch mit vielen anderen – , konsequent für den Euro einzutreten, und das wichtige Datum, was die interne Meinungsbildung der SPD anging, war der Mannheimer Parteitag. Denn im Vorfeld des Mannheimer Parteitages gab es eine Diskussion, ob die SPD nicht lieber eine Anti-Euro-Haltung einnehmen sollte. Ich habe noch als Vorsitzender der Programmkommission damals das durchgezogen und gesagt: Das ist eine ganz klare Sache für die Sozialdemokratie auf Grund der Argumente, die für den Euro sprechen, aber auch auf Grund ihrer europäischen Tradition, daß sie also für den Euro eintreten wird. Ab dieser Zeit gab es nie eine ernsthafte Diskussion.

Es gab dann zwar in Wahlkämpfen in Baden-Württemberg einmal ein kurzes Aufflackern einer Problematisierung des Euros, aber das wurde sofort eingedämmt.

Paul: Es gibt Darstellungen, der damalige SPD-Spitzenkandidat Dieter Spöri habe seine Plakate, seine Wahlkampfstrategie mit Ihnen abgestimmt.

Lafontaine: Das bezieht sich auf die Aussiedlerproblematik damals, das ist ein ganz anderes Thema.

Paul: Ja, auch das ist eine Sache, die bei der SPD-Basis und dem Rest des Landesvorstandes von Baden-Württemberg seinerzeit erhebliche Kopfschmerzen verursacht hat.

Lafontaine: Ja, weil es nicht verstanden wurde, was eigentlich gemeint war. Ich habe immer einem Staatsangehörigkeitsrecht, das auf deutsche Abstammung abstellte, widersprochen und halte diese Position auch heute noch für richtig. Viele in der SPD sahen aber in den Aussiedlern so etwas ähnliches wie Asylbewerber und haben diese Fragestellung, die für mich immer eindeutig war, nicht aufgenommen.

Paul: Diese Blutabstammung, diese Bluttheorie, die war Ihnen suspekt?

Lafontaine: Ja, die hatte ich immer kritisiert, auch im Bundestag, und habe eben dann einmal gesagt: Einen Asylbewerber, der verfolgt wird, also vom Tode bedroht ist, müssen wir eher aufnehmen als jemanden, der nur auf diese Abstammung verweisen kann. Das trug mir wütende Kommentare in der deutschen Nationalzeitung und auch von der deutschen Rechten bis hin zur CDU ein. Die sagten: „Der liebt die Neger mehr als die Deutschen!“. Das können Sie alles nachlesen.

Auf jeden Fall war diese Argumentation mit mir abgestimmt, indem ich gesagt habe: Wenn also die Zuwanderung problematisiert wird, dann kann auch die Aussiedlerzuwanderung in diesem Sinne problematisiert werden. Das war jedoch nicht sehr erfolgreich, wie ich zugebe, weil die Parteimitgliedschaft...

Paul: Das kann man wohl sagen: 25,1 Prozent waren nicht sehr erfolgreich.

Lafontaine: ...das nicht richtig verstand. Zurück zum Euro: Hier hatte ich nicht zugestimmt, um das noch einmal zu sagen, den Euro zu problematisieren. Ich hätte ja gegen meine eigenen Überzeugungen vorgehen müssen. Deshalb habe ich gebeten im Hintergrundgespräch, daß Herr Spöri das etwas herunterfahren möge. Gut, aber für die Gesamtpartei war das nie eine Frage. Die Entscheidung war gefallen, spätestens auf dem Mannheimer Parteitag.

Paul: Es gab aber den Verdacht gerade in der Union, daß die SPD einmal schaut und ausprobiert in Baden-Württemberg, denn dort stand mit der Person Spöri ein Kandidat zur Verfügung – mit einem anderen hätte man das nicht machen können – , ob man mit einem Anti-Euro-Kurs Wahlen gewinnen kann. Quasi als Test für den Bund 1998.

Lafontaine: Das kann ich nicht bestätigen. Meine Erinnerung ist die, daß wir eben doch mit großer Mehrheit unzufrieden waren mit diesem Punkt und versucht haben, diesen zu korrigieren. Das ist dann nicht so deutlich geworden, weil wir nicht öffentliche Erklärungen abgegeben haben, sondern Gespräche mit Spöri suchten.

Paul: Als zwei Jahre später Gerhard Schröder, damals noch Ministerpräsident, auf Distanz gegangen ist zum Euro, indem er ihn in einem Massenmedium als eine „kränkelnde Frühgeburt" bezeichnete – was ist dann passiert?

Lafontaine: Das haben wir in diesem Sinne gar nicht ernst genommen.

Paul: Das hat einen Riesenwirbel gegeben!

Lafontaine: Ja, ich weiß, aber für die Entscheidung der Partei war das nicht von irgendeiner Relevanz.

Paul: Was ist denn anschließend passiert? Hat der SPD-Vorsitzende Lafontaine den Ministerpräsidenten Schröder angerufen und ihn gefragt, was das soll?

Lafontaine: Ich kann mich nicht mehr genau erinnern. Wahrscheinlich habe ich im Parteivorstand eine Bemerkung gemacht, aber bitte, das habe ich nicht mehr genau in Erinnerung, weil die Haltung der Partei zum Euro längst festgelegt war und daran konnte also auch die Bemerkung über die „kränkelnde Frühgeburt" nichts ändern. Man konnte sie ja so verstehen, daß – und dafür hatte man Argumente – der Euro allein unzureichend war. Diese Position teile ich ja, der Euro verlangt auch eine koordinierte Wirtschafts- und Finanzpolitik.

Paul: Jetzt nehmen Sie Schröder in Schutz.

Lafontaine: Nein (*lacht*) – der Euro verlangt auch eine koordinierte Finanzpolitik der europäischen Mitgliedstaaten; dafür habe ich immer geworben. Ich habe die französische Position vertreten, daß der Euro eine Art Euro-Wirtschaftsregierung braucht. Leider ist das bis zum heutigen Tage nicht geschehen. Dies schafft die Verunsicherung etwa an den Finanzmärkten, um so die berühmten Finanzmärkte ins Spiel zu bringen, weil dem Euro oder der Geldpolitik der europäischen Zentralbank nicht wie in Amerika eine einheitliche Wirtschafts- und Finanzpolitik, eine Regierung gegenüber steht, sondern die Wirtschafts- und Finanzpolitik vieler Regierungen. Das ist natürlich ein Fehler.

Ob man das nun „kränkelnde Frühgeburt" nennt oder ob man dies als ein Projekt bezeichnet, das noch erledigt werden muß, um den Euro noch attraktiver zu machen, ist eine Ermessensfrage. Aber die Frage des Euro selbst, um die es Ihnen ja geht, stand nicht mehr auf der Tagesordnung.

Paul: Immerhin war Schröder zu diesem Zeitpunkt bereits heißer Anwärter auf die Kanzlerkandidatur.

Lafontaine: Richtig. Aber es war überhaupt keine Diskussion, daß wir in irgendeiner Form am Euro etwas ändern würden.

Paul: Gehen wir noch einmal zeitlich einen Schritt zurück. Man kann trefflich darüber streiten, ob der Deutsche Bundestag, auch der Bundesrat, aber in erster Linie der Bundestag, überhaupt eine Chance und eine Möglichkeit hatte, einen Beitritt Deutschlands zur Europäischen Währungsunion abzulehnen. Es gibt ja die These, daß der Vertrag von Maastricht vom Text her das gar nicht gestatte. Man kann ihn nach dem Motto auslegen – und exakt das tun viele – : Wenn Deutschland die Kriterien erfüllt, dann muß es mitmachen, dann kann es sich nicht verweigern.

Lafontaine: Ich sehe das anders. Ich sehe den Vertrag von Maastricht untrennbar mit dem Euro verbunden. Nicht im Sinne von „Deutschland muß mitmachen". Sondern da wurden ja Regeln aufgestellt, was passieren muß beispielsweise in der Haushaltspolitik, damit der Euro an den Finanzmärkten stabil bleibt und nicht in Mißkredit gerät. Da gab es dieses berühmte Drei-Prozent-Kriterium. Das war eine Debatte, die ich nie losgelöst gesehen habe im Hinblick auf „Muß oder muß nicht". Die Frage lautete vielmehr: Wollen wir den Euro oder wollen wir ihn nicht?

Die konservativen Regierungen Europas, angeführt von der deutschen Bundesregierung, haben mit dem Euro dann eine sehr restriktive Finanzpolitik verbunden, was ich für falsch halte. Es war aber nicht so, daß wir je vor der Frage gestanden hätten, den Maastricht-Vertrag zu bejahen, den Euro aber nicht. Beides war für mich ein und derselbe Gegenstand. Entweder man sagt *Ja* zum Euro und zum Maastricht-Vertrag oder *Nein* zum Euro und zum Maastricht-Vertrag, aber nicht getrennt.

Paul: Unter demokratietheoretischen Gesichtspunkten ist es aber schon eine entscheidende Frage, ob das, was die Exekutive gemacht hat – Maastricht praktisch zu verhandeln und ratifizierungsfähig zu machen – schon ausreicht als Legitimation oder ob der Bundestag als Vertreter des Volkes tatsächlich noch hinterher die Chance gehabt hätte, das Projekt zu stoppen, speziell die deutsche Beteiligung daran.

Lafontaine: Das ist nun eine andere Fragestellung. Die Franzosen haben ein Referendum etwa zum Maastricht-Vertrag gemacht...

Paul: ...das knapp genug ausgegangen ist...

Lafontaine: ...ja – und ich hatte auch immer dafür geworben, in einer solchen Frage nun tatsächlich nicht das Volk außen vor zu lassen.

Paul: Dafür hätte man das Grundgesetz ändern müssen.

Lafontaine: Das haben wir auch versucht als Sozialdemokraten. Wir sind aber mit Referendumsvorschlägen nicht durchgedrungen. Nicht jetzt konkret über den Euro, sondern generell wollten wir Referenden einführen.

Paul: Sie meinen die Verfassungskommission nach der Deutschen Einheit?

Lafontaine: Ja, weil man eben in der Demokratie auch sich der Einsicht öffnen muß, daß die Politik nicht allein Grundsatzentscheidungen über die Köpfe des Volkes hinweg treffen kann. Und Sie haben auch recht, wenn Sie sagen, die Regierungen seien mittlerweile so oft in der Vorhand, daß die Parlamente nur noch nachziehen können. Das sind demokratietypische Probleme, das ist richtig, aber es gab keinen Automatismus, daß die Deutschen unbedingt Maastricht und den Euro ratifizieren mußten. Sie hätten genauso gut *Nein* sagen können.

Wenn das theoretisch nicht möglich gewesen wäre, wären ja auch unsere Sorgen unbegründet gewesen, daß Kohl sich plötzlich wieder anders besinnt und eine andere Geschichte macht.

Eines war nur klar: Wenn die Deutschen nicht mitgemacht hätten...

Paul: ...dann wäre die Sache gestorben.

Lafontaine: Dann wäre nichts möglich gewesen, ja.

Paul: Dann wäre Europa, sagt Regierungssprecher Heye, „unter unseren Händen zerbrochen". Und das hätten die Deutschen nie und nimmer verantworten dürfen.

Lafontaine: Ob man sagen kann, Europa „wäre zerbrochen", weiß ich nicht. Der Euro war noch eine andere Größe, hatte noch ein anderes politisches Ziel: Die Bundesbank war zwar die Bank der Deutschen, aber sie war längst die Bank der Europäer geworden.

Paul: Großer Teile auf jeden Fall.

Lafontaine: Die Bundesbank hat praktisch die Entscheidungen getroffen, die anderen – auch die Franzosen, denen das große Probleme bereitet hat – mußten mehr oder weniger der Bundesbank folgen.

Paul: Zum Teil noch innerhalb derselben Stunde.

Lafontaine: Ja. Und daher war das auch ein demokratietheoretisches Problem. Wieso kann ein Land für die anderen entscheiden? Insofern ist der Euro eine Europäisierung der Geldpolitik. Das andere Problem lautet: Die Zentralbanken werden nicht demokratisch kontrolliert.

Das ist insofern ein Widerspruch, denn wenn die Zentralbanken diesen großen Einfluß haben, den ich behaupte – beispielsweise, daß sie auch für Beschäftigung und Wachstum verantwortlich sind, daß sie sogar in der Weltfinanzkrise praktisch dafür verantwortlich sind, ob das ganze Weltfinanzsystem zusammenstürzt oder nicht zusammenstürzt – ja, dann müssen auch sie sich demokratischer Kontrolle stellen. Das ist der Fehler etwa der Zentralbankverfassung nach meinem Urteil.

Paul: Also hat man ein Demokratiedefizit durch ein anderes ersetzt?

Lafontaine: Ja, man hat das Demokratiedefizit auf die europäische Ebene gehoben, aber es war ja so, daß die meisten Zentralbanken sich im Zuge des Neoliberalismus und des Monetarismus schon verselbständigt hatten – mehr als im Mutterland Amerika. Die FED ist auch für Wachstum und Beschäftigung verantwortlich und muß im Senat antreten, um ihre Politik zu erläutern. Das ist demokratischer als das, was in Europa geschieht.

Paul: Immerhin diskutiert man jetzt über eine Veröffentlichung der EZB-Protokolle.

Lafontaine: Ja, das wäre ein kleiner Fortschritt, okay. Aber die Kernfrage ist für mich die: Welche Aufgabe hat die Geldpolitik? Ich halte die europäische Antwort „Die EZB ist nur für die Preisstabilität verantwortlich" für völlig falsch. Ich bin ein Anhänger an dieser Stelle der amerikanischen Interpretation: „Sie ist für Preise, Wachstum und Beschäftigung verantwortlich". Und weil sie das ist, hat sie eine zentrale Funktion der Wirtschaftspolitik. Und weil das so ist, muß sie eingebunden sein in die gesamte Wirtschaftspolitik und sich daher auch einer demokratischen Kontrolle stellen.

Paul: Ich frage Sie jetzt einmal als Saarländer: War der Euro ein Gegengeschäft zur Deutschen Einheit – ein Schritt Kohls, den Franzosen die Zustimmung zur Wiedervereinigung zu erleichtern?

Lafontaine: Das wird immer bestritten. Auch von ihm wird das bestritten, soweit ich das verfolgt habe.

Paul: Nicht hundertprozentig. Man muß genau hinhören.

Lafontaine: Gut, aber für mich war immer klar, daß diese Zusammenhänge bestehen. Man stelle sich vor, Deutschland wäre noch größer geworden – und Politik denkt ja in langen Zeiträumen – und es wäre nicht dieser Schritt der Integration Europas vollzogen worden. Dann wäre die Angst natürlich noch stärker, daß dieses Deutschland alles dominiert und die anderen nicht mehr mitentscheiden können. Insofern war der Euro auch eine Konsequenz der Wiedervereinigung oder eine Voraussetzung, wie immer Sie wollen.

Nur: Das wurde weder von den Franzosen in diesem schroffen Sinne formuliert, noch wurde es von den Deutschen in diesem schroffen Sinne diskutiert. Aber für mich ist der Zusammenhang zweifelsfrei gegeben.

Interview mit Dr. Theodor Waigel, Bundesfinanzminister a. D., ehemaliger Vorsitzender der Christlich-Sozialen Union. Persönlich geführt am 03. Februar 2003 von 14.30 bis 16.00 Uhr in seinem Büro der Anwaltskanzlei Gassner, Stockmann, Ludwigstraße 10, 80539 München.

Paul: Auf dem EU-Gipfel in Hannover sind wichtige Beschlüsse für eine Europäische Währungsunion gefallen. Man hat eine Kommission eingesetzt unter dem Vorsitz von Jacques Delors. Für Deutschland war der Bundesbankpräsident dabei. Dann hat diese Kommission, was nicht alle erwartet hatten, einstimmig ein Ergebnis vorgelegt. Vorher hatte man immer gedacht, Helmut Kohl wolle keine Währungsunion, auf jeden Fall nicht so schnell. Er wußte, daß die Bevölkerung nicht so viel davon hält; er wußte, daß die CSU nicht besonders glücklich mit der Idee ist. Dann aber kam die Wiedervereinigung und offenbar auch das Gefühl in der Bundesregierung, man müsse ein Zeichen setzen, daß Deutschland der EU treu bleibt und den Europagedanken vertiefen will. War das mit ein Grund dafür, daß man gesagt hat: Wir machen mit einer Währungsunion Ernst?

Waigel: Diese Verbindung ist in der Form nicht richtig. Sie wird immer wiederholt, aber sie wird dadurch nicht richtiger. Der entscheidende politische Prozeß war zuvor erfolgt – und zwar eben durch den Gipfel [von Hannover 1988] und durch die Einsetzung der [Delors-]Kommission. Es war ja dann schon bemerkenswert, daß alle Notenbankpräsidenten im Grunde dem deutschen Konzept von Pöhl zustimmten, daß vor allen Dingen das Statut der EZB im Grunde dem entsprach, was für die Deutsche Bundesbank gegolten hat.

Wir standen in der Tat 1989 vor der Frage: Machen wir das oder machen wir das nicht? Und neu war das ja auch nicht. Seit 1946 hatten alle demokratischen Parteien in Deutschland eine gemeinsame europäische Währung gefordert. Alle Regierungen, alle Koalitionen, hatten das wiederholt.

Es kam ja dann zu den verschiedensten Initiativen: Werner-Plan, die europäische „Schlange", das EWS, mit allen ihren konstruktiven Mängeln. Und man wußte: Eine europäische Währung ist nur dann zu machen, und zwar so stabil wie die Deutsche Mark, wenn sich die europäischen Volkswirtschaften aufeinander zu bewegen – und zwar nicht in der Mitte zwischen einer Stabilitäts- und einer Inflationsgemeinschaft, sondern orientiert am *Benchmarking*, orientiert am besten, und das waren damals natürlich die Deutschen, natürlich auch die Niederländer, die Luxemburger und einige andere mehr. Wir haben uns dann nach eingehenden Diskussionen dafür entschieden: Jawohl, wir beteiligen uns konstruktiv an diesem Prozeß.

Daß wir im Prozeß der Wiedervereinigung nicht ausgestiegen sind, das ist richtig. Aber wir haben ihn deswegen nicht verstärkt. Es war wichtig für unsere Partner, daß sie feststellten: Deutschland macht keinen Alleingang, Deutschland geht nicht andere Wege, sondern Deutschland hält an dem fest, was es zuvor schon, vor der Wiedervereinigung, europäisch für richtig gehalten hat. Das hat dann auch einiges an Mißtrauen weggenommen, das sonst vielleicht in anderen Völkern dagewesen wäre, vielleicht auch dagewesen ist, und die Feststellung „Die Deutschen ändern ihren europäischen Kurs nicht" für die Zustimmung – für die leichtere Zustimmung – zur Wiedervereinigung. Aber daß die Europäische Währungsunion der

Preis der Zustimmung zur deutschen Einheit gewesen wäre oder daß wir, um die deutsche Einheit überhaupt zu erreichen, das andere gemacht hätten – die Kombination und die Bedingung ist so nicht richtig.

Paul: So explizit hatte ich ja gar nicht gefragt. Aber wenn Sie es schon selbst ansprechen, setzt die These, die Sie gerade skizziert haben, voraus, daß zum Beispiel die Franzosen oder die Briten – wobei die Briten nie viel von einer Währungsunion hielten, ihnen hätte eine Parallelwährung genügt – überhaupt eine Möglichkeit hatten, zu blockieren oder zumindest zu bremsen. Hatten sie die als Siegermacht?

Waigel: Ich glaube nicht. Aber sie hätten erhebliche Schwierigkeiten machen können. Wir wissen ja nicht, wie kurze Zeit danach die Situation gewesen wäre. Wir wissen nicht, wie Gorbatschow reagiert hätte, wenn er im Westen den einen oder anderen vielleicht gefunden hätte, der gesagt hätte: Nein, wir wollen eigentlich keine Wiedervereinigung. Solche Befürchtungen oder Andeutungen hat es damals bei den Besuchen in der damaligen DDR durchaus noch gegeben. Ganz wichtig war natürlich, daß sich die Vereinigten Staaten von Amerika unter George Bush schon im Herbst 1989 ganz klar für die Einheit Deutschlands ausgesprochen hatten. Ohne diese Weichenstellung wäre die deutsche Einheit kaum möglich gewesen.

Paul: Mit welchen Gefühlen haben Sie damals zum Beispiel den Staatsbesuch Mitterrands in Ost-Berlin verfolgt?

Waigel: Das war natürlich schon eine merkwürdige Veranstaltung, wenn man das nachliest. Auf der anderen Seite muß ich sagen, daß dann auch Frankreich und Mitterrand sehr schnell gemerkt haben: Wir wollen Deutschland an seinem Weg nicht hindern, wenn die Menschen das wollen, wenn die Menschen in beiden Teilen Deutschlands das wollen, dann akzeptieren wir das auch.

Paul: Insofern war dieser Besuch vielleicht sogar ganz hilfreich?

Waigel: Mag sein, obwohl er natürlich schon zu Irritationen geführt hat.

Paul: Nun hat aber Deutschland lange Zeit auf Parallelität zumindest bestanden – politische Union und Währungsunion gleichzeitig. Warum ist auch daraus nichts geworden, nachdem die Deutschen schon die Krönungstheorie hatten aufgeben müssen? Weil die Franzosen nicht bereit waren? Hat sich die Bundesregierung getäuscht im Willen der Franzosen, in dieser Hinsicht auch Ernst zu machen?

Waigel: Eine politische Union gab es schon – es gab ja nicht nur den Vertrag zur Wirtschafts- und Währungsunion – , aber nicht in dem Maße, wie es vielleicht wünschenswert oder zu dem damaligen Zeitpunkt erstrebenswert gewesen wäre. Man war sich damals ja auch nicht ganz im klaren: Wie soll die Europäische Union aussehen?

Damals geisterte immer noch die Idee herum, es könnten die Vereinigten Staaten von Europa werden – so wie die Vereinigten Staaten von Amerika. Heute wissen wir: Das wird nicht stattfinden. Sondern die Europäische Union wird ein Staatengebilde *sui generis* sein – wohl zwischen Bundesstaat und Staatenbund. „Staatenverbund" hat es das Bundesverfassungsgericht genannt. Insofern sind nicht nur in Frankreich, sondern auch in Deutschland und in anderen Ländern die Bestrebungen da, die eigene Identität nicht zu verlieren. Drum wird es bei der Identität auch der Nationen bleiben, jedenfalls noch sehr lange, denn das europäische Bewußtsein in der Öffentlichkeit ist längst noch nicht so weit, als daß man das Bewußtsein der Nationalität deswegen aufgeben könnte.

Darum kann die politische Union sich nur auf bestimmte Gebiete erstrecken: Eine stärkere gemeinsame Außenpolitik, eine stärkere gemeinsame Verteidigungspolitik, eine koordinierte Umweltpolitik, eine abgestimmte Ausländerpolitik – das sind die Dinge, die dann zunächst intergouvernemental und dann auch zunehmend integrativ gelöst worden sind. Es war ein Prozeß Schritt für Schritt. Wir sind heute wesentlich weiter als vor zehn Jahren, aber wir sind erst in der Mitte des Prozesses.

Paul: Ist auch deswegen damals im Hinblick auf die politische Union nicht so viel erreicht worden, weil vielleicht auch die Deutschen nicht so genau wußten, was sie eigentlich wollten?

Waigel: Kein Land hat damals schon sich genau final vorstellen können: Was ist das Ende, was ist das Ziel der Europäischen Union? Das konnte niemand so genau definieren zu diesem Zeitpunkt. Darum wird das immer ein schrittweiser Prozeß sein und nicht auf einen Schlag die große Lösung. Es ist ein Prozeß des Irrens und des Findens, *trial and error*, der hier stattfindet, aber durchaus mit bemerkenswerten positiven Ergebnissen, die ja niemand leugnen kann, wobei eine totale Parallelität zwischen politischer Union und Währungsunion auch nicht notwendig ist. Ich habe mich der These nie angeschlossen.

Es muß natürlich ein gemeinsames Band da sein, es muß auch eine gemeinsame Autorität da sein, es muß eine Zusammenarbeit da sein, es muß ein klar fixierter Vertrag vorliegen, an den sich alle halten. Aber die Währungsverbünde der Vergangenheit, die Anbindung der Niederländer oder der Österreicher an die deutsche Währung, die D-Mark als Anker im EWS – das alles hat ja stattgefunden, ohne daß es eine politische Union gegeben hätte.

Paul: Genscher hat im Februar 1988 ein Memorandum vorgelegt, weil er glaubte, es müsse Bewegung hineinkommen in die Geschichte. Er bezeichnet dieses Memorandum heute als eine Art Urknall der EWU. Hatte dieses Memorandum eine Bindungswirkung für die deutsche Seite, auch wenn der Außenminister gesagt hatte, er schreibe das als Privatperson?

Waigel: Das Papier hatte sicherlich seine Bedeutung als Initialzündung, aber nicht als zwingende Notwendigkeit, daß das jetzt so auch stattfinden würde. Als ich begonnen habe, mich mit dem Thema zu beschäftigen, Ende April 1989, war überhaupt noch nicht sicher, ob das so gehen werde. Da war überhaupt noch nicht klar, ob daraus ein Vertrag würde, ob die anderen das akzeptieren würden, ob die anderen europäischen Staaten auf die deutsche Stabilitätsphilosophie sich einlassen würden, ob die anderen Länder die Kraft haben würden, die Konvergenz ihrer finanzpolitischen Kennziffern so voranzutreiben, daß sie mit dem Vertrag übereinstimmen. Und wir haben klipp und klar immer gesagt: „Wenn die Bedingungen nicht eingehalten werden, findet das nicht statt. Es gibt keinen Kompromiß auf irgendeiner mittleren Linie."

Wir haben dann schließlich einen eigenen Vertragsentwurf vorgelegt im Rahmen der Staatsvertragsverhandlungen nach der Sitzung in Rom Ende 1990. Es hätte ja auch sein können, daß das eine oder andere Land sagt: „Das akzeptieren wir nicht. Wir empfinden das als ein Diktat der Deutschen." Daß dann der Vertragsentwurf zur Grundlage des Vertrags wurde, alle den Vertrag ratifiziert haben und sich dann alle an die Kriterien gehalten haben und bei der Evaluierung 1997 immerhin eine beachtliche Zahl von Ländern – elf – das erfüllen würden, das war nicht von Anfang an klar. Dazwischen lagen mehrere Stationen, wo das Projekt auch hätte scheitern können.

Paul: Genscher glaubt, im Herbst 1989 ein Mißverständnis zwischen Kohl und Mitterrand beobachtet zu haben. Kohl habe sich nicht auf einen festen Zeitplan einlassen wollen mit Vertragsverhandlungen bereits Ende 1990 in Rom, weil er Sorge gehabt habe, daß das Thema EWU den Bundestagswahlkampf zu seinen Ungunsten überschatten könnte. Angeblich, so hat es mir Genscher erzählt, hatte Kohl auch Angst, daß die Opposition ihm da schwer in die Parade fährt nach dem Motto: „Der Kanzler verkauft die D-Mark." Haben Sie das ähnlich wahrgenommen?

Waigel: Daß das Projekt mit Risiken behaftet ist – dessen waren wir uns bewußt. Aber wir standen auch in der Tradition dessen, was unsere beiden Parteien, CDU und CSU, dazu gesagt hatten. Schon 1946 hatte der Gründer der CSU, Josef Müller, gesagt: „Wir brauchen eine gemeinsame europäische Währung, weil Länder, die eine gemeinsame Währung haben, nie mehr Krieg miteinander führen." Und auch Franz Josef Strauß hat als Parteivorsitzender und als Finanzminister sich dem Projekt der europäischen Währung immer verbunden gefühlt und auch in der Opposition den Werner-Plan nachdrücklich unterstützt und eine möglichst schnelle europäische Währungsunion gefordert.

Da gab es also keinen grundsätzlichen Dissens. Die Frage war immer: Ist es erreichbar, daß eine europäische Währung so stark ist wie die D-Mark? Da wußten wir um die Vorbehalte und die Probleme, die Akzeptanzprobleme, in der deutschen Bevölkerung. Das war klar. Wir wußten: Das wird ein schwieriger Weg sein, die deutsche Bevölkerung dafür zu gewinnen. Und daher haben wir gesagt: Wir bestimmen die Kriterien. Wenn aber die anderen bereit sind, die Kriterien zu akzeptieren, dann darf Deutschland die anderen nicht ausspielen.

Paul: Dann hat das Thema im Wahlkampf überhaupt keine Rolle gespielt, weil die Wiedervereinigung alles überstrahlte.

Waigel: 1990 nicht. Es hat aber eine Rolle gespielt 1994 – und es hat in der öffentlichen Diskussion zweifellos eine Rolle gespielt. Es war nicht einfach, dieses Problem 'rüberzubringen, denn die emotionalen Bindungen an die D-Mark waren sehr stark; viele Menschen glaubten uns nicht, daß es gelingen werde, die neue Währung so stabil zu halten wie die D-Mark. Heute kann man sich da ja sehr bestätigt vorkommen.

Paul: Das Ergebnis der Vertragsverhandlungen von Maastricht konnte der Bundestag anschließend nur noch im ganzen billigen oder verwerfen. Der Charakter solcher Verhandlungen ist, daß die Regierung in Vorlage tritt und das Parlament – überspitzt formuliert – fast nur noch eine notarielle Funktion hat. Sehen Sie ein Problem darin, daß der Gesetzgeber nach Maastricht gar nicht mehr hätte *Nein* sagen können?

Waigel: Maastricht durfte natürlich zu diesem Zeitpunkt nicht mehr scheitern. Das wäre eine verhängnisvolle Entwicklung für Deutschland und für Europa gewesen. Aber im Vorfeld der Verhandlungen und im Vorfeld der Ratifikation hat es eine sehr intensive Diskussion gegeben?

Paul: Wo?

Waigel: Im Bundestag und in den Parteien. Wir haben eigene Parteitage in der CSU dazu veranstaltet. Wir haben einen eigenen Parteiausschuß dazu veranstaltet. Wir haben über die Dinge in-ten-sivst (*betont*) diskutiert, auch kontrovers, in meiner Partei. Da gab es ja auch einige Bedenken. Und in der Öffentlichkeit gab es doch eine Diskussion. Das war doch eines der großen öffentlichen Themen. Also man kann nicht sagen, das sei an der deutschen Bevölkerung vorbeigegangen.

Es hat kein Referendum gegeben, weil es das in der Verfassung nicht gibt. Wir haben auch kein Referendum gemacht zum NATO-Beitritt, wir haben kein Referendum gemacht zum NATO-Doppelbeschluß – das ist in der deutschen Verfassung nicht vorgesehen. Dann muß man die deutsche Verfassung ändern. Das hat man aus gutem Grund nicht getan. Aber: Ich habe als deutscher Finanzminister in dieser Zeit kaum ein anderes Thema gehabt, daß so intensiv in jeder Veranstaltung, in jedes Gespräch hineingespielt hätte.

Paul: Vor der Ratifizierung?

Waigel: Vor der Ratifizierung. Und natürlich danach auch. Es gab ja eine Diskussion auch danach. Sie sagen zu Recht: Der Vertrag konnte danach nicht mehr verändert werden. Aber das Ratifikationsgesetz hat natürlich eine Rolle gespielt. Wie verankern wir die Rolle der Bundesbank? Wir haben ja das Grundgesetz danach auch noch geändert zu dem Thema. Dann gab es die Diskussion um den Stabilitätspakt, um eine Lücke im Vertrag auszufüllen. Was ist, wenn ein Partner sich später aus der Stabilitätspolitik verabschieden sollte?

Insofern gab es durchaus die Chance, in den Jahren 1993, 1994, 1995 intensiv darüber im Parlament, in den Ausschüssen darüber zu debattieren. Wie oft war ich im Ausschuß und habe über die Stabilitätsbemühungen, über die Konvergenz in Europa berichtet und mit den Parlamentariern im Finanzausschuß und im Europaausschuß diskutiert!

Paul: 1994 im Bundestagswahlkampf war es auch ein Thema?

Waigel: Ja. Das war ein Thema. Und die Grundaussage war: Wir stimmen dem nur zu, wenn die neue europäische Währung so stark ist wie die D-Mark. Denn: Es gab ja schließlich die Möglichkeit, aus dem Prozeß noch auszusteigen. Zwar waren zwei Daten genannt: Als erstes in Frage kommende Datum der 1. Januar 1997, und wenn es an diesem Tag nicht stattfindet, dann am 1. Januar 1999. Nur die deutsche Bundesregierung mußte, wie die anderen Regierungen in Europa auch, die Zustimmung zum Umtauschkurs geben. Hätten wir die nicht gegeben, dann wäre es nicht zum Inkrafttreten der europäischen Währung gekommen.

Paul: Also es gab noch Möglichkeiten, ohne allzusehr tricksen zu müssen, legale, mit dem europäischen und dem Völkerrecht vereinbare Möglichkeiten, auszusteigen?

Waigel: Jawohl. Ganz bewußt. Es war eben die Frage: Fixierung des Umtauschkurses. Das konnte nur mit Zustimmung Deutschland und natürlich der anderen erfolgen. Wenn wir die nicht gegeben hätten, dann hätte es keinen Eintritt in die Europäische Währungsunion gegeben.

Paul: Und dann wären auch die Termine 1. Januar 1997 beziehungsweise 1999 obsolet geworden?

Waigel: Genau. Ganz abgesehen davon: Wer hätte denn uns zwingen können? Wenn eine deutsche Bundesregierung gesagt hätte „Wir machen jetzt nicht mit!"? Dann hätte es zwar einen Vertrag gegeben, es wäre eine verheerende Diskussion gewesen, für Deutschland alles andere als erfreulich. Aber wenn wir gesagt hätten „Wir stimmen jetzt dem nicht zu", weil einige Partner ihre Kriterien nicht erfüllt haben, wenn wir überstimmt worden wären bei einer solchen Gelegenheit und wir hätten gesagt „Nein, dann macht Deutschland nicht mit", dann wäre es natürlich nicht zu einer Währungsunion gekommen.

Paul: Waren Sie stets davon überzeugt, daß zum Beispiel die SPD nicht auf die Idee kommen würde, die EWU zum Wahlkampfthema zu machen?

Waigel: Es war beachtlich, daß die politischen Parteien, die großen demokratischen politischen Parteien in Deutschland, zugestimmt haben. Darüber hinaus, daß die gesellschaftlichen Kräfte zugestimmt haben. Ich denke an die deutschen Gewerkschaften, an die Wirtschaftsverbände, Bauernverband, die Banken. Das heißt: Wir hatten einen ganz großen gesellschaftlichen Konsens, und sicher war es wichtig, daß auch die große Oppositionspartei dem zugestimmt hat. Es gab eine gewisse Zeit, wo ein Ministerpräsident aus Niedersachsen – der ist heute Bundeskanzler – ein bißchen gestänkert und die Überlegung angestellt hat, ob man es so machen solle oder nicht. Er hat ja auch von einer „kränkelnden Frühgeburt" gesprochen. Aber die entscheidenden Kräfte in der SPD – sowohl in der Partei als auch in der Fraktion – waren für die Wirtschafts- und Währungsunion.

Paul: 1996 hat die SPD im Landtagswahlkampf von Baden-Württemberg die Währungsunion thematisiert, und zwar massiv ablehnend mit dem Argument, sie gefährde im Lande Arbeitsplätze...

Waigel: ...und ist dabei fürchterlich auf die Nase gefallen.

Paul: 25,1 Prozent, das schlechteste Ergebnis ihrer Geschichte. Aber immerhin: Es hätte ja auch anders ausgehen können. Helmut Kohl, Friedrich Bohl, Anton Pfeifer sagen auch: Wir haben im Kanzleramt genau beobachtet, was sich da abspielt. Angeblich hat man sogar im Bundespresseamt auf grünes Licht vom Kanzleramt warten müssen 1996, ob nicht Kohl vielleicht doch noch wieder aussteigt aus dem Euro, weil er merken könnte, das wird ihm in Bezug auf seine Macht, auf die Wählerstimmen zu heiß. Wir haben Sie das wahrgenommen?

Waigel: Wir haben unsere Entscheidungen nicht abhängig gemacht von der momentanen Popularität und von momentanen Wahlumfragen. Aber wir hätten eine Entscheidung in der Tat verändert, wenn uns eine Lösung aufgezwungen worden wäre, die mit unserem Stabilitätsbewußtsein nicht zu vereinbaren gewesen wäre. Das haben wir bis zum Schluß, bis zum 2. Mai 1998, mit aller Konsequenz vertreten und unseren Partnern auch gesagt.

Paul: Was dräute da, was war da im Busch?

Waigel: Wenn das eine oder andere Land – ich bitte um Verständnis, wenn ich keine Namen nenne – sich vorgestellt hat: „Uns braucht man unbedingt. Ohne uns kann es eine Währungsunion nicht geben. Weil wir Gründerland sind oder besonders in der Mitte Europas liegen, können wir uns eigentlich auch eine Ausnahme leisten, was die drei Prozent Staatsdefizit anbelangt." Denen haben wir gesagt: Das geht nicht. Das wäre der Punkt gewesen, wo wir das den Deutschen gegenüber nicht mehr hätten vertreten können.

Nicht aus Angst davor, abgewählt zu werden – das mußten wir 1998 respektieren, auch da hat uns das Thema „Währungsunion" im Wahlkampf nicht geholfen, ganz sicher nicht, auch wenn es Helmut Kohl manchmal anders dargestellt hat. Aber wenn einer oder mehrere Partner uns am Schluß vor die Alternative gestellt hätten: „Ihr könnt es doch gar nicht riskieren, zu uns ‚nein' zu sagen", obwohl die Kriterien nicht erfüllt gewesen wären – das hätten wir der deutschen Bevölkerung, das hätten wir auch der Bundesbank und anderen nicht vermitteln können.

Paul: Es gab aber schon das Bewußtsein beim einen oder anderen Partner, daß es Deutschland sehr schwer gefallen wäre, auszusteigen – denn so etwas macht man ja nur, wenn man glaubt, gute Karten zu haben?

Waigel: Aber wir hätten es getan. Wir hätten es getan.

Paul: Und dann wäre Europa auseinandergeflogen?

Waigel: Das wäre furchtbar gewesen. Wir wären aber nicht allein gewesen. Auch andere Partner, nicht zuletzt die sehr stabilitätsbewußten Niederländer, waren fest entschlossen, bei der einen oder anderen Konstellation das nicht zu akzeptieren, und haben das auch in Gesprächen, auch in Vorbereitungsgesprächen im *ECOFIN*, zum Ausdruck gebracht.

Paul: Haben Sie die Bundesbank gerade in dieser Phase von 1996 bis zum Frühjahr 1998 mehr als Ärgernis empfunden oder als Partner? Oder wechselte das vielleicht von Mal zu Mal?

Waigel: Ich habe sie schon als Partner empfunden, obwohl das nicht immer einfach war. Die Bundesbank hat eine ganz wichtige Mission erfüllt – auch in der Innenpolitik: Nie und nimmer hätte man ein solches Projekt ohne oder gegen die Bundesbank verwirklichen können. Deshalb habe ich großen Wert darauf gelegt, daß zunächst Herr Pöhl und dann Herr Schlesinger und dann natürlich auch Herr Tietmeyer in all die Entscheidungsprozesse eingebunden waren.

Wir haben ja oft noch bei Verhandlungsrunden in Tag-und-Nacht-Gesprächen angerufen: Könnt Ihr mit dieser oder jener Formulierung leben, ist die akzeptabel oder nicht? Es hat eine ganz, ganz enge Verbindung stattgefunden. Zudem hatten wir ja auch beim Bundeskanzler und öfter noch bei mir einen regelmäßigen Gesprächskontakt, wo wir alle Dinge im Detail miteinander abgesprochen haben.

Insofern war sie hilfreich, weil natürlich der Glaube der Deutschen an die Bundesbank noch stärker war als der Glaube an die kirchlichen Institutionen. Dann und wann hätte ich mir von der Bundesbank auch ein bißchen mehr Unterstützung erwartet. An dem Präsidenten hat es nicht gelegen, aber der eine oder andere im Direktorium oder im Zentralbankrat war nicht unbedingt ein glühender Anhänger der Wirtschafts- und Währungsunion.

Paul: Stellte der Stabilitätspakt einen Versuch von Ihnen dar, einen Konstruktionsfehler des Vertrages von Maastricht zu heilen?

Waigel: Es war ein zusätzliches Element, weil wir Mitte der 90er Jahre entdeckten, noch stärker gemerkt haben, daß das Prinzip der Nachhaltigkeit nicht nur in der Umweltpolitik eine Rolle spielt, sondern auch in der Finanzpolitik stärker verankert werden muß. Die demographische Entwicklung, daß die Menschen sieben Jahre länger Rente, Pension, Gesundheitsvorsorge in Anspruch nehmen, daß dies nicht mit Defiziten finanziert werden kann und daß wir insofern, was Defizite anbelangt, ein Umdenken benötigen.

Zu Beginn dieser Diskussion war übrigens die Bundesbank, der Sachverständigenrat der Meinung, etwa ein Prozent Staatsdefizit sei auf die Dauer hinnehmbar. Wir sind dann zum Ergebnis gekommen: Nein, das kann das mittelfristige Ziel nicht sein, sondern: Zunächst unter die drei Prozent kommen, dann Ausgleich und dann Überschüsse. Heute haben fünf Länder Überschüsse, acht Länder liegen beim Ausgleich. Das heißt: Dieses Prinzip der Nachhaltigkeit hat Eingang gefunden in die Finanzpolitik stärker als zuvor. Und es war natürlich ein Punkt: Was ist eigentlich, wenn ein Staat 1997, im Jahr der Überprüfung, alle Kriterien erfüllt, die Regierung der Bevölkerung sehr schmerzliche Opfer zumutet...

Paul: ...Sondersteuer...

Waigel: ...Sondersteuer in einem Staat, danach vielleicht ein anderes Parlament, eine andere Parlamentsmehrheit, eine andere Regierung kommt, weil die vorherige möglicherweise abgewählt worden ist, und sagt: Wir können das unserem Volk nicht mehr zumuten, also machen wir das nicht mehr. Nun könnte man argumentieren nach dem allgemeinen Völkerrecht: Dann müssen die ein solches Vertragssubjekt verlassen. Aber das wäre natürlich sehr schwer realisierbar gewesen.

Paul: Das ist doch gar nicht vorgesehen.

Waigel: Na gut, aber wenn sich jemand an Geist und Buchstabe des Vertrages nicht hält, ihn bewußt verletzt, dann muß er hinaus.

Paul: Muß er hinaus oder darf er hinaus?

Waigel: Muß er hinaus oder darf er hinaus. Trotzdem, ich sage es ja, wäre es fast ein unlösbares Problem gewesen. Darum war der Stabilitätspakt ein richtiges zusätzliches Element, wo auch alle Beteiligten gesagt haben: Jawohl, das ist richtig, er gibt uns die Möglichkeit, manches, was wir innenpolitisch sonst fast nicht durchsetzen könnten, zu realisieren im Sinne einer durchgängig stabilitätsorientierten, nachhaltigen Finanzpolitik.

Paul: Tietmeyer hat mir sinngemäß gesagt, es werde uns furchtbar auf die Füße fallen, daß die politische Union so weit hinter der Währungsunion hinterherhinke. Darin sieht er offenbar eine existentielle Gefahr für die EWU.

Waigel: Diese Meinung teile ich nicht. Das ist eine staatsrechtliche Frage. Ich achte den Verstand der Bundesbank sehr hoch in den ökonomischen Fragen, aber in den staatsrechtlichen Fragen glaube ich nicht, daß dies unbedingt so zutreffen muß. Natürlich wäre es wünschenswert, wenn die europäische Union weiter wäre, was die Zusammenarbeit anbelangt. Sie ist jedenfalls wesentlich weiter, als man sich das vor fünf oder vor sechs Jahren vorgestellt hat. Sie hat ihre Handlungsfähigkeit – auch, was die Ost-Erweiterung angeht – unter Beweis gestellt, sie ist im Moment dabei, die institutionellen Dinge zu verbessern. Das mag manchem zu langsam stattfinden, aber insgesamt würde ich diese Behauptung, das alles müsse parallel stattfinden, sonst fliege uns das um die Ohren, nicht für richtig.

Paul: Haben Sie es jemals als Gefahr betrachtet, daß die Umfragen über die Jahre betrachtet, auch das EU-Euro-Barometer, mit wenigen, meist auf Wochen eingrenzbaren Ausnahmen eine Ablehnung der deutschen Bevölkerung gegenüber der Währungsunion gezeigt haben, während man spätestens 1995 von einer stabilen Mehrheit für die Währungsunion unter den sogenannten gesellschaftlichen Eliten sprechen kann?

Waigel: Das ist ein Problem. Ich habe das ja oft gemerkt, wenn ich Veranstaltungen durchgeführt habe. Es gab die Punkte, wo man genau wußte: Da kommt Beifall. Und wenn ich zur Wirtschafts- und Währungsunion kam, das erläutert habe – ich glaube, daß ich das Thema einigermaßen beherrscht habe –, dann war im besten Falle positive Aufmerksamkeit zu erreichen, aber Beifall nur bei ganz wenigen. Das ist ein Thema, bei dem man eigentlich nur an den Verstand der Menschen appellieren konnte.

Vielleicht ist es uns zu wenig gelungen, die friedensstiftende Wirkung der Wirtschafts- und Währungsunion herauszustellen. Wir haben es zu sehr ökonomisch gesehen. Die Weiterungen, die damit verbunden sind, auch den Vorteil, den Deutschland daraus ableitet als Exportland, die Handlungsfähigkeit der Europäischen Union, die Wettbewerbsfähigkeit gegenüber großen Währungsräumen, die Handlungsfähigkeit überhaupt im politischen Raum in der Welt, die mikro- und makroökonomischen Vorteile, die sich für uns daraus ergeben haben – das ist als ganzes zu wenig herausgekommen.

Paul: Aber Helmut Kohl hat doch das Wort einer „Frage von Krieg und Frieden“ gebraucht, ist damit aber nicht besonders gut angekommen.

Waigel: Man konnte das nicht auf ein Schlagwort zurückführen. Es hätte einer noch breiteren, intensiveren Diskussion bedurft. In allen Verästelungen. Da hatten halt die Deutschen viele Probleme, da waren die finanziellen Belastungen der Wiedervereinigung, da war die Globalisierung.

Vielleicht wäre es ein Ansatz gewesen, zu sagen: Das ist die deutsche, die europäische Antwort auf die Globalisierung. Wir können die Globalisierung nur bewältigen, wenn die wir die europäischen Kräfte bündeln.

Paul: In den Augen der Menschen hätten Sie damit aber den Teufel mit dem Beelzebub erklärt, da die Globalisierung ebenfalls nicht besonders populär war und ist.

Waigel: Nein, das glaube ich nicht. Die Globalisierung ist ein Fakt. Sie zu leugnen, wäre einfach töricht. Ich glaube schon, daß es darstellbar gewesen wäre und auch ist – es gelingt ja auch heute –, zu sagen: Das ist die europäische Antwort auf die Globalisierung der Welt; nie und nimmer sind wir in der Lage, mit 15 oder 20 verschiedenen europäischen Währungen das Problem zu lösen.

Man hätte vielleicht auch in den letzten vier, fünf Jahren verstärkt argumentieren müssen: Was wäre eigentlich passiert, wenn es den Euro nicht gegeben hätte? Was wäre passiert in den Krisenzeiten im Kosovo, in Belgrad, nach dem 11. September oder gar jetzt? Ich behaupte: Das EWS hätte es in der Mitte auseinandergerissen, wir hätten eine Achterbahnfahrt der europäischen Währungen untereinander und gegeneinander gehabt, wir hätten verheerende außenwirtschaftliche Negativfolgen für Deutschland gehabt. Nicht zuletzt der Aufwertungsdruck des Jahres 1995 hat uns mindestens ein Prozent Wachstum und 500.000 Arbeitsplätze gekostet. Also wir hätten in der Richtung noch mehr argumentieren müssen.

Ich habe es nach Kräften versucht, besser ist es uns nicht gelungen. Es gibt bestimmte Dinge, bei denen man vielleicht erst nach fünf oder nach zehn Jahren auch emotional recht bekommt.

Paul: Nur: Warum sollte die Bevölkerung über eine Entscheidung diskutieren, die längst gefallen war? Die Menschen hatten ja keine Wahl mehr. Das ist doch wirklich ein elementarer Unterschied zur Situation beispielsweise in England.

Waigel: Das stimmt doch nicht. Wenn 1994 eine Regierung gewählt worden wäre, die sich negativ zur Wirtschafts- und Währungsunion eingestellt hätte, dann wäre sie möglicherweise nicht gekommen. Oder wenn die demokratischen Kräfte, die die Währungsunion wollten, eine vernichtende Niederlage erlitten hätten...

Paul: Ja, wen hätten sie denn wählen sollen? Den Herrn Brunner vielleicht?

Waigel: Entschuldigung, ich empfehle das nicht. Aber angenommen, wir wären vernichtend abgestraft worden, dann wäre es 1998 zu den Entscheidungen für die Errichtung einer EZB, eines Direktoriums und zur Entscheidung, wer nun Mitglied der Wirtschafts- und Währungsunion wird, nicht gekommen. Dann hätte 1994 eine deutsche Regierung erklärt: Wir führen den Prozeß nicht weiter. Und dann wäre es dazu nicht gekommen. Aber natürlich hätte die Möglichkeit bestanden! Sie können doch nicht alle nur an ein Referendum knüpfen.

Paul: Wolfgang Schäuble hat zu mir gesagt, die Bundestagswahlen seien so etwas wie eine nachgeholte Legitimation der Euro-Entscheidung gewesen. Damit kann er ja nur die von 1994 gemeint haben, oder?

Waigel: Ja, die von 1998 insofern auch, weil dort keine Kraft viel gewonnen hat, die gegen die Wirtschafts- und Währungsunion gewesen wäre. Es hat uns nicht viel gebracht, aber da die SPD auch für die Wirtschafts- und Währungsunion war, vor allen Dingen Lafontaine, er stärker als Schröder, war es also nicht eine Stärkung von Kräften, die gegen das Projekt gewesen wären.

Paul: Hätte der Bundesrat das Projekt noch bremsen können?

Waigel: Der Bundesrat hatte zu bestimmten Zeiten die Möglichkeit. Wir mußten ja beim Ratifikationsgesetz das Grundgesetz ändern, was die Struktur der Bundesbank anbelangt. Wenn es da keine Zweidrittelmehrheit im Bundesrat gegeben hätte, hätte das nicht stattfinden können. Und wenn der Bundesrat zu den Entscheidungen 1998 nicht „Ja" gesagt hätte, dann wäre es unendlich schwer gewesen, verfassungspolitisch fast unmöglich für die Bundesregierung, ein solches Projekt nach vorne zu bringen.

Insofern waren natürlich die Überlegungen von Sachsen damals, Biedenkopf, und andererseits Bayern, möglicherweise nicht zuzustimmen, absolut ernst zu nehmen – das hätte schon negative Auswirkungen gehabt.

Was mich persönlich anbelangt: Wenn die bayerische Staatsregierung damals im Bundesrat dem Projekt nicht zugestimmt hätte, wäre ich in der gleichen Sekunde zurückgetreten als Finanzminister und als Parteivorsitzender.

Paul: Davon habe ich gehört. Ich lese Ihnen etwas vor:

„An einem Abend, am allerletzten Abend vor der Abstimmung Ende April/Anfang Mai 1998, wurde alles umgedreht. Die ganze Staatskanzlei war schon darauf eingerichtet, mit allen Dokumenten entsprechend vorbereitet, daß Bayern im Bundesrat ‚Nein' sagt. Da rief Waigel bei Stoiber an und erklärte ihm: ‚Lieber

Edmund, wenn Du Dich da weiter quer legst, dann werde ich die Konsequenzen ziehen.' Waigel wäre also zurückgetreten. Und das hätte die CSU zerrissen. Das wußte Stoiber, und deswegen schwenkte er um. Aber es war kein ‚Ja' aus besserer Einsicht."

Stimmt das?

Waigel: Richtig ist, daß es ein langes, intensives Telefongespräch zwischen Edmund Stoiber und mir gab und ich ihm gesagt habe: Die Vorstellung, die Landesgruppe stimmt im Bundestag mit mir dafür, ich halte die Rede, und dann im Bundesrat stimmt die bayerische Staatsregierung dagegen, und dann spricht möglicherweise der bayerische Ministerpräsident, ist für die Partei, für mich als Parteivorsitzender und als Bundesfinanzminister, der von der CSU getragen ist, völlig inakzeptabel. Wir haben uns darüber lange unterhalten und es kam dann zur Zustimmung der bayerischen Staatsregierung im Bundesrat.

Paul: Ist dies tatsächlich erst, wie es hier geschildert wird, erst in der Nacht zuvor entschieden worden?

Waigel: Wenn ich mich recht erinnere, war es schon ein paar Tage zuvor. Aber es mag sein, daß also die Intention schon in die Richtung lief, und es war ja auch eine Sondersitzung des bayerischen Kabinetts vorgesehen und einige bayerische Staatsminister hatten zuvor ja erklärt: „Wenn wir da mit ‚Nein' stimmen, befinden wir uns in Übereinstimmung mit der Mehrheit der bayerischen Bevölkerung, und das ist doch nicht schlecht." Ich habe das schon als sehr problematisch empfunden und ich sage es noch einmal: Ich wäre damals zurückgetreten. Aber nicht leise.

Paul: Es hätte die CSU zerrissen oder sie wäre zumindest in eine existentielle Krise geraten?

Waigel: Sie wäre in eine schwierige Situation gekommen, denn sie war ja immer eine europäische Partei – obwohl eine Landespartei. Immer eine europäische. Schon die Gründungsväter Franz Josef Strauß, Josef Müller, aber auch Hanns Seidel vertraten immer diese Richtung. Die bedeutendsten europäischen Reden der 50er Jahre hat Strauß im Bundestag gehalten. Insofern wäre das ein Bruch gewesen, nicht wahr? Wir wären zurückgefallen auf den Status einer etwas eleganteren Bayernpartei. Und das wäre meine Linie jedenfalls nicht gewesen.

Paul: Was wäre denn dann aus der CSU-Landesgruppe in Bonn geworden? Die wäre doch wie ein Trabant irgendwie herumgeschlingert.

Waigel: Wie eine Partei behandelt wird, die in existentiellen Fragen geteilt ist, das haben einige Parteien in den letzten Jahren gezeigt. Das wäre verheerend für sie gewesen. Die CSU hat sich den „Luxus" erlaubt 1948 und 1949, über existentielle Dinge so zu streiten, und ist dann von über 50 Prozent, die sie 1946 bei der Landtagswahl erhielt, auf unter 28 Prozent zurückgeworfen worden, die sie 1950 erhalten hat. Wir haben bis in die 60er Jahre hinein gebraucht, um das wieder zu erreichen, was wir 1946 einmal erreicht hatten.

Paul: Und ähnlich wären die Folgen in diesem Fall auch gewesen?

Waigel: Ich fürchte schon, daß sich die CSU davon nicht so schnell erholt hätte.

Paul: Warum hat Stoiber denn dann ‚Ja" gesagt? Wirklich nur, um das zu vermeiden, was Sie skizziert haben?

Waigel: Es gab da unterschiedliche Linien bei Edmund Stoiber. Am Anfang der 90er Jahre, als ich manchmal sehr heftig innerhalb der CSU angegriffen wurde wegen der Wirtschafts- und Währungsunion, „Esperanto-Geld" und ähnliches...

Paul: Peter Gauweiler.

Waigel: ...die Begriffe sind ja nicht unbekannt, die sind ja in der CSU entstanden, da hatten wir schwierige öffentliche Diskussionen, und Edmund Stoiber stand an meiner Seite. Er hat damals meinen Kurs mit vertreten als stellvertretender Parteivorsitzender. In der auch für die CSU schwierigen Zeit 1993 und danach mag es sein, daß natürlich auch eine Rolle gespielt hat: Schadet das vielleicht der CSU, wenn ausgerechnet der Finanzminister aus ihren Reihen als Landespartei ein Projekt unterstützt, das in der Bevölkerung nicht überall positiv bewertet wird? Das hat sicher auch in den schwierigen Jahren 1994 bis 1998 eine Rolle gespielt.

Meine Meinung war: Wir müssen unserer Überzeugung und dem, was wir in diesem Zusammenhang auch getan haben, treu bleiben. Wer davon abspringt, wird nicht profitieren. In diesem Spannungsfeld haben wir uns dann doch auf eine gemeinsame Linie verständigen können.

Paul: Hat man wirklich zu einem bestimmten Zeitpunkt, spätestens am 2. Mai 1998, Ihre Motive verstanden in der CSU? Oder gab oder gibt es vielleicht noch heute einen Rest von Fragezeichen: Warum macht der Waigel das? Vielleicht sogar: Warum tut uns der Waigel das an?

Waigel: Die Landesgruppe stand hinter mir, von ganz wenigen Ausnahmen abgesehen.

Paul: Diskussionen hat es da auch gegeben.

Waigel: Die Landesgruppe stand. Das war vor allen Dingen Michael Glos und auch vorher Wolfgang Bötsch, die da sehr klar diese Linie vertreten haben. In der Landtagsfraktion gab es sicher unterschiedliche Auffassungen nach dem Motto: „Das ist in einem Landtagswahlkampf nur schwer zu vertreten." Da gab es auch sicher den einen oder anderen, der gehofft hat, der Edmund Stoiber könne das ganze noch einmal herumreißen und der Kelch würde damit an der Landtagspolitik vorübergehen. Das war natürlich nicht möglich.

Heute finde ich kaum noch jemanden, der das Projekt wirklich in Frage stellt in der CSU. Auch die größten Kritiker, die – wenn sie sich intensiv damit beschäftigt haben – durchaus meinen Respekt verdienen, sagen eigentlich heute: Jawohl, es war richtig. Ich glaube, es ist heute *common sense* in der CSU, zu sagen: Jawohl, der Weg und die Entscheidung waren richtig.

Paul: Daß Sie sich nicht halten konnten im Parteivorsitz, hat mit dem Euro nichts zu tun?

Waigel: Überhaupt nichts. Das hat wirklich gar nichts damit zu tun. Übrigens: Was heißt denn „nicht halten"? Es hat mich niemand gedrängt im Herbst 1998, als Parteivorsitzender aufzuhören. Das war meine freie Entscheidung. Mir hat damals Michael Glos angeboten: „Selbstverständlich kannst Du jetzt Vorsitzender der Landesgruppe sein und damit die Opposition so betreiben, wie es Franz Josef Strauß damals getan hat, als er nicht mehr Minister war."

Ich war der Meinung, nun solle der Neubeginn stattfinden und ein anderer solle die Chance wahrnehmen. Ich war Finanzminister, vorher sieben Jahre Landesgruppenvorsitzender und fast 30 Jahre im Parlament und wollte ganz bewußt einen anderen Akzent setzen – aber nicht wegen der Wirtschafts- und Währungsunion.

Paul: Gab es einmal eine Situation, daß Kohl gewackelt hat, unschlüssig war?

Waigel: Nein. Nein, das stimmt nicht. Ich sage nochmals: Wir hatten natürlich mehrmals interne Gespräche und haben Szenarien durchgespielt: Was ist, wenn das eine oder andere Land die Kriterien nicht erfüllt? Was ist, wenn...? Und dann war klar: Wir hätten das Projekt nicht um jeden Preis zu Ende geführt. Unter Aufgabe der Stabilitätserfordernisse hätten wir das Projekt nicht durchgezogen.

Paul: Stand das einmal kurz bevor?

Waigel: Das stand nicht kurz davor, aber wir haben das einmal diskutiert, und Helmut Kohl hat das in einem kleinen Gremium auch einmal vor Wirtschaftlern und Gewerkschaftlern angedeutet. Darauf stand das am übernächsten Tag in der Zeitung. Darauf haben wir natürlich über so etwas nie mehr außerhalb unserer vier oder sechs Augen gesprochen.

Paul: Das war nicht Absicht, daß es in der Zeitung stehen sollte?

Waigel: Nein.

Paul: Aber er oder Sie beide wollten einmal antesten, wie so ein Ausstieg ankommen würde?

Waigel: Nein, sondern es ging um eine ehrliche Information von Personen, die für die deutsche Wirtschaft und für die deutsche Finanzwelt natürlich eine große Bedeutung haben. Dann hat sich halt herausgestellt, daß auch in den Kreisen keine totale Diskretion herrscht, und dann haben wir das in diesem Kreis jedenfalls nie mehr diskutiert.

Paul: Aber ein Selbstläufer war die EWU auch zu diesem Zeitpunkt nicht?

Waigel: Nein. Sondern auch ich persönlich habe es mir immer vorbehalten, daß nicht etwas mit meinem Namen verbunden ist, was ich letztlich vor der Stabilität der deutschen Währung bei einer vergleichbaren europäischen Währung nicht hätte verantworten können. Ich hätte einer Inflationsgemeinschaft nie meine Zustimmung gegeben.

Paul: Muß ich mir solche Gespräche, wenn solche Szenarien durchgespielt werden, so vorstellen, daß dann Kosten-Nutzen- oder Schadensbilanzrechnungen abgewogen werden? Sie mußten ja immer im Auge behalten, daß Deutschland nicht alleine auf der Welt ist, sondern die EU möglicherweise einen gravierenden Schaden davongetragen hätte.

Waigel: Ja, das war ja bis zum Schluß der Fall. Auch am 2. Mai in Brüssel habe ich dem Kanzler gesagt: „Bestimmten Dingen kannst Du nicht zustimmen. Wenn zum Beispiel eine Bedingungen wäre, die Amtszeit des EZB-Präsidenten zu teilen – das ist völkerrechtswidrig und das wird auch die Bevölkerung nicht akzeptieren."

Paul: Also dieses Detail hätte schon ausgereicht, daß Deutschland sagt: *no go*.

Waigel: Wir hätten dann nicht an diesem Tag eine Entscheidung getroffen, sondern wir hätten einen Gipfel verschieben müssen. Der Gipfel verlief ohnehin schon nicht optimal. Wenn wir dann die Entscheidung über die EZB nicht hätten treffen können und über die Länder, die daran teilnehmen, wenn wir das ganze hätten verschieben müssen um 14 Tage oder vier Wochen – das wäre eine verheerende de Diskussion gewesen mit einem Ausgang, den niemand hätte voraussagen können. Aber auch da gab es keinen Kompromiß um jeden Preis.

Paul: Es gab ja eine sehr heftige Debatte, die sehr unterschiedlich gesehen wird – Helmut Kohl hat von einer „Idiotendebatte" gesprochen – , um 3,0 oder 3,00 oder 3,000. War diese Debatte in Ihrem Sinne? Oder war sie von Edmund Stoiber losgetreten worden und man mußte dann irgendwie mit ihr umgehen?

Waigel: Also längst bevor sich Edmund Stoiber dazu geäußert hat, habe ich in Brüssel erklärt: Drei ist 3,0. Damit habe ich keine Interpretationsmöglichkeiten zugelassen. Denn wenn wir einmal damit angefangen hätten, zu sagen „3,1 ist doch auch noch drei" etwa, oder: „3,4 ist doch auch noch drei, nur 3,5 oder 3,51 tendiert mehr zur vier hin", dann hätte das eine unabsehbare Negativdiskussion gegeben. Drum mußten wir klar sagen: „Drei ist drei, und da gibt es keine Interpretationsmöglichkeiten." Daran hat sich dann ja auch jeder gehalten, und das zeigt im nachhinein: Das war richtig.

Später haben sich dann in Deutschland manche an der Debatte aufgehängt oder draufgehängt und fühlen sich jetzt als die großen Herbeiführer überhaupt der Stabilität. Das war nicht notwendig, denn das war bei uns, jedenfalls bei mir, in besten Händen. Ich hätte einen falschen Kompromiß nicht akzeptiert.

Paul: Also es war vielleicht keine besonders ästhetische Debatte an manchen Tagen, aber es war eine absolut notwendige Debatte?

Waigel: Es war eine notwendige Debatte, um jeden der Beteiligten in Europa klarzustellen: Wir spielen nicht Theater. Wir bauen keinen Popanz auf. Uns ist es ernst, und jeder muß wissen, wie er daran ist. Es hat sich auch gezeigt: Ein Land wie Griechenland, das die Ziele am Anfang nicht erreicht hat, hat sich angestrengt und war dann halt zwei Jahre später in der Lage, das zu schaffen.

Paul: Wissen Sie, was ich partout nicht verstehe: Helmut Kohl war immer wieder mit den schlechten Umfragewerten, den Euro betreffend, konfrontiert. Ich kann mir nicht vorstellen, daß ihm das gefallen hat. Er hat das auch als nicht ganz ungefährlich für seine Position empfunden. Allensbach hat ihn da auf dem laufenden gehalten. Ich denke schon, daß jeder Spitzenpolitiker lieber im Einklang mit der Bevölkerung agiert, jedenfalls auf die Dauer. Warum hat man nie gesagt: „Leute, diese 17 Millionen Mark, die wir im Jahr zur Verfügung haben für Pro-Euro-Kampagnen, sind ein Witz." Ist nie darüber gesprochen worden, daß man hier einmal richtig klotzen müßte?

Waigel: Darüber ist schon gesprochen worden. Sind das die richtigen Rezepte? Sind es die richtigen Instrumente? Reicht das aus? Natürlich kann man im nachhinein sagen, man hätte das anders anlegen müssen, man hätte das professioneller machen müssen, man hätte das Bundespresseamt stärker ausstatten müssen. Nur auf der anderen Seite: Wenn Sie da also richtig geklotzt hätten, dann hätten wieder andere gesagt, die notorischen Gegner: „Schaut bloß her, jetzt müßt Ihr noch so viel Geld dafür ausgeben!" Ob es damit gelungen wäre, die skeptische Grundstimmung zu durchbrechen, wage ich zu bestreiten.

Paul: Es ist also kein Thema, von dem Sie heute sagen „Ich wollte das eigentlich", denn als Finanzminister saßen Sie ja auf dem Geld! Und das BMF hat eine

Menge Geld für eigene Broschüren ausgegeben, weil es mit den Aktivitäten des Bundespresseamtes unglücklich war.

Waigel: Trotzdem: Wir haben festgestellt, daß wir da an begrenzte Möglichkeiten stoßen. Da war eine Grundstimmung da, die man nur durch Grunddaten verändern konnte. Was mich am meisten geärgert hat: Als wir Ende Februar 1998 die Zahlen des Statistischen Bundesamtes bekamen. Da stellt sich heraus, was keiner von uns erwartet hatte: Nur 2,7 Prozent Defizit. Ich hatte gehofft: 2-9. Das war etwa meine Voraussage. Gehofft. Ich wußte es auch nicht. Meine Mitarbeiter haben gesagt: Es kann 3-0 sein, 2-95 – wir können aber auch nicht ausschließen, daß es 3,05 sind. Dann wäre eine ganz schwierige Debatte gekommen.

Dann waren es 2-7. Ich bin damit freudestrahlend in die Kabinettsrunde gegangen. Damit hatten wir endlich ein Datum, womit wir die Skepsis der Menschen widerlegen konnten. Und dann kommt ein paar Stunden später das DIW mit einer Pressemeldung und behauptet, das könne nicht stimmen, ihre Rechnung liege bei 3,4 Prozent Defizit. Die ganze Presse hat sich nicht auf die Zahl des Statistischen Bundesamtes gestürzt, sondern auf die DIW-Prognose. Sogar der bayerische Finanzminister Erwin Huber sagte damals [*Waigel ahmt ihn theatralisch nach*]: „Aaaah, da muß man sehr achtgeben, muß man genau prüfen, was das DIW zu dem Thema gesagt hat."

Das heißt: Die ganze positive Grundstimmung war mit dieser Meldung beim Teufel. Ein paar Wochen später hat sich das DIW in aller Form entschuldigt und mußte seine Fehlprognose einräumen. Das hat natürlich niemanden mehr interessiert. Das zeigt, wie unendlich schwer es war, hier eine Stimmung zu durchbrechen.

Wissen Sie, das ist das gleiche wie mit dem Außenwert des Euro. Jetzt läuft er sehr gut – jetzt interessiert den Außenwert niemanden. Über Teuro hat jeder ein Jahr diskutiert! Jetzt stellt sich heraus: Die Teuerung in Deutschland beträgt ein Prozent. Aber jeder hat ein Jahr davon geredet, wenn er mal in die Wirtschaft oder irgendwo hin gegangen ist und gemerkt hat, daß da falsch umgestellt worden ist.

Das heißt: Die gefühlte Teuerung und die Debatte darüber haben die Menschen bewegt. Es ist weder dem Statistischen Bundesamt noch Professor Issing bei der EZB noch der Deutschen Bundesbank noch der Fakultät in Eichstätt durch eine intensive Begutachtung gelungen, das ganze auf eine rationale Ebene zu bringen. Issing hat einmal erzählt: „Alle Zahlen habe ich hier parat und erzähle die in allen Vorträgen – und glauben tut mir niemand, nicht einmal meine eigene Frau."

Paul: Wolfgang Schäuble war damals so sauer, weil er glaubte, die DIW-Prognose sollte die Landtagswahl in Niedersachsen beeinflussen. Glauben Sie das auch?

Waigel: Ich war wütend. Ich unterstelle das dem damaligen Präsidenten des DIW [Lutz Hoffmann] nicht, der ein honoriger Mann war. Aber es war schon eine üble Geschichte. Bevor man so etwas auf den Markt wirft, muß man sich doch ein bißchen versichern, ob es auch stimmen könnte oder nicht. Insofern: Objektiv oder subjektiv hat damit das DIW der Sache furchtbar geschadet.

Paul: Aber es ist doch ein bemerkenswerter Befund, daß man mit solch einer Meldung offene Türen einrennt. So etwas kann doch nur eine derart durchschlagende Wirkung haben bei einer gewissen Prädisposition.

Waigel: Ja, das ist wahr. Das räume ich ein, so eine Prädisposition hat es gegeben. Es war ein Vorurteil da, es war eine festgestellte Meinung der Menschen da, aber wissen Sie: Die hat es zu anderen Zeiten auch gegeben. Wenn Sie sich einmal vorstellen, wenn die Menschen 1945/46 gefragt worden wären über bestimmte Dinge zuvor, da hätten Sie auch bestimmte Vorurteile noch mitgeteilt bekommen.

Nun war halt die D-Mark das Erfolgsrezept der Deutschen. Es war eine erfolgreiche Währung, und wir haben ja auch allen Grund, darauf stolz zu sein. Da hat man sich vorgestellt: Wenn ein Volk, wenn ein Land keine Währung mehr hat, dann höre es auf, zu existieren.

Paul: Sie haben vorhin eine Andeutung gemacht: Der Euro war bei der Bundestagswahl 1998 für CDU/CSU nicht förderlich?

Waigel: Nein. Nein. Das muß man ganz nüchtern sagen. Die Entscheidungen waren notwendig, die Entscheidungen waren richtig, aber es hat uns ganz sicher nicht genützt. Ob es uns sehr geschadet hat, weiß ich nicht – wohl etwas. Es war ganz sicher kein positives Moment. Das war vielleicht einmal die Hoffnung von Helmut Kohl – er hat es jedenfalls behauptet –, das dann auch erfolgreich darstellen zu können, zumal ja dann auch die Wechselkurse sehr stabil waren, die Zahlen in Europa positiv waren. Aber so bestimmte Dinge stellen sich vielleicht erst hernach als positiv heraus: Die Schaffung der NATO, die Schaffung der Europäischen Gemeinschaft – auch diese waren zu diesem Zeitpunkt sicherlich nicht populär.

Paul: Also ein klassisches Beispiel politischer Führung?

Waigel: Es ist, jawohl, ein klassisches Beispiel politischer Führung, wo man etwas als richtig erkanntes auch durchsetzen muß – unabhängig davon, ob man dafür bei der nächsten Wahl belohnt wird oder nicht.

Paul: Nur – ich frage jetzt ganz naiv – wo war denn die Alternative? Die SPD stand doch genauso hinter der Währungsunion wie die Union.

Waigel: Es ist trotzdem ein Unterschied, wenn Sie in der Opposition sind. Wenn Sie in der Opposition sind, werden Sie mit dem Agieren in der Frage nicht so identifiziert.

Paul: Oder glauben Sie, der kleine Hinweis von Schröder, der Euro sei eine kränkelnde Frühgeburt, könnte schon so eine Art augenzwinkernde Verbrüderung mit dem einen oder anderen Euro-Skeptiker im Wahlvolk gewesen sein könnte?

Waigel: Das schließe ich nicht aus. Auf der anderen Seite muß ich sagen: Ich bin ja nun wirklich kein politischer Freund von Lafontaine, aber er hat ja damals sehr klar für den Euro Stellung bezogen. Er hat auch eine Zeitlang etwas geschwankt. Offensichtlich bei einer Konferenz – ich glaube in Madrid – haben ihm seine sozialdemokratischen Freunde in Europa sehr klar ihre Meinung gesagt. Ab diesem Zeitpunkt zwei Jahre vor der Einführung hat jedenfalls die Spitze der SPD sich klar für den Euro ausgesprochen, und die Bundestagsfraktion hat sich ja auch sehr klar hinter die Wirtschafts- und Währungsunion immer gestellt.

Paul: Gab es zwischen Kohl und Ihnen auch einmal so ein Gedankenspiel: Was machen wir eigentlich, wenn die SPD das zum Wahlkampfthema machen sollte?

Waigel: Ja, das haben wir durchaus überlegt, wie man darauf reagiert. Wir haben das nicht ausgeschlossen. Vor allem haben wir das auch für möglich gehalten, daß ein Mann wie Schröder das tun würde; uns waren ja die Beschlüsse des niedersächsischen Kabinetts zu dem Thema durchaus geläufig.

Paul: Wie hätten Sie denn darauf reagiert?

Waigel: Wir hätten unsere Position nicht geändert.

Paul: Ich habe von Friedrich Bohl und Anton Pfeifer die These gehört, daß man ein Thema wie den Euro als Regierung nicht gut im Wahlkampf hätte bringen können. Aber wenn sie angegriffen worden wäre, zum Beispiel von der SPD, aus der Defensive heraus, hätte man das, weil es dann um die Grundsätze gegangen wäre und nicht um Kleinkram wie 3,0 und irgend so etwas, prima spielen können.

Bohl sagt sogar, vielleicht bedaure er sogar im nachhinein, daß das Thema im Wahlkampf nicht gekommen ist; vielleicht wäre dann die Geschichte doch anders ausgegangen.

Waigel: Die These hat durchaus etwas für sich. Immer dann, wenn ein deutscher Politiker versucht, von Europa Abstand zu nehmen, sich stärker zu distanzieren, dann läuft das gegen ihn. Die kleine Kritik oder auch die berechtigte Kritik gegen Brüssel, gegen den Moloch, gegen die Regulierungswut und so weiter, die kommt an. Die wird toleriert oder sogar goutiert, da sagt man „Jawoll!" gerade in Bayern, „Recht hat er!". Aber wenn dann plötzlich die Frage aufkommt: Da spielt einer mit der deutsch-französischen Freundschaft, mit Europa, mit all dem, was erreicht wurde, mit der Friedensarchitektur, da will einer einen ganz neuen Kurs, da will einer einen eigenen Weg gehen – dann ändert sich das plötzlich.

Das zeigt ja auch, daß alle Euro-Skeptiker oder auch alle Europa-Gegner dann, wenn es darauf ankam, zur Sache standen. Wie oft ist erwähnt worden zur Grundrechtscharta, diese sei indiskutabel, die werde man ablehnen. Die hat niemand mehr abgelehnt. Oder Osterweiterung. Da hat mancher im Vorfeld gesagt: „Völlig unmöglich! Das werden wir nicht akzeptieren!" Als es dann zu den Beschlüssen kam, hat es fast niemanden mehr gegeben in Deutschland, der das wirklich in Frage gestellt hätte.

Insofern hat diese These durchaus etwas für sich. Wenn eine Oppositionspartei, vor allem die Sozialdemokratie, so wie in den 50er Jahren den Kurs wirklich in Frage gestellt hätte, dann wäre es eine große Alternativdiskussion geworden. Aber so war es nicht.

Paul: Und dann wäre diese Diskussion auch auf eine ganz plakative Fragestellung reduziert worden?

Waigel: Dann in der Tat hätte man fragen können: Wo soll der Weg enden? Dann hätte man das viel plakativer, viel drastischer herausstellen können und den Weg Deutschlands nach 1945, der nur im europäischen Kontext ein Weg nach vorne, ein Weg nach oben war.

Paul: Also ein bißchen aus der Reihe tanzen ist in Ordnung, aber wer das übertreibt als Spitzenpolitiker in Deutschland, bekommt furchtbar eins auf die Mütze?

Waigel: Der wird abgestraft.

Paul: Und das ist heute auch noch so?

Waigel: Das ist auch heute noch so.

Paul: Das war nicht nur 1980 oder 1990 so, das ist auch heute noch so?

Waigel: Nein, das würde ich auch heute noch so sagen. Darum ist es ja auch heute so, daß eine Mehrheit der Deutschen vielleicht sagt: Die Anti-USA-Politik von Schröder im Hinblick auf den Irak finde ich gut. Aber in dem Moment, wo man merkt „Der ist damit isoliert in Europa, die Deutschen sind die einzigen und haben das offensichtlich sehr dilettantisch gehandelt" – in dem Moment ist die Mehrheit nicht mehr dafür, so etwas zu machen. Weil man genau spürt, daß wir nur in einem europäischen Kontext letztlich auch deutsche Politik machen können.

Paul: Wie ist der Name *Euro* zustande gekommen?

Waigel: Das ist interessant. *Ecu* war zwar nicht im Vertrag *expressis verbis* vorgesehen. Aber nachdem *Ecu* die Korbwährung hieß, haben sich natürlich die Franzosen und die meisten anderen vorgestellt, das werde auch der Name der Währung. Für uns war das nur die Abkürzung für *european currency unit.* Für die Franzosen war es natürlich mehr: Der Name einer französischen Münze, die es im Mittelalter schon gegeben hat – *Ecu.* Insofern konnte man das natürlich selber viel stärker darstellen. Für mich war *Ecu* ein Wort, das in Deutschland schlichtweg nicht vermittelbar war.

Ich habe dann sehr bald damit begonnen, zu sagen: Leute, laßt uns doch einen Namen suchen, mit dem man in ganz Europa wirklich ankommt und werben kann – im *ECOFIN* und auch in bilateralen Gesprächen mit meinen französischen Kollegen – und habe vor allen Dingen auch immer wieder Helmut Kohl und anderen gesagt: „*Ecu* in Deutschland, stellt Euch das 'mal vor – das ist schlichtweg nicht vermittelbar."

Dann habe ich vorgeschlagen: *Franken.* Ich dachte, das sei eine Möglichkeit, die Franzosen zu gewinnen, also nicht nur die Franken in Bayern, damit ich also zum Ehrenbürger von Nürnberg ernannt werde. Dann wäre es vielleicht ja auch eine Idee gewesen, die Schweiz vielleicht schneller zu gewinnen. *Franken* war trotzdem nicht zu machen, nicht nur, weil es dann in Spanien *Franco* geheißen hätte. Also: Es war nichts. Dann andere Namen: *Pfund. Gulden.*

Paul: *Taler?*

Waigel: *Taler* wäre für mich denkbar gewesen. War alles nicht darstellbar. *Krone* – da haben dann die republikanischen Länder gesagt, das sei für sie nicht so gut. Dann kam ich auf die Idee, die in einem gemeinsamen Gespräch zwischen Tietmeyer und mir auch einmal ventiliert wurde: Wie wär's mit *Euro?* Und nachdem Tietmeyer dem zugestimmt hatte, ging ich zu Kohl.

Der war anfangs etwas skeptisch, sagte: „Also wenn Du das durchsetzt, ja. Aber das wird unendlich schwer sein." Und dann habe ich viele Gespräche geführt. Die Franzosen hielten sich am Anfang sehr bedeckt, große Skepsis. Aber ich habe mir überlegt: *Euro* – den Begriff gab es ja schon. *EuroCard, Eurocopter.* Aber nicht *Euro* allein.

Dann kam es also zum Gipfel in Madrid 1995 und Helmut Kohl überließ mir die Vorbereitung zu diesem Thema. Ich habe dann relativ lange eingeführt. Dann war es Chirac, der sagte: „Laß uns doch darüber eine Volksabstimmung machen!" Darauf hat Helmut Kohl sehr klug reagiert und gesagt: „Überlege Dir das 'mal sehr gut, wieviel Stimmen dann für *Franc* und wieviel Stimmen für *Mark* herauskommen!". Daraufhin ist das schnell wieder beerdigt worden.

Der luxemburgische Regierungschef Jean-Claude Juncker hat gesagt: „Also erotisch klingt das nicht gerade, *Euro*." Daraufhin habe ich gesagt: „Muß auch nicht. Hauptsache, es klingt eurotisch."

Sehr positiv war Felipe Gonzáles eingestellt, der das so langsam ventilierte in die Richtung. Dann gab es immer mehr Zustimmung, und am Schluß stimmte auch Chirac zu. Damit hatten wir diese Lösung.

Ich behaupte nicht, daß ich das Wort *Euro* erfunden habe. Das gab es vorher auch schon. Aber es allein herauszustellen, das geht auf meinen Vorschlag zurück. Und auf jeden Fall habe ich es im Kreis der Regierungschefs durchgesetzt und habe es vorher schon im Kreis der Finanzminister ventiliert, ob es unüberwindliche Gegensätze gäbe.

Und da es überall mit der Ausnahme von Griechenland gleich geschrieben wird und auch in jedem Land – wenngleich mit unterschiedlichem Akzent – gleich ausgesprochen wird, ging es dann nur noch um die Frage: Wie benennen wir dann die Untereinheit? Da war *Cent* nicht gerade das typisch europäische, aber etwas besseres ist uns nicht eingefallen.

Sprechzettel Waigel für Europäischen Rat in Madrid (Auszug 1)

- 3 -

II. Gesprächsführungsvorschlag

[Name]

Name offen

Sowohl im Text der Schlußfolgerungen zur WWU als auch im Bericht der ECOFIN-Minister ist der Name der künftigen europäischen Währung noch offen. Wir sollten alles daran setzen, damit es heute zu einer einvernehmlichen Lösung dieser Frage kommt. Die Öffentlichkeit erwartet von uns eine klare Entscheidung: Ein weiteres Zögern könnte die Glaubwürdigkeit und Akzeptanz der WWU gefährden.

klare Entscheidung

Ich habe im Kreise meiner Kollegen die deutsche Position schon mehrfach erläutert und möchte dies auch hier noch einmal tun.

Sprechzettel Waigel für Europäischen Rat in Madrid (Auszug 2)

- 4 -

Dominant ist für uns der Gesichtspunkt: Die künstliche und vertragstechnische Abkürzung „ECU" wäre in der deutschen Öffentlichkeit als Name für die neue Währung nicht zu vermitteln. Sie würde dem Vertrauen in die WWU schweren Schaden zufügen: Die neue Währung würde allzu leicht mit der alten „Korb-ECU" gleichgesetzt, die seit 1979 gegenüber der DM um 40 Prozent abgewertet hat.

U = Kunstname

Nicht Korb ECU

Vor diesem Hintergrund habe ich auf der informellen Tagung der Notenbankgouverneure und Finanzminister in Valencia am 29./30. September dieses Jahres die Bezeichnung „EURO" für die neue Währung vorgeschlagen. Zusätzlich könnten auf die Banknoten alle derzeitigen nationalen Währungsbezeichnungen der WWU-Teilnehmerstaaten gleich-

Euro!

Sprechzettel Waigel für Europäischen Rat in Madrid (Auszug 3)

- 5 -

zeitig aufgedruckt werden. Dies könnte in der Anfangsphase die Identifikation der Bevölkerung mit dem neuen Geld erleichtern. Außerdem könnte damit ein - von einigen gewünschtes - national differenziertes Merkmal auf den Banknoten / Münzen entbehrlich werden.

[Bemerkung: Nachstehender Text orientiert sich an den vom Vorsitzenden des Währungsausschusses Sir Nigel Wicks erarbeiteten Kriterien für den Namen der neuen Währung.]

Kriterien

„EURO" wird in allen Sprachen identisch geschrieben und läßt sich leicht aussprechen. Die Bezeichnung ist unter nationalen Gesichtspunkten neutral und stößt auf öffentliche Akzeptanz. Rechtliche Bedenken stehen dieser Namenswahl nicht entgegen: Die juristischen Dienste von Rat und Kommission haben bestätigt: Bei einvernehmlichem Vorge-

Genscher-Memorandum vom 26. Februar 1988 (Textblatt 1)

I. Die Notwendigkeit weiterer Fortschritte beim Ausbau des EWS

1. Die Schaffung eines einheitlichen europäischen Währungsraums mit einer Europäischen Zentralbank ist eine ökonomisch notwendige Ergänzung des europäischen Binnenmarktes. Sie ist außerdem der Katalysator für die notwendige Konvergenz der Wirtschaftspolitiken der Mitgliedstaaten, ohne die es keine Währungsunion geben kann.

2. Die währungspolitischen Turbulenzen der letzten Monate und die Internationalisierung der Finanzmärkte unterstreichen die Notwendigkeit weiterer Fortschritte beim des EWS.

   Es liegt im Interesse aller EWS-Mitgliedstaaten, durch die Schaffung eines einheitlichen europäischen Währungsraums ihre Abhängigkeit vom Dollar abzubauen und ihre währungspolitische Handlungsfähigkeit zu stärken.

   Das internationale Währungssystem wird durch die Bildung eines stabilen europäischen Währungsblocks insgesamt gefestigt und die Pflege gleichgewichtiger Wechselkurse zu Drittwährungen erleichtert.

II. Voraussetzungen für die Schaffung eines einheitlichen Währungsraumes:

1. Grundkonsens in der Ordnungspolitik

Eine dauerhafte Vereinigung der EWS-Mitgliedstaaten zu einem einheitlichen Währungsraum setzt voraus, dass die Beteiligten in ihren ordnungspolitischen Grundauffassungen übereinstimmen. Hierzu zählt auch der Grad der Autonomie einer Europäischen Zentralbank.

Wegen des Zusammenhangs zwischen Notenbankautonomie und Geldwertstabilität ist ein hohes Maß an personeller und funktioneller Autonomie einer Europäischen Zentralbank sowohl gegenüber nationalen wie auch gemeinschaftlichen Institutionen Einfluss von nationalen und gemeinschaftlichen politischen Institutionen auf Bestellung und Abberufung der Notenbankgouverneure sowie auf die Durchführung der Geld- und Kreditpolitik einer Europäischen Zentralbank muss genau definiert und eng begrenzt sein.

Unter dem Gesichtspunkt der Geldwertstabilität ist die finanzielle Autonomie besonders wichtig: Die beiden Kreisläufe - Schaffung von Geld (durch die Notenbank) und Finanzierung von öffentlichen Ausgaben (durch die Gemeinschaft oder die Regierungen) - müssen streng getrennt bleiben. Eine Europäische Zentralbank darf nicht zur Finanzierung nationaler oder gemeinschaftlicher Haushaltsdefizite verpflichtet sein.

2

Genscher-Memorandum vom 26. Februar 1988 (Textblatt 2)

2. *Magna Charta europäischer Stabilitätspolitik*

Eine Europäische Zentralbank muss in ihrer Geldpolitik dem Ziel der Geldwertstabilität Priorität einräumen. Dies bedeutet, dass alle Partnerländer in enger Abstimmung eine Politik verfolgen müssen, die zur Stabilität der inländischen Preise und Kosten und zum außenwirtschaftlichen Gleichgewicht als Voraussetzung für eine dauerhafte Wechselkursstabilität beitragen.

Hier könnten tragende Elemente aus der deutschen Politik übernommen werden: Zum einen ist die Bundesregierung qua Stabilitätsgesetz verpflichtet, bei ihren wirtschafts- und finanzpolitischen Maßnahmen die Erfordernisse des gesamtwirtschaftlichen Gleichgewichtes zu beachten. Als Komponenten des Gleichgewichtes gelten dabei die Stabilität des Preisniveaus, hoher Beschäftigungsstand und außenwirtschaftliches Gleichgewicht bei angemessenem und stetigem Wachstum.

Zum anderen ist die Bundesbank qua Bundesbankgesetz verpflichtet, die Währung zu sichern und gleichzeitig unter Beachtung dieser Aufgabe die allgemeine Wirtschaftspolitik zu unterstützen. Wichtig ist dabei, dass die Bundesbank nicht verpflichtet ist, der öffentlichen Hand Zentralbankkredite zu gewähren. Sie kann nicht zur Deckung von Haushaltsdefiziten herangezogen werden.

Beide Elemente, die Verpflichtung der Regierung zu einer umfassenden Stabilitätspolitik ebenso wie die Unabhängigkeit der Bundesbank bei der Sicherung der Währungsstabilität stützen einander.

Die Grundelemente des Bundesbankgesetzes und die Ziele des Gesetzes zur Förderung der Stabilität und des Wachstums in der Wirtschaft sollten zur Grundlage einer europäischen Magna Charta der Stabilitätspolitik gemacht werden.

3. *Grundkonsens über die wirtschafts-, finanz- und währungspolitischen Ziele*

Zwischen Wirtschafts- und Währungsunion besteht ein enger Zusammenhang. Das Spannungsverhältnis kann nur durch parallele Fortschritte in beiden Bereichen aufgelöst werden.

Die Geld- und Währungspolitik darf nicht aus dem Wirkzusammenhang mit der Fiskal- und sonstigen Wirtschaftspolitik gerissen werden. Geldversorgung und Geldnachfrage insbesondere der öffentlichen Hände müssen eng koordiniert werden. Dies setzt voraus, dass u. a. Konsens über die Grundziele öffentlicher Einnahmen- und Ausgabenpolitik besteht.

3

Genscher-Memorandum vom 26. Februar 1988 (Textblatt 3)

4. Europäische Währung

Zu den Vorbereitungen für die Errichtung einer Europäischen Zentralbank gehört eine Entscheidung über die zukünftige Währung. Unter denkbaren Alternativen dürfte die Verwendung der ECU zunächst als Parallel- und später als Gemeinschaftswährung die größten Realisierungschancen haben. Ihre bisherige Verwendung ist allerdings noch gering, nicht zuletzt wegen ihrer Korbkonstruktion, die Wechselkursschwankungen zulässt. Durch die Schaffung einer Europäischen Zentralbank und die Anerkennung der ECU als gesetzliches Zahlungsmittel würde sie attraktiver und könnte nach einer mehrjährigen Übergangszeit zum allgemeinen europäischen Zahlungsmittel werden. In der Übergangszeit müsste die Verwendung der ECU im privaten wie im öffentlichen Bereich intensiv gefördert werden.

Die Schaffung einer europäischen Währung würde die Notwendigkeit der Autonomie einer Europäischen Zentralbank und ihre eindeutige Verpflichtung auf Preisstabilität umso dringlicher machen. Sofern darüber keine Einigkeit erzielt werden könnte, würden eine europäische Währung und eine Europäische Zentralbank als „lender-of-last-resort" für eine solche europäische Währung nachhaltig nicht erfolgreich arbeiten können.

5. Teilnehmerkreis

Wünschenswert wäre die Beteiligung aller EWS-Mitgliedstaaten an einer Europäischen Zentralbank von Anfang an.

Voraussetzung dafür wäre, dass sich schon jetzt alle den gleichen Regeln im System unterwerfen (Beitritt von GB, GR, SP, P zum Wechselkursmechanismus, gleiche Bandbreiten für alle, Aufgabe des gespaltenen Devisenmarktes durch B).

Wenn einige Mitgliedstaaten derzeit noch nicht bereit sind, sich den allgemeine Regeln des EWS zu unterwerfen, so können sie dem (dann weiterentwickelten) System später beitreten.

III. Die weiteren Schritte

1. Sachverständigengremium

Auf dem Europäischen Rat in Hannover am 27. /28. Juni 1988 sollte ein Signal für die Schaffung eines europäischen Währungsraumes und einer Europäischen Zentralbank gegeben werden.

Der Europäische Rat sollte ein Gremium von „5-7 Weisen" einsetzen und ihm den Auftrag erteilen, binnen Jahresfrist Prinzipien für die Entwicklung eines europäischen Währungsraums und ein Statut für die Errichtung einer Europäischen Zentralbank zu

4

Genscher-Memorandum vom 26. Februar 1988 (Textblatt 4)

entwerfen und ein Konzept für die während der Übergangszeit zu treffenden Maßnahmen vorzulegen. Die Mitglieder des Gremiums sollten fachliche und politische Autorität besitzen und unabhängig sein.

2. Mandatsentwurf für den ER

Der Europäische Rat ist bei seiner Erörterung der europäischen und internationalen Währungspolitik zu der Überzeugung gelangt, dass die Zeit gekommen ist, mit der konkreten Vorbereitung für einen europäischen Währungsraum und zur Errichtung einer Europäischen Zentralbank zu beginnen. Er bestellt deshalb ein Gremium von Sachverständigen (Rat der Weisen), das den Auftrag hat, Grundsätze für die Schaffung eines europäischen Währungsraums und ein Statut für die Errichtung einer Europäischen Zentralbank sowie ein Konzept für die während der Übergangszeit zu treffenden Maßnahmen vorzulegen.

Das Gremium der Sachverständigen sollte sich bei seinen Arbeiten an den Grundsätzen des Bundesbankgesetzes und des Gesetzes zur Förderung der Stabilität und des Wachstums der Wirtschaft ausrichten.

Die Sachverständigen sollten ihre Vorschläge innerhalb eines Jahres vorlegen.

Storyboard Euro-Kinospot von Mannstein (Auszug 1)

VON MANNSTEIN

STORYBOARD

Kunde: BPA
Produkt. Kino-Spot
Titel: Stein-Zeit

Länge: 60"
Fassung: 1
Seite: 3

Video **Audio**

(11)
Neuer Versuch bei neuem Keulengeschäft: Hier werden nur Perlen akzeptiert.

(12)
Der Tiger beobachtet die Szene mit Vergnügen durch die Scheibe.

(13)
Steini wieder unterwegs zum Wechseln. Böse Falle - er ist in eine Sackgasse geraten.

(14)
Mit dem Rücken zur Wand, den Tiger vor sich.

(15)
Da - wusch - die Mauer öffnet sich - Steini verschwindet.

Storyboard Euro-Kinospot von Mannstein (Auszug 2)

VON MANNSTEIN

Kunde: BPA
Produkt: Kino-Spot
Titel: Stein-Zeit

Länge: 60"
Fassung: 1
Seite: 4

Video | **Audio**

(16)
Boing - der Tiger knallt voll dagegen.

(17)
Steini - time slip
Er steht in einer heutigen Wechselstube in einer Schlange.
Alles war nur ein Tag-Alptraum.

(18)
Er wechselt sein Geld.

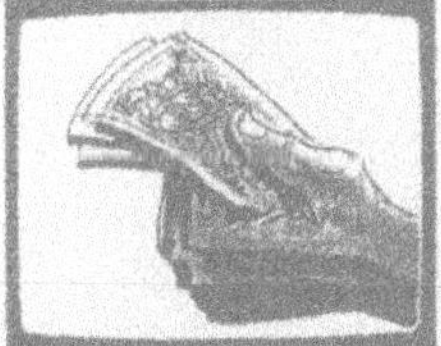

(19)
Als er seinen Rucksack öffnet, um Unterlagen zu verstauen, sieht er - ungläubig staunend - darin einige „Währungsknochen".

(20)
Chart

Off-Sprecher:
„Eine gemeinsame Währung in Europa gegen Wechselkursverluste und Verlust-Tausch."

Entwurf Euro-Werbung Bauhaus-Universität Weimar (Beispiel 1)

Entwurf Euro-Werbung Bauhaus-Universität Weimar (Beispiel 2)

Verweise ab Seite 284 beziehen sich auf die Interviews mit Kohl, Lafontaine und Waigel

AA	Auswärtiges Amt
ACDP	Archiv für Christlich-Demokratische Politik
AFP	Agence France Press
AP	Associated Press
ARD	Arbeitsgemeinschaft der öffentlich-rechtlichen Rundfunkanstalten
BdB	Bundesverband deutscher Banken
BHW	Beamtenheimstättenwerk
BIP	Bruttoinlandsprodukt
BKA	Bundeskriminalamt
BMF	Bundesministerium der Finanzen
BMI	Bundesministerium des Innern
BMWi/BMWA	Bundesministerium für Wirtschaft (und Arbeit)
BPA	Presse- und Informationsamt der Bundesregierung
BPA-FHS	BPA-Fernseh-/Hörfunkspiegel Inland
BRH	Bundesrechnungshof
BtPPl	Bundestags-Plenarprotokoll
BVerfG	Bundesverfassungsgericht
BverfGE	Entscheidung(en) des Bundesverfassungsgerichtes
ddp	Deutscher Depeschen-Dienst
DIW	Deutsches Institut für Wirtschaftsforschung
DLF	Deutschlandfunk
dpa	Deutsche Presseagentur
DSGV	Deutscher Sparkassen- und Giroverband
DVAG	Deutsche Vermögensberatung AG
ECU	European Currency Unit
EP	Europäisches Parlament
EU	Europäische Union
EVG	Europäische Verteidigungsgemeinschaft
EWU/EWWU	Europäische Wirtschafts- und Währungsunion
EZB	Europäische Zentralbank
FAZ	Frankfurter Allgemeine Zeitung
FTD	Financial Times Deutschland
GG	Grundgesetz
Hg.	Herausgeber
hr	Hessischer Rundfunk
IWF	Internationaler Währungsfonds
KAS	Konrad-Adenauer-Stiftung
LP	Legislaturperiode
MdB	Mitglied des Deutschen Bundestages
MdEP	Mitglied des Europäischen Parlaments
MdL	Mitglied des Landtages
OECD	Organisation für wirtschaftliche Zusammenarbeit und Entwicklung
OSZE	Organisation für Sicherheit und Zusammenarbeit in Europa
SR	Saarländischer Rundfunk
taz	die tageszeitung
WD	Wissenschaftlicher Dienst des Bundestages
WDR	Westdeutscher Rundfunk
WEU	Westeuropäische Union
WTO	Welthandelsorganisation
ZBR	Zentralbankrat der Deutschen Bundesbank
ZDF	Zweites Deutsches Fernsehen
ZEI	Zentrum für Europäische Integrationsforschung

Jens Peter Paul, geboren und aufgewachsen in Hessen, absolvierte nach Abitur und Zivildienst ein Volontariat bei einer Tageszeitung, um dort anschließend zunächst als Lokal-, später als Nachrichten- und Politikredakteur zu arbeiten. Nach dem Wechsel zum Hessischen Rundfunk wurde er in der Abteilung *Zeitfunk* Reporter, Redakteur und Moderator eines tagesaktuellen Landesmagazins. Nach dem Fall der Mauer schickte ihn der Sender nach Berlin, wo er für hr und SR ein Hörfunkstudio aufbaute und bis 1994 leitete. Nach vier Jahren als politischer Korrespondent in Bonn kehrte er 1999 mit dem Regierungsumzug zurück an die Spree ins neue *ARD-Hauptstadtstudio* an der Wilhelmstraße.

In Frankfurt am Main und Bonn studierte Paul nebenher Politische Wissenschaften, Mittlere und Neuere Geschichte und Theater-, Film- und Fernsehwissenschaften, um bei Professor Josef Esser im Fachbereich Gesellschaftswissenschaften der Johann Wolfgang Goethe-Universität zu promovieren. 2004 gründete er im Berliner Regierungsviertel eine TV-Produktionsfirma, die seither öffentlich-rechtliche Sender mit aktuellen, politischen und kulturellen Beiträgen beliefert.

Foto: Die Hoffotografen

www.ingramcontent.com/pod-product-compliance
Ingram Content Group UK Ltd.
Pitfield, Milton Keynes, MK11 3LW, UK
UKHW021834290926
8980IPUK00004B/449

9 783631 576588